心安吾乡：杭州乡村记忆

何处是乡关

1

◎ 许志华 著

最忆杭州
杭州市人民政府地方志办公室

杭州出版社

图书在版编目（CIP）数据

心安吾乡 : 杭州乡村记忆 . 1, 何处是乡关 / 许志华著 .

杭州 : 杭州出版社, 2024.12. -- ISBN 978-7-5565-2645-1

Ⅰ . I25

中国国家版本馆 CIP 数据核字第 20248MF368 号

XIN' AN WUXIANG : HANGZHOU XIANGCUN JIYI

心安吾乡 ： 杭州乡村记忆

许志华 何淑芳 魏丽敏 柴惠琴 / 著

策划编辑	邓景鸿　倪　欣
责任编辑	邓景鸿
文字编辑	陆柏宇　郭茹茵
特约校对	黄炜彬
美术编辑	倪　欣
图片拍摄	何淑芳　魏丽敏　柴惠琴
责任印务	姚　霖
出版发行	杭州出版社（杭州市西湖文化广场 32 号 6 楼）
	电话：0571-87997719　邮政编码：310014
	网址：www.hzcbs.com
印　　刷	杭州柏盛印刷有限公司
开　　本	710 mm×1000 mm　1/16
印　　张	72.25
字　　数	1150 千
版 印 次	2024 年 12 月第 1 版　2024 年 12 月第 1 次印刷
书　　号	ISBN 978-7-5565-2645-1
定　　价	358.00 元（共四册）

前　言

　　我们国家自古以来就是一个农业大国，在这片广袤土地上，无数大大小小的村落星罗棋布。村庄的生长演变历程，就是中华民族繁衍发展的历史，也是中国传统文化逐步走向辉煌的历史。尽管如今城市化高速发展，但毋庸置疑的是，城市的生命之"根"依然来自乡村，它们的发展离不开乡土的滋养。从这个意义上说，所有的中华民族子孙，都是农民出身，那些对农村和农耕生活的诗意留恋和美好回忆，早已化为基因进入我们的身体。而世代相传的农耕文化，也以各种形式融合到中华民族实现"现代化"的伟大进程之中，事实上它们就在我们的血液中，在我们的日常生活里，同时也不时出现在我们的梦中——特别是那些告别了乡村、告别了故乡而进入城市的人们。

　　不知何时开始，"美丽乡愁"成为一个耳熟能详的词汇，"寻找家园"成为都市居民理想的向往。但我们知道，很多时候所谓的"乡愁"或许只是诗人的幻觉，只能出现在那些充满诗意的描绘中。而一个客观的现实就是无数农民离开乡村，为了寻求更多的发展机会而来到都市，希冀在城市中实现他们的人生梦想。

　　都市或许是繁华和现代文明的代名词，乡村却不能因此就成为荒凉和贫穷落后的代表。乡愁自然是美丽的，但现实中的乡村不是应该更加美丽吗？即便有些地方不够完美，不是更应该值得世人怜惜、值得世人为其付出更多的关注吗？我们无法想象，一个周围遍布衰败乡村的都市，是否还会持久地繁华昌盛？一个乡村消失的地球，又会是怎样的一幅图景？

于杭州而言，这里不仅是"人间天堂"，还是浙江乃至江南地区的政治经济文化中心城市，浸润在江南烟雨中的村落亦别有一番味道。它们不仅风景优美、历史悠久，而且物华天宝、人杰地灵，自古以来就是无数文人墨客讴歌赞美的对象，也是古早史官大书特书纳入史册的内容。与此同时，随着社会的发展，杭州基层亦发生了历史性的巨变，发展取得了巨大的成就。但由于种种原因，仍有不少美丽乡村"养在深闺人未识"，它们理应得到世人的关注。

有鉴于此，我们设计和主持编写了这套《心安吾乡·杭州乡村记忆》丛书，旨在绘就杭州"美丽乡村、诗画江南"村景图。我们围绕"美丽中国""美丽杭州""乡土中国""乡愁杭州"等基本主题，强调表现"江南文化""杭州文化"和"乡土文化"特色，尽可能全面生动而准确地描绘这些美丽优秀的乡村。

由于丛书篇幅有限，而可以纳入的乡村很多，故我们大致确定了一个标准，即纳入本丛书的乡村，基本以国家住房和城乡建设部截至 2024 年中间所公布的属于杭州市行政区划内的历史文化名村名镇目录为基本编撰范围，辅之以入选浙江省美丽乡村目录者（或同等水平或具有较大社会影响），从中挑选最具特色和代表性的乡村纳入丛书编撰参考范围。纳入本丛书的每一个村庄都既有各自鲜明的特色，合起来又是一个整体，其各方面特色有着密切不可分的联系。在具体写法上，我们力求通过对每个乡村历史文化的全方位展示和人物景物的生动描述，运用雅俗共赏的语言，记录乡土文明，传承乡村历史。

希望广大读者通过对本丛书的阅读，加深对杭州市众多乡村的进一步了解，以唤起对有关杭州乡村历史文化与现状的兴趣与思考，进而深化对杭州地区特色乡村文化的认识。亦希望本丛书的编写与出版能为城乡共同富裕和乡村振兴提供精神动能，为传承弘扬中华优秀传统文化贡献方志力量。

是为前言。

目录

老龙蟠井四山围——西湖区西湖街道龙井村

龙井村位于西湖风景名胜区的西南，在狮子峰、天竺峰等群山环抱的漏斗形盆地中央，因龙井（泉）而得名。龙井村的人居史约可追溯到吴越国时期。清末民初，在风篁岭、落晖坞自然村一带，形成"龙井村"。龙井村有泉、寺、溪、桥、石、亭、摩崖石刻等诸多自然、文化景观遗存，并以出产冠绝天下的狮峰龙井闻名于世，拥有核心茶区约八百亩的高山茶园。1985年，"龙井问茶"被评为新西湖十景之一。2017年，该村获评第五届全国文明村镇；2019年，入选2019年中国美丽休闲乡村名单。

龙井村雪景 金毅摄

鲁迅先生曾说："有好茶喝，会喝好茶，是一种'清福'。"说到好茶，在绿茶门类中，最负盛名的，自然是西湖龙井，而西湖龙井，又以狮峰、龙井所产为最佳。春茶时节，伴着微风中飘起的一阵阵浓郁的茶香，在东起龙井寺，西至老龙井，南抵十八涧北端，整个村落人家呈"丫"字形坐落的龙井村，以及地势更高的翁家山村的茶农家里，都坐满了慕名前来品茗买茶的人，喝过这一杯"色绿、香郁、味甘、形美"的西湖龙井新茶，就等于尝过了春日江南的清隽味道，也等于尝过了回甘悠长的"清福"味道。

一、路入风篁上翠微，几度龙泓诗贡茶

位于西湖之西的茶村龙井村，有两个重要的人文地理地标。其一为风篁岭上的龙井，其二为落晖坞中的广福院遗址。在龙井与广福院间大约1千米的古道间，自北宋辩才法师晚年退居行道于此，文人雅客、帝王将相纷纷至沓来，留下了极其丰厚的历史人文积淀，是滋养"龙井茶"从孕育到诞生的一条文化脐带，也是杭州茶文化发展史上一段绚烂华章。

龙井，是典型的喀斯特溶岩泉，大旱不涸，水质清冽甘美，为杭州四大名泉之一，位于龙井路龙井牌坊旁的龙井茶室内。亿万年的山川造化，使位于西湖西南面的龙井村恰巧处于一个群峰合围的漏斗形盆地中央，从四周植被茂密的山岭上渗流下来的水，一脉汇聚在风篁岭东北部，再从在此显露的石灰岩的缝隙中冒出，形成了一个直径约两米的泉口，它就是西湖南山三大溪之一的龙泓涧的源头——泉面深广的"龙井"。另一脉汇于狮峰山北麓（山脚有狮子泉等泉口），成为向南流注钱塘江的九溪的西源。过去每到雨季，龙井村一带的山岭低谷间，就会出现泉水奔涌、万壑争流的美丽景象。风篁岭就是一道分水岭，岭东的水归西湖，而岭西的水则经九溪。

所谓"山不在高，有仙则灵；水不在深，有龙则名"，龙井村的村名，

以及山、寺、溪、亭、茶的得名，都和这口旧名"龙泓"的龙井有关。据明田汝成《西湖游览志》所载及相关证据表明：龙井为杭州目前已知较早的祈雨场所，早在三国时期，就有孙吴子民前来祈雨，并在井中投下了标有赤乌年号的"投龙简"。而杭人在龙井祈雨的余风，在古代一直没有中断。据南宋《咸淳临安志》卷七十一："龙井惠济庙，在风篁岭上。绍兴十八年赐庙额，累封为嘉应广济孚惠王。咸淳五年，安抚潜说友更创祠宇。旁有德威亭（即旧龙井亭，东坡书扁）。"南宋绍兴十八年（1148），宋高宗赵构颁布诏书，为位于风篁岭的龙井惠济庙赐额，封庙供龙神为"嘉应广济孚惠王"，因此惠济庙又称龙王祠（庙）。赵构及继承其皇位的宋孝宗赵昚，都先后来庙"祭龙"，祈求风调雨顺，国泰民安。一百多年后，南宋咸淳年间时任临安知府潜说友，在任上对皇城、西湖及周边进行了大力的整治和建设，作为系统工程的一部分，在龙井附近修石门，刻"龙井"二字，并"更创祠宇"，可以想象当时龙井仍是官方及民间祈雨的重要场所。值得一提的是，龙井除了"其源与海相通，其中有龙，祷雨辄应"的传说外，

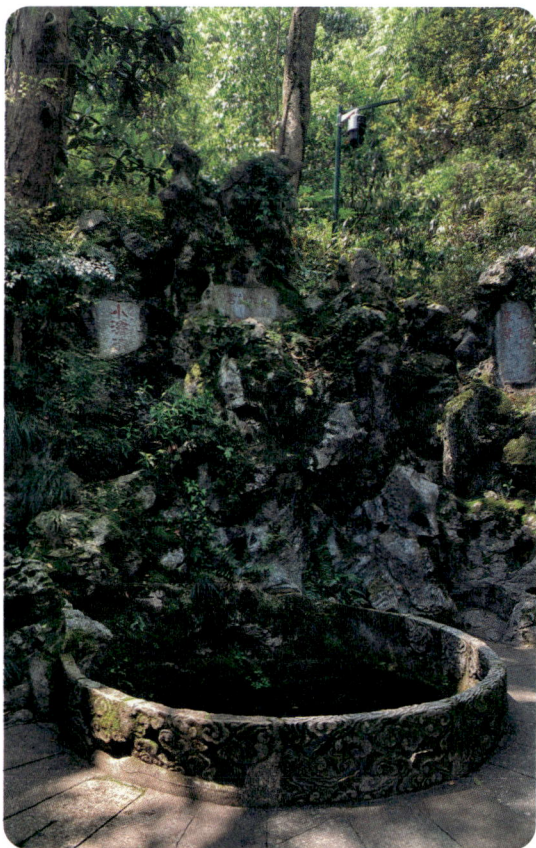

风篁岭的龙井　洪尚之摄

还存在一种独特的"龙须"现象：在泉井水面用一根小树枝轻划泉水，待划动停止后，水面会现出一条细微的分水线，仿佛舞动的游龙。这一现象其实与地下和地表两股不同比重的泉水同时流入泉井，且流速不同有关，但在科学并不昌明的时代，"龙须"的说法无疑给龙井增添了一抹灵异的色彩。

说了凤篁岭的龙井，再来说落晖坞中的广福院。广福院，其前身可追溯到后汉乾祐二年（949，时为吴越国时期）由居民凌霄募缘而建的报国看经院，北宋熙宁年间（1068—1077）时改称寿圣院，南宋绍兴三十一年（1161），宋高宗赵构颁布诏书，改名为广福院，南宋淳祐六年（1246）又改称延恩衍庆寺。

凭报国看经院出现的年代，大致可以推断，龙井的人居史不会晚于吴越国时期。由于自唐代起在佛寺兴盛饮茶之风，茶与佛寺的渊源颇为深厚，当时天竺、灵隐等禅寺一带产茶已载入了中国第一部关于茶的专著《茶经》，

宋广福院遗址　金毅摄

而报国看经院的出现为茶的种植从天竺、灵隐向一岭之隔且条件得天独厚的龙井盆地扩散提供了可能。

到了北宋宝元二年（1039）六月，两度知杭并以惠政造福一方百姓的永康人胡则（963—1039）在杭州私第去世，第二年二月归葬于钟声袅袅的报国看经院的后山，为风光秀美的龙井村增添了又一处重要的人文景观。胡则生前与"忧乐天下，情系苍生"的范仲淹是莫逆之交，他死后，还在越州（今绍兴）知州任上的范仲淹就为其撰写了长达2000余字的《兵部侍郎致仕胡公志铭》和《祭胡侍郎文》。在该墓志铭中，范仲淹盛赞了胡则的人品，用了"富宇量，笃风义""轻财尚施，不为私积"这样的赞词，文中还特别提到退休后的胡则坐着画船游赏西湖的场景，从一个侧面表明了胡则对西湖山水的热爱之情。名人墓葬的加持，使得其时属于余杭郡钱塘县南山履泰乡的龙井多了一份厚重的人文气息。时间到了南宋建炎年间（1127—1130），由于当时百姓对清官能吏的推崇和敬爱，胡则信仰开始在浙江地区广泛传播。此后，在僧侣与士人阶层的推动下，朝廷特赐封胡则为"显灵侯"，并在报国看经院旁修了一座显应庙，俗称胡公庙。

继一代能臣胡则归葬龙井后，不久狮峰山下落晖坞中又迎来了一位流芳千古的人物，他就是曾住持上天竺寺的一代名僧辩才。宋神宗元丰二年（1079），年逾古稀的辩才法师不堪承受繁忙的事务，决意退居寿圣院。

辩才退居之初，寿圣院已经破败，只剩"敝屋数楹"，以"茅竹自覆"，此后，追随他的一众弟子和檀越出资重建了寿圣院，在寿圣院至龙井这约千米的范围内，栋宇鼎新，"不期年，而荒榛岩石之间，台观飞涌，丹垩炳焕，如天帝释宫"（苏轼《讷斋记》，一说苏辙作）。根据辩才法师于元丰二年（1079）所作的《龙井十题》及元丰八年（1085）北宋官员杨杰所作的《寿圣院记》，彼时从寿圣院所在的落晖坞至龙井一带，已形成一定规模的建筑群，其中包含了钟鼓阁、潮音堂、讷斋、寂室、照阁、方圆庵、闲堂、僧寮、龙井亭等等，此外还有龙井岩、萨埵石、涤心沼、冲泉等景

龙井寺遗址 洪尚之摄

观。为人们进出方便，还特意开辟出一条翠竹夹道的山径，风抚修竹，风篁岭也因此得名。风篁岭山道开通后，寿圣院渐渐成为这一带的热门地标，彼时的龙井，因访客如云而盛极一时。

回头再来说去寿圣院要经过的这口"龙井"。元丰二年（1079）中秋后一日，北宋著名婉约派词人秦观受辩才书信之邀，徒步穿越西湖南线，在融融月光下夜访寿圣院，"得支径，上风篁岭，憩于龙井亭，酌泉据石而饮之。……行二鼓矣，始至寿圣院，谒辩才于潮音堂"（秦观《龙井题名记》。他写下了一篇《龙井记》，文中写到龙井的灵异，因辩才法师"率其徒以浮屠法环而咒之，庶几有慰夫所谓龙者"，后突然见"有大鱼自泉中跃出"，游观者惊异不已，以为井中确实"有龙"不假，于是龙井的名声"大闻于时"；还写到辩才对"龙井"溢于言表的惜爱之情："此泉之德至矣，美如西湖，不能淫之使迁；壮如浙江，不能威之使屈。受天地之中，资阴阳之和，以养其源，推其绪余，以泽于万物……"因为辩才对"龙井"大美的赞赏，加之泉水味道甘醇，在龙井亭中烹茶品茗就成了辩才待客的最高礼遇，也因为辩才与文人墨客的交往唱酬，使龙井开始属于茶、属于诗，开始有了风雅的灵魂。

　　隔过近千年时光，辩才法师与赵抃、苏轼等方外之交的故事仍历久弥新。赵抃，字阅道，号知非子，衢州西安（今衢州）人，北宋景祐元年（1034）进士，官至参知政事，有"铁面御史"之誉。北宋元丰二年（1079），他与辩才同时"荣休"，卸任离杭前夕，他特意至龙井看望辩才。过了几年，赵抃带着儿子再度造访辩才，两人在龙泓亭（龙井旧名"龙泓"，龙井亭亦称龙泓亭）上烹茶叙旧，而辩才以价比黄金的"小龙团茶"款待。在茶香袅袅的龙泓亭内，赵抃即兴写下一首《重游龙井》："湖山深处梵王家，半纪重来两鬓华。珍重老师迎意厚，龙泓亭上点龙茶。"赵抃与辩才的这次久别重逢，应该是龙井茶史上可查的最早被文字记录的名人茶会雅集，当长留青史。

　　辩才与在诗词、茶道、禅学等方面皆深有造诣的苏轼，更是一对灵魂相契的挚友。早在北宋熙宁四年（1071）苏轼初任杭州通判时，两人就已相识，后来苏轼离开杭州，两人便常以诗信问候。北宋元祐四年（1089），在时隔十余年重回杭州任职时，在公务之余，苏轼常到龙井拜访辩才，有时是一个人，有时会带着朋友与好茶一起来雅集品茗。元祐五年（1090），辩才法师八十诞辰，苏轼为之题字祝贺。当年十二月，苏轼又一次来到龙井，与辩才一起围炉煮茶，

龙井辩才亭与辩才塔　金毅摄

龙井过溪亭　金毅摄

谈诗论道。离别时，辩才法师送苏轼下山，两人谈笑风生，不知不觉走过了涧溪上的归隐桥，引得随行的小沙弥提醒："大师，您重过溪桥，这不是又出山了吗？"辩才这才意识到自己破了平时"待客不超三炷香，送客不过归隐桥"的规矩，他与苏轼对望了一下，笑道："杜子美不云乎：与子成二老，来往亦风流！"为纪念这一段佳话，人们把风篁岭麓新建的一座亭子，命名为"过溪亭"，亦称"二老亭"。辩才还专门为此赋诗一首《龙井新亭初成诗呈府帅苏翰林》，而苏轼也和诗记其事："……惟此鹤骨老，凛然不知秋。……送我还过溪，溪水当逆流。聊使此山人，永记二老游。大千在掌握，宁有离别忧。"这就是苏轼著名的《次辩才韵诗帖》。

辩才法师同赵抃、苏轼这样杰出有为的官员和文人之间以茶会友、诗歌唱酬的风雅故事，千古流芳。为纪念这三位前贤，寿圣院僧人特意增设了一座"三贤祠"，将三人画像挂于堂前，供人瞻仰。

南宋时期的龙井，已成为上自帝王将相下至平民百姓纷纷前来访游的人文名胜。比如南宋第一位皇帝宋高宗赵构，以及宋孝宗赵昚、宋宁宗赵扩三位皇帝曾先后亲临龙井祭龙、酌泉，又比如宰相级高官周必大、楼钥等也曾多次前来品茗赋诗，题名刻石，其中楼钥在二游龙井后还写下了一首《顷游龙井得一联王伯齐同儿辈游因足成之》的七律。诗的前两句为"路入风篁上翠微，老龙蟠井四山围"，十分形象地描绘了龙井村的地理位置、自然环境和游赏风情，尤其"老龙蟠井四山围"一句，甚至成为后人诠释"龙井"地名来历的依据。

元元贞年间（1295—1297），比丘德祐住持延恩衍庆寺，全面整修寺内建筑，增设藏经阁一座①，此为寺院最后的辉煌。元末，寺院毁于兵火，所存仅数楹。

明代，龙井一带成为驻军的场所。明正统三年（1438），中官李德，在风篁岭龙井（泉）旁建造寺庙，寺以井名，称"龙井寺"。内有卧云堂、秋月堂、霖雨阁、潮音堂、与众亭、清暑亭、楞伽室等。②此为明代移建后的龙井寺。十年后的1448年，杭州地区发生了严重的旱情，还是这个李德，命手下兵士疏浚、增扩泉眼，结果在井中淘得铁牌二十面（据万历《杭州府志》，《湖山便览》作"二十四面"），玉佛一件，金、银锭各一，其上凿有"大宋元丰"年号。随后还挖出了一块长方形的巨石，李德命令八十位力士，全力拖拽而出，清洗完后，在石上发现题有"神运"两字，另有许多题刻已漶漫不可读，也不知是何代何人所镌。

神运石出龙井后，兵士们又在井底淘得铁牌十五面、银两条，有的铁牌上凿有赤乌年号，这些东西都是前朝人祈雨留下的"物证"，不仅表明龙井是历朝历代重要的祈雨场所，而在时间上至少可上推至三国时期，赤乌年号（238—251）为孙权使用。后疏浚工程完工，李德又派人在泉源下游挖了"浣花池"等三池蓄积泉水。

① 〔清〕汪孟锅：《龙井见闻录》，《武林掌故丛编》本。
② 〔清〕翟灏、翟瀚同辑，王维翰重订：《湖山便览》卷九，清光绪元年（1875）槐荫堂重刊本。

时间到了清康熙年间，僧人一泓募资重修了荒芜已久的广福院。清雍正九年（1731），浙江巡抚李卫在广福院旧址旁重修了胡公庙，使狮峰山下的香火得以延续，但相较于离茅家埠更近，园林幽美，游客凡游西湖必到的热门景点龙井寺，广福院显得有些过于凄清了。

岁月沧桑，由于连续遭受战乱等原因，广福院至新中国成立前夕，已经萧条败落，只剩下内外两殿及山门，胡公庙也已香火稀冷，只剩下一位叫慧森的和尚在打理。后来，在破"四旧"的浪潮中，胡则墓遭到了严重破坏，而胡公庙因破败不堪而被拆除，仅剩的几间房子一度成了养猪圈。至二十世纪九十年代末，只剩下两间破屋和一堵断墙，其余触目都是荒草瓦砾。现今的建筑，为 2001 年所建。

在有关龙井寺的历史记录中，最华彩的笔墨当属将龙井茶推为十大绿茶之首的乾隆皇帝的四次临幸。1761 年，为迎接乾隆来巡，杭州地方官员对龙井寺的建筑与景观做了全面的维护修缮，使之焕然鼎新。次年春，这一位嗜茶的"诗魔"皇帝就来了，在品尝了用龙井泉冲泡的龙井茶之后，他乘兴在好几块匾额上题了字，还题了包括过溪亭、涤心沼、一片云、风篁岭、方圆庵、龙泓涧、神运石、翠峰阁在内的"龙井八景"。此后，乾

神运石 洪尚之摄

一片云 洪尚之摄

隆又三上风篁岭，留下了许多题咏"龙井八景"和赞美龙井茶的诗，比如《雨中再游龙井》《坐龙井上烹茶偶成》等等，从而将龙井茶的地位推上了历史的巅峰。值得一提的是，乾隆六下江南，对赏石颇有偏爱的他曾多次游观神运石。就目前神运石可辨识的十七处题刻中，有五处为乾隆的御题，而神运石也成为西湖边题刻最多的一方名石。

龙井寺在清咸丰年间也曾遭遇兵劫，后经几代僧人募建，至民国初又形成了一定规模。1949年后，寺废，其址现为"龙井问茶"茶室。2005年，经过近两年时间的修复，龙井一带又重现了乾隆时期的盛况，成为融茶文化、泉文化、园林文化、佛教文化等于一体的著名旅游景点。

二、此茶只应天上有，人间哪得半回尝

在阮毅成先生的《三句不离本杭》①中，有一段文字写到春茶采摘时节的龙井村：

春天的龙井　金毅摄

① 阮毅成：《三句不离本杭》，杭州出版社，2001年，第145—146页。

　　西湖春季百花齐放，山色更为鲜艳。尤其是三四月之交，从虎跑到龙井，正值采茶时节。龙井村的人家不多，却散落得开，而家家都是〔以〕采茶为生。山居女儿，提篮挈筐，高低错落在茶树丛中。虽则脂粉不施，却个个眉清目秀，衬映出湖山的天然颜色。尤其是茶农的家人，特别彬彬有礼。我们走累了，随便到哪一家，都有新茶款客。所谓"明前""雨前"，在大都市内异常名贵，而在茶农家中，并不值钱。用瓦制的茶壶，煮开了山中的流水，泡上一杯，那茶色又绿又嫩，那茶香可远

采春茶　金毅摄

闻数里。所有烦尘俗虑，完全消除。

　　这段弥漫着春茶香气的文字，正是宛如桃源般美丽的龙井村在春天里的生动写照。龙井村，位于北纬三十度的黄金产茶带上。这一带群山，北高南低，既能阻挡来自北方的凛冽寒风，又能截留来自南方的暖流，让整体的小气候比较温暖湿润，茶区上空常常凝集着从西湖飘来的水汽形成的一片片云雾。由于独特的山水气候和土壤特性，造就了"山饮西湖、雾生龙井"的自然生态条件，使得茶叶生长得叶色鲜嫩，滋味清爽。

关于西湖群山产茶有记载的历史，最早可追溯到唐代。在"茶圣"陆羽（733—804）所撰的世界上第一部茶叶专著《茶经》中，已有钱塘（今杭州）天竺、灵隐二寺产茶的记录。两宋时期，这一带茶区已初步形成规模，所产茶的地位也明显有所跃升。据南宋《咸淳临安志》卷五十八《货之品·茶》记载："岁贡，见旧志载，钱塘宝云庵产者名宝云茶，下天竺香林洞产者名香林茶，上天竺白云峰产者名白云茶。"除了以上三种贡茶，当时还有产地与宝云茶十分相近的"垂云茶"。从苏轼的《怡然以垂云新茶见饷，报以大龙团，仍戏作小诗》中可以了解，僧怡然送给苏轼的垂云茶，是一种形如"雀舌"的散茶，其品质与宝云茶相近，也属于佛门上品茶。

"白云峰下两枪新，腻绿长鲜谷雨春。"再说两宋时期，因斗茶之风盛行，茶的原料多以细嫩示人，春茶以早为美的观念便愈演愈烈。宋宣和年间（1119—1125），熊蕃《宣和北苑贡茶录》中有云："凡茶芽数品，最上曰小芽，如雀舌、鹰爪，以其劲直纤锐，故号芽茶。次曰拣芽，乃一芽带一叶者，号一枪一旗。次曰紫芽，乃一芽带两叶者，号一枪两旗，其带三叶、四叶，皆渐老矣。……芽茶只作早茶，驰奉万乘尝之可矣。"

元代，江南地区饱受战乱之苦，茶叶生产受到极大影响，但龙井一带出产高品质绿茶的记载，仍屡见于文人诗文中。譬如"元诗四大家"之一、曾任元朝翰林直学士兼国子祭酒的虞集，在《次邓文原游龙井》诗中这样描述他品尝到的茶："但见瓢中清，翠影落群岫。烹煎黄金芽，不取谷雨后。同来二三子，三咽不忍漱。"诗中的"翠影""黄金芽"，正是对龙井一带所产茶的形象的赞美和比喻，而"三咽不忍漱"，更是把诗人对茶味、茶色和茶形的喜爱之情，和茶过三巡齿颊留香、不忍漱弃的情态，细致入微地描写了出来。

明代，落晖坞一带所产的茶已颇负盛名，受到文人的交口赞誉。比如田汝成在《西湖游览志》说："老龙井有水一泓，寒碧异常，泯泯丛薄间。幽僻清奥，杳出尘寰……其地产茶，为两山绝品，郡志称宝云、香林、白

龙井茶园　金毅摄

云诸茶，乃在灵竺、葛岭之间，未若龙井之清馥隽永也。"又说："盖西湖南北诸山及诸旁邑皆产茶，而龙井、径山尤驰誉也。"比如高濂《四时幽赏录》说："西湖之泉，以虎跑为最。两山之茶，以龙井为佳。谷雨前，探茶旋焙，时激虎跑泉烹享，香清味冽，凉沁诗脾。每春当高卧山中，沉酣新茗一月。"[①] 还是这个高濂，在《茶泉论》又说："真者天池不能及也。山中仅一二家，炒法甚精。近有山僧焙者方妙。而龙井之山，不过十数亩。"此外，童汉臣《龙井试茶》、屠隆的《龙井茶歌》等，对龙井茶的品质之优都有十分诗意的精彩描述。

　　而从可查及的史料来看，"龙井茶"这一名称最早可能出现于明朝初年。元末明初文人唐之淳（1350—1401）著有诗集《唐愚士诗》，在《雪水烹茶》二诗中写道："乞得银河水，来烹龙井茶。枪旗开雨叶，风浪熟天华。""玉液渗云旗，寒铛独煮时。一瓯醒酒困，谁道愧粗儿。"唐之淳是今浙江绍

---

① 〔明〕高濂：《四时幽赏录》，见《西湖文献集成》第3册《明代史志西湖文献》，杭州出版社，2004年，第1105页。

兴人，他与龙井茶产生渊源是很容易的事。

当时，西湖南北"两山种茶颇蕃"，只是产量仍然不多，因此以次充好的现象屡见不鲜。比如晚明文学家冯梦祯在其所著的《快雪堂集》中记录过一次去买龙井茶的经历："昨同徐茂吴至老龙井买茶。山民十数家各出茶，茂吴以次点试，皆以为赝，曰：'真者甘香而不洌，稍洌，便为诸山赝品。'得一二两以为真物，试之，果甘香若兰，而山人及寺僧反以茂吴为非，吾亦不能置辨，伪物乱真如此。"[①]

明清更迭之际，龙井茶的发展暂时陷入了停顿。到了清雍年间，因翁隆盛茶号创始人翁耀庭对炒制工艺创新提升，龙井茶地位骤然飙升，成为炒青茶中的王者。

话还得从清康熙二十六年（1687）说起。原为大户人家的翁家因家道败落，家中小姐翁氏被卖入海宁陈家为婢。陈府三公子陈振荣深爱翁氏，意娶其为妻，但父母坚决不肯接受翁氏为媳，便将两人逐出门庭。于是陈振荣便带着翁氏来到杭州，在与浙江贡院相近的梅东高桥（后称梅登高桥）附近开了一家小铺，以卖字画为生，兼卖茶叶。数年后生育一子，随母姓，取名耀庭。

过去人们喝茶，都是将茶叶压制成茶饼，称为"龙团凤饼"。由于砖茶团茶的制作工艺复杂，加上储藏饮用也有诸多不便，夫妻俩一直尝试寻找一种新的茶叶加工方法，可以更好地出味，并能将茶叶的功效保留得更好。然而由于对茶叶的制作流程、炒锅的温度高低等把握不到位，效果一直不太理想。

翁耀庭自幼在和茶叶打交道的家庭中长大，受父母的耳濡目染，成年后，一心琢磨改良茶叶的加工技艺。据传，清雍正三年（1725），在经历了上百次失败以后，他终于研制出了一种扁平的散茶，取名"龙井茶"。

---

① 《快雪堂集·品茶》，转引自：陆鉴三选注：《西湖笔丛》，浙江人民出版社，1981年，第310页。

这种茶在适当的温度下翻炒，不用压制成饼，即可封罐保存。"龙井茶"
一推出，就因清香扑鼻、回味隽永而风靡杭城，翁家茶铺一时宾客盈门。
同年，刚从云南布政使升迁为浙江巡抚的李卫喝到了翁家小铺出售的龙井
茶，觉得十分出色，为报答雍正皇帝的知遇之恩，李卫便找到翁耀庭，让
他创制一款全新工艺的贡茶。翁耀庭经过将近四年时间的摸索，至雍正七
年（1729），终于在借鉴大方茶炒制工艺的基础上，创制出了"色、香、味、
形"四绝的扁形龙井茶。同年，翁隆盛茶号正式创立。传说当年龙井茶一
经上贡，就名震京师。自此以后，龙井茶作为贡茶一直延续到清末。

　　翁隆盛茶号是龙井茶真正崛起的主力推手，而其后的身影则是乾隆
皇帝。清代康熙年间，龙井茶进入宫廷成为供皇室饮用的贡茶，但此时，
龙井茶还只是众多贡茶中的一种，尚未获得后来享誉全国的声名，而真正
对其地位和传播产生深远影响的是一代帝王乾隆。据传，清乾隆十六年
（1751），酷爱喝茶的乾隆皇帝第一次南巡杭州时，就亲临西湖茶区观看
炒茶制茶，并封翁隆盛茶号为"天字第一茶号"，还亲笔御题了"翁隆盛
茶号""天字第一茶号"两块招牌，并盖上方、圆乾隆印章，还挥笔写下《观
采茶作歌》。清乾隆二十七年（1762），乾隆第三次南巡时正式到龙井的
茶区，此后在他又多次在新茶时节游赏龙井，品茶赋诗。由于乾隆对龙井
茶的"代言"，到了清中晚期，龙井茶身价达到了前所未有的高度。彼时，
上自皇帝贵族，下至平民百姓，都十分推崇龙井茶。但此时仅就作为贡茶
的雨前龙井而言，毕竟数量不多，即便是皇亲身边的近臣，也不一定喝得着。

　　继茶号相传被乾隆御题为"天下第一茶号"后，翁隆盛的传奇还在继续。
清乾隆五十年（1785），翁隆盛龙井茶乘坐"中国皇后"号海轮远售美国纽约，
开创了中国历史上华茶运美贸易的先河。清道光三十年（1850），美国第
一艘快艇"东方"号不远万里来到中国，把翁隆盛龙井茶运至英国伦敦销
售，翁隆盛又开创了美国来中国运华茶至英国贸易之先河。1912年，翁隆
盛龙井茶在美国旧金山举行的巴拿马万国博览会上荣获特等奖。二十世纪，

鲁迅先生还慕名先后两次与夫人从上海赶到店址已迁至清河坊四拐角的翁隆盛品茶及购茶。在 1928 年 7 月中旬的鲁迅日记中有这样一条记录："晚又至翁隆盛买茶叶、白菊等约十元。"他还得出一个结论：杭州的图书比上海的贵，茶叶则比上海的好。

曾位列杭州龙井茶产销第一的翁隆盛，享誉国内外二百余载，其最大的秘诀是视茶叶质量为茶号的生命线。比如茶号只收购春茶，且对产区也有严格的要求。如龙井茶只选购狮峰、龙井、翁家山等高山区茶，旗枪只选购上泗区的转塘、桐坞、大青，余杭的双溪、闲林埠南路、石马、里山桥，富阳的东坞山、施家园等地的高山正路茶。对于平地茶和无甚名声的茶叶，翁隆盛则一概不收。

民国时期，龙井茶作为杭州著名商品，已成为来往游客购买的首选特产。因茶利丰厚，引得各地资本家纷纷前来投资办场开店。在龙井狮峰茶区有资金雄厚的茂记茶场，拥有茶山二十公顷，制作"狮"字号龙井茶；在里鸡笼山有达山茶场，五云山有胡景泰公司，虎跑等，均设立茶庄，所产茶叶除自售一部分，另外则批发至上海甚至更远的地方。至二十世纪二三十年代，杭州有注册的茶行、茶号一百二十余家。除翁隆盛外，其中

狮峰远眺 金毅摄

较有名望的有方正大、翁隆顺、汪裕泰、鼎兴、方福泰、吴兴大、方恒太、吴恒有、吴裕大、吴元大、永馨、盛大、乾坤、乾泰等，年营业额约一百一十万元。

由于茶行（公司）的陆续增加，龙井茶产区在当时得到了较大的扩展。根据1932年《农声》第160期刊载的一份调查资料得知，当时南山、北山、中路三区的龙井茶园面积已达2350亩（合约1.57平方千米），而不同产区的小气候环境和炒制技术的差异导致茶叶品质不同，使龙井茶有了市场细分的必要。1921年，民国政府农商部应商家申请，准予龙井茶以"狮""龙""云""虎"四字号为商标注册。

"狮"字号龙井茶，产地以狮子峰为中心，包括周边胡公庙、龙井村、棋盘山、上天竺等地。茶园土质为白沙土，疏松肥沃，含磷量高。周边山林植被茂盛，茶树受漫射光紫外线的照射，有利于茶芽中的芳香物质、氨基酸等成分的形成和积累。此处茶叶炒制的龙井茶，色泽绿中透黄，呈糙米色，冲泡后香气清高持久，滋味甘鲜醇厚，被誉为龙井茶之最，称为"狮峰极品"。焙炒好的狮峰龙井茶芽岔开，被称为"狮耳形""蝴蝶形"。

"龙"字号龙井茶，产于翁家山、杨梅岭、满觉陇、白鹤峰一带。其自然品质亦佳，茶叶肥嫩，芽毫显露，茶味较浓，人称"石屋四山"龙井。其中，白鹤峰所产可与狮峰龙井茶媲美，唯采摘、炒制技术不及狮字号。

"云"字号龙井茶，产地为云栖、五云山、梅家坞、琅珰岭西等地。其中，梅家坞发展为龙井茶主要产地，产量约占三分之一，故后来又从"云"字号西湖龙井茶产地单独分立出来，使西湖龙井茶品牌又多了一个"梅"字号。

"虎"字号龙井茶，产地为虎跑、四眼井、赤山埠、三台山一带。其自然品质略次，芽叶肥壮，芽锋显露。茶园坡地相对狮子山、龙井等地势低，低山丘陵创造了利于茶叶生长的小气候。闻名天下的虎跑泉与龙井茶在这里珠联璧合，堪称"西湖双绝"。

狮龙云虎品牌中，以狮峰茶品质最佳。根据民国遗存的价目表，龙字

狮峰龙井　金毅摄

号的价格大致是狮字号的八折，云（含梅）六折，虎四折。从采摘时间上，雨前茶价一般为明前茶的三分之二。据1929年上海一茶号所出的茶册子记载，顶级狮峰龙井的价格为每斤十二银元，彼时云海毛尖价格是每斤三元，而上海一名普通店员的工资不到十元。

民国时期，与西湖龙井茶产业的繁荣同步，杭城茶馆业发展也进入鼎盛时期，尤其是在景色如画的西湖沿岸，茶馆林立。比如有众多游船停靠的柳浪闻莺，附近开设有著名的"三雅园"（后来为"仙乐园"）和"藕香居"（后来为"颐园"）两大茶苑。三雅园在清代就已颇有名，汪次闲曾题二联。其一为"有山皆图画；无水不文章"；其二为"为公忙，为私忙，忙里偷闲，吃碗茶去；求名苦，求利苦，苦中作乐，拿壶酒来"。藕香居三面临水，夏天更有荷花环绕，茶客把盏眺望，远近山水一览无余，室内柱上还有一副对联："欲把西湖比西子；从来佳茗似佳人。"

而穿梭在西湖波光山影间的游船更是一座座移动的"小茶馆"。当三两游客上船坐定，船工会先沏上一壶茶，随后便慢悠悠地荡桨而去。那些享有清闲的旅人，边欣赏美丽的湖光山色，边小口抿着香气袅袅的龙井茶，实在是太逍遥自在了。

三、卓然巧工制龙井，名山千载有传人

2022年11月，西湖龙井茶制作技艺作为"中国传统制茶技艺及其相关习俗"的重要组成部分，被列入联合国教科文组织《人类非物质文化遗产代表作名录》。其中绕不开一个关键人物，他就是守护龙井茶半个多世纪的当代制茶大工匠王卓再。

王卓再，1929年生于狮峰山脚下的龙井村，家有兄弟姐妹七人，他排行老五。小时候，王卓再家里很穷，只有一块小小的茶地。1937年，日本军侵占杭州，家里的生活越发困难，才读了两年小学的王卓再只得辍学，

跟着父母、长辈学起了采茶、炒茶、卖茶。为了赚钱补贴家用，还跟父亲上山去采过野茶。野茶大都是老茶树，又不施肥料，喝起来特别香，特别受老茶客的青睐，可惜数量稀少，不可多得。少年时的王卓再，已是龙井村里有名的采茶能手，不仅手脚很快，而且采的每颗茶芽都几乎一样长短大小。十八岁的时候，他参加了一次有一百三十多人的采茶比赛，结果仅用了半天就采了十三斤半，毫无悬念地获得了第一名。

现在九十五岁高龄的王卓再老先生说，新中国成立前是龙井茶茶园迅速扩展的一个高峰，当时私营茶场众多，比如最有名的茂记茶场，在狮峰山就有近二百亩茶园，而茂记茶场的茶园不止一处，在九溪有二分场，在梅家坞还有三分场。每到采茶旺季，在云雾缭绕的这山头与那山头，随处可见头戴斗笠的采茶女工在布谷鸟幽幽的啼鸣声中采茶。而在飘溢着茶香的茶场内，有许多来自附近地区的炒茶工在埋头炒茶。

新中国成立以后，随着土改政策的实施，那些私有茶场，有小部分分给了贫下中农，其余被收归国有。1950年10月1日，经过一段时间的筹备，地方国营杭州龙井茶场成立，下设五个产制区：狮（狮峰）、龙（龙井）、云（五云山）、虎（虎跑）、梅（梅家坞、云栖）。也就在这一年，年轻有为的王卓再通过招工进了茶场，成了首批制作精制茶的技术工人。因肯吃苦、勤用心，他很快从技工升为技术员，再被提拔为副场长。王卓再当上副场长后，为了提升茶场工人的炒制技术和西湖龙井茶的品质，便向茶场场长张树仁提出，要请当年远近闻名、被称为"西湖龙井炒茶第一人"的阿洪师傅来茶场带徒弟。

阿洪师傅，原名叫袁长洪，生于1902年，属原杭县上泗区（今杭州市西湖区）袁浦人。阿洪师傅是龙井

袁长洪炒茶旧照 龙井村村民供图

炒制龙井　金毅摄

茶炒制工艺的改良者。在他以前，龙井茶的炒制都是"青锅大锅头，辉锅小锅头"。青锅是扁形茶初制的第一道工序，在贮青后进行，包括杀青和初步定形。青锅时，高级茶的鲜叶一次入锅在四两左右，而夏、秋产的低级茶鲜叶入锅量可达半斤甚至一斤。青锅后的茶叶被称为二青叶，摊放约一个小时后，就要进行辉锅。辉锅的锅温稍低，目的是进一步对茶叶定形和减少水分。过去，高级茶的二青叶入锅在一二两甚至三四两之间，但这样炒出来的茶叶松泡弯曲，还容易断碎，就像虾皮一样。1921年，十九岁的阿洪刚到九溪胡裕泰茶叶公司炒茶叶，见到龙井茶的外形很不讲究，就开始琢磨改善龙井茶外形的炒制新方法。在实践中，阿洪师傅尝试"青锅小锅头"，就是减少杀青的鲜叶投放量，同时根据鲜叶的投放量（鲜叶一两）控制火候和杀青时间，使茶叶外观变得平直、干净、漂亮。同时阿洪师傅又创新了"辉锅大锅头"，辉锅时的茶叶量由一两多增加到四五两，同时控制好适当的温度。这样一来，产量提高了，茶叶外形也远超他人。就是这样一个创新，使龙井茶有了"扁、平、光、直"的秀美外形，而滋味也

王卓再　杭州龙冠实业有限公司供图

变得更加鲜爽甘醇。

话说阿洪师傅炒茶出名后，很快被梅家坞一个叫孙阿德的大茶商用高薪挖走。当时为了防止阿洪师傅的炒茶技艺外泄，每次阿洪师傅炒茶时，孙阿德都会锁上大门，不让别人看，这致使当时全杭州城就数梅家坞的茶叶炒得最好。阿洪师傅在孙阿德家一做就是二十几年，直到1949年新中国成立，其间他用多年攒下的金子在袁浦老家置买了不少田产，不料1950年土改时，被划为地主成分，不久被关进监狱改造。

时间回到二十世纪五十年代初，当王卓再向场长张树仁提出要把阿洪师傅请到龙井茶场来带徒弟时，张树仁便向上级部门递交了一份报告，说阿洪师傅虽然是地主，但是他有技术，可以到茶场来接受改造。之后，在时任杭州市市长江华的关心下，阿洪师傅便走出了监狱大门，成了杭州龙井茶场的技术核心人员。

阿洪师傅在龙井茶场工作以后，不仅带出了王卓再、王金福、王长根等一批亲传弟子，还经常去茶场五个产制区及西湖乡的龙井、玉泉、赤山埠、翁家山等各个生产队具体指导、检查茶叶炒制。在这个过程中，西湖龙井茶加工工艺慢慢地成熟，形成了"采摘、摊放、杀青、回潮、辉锅"的五步标准工艺流程。到了1955年，在中国农业科学院茶叶研究所的指导下，王卓再与阿洪师傅共同归纳出了"抖、搭、拓、甩、捺、抓、推、扣、磨、压"十大龙井茶炒制手法。之后，西湖乡政府将各村的炒茶骨干分批集中到龙井茶场进行炒茶培训。随着炒制技艺不断地传播和推广，西湖龙井茶也迎来了新的春天。

1956年，因为工作出色，年仅二十七岁的王卓再被任命为杭州龙井茶场第三任场长。在担任场长期间，有一件令他终生难忘的事情。那是1957年的春茶季，茶场特意安排采茶能手在清明后二日去狮峰采一芽二叶初展、长约两厘米的芽头，之后又选最好的制茶师傅负责专炒，共炒制了一斤多金芽绿叶，两头小中间大形如碗钉、大小匀整的特优龙井。再从中选出一斤，用铁罐装好，外加木盒包装，并派专人送到城里邮局寄出。大约过了十天，茶场就收到了中央办公厅的来信。来信大致的意思是：茶叶收到，谢谢。按照规定，中央不能收礼。不过，这次收下，下次不要再寄。收到中央的来信后，茶场人心里都非常高兴。①

1959年，地方国营杭州龙井茶场被撤销，并入于前一年成立的中国农业科学院茶叶研究所（以下简称"茶研所"），成为该所的茶叶试验场，王卓再被任命为试验场的第一任场长。在他的带领下，茶叶试验场不仅承担着重要的栽培、育种、试验等任务，每年还要培养几十位优秀的炒茶学徒，被誉为龙井茶炒制技术的"黄埔军校"。

第二年，也就是1960年，茶研所着手关于"龙井茶树群体分离选种研究"的课题研究，选育了出后来名声赫然的茶树品种"龙井43号"。

1960年的春茶季，为了选种，茶研所将科研人员、行政干部和工人全都动员起来，当时用的就是简便易行的土办法：给每人发几根竹竿，分散行动，深入到原龙井茶场的两百亩群体茶园中，从茶蓬的长势、叶片的形态、发芽早晚、芽叶色泽等几个方面进行筛选。由于没有统一的标准，各人只能根据经验判断，觉得哪个茶蓬不错，就在边上插一根竹竿作为标记。最初在从梵村的感应桥（今宋城附近）一直到云栖长达两千米的茶园范围内，选出了一百多棵用竹竿标记的茶树。此后，为了方便观察和记录，育种组开始对这些茶树逐一编号。编号的逻辑很简单，就是选种年份加上序号。比如1960年选的，每棵茶树的年份编号都冠以"60"，而跟在后面的序号就是株号。譬如生长于五云山麓凤凰坞长龙山茶园中的"6043"，就表示是1960年选的第43株茶树，这也就是"龙井43号"的原始编号。

至于"龙井43号"究竟是谁选中的，在王卓再老先生的回忆中，应该是时任茶研所党总支副书记孙中洋。由于当时大家的集体荣誉感都很强，

---

① 政协杭州市西湖区委员会：《龙井问茶：西湖龙井茶事录》，杭州出版社，2006年，第32—37页。

雪后的翁家山　龙井村村民供图

而孙中洋本人也淡泊名利，在其健在的时候也没有留下相关的只言片语，而今已无法再求证了。

经过连续三年对母株的观察及扦插培育等对比试验，加上后期茶叶专家给出的一致佳评，"6043"符合西湖龙井茶"色绿、香郁、味甘、形美"的传统风格。到1964年，课题组确定"6043"作为新品种，将其正式定名为"龙井43号"。

1971年，"龙井43号"在"十八亩"建立示范茶园。1973年，在梅家坞村试种面积迅速扩大。之后，翁家山、龙井、满觉陇、杨梅岭、九溪、双峰、灵隐等地，以及转塘大诸桥到龙坞一带的旗枪茶区，都进行了试种，"龙井43号"在西湖茶区落地生根。到二十世纪八十年代后期，富阳县春建乡下塘村、新登镇草庵村、安吉县溪龙乡大山坞等地，以及鄞县福泉山茶树良种场、新昌浙东茶树良种场、江苏金坛茅麓茶场、安徽东至茶场等都把"龙井43号"作为重点繁育品种之一，为推广"龙井43号"发挥了重要作用。

进入二十一世纪后，"龙井43号"繁育体系更加完整，有了"中茶108号"和"中茗7号"两个系谱，种植面积也迅速扩大，西湖茶区的栽培面积约有八千亩。此外，北至山东青岛、日照，西至四川青川、贵州黎平，南至广西桂林等地都有"龙井43号"的身影。可以说，"龙井43号"是新中国成立后全国育成的茶叶新品种中推广数量最多、覆盖面最广的品种，杭州的"龙井基因"为全国的茶产业发挥了重要作用。

"龙井43号"不仅发芽特别早，自然品质也特优。据茶研所2011年春茶一芽二叶干样测定，"龙井43号"含茶多酚15.3%、氨基酸4.4%、咖啡碱2.8%、水浸出物51.3%，酚氨比只有3.48，特别适合炒制绿茶，制成的西湖龙井嫩绿鲜润、挺秀尖削、香气清幽、滋味嫩鲜，而叶底匀齐成朵，是制作雀舌、明前龙井等高档茶的理想原料。其产值也很高，在西湖龙井茶核心区，标准茶园亩产值可达三四万元。

从1960年选种，到1978年获得全国科学大会奖，再到1987年全国农作品种审定委员会将其认定为国家茶树品种（编号GS 13037—1987），"龙井43号"从一个单株发展成为一个国家品种，前后整整经历了近三十年。

而王卓再亲身经历并见证了这段辉煌的历史。1974年，王卓再来到茶研所植物保护室当主任。当时的副主任陈宗懋是茶叶学科带头人，2003年当选为中国工程院院士。

茶研所的工作重新上轨道后，有一件事常在王卓再心头萦绕：如何将龙井茶炒制这门独一无二的手艺传承下去？当时面临的问题是，老一代的炒茶师傅虽然身怀绝技，却没有文化，不识字，无法把自己的经验记录下来，而大学生虽有文化，却没有炒茶经验，无从下笔。思来想去了好些年，只读过两年书的王卓再终于下决心，决定将一代人的炒茶经验写下来。

为了写书，王卓再依靠惊人的毅力，克服了自己文化程度和写作水平有限的困难，对每一字、每一句、每一幅图片，都怀着无比的热情与虔诚。在毕业于浙江农业大学茶学系的姚国坤和另一位大学生的帮助下，经过一年多的时间，《龙井茶炒制》一书终于在1985年宣告完成，并由浙江省农业厅经济作物管理局印发。因为这本书是最早系统地详细介绍龙井茶炒制技艺的书籍，非常注重理论与实践的结合，所以书一出来，就立刻被定为全省龙井茶手工炒制技艺培训的专用教材，对指导龙井茶生产起了积极的推动作用。在王卓再退休的 1989 年，《龙井茶炒制》一书再次印刷。

2006 年，在一次新春团拜活动中，退休后一直关心龙井茶炒制技艺传承问题的王卓再向茶叶试验场的第三任场长姜爱芹提出了内心萌生的一个新想法，要将龙井茶炒制的十大手法拆解开来，拍一个直观的培训教材。之后，在当年茶季，已是七十七岁高龄的王卓再又一次回到生产车间，从青锅开始，回潮、筛分、辉锅、筛分、挺长头，茶叶炒了一锅又一锅，连续两天，每天超过八小时，终于完成了拍摄任务。人们也许很难理解王卓再对龙井茶那份近乎偏执的痴情和热爱，其实这是他对匠心的一种坚守。

2016 年，对龙井茶炒制流程起了规范作用的《龙井茶炒制》第三次印刷。让人印象深刻的是姜爱芹在再版序言中写的一段发自肺腑的话："……制茶师傅，都是对照《龙井茶炒制》这本小册子的技术要领，从认真学习和领悟'十大手法'开始了解龙井茶的，没有速成者，就像是真正的武林高手必须从心法和内功练起。也正因为如此……上百号的炒茶师傅能够制作出近乎一致的手工'工艺品'，这是一件非常了不起的创举。"

2018 年 8 月 10 日，因对西湖龙井茶的炒制技艺传承作出了杰出贡献，王卓再被授予"当代中华制茶大工匠"的荣誉称号。2020 年，王卓再在由中华茶人联谊会、中国国际茶文化研究会、海峡两岸茶业交流协会共同主办的"杰出中华茶人"推选活动中，获得"杰出中华茶人"终身成就奖。

回首往事，王卓再老先生说："没有师傅手把手教我，我哪会学到本事，对龙井茶阿洪师傅的贡献是最大的。"

四、日高人渴漫思茶，敲门试问野人家

龙井茶的故乡杭州，因为茶文化积淀深厚，本地茶俗给人的印象也如一杯香茗，颇有令人回味之处。而茶乡的习俗，往往与茶叶的生产经营活动密切相关，涉及日常生活的方方面面。

2022 年惊蛰节气翁家山人"喊山祭茶" 龙井村村民供图

2022 年惊蛰节气，在杭州主城区海拔最高的行政村翁家山村的山顶茶园里，举办了第一届喊山祭茶的活动。山民站在自家的茶山上，击鼓呐喊："茶，发芽！茶，发芽！茶，发芽！"此起彼伏的喊声在山中回荡，沉睡了一个冬天的龙井茶芽像脱去襁褓的孩子，在人们的期待中，探出芽头，自由地舒展着、萌发着，阳光下的茶园，点点的新绿在茶棚间喜滋滋蔓延。

翁家山村的喊山祭茶习俗，缘起于清代的山神祭祀。据翁家族谱记载，翁家山的始祖奎公是明弘治三年（1490）携家人从福建上杭迁来的。从明万历十二年（1584）起，翁家山人便以种茶为业。到了清康雍年间，随着翁隆盛创始人来翁家山村寻求合作，并将"炒制精细、保管得法、调制拼配、巧夺天工"十二字诀传授给翁家山村人，翁家山茶叶的种植加工售卖情况便迅速成了西湖龙井茶区的一座高峰。翁家山村人的山神祭正是从那时候开始的。老底子村里举行山神祭的时候，先要在山上亭中设"诸山之神"神位一个，并献上三牲，以及茶、米、盐、时令水果及锡箔元宝等祭品，接着由德高望重的长者宣读祭文，之后翁姓族人一起焚香祭拜山神，祈愿新的一年风调雨顺，茶叶丰收。另据西湖龙井茶炒制技艺非遗传承人、近年来一直在发掘翁家山村历史的翁力文先生介绍，旧时翁家山村有晏公庙，庙中供奉着翁家山村先祖信奉的水神晏公。惊蛰当日，在山神祭仪式完成后，翁家山村人还要抬着晏公神像绕茶山一周。在铿锵的锣鼓声里，持香的村民一路跟在后面，据说这样做是求晏公保佑村民驱邪避灾，香火（人丁）兴旺。等晏公从茶园"巡视"回来，村里还要分馒头，每户人家能分到六个，其中有"发"和"顺"的寓意。翁家山的山神祭，距今最近、规模最大的一次是在1936年，此后因战乱等原因，中断了八十多年，直至2022年才重新恢复，有心的翁家山村人还在祭祀之外增添了喊山的内容。时隔八十多年的这一次山神祭，不仅是对茶乡茶文化的传承，也唤醒了人们对于早前时期龙井茶乡的种种记忆。

"茶叶是个时辰草，早采三天是个宝，迟采三天变成草。"在西湖龙井茶区，连小孩子都知道采茶的三大原则，即"一早二嫩三勤"。"一早"是以早为贵，比如清明之前采摘的茶叶为明前茶，一般为龙井茶中的高档茶，价格往往最高；"二嫩"是指龙井茶讲究采嫩，根据采摘嫩度和叶形的不同，有莲心、旗枪、雀舌等不同的称谓；"三勤"是指龙井茶的采摘次数比较多，一般来说，当蓬面上有百分之五的芽达到采摘标准时，就要及时采摘，而一旦开采，茶农必须每天或隔天去茶园巡视一遍，将符合标准的鲜叶采回去，茶区人称这种多次分批采摘的方式叫"跑马采"。

再说炒俗。茶乡过去一直沿袭"女采茶，男炒茶"的习俗。女人心灵手巧，采得快、采得好；男人身强力壮、手劲大，更适宜炒茶。据翁家山村的村民说，直至二十世纪八九十年代，龙井茶的炒制主要依赖手工。每年春茶开采之前，需要备好烧火用的大柴小柴，需要清洗和修补器具，而男人还要做一件顶重要的事情，就是磨锅，磨掉锅子里的铁锈，将锅子磨得干干净净，就如同平地上的人在水稻、麦子收割前将镰刀磨快一样。到了茶叶开炒的第一天早上，一般人家家里主事的女人，都会给炒茶的男人煮一碗糖籴蛋，补充体力。这一碗糖籴蛋，是温暖而甜蜜的慰劳。而男人炒出的第一锅春茶，要给年老的长辈先品尝。新茶敬长辈，这里头有两层意义，第一层体现了子女对父母长辈的孝敬，第二层是龙井茶炒制技艺代代传承的一种交流方式，通过让长辈品茶和评茶，年轻一辈得以不断总结实践经验，使自己的炒茶技艺有所提高。

在西湖龙井茶乡，一直沿袭着以茶祭神、祭祖的古风。比如腊月廿七、廿八请年菩萨及除夕之夜请祖先"阿太拉"（一切已故祖先的统称），都要以三茶六酒为祭，其中的三茶，指的是三杯干茶。而大年初一一早供奉灶神爷的时候，要上一杯冲泡好的茶以及一份茶点（两个糯米金团）。值得一提的是，茶乡人在祭神、祭祖时用的茶叶都一定是当年的头茶，以体现对神明和先祖的敬意。

旧时婚俗中的"三茶六礼"，在西湖龙井茶乡，也一直为前人所遵循。就拿提亲来说，茶叶是不可或缺的聘礼。如果女方将茶叶收下，意味着女方家庭接受了这门亲事，反之，如果茶叶被退回，则表示女方家庭不同意。就在这以茶传心的一送一退间，让人很自然地想到木心的诗《从前慢》里的句子：从前的锁也好看｜钥匙精美有样子｜你锁了，人家就懂了。这礼与节实在是一种近似诗歌的含蓄。

在西湖龙井茶乡，每年到了立夏节气，除了吃乌米饭，还要喝"七家茶"。所谓"七家茶"，指的是发生在亲戚邻居间的一种民间"茶会"。立夏这一天，各家各户会带上些许新炒制的茶叶，聚在一起，将茶混合后泡成一壶茶共饮，并一起分享自带的糕点水果。席间，众人相聚一堂，其乐融融。相传七家茶起源于宋朝。南宋时期，杭城的居民都热情好客，每逢佳节或迁居，邻里都会送茶，或者请人到家里喝茶，以示友好和互相关照。立夏时喝"七家茶"，一来是采茶季忙碌后的歇息，也是农忙前的一次休闲，二来是亲戚邻里间联络感情的一个好机会，即将到来的农忙需要彼此的互相帮衬。一杯茶，亲睦友善的睦邻之情便弥散在七家茶馥郁的香中。

提到西湖龙井茶乡的茶俗，不得不提"泡茶迎客"的传统。在平日，倘若有客人进门，不管是熟人还是生人，只要一进家门，主人总会面带笑容地请客人坐下，然后第一时间冲泡一杯茶香浓郁的龙井茶，恭敬地送到客人手上。如果与客人言语投机，主人家往往会取出不同山头、不同采制期的龙井茶，让客人一一品尝。按本地的习惯，有客人来，主人可以不留客吃饭，但若不请客人喝一杯龙井茶，就会被认为有失礼仪。

在旧时的茶乡乃至杭州人家，当主人向客人奉茶续水时，懂规矩的客人会端坐桌前，用右手中指和食指，缓慢而有节奏的屈指叩击桌面，以表行礼，意思是向主人表示感谢。而若客人不想再饮或想起身告辞，会欠身，平摊右手掌，手心向下，手背朝上，在茶杯（碗）上捂一下，意思是：谢谢，请不必再续水了。

西湖龙井茶乡的茶俗文化是极富人情味的，也是令人回味无穷的，譬如在龙井茶冲泡法中，有一种被称作"凤凰三点头"。此法是将茶叶置于杯中后，先将开水用旋转法逆时针方向冲水，水量以浸湿茶叶为度。再用手握茶杯轻轻晃动，使茶叶在杯中翻动，叶片舒展开，更好地融合于水。紧跟着第二次冲泡，即再向杯中冲水，水壶由低向高连拉三次，俗称"凤凰三点头"，使水量至七八分满。采用凤凰三点头法泡龙井茶，除了动作赏心悦目，以及使整杯（碗）茶汤浓度均匀一致外，这个动作其实还蕴含了一层重要含义，代表主人向客人"三鞠躬"，以示对客人的敬意和欢迎。

文化学者余秋雨先生说，一杯上好的绿茶，能把漫山遍野的浩荡清香，递送到唇齿之间。这句话自然很美，但西湖龙井茶不仅仅是一款自然的茶，更是一款文化的茶，其中的滋味，需要调动舌头上的味蕾及文化之舌的味蕾细细品味才能懂得。西湖龙井茶的滋味，还要从"龙井问茶"的"问"字上寻得，享有清闲的人，与之最为接近，无论春夏秋冬，对于享有清闲的人来说，都是好时辰，会有一个声音在他耳畔轻轻命令：走，到龙井山上吃茶去！

参考文献

1.〔明〕田汝成:《西湖游览志余》,文渊阁《四库全书》本。

2.〔清〕丁丙:《武林掌故丛编》,广陵书社,2008 年。

3.阮毅成:《三句不离本杭》,杭州出版社,2001 年。

4.陆鉴三:《西湖笔丛》,浙江人民出版社,1981 年。

5.王国平等:《西湖文献集成》第 3 册《明代史志西湖文献》,杭州出版社,2004 年。

诗一般的画外桐坞——西湖区转塘街道外桐坞村

外桐坞村位于素有"万担茶乡"之称的龙坞茶叶基地核心区域，居民一百六十余户，世代以种茶制茶为业，宗族文化留存完整。二十世纪五六十年代，开国元帅朱德曾四次前来视察，成就一段美谈佳话。进入二十一世纪，借中国美术学院入驻转塘的契机，外桐坞村启动艺术公社项目，由一个传统茶村蜕变成集艺术、体验、交流为一体的艺术创意村及国家AAA级旅游景区，获得全国文明村、全国美丽乡村百佳示范村、全国法治示范村、省特色旅游村等荣誉，有"画外桐坞"的美誉。

外桐坞村 金毅摄

得悟空明独隐耕，种梧漫野坞因名。

日临松色半窗冷，月洒桐阴满路清。

"得悟空明独隐耕，种梧漫野坞因名"，明末高僧释大善在他的诗《悟空寺》[①]中，用前两句描绘出了桐坞地名的来历和坞中幽邃、恬静的迷人气息。桐坞，地处杭州以西横山境内，分里桐坞和外桐坞。钟毓龙在《说杭州》中说，黄山大岭系钱塘江与西溪的分水岭，岭东岭西皆称黄山，俗作横山。[②]

外桐坞，旧志载当在黄山大岭之南口，古时江水所之至，即位于今天林木葱郁的横山桐坞岭下，离杭州市区约十五千米，在素有"万担茶乡"之称的龙坞茶叶基地的核心区域，其东与葛衙庄村相邻，西北与大清村相靠，南与里桐坞村相依。外桐坞村第一姓氏为仇姓，约占人口数的百分之七十，是一个典型的宗族村落，其余为李姓、金姓、杨姓等。村民世代以种茶制茶为业。村口有留泗公路，旧时为转塘至西溪的横山路上的重要交通节点。二十世纪五六十年代，开国元帅朱德曾四次前来视察工作，成就了村民记忆中的一段美谈佳话。

时光进入二十一世纪，在政府"千万工程"的引领下，借中国美术学院入驻转塘的契机，外桐坞村由一个传统茶村蜕变成国家AAA级旅游景区，获得"全国文明村""全国美丽乡村百佳示范村""全国法治示范村""省特色旅游村"等荣誉，成为以绘画艺术为特色的江南风情山村，因此享有"画外桐坞"的美誉。

---

① 　见释大善：《西溪百咏》卷下《悟空寺》。

② 　钟毓龙：《说杭州》，浙江人民出版社，1983 年，第 35 页。本文中外桐坞均作外洞坞。

全国文明村外桐坞（村庄主入口） 外桐坞村村民供图

一、巨樟之下祖宗坟

据资料统计，自 2000 年至 2010 年，中国的自然村落从 363 万个减少至 271 万个。随着城市化进程的发展，中国的自然村落甚至将会以更快的速度消失。村庄，在时间中飞快消失的现象令人惊心。它们的消失，一部分，是被不断扩张的城市蚕食的；另一部分，则因空心化变得寂寥荒凉，随着村里老人的渐次离开，它们最终在时光中沦陷，化为一片虚无。

生活在繁华都市中的我们，将如何安放和抚慰内心的乡愁？故土，返回已没有可以栖身的房屋，被荒草埋没的先人坟前的墓碑或许也已字迹消遁，又或者，"笑问客从何处来"，故乡不仅连一个认识的人都没有了，从前熟悉的地名也消失了，仿佛记忆中的一切都从未存在过。关于村庄与乡愁的这些感慨，立在外桐坞巨樟荫蔽的仇氏祖坟前，便会蹦入人的心中。纷繁世事，冠盖如云的古树和寂寂无言的古坟，已经互相守候了数百年，而在这一树一坟的注目下，村里的仇氏宗族还在不断地开枝散叶，和那些步入风烛残年的村庄不一样，外桐坞看起来，既年轻美丽又兴旺繁荣，生机勃勃。

大樟树　外桐坞村村民供图

葬在古樟树下的外桐坞仇氏始祖，为清康熙十二年（1673）过世的仇家第十一世怀三太公。据乾隆十六年（1751）纂修的《仇氏宗谱》记载：明朝中叶弘治二年，仇氏第一世始祖为仇莺和，江西吉安府吉水石研人（今江西吉安县），以贸易为生，明朝中叶由江西迁徙湖南安邑四都，育四子，称四大房。四大房生五子，谓五族。四房五族子孙繁衍数百人，门户林兴，忠厚传赞，迁徙地域甚广。

明末，四房五族后人怀三太公举家从宁波迁至西溪路上马家坞口的新凉亭（今唐家桥），后因清军入侵，怀三太公带领族人迁入外桐坞避居，在山中垦荒，开辟茶园山场。另有部分西溪原住民，迁至更荒僻的里桐坞避居。外桐坞和里桐坞，为西溪沿山十八坞中最后有人居住的两坞。怀三太公过世后，其后人因从事茶叶及山货贸易，渐渐成为横山一带赫赫有名的家族。清乾隆十九年（1754），仇氏后代兆字辈，邀集族人共议修葺祖坟，修建仇氏祠堂，并将此事记录在重立的墓碑上，以慰先辈怀三太公建业之功绩。

外桐坞，古时辖属钱塘县定山北乡。1927年，属杭县十二都二图所辖之花坞乡，今外桐坞村54号仇锦昌家门上仍有当年"杭县六区花坞乡51号"的门牌。1946年设立杭县上泗区，下辖九乡，外桐坞村辖属龙坞乡。新中国成立后，从互助组发展至外桐坞农业合作社，1956年与大清合并形成金星农业高级社，1958年属于上泗人民公社，1961年为龙坞人民公社外桐坞生产大队，1984年，改为外桐坞村至今。

村子中心的巨樟下的祖宗坟，村里人称"樟树坟"，是外桐坞村最重要的人文地标。根深叶茂的古樟既是庇荫仇氏后人的宗族树，也是连接仇氏宗亲的感情纽带，还是一代代走出去的外桐坞人记忆中的乡愁，更是一种安抚人心的精神寄托。因为樟树坟的联结，仇氏后人一向和和睦睦，有事一起分担，有坎一起跨过，对生活充满了美好的愿景。

"樟树坟"的前前后后都是房子，村里人对阳宅建在阴宅旁毫不避讳。

生于 1937 年的仇学广老先生回忆说，小时候，樟树坟的南面有十几座建于明清时期的老房子，仇家大房的祠堂也在那里，后来这些房子在一次火灾中被烧毁，以后的很多年，外桐坞人都叫这里火烧地。仇家大房的祠堂是一间挑高的平房，正中一间放着祖宗们的牌位，左边一间是私塾学堂，右边一间里放着几口寿材。旧时候，家里停放寿材很普遍，老辈人有一句话这么讲：三岁割寿材，到老不落空。或许将寿材放在屋里，体现了一个古老民族的沉沉暮气，但也可以说，这是一种对死亡豁达通透的对待，死是人的必然，无可惧怕，而将来的一天能与祖宗一起在泥土下沉睡，是心安的归宿。

关于仇氏宗祠，按照过去的风俗，结婚三天的夫妻，要去祠堂里拜祖宗。某户人家添了男丁，要到祠堂将名字报上，录在族谱中。外桐坞人很看重宗族，二十世纪五六十年代，当周围山麓的坟墓都被掘掉时，樟树坟只是象征性地撬掉了石碑，墓无人敢动。而庇佑着它的老樟树也变得神圣，这棵比祖宗坟年代更长久的树，周边其他老树大部分被砍掉时，近百年来从来没有人打过它的主意。村里人讲，七十年代因为樟树长得又高又大，影响了一户人家房子的采光，房子主人爬上树砍掉了几根枝丫，结果当年村里就发生了不祥的事情，有好几个孩子出天花死掉了。这样的说法是不是迷信，但村里的老辈人相信：老香樟是有灵的，动了就会遭殃。

再说回当年那块被撬掉的石碑。当时被一户李姓人家背去砌了猪栏，2005 年，村庄整治要整修祖宗坟时，时隔将近四十年，这块石碑被李姓人家送了回来。由于年深日久，碑文风化得厉害，有三分之一的字迹看不清了，仇家人就给杭州市考古研究所打去电话救助。过了几天，考古所一位副所长就带助手来了，他们拓下残缺的碑文，仔细研读，终于将缺省的字补齐，并给仇家抄录了一份。两人回去进一步研究后交代，这块碑对研究家史很有价值，建议将碑保护起来。

2005 年重修樟树坟时，坟地周围砌了一个规整的圆。从墓前沿着圆走一圈，让人感觉就像走进了永恒的乡愁的中心，它如此巨大，如此葱翠，时间长远，依然充满能量，神圣又庄重，每一次目光与它的相遇，都是那么令人震撼。

二、桐坞岭前"三陆"颂

桐坞岭，又名箬帽峰，位于外桐坞村西北面。据康熙《杭州府志》载，箬帽峰，以形似笠，故名。这里林泉幽深，颇得山村雅趣。又据《西溪百咏》载，唐贞观年间（627—649），此地悟空寺有一僧人，在坞内种植梧桐树，取名桐坞。明万历年间，古木参天的桐坞岭下有一幢院中植有梅花和竹子的清雅楼宅，乃是时任江西吉水县县令的钱塘人陆运昌的别业。此别业，为陆圻、陆培、陆堦等五子的读书处，而桐坞岭的名字由此而来。

陆圻（1614—? ），字丽京，号讲山，陆运昌的大儿子。明末清初著名的文学家和医学家。陆圻自小聪颖，喜读书擅诗文，早负诗名。明崇祯年间被选为贡生。明亡后，加入江南士人自发参与形成的登楼社、惊隐社、慎交社等文学社团，与沈谦、毛先舒、丁澎、陈廷会等十位具有民族气节且诗风相近的诗人并称"西泠十子"，其文体为当时的文人仿效，世称"西泠体"，而陆圻的诗作被清初执文坛牛耳的王士禛列为"西泠十子"之冠。

清顺治二年（1645），其弟陆培殉节，陆圻赴前线参与抗清，事败后在福州剃发为僧。陆圻性至孝，在避难中接到母亲催促回家的书信后，便日夜兼程冒着风险赶回杭州。家中生活困顿，买不起柴米油盐，陆圻便以行医为业，其足迹遍及苕溪沿岸和江南各地。由于医术高明，经他治愈的病人极多。

顺治十八年（1661），南浔"庄廷鑨明史案"发生，清代统治者以"文字狱"为借口屠戮拒不逢迎的江南士子，陆圻与海宁的查继佐、范骧无辜受到牵连，后因得到京城和江浙间许多亲戚朋友，特别是清军高级将领吴六奇的营救和疏通，冤情终于得以洗刷，株连的家属也全部被无罪开释。金庸先生的武侠小说《鹿鼎记》就是以讲述这桩文字狱大案开头的。

九死一生的陆圻，回到横山桐坞后，忍不住与家人抱头痛哭。陆圻的文集中有一首《释后携儿繁露晚发钱塘》的诗，就记录了庆幸冤罪洗脱后的大悲大喜的心情和感受：

作客新城道，登舟挈汝来。
可怜怀橘孝，幸免覆巢灾。
人比圜扉长，天从远嶂开。
莫愁江水落，明日送潮回。

清康熙七年（1668），大难不死的陆圻起了出世之念，遂离家出走。后来，他的大儿子闻讯有人在横山桐坞的深山老林中见过他，便徒步入山，找到衣衫褴褛的陆圻后，长跪哭泣，求父亲回家，然陆圻不为所动。儿子知道父亲的个性，顺势说回去祭奠祖母墓，陆圻这才跟着儿子返家。过了一段时间，陆圻带着一名仆人再次出走，起先到安徽齐云山，继而转往广东，后来有人说在某座道观见过他，但终于音讯全无。陆圻育有二子，长子拒石，因多次寻父无果，悲伤过度，早年就身殁过世。次子冠周，自幼攻读四书五经，后登进士弟。长女陆莘行，七岁能作诗，贤淑好学，著有《老父行游记》，后改名《雪罪云游记》。

其时，剧作家、诗人洪昇对陆圻的不幸命运深表同情，曾在绝句《答人》中感叹：

君问西泠陆讲山，飘然一钵竟忘还。
乘云或化孤飞鹤，来往天台雁宕间。

在桐坞的青山翠谷中，还埋葬着明末文坛的一位骄子，就是陆圻的弟弟陆培，陆家二子。父亲陆云昌曾经这样评说两人："圻温良，培刚毅，他日当各有所立。"

陆培生于明万历四十五年（1617），字鲲庭，少负俊才，仪表堂堂。年少时，师从葛衍庄葛寅亮。明崇祯十二年（1639）赴乡试中举，次年以三甲第一五一名得为进士。后未等受职就返乡侍奉老母，在家愈加发奋苦读，深入研究天文地理等各种知识，博闻广记，为人重义，当时的文坛主黄道周对其人其文，特别赏识。

明崇祯十七年（1644）五月，南明福王朱由崧新立。九月，陆培赴南京谒见，被授予司行人，掌管传旨、册封等事务。十月，陆培惊闻清军已攻入浙江的消息，知道大明王朝大势已去，便快马加鞭赶回老家桐坞岭，与友人陆彦龙等迅速集合了数百名壮士，以图保卫家乡，并拜见当时的浙江巡抚张秉贞，请兵据守。但张巡抚已拿定主意投降清军，找借口拒绝了陆培的请求。陆培听后大哭而去，说："事难立矣，吾不死，无以报国。"不久，他又听说在杭州的潞王也降清了，便向家人讨酒喝，准备自杀，但他的妻子苦苦相劝，并提防他做傻事。

清顺治三年（1646）闰六月十三日，陆培写了三封遗书，作绝命诗一首：

　　谁谓朝廷一命轻？行人使节本皇明。
　　春秋官叙诸侯上，周礼班从司马名。
　　雍国尚惭双采石，荆胥无计求秦兵。
　　荡阴徒有溅衣血，烈帝孤臣恨未平！

然后，他穿上明朝的冠服，向北五叩头，向南三叩头，坐方床上从容自缢，年仅二十八。南明王闻讯，赠尚宝司少卿衔，谥号忠毅。夫人陈氏见陆培自杀殉难，也从楼上跳下，导致严重身残，昏迷一个多月后苏醒，此后两年多哭声不绝，令人悲恸。

陆培殉难后，他的家人怕清军加害而不敢殓葬，陆培之弟陆垲一个人去了位于江干的清军营垒，在辕门外大喊："行人司行人陆培死于横山桐坞岭尚未入殓，特来禀告。"清军统帅敬佩陆培的忠义，就让陆堦回去礼葬。将二哥埋葬在桐坞岭上后，陆堦听从老母亲的话，带着侄儿隐居于西溪河渚骆家庄，以种菜捕鱼为业。

陆培的儿子繁弨，父亲死的时候才五岁，陆培留了一封遗书，托孤给他的朋友陈际叔，并将自己的藏书全部赠给陈际叔。际叔教繁弨成名，并将陆培所赠书籍还给了他。繁弨成年后博学能文，克承父业，对母亲极尽孝道。繁弨撰有《善卷堂四六》，并整理父亲遗书成《旃凤堂集》行于世。

陆堦（1619—1701），字梯霞，陆运昌三子。明崇祯七年（1634）进士，陆堦儿时曾随兄陆圻、陆培在桐坞生活与攻读。陆家三兄弟皆有才名，时人称之为"龙门三陆"。明亡后，陆堦身怀家国之痛和丧兄之痛，忍辱负重，在家乡一边种田一边开设私塾，因为他学识渊博，循循善诱，附近学子纷纷到此就读。清康熙三十三年（1694），浙江巡抚张鹏翮主持整修万松书院，希望它成为浙江十一个府州的中心书院、最高学府，想聘一位省内著名学者担任山长，选来选去选中了陆堦。陆堦出任山长期间，因品德高尚，教育有方，受到世人的尊重。他还专心收集名儒先辈文集，撰成《四书大全》

外桐坞村陆羽雕像 金毅摄

六十卷。雍正《浙江通志·陆堦传》载："授生徒，四方从游者如归市。"

外桐坞四面青山合围，是块风水宝地，历史上出过才俊志士，也葬过许多历史名人，比如明代重臣洪钟的玄孙推官洪吉臣。洪吉臣与弟吉辉、古符都以一手好文章而扬名，时人赞扬洪氏三兄弟"城西有三洪，英英文字雄"。明崇祯十三年（1640），洪吉臣在广德安府任推官，时三楚大旱，他拿出俸禄、米粟，赈济灾民十七次，救活灾民无数。洪吉臣逝后，墓葬在横山外桐坞山中，清代钱塘藏书家丁丙之子、南社社员丁立中曾撰有诗《西溪怀古诗·西溪怀洪载之》，怀念洪吉臣等三洪，诗曰：

> 人中骐骥有三洪，家督尤长命世雄。
> 疗母芦根占梦兆，济民粟米树阴功。

还有光绪年间进士、山东巡抚沈拱宸（辰）。曾为两淮盐差使的沈拱宸为官清廉，才情恣肆，著有《如意斋诗稿》。据村里老人回忆，其墓地占地两三亩，坐西北朝东南，距留泗路约两百米，墓道铺青石板，墓前竖有两根石质华表，华表上雕刻着云龙等图案。1965年与其他墓一并被毁。

三、桃源深处遍种茶

东晋文学家陶渊明的千古名篇《桃花源记》，用文本虚构了一个令人向往的幻境，让人有身临其境之感。"林尽水源，便得一山……土地平旷，屋舍俨然，有良田美池桑竹之属；阡陌交通，鸡犬相闻……"在现实世界里，像外桐坞村这样隐逸的村落，就是一个真实生动的桃花源。

写《悟空寺》的释大善经常来横山诸寺，他还写过一首《黄山松径》，诗的前四句是这样子的：

> 十里青山九里松，野花缭乱水溶溶。

几家炊起烟光远，一路凉生树影重。

仅此四句，一个与山水共融的村落印象便跃然纸上。这里要说明的是，黄山松径中的黄山即横山，而黄山松径就是横山大岭，在明清时期是转塘至西溪唯一的一条通道，也就是今日留泗路的前身。至于诗里写到的水，应该是位于外桐坞村东面、流到山脚后汇入横山浦的长溪，释大善当年在"黄山松径"所见的炊烟人家，在桐坞一带的可能性极大。

外桐坞的前世是一个种满茶树的桃花源。山顶上云雾缭绕，山腰上修竹茂林，林地下方是一浪浪碧绿的茶垄，发源于仙人坑的两支溪流西边溪和长溪将掌形的小村庄环绕，水流较大的长溪上还有磨米和造纸用的水碓。溪流下游的山脚边有百亩良田。村中有上百间明清风格的房子，是整个龙坞村落中房子最多和最好的。这里有鹅卵石铺就的巷道，有井水清冽甘甜的古井，有祖宗祠堂，有土地庙，有冠盖如云的老樟树，有小菜园，有鸡鸣犬吠，仿佛就是桃花源了。

位于海拔约五百米的横山大岭，三面环山，森林覆盖率高，空气纯净，土壤肥沃，拥有得天独厚的种茶条件。外桐坞村自古以来就是龙坞主要的茶叶产区，也是最好的产茶区域之一，正如当地农谚所说："头戴帽子，脚穿靴子，帽子越高，茶质越好。"新中国成立之前，这里有茶园二百余亩，现有近五百亩，种茶的历史或比村子的历史更为悠久，也或许，当年仇家在唐家村立足后，就来此开辟茶园，后再搬进来的。

满种茶树的桃花源里，一到清明谷雨前后，背着茶篓的女人们就忙开了，她们成群结队上山采茶，就如清胡敬《定乡杂著》所描述的那样："山上，自踵至脊，茶艺殆遍，每岁春时，村中妇女携竹篮、荷笠，采茶上山，银钗丫鬟唱采茶歌，山前山后声相呼应。"[1]

---

① 胡敬：《定乡杂著》，收录于〔清〕丁丙：《武林掌故丛编》第四集，见王国平：《杭州文献集成》第2册《武林掌故丛编（二）》，杭州出版社，2014年，第539页。

外桐坞村元帅茶园　金毅摄

　　春天的茶园，要多美有多美，披满嫩绿新芽的茶蓬，在初阳的照耀下莹莹发光，女人头上的一只只五彩六色的斗笠，像碧绿碧绿的茶蓬里开出的一朵朵花，茶园里除了长一声短一声的布谷鸟叫，还有像云雾一样飘满山坞的采茶女的歌声：溪水清清溪水长，溪水两岸好呀么好风光。哥哥呀，上畈下畈勤插秧；妹妹呀，东山西山采茶忙，插得秧来匀又快，采得茶来满山香……

　　到了夜里，外桐坞村家家户户的男人连饭也顾不上吃，都低头躬身坐在炒茶锅前炒茶，白天采的鲜叶，不管多晚都要炒制完毕。炉膛里烧着柴箅头，柴火跳跃地舔舐着锅底，火力温和而不猛烈。刚放进锅的青叶在一双双生了老茧的手掌下翻飞起舞。男人们熟练地使用抓、抖（透）、搭（带）、捺、甩、推（挺）、拓、扣等炒制手法，将一锅一锅翠绿的鲜叶炒制成扁平光滑的新茶。白天在山上采了一天茶叶的女人们也没歇着，在旁边打下手。万籁俱寂的夜里，整个村子里，都弥漫着一股茶叶的清香。

　　种田以果腹，种茶才是外桐坞人收入的主要来源。怀三太公的后人在外桐坞安家落户的时候，主要以种茶及从事茶叶山货买卖为业。彼时，包含外桐坞在内的沿山十八坞出产的茶叶已经十分有名，所产"旗枪"茶，销路很好，根本不愁卖。据明末清初吴本泰《西溪梵隐志》卷一《纪胜·土利》记载："西溪茶利之厚十倍龙井……春日焙茶，香闻十里。"到了清末民初，旗枪茶的产销也到了一个新的高峰，历史上的旗枪春茶贸易，主要集中于留下镇一带，当时留下的西溪河连通京杭大运，来自淞沪各地的商贸船只纷至沓来，与桐坞相距不远的留下镇上一时茶行林立。1933年，留下镇中心的后街"柴场上"，改名为"茶市街"，日本鬼子打进来之前，来此经营的大小茶行有好几十家，茶行业主中有许多里外桐坞人的身影。

　　这里要说一说旗枪名字的由来。"旗枪"，原是江南春季出产的优质绿茶品类的名称，其源头或可追溯至北宋初年真宗、仁宗两朝。隐居西湖孤山的诗人林逋，在《尝茶次寄越僧灵皎》的名篇中，就留下了"白云峰下两枪新"的名句。其后，王安石在《送福建张比部》中，又有"新茗斋中试一旗"之句。与其同时代的王德臣在随笔《麈史》中释读此句时谓："闽人谓茶芽未展为枪，展则为旗，至二旗则老矣。"由此可知，"枪"指的是一颗茶芽，而"旗"，则形象地喻称一片新茶嫩叶。至南宋，陆游在《效蜀人煎茶戏作长句》诗中写有"红丝小磑破旗枪"之句，可见以"旗枪"喻指茶叶，由来已久。

历史上，西湖茶叶产区被划分为旗枪茶产区和西湖龙井产区，龙坞、转塘、留下包括外桐坞属旗枪产区。实际上，茶树品种都是一个祖宗，即群体种茶树，只是旗枪初采的茶叶比龙井稍大，制作后的茶叶在形制上稍逊于龙井茶，但由于采摘时间稍晚，茶叶的营养成分更充足，香气滋味也更为浓郁丰富。所以茶并不是时间越早品质越好，而要采在"当时"。

炒茶　外桐坞村村民供图

与龙井茶的炒制一样，旗枪也是一种扁茶制作工艺。成形的茶叶扁平光滑，一芽一叶，犹如小型的旗帜和古代的刀枪。旗枪的制作关键在于最后一步：挺茶。挺茶讲究"敲"和"压"，以让外形更加平整光滑。挺茶需用到很多制茶工具，如挺灶、挺锅、簸匾、样匾、中筛、细筛、末筛、挺箕等，挺灶的安置还需要适当的房屋，挺锅不用平锅而用斜锅。就算达到上面两个条件，茶农制成的茶叶不一定能达到茶商的标准度，所以老底子都是由茶行将七成干燥度的半成品茶叶收购后，雇请年轻力壮的熟练茶工完成。经挺茶工挺成扁平光滑、绿里带黄的干茶后，再用簸匾簸出黄片（老茶片），用末筛筛掉茶末，最后用中筛选筛出长短基本一致的成品茶，然后根据茶的质量分级打包。

二十世纪二三十年代，龙坞茶叶已远销北至平津、南至港穗等地，上海大马路（今南京路）茶商朝天顺评论说："品龙井，只能品其香，若兼品香味，龙井不及里桐坞的旗枪。因为梅家坞龙井头茶味淡，二冲以就无茶味。旗枪则续三四次还有茶味，而且价格便宜得多，故对老客户我都推销旗枪。"优质的旗枪也较耐存放，有人将当年炒制的春茶用茶色纸包好，放入石灰缸，密封压实，待到来年春茶上市启封拿出来与新茶比较，其香气、色泽毫不逊色。

外桐坞茶由"旗枪"向"龙井"的转变是在杭州市政府宣布将龙坞纳入"西湖龙井"产区之后。从1986年起，外桐坞开始接轨西湖龙井一级产区的采制标准。在市场化趋势下，外桐坞的茶农也主动早采、小采，精心炒制，使茶叶品质渐渐向西湖龙井靠拢。现在，传承了几百年的"旗枪"及其炒制技艺逐渐退出了龙坞人的视野，但在非西湖龙井茶产区，比如余杭等其他一些地方，还有旗枪茶的一席之地。这让人想起冷兵器时代的旗与枪，万物因缘际会，来的时候来，去的时候去，时间到点了，就消散在风里。

满坡满沟茶树的"桃花源"里，不只有茶园良田，还有竹山，出产好笋，竹笋产于里、外桐坞入口处的貉子湾。旧时光里，貉子湾毛竹青青，满目翠绿。每当毛笋出土的时节，山上的貉子就会成群结队来偷吃毛笋，貉子湾的名字由此而来。

得益于竹园雇工常年的精心培育维护，貉子湾毛竹林中的熟土层特别厚，出产的毛笋个大身高，颗颗比重磅热水瓶还粗，每颗的重量都在十千克上下。这里的毛笋生产期比普通竹园的产期略为迟些，一般要在立夏时节才出笋。貉子湾的毛笋壳薄肉白，鲜嫩味甜，民国时期，每到吃笋时节，本村人将一早挖好的毛笋用底似土块、两边有竹夹的"灰婆担"，挑到留下镇上去卖，再由商人销售到杭城的各大菜馆饭店。当地的金莲寺等寺庙为香客提供的素食，也常常少不了貉子湾毛笋。初夏时节，貉子湾毛笋是杭州好食者追逐的时令美食。

除却茶和笋，传承百年的"横山竹篮"编织功夫，也是外桐坞人重要的家庭经济来源。横山竹篮起源于龙坞龙门坎村的孙家里，后来这门手艺像随风飘扬的种子朝着龙坞周边村落及转塘、留下周边播散。由于山林面积大，"鸡米竹""簸箕竹""苦竹"等制篮的竹子资源丰富，外桐坞人很早就将编织竹篮当作重要的副业。"手里塞塞窣，银子堆楼角"，除农忙茶忙季节外，肩负养家重担的夫妻两口几乎将全部时间和精力都用在编织竹篮上了。女的劈篾编篮子，男的杀口绕篮掼，夫妇配合，从不懈息，一家人的日子就在两人的手上编出锦绣来。

十天八天后，编好竹篮，男人就挑着去留下或几十里外的杭州城里叫卖。几十只篮子，用长扁担挑在两头，因为体积大重心摇晃，走路时碍手碍脚，几十里路男人要走走歇歇。一担竹篮往往要卖一天才卖得完，不过要是逢到香市，就轻松多了，老早龙坞、西溪一片寺院众多，随便往哪里一摆，外地来的烧香客就上来围住篮担，两只、三只地买，没多久，就把一担篮子抢个精光。

得益于丰厚的物产与勤劳节俭的家风，旧时光里这座位于横山大岭高

编竹篮 外桐坞村村民供图

处的小村偏僻而不贫穷，生活充实而有期盼。因为是宗族村，走来走去都
是亲戚，家境困难的人家都会得到宗亲们的温暖照顾。逢年过节，空闲下
来的人们自然会遵循传统的风俗，洒扫庭院，酿酒杀猪，祭拜菩萨，走亲
访友，观灯看戏，其乐融融。

　　虚构的桃花源岁月永远静好，但现实中的外桐坞有过惨痛的记忆。
1937 年 12 月 23 日，日本侵略军进逼杭州。当日傍晚，躲在大岭虎啸湾一
带山上的外桐坞村民眼看着一队鬼子人马，从唐家桥杀气腾腾翻横山大岭
进了村。不多时，村口大片的房屋浓烟滚滚，有村民看到自家的房屋被烧，
当场昏了过去。这一天，外桐坞村被鬼子烧毁的房子一共有 63 间，包括
村里人常在里面做法事和看戏的聚贤庙和李家祠堂等。85 岁的村民仇维月
说，当天外桐坞村有 4 人死在鬼子的枪下，其中有两个仇家人，一个叫仇
飞德，因逃离慢了一步，被枪杀在家前面的竹园里；一个叫仇杏根，是开
小店的，逃跑的时候被鬼子一枪打死在大（长）溪坑桥上。日本鬼子的罪
恶罄竹难书，抗战期间，在龙坞地区被枪杀的老百姓有 167 人，被烧掉的
房屋（包括草房）共 583 间，被辱妇女难于计数。

　　抗战胜利后，横山大岭上的烟火气息渐渐复苏。当时，有周浦和袁浦
的商人合股在转塘和留下之间开了一条公交线路，公交车是一种烧炭的小
汽车，在外桐坞靠近马路的地方有一个停车场，而在聚贤庙的遗址旁，多
出了几个小店，比如箍棒桶店、杂货店、自行车车行等。公交车、自行车
的出现，意味着这个桃花源般的小村落即将拥抱一个巨变的时代。

四、元帅频临外桐坞

　　春天，细雨中的外桐坞村满眼皆绿，在元帅井（原名单家井，旧时是
村里的主要饮用水源）不远便是朱德纪念馆，纪念馆外的凉棚下有一尊朱
德元帅端坐饮茶的塑像，栩栩如生。纪念馆由仇家开字辈人仇开和的老屋

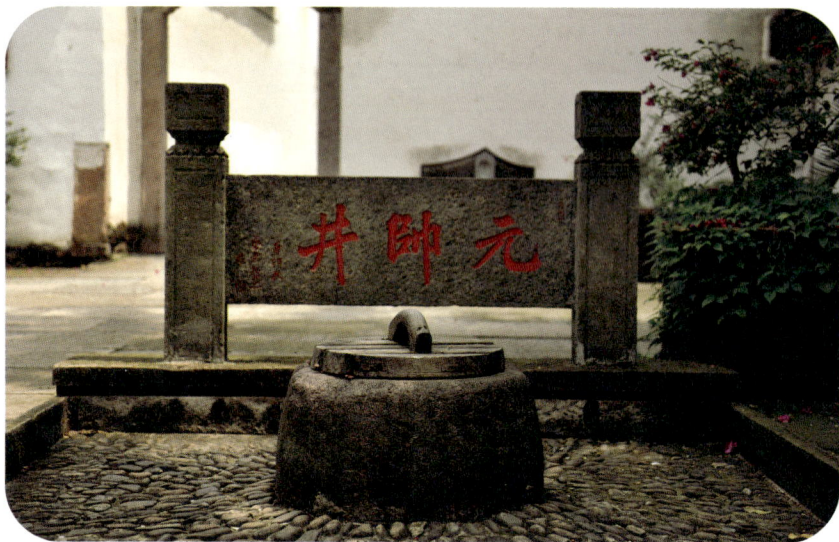

外桐坞村元帅井 金毅摄

改造，进门处有一棵枝叶茂密的百年老石榴树，后厢房原有灶间后改做年糕房。这间于 2011 年被辟为朱德纪念馆的老房子，原本就是朱德元帅历次来外桐坞考察调研时的接待处。当年，外桐坞村的每寸土地都寄予了他的厚爱。

回顾新中国成立以后的杭州茶乡历史，在西湖龙井茶区，有两个村庄荣幸地接受过开国元勋和国家领导人的视察。一个是梅家坞，作为指导全国农村工作的联系点之一，周恩来总理曾先后五次到梅家坞调研和陪同外国元首到访。而另一个就是外桐坞，作为当年是区内闻名遐迩的先进村，因此成为亲民爱农的朱德委员长在一线考察调研的对象。二十世纪五六十年代，朱德曾四次来到外桐坞村，时间分别为 1954 年、1958 年、1962 年和 1966 年，每隔四年来一次。朱德非常关心茶农的生产和生活，亲切地指导茶村的规划发展，对外桐坞村的建设和发展产生了深远的影响。

1954 年春，在原浙江省公安厅王芳厅长的陪同下，头戴呢帽、一身便装的朱德来到外桐坞村。当时，村民正在笠帽峰下开荒种茶，看见火热的劳动场景，朱德非常高兴，立刻加入了开荒大军。他一边和村民一起开荒种茶，一边对身边的村支书仇阿友说："茶叶是经济作物，人人要喝，要多多发展。"①

　　1958年4月，在时任省长周建人的陪同下，朱德第二次来到外桐坞村。那天村里大部分人都下地劳动去了，见到有三四辆小汽车进村，社员们忙去找村干部，有人赶紧打扫单家井后的接待室，将摊在房前的食堂蔬菜收起来。村书记仇炳友一到，一下便认出了朱德元帅，激动得一时说不出话来，经旁边人提醒才缓过神来，领着朱德走进了接待室，待坐定后赶紧介绍了村里的经济发展状况。当了解到村中蔬菜靠自己种，还建有集体畜牧场后，朱德很高兴地说："要关心群众生活，就是要让村民生活好起来嘛。"②听完汇报，朱德还去了茶园视察，和村民一起采茶聊天。其间，有一位村

外桐坞村朱德纪念室　金毅摄

① 政协杭州市西湖区委员会：《之江记忆》，浙江人民出版社，2010年，第8—10页。
② 政协杭州市西湖区委员会：《之江记忆》，浙江人民出版社，2010年，第8—10页。

民送来了一株从笠帽山上采来的兰花，兰香幽幽，朱德看了很高兴。

1962 年 2 月 26 日，身穿灰色呢大衣的朱德第三次来到外桐坞村体察民情，近中午时分，当路过村民仇三潮家时，看到饭桌上有鱼、肉，朱德很高兴。之后，他来到村里的会计室，见党员李阿坤像刚劳动回来的样子，便问："你哪里来？"李阿坤兴奋地说："我从油茶山上来。"朱德说："你们还种油茶！多种经营，好啊！"随后，会计葛如山和李阿坤向委员长汇报了几年来村里的基本情况。朱德又问："今后你们打算怎么发展村里经济？"俩人一时接不上口，就派人去找村干部来。朱德接鼓励着说："要搞好规划，多发展茶山，搞好多种经营，尽快增加村里收入，让村民越来越好。"①

朱德委员长第四次到外桐坞是 1966 年的 1 月 25 日，陪同人员是杭州公安局八处的警卫。这次停留时间较为短暂，大约半个多小时，朱德走进村民仇根喜的家，与他拉家常。"今年我们又是大丰收，稻谷丰收，茶叶

外桐坞村元帅亭 金毅摄

---

① 政协杭州市西湖区委员会：《之江记忆》，浙江人民出版社，2010 年，第 8—10 页。

丰收，家家过年还分年糕。"时任村贫协主席楼绍法向委员长介绍说年底村里统一打了年糕，家家户户都分到了。委员长边听边点头，特别关照道："好的方法要长期保持下去，要充分考虑人民群众的利益。"①

朱德委员长的殷殷叮咛，深深鼓舞了外桐坞村村民建设茶乡的劲头。从二十世纪五六十年代起，以仇维友为代表的村干部遵照朱德委员长的指导，以百姓的利益为利益、团结协作，奋进开拓，在笠帽山、周家院、茶弯里、皇天坞等开荒种茶，使优质的群体种茶园从原来的二百多亩增加到了四五百亩，让原本因过度砍伐而光秃的山又恢复了翠绿。此外，还陆续办起了畜牧场、茶厂、谷箩厂、石矿等，使村民的生活在集体年代不断改善。到了八十年代，沐浴着改革的春风，外桐坞村村民的生活蒸蒸日上。进入新世纪，头脑灵光的新一代村干部，借由中国美术院入驻转塘的契机，顺势而为改造村容村貌，引艺术家入村，打造茶叶文化、艺术文化，发展休闲旅游经济，使外桐坞渐渐成了一座名闻江南、人人羡慕的富裕的"桃花源"。

时光荏苒，一晃眼半个多世纪过去了，外桐坞村人为了纪念朱德委员长的关怀，在2011年建成朱德纪念馆和朱德雕塑铜像，同时相继在村中建成了元帅亭、元帅井、元帅广场、元帅茶园和兰花基地等。春天的外桐坞村，元帅茶很香，很醇。

五、苦甘餐饮茶乡俗

与泗乡平原地带的村落不同，以茶为生、因茶而兴的外桐坞村具有独特的茶乡民俗，可以说事事都与茶事有关。一年之中，外桐坞村人最重视过立夏节。立夏，春茶已经落篷，最忙碌的茶叶旺季已经过去，这一日，茶农家要祝香请菩萨，做一桌丰盛的酒菜请采"跑茶"和"登茶"的雇工

---

① 政协杭州市西湖区委员会：《之江记忆》，浙江人民出版社，2010年，第8—10页。

吃饭。所谓采"跑茶"，指的是泗乡本地会采茶的妇女她们早上赶来，下午采完茶回家，第二天再来，一天来回跑路，故为采"跑茶"。所谓采"登茶"，是从外地比如萧山、安徽等地招来的采茶女工，她们吃住在茶农家，与茶农一起出工收工，茶事结束，结算工时，主家付其盘缠，送其回家。

立夏节这顿答谢雇工的饭菜，究竟要上哪些菜，外桐坞老一辈人传下来一段顺口溜："苋菜黄鱼咸鸭蛋，酒酿圆子乌米饭；糕点果蔬和鱼肉，夏饼樱桃少不了。"

顺口溜传递了许多信息，比如第一句"苋菜黄鱼咸鸭蛋"，在泗乡一带称为"一红两黄"。红苋菜是端午至立夏的当季菜，苋字在当地的发音为"汗"，有靠辛劳得来红火生活的寓意。"一红两黄"其实是民间传统端午节的吃食，而在茶乡立夏节讲究这样的吃法，是将端午节的习俗融合在立夏了。这大概说明，采茶旺季茶乡的人连过端午的时间也没有。第二句的酒酿圆子和第四句的夏饼，都有团团圆圆之义，夏饼不仅是用来吃的，还是用来赠采茶工带回家的，是对其家人的祝福和劳动的回馈，第三句的糕点果蔬鱼肉，是请菩萨的贡品，也显示这顿饭的规格，丰盛而隆重，堪比除夕的年夜饭。

而立夏时节吃乌米饭，是泗乡人百年不易的民俗。过去有两种说法，第一种是乌米饭有清热的作用，可以预防中暑；第二种是立夏是进入农忙的标志，吃了乌米饭，农民下田劳作可以防蚊虫叮咬。乌米饭的制作很简单，先将乌饭叶的汁水榨出，浸泡糯米，然后蒸煮。乌米饭粒乌黑发亮，带着乌饭叶的清香，吃的时候上面洒一层白糖，黑白分明，既好看又好吃。除了自己吃，泗乡人多有将其分给左邻右舍一起享用的习惯。乌米饭可以吃二三天，一般不会变质，而且冷却后吃起来更具风味。

同平原地区不一样，外桐坞人用的乌饭叶一定要村里的女人到家门口的山上自己采，女人们能分辨出乌饭叶的好坏，她们说乌饭叶分阴山和阳山的，还有绿色的细叶瓣与乌红的阔叶瓣的区别，阳山上的阔叶瓣乌饭叶是最好的。

　　过去在外桐坞还有一个特别的风俗，过立夏节要称重。称重不是单纯地知道自己的体重，而是要拿高强度体力劳动的前后阶段做比较。其实，所谓桃花源是人们心中的美好向往，每到采茶季，不止采茶炒茶忙，外桐坞人还要种田忙，往往是采茶种稻夹在一起忙。外桐坞村的田在六七里外的洋青畈，这里如今已经变成西湖国际高尔夫球场。每年春夏之交，既是采茶炒茶旺季，又恰逢早稻种植忙季，双抢时节也如此，既要割稻插秧，又要摘、炒夏茶。种田主要是男人的事，那段时间，熬夜炒茶的男人都来不及睡个好觉，天一亮就挑着秧担出门了，到天快黑才回到家。为了节省劳力和时间，出门时，就将中饭、茶水一齐带上，累了饿了便在田埂上歇一会儿。他们的一双手，在白天插秧时被水泡得发霉，到晚上炒茶时又被茶锅烫得焦黄。

　　一年忙到头，尤其是烈日暴晒下的双抢劳动，体力消耗很大，一段时间下来，人会瘦下去很多。立夏称一次，双抢后再称一次，就知道自己轻了多少斤。那时节，在外桐坞家家户户都要养几只斤把重的仔鸡，当地人叫“神仙鸡”，家里的顶梁柱吃了盐焗的“神仙鸡”，就能将消耗过度的体力补回来。这是一种道法自然的习俗和智慧，外桐坞人懂得休养生息要遵循天然的节律。

　　在立夏节，外桐坞人还懂得用感官的娱乐来犒慰自己的身心。每年这个时候，村民们都会一起筹资，从外地请来戏班子在聚贤庙内做戏，以庆贺茶叶的好收成，庆祝五谷丰登、六畜兴旺。做戏日，不仅本村的人来看，周边的百姓也纷纷前来，民间卖艺的、摊头卖小吃的，人头攒动，好生热闹。

　　立夏节之外，外桐坞及龙坞还有一些关于茶的习俗，比如除夕夜请年菩萨时，要把当年采的头茶作供品，祈求菩萨保佑来年风调雨顺、茶叶丰收。大年初一凌晨，每家每户由男人先起床，在灶台上供一杯新茶、两个糯米金团，接灶神回家。

立夏称重　外桐坞村村民供图

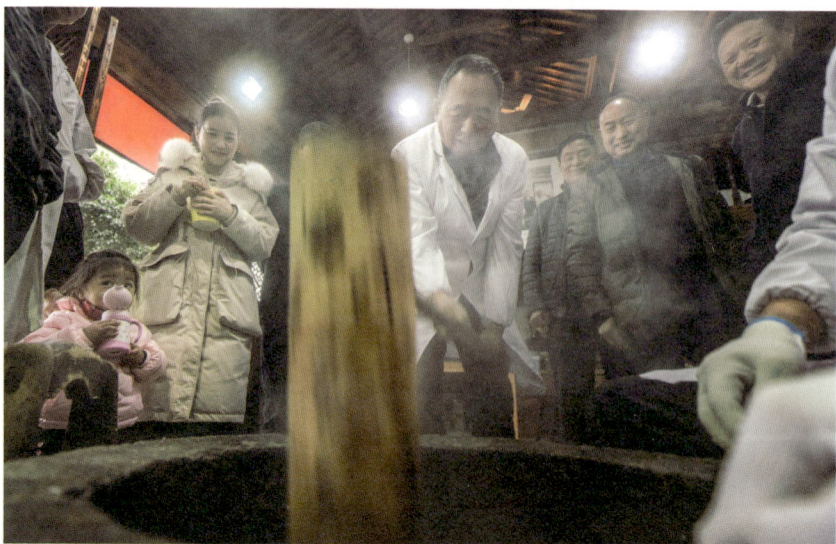

打年糕　外桐坞村村民供图

外桐坞的过年有一项重要的活动，就是打年糕。村里的老人说，过去外桐坞的男人每天干的都是力气活，比如砍柴、挑柴、挑粪等，吃稀饭不解饿，而年糕不仅耐饿，做起来也方便，还相对容易保存，能从过年吃到春茶落篷的立夏，所以打年糕是外桐坞过年时的一件大事，即便是粮食较困难的时期，一家人打不起，也会叫上左右邻舍拼起来打一些，当然，年糕因为谐音的原因也是一种"讨彩"。

外桐坞人重视打年糕，还有一个重要因缘是跟朱德委员长第三次到外桐坞村考察有关，那时很多地方粮荒严重，欣闻生产队打年糕分发给村民，朱德委员长十分赞赏。因此，外桐坞的年糕有不同的意义，有老一辈无产阶级革命家对人民真正过上美好生活的祈愿。2018年，以外桐坞年糕节为主要项目的"龙坞年俗"被列入西湖区非物质文化遗产名录。

六、淳朴乡音台上见

泗乡传统文化历史悠久，这片土地上的人不仅民风淳朴，对民间戏曲更是情有独钟。据孙大正的《泗乡戏曲志》记载：清宣统年间，绍兴常春舞台就在龙坞龙门坎村的蛟龙庙演出《群英会》《战秦琼》等戏。1933年，新登徐玉兰所在东安舞台到浮山回龙庙演出，受其影响，浮山头村办起了名为"浮山班"的越剧科班，浮山班在本地扬名后，不仅去萧山、临浦等地演出，后来还去了大上海十里洋场闯荡。由此可见，这片土地上的人对戏曲的热情。

话说浮山班成名之后，村剧团开始如雨后春笋般冒出，就拿横山里的几个村庄来说，龙门坎徽班成立于二十世纪二十年代，与外桐坞一村之隔的里桐坞京剧团成立于二十世纪三十年代，而位于外桐坞北面的东穆坞的剧团也成立较早，在1949年前后已小有名气了。而村子较小的外桐坞的剧团成立相对较晚，具体时间为1954年。

八十五岁的外桐坞村人李秀珍，是当年名扬泗乡的外桐坞村剧团的当红花旦。她进村剧团的时候十八岁，学戏这个年纪不算小，当年袁浦小叔房村剧团的当红花旦葛文花是十三岁入剧团的，但李秀珍更有故事。秀珍是龙坞乡文书的女儿，土地改革期间与全家人从杭州卖鱼桥迁到外桐坞的生活，从小就是个戏迷。十七岁那年，秀珍有一次跟几个玩伴去龙门坎村看戏，几个人在台下叽叽喳喳讨论戏的名字，结果只有秀珍说得上来是《叶香盗印》。也是机缘巧合，那天秀珍被戏班子班头叫到台上，临时化好妆代替原来演叶香的演员演出，没想到她一演就将叶香给演活了。这下让外桐坞村的村干部下定了办村剧团的决心。

1954年，外桐坞村剧团成立。剧团成员全来自本村，有二十余人，李秀珍、李以发、李阿坤、仇关潮、仇校根、仇都生，仇阿富、仇成校、仇维金、仇炳友、傅玲玲、杨成福等都是剧团的主要演员。剧团虽小，分工却十分明确：有前台服务的、后场值勤的、编写剧本的，有琴师乐队，还有指导老师。据李以发回忆，剧团的演出剧本由傅阿通和外请的陶先生负责编写，琴师乐队都是邀请的民间器乐爱好者，后场值勤则由李康校负责。

外桐坞村剧团排演的第一台大剧是《信陵公子》，根据郭沫若的话剧《虎符》改编。这部剧一改传统越剧儿女情长的老套路，突出了主人公浓郁的家国情怀，是当时国家"抗美援朝，保家卫国"思想的生动体现，所以地方剧团纷纷上演该剧，其中就包括了刚组建的外桐坞村剧团。

《信陵公子》的第一场演出就在樟树坟旁的火烧地上，因为演得好，龙坞、转塘、留下的戏迷都赶过来看。观众热情高，戏连演三天。演出中，最耀眼的明星当然是女一号如姬的扮演者李秀珍，她扮相美，嗓音好。此外还有扮演信陵公子的李以发，也是一表人才，风貌正茂。两人在排戏演戏的举手投足间生出情愫，从戏内到戏外，成为情侣并结为夫妻。后来英气俊朗的李以发应征入伍，成为新中国成立后外桐坞首位参军的年轻人，当上了空军地勤兵。夫妻俩育有三个儿子，李秀珍与李以发以戏做媒的姻缘，是泗乡戏剧史上的一段佳话。

《信陵公子》一炮打响后，地方上来邀请前往演出的很多，比如东穆坞、浮山良户、周浦等地都留下了外桐坞剧团演出的足迹。

当时泗乡地区的村剧团很多，剧团之间的互动频繁，使得这一时期泗乡村落的戏曲氛围愈加浓厚。当年，泗乡成立时间最早、阵容最强的浮山班，为庆祝外桐坞村成立了剧团，曾来外桐坞村联袂演出。大名鼎鼎的浮山班的到来，无形中扩大了外桐坞村剧团的影响，也让村里人着实过足了戏瘾。李秀珍记得，为迎接浮山班的到来，村里人搭戏台，杀猪宰羊摆大宴，整个村子就像过年时一样热热闹闹，喜气洋洋，看戏的人山人海，演戏的日夜连场，几乎场场爆满。

作为剧团当家花旦的秀珍很快就在泗乡戏曲界出名了，连浮山班的商演都来找她演主角，档期甚至在三个月前就定掉了。李秀珍说，当年随浮山班去富阳、余杭、萧山等地演出时，都是坐吉普车去的，演出的酬劳也相当丰厚，出门一次，总有几十块钱的收入，只是后来她生下第三个孩子，身体弱下来，不得不告别了舞台生涯。

外桐坞村剧团存在的时间不长，从成立到解散也不过两年左右的时间，但在物质相对贫瘠的年代，它是外桐坞人生活中闪烁的一朵艳丽的火花。夜幕来临，阵阵的锣鼓声响起，村民们扛着条凳，扶老携幼来到演出场地，大人们兴致勃勃地看戏，孩子们在场边嬉戏打闹。在我看来，一场戏是对白日劳作的犒劳，也是乡里乡亲问候叙旧的时刻，更是泗乡大地的人们对精神需要的追求，那种热爱与痴迷，教人难忘。

七、梧桐引得凤凰来

站在外桐坞村文化礼堂前的大路上，可以看到东面绕城高速外桐坞村的出口，上方的高速隔音护栏被打造成一列行驶中的绿皮火车的样子，上

"北京宋庄—杭州外桐坞" 全毅摄

面写着"北京宋庄 杭州外桐坞"字样。这一列画在隔音护栏上的火车，如果无人提醒，不太容易被注意到，但对于外桐坞村的人来说，十几二十年来，这列"火车"运来了广大而纷繁的世界，运来了艺术馆、美术馆、陈列馆、民宿，运来了"中国的枫丹白露"，运来了翰墨书香，运来了令人趋之若鹜的艺术桃花源的气息。

事情要从浙江省政府开始实施"千万工程"说起，经过一番综合全面的整治，到2005年，外桐坞的村庄环境在整体上有了明显改善，但村里的经济仍然薄弱，除了茶叶再没有其他的收入来源，不像龙坞其他村庄，比如上城埭、长埭等，因为村子大，旅游资源相对丰富，到处都开起了欣欣向荣的农家乐。村子发展落后了，让村领导班子非常着急。当时村里有一些闲置的老房子，是集体年代留下的茶叶制坊，有人提出加以改造利用，以招商引资。想法虽然很好，但第一幢改造完毕后就没有租出去，只能作罢。

转机是中国美术学院搬迁到转塘象山后开始的。2006年春天，美院徐恒老师带着学生来到风光迤逦的笠帽峰下写生，美丽的茶园和若世外桃源般的宁静给师生们留下了深刻的印象。徐恒老师看到有两位村民走过来观看，就随口问起村里有没有空置房子出租，他想建一个工作室。巧的是两位村民都是村干部，其中一位，是接待过朱德委员长的老村主任仇阿友的儿子、被朱德委员长摸过头的二代村主任仇维胜。仇维胜喜出望外，立刻领着徐恒老师去到那间改造后还未租出去的老茶厂。徐恒老师一走进去，非常喜欢房子的层高和环境，当即表示租要下来。

就是这一次的巧遇，让艺术与外桐坞村结下了不解之缘。随着徐恒、王小松以及刘健、王赞、黄鸿、黄骏、袁进华、沈烈毅等一大批艺术家的陆续入驻，依托桃源般的乡土风光和中国美院的资源，打造特色旅游与艺术完美结合的"艺术村落"，成为上级部门及外桐坞全体村民的集体共识。经历三百多年的风霜雨雪和朝代更迭，桐坞岭下的这座小小的村庄，风景独好，终于蜕变成艺术家云集的"中国的枫丹白露"。从此，外桐坞村人的生活也被深深改变。

外桐坞村率先将自家房子租出去的人，就是现已退休的老村长仇维胜。他家的房子是一幢淡黄色的四层小楼，当年他将二楼、三楼租给艺术家做工作室，四楼自己住，一楼的炒茶房则辟为一间喝茶谈天的茶室。漂亮的小楼茶香洋溢，与艺术为邻，真是羡煞旁人。

有一户残疾人家庭，生活非常困难，村里想了很多办法，也没法彻底改善其生活条件。后来，他家的房子由北京的一个建筑设计公司租下，一家人则搬进了村里新建的安置房，有了固定收入，日子马上好起来了。

艺术家的到来，使村里的风貌得到提升，发生了不少可喜的变化。一方面，房子外立面和内部空间富有设计感的装修和改造，使一幢幢平凡的村屋有了"文艺范儿"。一方面，过去农村中的一些陋习慢慢在改变，乱倒垃圾的现象消失了，乱扔烟头的人也少了。同时，村民的收入增加了，一些闲在家里的村民去到村里的艺术馆、沙龙工作，大大促进了就业。

如果说艺术家率先将一股艺术气息带入了小村，那么之后集艺术、体验、交流为一体的"风情小镇"的打造，则使外桐坞声名鹊起。从2009年到2012年，村里投入巨资将全村的内部道路进行硬化、绿化、亮化处理；对整体电网实施了上改下，对环村河道实施综合整治；将全村污水处理纳入了市政管网建设；对全村住房进行艺术化的立面整治和庭院改造，使村庄的整体面貌增添了一股"现代桃花源"的魅力。

随着风情小镇建设的完成，杭州城区到外桐坞村的假日公交专线也正式开通，每个周末都会给村子带来许多游人，游客都称赞，这里简直是个神仙住的地方。

更为重要的是，艺术的入驻不仅改变了村庄的面貌，也正在改变着村里人内在的气质，一些人开始与艺术结缘，傅剑华就是一例。

事情还要从一位叫闵庚灿的韩国籍传奇画家说起。闵庚灿，1935年出生于韩国仁川，父亲是韩国陆军学院院长，后任韩国国防部部长。闵庚灿十岁时，有一次去码头玩耍，因为好奇误登上了一艘美国的运输舰，就这样闵庚灿阴差阳错来到中国。他先到天津，后在上海被一位美国牧师收留，牧师把闵庚灿带到了杭州，在这里闵庚灿被养父母收养。

闵庚灿读的小学在卖鱼桥，叫新民小学。1948年，闵庚灿在小学里遇到了人生中的恩师——周昌谷，第二年正式拜当时还在浙江美术学院当学生比他大不了几岁的周昌谷为师，开始接触中国水墨画。1949年以后，因为周昌谷的关系，他结识了林风眠、黄宾虹、潘天寿等艺术大师，和于长拱、全山石、肖峰等著名画家也成了好朋友。由于博学众长，勤耕不辍，闵庚灿的画艺得到了很大提升。

很多年后，中韩关系恢复，闵庚灿回到了自己的祖国，那时他的中国画水平已经十分高超，震惊了整个韩国艺术界，吸引了众多的水墨艺术追随者，韩国的几届总统都曾邀请他去总统府官邸品茶献艺。

2007年底，在韩国画坛驰骋多年的闵庚灿终于决定回到思念已久的杭州居住。他喜欢画大画，想租一间层高至少五米的房子展陈和作画，寻寻觅觅就寻到了彼时已小有名气的外桐坞。巧也是真巧，他碰上了当时还是电工的傅剑华，后来他在傅剑华家开设的"闵庚灿艺术馆"，成为村里最美的一个建筑。

闵庚灿在画画　外桐坞村村民供图

　　人称阿牛的傅剑华，是外桐坞一位普通的村民。刚开始，他时常跑腿为闵老先生去市中心裱画，时间一长，为了兼顾自家的茶园，傅剑华萌生了学裱画的念头。正好西泠印社的一位裱画大师来拜访闵老先生，得知傅剑华想学裱画，表示愿意教他。傅剑华勤奋好学，技艺增进很快，村内找他裱画的艺术家越来越多，慢慢地裱画成了他的副业，最多的一年有十几万的收入。当然傅剑华始终知道自己是一个茶人，茶园打理得精细周到，艺术家们喜欢找他买茶，他也常把村里的茶介绍给艺术家们，就这样间接带动了村里茶叶的销售。傅剑华是因艺术而改变命运的村民之一，随着艺术的种子在这片土地上生根发芽，慢慢长大，外桐坞的每个角落都在受到艺术之风光的滋养。

　　在龙坞的茶村中，外桐坞村是一个特别有意思的村庄，不仅因为它是个宗族村，是个美丽的茶村，还因为它是一个从农耕时代的"桃花源"成功转型为"现代都市桃花源"的生动案例。好山好水、好茶好树、好人好屋、好艺好画，画外桐坞如诗般美丽。

参考文献

1. 〔明〕释大善:《西溪百咏》,《武林掌故丛编》本。

2. 〔明末清初〕吴本泰:《西溪梵隐志》,《武林掌故丛编》本。

3. 浙江省地方志编纂委员会:《(雍正)浙江通志》,中华书局,2001 年。

4. 钟毓龙:《说杭州》,浙江人民出版社,1983 年。

5. 政协杭州市西湖区委员会:《之江记忆》,浙江人民出版社,2010 年。

往来有大桅，白帆点三江——西湖区双浦镇东江嘴村

东江嘴村位于西湖区双浦镇的最东面的半岛上，是钱塘江、富春江、浦阳江三江交汇地，这里是南北朝时期盛产肥鱼的古渔浦，也是唐代诗人李白、孟浩然等诗人去往浙东诗路必经的渔浦潭，元代画家黄公望所绘《富春山居图》的卷尾。钱江五桥从这里跨越钱塘江，联结着两岸的经济和文化交流。早在二十年前，东江嘴就是全泗乡最富裕的村庄，是第五批"浙江省级引领型农业社区"，获得了"浙江省园林绿化村""杭州市农村基层党风廉政建设示范村""杭州市生态示范村""浙江省文明村"等荣誉。

空中俯瞰袁浦大桥 金毅摄

在杭州人的母亲河钱塘江沿岸，有这么一个村落，它处于富春江、浦阳江与钱塘江的交汇之地，在之江的第二个有力的折弯处，人文双浦的最东端，它每日望着江船来来去去，听着江水深情地咏唱潮歌，向着朝阳吐纳迎着晚霞生息……它就是东江嘴村。

东江嘴这片地方，老底子叫东江渚，因为村里大部分是来自萧山的移民，"渚"与"嘴"的口音相似，久而久之就把东江渚就叫成了东江嘴。东江嘴名字的由来，还有另外一种很有意思的说法，说它与东江牐（闸）有关。《民国杭州府志》卷五十四《水利 钱塘县 塘闸 坝》记载："东江闸，旧在东江渚，故名。嘉庆中，移建定南乡新沙，潴洩缘江浦之水，今为潮沙涨塞。"早年，当东江嘴还是一片沙渚时，早期移民为建设家园，在沙渚外围修筑堤坝，并在新开挖的浦道的通江口设了一座东江闸。东江闸有排水和灌溉之利，其重要性仿佛一个人的嘴巴，所以东江嘴人自豪地将这片新生的土地命名为"东江嘴"。

东江嘴的人居史，应该始于清早中期。据生于清道光年间（1821）的袁浦诗人、地方志学家张道所著《定乡小识》①记载："元、明以前，江流浩瀚。秦望、五云之上，狮峰浮屿、昙山水洞以至庙山，皆临大江。故公私惮于渡涉，往来新安、七闽者，缘山陆行为多。今则自定山抵庙山，沙洲铺涨，涌成平陆，而东江渚前江面仅阔二里余。与对岸萧山闻堰诸处，钲、柝相闻。至周家浦上沙渡口对富阳沙两岸，桑竹在望，人语遥答。"另村里第二大姓赵家的族谱的序言说，东江嘴赵氏始祖之桂公，1702年生于萧山瑛珠桥，大约1745年前后，迫于生计，携家小来钱塘东江嘴拓荒垦田。之后，孔家、陈家、吴家、徐家等陆续迁入，几十年后东江嘴村人丁兴旺、遂成规模。赵家迁入东江嘴，为当地第一户的可能性尚有待考证。相传最早在东江嘴落户的人家姓俞，当家人的名字叫俞水根。所以，东江嘴的人

---

① 张道：《定乡小识》，收录于〔清〕丁丙：《武林掌故丛编》第八集；引文见王国平：《钱塘江文献集成》第17册，杭州出版社，2016年，第187页。

赵氏宗谱 东江嘴村村民供图

居史还可以适当往前推一推，或也不会超过三四百年。

　　和钱塘泗乡其他几个村的人口来源不同。除了村里的第一大姓、始祖为孔子四十九世孙孔理的钱塘支南孔后裔外（萧山山后村为砾山支南孔后裔居住地），村里的人家，比如赵家、陈家、华家、虞家、来家等几乎都是同一个时期从对岸萧山迁来的。因为祖宗是习水善舟的越人后裔，东江嘴人也继承了越人血脉中的野性，与洪水交战，与潮浪搏斗，世世代代在门前这条富饶又凶险的江里讨生活，以至于最近一百年，当双浦人说到放网捕鱼、打野鸭、抓鳖、行船、耙沙等话题，都绕不开东江嘴人。

　　东江嘴人真正的品质是拼搏、实干、专注、忍耐，所以早在二十年前，东江嘴就是全泗乡最富裕的村庄，是第五批"浙江省级引领型农业社区"，获得过"浙江省园林绿化村""杭州市农村基层党风廉政建设示范村""杭州市生态示范村"等荣誉。

一、固若金汤南北塘

八月，晴空，从已经隐没在树丛中的 1954 年所筑的老南塘遗址，来到四百米外的新塘，这里江面平缓，视野开阔，有一处可下到江滩的缺口。从缺口朝前望，可以看到江对岸萧山和富阳的界山，也就是黄公望画《富春山居图》前来写生过的林峰山，最高峰叫雄鹅鼻；可以看到富春江的两股水流在绿叶尖似的长安沙东端汇合，随后逶迤延绵出一条完美的曲线；可以看到近岸停靠的渔舟，在浪花里上下晃动左右摇摆：可以看到岸边的浪花中有一些裸露的石头，从前这里有一条石坝，东江嘴人春天就在这里洗芥菜晒芥菜。

下江缺口的左面，就是雄踞江岸，有着一百五十多年历史的东江嘴磐头。在这只如摊开的手掌般的老磐头的中央，静静矗立着于一座南北大塘纪念碑，赭色大理石贴面的沉稳基座上方，是一朵向着高度标杆攀援舞蹈的银色浪花，这座起舞的浪花雕像，是一代代钱塘泗乡人挥洒血汗以生命的激情搏击浪潮，捍卫家园的美丽图腾。

钱江之潮，万马奔腾，吞天沃日，被喻为天下奇观，但对于沿江生活的百姓，却时有"江潮滔天，决堤漫顶，房倾田毁"的洪涝之灾。1996 年，为"百年抗洪之计"，由政府主导开始全面修筑南北大塘，耗时七年耗资三亿五千万元建成，其中民间捐资近两千万元。2002 年，杭州市西湖区人民政府和杭州

东江嘴南北大塘纪念碑　金毅摄

市林业水利局联名于东江嘴立南北大塘纪念碑，以示纪念。

南北大塘，指位于之江转折处沿江岸线上的江堤，像"之"字的一折一撇。南塘在富春江江段，从周浦社井至东江嘴，北塘是从东江嘴至珊瑚沙水库一段。将南北大塘纪念碑建在东江嘴的老磐头，因为这里是南北大塘的交接点，另一个重要的原因是，老磐头是南塘十大磐头中从东往西的第一个磐头。在这座磐头上建纪念碑，是要向人们传递一种团结坚强、全力守护家园的信念。

而让南北大塘成为形而上的精神堡垒，并最先将自强不息的信念传递给泗乡老百姓的人，是袁浦龙池人张道与他的儿子张预，张道是《定乡小识》的作者，而张预被称为清末大才子、磐头护塘治水法的发明者。这一对父子，是治理泗乡水患的大功臣，某种意义上，说他们是泗乡大地的"守护神"也不过分。

时间回到内忧外患的清中晚期，朝廷财力困顿，根本无暇顾及底层百姓的死活。钱塘江老的土塘年久失修，每每遇到大汛期及大潮期，就会被肆虐的大水冲破，老百姓苦不堪言。比如洪灾严重的清咸丰五年（1855），南塘、北塘有多处垮塌，四邻八乡很快变成了一片泽国。等水退后，日日焦心的张道，便抛头露面，与沿江各村的族长商议集资募工重修江塘的事。之后，他亲自参与督造了位于东江嘴与外张村交界处的五百丈塘修筑工程，前后历时长达一百多天，以致劳累过度引起旧疾复发。

《定乡小识》卷十四《山水记 堤圩记》之"土堤"部分的后面，附有一首张道的"春夏之际江口修筑南塘余分监五百丈有奇积劳三月旧疴复剧"的记述体长诗，记录了当时泗乡百姓自发修塘自我拯救的情形，长诗的语言平易质朴，但读来每个字重若千钧，充满对这片土地的深情和悲悯，最后两句"但得堤高水落沙田岁岁熟，便使不才老病日服百药也不恶"[①] 使

---

① 王国平：《杭州文献集成（第 4 册）：武林掌故丛编（四）》，杭州出版社，2014 年，第 826 页。

人联想到杜甫的《茅屋为秋风所破歌》，一位内心充满忧患的泗乡赤子形象便跃然纸上。

张道的儿子张预，字子虞，小名叫阿吉，袁浦本地人尊称他为阿吉先生，他对治理钱塘泗乡水患的贡献，比他父亲张道还要大。因从小目睹洪水冲破大塘田毁房坍、人畜无家可归的惨状，加上心怀悲悯的父亲从小耳濡目染的影响，阿吉很早就立下了"制服洪水，为家乡百姓谋福"的志愿。1862 年，父亲过世，为了完成他未尽的遗愿，守孝期间的阿吉一边读书，一边思索保护大塘不被洪水冲毁的方法。期间，他走遍从周浦社井至袁浦东江嘴的沿江各个村落，一面观察水流和地势，一面向民间人士请教，终于创造了"磐头护塘治水法"。而今巍然屹立在南塘江岸线上、彼此间隔约二三里的十大磐头，包括东江嘴磐头、俞陈磐头、吴家磐头、老坎磐头、新浦沿磐头、龙池磐头、白鸟磐头、骆家埭磐头、马家桥磐头、社井磐头，就是阿吉先生当年带领各村百姓在南塘容易被洪水冲决之处，在能工巧匠的帮助下，一边喊着劳动号子，一边抬着石头杠子，成年累月地用石头垒砌起来的。

"磐"，巨石也。"磐头"即筑放在钱塘江大堤外，用巨石砌筑伸向江中的类似于"堤坝"的石坎，用以避免或减弱洪水和潮水对大堤的冲击，防止大堤坍塌，在防御钱塘江潮水过程中，发挥着重要的作用。

南塘十大磐头依据功能，可分为具有拦阻作用的石矶（丁字坝），比如老坎磐头、吴家磐头、新浦沿磐头等；具有抵御冲击作用的磐头，比如东江嘴磐头、外张磐头等。十个磐头走向、形状等的细微不同，是权衡当时当地实际的水势、水速、地形等综合因素的结果，可以看得出设计者和建造者的智慧。泗乡的周浦袁浦原是一片沙涨平原，修筑磐头的石头或来自南岸的富阳渔山、里山，石头要靠船运，或是在社井西面的燕子山一带开采，无论来自水路还是陆路，二三十里的路程，都必须依靠人力手抬肩挑转运，工程量浩大。

十个磐头一条心，如同十个兄弟、十支兵马，忠诚地守卫在钱江大潮奔袭而来的路上。潮水汹汹，冲过一关要损耗过一关的力气，水势就会小一小，浪就会低一低，一关又一关，其危害力就大为减弱。而到梅雨季节，当上游暴涨的山洪从潮水的反方向急冲下来的时候，十个磐头原来的"兵马后队"变成了"兵马前队"，但仍然是发起坚强阻击的十道防线，来势汹汹的洪水被有效地阻遏，大塘受到的冲击大大减轻，从而减少了坍塘事件的发生。百多年来，沉默的磐头历经大潮和洪水的冲袭，兀自岿然不动，堪称传奇。

固若金汤的十大磐头，历史上经历多次重修和加高，最终于2006年完成标准堤塘建设，可抗百年一遇的洪水。南北大塘，是一个了不起的伟大工程，也是许多代泗乡人用意志和激情砌起的一座雄伟而美丽的丰碑，《富春山居图》卷尾的山水风光固然美丽，但磐头与大塘的存在，保全和丰厚了这片山水中的故土家园和人文精神，简直是锦上添花。

长达二十五千米的南北大塘和南塘十大磐头还是这片沙涨地上最重要的人文景观。在水网交通较为发达的古代，几乎沿江各个村落都有自己的渡口，码头大多就设在磐头边上，因此磐头也成了村庄对外交流的枢纽。比如东江嘴村，过去的出入渡口曾有三个，一个是清晚期废弃的西汪渡，原在老磐头东南约五百米处、老西渡庵临江的山门外，与闻堰上埠西汪桥相对；一个是新磐头，比老磐头的建成时间要晚，是东江嘴人去元宝沙上种田时用的船渡；一个是大名鼎鼎的老渡埠，在北江上，也就是三十年前废弃的老袁浦渡，在易址而建的新袁浦渡以东，老渡埠曾是连接泗乡与萧山闻堰之间的主要水路通道。过去，闻堰古镇上有一条繁华的商业老街，泗乡人常过江去卖农产品再买回一些日用品，比如去粜米、卖鱼、卖鸡鸭蔬菜、卖草鞋、卖黄草绳等，譬如张道先生的伯祖、诗人张葵曾写过一首《袁浦晓渡》，诗云"买棹去输粮，寒凝艇上霜。遥怜珠阁女，正在梦魂乡"，说的就是在一个天蒙蒙亮的初冬早上，泗乡人坐船过渡去赶集的情景。

　　说起老渡埠，还有一个和阿吉先生有关的故事。当年泗乡人去闻堰镇上做小买卖，经常被那里的人欺负，发生过各种纠纷。在外做官的阿吉先生知道以后，出资买下了老渡埠对面那片临江的土地，辟为市场，并在上渡口岸造了一只方便人上下的石埠。今天，老渡埠对岸的市场早已不在了，但那一处石埠的遗址还在，它似乎还在等一条载着泗乡赶集人的渡船靠岸。

二、日暮乡关十八沙

　　钱塘江三江口，位于之江水道的大折弯处。这里北接钱塘江，东对浦阳江的河口，南朝直冲而来的富春江主水道，特殊的地理位置与地形，决定了这里的江面为发大水时上游来水的回水处，造成了大量的泥沙沉积，

位于三江口的美丽小岛长安沙　金毅摄

天长日久就形成了大大小小的许多沙洲，民国时期，有"三县十八沙"的说法。所谓三县，即是东江嘴所在的杭县，以及东江对面的萧山县与南江对面的富阳县，而十八沙则有元宝沙、传雅沙、余沙、湖荡沙、磐头沙、泥鳅沙、鲤鱼沙、麻雕沙、小沙、长安沙等。这些差不多在晚清与民国初期涨起的沙，后来大部分由缺少田地的双浦沿江村落农民开垦。据袁浦小江人袁永海所著《钱塘沙》一书记录，新中国成立以前的"三县十八沙"，还没有建设围塘和沟渠等水利设施，都是芦苇丛生、野鸭成群、潮进潮出的滩涂，耕种条件极其恶劣，有道是"三个太阳地脱壳，一日打鱼没进屋""看看一大畈，收收一箩担；一朵油菜一朵花，十亩油菜打一箱"，而一洋油箱大概就是六十斤。农业学大寨时期，开始围垦合并这些沙洲，各村劳力利用农闲时节不辞辛苦地挑塘路，挖水渠，建水闸，建设打水机埠，硬是将高低不平的荒地挑成平畴，之后就种起了双季稻、桑林、油菜、小麦等。

位于东江嘴村东南角的沙尖上，有一只建着打水机埠的新磐头，进去的小路生满了杂树和荒草，新磐头的对岸，便是绿树掩映的元宝沙。东江嘴人过去在元宝沙上曾有一千七百多亩农田，约占东江嘴总土地面积的五分之二，它是前几代东江嘴人以生命血汗为"火"烧制出的一只"饭碗"，生于二十世纪七十年代以前的东江嘴人，对从新磐头坐手摇船去元宝沙上种田的事都记忆犹新。

那时元宝沙上的田里全是沙子，双抢时节，江里正值枯水期，种田必须赶在钱塘江起汛（大潮期）的八月初完成。钱塘江一个月有两次起汛，一次是在农历月初前后几天，一次是十五前后几天，或者是日里，或者是夜里，江里一起汛，在打水机埠值班的人就要马上开动机器，将种田要用的水抽到连接农田的渠沟里。没有打水机埠之前，只能靠脚踏的人力水车提水。在潮水退涨之前的两三个小时内，踩水车的人必须不停地踏踩，才可以往田里引入一点点水，而沟渠里、田里都是沙子，水存不了多长时间，就全部渗到沙层下面去了，踩水的人辛苦得很。

在元宝沙上挑塘、种田、运粮、运肥，都是非常艰难的事。元宝沙上的塘是从1962年开始挑的，一直挑到1965年才完成，冬天的时候，地已经冻起来了，一铁耙掘下去，铁耙能弹起来。种田也吃煞苦头，必须赶在犁田的牛屁股后面赶快下种，等太阳将缺水的沙地晒硬，秧就又插不进去了。那时元宝沙还没有大树，也没有房子，劳作累了，在炎炎烈日下吃中午饭是常有的事，被雷暴雨突然袭击淋得像落汤鸡也是常有的事。再比如运粮，将谷袋从半里一里外的田里背到渡口不算什么，最怕的是坐在小小的摆渡船上，若江面上有一点风浪，大家的心就立刻悬起来。有经验的船老大一边大声提醒大家坐着不要动，一边根据风向和水流调整船的方向，尽量避免翻船事故的发生，但再小心，翻船的事还是发生过。还有运粪肥，要去南星桥码头排队，一去一回得大半天，运到渡口后还要一担担挑去田里洒掉。双抢最忙碌的那几天，其他村的人已经吃过晚饭坐在塘路上乘风凉了，东江嘴人大部分还在田里。

时间到了改革开放以后，渡船改成了机帆船，因为化肥的普遍使用，沙地上的粮食产量大幅提高。尽管如此，由于交通不便，在元宝沙上种田还是很辛苦。当时的西湖区区长、东江嘴人陈周校家的二三亩田也在元宝沙上，每到双抢时节，他都要回东江嘴，不管如何辛苦，种田割稻的事情都亲力亲为。他从没有把自己当成一个官，元宝沙上的二三亩田，一直是他和家里人自己种和自己收。陈家人的这种坚守，是对东江嘴人"耕读传家"精神内核的最好诠释。

从新磐头到元宝沙的渡船，是在2006年南北大塘建成后停运的，一齐停掉的还有友谊渡、新浦沿渡、白鸟渡等渡口的渡船。南塘一线，而今只剩下方便孤悬水中的长安沙上五丰村人进出的吴家渡。从前老一辈人顶着骄阳一锄头一锄头在"三县十八沙"上开垦的田地，尽管依旧还在，但随着渡口的消失以及土地的流转征用，这些田地和他们的后辈仿佛没有联系了，农耕文明似乎正在这片沙地一点点消失。

三、三江烟色满渔舟

在东江嘴村的美丽乡村记忆馆内，有一个老物件，是一根两头绑着苎麻绳的带着岁月包浆的曲木，它的名字叫"纤网腰带"。顾名思义，是过去纤网船上那些头戴草帽、打着赤脚、浑身鱼腥味的渔民在打鱼收网时，人手一根系在腰间牵拉渔网用的腰带。这根挂在墙上的腰带，默默地诉说着那些正在远去的江火渔事。

根据浙江大学教授、历史学家陈桥驿所著《浦阳江下游水利》中的老地图中所见，东江嘴周围，大约西至泗乡定山、南至富阳渔山、东至萧山半爿山的一大片区域在南北朝时为渔浦湖的范围，相传为虞舜渔猎处，后因江湖退化，至今留存为闻堰三江口一带核心水域。因位于江流交汇的壶口地带，水有急缓冷暖，滩有宽窄深浅，是大鱼小虾理想的觅食和栖息地

渔村雕塑　金毅摄

点。加上钱塘江潮水至下而上对鱼群的驱赶，和顺潮携涌的咸水在这里与三江淡水混合，三江口成为钱塘江境内一片不可多得的天然渔场，鱼类资源丰富。

渔浦湖在唐时称为渔浦潭，彼时萧山义桥一侧有渔浦渡，是浙东水上唐诗之路的重要节点。"渔浦江山天下稀"，当那些行过万里路的漫游诗人乘舟经过渔浦渡时，一定会被此处的美景惊艳，譬如沙汀、渚禽、帆影、早霞、落日、潋滟水光乃至夜半的渔火、渔梆等等，都激发了他们写诗的灵感。孟浩然的《早发渔浦潭》开头的四句，"东旭早光芒，渚禽已惊聒。卧闻渔浦口，桡声暗相拨"，就写到了渔浦清晨的美景。而常建的《渔浦》的末两句，"碧水月自阔，安流净而平"，则写到了美丽的渔浦月夜。陶翰的《乘潮至渔浦作》有"云景共澄霁，江山相吞吐"两句，则描绘出了渔浦江天一色的壮美等。

"渔浦"产好鱼，宋代即以盛产鲜腴的鲥鱼名扬天下。此外，鲚鱼（凤鲚）、银鱼、鱼钩（长尾鮠）、鲈鱼、鲻鱼、箬鳎等名贵鱼类也是当地知名的鱼产。据1976年上海水产学院调查，钱江段的鱼类多达一百一十五种，分属二十九科，渔业资源极为丰富。比如鲻鱼，二十世纪四十年代，有一位叫韩永林的义桥渔民在赭山附近三天捕捞鲻鱼三千斤，出卖后购进了三十五亩薄田；比如鲤鱼，九十年代，吴家村的纤网船在吴家磐头一网网起好几千斤；比如蟹，重阳节时东江嘴一段就可开捕，至农历十一月，可捕到半斤至九两的大蟹，《袁浦镇志》中记录以前江中的蟹苗多得可以用畚箕捕捞；再比如鲚鱼，八十年代初，在闻堰码头北面，22路汽车总站附近的江滩上，一条东江嘴纤网船在下网的时候，碰到了罕见的大鱼汛，起网的时候，因纤网网眼全被鱼堵住而泄不出水，十二个壮汉使劲拉也拉不动。当时在附近买菜的闻堰居民，纷纷跑去帮忙，前前后后近百人。等纤网拉到离岸约二十米时，江面上浮起了一片闪耀的银白。那一回，满心喜悦的东江嘴人给每个帮忙拉网的闻堰人送了一篮子鲚鱼，而剩下的足足还有八千斤之多，钱塘江上"渔业大丰收"的消息，很快就登上了《钱江晚报》。

靠山吃山，靠水吃水，东江嘴人自然最懂得吃鱼。四季轮转，门前的这条江，为每个嗜鱼的东江嘴人奉上了一份令人垂涎欲滴的江鲜食单。

一二月春江水暖，有肉骨壮实、肉质很嫩的土步鱼，此时春笋还没有上市，东江嘴女人就放一点点香油猪油将土步鱼煎一煎，然后放一把腌菜滚个汤，味道鲜极了。三月桃花开，有骨头很嫩的鲚鱼，只弹几颗盐在饭格上清蒸蒸，端上桌子的鲚鱼浑身雪白，汤里泛着点点油腥，那是鱼鳞里的油脂化掉了。三月里的鲚鱼，肉嫩，刺软，汤鲜，实在是一道绝品美味；四月里吃鲫鱼，清蒸、红烧、滚腌菜、蒸肉饼，样样都透鲜透鲜。鲫鱼最好吃的是鱼头，东江嘴有句俗话叫"鲫鱼头，赛只鹅"。五月以后，天气转暖，除了鲚鱼、鲫鱼等，鲢鱼、包头鱼以及鲈鱼、白鲦、鳊鱼等各种花色杂鱼都开始上市了。各种鱼有各种吃法。比如价格最低的白鲢，其实肉最嫩，宜爆腌后清蒸，也可以做鱼圆，色似白玉、最为鲜洁的鱼圆都是江鲢做的，东江嘴人的婚宴及年夜饭上少不了有鱼圆肉圆的三鲜汤，有团团圆圆的美好寓意。高档的花色鱼、黄尾巴、鲈鱼等，东江嘴人有三种做法，一种是清蒸，一种是用腌菜蒸，腌菜是萧山人做鱼的法宝，一种是煎了后氽腌菜汤，尤其是后一种，鲜得平常不吃米饭的人都会来两碗。七八月有产自周浦江和永兴河河口的银鱼丝，捕银鱼丝的网很有讲究，要用做蚊帐的细土布做。银鱼丝营养价值高，老少皆宜，吃法极多，比如银鱼丝蒸蛋、银鱼丝炒蛋、银鱼丝蒸咸齑、银鱼丝氽腌菜汤等。在过去的年代，银鱼丝蒸水打蛋是东江嘴人在当季待客的最高标准之一。

到了双抢时节，江里水浅，肥肥的黄蚬多得可以用畚箕畚，黄蚬吃法也简单，用水氽一头，就可以拿来下酒。这个时候东江嘴人的饭桌上还有一碗菜最常见，就是菜籽油炸潮条鱼或鲚鱼。潮条鱼或鲚鱼本身不值钱，但当东江嘴女人将晒过后的小鱼炸得金黄酥脆，就变成了男人的下酒菜与

纤网捕鱼 东江嘴村村民供图

纤网队在收网 东江嘴村村民供图

孩子们的美味零嘴。还有一碗菜，是双抢时节的饭桌上必有的，一碗清蒸的腌菜菩头汤，菜老菩头汤消暑开胃，这碗汤里通常有孩子们在江里摸黄蚬时摸回来的老虾(江虾)，加了老虾的菜老菩头汤，醇厚的酸爽中多了一份鲜味。

十月份，有头上生了红膏的大老虾。十一月有箸鳎鱼和膏肥肉鲜的大蟹。冬至时吃肥美的鲻鱼。说到鲻鱼，因为它是吃涂泥长大的，它的肚子里有一只和鸡胗一样肥厚的胃，如果是东江嘴人上街买菜，一定会吩咐帮忙杀鲻鱼的摊主说：肚子，帮我放进袋里东（袋里面）。十二月天寒江冻，鱼少掉了，但船丁鱼的味道也蛮好。

作为钱塘江杭州段最有名的渔村之一，日子自然与渔业分不开。每年开渔那天，为了祈愿一年渔事平平安安顺顺利利，渔民会在自家渔船上请"管水菩萨"，要供上酒和一荤四素的小菜，一般荤是一刀肉，而素中总有谐音多福的豆腐。拜过"管水菩萨"，等候时机，就好出船去抛下开渔的第一次网。

过去，袁浦人信菩萨的很多，菩萨面前，有许愿有还愿。如果遇到流年不利，按照算命先生的指点，就去江边放生一条鲤鱼。在东江嘴有句老话，"活到六十三，买条鲤鱼爬沙滩"，以前但凡家里有一位长辈年纪到了六十三岁，伊屋里人（家人）就要去街上买一条斤把重的鲤鱼，去老磐头放生。这个风俗呈现了东江嘴宗族孝义文化的一个侧面，传达了年轻一辈对长辈健康长寿的祈福，也反映了东江嘴人的日常生活、民间习俗和宗教文化与钱塘江水的休戚相关。

在老磐头和新磐头之间，过去就有一个地方叫鲤鱼门，是东江嘴人过年时为村里的金龙龙灯开眼的地方。过年请年菩萨，东江嘴人家家户户要供一条眼睛上贴着金元宝剪纸的"年鱼"，供的三牲礼中一只鸡和一刀肉都是煮熟的，唯独鱼要供活的，意味大吉大利年年有余。此外，老底子东江嘴渔民家庭和有船的人家还有一条吃鱼不翻身的规矩，据说吃鱼翻身，会带来翻船的霉运。

四、寺庵西渡临空渚

说到菩萨，对于东江嘴人就要说到西渡庵。在与新磐头相近的大塘下，九号浦最南端的西岸，有一间夹在小洋楼中间的很小的土地庙，这里是过去南北大塘沿线最有名的寺院西渡庵的遗址所在。

说起西渡庵的前世，东江嘴人大多语焉不详。好在那间 1981 年建的土地庙中，还保存着两块村民送回来的捐田石碑。其中较大的那块，最上端刻着"捐田勒石"四字，下面的小字已漫漶不清，仅可辨"乾隆"二字，而另一块略小的碑上的字迹则较为清晰，上面刻有两行字："净真禅师助沙田五亩整，光绪三十年八月吉立。"这块碑提供的信息与西渡庵被洪水冲毁后重建的时间大致吻合，至于净真禅师到底是何人、助田背后又有什么样的故事、西渡庵最早建造是什么时候就无从探询了。

有关西渡庵的更多过往，只留下一些口口相传的传说。孔子七十三世孙、八十五岁的孔庆高老先生曾听族里长辈说，西渡庵，原名西渡寺，曾经寺前有个叫西渡边的村子。宋时开山，规模宏大，仅寺院占地就有五十亩，另有农田、竹园约八十余亩，最鼎盛时期，庙里有九十九个和尚，相传乾隆皇帝下江南时曾经来过，并留下一块御碑。有说二十世纪七十年代，灵隐寺的老住持早年就是在西渡庵出家的。

西渡庵原寺院的山门朝东，山门左右各有一棵香樟树，山门不远是与闻堰西汪桥相对的西汪渡。大约在光绪年间，来自上游的大洪水冲走了东江嘴东南面的大片临江土地，也冲毁了整座寺庙。当时，山门外的两棵樟树被冲到了下游的麦岭沙附近，这就是大刀沙的前身——樟树沙的由来。

西渡庵重建时，由于原址已被洪水冲走，庙基后移至与老南塘相接的老东塘内，重建的西渡庵规模较小，但朝向不变。西渡庵下一次遭劫，是在日本鬼子打进来的时候，当时庵里的和尚大部分都逃光了，只留下应秀和尚和一个烧饭的老大伯。因为香火稀薄，本地人将西渡寺叫成了西渡庵。孔庆高老先生记得，小时候看到应秀和尚和烧饭老伯吃饭时的碗的碗底上还写有"西渡寺"三个字。

在孔庆高老先生手绘的当年的西渡庵格局图上可以看到，西渡寺从东往西的建筑依次为：寺院山门、石柱石梁的雕花大戏台、两侧各有五间厢房的佛殿。其中，佛殿北厢房的北面有一只长方形的大水池，东江嘴人叫它和尚池，池畔有一棵直径约两米粗的香樟斜卧于水面上，孔庆高说，树干宽得牛也可以踩上去。那时，整个西渡庵四周环绕着一片香樟树和茂密的竹园。此外，在西渡庵山门左近，还有一片杂草丛生的"和尚坟"，和尚坟中有一棵三人合抱粗的老香樟树，树荫面积约有一亩地。走出和尚坟，前方有池塘、菜地和零零落落的草舍人家。这些人家，在"文革"时期被划归为"胜利片"，这个有鲜明时代特征的地名延续至今，也算是一种遗存。

现在的西渡庵的佛殿为二进一天井的格局。前殿居中两间，供着关公像，右手两间供着土地公、土地婆，左手两间供着香樟木雕的"猛将菩萨"和"生疮菩萨"等。对于过去的东江嘴人来说，"猛将菩萨"和"生疮菩萨"不是可有可无，前者关乎食，后者关乎病。"猛将菩萨"是一位威武的菩萨，只要田里有了虫害，东江嘴人就敲锣打鼓将他抬出去巡田，据说是蛮灵的。"生疮菩萨"，是东江嘴的方言叫法，他的真实身份很可能是药师佛。从前的东江嘴住房小，又临水而居，蚊蝇滋生，卫生条件很差，人经常会生疮。生疮后一种办法是去市场买膏药贴，还有一种就是寻菩萨治病，在"生疮菩萨"前面虔诚地拜上几拜，身上的疮或许感觉就没有那么难受了。左殿里，进门口有

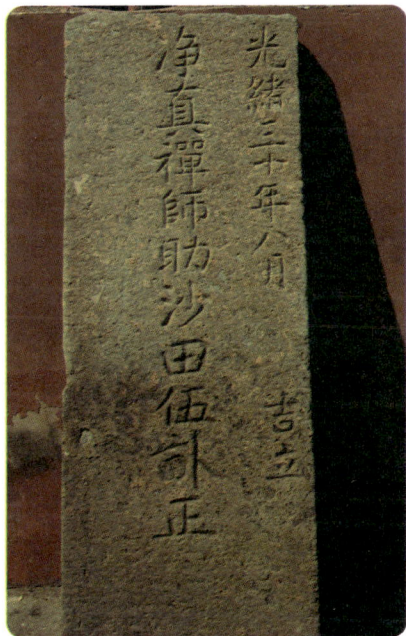

西渡庵残留的石碑　东江嘴村村民供图

一只半人高的铸铁古钟，一面墙上还塑着四大金刚。后殿里供着三尊"大佛菩萨"和十八罗汉。

西渡庵里与和尚池相近的北厢房，曾办过私塾学堂，后来私塾学堂改为采用复式教学法的东江嘴国民小学。学校第一任老师的名字叫宓善君，宓善君穿长衫、戴眼镜，他是杭州清河坊四拐角宓大昌烟店老板的儿子，也是东江嘴村人的女婿，早年曾在日本留过学，能说一口流利的日语。1949年后，宓老师离开了学校，区里新派了一位叫马友较的公办老师来接替。马老师高个子高鼻梁，书教得也好，深受孩子们的欢迎。

每年西渡庵上半年要办一场大佛事，下半年要演一场大戏。

农历二三月，附近村庄的善男信女都会来庵里祭祀"太平菩萨"，请一帮念佛老阿婆念太平佛，祈求菩萨保佑天下太平，村庄年景风调雨顺，家家户户出门平安。太平佛是不收酬劳的好事佛，自发前来念佛的老太婆少则十几桌，多则二三十桌，有时佛事要整整延续半个月。那些日子里，

重修的西渡庵 东江嘴村村民供图

老阿婆念佛的声音和清脆的引磬声从早到晚，伴着一片孩童琅琅的书声。

农历十月以后，等天气凉了，田里的稻子收了，村里人看戏的时间也到了。戏是绍兴地方戏曲"绍兴大班"，剧目有《龙凤锁》《日月雌雄杯》《龙虎斗》《渔樵会》《打太庙》《群英会》《战秦琼》《龙虎斗》《包公陈州放粮》等，就在与佛殿正对的戏台上唱。东江嘴人不喜欢看儿女情长的越剧，喜欢粗犷豪放、征战杀伐的绍剧。说起来，这和东江嘴人大多有越人的性格基因有关，也许在他们看来，咿咿呀呀的越剧总是太婉转太女人腔了。

除绍剧演出外，二十世纪五十年代以前，东江嘴村还以请道士出演"翻九楼"闻名乡邻。"翻九楼"是一种为超度亡魂的惊险民间杂技，东江嘴人在江里讨生活，几乎年年有人溺亡，所以"翻九楼"常在人溺亡处直对的江塘上上演。

表演翻九楼，其实行头很简单。只要四根杉木柱、两张叠桌以及一些

念佛老太太在庵里念佛　东江嘴村村民供图

固定用的绳索，而九张八仙桌只需向当地的邻里借借便可。先是搭台，将四根木柱一根一根接成两根十来米长的柱子，找一块较为平坦的地方固定作为主支撑，然后把九张八仙桌用绳子固定在木柱上，依次叠上去。

开始前，先由一名道士举行一系列施仪形式，接着正式开始翻。两名"九楼先师"自下而上腾翻到顶上的九楼台，焚烧超度文书，复又自上而下翻下九楼。待道士布道后，"九楼先师"第二次腾翻，上到九楼台，表演过"开扇""抛赠"等后，开始做一系列惊险的高难度动作，如竖蜻蜓（倒立）、滚叉、舞流星锤、溜五张（溜索）等，然后自上翻下。尔后召巫官灭灾收耗（灾难），最后道士吹响龙角，免煞送神。整个表演无任何安全措施，引得围观的人阵阵惊呼。

说回西渡庵，二十世纪五十年代，为了增强沿海地区的军事防御能力，1954年，解放军的一支高射炮小队住进了西渡庵主殿。此后每天晚上，战士们总在江边模拟练习打飞机，东江嘴上空探照灯发出的光柱很亮很亮。

1958年，西渡庵主殿里那口重八百斤的铸铁古钟，被送进了炼钢的小高炉。和尚坟的老香樟也被伐倒，用锯子锯成渔浦闸上用的闸闷挡水板。当年老香樟树被伐倒时，从它空心的肚子里取出了许许多多竹筷，足足装了四角箩。这些竹筷究竟是何人于何年、何月、何时、何故放到樟树洞里去的，众说纷纭，莫衷一是。

1961年，村里到入学年龄的孩子成倍增长，教室局促的西渡庵已经不够用了，村里造起了一所新学校，原来的教室被第一生产队用作了社所。那时应秀和尚还健在，庵里还有一丝人的气息，到了秋后或逢年过节，还有剧团在庙前的戏台上演戏。1966年，头发雪白的应秀老和尚离庵。自此，空剩躯壳的西渡庵，一天天破落朽坏，庵外的香樟树越来越少，茂密的竹园也不复存在。

二十世纪七十年代中，袁浦开始实施"园田化"改造，西渡庵放生池一带开挖了一条南北向的九号浦，散落在农田中的民房统一规划到了九号

看戏　邹洁摄

浦两岸。这一年,摇摇欲坠的西渡庵被村民拆倒,平整后成了造房子的地基。村民捡走了西渡庵的石头砖瓦,原本竖在墙角的捐田石碑也不知去向。

1981 年,在宗教信仰自由政策得以恢复的背景下,东江嘴村民自发捐资在西渡庵大殿的遗址上建起了一座小土地庙,大约在九十年代末,两块捐田石碑也陆续被人送了回来。乡间小庙小庵的重建,让这片土地上的日子恢复了些许令人安心的仪式感,重修家谱的家族在秋天又请来了剧团演戏。

五、渔浦桡声暗相拨

孟浩然写三江口的《早发渔浦潭》中有这样一句:"卧闻渔浦口,桡声暗相拨。"诗人在睡中被船外水鸟的噪聒唤起,又听到船桨在水下暗自划过的声响。桡就是船桨,对于东江嘴人来说,船、桨、帆、网是他们的日常,是他们在钱塘江里讨生活的依仗,东江嘴人摸得准江水的脾气,也谙熟各种鱼性,他们在与洪潮的博弈中,谋得了营生,也创造出了许多独特的渔猎方式。

纤网捕鱼是一种集体捕鱼方式,一般需要一大一小两条船,大的载人和鱼,小的用来载网、放网,大的纤网长五百米、宽十米。捕鱼的地点,一般都选在水流平缓、江底较为平坦的浅滩。当小船上的两人将网下好,接下来,纤网船上的十二人就分成两组,先涉下水去,在渔网两侧拉紧网,然后动作协调一致慢慢将纤网往岸滩上拉。纤网渐渐收拢,感知到危险的鱼就会提前逃窜。像鲢鱼、白条会纵身跳跃,扑通扑通跳出网去,而鲤鱼、鲻鱼、鲫鱼等则利用江底的不平坦处,趁机从网底钻出。至于大鳡鱼、大青鱼等,会撞网逃脱,最终,所捕到的鱼往往只有围进时的十分之二三。其实,这是一种朴素的生态观,以捕鱼为生的渔民在获取和舍弃间懂得平衡。

　　纤网捕鱼一般不会频繁更换地点，因为江水在流动，鱼群在移动，一网下过以后，等在树荫下休息个把小时，同一个地点，就可以下第二网了。此外，纤网船上的人还要卖鱼。如果鱼多，在街市上一时卖不完，就要抬着鱼箩筐，分头去各个村里卖，领头的一边走一边大声吆喝：卖鱼哒！卖鱼哒！天气炎热的盛夏时节，死鱼很快就不新鲜了，就要尽快处理掉，通常一条大鱼是分块卖的，而瘦骨嶙峋的鳊条儿，总是半送半卖。

　　在三四十年前的东江嘴，很多人家都有一把网口缀满蜡锡的打网，这把打网是身为一家之主的男人为家里人"吃鱼自由"而准备的。炊烟袅袅的傍晚，尤其是在白昼很长的夏日傍晚，东江嘴村男人干完一天地里的农活回家，见家里没有下饭的荤腥，他放卜锄头背上鱼篓拎起打网出门了。

　　下江塘，走沙滩，被太阳炽烤一天的沙地还很烫热，刚刚涨过潮，正是江边捕浑水鱼的好时候。只见男人轻手轻脚地走在浪花翻卷的水边，一边走，一边用目光扫视漂着白色浮沫的浑黄水面。突然，他停下来伫立片刻，男人发现了鱼的踪迹，像一只脚底有肉垫的猫一样，轻脚涉下水去，说时迟那时快，只见他胯部猛地一转，双手用力往外一送，收拢的打网"嗖"地一下打开，"扑通"一声，打网已经罩住了那不知危险临近的鱼。

　　打网是伺机出击，游丝网捕鱼则是"守株待兔"。游丝网，专业术语叫流刺网，或叫粘网。像东江嘴渔民现在使用的游丝网，针对不同的鱼的渔汛，网宽一般在二米至十二米之间，长度一般在五百米到八百米之间。游丝网捕鱼，是在纤网船捕鱼淘汰以后兴起的，一般需要一条船和两个配合熟练的搭档。和纤网捕鱼最大的不同，是纤网船捕需避开潮水，而游丝网则仰赖潮水涨落时的推力，将被水流冲得晕头转向的鱼群"赶进"网里。

　　白天钱塘江主航道上有船来往，东江嘴渔民用游丝网捕鱼一般是在夜里，确切地说是在夜潮期间，即上水期（上潮）与落水期（落潮），而地点，就在钱江一桥至三江口这一片水域。游丝网捕鱼，说简单也简单，比如捕上水鱼，当头潮过去，候在捕鱼区域的渔民就开动挂桨船，将两边装着小

捕鱼船　邹洁摄

灯泡的游丝网放下，等游丝网被潮流冲到收网区，就开船过去，慢慢地收网捉鱼，从放网到收网，前后一两小时，然后再回到放网点放网。

　　捕到的鱼，一般在凌晨四五点左右运到袁浦渡旁的外张渔市，或者闻堰渡口旁的露天鱼市去卖，这些年江里的鱼越来越少，买鱼要赶早，一般到了早上六点，外张渔市上的江鱼就卖完了。

　　放排钩也是一种相对被动的捕鱼方式。排钩，就是一条主线上每隔一定距离拴一副鱼钩，就是饵钩成排的意思，本地人也称为排钩钓。放排钩的时候，需要一条船，借助水流之力，凭借鱼钩上蚯蚓的诱惑，等鱼儿上钩，然后将其捕获。

　　离东江嘴七八里外的袁浦菜场，当天气逐渐转暖以后，每天一早，总能见到几个鱼摊上有江虾和江蟹卖。这些江虾、江蟹，是当地渔民放虾笼放来的。虾笼，也叫地笼，最早的时候是用竹篾做的，后来为尼龙网所替代。虾笼可长可短，几乎每个面上都有几个易进难出的口子，在虾笼里放进一些动物内脏或蚯蚓等腥气的饵食，将它沉底到江中，接下来的事，就是等候。鱼虾被腥气吸引钻到进虾笼里就出不来，过一段时间去收就可以了。

二十世纪九十年代，东江嘴渔民中有好几位放虾笼的高手。从上游的长安沙到下游的七堡，都是他们放虾笼的范围。其实在钱塘江里放虾笼不是那么容易，特别是天文大潮来的时候，沉在江底的虾笼往往会被埋进厚厚的沙子，虾笼一旦"胀死"，拔起来就特别累，一个晚上一百多只虾笼拔下来，人就像要虚脱了一样。

过去三江口因为鱼多，许多四面临水的沙洲与暗沙浅滩上，每到秋冬季，往南迁徙的候鸟也多，比如天鹅、白鹤、大雁、野鸭等，都会在此做短暂的休整。野鸭最多的时期是在抗日战争期间，当时江对岸有国民党的部队驻守，为防卫安全，平时龟缩在磐头碉堡里的日本鬼子在南塘全线拦起了一道竹篱笆，禁止老百姓下江捕鱼。由于少见人迹，到秋末冬初，无人的沙洲和江滩上就成了成千上万只野鸭的栖息地。

受大群过境鸟类的吸引，袁浦很早就出现了打鸟人的踪迹。比如东江嘴老磐头西面的俞陈磐头，因那里早年住过一个打鸟人，又叫打鸟陈磐头。东江嘴最早的打鸟人是清末民初从苏州吴江县来的，是个大麻子，叫刘安有。刘安有早先在长安沙上落脚点，之后办出了持枪证，就成了本地最有名的打鸟人。刘安有后来落户东江嘴，陆续带出了四个徒弟，其中有三个是东江嘴人。在东江嘴村，名头较为响亮的打鸟人有刘关金、郑永亮、华阿六等。

职业打鸟人一般有两条船，一条是吃饭睡觉的大船，即娘船，另一条是打鸟用的子船。后来娘船有了机械动力，活动范围就更大了。无论是富春江上游的桐庐、建德，还是浦阳江上游的龙游、兰溪、金华，只要有野鸭打的地方，都留下了打鸟人的踪迹。1996年，随着《野生动物保护法》

出台，阿六成了东江嘴最后一个打鸟人，他把那把许久不用的大抬枪交了出去，算是给自己近三十年的打鸟生涯画上了句号。

打鳖曾经也是东江嘴人谋生的另一个行当。在二十世纪八十年代，东江嘴村总共有七八位有名有姓的打鳖人，比如郑利江等。

先来说打鳖的路线。东江嘴人过去打鳖的线路有两条，一条是双浦十大磐头线。从东江嘴老磐头一直打到周浦社井磐头，再从社井磐头返回，这条线路一来一去五十里，相对比较短，在没有自行车的年代，这条线打鳖人选择得比较多；一条是"大环线"，是有自行车、摩托车等代步工具后的打鳖线路，从东江嘴磐头出发，过东江嘴大坝（建于二十世纪七十年代初长安沙大围垦时期，八十年代因影响泄洪及航运被拆除）到长安沙东角的麻雕沙，沿着岛岸线到长安沙南面石门渡，从石门渡渡江，再沿着江岸线往西至里山，在黄家塘过渡到东洲沙，从东洲沙过坝到白鹤桥，再往回至周浦社井磐头，由西往东过十大磐头回家。此外，还有去得更远的第三条第四条线路，或往桐庐、建德、淳安方向，或沿着浦阳江一路上溯至龙游、金华甚至更远。

到了二十世纪八十年代，兴起了一股养鳖的风潮，聪明的袁浦人利用江上的野生鳖资源办起了种鳖场，名气较大的有麦岭沙种鳖场以及传雅沙种鳖场等。由于种鳖场大量高价收购价野生鳖，东江嘴村打鳖人在那几年迎来了最风光的时候，多的时候一天能收入好几千元，但随着野生鳖被打得越来越少，到了九十年代，富春江双浦至富阳段，乃至整个钱塘江流域，都很难看到野生鳖的踪迹了。

与此同时，随着国门的开放，日本向我国大量采购被称为"软黄金"的鳗苗，在钱塘江中下游地区，包括袁浦三江口，还曾兴起过一股捕鳗苗的热潮。每年冷雨霏霏的清明前后，三江口两岸都是捕鳗苗的人，尤其是夜晚，当潮水抵达三江口的时候，老渡埠对岸的闸堰大塘下，就亮起了一条由无数手电筒光组成的光龙。鳗苗有驱光性，人们就利用电筒光来吸引鳗苗，等鳗苗浮出潮浪时，就被纱布网兜捕捞。

不同于在岸线上用简易工具捕捞鳗苗的人，在鳗苗热刚起的 80 年代中期，一帮胆大的东江嘴船老大便率先将沙船改造成装有可升降捕捞网的"翅膀船"，组成了一支捕捞队，勇敢无畏地去下游的大潮大浪里寻找发财的机会。正月里，当许多人还在忙于走亲戚的时候，东江嘴的船老大们就驾着翅膀船出发了。如果运气好，在接下来短短的一两个月里，每条船少则可以挣七八千，多则能赚一万两万，对当时的人们来说，这实在是一笔十分可观的收入。

东江嘴捕鳗苗船的活动范围在下沙和海宁盐官之间。潮汛特别大的几天，比如农历初三、十八，船会往七堡和七堡以上移动，等潮水小下去，船就往下游移动，去小尖山、大尖山方向，最远到曹娥江口。上下的游动，是出于对上潮时间、水速、安全性等几方面的考虑。

在船上捕捞鳗苗，最关键的步骤是迎潮和放网。迎潮，是有较高危险性的。特别是夜潮，眼睛在黑夜里看不清楚，危险性更大。幸而潮水什么时候来是守信的，人要做的就是在寂静中提前做好充分的准备，并时刻保持警醒。常常，当疾奔而来的潮水还远在三四里之外，哗哗哗的潮声就已灌满了谛听的耳朵。一经听见破空而来的潮声，那些醒在漆黑的寒水上的翅膀船突然像躁动的野兽一样，一齐"突突突"地吼叫起来，二三分钟不到，所有船都已调转船头，正对着潮来的方向，蓄势待发，警惕地戒备着。当气势千钧的大潮猛然拱起轻如一片木叶的船体，率先受力的船头便迎着激飞的浪花高高翘起，紧接着，船身随之猛烈地颠荡摇晃。尽管已开足马力，但船还是会被大潮冲得节节后退。等潮头冲过去以后，捕鳗苗船便纷纷调头，去上游方向寻找在深水与浅水交界面的某个合适的捕捞点。船乘着高潮下行的速度极快，就像坐火车一样，如果是白天，会看到岸上的树木在飞快地后退。

有经验的船老大会根据流过船身的潮水的声响判断水速，等水速减缓，船老大就将悬挂在船舷两侧，有四米宽一米高十五米左右长的捕捞网慢慢地摇下。等网的上部浸入水面，一米高的网口刚好在"鳗苗层"的范围之内，两张网犹如两条潜泳的鲸鱼迎着潮来的方向张开了大嘴巴时，延续数小时的"守株待鳗"的捕捞行动就正式开始了。

三江口的鳗苗热前后大约持续了六七年，到1992年前后，鳗苗越来越少，在早春时节的东江嘴老渡埠上，已经看不到那些长得像飞鱼似的翅膀船了。

三江口独特的山水风貌，孕育了东江嘴丰富的渔猎资源和农耕文化，也催生了这些依水而生的特殊行当，时光中，我们看到了靠山吃山靠水吃水的生存智慧，也看到了过度耗费自然生态资源的严峻结果，所幸东江嘴人懂得主动求变，开始在江边搞起养鱼和休闲业来。

现在的东江嘴村中，还有好几只深不可测的大"龙潭"，这些龙潭原是老早以前坍塘时被洪水冲出来的，新中国成立以后成了生产队的养鱼塘。改革开放以后，一些村民承包了鱼塘，用来养四大家鱼、白条和沼虾等。再以后，头脑活络的东江嘴人就在这些位于南北大塘下的龙潭办起了垂钓吃饭住宿一条龙的农家乐，还在北塘上开辟了骑行绿道，许多骑行爱好者成群结队到这里，来看三江口的美丽风光，来吃农家厨师做的美味江鱼。为了更好地发展休闲经济，东江嘴村委组织举办了"沼虾节""土烧节"和"荻花酒会"等活动。

六、江口沉沙值万金

东江嘴村有人口约一千户，是双浦最大的村庄，也是西湖区唯一的渔村，不仅如此，在很长一段时间，它还曾被称为钱塘江上"挖沙第一村"。最鼎盛时期，全村有近三百只运沙船和十六只沙机，以每条运沙船的平均运力为三百多吨计算，东江嘴村的船只一次可运输将近十万吨江沙，由此

东江嘴人做土烧　东江嘴村村民供图

可以想象，当年整个东江嘴村挖沙和运沙行业的兴旺程度。

采沙业在袁浦一带的兴起，大致经历了三个阶段。

第一阶段是人力耙沙泥阶段，时间从二十世纪六十年代初开始。当时为了提高集体副业收入，几乎沿江各村的每个生产队都有一条载重三四吨的耙沙船。一条耙沙船上，除机舵手外配八个壮劳力，壮劳力是生产队按月轮换的。耙沙泥的工具是用边缘钉了铁片的泥箕和长毛竹竿制作的长柄沙耙。耙沙地点主要有两个，一个是三江口上游的长安沙，一个是下游的龙山滩。耙一船沙，将它运到复兴路的黄沙码头卖掉卸掉，然后回村，一去一返需要一天，每个人一天所得的工分大约可以折算一块五到两块钱。在东江嘴父辈人的记忆中，人力耙沙非常辛苦。有时，会遇到大风大雨，有时，装满沙泥的船会因负重而搁浅。最难的是寒冷的冬天，当重百余斤的沙耙被用力提出水面，从沙耙底部漏出的水溅到鞋子上、手把上就会以肉眼可见的速度结成冰，人的手脚很快冻得失去了知觉。也有人在耙沙时不小心失足落水，把命留在了冰冷刺骨的江底。

文化礼堂的演出　东江嘴村村民供图

　　第二个阶段是小型吸沙泵采沙阶段，时间为分田到户以后。随着国家的改革开放，钱塘江沿岸的城市化建设如火如荼地展开，钱塘江的沙子质量好，价格不高，在市场上供不应求。当时袁浦地区配小吸沙泵的采沙船有二三十条，都是安全性较差的水泥船，载重量也不过五吨，为了提高效率，就一般采用"二伴一"采沙法，即两条采沙船在运沙船的一左一右同时采沙作业。这在技术上，相对人工耙沙阶段有了进步，但效率还是低下，远远跟不上袁浦的运沙船越造越多、吨位越造越大的现实，效能不足的采沙船成为制约袁浦采沙行业发展的瓶颈。

　　第三个阶段为大型采砂机采沙泥阶段，时间为1998年以后。据原东风造船厂优秀技工、东江嘴人李强回忆，当年由他改装的第一条自动化采沙船投入使用以后，第一天就创造了日采三千吨的纪录，可以连续装满二十多条百吨以上的运沙船。三个月后，东江嘴村出现了第二条电气化自动采沙船，两年后增加到了五条，而在整个之江段范围，大大小小的自动化吸沙船已猛增至三十九条，并且后来随着政府对采沙船数量的控制，一些船的采沙功率还在改造扩容。

　　1999年到2001年，是袁浦采沙业的鼎盛时期。一条采沙船一天的采沙量已平均达至一万吨，至于运沙船，都已改成了三百吨上下的铁驳。这样的铁驳，仅东江嘴村有将近三百条。除了采沙、运沙，当年整个钱塘江沿线的沙场，也几乎全被袁浦人垄断。就连上海黄埔港一带的沙场，也成了以东江嘴人为代表的袁浦人的天下。东江嘴村采沙业的兴盛，催生了许多挖沙、运沙和办沙场的致富户。据粗略统计，仅2001年，整个东江嘴挖沙、运沙、办沙场的收入超过两亿元，东江嘴成了令人羡慕的亿元村。

　　但采沙业的无序发展是以钱塘江水环境的严重破坏为代价的。当年，在三江口段的浮沙暗沙被挖光以后，一些万吨采沙船就沿着钱塘江主水道两侧向下游进发，从下沙到海宁，从海宁到海盐，一直采到钱塘江海口处。无节制的采沙，不仅危害了沿岸江塘和桥梁的安全，还对鱼虾的生存繁衍

江滩上的芦稷（高粱品种）　金毅摄

造成了较大的破坏和影响。

2004 年是不可持续的袁浦采沙业走向没落的黄昏。8 月 1 日，随着《杭州市生活饮用水源保护条例》的正式实施，钱塘江杭州江段成为一级水源保护区，江中禁止采沙。杭州市政府出台了专门的补贴政策：按照船的吨位大小，补贴五六十万到九十万不等。四年以后，杭州市政府通过类似的补贴政策，将西湖区沿江一带的所有沙场拆除。2016 年 5 月 1 日，随着采沙许可的正式停止，持续四十年的袁浦采沙业完全退出历史舞台。此后，一些手头有了原始资金积累的东江嘴能人转身进入现代信息技术行业、现代金融业和先进制造业、建筑业等，在多个行业崭露头角。

8 月，江水变浅，波影里，映着黑黝黝的老南塘与十大磐头的影子。东江嘴村作为钱塘江沿岸渔村历经时代变迁的一个缩影和样本，在城市化浪潮的不断推进中，虽然相对独立地保有了渔猎文明和农耕文化的基本样态，但它的生态环境连同丰厚的本土文化，正受到冲击，一些行当和生活方式正在或已经从人们的视野里消失。

参考文献

1.〔明〕张道:《定乡小识》,《武林掌故丛编》本。

2.陈璚、王棻:《民国杭州府志》,上海书店出版社,1993年。

3.王国平:《杭州文献集成》第4册《武林掌故丛编（四）》,杭州出版社,2014年。

4.袁浦镇志编辑委员会:《袁浦镇志》,2008年。

半是仙源半是城——萧山区楼塔镇楼家塔村

楼家塔村隶属萧山楼塔镇，位于萧山最南端，为诸暨、萧山、富阳三地之交通咽喉。这里曾是东晋名士许询隐居地，古称仙岩，为"浙东唐诗之路"的重要节点。自唐末楼家始祖楼晋定居后，遂成宗族村落。楼家塔村历史人文底蕴深厚，拥有较多的非物质文化遗产，其中包括国家级非物质文化遗产"楼塔细十番"，以及"楼英传说""楼英祭"，尤其难得的是，村内还保存着一百七十多座明清古建筑。作为明代医学家楼英故里，此地还有浓郁的中医药文化遗风。楼家塔村于2019年被命名为浙江省AAA级景区，并入选2019年度浙江省美丽乡村特色精品村名单；2022年10月被列入第六批中国传统村落。

楼塔的田野 盛龙忠摄

"四围山色九曲溪，半是仙源半是城"，在萧山最南端，距萧山城区约三十二千米处，有一个毗邻诸暨次坞、富阳章村的古村镇，它的名字叫楼塔。据楼氏族谱记载，楼塔早先的名字叫楼村、楼家村，清代时叫楼家庄。又有一个俗名叫楼家埭，因萧山方言中的"埭"音近"塔"，遂名楼家塔。楼家塔的山，是龙门山支脉与会稽山余脉围成的诸山丘；而它的水，则是发源于富阳常绿，最后汇入浦阳江支脉永兴河的一条长约十八千米的楼塔溪。这山环水绕、风光旖旎的美丽宜居之地，古称仙岩，传说因东晋名士许询在此隐居，修道炼丹，羽化成仙而得名。唐乾宁四年（897），夏禹后裔、楼氏先祖楼晋在楼塔溪南的沙滩地上围堰而居，肇基发祥，遂渐渐形成了楼姓为主姓的繁华村落集镇，至今已有一千多年，史称"仙岩楼氏"。

时光一晃就是千年。从历史中走来的楼家塔，就像环绕村庄的楼塔溪中流淌的一曲绵绵不绝的细十番：时而急，时而缓；时而激昂，时而婉转；时而明亮欢快、时而低沉哀伤……它是飘着仙气的楼家塔，它是充满人间烟火气的楼家塔；它是书香气绵延的楼家塔，它是医风不绝的楼家塔；它是历代名人辈出的楼家塔，它是历经人间浩劫的楼家塔；它是传统文化积淀深厚的楼家塔，它是与时俱进的楼家塔；它是江浙楼氏发源地之一的楼家塔，最是乡愁如清清溪水低语的楼家塔。

千年楼塔 金毅摄

一、清风朗月思玄度

楼家塔古称长山乡，是萧山最早的建制乡之一。民国《萧山县志稿》载："长山乡在县西南隅（旧长山乡包括大同、河上二乡），以长山而得名。长山横亘三都，一名大山。其南之最高者名镜台山，一名白石山，又名笔架山。岩曰元度岩（元度即玄度），晋征士高阳许询幽居之所也。洞曰仙人洞，岩洞出云，草木皆香，可以疗疾，又曰百药山。"

如同严子陵栖隐桐庐富春山，为富春山水中注入了诗的灵魂，作为许询幽居之所的萧山楼家塔村，也因为魏晋遗风的濡染，有了卓秀不群的风姿。

许询，字玄度，会稽内史许皈次子，东晋时期著名的清谈家、高士和玄言诗代表诗人。《建康实录》卷八称其为"幼冲灵，好泉石。清风凉月，举杯永怀"①，是一派超尘绝俗的名士风范。因为出身世家大族，且才华卓著，与他交往的朋友，也都是一等一人物，比如被誉为"江左风流第一"的政治家谢安，以及书法家王羲之、文学家孙绰、高僧支遁等，甚至连当时的简文帝，也尊他为上宾，常邀他彻夜清谈。此外，作为王羲之挚友的他，还是兰亭雅集、曲水流觞的四十一人之一。可以这么说，许询在萧山历史上，绝对是一位重量级的传奇人物。

话说晋代是一个"上品无寒门，下品无世族"的时代，一般世家大族的子弟，即使没有才能，也能当一个不大不小的官，而许询因为才华横溢，名声很大，所以当时举荐他当官的人实在不少，甚至连皇帝也亲自征召他来朝当官。不过许询对名利场毫无兴趣，自然山水才是他的心头挚爱，本质上，他想过一种无拘无束的隐逸生活，为此他只能远离会稽，四处隐居。公元345年，他又一次推辞了朝廷的征召，一"逃"逃到了如世外桃源般的萧南楼家塔这一带的好山好水间，萧然自致。

---

① 许嵩：《建康实录》，引自余佳锡：《世说新语笺疏·言语第二》，中华书局，1983年，第128页。

　　《世说新语·栖逸》记载："许玄度隐在永兴南幽穴中，每致四方诸侯之遗。或谓许曰：'尝闻箕山人似不尔耳。'许曰：'筐篚苞苴，故当轻于天下之宝耳！'"[1]这一段话的大意是：许询刚来百药山仙人洞隐居的时候，那些有身份有地位的人都跑来看望他，并给他送来吃的用的，许询也不客气，都收下了。于是便有人耻笑他，说他并不像古代大隐士许由一样"隐"得彻底，谁知许询也不往心里去，乐呵呵地答道：这些用篓筐装着、苇叶包着的东西，可比天子之位轻盈多了。言下之意是，他只是顺从内心弃绝了名利，并不一定非得去过饥一顿饱一顿的生活。在朋友们的帮助下，后来许询在百药山的山腰上有了一幢房子。于是他每天就这么逍遥自在地纵情于山水间，要么在仙人潭垂钓，要么在山中访石听泉，在高岗上坐看云起，要么弹琴长啸，吃吃五石散，要么兴之所至，去访王羲之、支遁等好友，与他们谈玄论道。这样的生活，想想神仙也不过如此。

　　许询在百药山上隐居了大约十年，后来朝廷又来请他出山做官，为了表明隐居不仕的坚定态度与决心，他将把山阴的老宅和朋友们为他造的隐世住宅都捐给了佛门，后者就是历史上几度兴废的重兴寺。关于这一点，也有史料为证。南宋《嘉泰会稽志》说："重兴院在县西九十里，本晋许征君岩下寺，会昌废，咸通十四年重建改赐今额。"又比如明嘉靖《萧山县志》上也有类似的记录："曰重兴寺，在镜台山下，晋许询建，名岩下寺。唐会昌间毁，咸通十四年重建，改今额。"自许询舍宅建寺后的一千六百余年间，重兴寺历经劫难，屡兴屡圮，至二十世纪九十年代，地面建筑倾毁殆尽，现遗址内尚余古井一口。

　　许询离开楼家村后，就去嵊州找他的好朋友王羲之去了。不过按照山野樵夫的说法，不知去了何地的他已经得道成仙，于是，后人就将百药山对面的大山岩被称为仙岩，将他居住过的山洞，叫作仙人洞，将他在溪边垂钓处的悬石，叫作仙人石。而仙岩，就成了楼家塔村充满诗意的前世。

---

① 刘义庆：《世说新语》，岳麓书社，2015 年，第 144 页。

　　时间到了唐代，率真随性的魏晋遗风在文人士子间的风靡，促发了一场以诗人群体为代表、以追寻魏晋名士足迹为目标的山水人文之旅，这就是以萧山西陵渡或渔浦渡为起点，以天台山为终点，全长约二百千米的"浙东唐诗之路"。而因为许询这个耀眼的名字，彼时交通尚不方便的楼家塔村及萧山全境，吸引了许多诗人慕名而来，从而使此地成为这一条星光闪耀的诗路上的重要节点。伴随着唐朝诗人们的陆续寻访，共留下了相关诗作近百首。而这些因为许询触发情感的诗作，更增添了这片山水的人文之美，其意义不啻是锦上添花。

　　比如唐上元二年（675）秋，初唐四杰之首王勃在南下探望老父之际，专程来到仙岩，将与许询有关的景点走了一遍，并赋诗一首："崔嵬怪石立溪滨，曾隐征君下钓纶。东有祠堂西有寺，清风岩下百花春。"诗中的征君即指许询，崔嵬怪石即玄度岩，又称仙人石，寺即重兴寺，而仙岩山的悬崖峭壁，王勃名之为清风岩，是运用了"清风朗月，辄思玄度"的典故。传说后世有人将王勃的此诗刻在仙人石下，"水涸石露，乃见其迹"，

楼塔老宅　金毅摄

秋天的稻田 盛龙忠摄

但由于年深日久，加上仙人潭在二十世纪七十年代被填了，便无从考证。

王勃之后，一代山水田园派诗宗孟浩然也曾到过仙岩的镜台峰下，访仙人洞、观玄度岩、仙人潭，并夜宿在重兴寺的僧人房内，写下《宿立公房》，有佳句"苔涧春泉满，萝轩夜月闲。能令许玄度，吟卧不知还。"到了唐咸通三年（862），与李商隐齐名的晚唐诗人温庭筠也专程来仙岩凭吊许询留下的遗迹，并留下了一首《萧山庙》。王勃、孟浩然、温庭筠三位诗人，分别对应初唐、中唐和晚唐，可以代表唐朝近三百年历史中读书人的主要价值观。他们都才华横溢却怀才不遇，而之所以不畏艰辛，长途跋涉来到地处僻壤的山村楼家塔，其实就是对许询辞荣不仕、清风朗月的品格的高度认可。

许询的隐士作风也深刻地影响了萧山本地许多文人雅士的价值取向。《康熙萧山县志·人物志·隐逸》载："萧地澄江列岫，毓秀栖灵，自元度诸公仰止来游，风流未歇，廉顽立懦间起，其人虽运会寥廓，而孤怀逸尚，奕世同揆矣。"说的就是萧山这样钟灵毓秀的地方，自从许玄度到这里隐居之后，便时有文人效仿，从未停歇。而在历代萧山本邑的文人乡儒写萧山的诗文中，也每每写到许询如闲云野鹤的萧然人生，并传达出对许询品格与才华的敬仰和推崇。

二、清风依旧向溪滨

州口溪，为楼塔镇人的母亲河，本地人习惯称之为"栖（溪）滩"。其发源于富阳区常绿镇石梯山，流至青龙头进入萧山境内，经岩山、楼家塔、管村、河上等地承纳雪环溪、大同溪、次坞溪、凤坞溪来水，至白堰改称永兴河，成为即将汇入钱塘江的浦阳江的一条支流。

流过楼塔镇的州口溪因为与许询的邂逅，成为了萧山境内一条声如天籁的文脉之溪，但它也见证了吴越王钱镠成就千秋伟业的一段辉煌历史。

州口溪　金毅摄

唐代末期，藩镇割据，各地战乱纷起。唐中和三年（883）三月，浙东观察使刘汉宏，图谋兼并浙西，调兵分屯黄岭、岩下、贞女三镇，结果三镇被时任都知兵马使的钱镠率兵攻破，刘汉宏部损兵折将。唐光启二年（886），双方兵马又在黄岭一带发生激战，钱镠取得大胜，而逃往越州的刘汉宏残部不久即为钱镠所灭。史料记载，钱镠在仙岩一带打败刘汉宏后，曾在岩坞口的山岗上设立人本营，休整军队，并召开了祝捷庆典，因见此地山形水势如虎踞龙蟠，加之地扼两浙要冲，便起了在此筑城设州的念头。"继以地类沙积，恐不堪万年基"，便在山石壁上以斧验石，连劈了十八斧头，发现岩石脆软，就放弃了建州府的打算，转而决定让镇遏使徐鸿与副镇遏使、他的外甥楼晋在此屯兵驻守，这就是仙岩楼氏肇基发族的缘起，建州虽未成，而州口的名字却由此而来。

　　根据楼塔乡贤楼岳中先生所著《楼塔往事》的描述：钱镠斧迹就在原楼家塔村北仙岩溪山道旁的石崖上，斧迹从右至左一字排开为十八道，宽度两米许。前十道密而浅，后八道拉开了距离，其中最后三斧最为用力。由斧迹的用力方向，可判断劈石者为一个左撇子。旧时斧迹旁还有后人留下的八个大字：钱镠斧迹万古千秋。可惜这一处遗迹，因缺乏保护的意识，在1956年在修筑公路时，被一名外地来的采石工给炸毁了。值得一提的是，楼晋十分敬重钱镠，当年他在此屯兵时，将这座曾留下钱镠斧迹的山，叫作钱山，而山下的溪则叫钱溪。

楼氏始祖楼晋一家当年选址在州口定居，除了出于遵从钱镠的派遣在此镇守外，还因为州口确实宜居。据《仙岩楼氏宗谱》记载，公与徐公（徐鸿）并喜兹地山深水远，虽蓁莽之中，而有郁葱之气，抚镇类数载，由黄岭迁至本宅。彼时山环水绕的楼家塔村一带，是一片便于筑居与耕作的广阔溪滩，而水面逐渐开阔的州口溪，则为楼氏先人提供了取之不尽的水源和生活的便利。旧时流过楼家塔村的州口溪是喧闹的，有村里的妇女洗衣服敲棒子的声音、有群鸭扑进溪中的"嘎嘎"欢叫，有在溪边吃草的老牛的低哞，有舂米和做土纸原料的水碓发出的"吱嘎"声响，有放竹排去义桥渔浦渡的楼家塔男人在溪水上回荡着的爽朗话语声和笑声。

到了明代，楼家塔村人将州口溪上游的溪水和东纪坞的清澈山泉引入村内，在乌泥潭拦堰设坝，利用自然落差修建水渠，在村里构建起了迂回交错、长流不涸的密集水网，这一点很像桐庐的古村深澳。今天，在楼家塔镇的横街、上街、下街，还可以看到条条水渠以及供居民取水、浣洗和防火用的埠头。走过老街上的长长水渠，望着流入暗渠的清澈水流，可以

过桥的鸭子　盛龙忠摄

想见旧时老街上和水有关的种种鲜活的生活场景。楼家塔的老人们说，老底子的时候总是一早起来到埠头往家里的水缸挑水，而为了保持水质的干净，楼家塔人从小教育孩子，不能往水渠里解小便，也不准往水渠里扔脏东西。

自源头流入水渠的水绕楼家塔村一圈后，汇聚至一口方塘，成为农田的灌溉用水，最后汇入洲口溪。这种水系设计的精致巧妙，让人不得不佩服楼塔先人的智慧，也体现了人与自然和谐共存的生态系统观。

过去的楼家塔村里除了发达的水系之外，还有许多古井，在不同的地方，水井的水质有细微的不同，过去有一些井里的水是专门用来做米酒的，有一些专门用来做木莲豆腐等等。而现存的古井中，有一口最有故事，它就是有着近三百年历史的"嫁妆井"。"嫁妆井"位于老街上一座叫"石扶梯"的老墙门内，是诸暨义安乡三塘的蒋员外（名吉人）给女儿的一份嫁妆。清雍正十一年（1733），楼家塔二十岁的小伙子楼日孝即将和蒋吉人的独生女儿结婚，婚前，蒋吉人特地到楼家塔来"看人家"，对楼日孝家新建的宅院石扶梯台门很满意，只是觉得宅院离水井较远，打水不便。宴席间，蒋吉人向准亲家楼允文建议为何不在自己家院子里挖一口井，楼允文支支吾吾，答不上来。事后经了解，楼家因刚建新宅，且要再筹资准备彩礼、置办婚宴，家业虽大，但资金一时也周转不过来，挖井的事只得暂时搁置。于是，蒋吉人主动提出挖井由他出资包揽，作为女儿的一件嫁妆，就这样，"嫁妆井"在婚礼前由蒋吉人派诸暨工匠挖设完竣。近三百年过去了，"嫁妆井"内的井水依旧清甜甘冽，至今仍被楼氏后人饮用。

依水而居，自然离不开桥。州口溪上有一座很有故事的老桥，它就是已被列为杭州市市级文物保护单位的州口桥。桥为四墩五孔折边石梁桥，全长47.9米，宽3.5米，高5.7米，孔呈五边形，为并列分节法砌筑，墩设分水尖以减小山洪对桥的冲力，两边设仰覆莲及狮子望柱、栏板。

州口桥是古时连接越州（萧山、绍兴地区）与睦州（建德、淳安等地）

州口桥　金毅摄

的交通咽喉，也是楼家塔村人出入的门户。据地方史志记载，民国之前州口桥皆系木桥，因山洪肆虐，屡建屡毁。清同治年间，初建以石墩柱为基、木板铺面的平桥，但由于墩基较浅，石灰砌浆经不起长期水浸，没过几年，石头桥墩就被山洪冲得一个不剩。到了清朝乾隆年间，"嫁妆井"的主家楼日孝捐献出自家山上的林木，采用人字形桥架，并加设立柱，建成了一座楼塔历史上最壮观的木桥，但不出十年，这座壮观的木桥也被山洪冲毁。1919 年，楼氏先贤楼履蛟等与族里乡贤商议，准备造一座坚固的"万年桥"，方便百姓过溪。经过近一个月的集资，前后集资二万多银元，于 10 月 2 日这个黄道吉日举行祭祀仪式后开工。在宽阔的州口溪上造石桥，在当时是一个十分庞大的工程，因为施工条件落后，一切都仰赖人力，仅桥基就挖掘了三四个月。凿运造桥的石板要去三十五里外的北坞三桑湾，这一路异常艰辛。至 1921 年冬，四个桥墩才建成，又过了整整两年，石拱和桥面完成。后因前期的捐资耗尽，又等了六年，才在桥上建了精致的狮子望柱栏板和桥亭。

楼家塔老百姓对州口桥怀着虔诚的祈愿。1925 年，村里的周氏、章氏、钱氏、何氏四个老太，每日结伴在东纪坞庙内为州口桥念佛诵经。历经三年，拜成《莲华经》四部。1928 年 4 月 27 日，趁州口桥装置护栏之际，村人请工匠将四部经分藏于四个桥墩上的分水龟内，可惜的是，几年前，四部经已被盗。

"民国戊辰年，大水没寮檐。" 1928 年 7 月 18 日，农历六月初二夜间，暴雨如注，引发山洪倾泻。7 月 19 日凌晨，楼家塔村地面一片汪洋泽国，位于州口桥东侧的近百米堤埂全部垮坍，文昌阁的甬道 "风洞" 成了波涛汹涌的 "涵洞"，而后俞畈变成了宽阔的溪滩。等大水退去，楼家塔村境内的两座木桥荡然无存，连章村的大庙座石桥也被冲垮，只有新建成的州口桥固若金汤，巍然屹立。1929 年 11 月，经过近一年的准备，楼家塔人在州口桥上举行了盛大的 "圆桥" 庆典。早些时候，工匠在桥的西端北侧，建起了似屋又似凉亭的桥亭庙，又在桥两头各搭起一座高大的牌楼，雕饰 "松柏长青" 等吉祥图样。当圆桥仪式开始后，随着震耳欲聋的鞭炮声和欢快的鼓乐声响起，为造桥耗尽心力财力的楼履蛟带领儿孙四代，第一个走过挂灯结彩的新桥，那一刻，想到十年造桥的艰辛，许多楼家塔人的眼睛湿润了。当晚，楼家塔村的三个祠堂灯火通明，三个戏班子在三个祠堂里开唱戏文，戏连演三天，从邻村赶来看戏的人塞满了街巷，据说次坞的一半人家都上了锁，至于河上店似成空村。而楼塔村外的四座庙宇香火缭绕，众信夜以继日地诵经念佛。如此盛大和热闹的场景，可谓千年未见，直至今日，仍是楼家塔人津津乐道的话题。

2023 年黄梅季，州口溪曾突发过一场大水。从当地人拍的视频来看，上游奔腾而下的滚滚浊流，裹挟着泥石冲出河床，接连冲走了停在路边的两三辆小汽车。同平原上的河流不同，发源于富阳常绿、承担萧山南片灌溉与泄洪之责的州口溪，是一条"有脾气"的溪流，尤其在汛期，可能变成一头破坏力极大的猛兽，几乎没有什么力量可以抵挡。这场洪水给当地造成了极大损失，但横跨溪流的州口桥却再一次经历住了山洪的考验，坚不可摧，某种意义上说，州口桥已经化身为楼塔人的精神信仰。

州口桥上曾走出过很多优秀的楼氏后人，比如楼塔的女儿楼曼文。当年，她就是经过这座桥走进那一段风起云涌的烽火岁月，从楼塔到杭州，从杭州到上海，从一个追求真理的进步学生到特殊战线上的女英雄，为了信念中的美好彼岸，生死无惧，直至献出自己的生命。此外，在洲口桥东岸的前溪前弄，还有楼家塔战斗的旧址——茧行。1949年3月29日凌晨，浙东人民解放军金萧支队第二大队大队长陈芝先奉命带领四中队和六中队的战士们分别包围了驻扎在西岸文昌阁（已毁）和茧行据点里的国民党军队。四点钟，战斗按照预定计划打响，四中队担任主攻的文昌阁战斗顺利结束，但茧行的战斗却打得很艰苦，金萧支队一名副中队长和几名战士不幸牺牲，这是金萧支队在萧山打的最后一场大仗。

三、孜孜为医惠天下

历史上楼家塔楼氏先人非常重视教育。据宗谱文献记载，楼家塔最早的学堂，是由楼氏始祖楼晋（彦孚公）设立的"仙岩书院"，当时的授课老师是时为镇遏使的徐鸿从老家金华请来的名师徐太冲。此时战争频繁，仙岩书院可以说是一所战时学校，不仅教四书五经，还教骑马射箭。"登（唐）天佑甲子越州武举第一"的楼士器就曾在这里读书，他文武兼备，与徐鸿的儿子徐君绶为同期学子。后来，楼晋的女儿嫁给徐君绶，士器公娶了徐鸿的侄女，两家联姻，可谓一段佳话。楼氏十一世孟玉公楼玑，登上了南宋绍熙辛亥的进士榜，授萧山儒学教谕。他的儿子文隽公授登仕郎行在院检阅，称"检阅公"。到了他的孙子寿高公，更是将尊师重教的家学传统推向了一个新的高度。寿高公的一生经历宋元两代，虽然才华显露，但他不愿为官，把一生的事业放在子孙后代的教育上，造了一间专供子孙读书的排翠楼，并将浙东名儒胡思梅、张平溪等请来做老师。因连续出了三个进士，后人把排翠楼叫为状元楼。几代熏陶，才俊辈出，寿高公的长子齐贤是楼家塔历史上最有才气的人，诗文冠于浙东，而他的孙子辈里，出了一位"德尚儒而术近仙"的明代大医家，人称"神仙太公"的全善公楼英。

楼英，一名公爽，字全善，号全斋，是楼晋的十五代孙，生于1332年。他的曾祖是一代名医楼文隽，而在他的父兄辈中，医学氛围也颇为浓厚，楼英的表兄戴思恭的医术就甚为精湛，远近闻名。楼英小的时候，除了学习四书五经等儒学经典之外，还在父亲的影响下，研读《周易》和《黄帝内经》，十三岁那年，楼英母亲生病，经戴思恭医治而愈，楼英从此萌发了行医济世的念头，便经常向戴思恭请教医术，尽得其学。

到二十岁左右，在楼塔本地，楼英已经是一个非常有名的医生了，上门求诊者络绎不绝。而楼英给人治病，往往只考虑怎样把病治好，对金钱利益却不看重。此外他还有一个"每病必录"的习惯，将每次对病人的施诊心得记录下来。日积月累，就形成了大量医案，这不仅令他的医术更为精进，也为他后来著书立说提供了丰厚的资料。楼英诊治疾病往往结合临床经验，本着"阴阳五行生化万物"之说，提出诊病首先必须分辨血气、表里、上下、脏腑分野，从而知晓病灶的位置；治病要因人、因病、因时而异，施以药疗、理疗、针疗等手法，所以经他诊治的病人往往很快就能见到疗效。由于"济活者众""药到病除""每投必验"，加上医德高尚，楼英深受周围老百姓的爱戴，而楼氏后人，则尊重敬地称他为"神仙太公"。

在楼家塔村，至今还流传着一个楼英救活出殡产妇的故事。传说有一日楼英外出行医，途中碰到一行出殡的队伍，他让到路边。当抬棺的人经过时，楼英忽然发现那具薄棺底部有鲜血渗出，他心中一动，急忙上前一步拦住送葬的队伍，按住棺材大喊一声："且慢！"出殡的人见一个陌生人拦住去路，以为碰到了疯子，觉得很不吉利，就围上来驱赶他。楼英急忙解释说："此人未亡，你们怎么忍心埋了？"众人听后大吃一惊，纷纷摇手："哪来的疯子？不要胡说八道。"楼英却胸有成竹对众人说："人死了，血液会凝固的。你们看棺材底下正在滴血，怎么说人就死了呢？"之后他向那个哭哭啼啼的丈夫打听情况，得知女人死于难产，楼英心中更加有谱了，他对男人说："你老婆还活着，再不救治就晚了。"男人将信将疑，让抬棺人将棺材停下，打开棺盖让楼英诊看。只见楼英先用手试了"亡人"的鼻息，又摸了她的脉象，然后从药箱里摸出一根银针，看准穴位，轻轻扎了下去，再逐渐加大力度。不一会儿，孕妇"死而复生"，孩子也顺利生了下来。众人见此情景，把太公当成神仙，一齐跪倒在地，感谢他的救命之恩。棺材里救出两条命的故事，立刻传遍了十里八乡。从此，神仙太公起死回生的名声越传越大。

从楼英生平记略中可以看出，楼英学习医术，是为了实现"惠天下"的情怀抱负。当年他曾对儿子宗望说过："世人得到一个秘方，往往秘而不宣，是为子孙考虑生路，我则相反，是要有惠于天下。"这是他不同一般名医的地方，而我们也可以从中领略到一个道理：一个人的成就以及伟大人格的形成，其实主要取决于他的"愿力"。受到"惠天下"思想的驱动，楼英在他三十一岁的时候，便一边设馆授徒，

惠天下的楼英　金毅摄

一边搜集前人资料，开始编纂《医学纲目》。这以后，明太祖朱元璋曾召他去看过病。等朱元璋病愈后，想留他在太医院任职，他也没有一点动心，以年老多病为由谢辞，回到家乡，回到祖上所建的排翠楼继续潜心著书。

"闭户著书多岁月，挥毫落纸似云烟"，《医学纲目》成书前后历时三十五年，是一部集明代以前医学典籍精华之大成的鸿篇巨著，将它称为传统医学的圭臬也不为过。全书约一百二十余万字，包括总论、脏腑疾病、伤寒、妇人、小儿、运气等部，各部卷数不一，总四十卷。在编撰体例上，以人体脏器和专科分部，看似简单，却极为科学严谨，每部都是先论述病征，再说治疗方法，然后给出方药。在各病的治疗上，都设正门和支门，每门又分上和下，上为《黄帝内经》之法，下为后人治疗方法，以阴阳表里寒热虚实"八纲"分析正误，无论初学或临床参考，都能系统浏览，便捷检索。《医学纲目》成书后，世人争相传抄。自明嘉靖年间刻板印刷后，流传全国成为医家必备案头书，对后世中医药学产生了很大的影响。其时最大的受益者为李时珍，李时珍在他三十四岁（1551）那年开始编纂《本草纲目》，历时三十年，"阅书八百余家"，其中《医学纲目》是他的重要参考书，文中大量出现"引自楼英《医学纲目》"的注脚。

被人称为"神仙太公"的楼英，不止是一个伟大的医学家，在天文、地理、历法方面也有很深的造诣，他流传后世的著作除了《医学纲目》外，还有《内经运气类注》《仙岩文集》《周易参同契药物火候图说》《仙岩日录杂效》《江潮论》等。明建文三年十一月十九日（1401 年 12 月 23 日），楼英逝世，享年七十岁，安葬在楼家塔村西北尚坞山麓一处叫"翻倒药瓶"的山坡上。一年后翰林学士、奉仪大夫王景为楼英墓撰写了墓铭，明永乐十六年（1418），翰林修撰承务郎陈循为楼英墓写了墓铭跋。楼英墓历代修葺，保存完好，2004 年被列为萧山区文物保护单位，2007 年 11 月被列为杭州市文物保护点。2014 年楼英墓扩建成"楼英陵园"，园内草木芳菲，门楼、景亭、长廊、水池错落有致，中国国民党荣誉主席吴伯雄先生题写了园名。

　　在楼塔有一处楼英祠堂，原名务本堂，又称下祠堂，始建于清康熙九年（1670），是仙岩楼氏东派的祖庙。而今的祠堂建于1903年，1918年下祠堂内部进行装修，除设厢房看楼之外，还建了供楼英像的龛阁，供人瞻拜。二十世纪五十年代，在破除封建迷信的热潮中，楼英的龛阁被人拉塌，雕像不知去向。1986年，德高望重的楼英后裔楼浩灿、楼尚志发起募捐重修祠堂、重建龛阁和雕像，并将祠堂改名为"楼英纪念堂"。楼英墓与楼英祠堂，是楼氏后人祭祀楼英的主要场所，此后，每年的农历三月十五和十一月十九以及楼英的生辰、卒期，楼家后人都会自发前来举行祭祀活动，2015年，"楼英祭"被列入萧山区非物质文化遗产名录。

楼英纪念堂　盛龙忠摄

　　在楼英的后代子孙中，多有他的衣钵传人，最有名的有他的小儿子"智五公"宗望，以及元锜、万明、光枢、兆政、启仁、邦源、忠显等。民国时期，楼塔镇老街上有天元堂、回春堂、万裕堂、同仁堂、义信堂五家药铺，每家药铺中都有一套《医学纲目》，可取实用的验方，方便病人对症下药。

每年端午，这些药铺都会向村民分送雄黄、藿香、乌药等夏令解毒药，当疫病流行时，还会赠发预防的丸药散剂，这一切，都是楼英留下的"惠天下"医风遗韵。

为名医故里的楼家塔村，流传着许多治疗小病小痛的偏方。比如治开水烫伤，可取生长于毛竹山中的刺芥菜，捣碎以后用纱布过滤取汁水，涂抹在烫伤的地方，一日三次，效果立竿见影；比如用晒干后磨成粉的黄栀子（山枝花）加面粉和白酒治疗扭伤；比如用小便和黄泥搅拌，给黄蜂叮咬处消肿消毒等等。

四、十番丝竹近均天

> 十番丝竹近均天，禹绩遗音共有年。
> 不疑礼失存山野，为识民丰认古弦。

走进千年古村楼家塔村，走过它的一溪一桥、一街一井、一祠一宅、一草一木，总有一种隐隐约约的丝竹管弦之音轻覆耳膜，这是在岁月尘烟中一路从容走来的楼家塔，谱写在山光水色、房舍田野以及人心人情中的悠扬乐曲，它代表了一种绵延不绝的文化精神，没错，它就是已在楼家塔的土地上飘荡了六百多年的"楼塔细十番"。

楼塔细十番，是十番音乐中的一种，演奏以丝竹为主，演奏人数以十几人为最佳，音乐结构多为"单主题变奏"，反复演奏却番番有变化，层层递进，给人以细腻雅致的听觉享受，故楼塔细十番又称"文十番"。其乐器多采用笙、二胡、琵琶、三弦等优雅民族乐器，最为特别的是楼塔细十番的独有乐器十番鼓。相传明洪武年间，朱元璋得了一种顽疾，宫里御医也束手无策，于是朝廷下令招寻民间治病高手，有人推荐了楼英。楼英奉诏入京替朱元璋把脉诊治，由此得以在宫廷内接触到典雅的宴乐音律。

楼英婉谢留京做御医的好意后，辞京回乡，便将抄录的一些宫廷御曲谱式带回了楼塔，并召集文人贤达吹拉弹唱。曲调高雅、悠扬悦耳、怡情悦性的音律深受当地百姓的喜爱，渐渐地，这些演奏曲目成为楼塔一绝，楼塔细十番之名也不胫而走。

历史上的楼塔细十番，是楼塔人心目中的神圣之音，除了庆祝传统节日及庙会族庆外，从不在祭祀鬼神的场合，也不在婚嫁、丧事和庆寿的场合演奏，所以它的演奏基本与利益无关。据史料记载，清康熙年间，为了让演奏的队伍得到经济上的保障，楼家塔人专门设立了"十番田"的义田，将义田的所获及收入全部用于支持楼塔细十番的开支。

由于细十番的演出不能带来收益，在过去的很长时间里，演奏技艺只能在家境优越的少数人家以家族传承的方式代代传袭。加上曲目都是口耳相传，并无谱式呈现，导致许多曲目在历史的变迁中渐渐失传，现今流传下来的传统曲牌尚有三个，即《望妆台》《一条枪》《八板》。三个曲牌前后呼应，层次分明，专门用来歌颂楼氏祖先大禹治水的功德。

其中曲牌《望妆台》，尽情展示了大禹治水成功后山河壮丽、人民安居乐业的和美境遇，表达了人们对美好生活的热爱和向往。整首乐曲节奏舒缓、乐声悠扬，仿佛从空中飘然而来，如行云流水，又如诗如画，引人入胜。曲牌《一条枪》，集中描绘了声势浩大、热火朝天的治水场面，曲调浑厚稳健、节奏高亢有力，体现了千万民众齐心合力搬抬石板，与水患相搏的气势，充分展现了套曲"热场冷处""武场文奏"的艺术特色。而《八板》曲牌则一团喜气，节奏明快，轻松热烈，表现了老百姓为庆祝禹王治水成功而载歌载舞、彻夜欢庆的热闹场景，因浓重的欢乐明亮的色彩，特别受人喜爱。值得一提的是，在二十世纪六七十年代，楼家塔人曾把上述三个老曲牌名改为《望庄田》《百畈》《一条溪》，其田园气息显得更加浓厚。

楼塔细十番的演奏有"行姿"和"坐姿"两种表演形式。"行姿"演奏人员，仿古代士大夫的风度，以文人的雅气，随着音乐节奏，迈着缓缓

细十番　盛龙忠摄

的四方步，踏歌而行，逍遥自在。"坐姿"演奏人员，则各自操着笙、箫、笛、琴、胡等乐器，或坐着或站立进行演奏。

楼塔细十番的珍贵之处主要表现在两个方面：悠久的历史文化底蕴和所蕴含的艺术价值。楼塔细十番自明代兴盛并传承至今，形成了一些独有的特色，本身的艺术价值非常高。著名音乐家、教育家周大风先生曾做过如此评价："楼塔细十番可以媲美《春江花月夜》。"

在细十番的传承与发展中，近代以降，有几位楼家人的名字不应被忘记。第一位是楼岳堂。清光绪年间，留学日本的楼岳堂回到楼家塔，眼见细十番因老一辈的离世即将湮灭无闻，从小非常喜欢细十番的楼岳堂十分痛心，于是他会同十来个趣味相投的人，一边研究吹拉弹奏的技艺，一边收集散落在民间的细十番乐曲，并用旧时的"工尺"记谱法将《望妆台》《一条枪》和《八板》等多首曲牌记录下来。就这样，楼塔细十番的曲谱终于被固定下来。此后，楼岳堂还发起成立了"十番会"，并立下了许多传统规举，如细十番的演奏只用于公益事业，用作传统节庆及庙会族庆，只能"共享"而不得"私占"等等。

民国初期，楼岳堂把细十番的工尺谱，交由第二代传人楼如竹、楼金焕保管。到了二十世纪五六十年代，因宗祠族规不复存在，十番会随之解散，所幸曲谱还在，一群热爱细十番的民间艺人还在不间断地开展小范围传习活动。再以后，萧山县文化馆的李麟、姚丝怡、任吾校等到楼家塔进行细十番的保护性调研，他们根据老艺人的回忆进行文字、乐谱记录，还邀请周大风为细十番拟写曲谱，使《望庄台》《一条枪》《八板》的曲谱更趋完美。随着曲牌恢复整理工作的深入，《上马骄》《小开门》《七朵花滩簧》曲牌等也先后被挖掘出来。后来，细十番的艺人参加浙江省第二届民间音乐舞蹈观摩演出，获得了一等奖。此后，中央人民广播电台也专程到楼家塔来录制过细十番。

到了二十世纪八十年代，楼家塔村的年轻一代都忙着打工去了，细十番的传承又面临断代的危险。彼时，从小对细十番耳濡目染、样样乐器都会演奏的楼正寿正式接过父亲楼如竹的接力棒，开始为振兴楼塔细十番积极奔走，他重新组织有基础的村民练习和表演细十番。2004年，退休在家的楼正寿看到《浙江日报》上一篇关于申报"非遗"的报道后，马上想到为楼塔细十番申报。之后他与方幼儿、寿新安等几位志同道合的同伴一起牵头拟写了申遗议案。2006年，楼塔细十番入选杭州市非遗项目，意在复兴楼塔细十番的"楼塔细十番协会"也随之成立。之后，在浙江艺术职业学院、浙江音乐学院的结对帮助下，楼塔细十番协会建立起了一支近百人的由老中青年三代组成的传承人梯队，每年开展六十次以上相关培训，并赴外参加了五百多场比赛及展示活动，获得多个奖项。其中最值得一提的有2015年在北京全国中老年文艺汇演获得金奖；2017年6月，在浙江省文化厅主办的浙江传统音乐展演活动中获最高奖"薪传奖"；2018年10月，在杭州西博会与美国、俄罗斯、加拿大、韩国等各国艺人同台表演等。

于2008年入选国家级的非物质文化遗产名录的楼塔细十番，承载着楼塔人共同的乡愁，每当传统节庆及庙会族庆，细十番演奏艺人们总是自发义务演出，他们举着管、箫、笛、笙等乐器，跟在开道引路的红灯笼、黄龙伞后面，踏着悠悠的四方步，以士大夫的风度，儒生的雅气，缓步前行，走到哪里就把悠扬欢快的乐曲带到哪里，给欢度佳节的楼塔大地增添了喜庆祥和的气氛。若是逢年过节听不到细十番的乐曲，楼塔人就好像生活中缺少了什么。这样说来，"细十番"，不仅是一种传统的民间乐曲，也不仅是一种从容笃定的人生态度，更是强韧的楼塔文化精神的象征。

五、千门万户曈曈日

地处诸暨、萧山、富阳三地交界的楼塔，作为一个历史悠久的千年古镇，除了有灵秀的山水，丰富的历史人文遗迹，令人怀旧的街弄与民居，还有独具地方特色的民俗及美食。过去的楼塔，有许多具有仪式感的年俗，传达了楼塔人辞旧迎新、敬天法祖、和亲睦族、祈福纳吉的美好愿望，其中最有意思的是以下几样：做圆团、报添丁、缚龙灯。

"圆团"，是老底子楼塔人过年必备的点心。过年前，心灵手巧的楼塔女人会拿糯米粉来做圆团，圆团的馅料有咸馅和甜馅两种。咸馅有肉的、萝卜丝的，甜馅有豆沙、芝麻。圆团做好后，就放在柴灶的竹制蒸架上蒸，等锅盖下冒出热腾腾的白气，蒸熟的圆团的香气也冒出来了，闻见香气的孩子就馋得直流口水……圆团倒过来念便是团圆，特别讨彩，在年夜饭上吃圆团，有一家人团团圆圆的美好寓意。说了圆团，还要说一说清明粿与白点心。楼塔的清明粿也有咸淡两种馅，因在糯米粉中和进了艾草，颜色是青色的，和圆团的另一个大的区别是形状像饺子。清明粿过去是头年嫁女儿的娘家人在清明时节去女儿夫家看望图的主要礼品，也分发给周围的邻居。白点心和清明粿比，形状和馅料一样，仅是颜色上的区别，据《楼塔往事》记载，白点心是楼塔一道广为流传的传统美食。

　　报添丁，原来叫报生，此年俗在楼塔绵延已久。据楼氏族谱记载，每年正月，凡仙岩楼氏人家添了男丁的，都要去所属祠堂上报新生男丁的出生年月日以及生辰、排行等。"报添丁"是新丁入族谱的一个庄重仪式，向来由德高望重的楼氏族人主持，并伴奏音调悠扬的细十番，其步骤是：遵古礼报名、正衣冠、拜先祖、点朱砂、接受楼氏家训教育等，旨在教诲新丁明迪启智，迈好人生第一步。树高千尺不忘根，楼塔村是浙江楼氏的主要发源地之一，每年到了春节"报添丁"的时候，那些散居在楼塔以外添了新丁的楼家子孙，都纷纷赶回来参加仪式，一时赶不回来的人，也要通过别的方式，急着往故里报喜。

　　过去的楼塔古镇，每年春节都要举办龙灯盛会，给人们带来"欢天喜地过大年"的年味。据楼塔人楼迪锋说，楼塔的龙灯盛会，是楼氏老祖宗在唐代时从义乌迁居萧山时带来的，他们的龙灯属于板凳龙。

　　每年农历十二月，是楼塔老艺人在祠堂里缚龙灯的时候，缚龙灯的经费由村民出资凑拢来。缚龙灯，先要将篾片扎成的龙头、龙身、龙尾框架固定在木板上，然后再用纱布、彩纸、丝线等进行裱糊、装饰。龙灯缚好后，

龙灯盛会　盛龙忠摄

另外还要缚两只大马灯，一红一白，固定在木制的四轮车上，用于龙灯盛会期间在龙灯前面开道。

缚好的龙灯，先供奉在祠堂里。等到正月初六日开始"催锣"，两名敲锣人走街串巷，用锣声通知村民，催锣有点像龙灯盛会的预热。等到正月十二，是板凳龙"开光"的日子，要派人去闻堰三江口取水，用于龙眼的点睛。当天晚上，祠堂里人山人海，孩子们会争抢"开光笔"讨吉利，据说抢到"开光笔"的幸运儿，读书会有出息。正月十三是"朝庙"，下午一点钟出祠堂，盘龙灯的队伍先绕村三圈，然后出村去楼塔的上阳土地庙、东纪坞圣帝庙、后俞小庙参加朝拜仪式。朝庙回来后，晚上继续在村中"盘龙灯"，先绕村三圈接花灯，然后按上祠、中祠、下祠的顺序"盘祠堂"。盘祠堂有多种阵法，如元宝抽心、如意阵、编花阵、柴扣阵等，变化莫测，很是好看。正月十四是"蚕花夜"，旧时楼塔有不少农家养蚕，为求养蚕顺利，要将灯会用过的蜡烛头和龙头上的红布发给"甲子人家"，即举办灯会的东家。正月十五"闹元宵"，这天晚上，龙灯队伍必须走遍村里的全部弄堂小道，与正月十三不同，这天"盘祠堂"要"下盘上"，先下祠、再中祠，然后再上祠，以示对村里三个宗祠的公平对待。这一天最热闹，人们都陶醉在欢天喜地的氛围中。正月十六是"残灯夜"，白天，盘龙灯的队伍要翻山越岭去其他仙岩楼氏聚居的村落"走宗亲"。正月十七为"搞龙浆"，这天是龙灯盛会结束的日子，白天龙灯盘得尤为猛烈，等到了晚上十二点后，龙头、龙段、龙尾及两只大马灯，要在州口桥的溪滩上一把火烧掉，以示送龙上天。此时，伴随着熊熊的火光，鞭炮和火铳的响声震天动地，场面十分壮观。

楼塔的龙灯盛会非常有观赏性。它最大的特点是龙头做得特别大，马脖子特别长，这样就可以点缀更多琳琅满目的装饰品。另一个特点是花灯特别多，花灯由村民自发制作，形状样式五花八门，有飞禽走兽、花鸟鱼虫、人物花卉等。每盏花灯都固定在尺寸相等的木板上，每天开始盘龙灯的时候接灯，盘完后又卸下来，各自扛回自己家里。

老一辈人说，楼塔龙灯盛会的鼎盛时期在民国初至新中国成立前后这一段时期内，花灯多的时候可达两三百盏，而仪仗队就有旗、锣、伞、铳以及"鸡毛猢狲""高跷""高照"等，阵容庞大的盘龙队伍走到哪里都是热闹非凡。"文革"期间，龙灯曾一度停止，直至二十世纪八十年代末才恢复，而今的龙灯配上了现代化的声、光、电，看起来更加美轮美奂，赏心悦目。楼塔板凳龙于2012年被列入萧山区非物质文化遗产项目。

在楼塔佳山坞村还有独具特色的半年节。每年农历六月十四，出门在外的佳山坞自然村村民都会赶回家来与家人团聚，村里像过年一样热闹喜庆，洒扫庭除、杀鸡宰猪、裹粽子、祀神祭祖、大宴宾客、燃放鞭炮，家家户户为此忙得不亦乐乎。佳山坞的半年节，据说已有八百多年的历史。其起源各有各的说法，比较通行的版本是，相传南宋淳熙七年（1180）夏天，佳山坞村遭遇了百年未遇的干旱，田地干裂，水塘干涸。听说诸暨芝草庙中供着的"王三相公"是一位雨神，佳山坞村民连夜赶去诸暨，将王三相公的香樟木神像请到了佳山坞。白天人们抬着神像在田野中敲锣打鼓地巡游，到了晚上，男女老少就跪在神像前焚香祈祷，这样过了十天，至农历六月十二日，果然喜降甘霖，一场透雨下在佳山坞的田地里，庄稼又焕发了生机。次日，也就是六月十三，佳山坞村人准备将王三相公的神像送回诸暨芝草庙，没想到，轿杠抬断了三副，王三相公就是不肯起行。于是村民们焚香祝告，感谢王三相公神力保佑佳山坞村风调雨顺，愿年年今日献牲供奉。祝告以后，王三相公被顺利地送回了诸暨。下一年，村民为报王三相公赐雨之恩，专门建了一座"祈雨寺"，并在主殿中塑了一座王三相公的神像。等到六月十四塑像揭像那天，佳山坞以及周围村子的人纷纷带了香烛供品前来祭拜，场面热闹极了，简直像过大年。从此相沿成俗，佳山坞村就有了一个特别的"半年节"。

佳山坞村老百姓相信半年节和求雨有关，所以在半年节上，隆重的祭祀典礼也成了一大特色，这对生活在城里的人们来说有一定的新鲜感。近年来，随着古镇文旅业的融合发展，半年节的内容变得越来越丰富多彩，除细十番表演以及篮球比赛外，村里还会有越剧、莲花落及其他文艺表演，成为古镇旅游的一张新名片。

俗话说，一方水土养一方人，形状像一只大肚子的千年古镇楼塔，不仅有厚重的文化、独特的民俗，还因为这片土地的丰饶，诞生了许多好食材以及令人垂涎的传统美食，成为萧山土菜一块颇具份量的招牌。

历史上的楼塔，山多田少，出产的山珍首推毛笋、春笋、边笋等各种鲜嫩的竹笋。楼塔村的老人们回忆说，民国时期的楼塔老街上，每到鲜笋上市的时节，就有挑夫将本地的笋挑到外面的市集去卖。因为笋的质量好，价格往往都比市面上的笋高出一倍。春笋上市时节，在楼塔的街市上吃一碗用鲜笋做的次坞打面，简直会鲜掉人的眉毛。而楼塔除了出产上好的鲜笋，还出产上好的笋干，用它炖老鸭煲或做笋干烧肉，滋味都是一等的。

说到楼塔十碗头，十碗头的十，其实是个虚数，实际一般都是十二碗，因为早先农家吃饭都用八仙桌，十二碗菜摆放在八仙桌上整齐有序、满满当当，代表着楼塔人生活的富足。楼塔十碗头，用料考究，选用的基本都是本地产的好食材，比如肉、禽、鱼、蔬菜、豆腐、笋等，再加上其别具一格的烹调方法和浓郁的地方风味，因而享誉一方。如果说楼塔的吃食是萧山土菜一块颇具份量的招牌，那楼塔十碗头最为讲究，讲究不时不食，菜谱要随季令的变化而变化，但其中有两道菜是基本不变的，一是楼塔大豆腐，其二是楼塔三鲜。这两道菜也是楼塔过年过节、红白喜事中的招牌菜，其间蕴藏着深厚的乡风食俗和人文内涵。

楼塔大豆腐，是楼塔每户人家都会烹制的一道美味佳肴。楼塔老辈人讲，楼塔大豆腐与神仙太公楼英有关。据传，明洪武年间，浙江发生特大饥荒，疫病流行，老百姓的生活相当艰苦。有一年春天，四处救疾的楼英到一座偏僻的山村行医，在一户人家见到一个面黄肌瘦的年轻人，楼英给

楼塔十碗头　金毅摄

他搭了搭脉，知道病是饥饿缺少营养引起的。楼英看到灶上有邻居刚送来的一块豆腐和一根筒子骨，就给了一个方子：将筒子骨放进锅里，烧火熬汤，再去竹园中取笋一支，切成细丝，并将豆腐切成小块，一起备用；等骨头汤熬成奶白色时，捞出骨头，将笋丝和豆腐放入锅中，汤沸，再放入搅拌稀释好的苂粉。不多时，一碗香气扑鼻的豆腐羹就出锅了。豆腐羹很烫，年轻人只能用瓢羹一点一点舀来吃，说也奇怪，等年轻人把一碗豆腐煲吃下后，不仅脸色红润起来，腿脚也有力气了。因为"药方"灵验，豆腐羹便在楼塔附近一带的山村流传起来，被称为"楼塔大豆腐"。以后随着生活水平的提高，豆腐羹中加入了肉丝、开洋、黑木耳等食材，味道变得更加鲜美，成为老少皆宜的一道楼塔名菜。

再说楼塔三鲜。这道菜选用的食材特别丰富，有肉圆、鹌鹑蛋、猪肚、猪心、蛋卷、河虾，还有香菇、木耳等。尤其值得一提的是，做这道菜也少不了鲜嫩的笋，春天用春笋，夏秋用边笋，冬天用冬笋。不仅如此，楼塔三鲜的制作也挺有讲究，光底汤就是用猪骨头精心煨炖的"高汤"，配上丰富美味的食材，实在是一道色香味俱全的好菜，也是当地红白酒宴上的一道佳肴。

楼塔十碗头中还有用本地铁皮石斛和土鸡炖的滋补仙岩土鸡，以及焐猪肉、咸肉炖时笋、瓦爿鱼、干菜扣肉、干菜菩头汤等，其实光听听这些菜名，就够让人直流口水了。

楼塔独特的民俗与美食，是千年楼塔深厚人文积淀的一部分，也是刻进楼塔人骨子里的乡愁。楼塔，正如它那些老房子台门上的门额题语：它是"耕读传家"，能文能武的楼塔；它是"绳其祖武"，向先祖贤达看齐的楼塔；它是"视履考祥"，在前进中懂得回望的楼塔；它是日升月恒，人间烟火的楼塔；它是一路走一路开花一路结果的文化楼塔。

参考文献

1.〔南北朝〕刘义庆:《世说新语》,岳麓书社,2015 年。

2.〔宋〕施宿等:《嘉泰会稽志》,商务印书馆,2013 年。

3.〔清〕刘俨、张远:《康熙萧山县志》,上海书店出版社,1993 年。

4. 来裕恂:《民国萧山县志稿》,天津古籍出版社,1991 年。

5. 余嘉锡:《世说新语笺疏》,中华书局,1983 年。

6. 楼岳中:《楼塔往事》,浙江人民出版社,2008 年。

悠然见南山——余杭区瓶窑镇南山村

　　南山村位于余杭区瓶窑镇西部，下辖南山、横山、上窑三个片组。南山村地理位置优越，交通十分便捷，距良渚古城遗址公园、瓶窑老街仅五分钟车程；这里与苕溪相伴，与南山为邻，既有丰富的自然风景资源，又有深厚的文化底蕴。譬如南山片区有全国重点文物保护单位南山造像，横山片区有北宋参政知事盛度的墓，而位于苕溪龙舌嘴位置的上窑头，过去曾是瓶窑水运交通的枢纽，商肆林立，十分繁华。2019 年，南山村被命名为浙江省 AAA 级景区村庄；2023 年，被评为浙江省和美乡村特色精品村。

南山村全景　金毅摄

雨霁轻飞白鹭舟，塘南山北共遨游。

秦皇渡海留奇石，宋室边江多古丘。

拨雪稻香炊正熟，泼云叶落酒初酋。

有秋自识田家乐，遥听唐村子夜讴。

　　明代文学家田艺蘅在一场微凉的秋雨后携友人游南山村一带所作的诗《偕子久游南山晚酌村舍》中，涉及南山村的几处地标名胜：三溪交汇的上窑头"龙舌嘴"、南山南的北湖草荡、南山西的栲栳山、南山西南的盛氏家族集聚地黄山（横山）等。尽管隔了近五百年的时光，但今日的南山村依旧还有诗中山水田园的模样，美若往昔，苕溪古渡的白鹭与舟楫、雕刻在崖壁上的端庄古佛、芦花似雪的北湖草荡、依山傍水的古丘，还有袅袅的田家炊烟，以及叶子落尽的老树，这一切构成了一幅平远旷阔、苍茫灵秀的江南水墨画卷。美哉南山！

　　南山村，位于苕溪岸畔的千年古镇瓶窑西南部，因村内有山名为"南山"而得名。从地理的角度说，这片区域属于天目山余脉向杭嘉湖平原的过渡地带，不止有秀拔的山、逶迤清深的水，还有湿地、良田和古老的塘坝。历史上的南山村，不仅物产丰富、水陆交通发达，更重要的是它与良渚隔苕溪相望，文明一脉相连，既是农耕文明的发祥地，还有江南罕见的元代摩崖石刻及盛度墓两处历史遗迹，再加上千年苕溪水运文化的浸润，是一片自然与人文、历史与未来和谐交融的宜居之地。

一、白云梵乐绕南山，石刻摩崖向佛心

　　位于苕溪岸畔的瓶窑，是一座千年古镇，大名鼎鼎的窑山，是它的历史人文地标。明万历首辅大臣朱国桢在《瓶窑重建真寂禅院记》中描述瓶窑，"其地俗朴民俭，自农桑外，多以埏埴为业，故市廛之，与陶穴相望为栉比"，由此可以想见旧时光中的窑山，山下遍布街弄人家，山坡上处处都是烟气

腾腾的窑口，漫山遍野堆满陶瓶陶缸的兴旺景象。

如果说柴烟弥漫的窑山，是古代瓶窑人的物质家园，那么位于窑山之南、香火缭绕的南山，就是古代瓶窑人的心灵安顿之所。梵钟声里，仿佛有手握宝剑的道教神仙真武大帝敛目垂视，守护着这片总是发大水的土地，而那些仿佛一夜从天而降的石佛，皆面含慈悲，给匍匐尘埃的凡尘俗子以安慰和抚慰。

南山，东临苕溪，南接北湖草荡，西近栲栳山，北邻窑山，地理位置相当优越。据考古学家认定，南山与其西面的栲栳山，与良渚古城外围的水利系统有关，位于有着"中国水利第一坝"的良渚塘山土垣的南起点上。

海拔仅一百一十米高的南山，原是宋代的官办采石场。山上成年累月都是叮叮咄咄的凿石声响。南宋在杭州仓促建都，距杭州仅五十里的南山石料，便源源不断地通过与运河相通的苕溪水道运往杭州。南山岩为熔结凝灰岩，质致密坚硬，纹理清晰，适于雕刻复杂的图案，是建筑宫殿、佛寺、桥梁等的理想石料。南山采石场开采石头的时间应该比较久远，这种揣测的依据来源有两个：其一是山上有大片采石遗留的垂直崖壁，其二是崖壁之下有两口深塘"开门塘"和"闭门塘"。所谓开门塘、闭门塘是指一口塘外 显，一口塘被石头遮住，有些隐蔽。本地人说这两口塘很深，无论遇到怎样的大旱之年都不会干。或许这石塘底下藏着向山腹开凿的更深的坑洞也未可知。

南山上曾有普宁寺。清嘉庆《余杭县志》卷十五中有"南山普宁寺"条："在常熟乡瓶窑镇西，宋白云通教大师创庵以居，绍兴

南山造像文物保护碑　金毅摄

俯瞰开门塘和闭门塘 南山村村民供图

明改庵为院，日传灯，又改普安。宋淳熙七年改今额，元末毁，洪武三年重建。"据从事佛教史研究的陈越先生所著《余杭南山普宁寺兴衰考》，普宁寺的建造与白云宗的开创者白云和尚孔清觉归葬南山有关。

孔清觉（1043—1121），宋代河南登封人，孔子第五十二世孙。其曾祖父曾在五代后唐庄宗时任节度使、太子太师等职，其父曾考中进士。孔清觉从汝州龙门山宝应寺海慧剃发出家，之后遍历四方，于舒州浮山结庵静修二十年。北宋元祐八年（1093）孔清觉入杭州灵隐寺后山白云庵，自创白云教新义，以《华严经》为根本要典，主张儒、释、道三教合一，重视忠孝慈善，晨夕持诵礼拜供养，躬耕自活，不沾荤酒，后移居余杭龙门山福地庵、钱塘六和塔后紫云庵。

孔清觉开创白云宗后，常往返于杭州与湖州之间传教。因处于湖杭要径，闹中取静的南山便成为他的休憩之地。有种说法是他在南山建了一座小庵，并在此讲过道。北宋宣和三年（1121）孔清觉圆寂，弟子慧能遵从师傅遗愿，将其遗骨归葬南山，建普安院并白云塔，"南山白云宗"从此发端。

绍兴年间，普安院改称传灯院，南宋绍兴二十七年（1157）又改名普安院；至南宋淳熙七年（1180）改为普宁寺；元朝统一江南后，为白云宗专立摄所（代理佛教机构），而普宁寺的规模和影响力也迅速扩大。元至元十四年（1277），南山大普宁寺开雕大藏经，至元二十七年完成。千字文编次由天字至感字，一千四百二十二部，六千一十七卷，五百五十八函。该藏版式略小，刻工细致，装帧古朴，历史上称《普宁藏》。后来日本的第一部大藏经——德川时期（1637—1648）印行的《天海藏》，即根据南宋思溪本与元代大普宁寺本翻刻而成。

同卷帙浩繁的《普宁藏》一样，一凿子一凿子凿出来的南山造像群也见证了那个时代，并在南山上留下了一道绚烂的人文风景。

元朝中期，白云宗因势力过大，上层人物勾结豪民，为恶地方，受到元政府的打击，经历了几回起起落落。僧人为明向佛之心，招募工匠，在南山东南采石留下的石壁上造像，从山脚到山腰，绵延数百米。造像大都采用浅龛浮雕的形式雕刻，身躯比较高大，形态端庄，比例匀称、线条流畅，是江南十分罕见的元代石刻群，最难得的是释道像合一，除了最西边的真武大帝像为明确的道教造像外，现存其余十二尊均为佛教造像。历史上关于南山造像的尊数，田艺蘅在《游径山记》有所记叙："寺在螺峰之北，由山趾折而东南观石佛，岩壁镌石佛像者二十有四，傍有石佛庵……"也就是说，迟至明代，南山造像至少还有二十四尊，可惜经历不同时期的毁坏，现只剩下十三尊半，所幸后来得到有关部门的重视，石矿被及时关停。此后，余杭区人民政府拨款专门实施了维修保护工程。

南山造像中最能体现白云宗教旨的是位于山脚的摩崖三龛，中为"西方三圣"的阿弥陀佛、观世音菩萨、大势至菩萨，左为"儒家三圣"的孔子、曾子、颜回，右为"道家三清"的玉清元始天尊、上清灵宝天尊、太清道德天尊。从雕凿的手法看，应该是元以后的作品。可惜这些造像头部均被凿毁。近旁的一尊阿弥陀如来坐像眉心有痣，身披袈裟，神态栩栩如生。

最高大的一躯为高悬石壁的如来坐像，面向东南，通高 6.6 米。头有螺髻，圆脸大耳、宽鼻厚唇，眼梢微微向上，右手屈指向上作说法印，令芸芸众生为之仰望。

最有意味的是刻在山脚放生池石壁上的释迦坐像。释迦坐像通高 2.3 米，头顶肉髻，脸方丰满，眼珠微突。佛身下部与池水相平，头部左端刻有莲花题记。瓶窑人说在这里有三尊佛，一尊是刻在石壁上，一尊是映在水面上，还有一尊虽说肉眼看不到，却最重要，因为留在人的心中。

最令人浮想联翩的是刻在"开门塘"绝壁上未完成的三世佛。三世佛造像在火焰神龛下并排而立，中间的佛面完成度最高，左边的佛面初显眉目，而右边一尊佛的面还未曾开眼，也或者因遭破坏而面目模糊。不知道在什么时候也不知道缘于什么因故，这三世佛未能完成，就像那一段已经模糊的历史，引人想象。

南山造像　金毅摄

　　1983 年 4 月，余杭县文保单位对南山进行了一次文物普查，将南山上的每一尊摩崖造像作了测量记录，意外地在 3 号尊华宿王智佛像左肩侧发现了四十八字楷书题刻："泰定五年孟春吉日／比丘明质命工镌刻／尊像普颂／尊华宿王智佛身／全忘胜劣印光因／随缘涌现南山石／功德庄严万相寺。"之后在 11 号阿弥陀如来坐像的肩外侧又发现了一处："本寺都寺比丘／徒弟□□镌造／阿弥陀如来尊像／功德普渡众生有者／至正元年

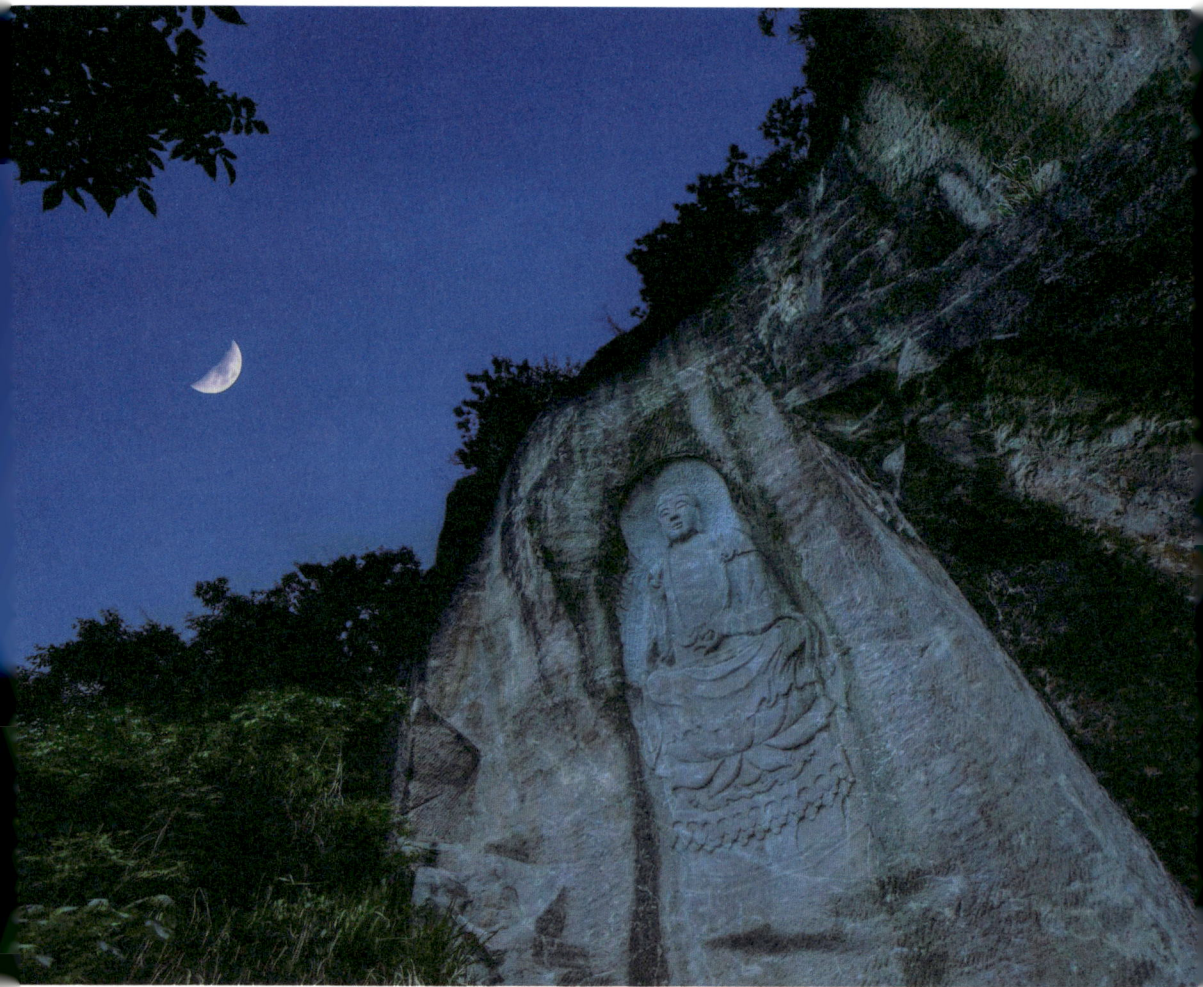

南山摩崖石刻　南山村村民供图

八月□。"① 根据这两处题刻提供的信息，3号佛像由一位叫明质的僧人雇匠人造于元泰定五年（1328），而11号造于元至正元年（1341），前后相继十四年，造像的雕琢风格一致，如出一人之手或一脉师传。

经历近七百年风吹雨打的南山造像，是研究元代宗教、艺术文化的重要历史实证，被列为全国重点文物保护单位。南山造像形象生动、表情各异，雕刻的花纹、字迹清晰可见，石像有明确的石刻纪年，且佛道合璧，被考古专家认为是杭州地区唯一可以与灵隐飞来峰造像媲美的石像群，有"杭州第二飞来峰"之称。在南山仅存的十三尊造像中，有十尊收入《西湖石刻造像》画册，足见其珍贵。著名美术评论家徐恩存在《中国石窟》一书中给予了其很高评价，他指出南山摩崖造像石窟规模虽小，但技艺精湛、多姿多彩，同样是中国石窟庞大体系中不可缺少的部分。

关于南山造像，瓶窑民间至今还流传着"一夜见菩萨天降南山"的说法。从这个说法中，或许可以获取两个信息。其一，普宁寺僧造像的举动感化人心；其二，造像技艺精湛，石佛形象栩栩如生，具有感动人心的力量。南山造像的背后，是历经几度兴毁、最终消逝不见的南山普宁寺，而普宁寺的背后，隐藏着华严宗支派白云宗的兴衰往事，以及一部跌宕起伏的元朝江南佛教史。

二、流芳相墓横山地，继世诗书代代传

南山村，由南山、横山、上窑三个古村于2003年合并而成。三个古村落，分别可以反映南山村的三个文化侧面：南山的佛教文化、横山的宗族文化、上窑的苕溪文化和水运文化。论村落本身的历史人文积淀，名门望族盛氏

① 杨新平：《余杭南山造像》，《文博》1992年第4期。印光，陈越《余杭南山元代摩崖造像研究》（杭州师范大学硕士学位论文，2018年）作"印元"；至正，1986年浙江省文物考古研究所编《西湖石窟》作"至元"；徒弟，沈德祥《瓶窑南山造像》（1989年被收入《余杭文史资料》，作"徒众"。

家族栖居的横山古村无疑是其中最值得花笔墨细说的。

横山古村，因位于瓶窑集镇西二里的横山而得名。横山，旧名黄山、黄山廊，是黄山、东山、二亩山、蚂蟥山、赵坞山、馒头山等一带小山的统称。明代会稽名人景星在《黄山记》中这样介绍横山："天目山脉、背兑面震，其支三分钱塘南北诸山，映带左右。而中一支或起或伏发为三山，西舟枕、东阳山，而中为横山。众山环绕而兹山特处其间，如土之在中央，遂命名为黄山……黄山峰峦秀拔、云气弥漫，草木丛茂，苕溪之水萦抱于前，诚佳景也。"

横山古村建于唐末，距今已有千年历史。据《余邑盛氏宗谱》记载，唐大中元年（847），河南人盛垍出任钱塘县令，因爱瓶窑黄山之秀，遂举家从河南商丘虞城迁至瓶窑黄山居住，成为江南盛氏始祖。现村里尚有盛姓村民五十余户、两百余人。盛氏家族在当地已居住生活一千一百余年，繁衍后裔传至四十二代。此外，村里主要的姓氏还有孔、张、刘、郑、郭、王、陈、倪、鲁等。

横山古村背依黄山、棋盘山，前邻苕溪源流，乃是一片藏风聚水的宝地。乡贤名人吴忠云曾经写过一首打油诗："北湖北，南山南，有个古村叫黄山。民宅层层依山筑，村口水塘如镜盘。盛姓盛，黄姓黄，北宋出个名宰相。南宋又有护国将，村头巍巍矗古樟。"这里说的北宋宰相便是出自官宦世家的名臣贤相、贵为三朝元老的盛度。

盛度（968—1041），字公量，祖籍应天府（今河南商丘）铜陵县董店镇，钱塘令盛垍为其曾祖。盛度自幼敏而好学，北宋端拱二年（989），进士及第。之后他从一名地方小吏做起，历任济阴尉、封丘主簿，后来又在京城开封担任过光禄寺丞、御史台推勘官、秘书省秘书郎、三司户部判官等京官。几年时间里，盛度凭着出众的才华，仕途坦荡，一直做到尚书屯田员外郎。

盛度因博学与实干得到真宗的赏识。当时正逢宋辽交恶，契丹扰犯大名（今冀、鲁、豫部分地区），盛度数次上疏议论边事，并奉旨出使陕西，他实地勘察了边疆的地势，又参考了汉、唐以来的古地图，绘制出《西域图》和《河西陇右图》，呈送给真宗。两幅地理图不仅表现了盛度对边事边防的深刻了解，还显示了他出色的才干，在被升为右谏议大夫、翰林院学士兼史馆修撰后，又历任兵部郎中、景灵宫副使等军职。后因寇准被罢相而受到牵连，被贬来贬去，起起落落。仁宗登基后，盛度被升为礼部侍郎兼端明殿学士，北宋景祐二年（1035）官拜参知政事，景祐四年（1037），迁知枢密院事，成为执掌军政大权的重臣，相当于宰相，这是他为官从政的巅峰。

据《宋史·盛度传》记载，真宗评价其不仅博学，更是个会审时度势、凡事皆三思之人，所以能在党争激烈的官场中屹立不倒，成为北宋政坛的常青树。盛度后来成为太子的老师，死后被追赠为太子太保，谥号文肃。[①]

横山盛氏家族，一代代子孙秉持"耕读传家，诗书继世"之祖训，登科入仕者济济。据清嘉庆《余杭县志》记载，仅宋、明二代瓶窑黄山盛氏家族中进士的有八人之多，其中有"父子登科"的盛度、盛申甫父子，"兄弟连科"的盛京、盛度兄弟俩等。盛氏家族崇尚儒学，但后人中也不乏保家卫国的勇将，如南宋时为国捐躯的抗金名将沂泊侯盛新等。

横山盛氏，世代官宦，栋梁辈出，可谓荣耀至极。这也造就了横山古村的众多人文胜迹，比如黄山刻石、盛氏宗祠、双牌坊、宰相坟等。

先来说位于黄山之巅的黄山刻石。盛珀任钱塘县令后，举家迁到黄山定居，当时大书法家柳公权与盛家是姻亲，他的孙女嫁给了盛珀之子盛美。有一次柳公权来横山看望探望盛珀，刚好碰到南山寺修缮完工，柳公权受请特书"黄山"二大字，后盛珀命工匠将二字刻于黄山之巅的绝壁上。清康熙《余杭县志》有"柳公权黄山石刻大书'黄山'二字今存"的记载，说明在清康熙年间石刻尚存，可惜的是，现已消失，形迹全无。

再说盛氏大宗祠"垂裕堂"，位于村东北首，坐西朝东、背山面水的

① 〔元〕脱脱等：《宋史》，中华书局，2011年，第9759—9761页。

盛氏家风馆　金毅摄

　　垂裕堂是村里最具代表性的古建筑，为南方少见的四合院结构。祠堂门口原有三棵呈品字排列的千年古樟，现存两棵，其中一棵几年前被雷劈过，几乎枯死，后因精心保护又恢复了浓荫匝地的面貌。宗祠大门门槛很高，门两侧有硕大精美的太湖石抱鼓门当，旁边置有上马石下马石。进了祠堂大门，大厅左右各有一个碑亭，亭中各立一块丈高太湖石碑，一块是"盛氏祠堂记"碑，刻着造祠捐助者名录，一块是"余杭黄山盛氏祭田记"碑，落款为大明成化元年。2005年，现存残碑经区文物部门鉴定认为，"祭田碑"在余杭是首次被发现。碑亭旁置有旗杆石，表明族人得过功名。穿过天井，正中为两层大殿，一层供奉盛氏祖先牌位，二层设阁楼珍藏历代皇帝赐予盛家的诰命、诏书等。大殿两侧各设三开间侧殿，为族人议事、聚会之用。整个宗祠规模较大，雕刻精美，气势庄严。

再来说原本立在宗祠门外的双牌楼，一座为明成化二十年（1484）进士盛云所立。另一座就是节孝牌坊，明成化六年（1470）为盛治妻丁氏所立。据《成化杭州府志》载："盛治妻丁氏居黄山，年二十四寡。子暐、昭均幼，舅姑老。氏饮泣敬事之，抚子成立，成化六年旌。"两座牌坊均为四柱三门石质牌楼建筑，采用本地南山上的花岗石精雕细刻而成，庄重巍峨。

时光荏苒，几经拆建，现在的横山几乎连一点点古建筑的遗迹都没有了，只有盛氏祠堂旧址旁立着的两棵古香樟和宰相坟还在默默诉说着古村繁华的往昔。

位于村子东南面一条小河畔的"宰相坟"，为盛度之坟，是横山村仅存的一处遗迹。坟以赵坞里一整座小山为基础构筑于其上，墓成山而山成墓，使其规模显得有些宏大。原来墓前有石牌坊、石人、石马，现已湮没无存。村里人说，当年也有人发掘过坟，只是工程太浩大，仅掘到墓道掘出几块宋砖就停了手，这才使得宰相坟得以保全。宰相坟坐东北向西南，俯瞰着一望无垠的平野，左边的蚂蝗山、右边的东山，就像在护卫沉睡的墓中人。宰相坟现为杭州市文物保护单位。

瓶窑镇北境的马头关是浙西北三关之一，处于军事要道上的瓶窑历来为兵家必争之地，自古战乱频发，特别是日寇铁蹄的肆意践踏，给古村带来了毁灭性破坏。1938年12月，南山脚下的李王堂村人杀了一名鬼子兵，引起驻瓶窑日军的疯狂报复，瓶窑地区的近五千间老房子，包括南山普宁寺、瓶窑老街上的众多店铺以及在整个瓶窑都有名的盛家祠堂等，均被日本鬼子一把火烧光。到二十世纪六七十年代还能看到一些断壁残垣，比如仅剩的三间戏台、几座只剩院门的台门，以及沉落在盛家池塘水底的厚厚的瓦砾……而村里曾经的老地标牌楼前、花园里、祠堂畈等，仅剩下一个空空的地名，旧时的盛家祠堂、双牌楼，以及倒影在盛家池塘里的古民居和在埠头洗衣的女子，就像一幅发黄的水墨山水，悬挂在旧日江南的梦里。

三、窑山昂首向天歌，苕溪扬波附声和

在中国人的观念中，水代表"财"。它是生命之源，生存之本，它容载万物，生生不息，所以风水学将水看作财富繁荣的象征。在过去浙江许多地方，或是江岸边的一个码头，或是运河畔的某个古镇，又或是临港的一条商街，因贸易繁盛、人声热闹往往被人称为"小上海"，从浙江人这种比附"大江大河"的心理可以看出，水之于陆路交通尚不发达的年代，是生机，是生意，是一条让人富裕的财路。

"窑山昂首向天歌，苕溪扬波附声和。"历史上的瓶窑，曾因陶瓷业而兴，更因曾孕育了被誉为"中华第一城"的良渚古城的苕溪而富而美。

苕溪穿浙北而过，哺育了包括良渚文明在内的沿岸烟火。瓶窑苕溪段旧时最热闹的水陆码头，是位于"龙舌嘴"的上窑头，即水面宽阔的东苕溪由北至南从官口桥、关帝庙向横山庙绵延，形如一个"大肚子"的三千米范围。据当地传说，从上游蜿蜒而下的南苕、中苕、北苕的三溪之水在上窑头汇合，成为东苕溪南端的起始。此段苕溪像一条巨龙，龙尾在官口桥、关帝庙一段，龙头在苕溪大桥一带，过去这里有一片繁茂葱郁的灌木杂林地，远远望去其形状活脱脱像一条巨龙的龙头。而上窑村村民居住的一条街，就像这条龙的舌头，故名龙舌嘴。

处于瓶窑老街外围的上窑，临水而居，自古以来是瓶窑地势最低的地方，被戏称"三江汇合瓶窑镇，一江春水向东流，洪水拥挤瓶颈口，水灾三年两头有"。一到汛期水满街巷，有时溪水会涨到农家的窗口。洪水较大的1963年，上窑头一带内塘塌方缺口三处，村内一片汪洋。尽管常闹水灾，但这并不妨碍人们把这里比作八方来财的瓶窑古镇的"黄埔港"。有道是

靠山吃山靠水吃水，上窑村民充分利用独特的地理优势，捕鱼的捕鱼，摆渡的摆渡，开山货行的开山货行，撑排的撑排，跑船的跑船，水上产业十分兴旺。

上窑头老农张志德回忆说，原先

瓶窑老街 全毅摄

从官口桥至龙头嘴的苕溪里，有三道靓丽的风景：一是苕溪里墨鸭儿捕鱼，岸上人看热闹的场面；二是关帝庙渡与上窑柴上渡，无论春夏秋冬风雨无阻的摆渡船；三是苕溪里浩浩荡荡的竹排和船队，它们从这里走向江南运河，奔向苏州、上海，气势磅礴。

每年黄梅时节，是苕溪发大水的时候，也是上窑人捕鱼的好时光。苕溪通太湖，汛期一到，太湖的鱼群发情，为了繁殖开始逆流而上。等鱼儿游到官口桥时，恰遇一条小溪横冲苕溪，在此水域形成一股平稳的湾流，成了那些长途跋涉的鱼儿的休憩地。上窑人在苕溪两岸，放下很多扳网。扳网，是一种毛竹竿张起的渔网。扳网捕鱼很古老，好处是人不必下水或者动用船只，在岸上吸烟喝茶等便是了，悠闲自在。扳网捕鱼全凭耐性和运气，有时一网可能捕起十几条大鱼，有时半天也捕不到几条小鱼，所以民间有"十网九网空，一网就成功"的说法。

瓶窑最有意思的捕鱼方式要算墨鸭儿捕鱼,瓶窑人叫鸬鹚为"墨鸭儿"。墨鸭儿全身墨黑，嘴很尖，粗粗的头颈里藏着一只藏鱼的口袋，拿手好戏是潜水捕鱼，而且还会互相合作捕捉大鱼。苕溪里用墨鸭儿捕鱼的人，多数是运河、东塘一带渔民。每条小船上停着四五只墨鸭儿，它们是捕鱼人

苕溪渔民 南山村村民供图

的宝贝。等船撑到苕溪中间，渔民一边嘴里"噢哈噢哈"地唤着，一边用竹竿把墨鸭儿一只只赶下水。训练有素的墨鸭儿听到主人的吆喝，都迅速地钻到水底里。当墨鸭儿从水底钻出头时，捕鱼人要飞快将船撑过去，用竹竿前头的钩子，钩住墨鸭儿的脚，再往船上一拎，赶紧挤出墨鸭儿头颈里的鱼。接着又用竹竿钩住另一只从水里钻出来的，如此反复，不多时，白条、花鲢、草鱼、包头都被一条条拖上船来。墨鸭儿捕鱼很有看头，若是水面上有七八只墨鸭儿捕鱼船，便会引来大批人驻足观望，苕溪岸边顿时热闹非凡。

绰号"墨鸭儿"的姚根宝，是上窑有名的捕鱼人，他喜欢用游丝网捕鱼，因为游丝网携带轻便。姚根宝家里有各种型号的游丝网近百条，每到汛期，他就划着小木船去鱼群出没的地段放网，有一年汛期，一天捕捉到白鲢、包头、鲤鱼、草鱼、白条就有四百余千克，最大的一条重十四千克，其他的平均也有三四千克。

除了游丝网，盘缯也很好用。盘缯一般比较宽长，中间呈漏斗形。上游水库放水泄洪时，将它在溪港某处一拦，几乎能将大水冲下来的鱼一网打尽，老姚回忆说，有次一网盘起足足装了两小船，估摸也有五百多千克。还有用打网的，那是一批是头戴毡帽的绍兴人，他们往往在一早一晚出动，打鱼的船是窄窄的乌篷船，女人坐在船尾划桨，男人站立船头撒网，四五只小船分两路迎面包抄，随着为首的老大喊"一、二、三"，每人手里的渔网就同时在苕溪水面上撒开，那情景就像天女散花，很是好看。

在苕溪，汛期捕鱼与枯水期捕鱼方式不一样。枯水期要用"滚钓""弹钓""铁钓""面钓""鲤鱼钓"等。所谓"滚钓"，需要在河港两边各插一根竹竿，然后将布满密密麻麻的扎钩的绳子系在竹竿上，当大鱼游过时，只要一不小心被钩子扎住，就越扎越牢逃脱不得。这时竹竿上的响铃发出信号，放钓人就划着小船去收鱼归仓。所谓"弹钓"，是将削细的竹签系在线绳上，钓鱼时将竹签弯成 U 型，将面团、番薯之类的诱饵插入尖头，等鱼吃下诱饵，U 型竹签就会弹直将鱼钓住。

过去上窑头捕鱼高手很多，有沈妙吉、徐小林、徐建堂、姚松林、刘小炳、杨洪等，他们不仅水性好，捕鱼手艺都是代代相传，各有绝招，是苕溪水孕育出的"浪里白条"。2010 年后，政府为了保护苕溪生态，开始禁止在苕溪捕鱼，此后渔民们就歇手上岸了。

过去在苕溪上窑一带捕鱼的人没有不去老渡的，从青山湖至瓶窑一段水面渐深，苕溪上少有桥梁，两岸百姓往来全靠摆渡，因此这一段渡口很多，仅瓶窑镇附近就有柴上渡、关帝渡、迥龙寺渡三个渡口，史称"瓶窑三摆渡"，是"瓶窑八景"之一。

三个渡口中，以柴上渡为最早。柴上渡位于上窑头羊山湾地段，明清时期，这里专门交易柴草生意，村庄也以柴上渡为名。第二个渡口叫关帝渡，在原关帝庙东，因对岸是长命乡的宋村，又叫宋家渡。第三个渡口叫迥龙寺渡，现已不存，在瓶窑老大桥东边，原粮站门前。据《瓶窑镇志》记载，1929 年 6 月，京杭国道瓶窑大桥建成，为当时瓶窑跨苕溪的唯一大桥，从此瓶窑段苕溪上的渡口只剩下关帝渡一处。

关帝渡是一个大渡，有石砌的埠头，往来的渡船和当时苕溪上其他渡口的几乎一样，设计重安全不重速度，船底是平的，船壁垂直成直角，船体呈长方形，上面前后略有突出，形成甲板，以便靠岸和行人上下。渡工，一般来自渡口边的人家，白天人不离船，晚上有人有急事过渡可就近呼喊。

久而久之，住着渡工人家的那条村弄，被人喊作了"渡口弄"。二十世纪六七十年代，关帝渡的渡工是一对腿有残疾的夫妇，据说是苏北人。

生于1933年的上窑河昌弄人周兴龙，是关帝渡口最后的渡工，他见证了关帝渡的繁荣与衰落。很多年了，他依然记得渡口十条守则：不超载，一渡不能超过三十人；乘客要听从渡口指挥，渡船不靠边、不停稳，不准上下船等；以及"三不摆"规定：风大不摆，雾大不摆，水大不摆。周兴龙说，摆渡船过渡时，若遇到苕溪其他船只来往，渡工在前后四十米内享有指挥调度权，其他船只必须听从安排。因为严格遵守守则，工作踏实，安全服务好，周兴龙曾多次被评为余港渡工先进工作者。

瓶窑老街最热闹的时候，靠近关帝渡的西溪街为一条中心街，最是繁华，对岸长命、吴山、大陆等几个村的村民都要过渡来西溪街上赶集，一度非常繁忙。过渡的人多时，就要排队，过去很多外村人都有这样的记忆，渡船靠埠了，为了赶时间，原本走路的人不禁要加快步伐，甚至小跑起来，一边跑一边喊："等一等，等一等。"有时人到渡口船刚离岸，懊恼不已的人只能望船兴叹，所谓"相差一步，脱出一渡"。

密布的渡口，让瓶窑成了从天目山区运来的山货的集散地和中转站，而铺满青石板的上窑头，则是山货行栈最集中的地方。每到交易旺季，头尾相连的竹排，几乎铺满了沿街一带的苕溪水面，气势壮观至极。据《瓶窑镇志》记载：清末民初，上窑一带的撑排业非常发达，瓶窑毛竹出运量有14.6万余帖（约36500余吨），多数运往上海、苏南、嘉兴、湖州、德清、塘栖、杭州等地。

当时撑排人有自己的组织——苕北镇撑舵业工会，参加人数大约有七八十人，都是身强力壮的汉子。新中国成立后，撑排人组织更名为余杭县竹木撑舵业工会，俗称瓶窑撑排工会，撑排工人共有一百零八人，被戏称为"一百单八将"。工会最先设在关帝庙，中途搬到羊山湾地段，后又迁到角头湾。

出生于 1939 年的上窑头撑排人严国元说，过去苕溪上主要有两种竹排：一种叫白排，由十几根毛竹串在一起，毛竹梢头用火烤过，排头朝上翘起，装山区出产的木炭、白泥、黄烧纸等货物；还有一种叫毛竹排，大批毛竹外运前，先要将毛竹编成二十几支或三十支一贴，然后将一贴贴毛竹错层叠起，呈宝塔形。下一步是扎排，就是把竹排整体一道道扎紧，从瓶窑出发的竹排起码有一二百贴。等竹排扎好后，接下来就可以浩浩荡荡地撑排起航了。

出一次排，来回少则二十天，多则一个月，这段时间排工风餐露宿，吃喝拉撒全在排上。有时为了赶时间，除两三人在排上撑舵之外，还要抽出五六个人背纤。烈日炎炎的盛夏，背纤人弯腰弓背，走在岸边火热滚烫的石板路上，两脚燎起串串血泡，而在排上的人，也被烈日烤得浑身漆黑、汗流浃背；或者在寒冬腊月里，背纤人顶着刺骨的寒风，艰难地负重缓行，而在排上的人，则脚踩冰冷的竹排，用力撑着泛起冰霜的撑杆。那时上窑头流传着一句话："天下有三苦：撑排、搬运、磨豆腐。"可见撑排工人的劳累辛苦。

撑排生活苦不说，还容易出危险，有时人实在太疲劳了，一打瞌睡，就会掉进水里，因为头上有竹排挡着，人又处于昏沉的状态，尽管求生欲望强烈，却很难从竹排下逃生，就像撑排人说的："毛竹排上是娘房，毛竹排下见阎王。"生与死往往只一步之遥。1954 年后，随着陆路运输业的兴起，瓶窑的山货交易渐渐萧条，而曾经兴旺的撑排业也从苕溪的水面上消失了。

除了撑排业，从前的上窑船运业也相对发达。新中国成立前后，上窑头曾经有手摇船十二只，其他有苏北来的破旧木船七八只，最小的船可装七八吨货物，而最大的船可装三四十吨。运的货物主要有木香粉、毛草纸、木炭、毛料、扫帚等，运一船毛竹的时候也有。

同撑排业一样，跑船的人也有自己的组织。1953 年，政府组建了船民协会，1956 年，船民协会改名为瓶窑镇木帆船高级运输合作社。由于大小船只都比较破旧，有人戏称它为"破船集中营"。当时运输合作社有两百名职工，来自七省一市四十八个县。人民公社时期，上窑大队曾办过村级集体运输队，有机帆船、拖船、水泥货船。进入二十世纪八十年代，许多上窑人纷纷买船跑起了水上运输。有一个叫张建平的人，一开始买了只三十吨的水泥船，因为跑船生意好，没过几年就换了一条八十吨的铁壳子大船。2006 年，余杭电视台"苕溪风情画"电视专题片，还专门采访报道了张建平的买船运输生涯。

位于龙舌嘴的上窑，曾有两座古桥。一座是建于清代的"桥上桥"，位于老关帝庙往南约一百米处。原本这里有一座桥架在从西向东流入苕溪的小河上，后来小河干涸而桥尚在。由于地处低洼，洪水时路底淹没，村民为便于沿门前石堪行走，以这座桥为基础，又造了一座小石桥，称为"桥上桥"。桥上桥中间高，两头低，全长 5 米，宽 1.1 米，高 1.4 米，两头各有 8 级石阶，石板厚 25 厘米。

另一座是官口桥，相传为盛天官出资所建。官口桥位于关帝庙北面与西溪街交接处，是古代横山、圣堂一带百姓到瓶窑集市的必经之桥。官口桥结构特殊，整体为单孔桥板凳桥，三块长石板间各空隙一米，两头分别搁在两岸的石砌桥墩上。长石板间的空缝用粗大的耐腐酸栋树铺垫。直跨两岸的大木头上再横铺中型石板，巧妙地镶卡在长石板的中部石槽内，保证了桥面的平整牢固。

时间过去，一些依苕溪而生的行当已经消失，只有上桥、官口桥，还有残存的关帝渡石埠头，在默默地诉说着古镇曾经的繁华与渐行渐远的苕溪往事。

四、芦花碧水千塍共，草荡麻桑浴斜阳

在历史人文积淀深厚的瓶窑，有一处令人惊艳的原生态湿地，它就是最受摄影家们青睐的北湖草荡。每到秋冬时节，有两个西溪湿地那么大的北湖草荡，芦花似雪，是野鸟生息的天堂。

北湖草荡，古称"天荒荡"又名"仇山草荡"，为唐时余杭县令归珧修浚南湖后开辟。余杭县城北面一带坑洼不平，湖基原属荒荡，常遇雨成灾，归珧鉴于流经此处的南苕溪、中苕溪、北苕溪皆水流湍急，乃议辟北湖，引苕溪诸水以灌民田，分洪、灌溉两利。归珧对天发誓："民遭此水溺不能拯救，某不职也。"在他的带领下，众人耗三年多，终于建成坚固的北塘，清嘉庆《余杭县志》载："湖周六十里，塘高一民丈，广二丈五。"归珧湖成而身卒，后世百姓称颂"归令誓死筑北湖"，并为其在南湖畔建起一座"归府君庙"。

从宋元至清，由于疏于清理，北湖淤塞越来越严重，到了晚清，出生于钱塘长命乡仲家村的名医仲学辂，因赴京给慈禧太后治好了病，备受恩荣，在主持浙江医局期间，他十分关心故乡的水利事业，建议当地官府指导农业蚕桑发展，兴修水利，造福乡里。仲学辂在自著的《南北湖开浚记》[①]中提到，比南湖约大三倍的北湖在泄洪时起到的关键作用："苕溪隶杭州者为上游，水势猛厉……其特以分受水势稍缓冲激者，首在余杭之北湖，次在南湖。"由此仲学辂提出开掘北湖，出土运至各塘，卸入塘背，增厚堤塘，固如长城；再由地方官发出保塘告示，广种垂杨，以固塘脚。仲学辂认为，这是一举而三善的事情。

民国时期，有两次关于北湖草荡范围和界限的测量。一次是1916年，浙江省第二测量队队长赵震有在测量北湖报告书中记述："（北湖）位于县北五里许，原有形势图籍失传，无可考证。此次察勘天然现状，

---

① 仲学辂：《南北湖开浚记》，见朱金坤：《南湖牍文》，西泠印社出版社，2009年，第108—110页。

参考晚清图志，其界应东至南苕溪之险塘，东南至西涵陡门，西北至漕桥，西至小横山，北至北苕溪之险塘，南至西山，周围六十里有余，面积五万三千二百六十亩（内仇山占积八百四十亩，土坝占积五百五十亩）。"对北湖的淤积情形，赵震有指出，草荡很大一部分区域已成平陆或沼泽地，客民筑坝占垦，庐舍桑麻，村落俨然，余剩荒地一万余亩，亦有一半以上被侵占，日渐开拓。因此，在这一时期，由于淤塞和人为开垦，北湖范围较以前已缩小不少。

第二次勘测在抗日战争之前。2013年前后，因苕溪实施清水入湖工程，在位于上窑头的关帝庙旁，发现了一块立于1934年的北湖界碑，这块地形图碑图文并茂，记录了当时勘定的北湖草荡的范围和面积：东至东苕溪南至乌龙港西至李家村北至北苕溪，经清丈湖面共"壹萬玖千玖百贰拾叁市亩捌分贰厘"。从这块碑的记录可知，此时的北湖草荡范围更小了，湖面只剩下近二万亩。

到了1950年，北湖草荡的水面仅剩下约八千亩。1959年上半年，为了大力发展农牧业，北湖草荡曾办起一个由省农业厅直管的北湖种畜场，范围包括西安寺村（包括潘板的黄河头、郎家山二个队）、张堰村（包括永建德下木桥队）、圣堂村、横山村、南山村（由南山、毛元岭两村合并）。当时各个村相继建起了场部的办公楼、食堂、大礼堂、医务室、宿舍、养猪场、养场、奶牛场、加工场等。由横山小农场率先搞试点，村民同劳动、同吃食堂饭，农场领导和村民都按月发放工资，但这样的情形仅持续一年多就因入不敷出而停止。1962年4月，北湖种畜场撤销，改名为北湖农牧场，归属大观山农牧场管理。同年5月，其所属的西安寺、张堰、圣堂、南山横山等小农场和西中、何中、上窑、甬窦、外窑大队合并建立了北湖人民公社。

南山村的几位老人回忆，1959年，曾有二三百名来自外省的劳改人员来横山的东山、蚂蟥山等地开荒，在草荡畈里种植水稻和大小麦。他们住

北湖草荡　金毅摄

在长命乡柏树庙村，吃在横山庙。当时村民生活十分困难，而劳改人员更是个个面黄肌瘦，实在饿得不行，他们就吃野地里抓来的青蛙、蛇等。1963年，劳改队匆匆撤走，草荡畈里还有没收完的麦子，后来由周边村民抢收归库。而劳改队住过的房子，先由上窑村派两户人家看护，后来全部拆除，用于建造北湖乡政府办公楼、卫生院、农机厂等，至今只留有少许遗存。

早年，北湖草荡里除了产粮，还可见大片大片的桑田。据余杭史志办的资料，北湖草荡栽桑的历史，最早可追溯到明代，当时有来自河南等地的拓荒者，在北湖草荡的"十八个墩"开荒种桑。清末民初，北湖草荡上被开垦的墩增加至五十七个，其中大片的土地都种满了桑树。新中国成立后，还在老虎墩上建起了一个蚕种场，可见当时的北湖草荡，已是桑园连片的景象。

1962 年，随着国家对蚕桑生产奖励办法出台，瓶窑附近农村，像长命的水河桥、烂泥湾、柏树庙、高泥塘，以及北湖的上窑、黄山、圣堂、张堰等大队，在北湖草荡开垦荒地两千八百余亩，都全部种上了桑树，并开始向"千斤桑叶百斤蚕"的高产纪录冲刺。到 1969 年后，仅上窑村一年的春蚕、二蚕、秋蚕、晚秋蚕饲养量就达到四百八十张，每年向国家出售蚕茧两万多斤，还有大量的桑叶出售，集体经济不断壮大，社员分红收入逐年增加。

北湖草荡水网密布，曾经钉螺丛生，二十世纪六七十年代，草荡周边的村落是血吸虫病的高发区。1973 年到北湖公社插队的女知青胡仁娣回忆，当年为了将血吸虫病彻底清剿，各生产小队积极开展人畜检查，对重疫区实行"六送六检"，轻疫区"三送三检"，确保不漏掉一人。当时胡仁娣的工作是每天早晨一次、下午一次，去小队农户家收集两次粪便。收集起来的粪便放入畚箕，然后及时送到几里路外的防疫站进行测检。经过多年的整治，血吸虫病被彻底消灭。

北湖草荡在二十世纪七十年代初还经历了一次大围垦，时间是1971年，参加围垦的人来自余杭的十三个公社，共有一万两千余人。家住上窑官口桥畔的楼科敏记得，那时家门口的石板路上常见从鸬鸟百丈山里出来会战的农民，他们扛着锄头、铁耙，像一支打仗的队伍。而透过自家房子的后窗，他看到的是乘机帆船从苕溪下游上来的一船船的村民，他们正往北湖草荡进发，那种气势让住在老街上的人家，强烈地感受到了围垦工程的浩大。

1971 年的围垦工程，共加固老堤 4.6 千米，新筑围堤 10 千米，围垦面积达 5.3 平方千米，此外，还在汤湾渡及横山建了进泄水闸。

此次轰轰烈烈的围垦工程结束后，原围垦区内的五千余亩粮田，被分配给缺粮的百丈、鸬鸟、泰山、太平等村耕种。国家无粮食征购任务，但在特大洪水危及西险大塘和影响上游中、北苕溪堤塘安全需要开闸泄洪时，分洪淹没的损失也不予补偿。

围垦后的北湖草荡在 1974 年、1977 年、1983 年、1984 年分洪四次，对削减苕溪洪峰，降低长乐、潘板、永建、北湖等乡的洪水压力，保护大杭州发挥了重大作用。1995 年，杭州市政府对北湖进行了全面治理，重建北湖汤湾渡分洪闸，以确保泄洪分洪功能。2008 年 8 月，北湖草荡的全部土地收回国有。以后，曾经的大片桑林不见了，田畈又变回沼泽与水塘，茂密的水生植物重新长了出来。再以后，草荡渐渐恢复了晴川碧水芦花雪的草荡美景，还成了像天鹅、鸳鸯、斑嘴鹈鹕、白头鹞等珍稀鸟类越冬迁徙路上的驿站和觅食天堂。

五、吉日初开种稻包，南山雷动雨连宵

苕溪岸畔的南山村有着广阔的田园。从古至今，这里的人们都以种田为主业，他们深知一粥一饭来之不易，懂得把丰收的祈愿寄寓在劳动中，乃至于怎么种、怎么收、怎么贮存粮食，都有满满的仪式感，富有独特的地域色彩。

立春过后，要做秧田，就是下（落）种谷，常用的工具是"秧稠"和"千步"。"秧稠" 呈丁字形，由一段直径二寸、长三尺的圆木头（或竹）和一根长竹竿卯接而成。"千步"是一柄狭长的木柄铁锹，用以撬泥、切边。在南山村，下种谷前，要在田里插三炷香，烧一沓黄烧纸，祭田公田母，田公田母是保护庄稼的土地神。祭祀的时候，大人小孩不能在田头讲"鸟要吃谷"之类的不吉利话，这叫"不可破网"，即不可说穿的意思。为了

保护刚落的种谷，还要在秧田四周和秧畈间插几个穿旧衣笠帽的稻草人，恐吓天上飞过的鸟雀。为了防止鸡鸭猪羊下田吃谷种，要在秧田四角打桩，围上一两圈草绳。

芒种以后，农民就要忙拔秧种田了。南山人把拔第一把秧或在田里插下第一把秧叫做"开秧门"。"开秧门"是一件大事，要选个好日子，过去有"二八不开秧门"的说法。这一天，要上街去买一个猪头或一刀肉，煮熟后放在一只统盘里，供在田头，求天公和田公田母保佑这一年风调雨顺、五谷丰登。然后，全家人坐在一起吃一顿饭，这也预示着一年辛劳的开始。芒种过后是清明，瓶窑有农谚说"吃了清明夜饭，晴天落雨都要出田畈"，意思是说，日日劳作的时间就要来临了。

"手把青秧插满田，低头便见水中天。六根清净方成道，后退原来是向前。"插秧，讲究"直匀快"。插得直，说明秧根着泥牢固；匀是间距均匀，秧苗有足够的生长空间；快，是抢农时。从前种田又快又好的人很多，插秧既不整齐又慢的人是要被嘲笑的。种田最忌被关在"汤罐"里，就是插得慢被两边插得快的关在里面，尤其忌"咽棺材"，就是未插完的田由其他人接块，插得慢者被四面围住出不来。南山人种田禁止把秧箍（捆秧用的稻草）丢在田里，也禁止把秧插在秧箍中，据说这是鬼谷仙师的规定，农民要敬畏。

南山人种田时讲究从直线边种起，如从弯曲的田边种起，就不吉利，田不发，人晦气。但对于田的弯直方圆则不讲究，有俗语说"弯田弯，收得三石三""弯竹无弯篾，弯田无弯米"。

插秧插到最后一块田、最后一把秧时，称为"关秧门"。关秧门意味着插秧的结束。这天晚上，主人家要请种田人，旧时多为家里的长工、短工、帮工、伴工等吃一桌酒，叫"关秧门酒"。

有种就有收。等稻谷黄了，收割的那天叫"开镰"，开镰前，要备好酒菜，先请"五谷神"。打谷时要握着稻把在打稻桶边沿的稻栈上反复掼打脱粒，打好的稻草则扎起晒在田里。稻谷挑回家后，要尽快摊在竹篾编的晒簟上或养蚕用的大匾里晒。等晒干了，就用手摇的谷扇（风车）扬净收藏。以前的农家都将新稻谷用围拢的簟席屯起来，屯在堂前，客人一进门，就能看见金灿灿的一堆稻谷，这是一种丰足的呈现。

稻谷收好，要用舂出的新米烧"新米饭"，烧新米饭时不能加入上顿的剩饭，并要在落锅时加上一把黄豆，南山人叫"豆（头）米"。第一碗先敬天公，第二碗供灶神。敬天公时用一张米筛，内放饭菜酒，插一炷香，摆在大门口，由一家之主揖拜祝告，感谢上苍恩赐和祈求来年丰收。

南山村人觉得掌管生产的田公田母、蚕神等都是很重要的神，而在生产劳动之外，他们还拜财神菩萨、观音菩萨、地藏王菩萨以及"阿太拉"等。旧时，每逢农历初一和十五，都要去庙堂里烧香拜佛。

传说正月初五是五路财神的诞日，旧时，在上窑街上开店做生意的、跑船的、撑排的都要在这天拜财神菩萨。经商做生意的人会提前一天备好香案和牲礼，到了初五这天，一早开了大门，点起香烛，先拜天地再请财神菩萨，口中念念有词，不外乎请财神菩萨保佑出门大吉大利，生意兴隆，财源广进等。财神菩萨请好后，还要放炮仗和百子炮。

从前的南山百姓都知道传说中的地藏王菩萨未成佛前是一个大孝子，他重视超度父母，提倡孝道，所以普受民众敬仰。据说地藏王菩萨平时都闭着眼睛的，只有到农历七月三十日这一天，才会张开眼睛，普助众生。于是，民间把农历七月三十日视为地藏王菩萨生日，用点地灯、插地香等方法，祭拜地藏王菩萨。

再来说说据说是掌管家里一切的灶司菩萨。过去，南山村每户人家的灶头上，都有一个"灶王房"，又称"灶圣堂"，灶司菩萨的画像就挂（贴）在灶圣堂里。一些人家的灶圣堂两边还贴上一副对联，上联是：上天言好事；下联是：回宫保平安；横批：一家之主。

平时天天围着灶台转的南山村妇女每到初一和月半都要祭一次灶神，

以求生活平安顺遂。到了腊月廿三，更要像模像样地祭灶，因为传说这天是灶司菩萨上天向玉皇大帝汇报这户人家一年来为人处世、道德品行的日子。祭灶前，要点香燃烛，摆上糖点心，南山人觉得灶司菩萨吃了甜点心会向上天说好话。等祭拜完毕，要将旧的灶司菩萨画像揭下和纸元宝一起烧掉，然后在道地上（天井里）向天跪拜，燃放鞭炮，此意是送灶司菩萨上天。到了大年初一，当家人起床后的第一件事，是把灶司菩萨从天上接回家。做法是将新的灶司菩萨像挂到灶圣堂里，点燃香烛，供上热气腾腾的汤圆，再放四个炮仗。所以，大年初一的早上，南山村的上空都会响起接连不断的炮仗声。

菩萨要请，"阿太拉"也要隆重地请。阿太拉的意思是祖宗阿太，也即一切亡故祖先的统称。在汉族人的观念里，故去的祖先从来没有离开他们的子孙，一直在关注和陪伴后辈的生活。所以，在世的子孙祭祖，一方面求得祖宗阿太保佑，另一方面也有光宗耀祖、望子成龙的意义所在。

按南山人的习俗，每年清明、七月半、冬至、大年三十这四个特别的日子，都要请阿太拉，俗称"作飨"。请阿太拉的当日，要置办六碗以上有鱼有肉的荤菜，还要在桌子的北面与东、西面各摆上两只酒碗，而在南面设放烛台，家人在此轮流祭拜，并说出心中的祈愿。一家人拜过阿太拉后，要烧佛经纸钱。烧佛经纸钱很有讲究，民间有祭地主、祭外客和祭祖宗之别。地主系指本地亡灵，俗称"地主阿太"；外客指旁系的宗族祖先，俗称"外客祖宗"；祖宗即为直系亲属祖先，俗称"祖宗大人"。祭祖时，三者要分别祭祀，锭箔等物亦分别焚烧。也有将地主、外客合于一起祭祀的，祀物分一堆大一堆小，少点的一堆的放供桌右边烧送给"地主"，多点的一堆放左边烧送给祖宗阿太。等佛经纸钱燃烧熄灭后，众人叫喊"祖宗"，起身，吹灭蜡烛，端开凳子，拜送祖宗西去。现在不少村庄干脆把三者都合并一起祭祀，称之为"全堂羹饭"，桌子也用圆桌代替八仙桌，在祭祀的时候，把地主阿太、外客、祖宗大人都招呼到一桌上了。

无论初一和十五祭灶神，还是节气和年关请阿太，百姓人家不外乎是诉求生活平安顺遂，子孙光宗耀祖。因此南山村民间的诞生礼俗尤为隆重，寄托了人们对新生儿健康成长及望子成龙、望女成凤的良好愿望，颇有意味。

催生与贺生：孕妇达月（即当月要分娩了），娘家人要到女儿家去催生。催生礼品大多为红糖、挂面、鸡蛋、糕点等食品，以及婴儿出生后需要穿戴的鞋帽、毛衫、抱裙等物。将它们捆成一个红包袱，择日送到达月的女儿家。贺生，当地民间称"送汤"。所送礼物通常为红糖、面、肉等，客气的亲戚送火腿的也有。现在"送汤"简单化了，大多为糖面数斤，内装数百上千元的红包一只。

三朝取名与剃头满月：婴儿诞生的第三天早上，民间称为"三朝"。这一天早上，婴儿的父亲或祖父，要早早从街头买回鱼、肉数斤，烧八成熟供在堂前桌上，点燃香烛，名为请三朝菩萨，意在求得菩萨保佑婴儿一生平安，接下来就是家人给婴儿取名。

婴儿出生一个月称"满月"。满月后，产妇可到户外活动，可串门去邻居家。婴儿满月后，胎气脱尽，可剃第一次头。婴儿要由娘舅抱着让理发师剃头。这天，一般人家都会办几桌满月酒，并做些满月团子，分送给左邻右舍、亲朋好友，以示庆贺。现在办满月酒越来越隆重，红包礼金数越来越大。

百禄开荤与周岁抓周：婴儿满月后，至亲都来邀请孩子去做客，称为"头达"。通常先去娘舅家，再去姑父家、姨夫家。婴儿头达要封红包，称"头达铜钱"。婴儿出生百日，民间称为"百禄"，百禄这天，有条件的祖辈们会给"百禄儿"赠送金、银或铜制的长命锁。刚出生的婴儿还要抱到灶库里去躺一下，传说以后会像狗一样健壮。

婴儿到了一周岁，除了邀请娘舅、姑父、氏族门宗长辈摆上几桌周岁酒庆祝之外，还有一个抓周仪式，意在测试新生儿日后的志向和爱好。抓周前，将秤杆一根、钱币一枚、笔一支、纸一张、泥团一个放置在堂前的八仙桌上，然后由妈妈抱着周岁儿至桌上，不准指点，由周岁儿自己去抓。若抓到了秤杆和钱币、说明长大后善于经商，若抓住了笔和纸，说明长大后吃文化饭，若抓到了泥团子，说明长大后是种田的。

启蒙拜孔子：小孩一到学龄。家人便要送他去上学。从前孩子头一天上学，要举行一个"启蒙礼"，通常是家长准备好礼物，带上文房四宝，送孩子到私塾学校，摆上供品点燃香烛，先拜孔子，再拜先生。

> 六月苕溪路，人言似若邪。
> 渔罾挂棕树，酒舫出荷花。
> 碧水千塍共，青山一道斜。
> 人间无限事，不厌是桑麻。

这是元代诗人戴表元眼中苕溪岸畔醉人的田园风光，想来从前的南山村，就是如此光景。

时光变迁，沧海桑田，今日的南山村已是洋楼鳞次栉比的城镇化模样，但若从俯瞰的视角，如牧歌似的田园风貌仍依稀可见：雕刻着石佛的南山、山顶有飞来石的栲栳山、河边的盛度墓依旧还是明代文学家田艺蘅所见的模样，良渚古城遗址上的青青稻田依旧还是那么广阔，北湖草荡的芦花依旧在斜阳下随风摇曳，苕溪的水依旧是那么清深，就连白鹭飞起的姿态，也是那么轻盈与悠然。看山看水，看佛看墓，在南山去看看田，去看看草荡芦花，便可以像陶渊明一样"悠然见南山"。

（感谢姚雪贵、袁彩花、盛明建三位老师在本章创作过程中提供的帮助。）

参考文献

1.〔元〕脱脱等:《宋史》,中华书局,1985 年。

2.〔清〕张吉安:《嘉庆余杭县志》,浙江古籍出版社,2012 年。

3.朱金坤等:《南湖牍文》,西泠印社出版社,2009 年。

4.杭州市余杭区瓶窑镇志编委会:《瓶窑镇志》,方志出版社,2017 年。

钟声何处寺，客宿半山村——余杭区百丈镇半山村

半山村位于余杭西北部，村庄被十里竹海笼罩，仙气飘逸，素有"中国毛竹第一村"的美誉。半山村不仅环境优美，人文资源也十分丰厚，其中有被称为"百丈三千"的千年杭宣古道、千年独松关、千年釜托寺。此外还有反映温台移民风俗的鳌鱼灯与红曲酒，以及"杭城十大最大古树"等。2018年半山村被命名为浙江省 AAA 级景区村庄；2019年，被国家林业和草原局列入第二批国家森林乡村名单；2022年，半山村被命名为浙江省美丽乡村特色精品村。

空中俯瞰半山村 金毅摄

在群山翠涌、竹海茫茫的余杭西北部，藏着这样一座迷人的村庄：与潺潺溪流、漫山修竹相伴的杭宣古道蜿蜒其中，如一段喃喃低语的旧时光；千年古寺釜托寺坐落其北，古木夕阳伴着悠悠晚钟；清风吹拂，竹露滴沥，红曲酒的酒香弥漫出浓浓的节庆讯息，桃花纸糊的鳌鱼灯在漫天星光下起舞……一半山水一半禅，一半烟火一半诗，它就是百丈镇半山村。

半山村，原先叫伴仙村。伴仙二字的由来或与临近的杭州道教圣地大涤山洞霄宫有关。传说很久很久以前，曾有仙人云游来到半山村，与隐居于釜托山中的仙人相聚。据外半山自然村俞氏宗谱记载，明末清初半山村还叫"伴仙村"，村委门前溪上的那座桥，原来叫"引仙桥"，后称"朱家桥"；在村委后约二百米处有一山岭，称"望仙岭"，而在釜托寺中还有一处仙人洞，相传有仙人曾在此居住。此外，在釜托寺南、枫树湾的反背还有一处叫"道士坞"的山坞，说明半山村以前有过道士活动的踪迹。

伴仙村后来叫做半山村，除了村子原本建在半山上，最大的一种可能是由于在当地方言中"伴仙"与"半山"口音相近，加之"半山"两字书写较"伴仙"省便，一来二去，村名就完成了从"伴仙"到"半山"的俗化。但名字虽然改了，这座藏于竹海的村庄，依然还是仙气十足的样子。

一、竹叶萧萧翠笼山，茗溪水涨放排滩

坐落在余杭最西北面的半山村，东邻德清，西北接安吉县，南连鸬鸟镇。半山村村域总面积 13.1 平方千米，其中林地面积 12.13 平方千米，人均达 0.006 平方千米，森林覆盖率达 91.6%。村里有毛竹林 870 公顷，翠竹 300 余万株，目之所及，满山满谷都是翠绿的竹林，因此也有"中国毛竹第一村"的美名。

俗话说，靠山吃山。过去半山村乃至整个余杭西部山民的生计、生活都离不开竹子。比如春天挖笋，夏初砍竹、放排，入冬时撩竹梢等等，因

为世世代代都和毛竹打交道，日久天长，就形成了独具特色的地方竹俗。

先来说旧时山民上山作业时常用的宝贝之一：山袜。山袜是一种鞋、袜结合的高可及膝的袜子，它由袜底、袜帮、袜筒三部分组成。制作山袜的原材料一般是厚厚的白粗棉布，还有山间常见的苎麻叶子。先用白粗棉布裁出袜底、袜帮、袜筒，再将麦粉加水加热捣成浆糊，将白布刷一层浆糊盖一层布地粘贴在一起，然后用揉搓漂白好的苎麻线纳成底。一针一线，纳得整整齐齐、结结实实，再将三部分扎线定型缝成整体，便成了山袜。山袜的袜筒上端有一个小小的开口，口子两边各有一根细带子，用来扎裤管。很早以前的山民穿上这样的山袜上山作业，可防荆棘、竹刺、刀砍，以及蛇虫咬。

上山的宝贝之二：围脖。围脖也是用土布和苎麻线缝制而成，其形状犹如一枚铜钱。同山袜一样，它的前端有一个可松可紧的扎口。围脖一般是山民上山背竹木、背毛柴时戴的，作用是防止竹木磨破皮肤和衣服，还可以防止竹木从肩上滑脱。

值得一提的是，无论山袜、还是围脖，都是能干的竹乡女人一针一线缝起来的，在那密密麻麻的针脚中，藏着最最朴素与柔软的爱。只是随着光阴的流逝，包括山袜、围脖以及笋壳草鞋、蓑衣、笠帽、砍竹刀等过去山民家庭常见的老物件，现在恐怕只有在博物馆里才能见到了。

"此州乃竹乡，春笋满山谷。"唐代诗人白居易在任杭州刺史时曾漫游过的浙北山区，历来以盛产味美的竹笋出名。譬如说到余杭百丈的竹笋，就不得不提"壳薄肉厚、鲜嫩可口"的毛竹春笋，被誉为笋中极品的"黄泥拱"，以及金衣白肉、甜而不涩的冬笋，色泽黄中带紫、肉白味鲜的边笋，以及烟笋干、花生笋干等。百丈人过去到了立夏，除了吃乌米饭、立夏饼，还少不了健脚笋。所谓健脚笋，指的是本地高山上产的一种细细长长的野生竹笋。吃法为将其去壳，整根烹饪。传说立夏吃了健脚笋后，双腿能像笋那样健壮有力，能涉远路。

　　毛竹的生长有大小年之分，过去人们为了养竹，大年时一般会采取封山措施，比如在上竹山的山道口设一道竹片篱墙，而小年则任人上山掘笋。但掘笋有掘笋的规矩，当一支笋被掘出后，为了不损害笋鞭，一定要将挖的土坑填平。

　　旧时，山区的山林大都为富人所有。一般的大户人家，都雇有专门的看山人。有些山林面积特别大的，会雇十来人分段巡视，但几户人家和一个村坊合雇一名看山人的现象也不鲜见。看山人必须对山林负责，尤其是出笋期，需要日夜看守，如失职，轻者由族长出面训斥，扣其工钱，重者解雇。对偷盗竹笋和竹木的人的处理也视情节而定。比如初犯或情节轻的，当向户主当面讨饶、赔礼道歉；而重犯，要罚请一本戏，以示赔礼悔过；更甚者，则由族长出面打开祠堂门，当众处罚金或报官府请求拘留。

　　在半山村的独松亭内，至今还有一块清嘉庆年间所立的明确护笋养竹的"奉宪禁碑"，是记录竹乡过往的珍贵文物。该碑通高一百七十厘米，宽一百一十厘米，厚约十八厘米，青石质地，碑额题刻行书"奉宪勒石永禁冬笋"八字。碑文直立，共二十三列，繁体阴刻行书，字体娟秀，刻工精致，字迹清楚，起首为"特授浙江杭州府余杭县正堂加五级纪录张……为勒石永禁事……"，碑文落款处依次有时任浙江巡抚、布政使、按察使以及杭嘉湖兼管水利海防兵备驿政道等官员官衔及名字，尾行署"嘉庆十三年七月余杭县士民陈绍积……等镌"，为当时立碑人的名字。根据碑文记载，当时余杭、临安、德清与安吉的交界处，山多地少，山民生息，全赖山竹。由于本地区盗掘冬笋严重，不仅影响来年春竹长出，也损毁了山林；同时，私自开办"牙行"卖笋的行为，也助长了盗掘冬笋之风。为遏制盗掘现象，官府应当地士民奏请，在余杭、临安、武康、安吉、孝丰等县交界处所立碑告示严禁盗挖、贩卖冬笋等行为。

　　百丈周围一带的山民，要等杨梅红的时候才上山砍竹，其中原因主要有两个。其一是太早砍竹，地下的小笋会死掉；其二是杨梅红的时候，江南也迎来了水雾茫茫的雨季，趁着山溪发大水的时候，正好放排下山，将毛竹运出山去。

每年上山砍竹木前，必先拜祭山神。过去大一点的山头上，都建有山神庙。山民在上山前，都不忘带上香烛、纸元宝等祭品，等路过山神庙时，就在庙里头供一供，拜一拜，求山神保佑平安。如果是大户人家请雇工们上山干活，在祭拜仪式完成后，由东家出大头，雇工们出小头，大伙还会吃一餐"顺福"饭，讨一个彩头。若到没有山神庙的山岙里去砍竹木，山民们就用三块石头搭一个神座，然后献上猪头、鸡蛋、鱼、菜蔬水果等供奉。值得一提的是，供品中的香烛、纸元宝，要等整座山上的生活都落场了才会烧掉。

除了拜祭山神，山砍竹木还要遵守一些约定俗成的禁忌。比如山上不可多用火种，不准举火做饭烧水；比如吃饭时，要先拨几粒饭粒在地上，让山公山母先吃；比如山上不准喊人姓名，只能用"哦——哦——哦　—"地呼叫互打招呼，怕名字被山魈之类的精怪听去，夜里就会按名字来索人精魄；比如在山上大小便时，要大叫几声"哦西！哦西！"以驱散妖魔鬼怪等等。

山竹砍下来后，就要放排下山。这里要先说一下北苕溪。据《杭州府余杭县水陆道里记》[①]记载："独松关（分水岭），北苕溪自此发源。西南流折而南过三里铺，又东南流至百丈坞口九里四分（有铜菱关水自东北来注之）。浮溪桥东，自百丈坞口曲曲东南流过四溪、三溪、二溪、头溪各堰，至此十四里（有临安芝坞岭水自西来注之）。大桥，自浮溪桥东首东南流过独山桥及黄湖镇东，至此十三里（有箬岭、石扶梯岭二水自北出铜口桥来注之）。竹山桥口，自大桥南流至此七里（有临安下长溪自西出竹山桥来注之）。陶村桥，自竹山桥口东南流过双溪镇，又过夹堰及潘板桥，至此十三里八分（水深一丈二尺，面阔二十丈）。又东少南曲曲流十三里

---

① 朱金坤：《南湖史话》，西泠印社出版社，2009年，引言第5页。

一分，过张堰渡至龙舌嘴入南苕溪。"

　　旧时，百丈的竹木都是从北苕溪运往瓶窑甚至更远，而半山村的竹木先要从穿村而过的百丈溪放排到北苕溪。半山村至百丈口这一段溪道弯曲狭窄，且水量较小，为了利于放排，曾筑有许多蓄水的堤坝。半山村的老人俞正荣说：放排是一件很辛苦的事情，先要将竹木从山上顺山道搬运到溪滩上，然后安排人手扎成帖，一般毛竹六百株为一帖，木头一百株为一帖。然后再将成帖的毛竹、木头分别扎成排。放排的溪流有宽有窄，有深有浅，且弯头多多，加上洪流湍急，放排路上十分艰险。就像上山砍竹一样，放排也要去山神庙里祭山神。在山神神座前点起香烛、摆上鸡鸭鱼肉等祭品后，全体放排人要一起跪拜山神，祈求山神保佑放排路上平安，水涨竹（木）也涨。等跪拜三遍之后，放排人就开始食用祭品。祭品要当场吃完，不得拿回家，也不得剩余或倒掉。最后，等放排人食毕祭品，就直奔溪滩，齐心协力放排下山。

　　同百丈的其他村落一样，随着公路建设与陆路交通运输业的发展，放

独松关驿道　金毅摄

排这种古老的营生在时光中逐渐淡出了人们的视线，百丈溪和溪道的层层堤坝成了远去记忆的一种遗存。

地处山沟沟里的百丈，毛竹一直以来都是村民最大的经济收入来源之一，随着时代的变迁，本地的毛竹产业也曾经历过一个山回路转、柳暗花明的发展过程。就拿半山村来说，在集体经济时代，除了卖毛竹以外，村里办过一家毛笋罐头加工厂。每年三四月，各生产队就组织劳动力上山掘笋，而厂里的工人则夜以继日地进行毛笋加工，厂里生产的毛笋罐头很受杭州、上海等市场的欢迎，一度还远销日本。因为毛笋罐头厂带来了良好的经济效益，每年到了年底分红的时候，每十个工分可以分三元四角钱，这使得半山村一跃成为全余杭最富裕的村，把那些出产茶叶的富裕村都比了下去。

转眼到了二十世纪八十年代，农村开始实施分田到户。半山村村民家家户户都分到了几十亩竹山。那时，村里开始出现收购毛竹的拖拉机，而砍竹成为村民的主要工作。头几年，毛竹的价格比较便宜，一般每百斤的收购价为四五元，但随着城市建设的起步与发展，建筑上需要大量毛竹搭建脚手架，毛竹的价格一路走高，到九十年代，每百斤的价格已经升至四十二元。对半山村的村民来说，那是一段毛竹不愁卖的黄金时期，而每家每户的生活水平也有了较大程度的提高。

2000 年以后，随着建筑钢架的使用，毛竹价格开始从高峰迅速向下跌落。最低的时候，每百斤毛竹只能卖二十元，刨去人力成本，利润已十分微薄。面对再也吃不动的"毛竹饭"，大部分竹农愁眉紧锁，束手无策，而"求变"成了唯一的出路。

一场危机，也是一次机遇。为了破解本地竹产业发展困境，百丈镇所在的竹乡在浙江农林大学专家的指导下，开始因地制宜地大力发展精细化的"林下经济"，探索出了一条"借绿生金、添绿增金"的绿色低碳发展新路。

关于发展林下经济，百丈人具体的做法是，将运输路程长、砍伐成本

半山村，浙江省首批低碳村　金毅摄

高的山顶竹林改造成经济林，以增加收入、增强森林水土保护能力和改善林相；在地势较低的竹林地中结合其他笋竹的配套种植，以维持和保障竹农的基本收入，而在半山腰的竹林中规模化种植大球盖菇、三叶青与多花黄精等林下经济作物，以达到增收的目的。随着林下经济的发展，百丈的山变成了"山上山、山中山、山下山"，给百丈村民打开了新的致富之门。

继"林下经济"模式发展和推广成功后，百丈镇又与浙江农林大学及第三方科技公司签订了项目开发协议，一起探索竹林碳汇经营项目的开发工作，而百丈镇也因此被列入浙江省首批低（零）碳试点乡镇。据半山村党支部副书记何勇介绍：2021年，在浙江农林大学碳中和学院王懿祥教授团队的技术支持下，半山村首创村级尺度碳排放碳汇测算，并因此得出一个结论：2020年和2021年半山村已连续两年实现碳中和，还有多余的一万四千余吨碳汇可供其他地方抵消碳排放，成为名副其实的"零碳村"。经过半山村的试点之后，目前，碳排放碳汇测算已覆盖百丈全镇六个村。

2023年6月，浙江农林大学与杭州市余杭区百丈镇人民政府在半山村举行了《半山村碳中和发展白皮书》发布仪式，这也是半山村继之前推出的"低碳村规民约""低碳家庭评定标准"等举措后的又一探索。在可预见的将来，零碳理念将融入到百丈镇乡村治理、乡风文明、产业发展等的方方面面，而作为先行者的半山村，也将成为美丽、富裕、环保的未来乡村样板。

二、古道雄关今固在，金戈铁马已如烟

在文集《雄关漫道》中，百丈人毛传玉先生写过《"百丈"之解》一文考究百丈之名的由来，他认为"百丈其地高于县城余杭百丈"及"此地陡崖险峻，山高百丈"这两种解释与事实有较大出入，都不太站得住脚。而他比较认同"篾缆"一说，古时拉纤的竹编缆索被称为"百丈"，杜甫在《十二月一日》中就写道："一声何处送书雁，百丈谁家上濑船。"将百丈用作地名，既喻意百丈山坳的凹深狭长、山径的迂回曲折，又体现了在很长一段时间内百丈人依赖百丈溪和苕溪这条重要水道谋取的营生和外界发生的勾联。对百丈充满情感的毛先生还写下了一句极富诗意的话：百丈像一条撒落在绿水青山间，用竹篾编织成的延绵不断的"绳索"，令人回味再三。

绿意盎然、生机勃勃的百丈，在时光中如篾缆般坚韧绵长，如果将范围缩小，它就是一条穿山越岭、驮起险关和人间烟火的古驿道；如果将这条古驿道放进岁月的长河中，它就是一条记忆的纤缆，拉着一条在朝代兴替中跋涉前行的历史航船。这条被余杭人称为"古北驿道"的古道，总长百余里，是余杭至安吉孝丰的古代交通要道，其起点在离原余杭县衙百步的澄清巷，出古城北门过莲花桥，沿二里亭、环弄桥、三里铺、过苎山桥、新岭亭至邵墓铺、麻车铺、招兜铺、古城铺，过独松关，入安吉县境内的孝丰驿道，然后可达安徽宣城或江苏南京。

古北驿道始筑于唐。据《余杭县志》记载："唐宝历年间（825—827），余杭县令归珧，重疏南湖，新开北湖。又筑甬道百余里，通县西北至古城。湖成，归珧卒，世称归珧誓死筑湖。"《新唐书·地理志》中

穿过半山村的古道 半山村村民供图

亦有相关记载[①]："珧又筑甬道，通西北大路，高广径直百余里，行旅无山水之患。"相传，归珧任余杭县令时，遵循汉代陈浑所开南湖旧迹，浚湖修堤，恢复蓄泄，使百姓安居乐业。他还在苕溪北面再辟北湖，塘高一丈，方六十里，蓄洪泄洪，调节中北苕溪水，受益田地达一千余顷。当时县北一带坑洼不平，天一下雨，山水骤至，常淹害行旅。于是归珧又取开湖之土，修筑甬道，直通西北大路，长一百余里，自此行旅无山水之患。

作为杭宣古道重要组成部分的古北驿道，在自唐宋至民国的一千多年内，一直是连接杭州至安徽宣城，或往江苏南京方向去的陆路要径，其地位相当于今天的省道甚至国道，有"京杭国道"之称。尤其随着两宋易替，古北驿道更直接面对北方游牧民族的南下铁骑，从此成为兵家必争之地，更成为看守都城临安北大门的重要屏障。

进入二十世纪，随着公路交通的逐步兴起，历史悠久的古北驿道也同其他的古道一样日渐荒废，到如今只剩半山独松村至余杭、安吉交界点的著名古关独松关这一段还依旧保持着原来的模样。这段被称为古北驿道"独松段"的古道，长约 1500 米，路宽 1.2—2 米，窄处仅 0.5 米，以块石或卵石铺筑而成，道路中间部位的块石相对略大，两侧为小块石铺就。古道上除有两处陡坡，还有自然条石构筑的平桥三座，以及卵石

独松关 半山村村民供图

---

① 欧阳修等：《新唐书》，中华书局，1975 年，第 1059 页。

构筑的拱桥一座。拱桥名宝昌桥，据说建造时间为唐宝历二年（826），传说是为纪念一位恪尽职守的看林老人而建，老人的名字叫宝昌。残存的古驿道沿山溪而行，蜿蜒于两山对峙之间的狭道中，一路走去，但见群山环绕、翠竹葱郁、流水潺潺……仿佛走着走着就走进了意境悠远的宋人山水行旅图。

追溯半山村的历史，离不开向时光深处延展的古道，更离不开古道上回响着金戈铁马之声的关隘。据一些地方文史爱好者调查，在天目山脉回环百里的群峰山峦之中，筑有多处重要关隘，仅天目山脉东支一线就有湛水关、金竹关、高坞关、独松关、百丈关、铜铃关等。参照清同治版安吉、孝丰县志，相关统计表明，分布在天目山东、西两支山脉上的古关隘曾经多达十八座之多。

南宋时期的百丈，是保卫都城临安的最后一道北部屏障。地处天目山东支山脉中部的独松关与其东侧的百丈关及铜铃关、西侧的幽岭关及三关背靠的双溪镇，构成了一个互相呼应的交叉防御体系，为阻挡来自北方游牧民族的铁骑，发挥了重要的战略作用。而由于守戍军人的存在，使得彼时的百丈成为一个人口集聚、烟火繁盛的山区军事重镇。据《余杭县志》等地方史志记载，百丈到了清代仍有驻军的记录，而在百丈至黄湖孙家门口一带的田野中，至今尚存十八个高大平台土墩，或系清雍正年间修复的十八个烽火台，虽然冷兵器时代已经远去，但地形图势之要害仍在。

而离独松村东北约两千米的独松关修筑于南宋建炎年间（1127—1130），其关后是高峻的独松岭，岭上满是苍松翠竹，两条从独松岭上伸出来的山脉，如同两条巨臂，将独松关抱在其中。古关关墙原东连前山，西接观壁山，跨独松溪而建，总长近百米，现存山溪以西部分，长二十三米有余、宽十三米、高近七米。墙体内用黄土杂石子夯筑而成，外用不规则块石包砌，块石自下而上体量逐渐缩小，同时墙体逐渐收分，使整座关隘显得既粗犷古朴，又端庄稳重。

古道上的石桥宝昌桥　半山村村民供图

　　独松关关城平面呈瓮城结构，南北辟门洞，中设天井，洞中仅可容单骑通过。拱券采用分节并列砌置法，前后门道各用五道券石并联而成，中拱顶石长度大于各道券石的宽度，结构上对每道券石起拉牵作用。关隘顶部向北一侧原设置垛口，后废。北关门门楣上方篆书阴刻"独松关"三字，为1983年重修时由安吉书画名家诸乐三补题。南关门西侧有石阶可上关顶，其上早年曾建有箭楼一座，清雍正九年（1731）又增建兵房六间，清咸丰九年（1859）奉抚宪重修，十一年（1861）毁。

　　独松关上原有一棵高数十丈的千年古松，是独松关的一枚显著标记，故关以松名。明代邑人都御史凌说曾有诗云："撞破关门山势开，树头云起唤龙来。擎天老盖高千丈，傲雪贞标压众材。岁久节根坚作玉，风生岩壑响成雷。苍颜不改浑依旧，万古相期竹与梅。"全诗以酣畅的笔墨描绘了这株扎根边隘的伟岸孤松，更是对士人风骨的最高礼赞。旧时"独松冬秀"为安吉"鄣南八景"之一。如今千年古松早已不复存在，所幸近代艺术大师吴昌硕给后世留下了一幅写意的《独松关图》立轴，为我们重现了古松的峭拔雄姿。此画为甲午战争第二年（1895）吴昌硕随军为幕僚时所作，画中只画一石一松，笔墨酣畅，气势雄浑，给人以雄奇壮美的感受。画轴右上有吴昌硕自题款云："吾邑独松关有此高旷之气。"此画现由吴昌硕纪念馆藏。

曾是宋元时期重要驿站之一的独松关，为古时杭州通往宣城、建康（今南京）诸地的咽喉要塞。因地势险峻，关城坚固，颇有"一夫当关，万夫莫开"的气势，历来为兵家必争之地。

明末清初著名地理学家和学者顾祖禹在《读史方舆纪要》评述："自天目山而北，重冈结涧，回环数百里，独松岭杰峙其中，岭路险狭，东南则直走临安，西北则道安吉，趋广德，为江、浙二境步骑争逐之交。东南有事，此亦必争之地也。"[①]乾隆《安吉州志》亦记载："出关抵安吉界，道高淳县、广德州，达江宁路，径直五日可至。故自江宁走杭州府治者，如由句容、丹阳而南，虽水陆可并进，路反远至九百余里，盖驿道也。此路虽由陆，不通舟航，近且半之，规利乘便者疾趋焉。由独松关经（余杭）县北绕而南，遂抵钱塘，故知独松塘路诚武林之咽喉矣。"

历史上的独松关烽火不断。据史书记载，独松关（岭）上发生的战事大小规模不下十次，最早一次发生在唐初。《旧唐书·王雄诞传》记载："（李）子通以精兵守独松岭。"[②]唐高祖李渊登基后，遭到各地豪强的反叛，唐武德三年（620），浙江为沈法兴的领地，活动于江淮间农民起义军首领李子通，凭借其强劲的武装，渡江击败沈法兴，并占其三地，"建都"余杭（今杭州），一时其势颇盛。武德四年十一月，子通以精兵守独松岭，

---

① 顾祖禹：《读史方舆纪要》卷八十九《浙江一》，中华书局，2005 年，第 4117 页。

② 刘昫等：《旧唐书》卷五十六《王雄诞传》，中华书局，1975 年，第 2271 页。

唐江淮安抚大使杜伏威遣王雄诞进击子通，雄诞命部将陈当（原名陈当世，避太宗讳而去"世"字）率兵千余突然而至。陈当乘高据险，白天多张旗帜，夜间遍缚火炬于树。子通疑惧，烧营而退守余杭，诈降唐，后谋叛而伏诛。时至建炎初，南宋军队为了阻挡金兵南下，在独松岭上垒石为关，构筑起守卫杭州北门的最后一道防线。

南宋建炎三年（1129）二月，金兵突袭扬州，赵构仓皇渡江，从镇江逃到杭州。当年秋，金国大将完颜宗弼（金兀术）率十万军马从建康（今南京）经溧阳、溧水、广德、安吉，直扑临安，意图一举歼灭南宋王朝。顾祖禹《读史方舆纪要》中说，完颜宗弼率军来到无人戍守的独松关前，被此地险要的地势惊出了一身冷汗，在心存侥幸之余，不免发出这样的感叹："南朝若以赢兵数百守关，吾岂得渡哉！"[1]

约一百五十年后的南宋德祐元年（1275）春，元军攻克南宋军事重镇安庆和池州，威逼建康，长江防线崩溃。《元史·伯颜传》记："参政阿刺罕等为右军，以步骑自建康出四安，趋独松岭。"[2] 十一月，伯颜兵分三路会攻临安，西路由参政阿刺罕率军南下，直趋溧阳，南宋守军损兵折将，残部南撤。元军乘胜追击，在溧阳西南银林东坝再次打败宋军。元军在追击途中受到南宋援军的阻击，双方展开激战，后来元军派蒙古骑兵冲杀，宋军抵挡不住，突围南逃。西路军于十一月下旬进逼建康通往临安的要隘——独松关。其时独松关的守将是被火线提拔的浙西安抚司参议官张濡。之前数月，主掌独松关防务的张濡曾带着麾下士卒，在安吉境内成功伏击了元军的一支前锋部队，重伤并俘虏了元朝来临安劝降的元朝大臣廉希贤，向朝廷表明了血战到底的决心。

此次面对气势汹汹的来犯之敌，本身兵员不足的张濡一边向朝廷要援军，一边抱着舍身成仁的勇气，率数千精兵北上阻击，在上柏镇（安吉东

---

① 顾祖禹：《读史方舆纪要》卷八十九《浙江一》，中华书局，2005年，第4117页。
② 宋濂等：《元史》卷一百二十七《伯颜传》，中华书局，1976年，第3107页。

南部）与元军激战。军情十万火急，此时，从江西起兵来临安勤王的文天祥，接到了朝廷的急报，匆忙从平江（今苏州）撤退，率两千精兵星夜兼程赶赴增援。但终究还是晚了一步，当时张濡的军队在敌军强大的实力面前，几乎全军覆灭，张濡本人也在突围途中被元军擒获（后遭敌军凌迟），不等文天祥的援军赶到，被围困了将近一个月的独松关已经失守，三天后南宋都城沦陷，这就是历史上著名的"独松关之役"。一个夜宿独松关的晚上，心怀家国沦亡之悲的文天祥彻夜难眠、百感交集，便集杜诗一首："我来属时危，朝野色枯槁。倚君金华省，不在相逢早。"

南宋之后，独松关仍战事不绝。清咸丰十年（1860），清军进攻天京（今南京），太平天国形势危急，临危受命的洪仁玕召李秀成回天京，研究作战计划。经过反复讨论，太平天国决策层确定了"围魏救赵"的计策：由李秀成带兵进攻为清军后方的湖州、杭州，断其粮饷，迫使清军主力回援，以打破清军对天京的包围。

咸丰十年（1860）年初，在英王陈玉成的掩护下，李秀成离开天京到芜湖召集队伍，然后一路南下。后李秀成所部自长兴出发，从莫干山小道行军，翻越天目山，攻占独松关，前锋过良渚、勾庄，由大关方向扑向杭州城北武林门。二月底杭州城便陷落于李秀成之手。另一边，清军江南大营主帅和春注意到了李秀成的动向，生怕浙江有变，急遣总兵张玉良领主力大军沿宁杭官道前往杭州增援，但等他们于三月初到达时，发现杭州已是一座空城——原来，城破之后，李秀成见诱敌分兵的目的已经达到，遂在城上多竖旗帜，虚设疑兵，并率军悄悄退出杭州，随后经独松关原路马不停蹄地北上，回救天京。等清军反应过来掉头北上，为时已晚，十余万各部太平军，已构成了对清军江南大营的环形包围圈，此后，太平军第二次大破江南大营，使处于危亡之中的天国政局成功躲过了一劫。后代史家评价这场由李秀成实施的、通过长途奔袭终现"围魏救赵"之奇功的战役是"太平天国战史上'谋定后战'的成功战例，是为得意之笔"。

除上述史书所记，在古典小说《水浒传》第一百一十五回中，亦有宋江征方腊时卢俊义带兵攻打独松关的情节。那是宋江受宋朝廷招安之后，在独松关与方腊的一次正面交锋：

> 宋江在寨中，惟不知独松关、德清二处消息。便差戴宗去探，急来回报。戴宗去了数日，回来寨中参见先锋，说知："卢先锋已讨独松关了，早晚便到此间。"宋江听了，忧喜相半，又问："兵将如何？"戴宗答道："我都知那里厮杀的备细，更有公文在此。先锋请休烦恼……"

原来梁山军在独松关遭遇了一场恶战，周通、董平、张清三员大将相继命丧于此，宋江一下损失了三个弟兄，禁不住落泪如泉，唏嘘不已。后来这三个梁山将领的尸骸均葬于独松岭上。在小说中，施耐庵对此战的描写并没有花太多笔墨，但借戴宗之口对独松关地理形貌的细致描写，却是十分契合独松关山高岭峻、松树成林的历史原貌。

沧海桑田，斗转星移，独松关上的古松早已看不到了，关上的箭楼也了无痕迹，连石砌的关墙也在二十世纪七十年代修筑独松岭公路时被拆除近半，关内的兵营遗址则被辟成了堆放竹木的场地。幸而关门还在，后人补刻的"独松关"三字还依稀可见，让人一窥昔日雄关要塞的冷寂样貌。2006 年，独松关和古驿道被公布为全国重点文物保护单位。

在古时为关内屯兵地的独松自然村内，还有一处活着的"遗迹"，它位于独松段古驿道起点，村里的一间小庙边，它就是解放初期《杭州日报》曾报道过的"杉木王"。此树树高约 22 米，胸径达 140 厘米，是余杭区内年龄最大的杉木，相传为清代时期的独松关驻军在建古松亭时所栽。关于这株"杉木王"，还留下了一个故事。民国时期，独松村出了一位名叫王树柏的才子，王树柏毕业于黄埔军校，是国民党将领胡宗南最器重的学生。在国民党退守台湾前期，胡宗南曾写信劝其与张旭初一同赴台。但王树柏不愿离开故土，就在回信中表明心迹："树柏之枝贞，树君子之风。徘徊松亭于月夜，乐我琴书复何求。"独松村的这株杉木王，在历经了三百多年的沧桑岁月后，树干底部已出现了一个较大空洞，但仍绿意葱葱，默默地见证着历史的变迁。

三、溪纳芽山千脉雨，心容釜托万年禅

"南朝四百八十寺，多少楼台烟雨中。"在百丈半山村的万亩竹海中，除了藏着古道、雄关，还藏着一座初建于五代十国时期的古寺，它就是位于半山村东北3千米釜托山山坳里的釜托寺。2009年，釜托寺被列为杭州市市级文物保护单位。

釜托寺，寺以山名，又名宝隆寺、宝严院，据清嘉庆《余杭县志》载："宝严院在县北一百二十里古城界，旧名宝隆，后梁乾化二年（912）僧觉海创，北宋治平二年（1065）改今名。元末毁于战火，明洪武初重建，改名釜托寺。清顺治十二年（1655）重建，复名宝隆寺。"至清同治光绪年间（1862—1908），住持僧根生、庆善募化重修、扩建，颇具规模。可惜的是此次修建现仅存大雄宝殿一幢，徽派建筑风格，硬山顶，两

半山村釜托寺山门　金毅摄

边马头墙，面宽三间二弄，通面宽 14.24 米，前后廊通进深 16.45 米。内四界用柱高 12.5 米，前后做四步以代大梁，带前后双步廊。用材考究，殿宇高敞。梁、枋、撑拱等，雕刻精致，气势宏伟。大梁上有"光绪二十六年"墨书，纪年明确，是余杭区现存少数古寺庙建筑之一，是远近闻名的佛教圣地，有"十里竹海，百丈云杉，千年古刹，万古苕溪"之称。

除大雄宝殿以外，釜托寺内还存有两块古碑，一块是清咸丰年间的寺院碑记，记载了古寺的兴衰，另一块是清雍正年间的免税碑，就在寺前十几株树龄四五百年的柳杉旁。根据碑文可知，清雍正年间半山村一带的赋税较重，老百姓苦不堪言，前来视察的巡抚在釜托寺听取了住持岸明和尚与老百姓的反映后，又进行了相关考察，确认情况属实，后在岸明和尚的见证下，以《巡抚都察院允详碑额记》在釜托寺立下了一块记录免税条令的石碑，明确以阳华岭为界，岭南富饶要收税，岭北贫困免税收，商贩要收税，居民免税收。

历史上的釜托寺屡毁屡建。距今最远有据可查的一次在元大德七年（1303）。同治《安吉县志》载："李道，字尚德，其先汴人，宋建炎戊申状元。易五世，孙艰子息，每岁诣径山祈子。"元大德六年（1302），李道又去径山求子，途中遇到一位气度迥异的僧人。僧人问李道："居士是往径山求子的吗？"李道答："是。"僧人又说："你家邻近原有一座被称为小径山的釜托寺，若能恢复它，必可得子。"僧人遂引导李道登上釜托山，夜宿茅庵中。第二天清晨，"僧与庵俱不见，道始悟以为神"。李道后查阅志史，才知道釜托寺原为晋代的宝隆寺，后改为宝严院。久罹兵火，地基被侵占。于是李道独捐千金，鸠工开拓，兼舍竹山四十余亩，以供香火"。李道后来果然得三子。

相关故事在安吉双一村李氏宗谱也有类似记载，且更为详细，说李道立志修复宝严院的次年，三十九岁的夫人张氏便怀孕生了一子，取名善行，字仪之号清源。元大德九年（1305），李道招聚工匠重建釜托山殿宇，竣

釜托寺　金毅摄

工时亲自题了宝严院山门的门额，并购买了寺院前后竹山四十余亩作为寺院的供养，还招来出家的族人李释氏宗亲做宝严院的住持。不过寺院修复后仅仅六十多年，就毁于元末的战火。

距今较近的一次重修是在太平天国运动以后。据有关文献记载，清咸丰末年至同治初年，独松关一带曾是太平军与清军拉锯的战场，当时有一支太平军曾驻扎在釜托寺。之后，太平军兵败，受到牵连的釜托寺被清军焚烧，当时有四十八名僧人被杀。清同治、光绪年间，根生和尚在釜托寺出家，后当方丈，他带领新来的寺僧肩背毛竹去集市上卖，又四处募化，建好殿宇僧舍。清光绪二十八年（1902），由根生和尚自己设计的大雄宝殿落成，即是唯一保存至今的那座具有徽派风格的大雄宝殿。以后，釜托寺又进行了扩建，但建筑风格与旧存大雄定殿迥异。

据里村里八旬老人俞正荣回忆，新中国成立前的釜托寺规模很大，共有房屋九十九间。大殿有三进，第一进为天王殿，天工殿左右有钟楼、鼓楼。第二进为大雄宝殿，第三进为观音殿。大殿四周，房子连着房子，斋堂特别大，有好几百平方米的样子。在寺院东北侧有一个一人高的观音洞（一名仙人洞），观音洞中有一脉水量极小的石泉，传说喝了此水可以祛百病，化厄运，增吉祥，还可以使求子的人生出聪慧的子女。其时寺里的当家和尚叫文彪，为人精干。文彪与不少江、浙、沪名流都有交往，在抗日战争时期，常带人来釜托寺避难。

根据一篇署名新四军研究会孙琦的回忆文章所记，1945年3月至8月间，新四军苏浙军区第一纵队某部卫生队在釜托寺大殿左侧的斋堂内设立了随军休养所，主要供伤病员疗养和部队休整。由于当时釜托寺地理环境的特殊性，有不少难民和机构在寺中避难，休养所设立以后，这些人在与休养所医疗队的日常接触中，明白了党的政策，了解了新四军是人民的队伍，是抗日的武装，附近地区有大批青年参加新四军，时在安吉县简易师范学习的多名学生也在党的教育下走上了革命的道路，新四军休养所被一些新四军老战士称为"革命火种传播地"。

　　釜托寺在二十世纪六十年代除了大雄宝殿，寺里的其他建筑差不多都被拆除。而大雄宝殿原本也是要拆的，半山村民实在不舍得，大家商议后就请村干部代表村民向公社交了一个请求报告，希望公社方面能给上山干活的村民留一个避雨和堆放肥料农具的地方，这才将大雄宝殿保了下来。说起这间得以幸存的大雄宝殿，还有一个很奇特的现象，从1966年起的二十年中，大雄宝殿一直无人管理打扫，但它不仅在风雨中屹立不倒，而且大殿的梁柱间从不生蜘蛛网，也不见尘土，老百姓都认为这是佛祖显灵的缘故。

　　到了二十世纪八十年代，随着社会的逐渐开放，半山村及周边村庄的

釜托寺大雄宝殿　金毅摄

人又开始到釜托寺拜佛祈福，有信众请人用三合板制作了如来、观音和弥勒佛的像，挂在釜托寺的大雄宝殿中，吸引了许多朝拜者。九十年代，本地的生活渐渐富裕，信众纷纷捐资，请人在大雄宝殿内塑了如来、观音、十八罗汉等像，随着逢年过节前来进香的人越来越多，釜托寺的香火也渐渐恢复。

釜托寺最近的一次大修是 2004 年。在当地政府和十方信众的支持下，釜托寺进行了存古扩新的改造提升，除整修大雄宝殿及扩建殿宇之外，还修建了许多创新的建筑，比如菩提竹苑居士楼、素斋馆、禅意书画院、四季禅修堂、半山新四军休养所旧址纪念室等，为上山游玩和禅修的游客提供住宿、餐饮等场所。2013 年初，总高约四十八米，外形庄重典雅的孝恩塔落成，这是釜托寺里除古文物大雄宝殿之外的另一个标志性建筑。

作为一座有着千年历史的古寺，釜托寺一直流传着许多文人墨客到访的佳闻逸事。比如北宋杰出的政治家、思想家和文学家王安石，以及明代画家唐伯虎、清末画家吴昌硕、民国总统黎元洪等。

相传北宋嘉祐年间，一个细雨蒙蒙的春天，王安石途径杭宣古道去江宁（今南京）上任。快到独松关时，听人说附近有一座始建于前梁的寺庙，看天色尚早，便动了游兴。但当他兴致勃勃来到釜托寺，却见到了一派残破凄凉的景象，因为香火冷落，大殿中的佛像早已蒙满灰尘。联想到危机四伏的北宋王朝与此间寺庙境况相仿佛，王安石不禁触景生情，于是他向寺里的僧人要来笔墨，在寺墙上题了下面的一首诗：

> 寥寥萧寺半遗基，游客经年断履屐。
> 犹有齐梁旧堂殿，尘昏金像雨昏碑。

王安石的老家在江西临川（今抚州），他虽长居的第二故乡是江宁（今南京），但他与杭州的渊源颇深。据《咸淳临安志》记载，21 岁的王安石曾赴杭州探望长妹王文淑，还在余杭县的法喜院读过书。后他在浙江鄞县

（宁波）任县令，在结束三年任期时途经杭州看望长妹，并拜见了在政治上对他影响深远的范仲淹，因此王安石作过《游杭州圣果寺》《送僧惠思归钱塘》等与杭州有关的诗，那么，王安石在有生之年过独松岭时一游釜托寺是有可能的。但这里有两个问题，一是嘉祐年间这个时间节点有待考证，彼时他在常州、南京任职，后在南京为母居丧和开馆讲学；二是这首诗的题目叫《古寺》，而诗中"齐梁旧堂殿"所述"齐梁"与釜托寺的建寺时间不符，其余也并没有太多确切地指向釜托寺的信息，有关这首诗是否为釜托寺而作，还需做进一步的研究。

老底子釜托寺的观音殿内曾藏有许多珍贵的名人字画，其中大部分是明清时期的书画家所作。据说有一幅明代苏州大才子唐伯虎画的山水图轴，旧时就悬挂在观音殿中，此外还有郑板桥画的竹石图，吴昌硕画的梅花图等。考察这些本身就在江浙沪一带生活的书画家的足迹，他们经杭宣古道到过釜托寺游玩住宿、赠送墨宝都是极有可能的，但可惜没有留下相关文字记载，且这些字画据说已悉数被毁，所以有关这些著名书画家的到访，也是有待考证。

到过釜托寺并留下墨宝的名人，最有可信度的是民国总统黎元洪，百多年前在他路过独松关时曾造访釜托寺，并题写"关山胜处"一匾。据半山村一些老人说，二十世纪五十年代末，村里兴办食堂，这块匾被人搬来作为放碗盘的板子，后来食堂解散，匾也不知所踪。

半山村内除了名声在外的"百丈三千"的杭宣古道外，还有两处杭州市文保单位。其一为位于朱釜线公路上的清代摩崖石刻。摩崖石刻在从山脚往釜托寺去的山路右侧，原有面积约九十平方米。石壁上部刻有晋唐之风的楷书"小有蓬莱""有仙则名"，雕法一阳一阴，甚为极致；行草书"万紫千红总是春"乃笔走神游，挥洒自如，刀锋见笔，可谓精到之至；竖刻"听泉"二字，则是遒劲的魏碑楷体，浑然大气，品其味；右侧刻有古诗一首"山有登高路，徘徊岩石间。追踪惟前隐，何必问龙天。"估计是哪位诗

摩崖石刻　半山村村民供图

人来釜托寺游览时写的。还有手执酒杯仰空长叹的人物壁画，两个穿着古代时装的妙龄少女和石刻狮子头形象等，可谓鬼斧神工，精妙绝伦。该摩崖石刻于 2013 年被列为"余杭区不可移动文物五年行动计划修缮项目"，并进行了修缮，现已成为去釜托寺路上的一道古风浑然的风景。

另一处是位于半山村后坞里的清代建筑洪家官厅。洪家官厅坐北朝南，是一间三间二弄的平屋，通面宽 16.9 米，通进深 16.45 米。明间采用七架抬梁，带前卷棚廊后单步廊。厅堂前有两块空地，四周有砌筑围墙，整体保存较好。2010 年，余杭区政府对其进行了保护性修缮，于次年 3 月完工。

后坞里洪家历史久远，根据宗谱记载与历代的口口相传，洪氏祖先是从江西饶州府乐平县（今江西省景德镇市乐平市）迁至后坞里，现今已传二十八代。因洪氏属地在敦煌郡，故钦赐"敦煌堂"鎏金匾额。另据家谱记载，半山后坞里的武状元力大无穷，有近四百斤重练武石二块，现尚存一块放在大厅门口。

四、正月人欢灯胜月，红曲微醺话团圆

灯头如龙，灯身如鱼。夜幕降临，一支流光溢彩的鳌鱼灯队伍点亮了春节的半山村。在山乡宁寂的星空下，伴随着喜庆的锣鼓，身着传统灯彩服的鳌鱼灯队的队员们，两手不断地变换着灯杆抓握的位置，配合着瞬息

变幻的队形，一条条灯光闪烁的鳌鱼上下翻飞、摇头摆尾，活灵活现。不过一会儿工夫，就吸引了许多来看热闹的村民，当鳌鱼灯舞进入高潮，四周响起一片热烈的喝彩声。

半山村的鳌鱼灯已有近二百年的历史，同安吉、德清等地的鳌鱼灯一样，由来自温台地区的移民在晚清时期带来的，是海洋文化在山居生活中的一种遗存。

半山村传统鳌鱼灯的调（舞）灯仪式颇为讲究和神圣。年前扎灯，正月初六出灯。出灯前，要用从釜托寺仙人洞里取来"仙水"，给每只鳌鱼灯开眼，并在土地庙里举行祭龙王的仪式，祭文大致意思就是感谢今年粮食丰收，祈祷来年风调雨顺，国泰民安。每次受邀去外村调灯，在进村时都要放铳，家家户户都点上香烛、供上糕果，迎接鳌鱼灯的到来。等到正月十八日晚，是落灯日，族长一声令下，将鳌鱼灯和配用的灯具全部集中到村口观音堂边的溪边焚烧，意为将整鱼还给海龙王，等来年舞灯时再扎新灯。

半山村人的上几辈人中，有好几位扎鳌鱼灯的高手。做鳌鱼灯的主要原料是当地产的毛竹。先将毛竹劈成篾片，接着用篾片分别扎出鱼头、腰节、鱼身和鱼尾。然后在骨架外面贴上桃花纸，再用颜料画上鱼鳞和各种吉祥

鳌鱼灯 半山村村民供图

的花纹作为装饰。鳌鱼灯通常一做就是 16 盏，每一盏长 1.5 米，装有木柄。完成后的鳌鱼灯，灯头如龙，灯身如鱼，盏盏鲜艳夺目，喜庆又壮观。

一支鳌鱼灯队通常有 16—30 人组成。调灯的时候，在两副梅花锣鼓的伴奏下，一人一灯，举柄而舞。鳌鱼灯舞动感十足，构成了海浪起伏、鱼群腾跃的意境。舞姿热情朴素，动作粗犷奔放，传达了吉祥如意、年年有鱼（余）、国泰民安的美好意蕴。传统的鳌鱼灯主要是在夜间表演的，表演多以走阵图为主，有元宝阵、长蛇阵、梅花阵、四方阵、篱笆阵，有双龙人海、荷花探水、喜跳龙门等动作，通过阵图与动作的配合表现鳌鱼的生活习性，展示出"跳龙门，登鳌头"的高远追求和军阵特点，以及国泰民安、五谷丰登的美好祈愿。

关于鳌鱼灯还有很多有意思的乡风民俗。比如过去家里养蚕的人家，会拔几根灯上的龙须回去，摆在蚕房里，意味着蚕宝宝就会养得好。而家里有小孩子的，大人会抢龙头冠上的小圆球，回去挂在小孩的蚊帐里，或是缝在帽子上，大人们相信这样小孩就不会生病了。

半山村的鳌鱼灯见证了时代的变迁。新中国成立前，鳌鱼灯舞是贫穷的山村人一年中少有的娱乐，鳌鱼灯调到哪里，村里的孩子就追到那里去看。新中国成立后，鳌鱼灯舞展现了村民对好年景和新生活的期望。十年浩劫，鳌鱼灯也随之消失。改革开放时期，生机勃勃的鳌鱼灯舞又回到了半山村，以后，每逢春节、元宵节等传统的重大节日，半山村人都会用欢乐的鳌鱼灯舞进行庆贺。时光进入二十一世纪，随着休闲旅游经济的发展，伴随着鳌鱼的一次次腾跃，半山村人的生活也变得越来越美。

作为余杭区非物质文化遗产项目，如今的半山鳌鱼灯已经舞出了半山村，舞出了百丈镇，舞出了县城，舞进了杭城。它承载着半山村人记忆中的宝贵文化遗产，已经富起来的半山村人，每年都会投入一定的资金用于运转和维护鳌鱼灯舞，让其代代相传、熠熠生辉。

"琉璃钟，琥珀浓，小槽滴酒真珠红"，说起红红火火过年，在半山

鳌鱼灯 半山村村民供图

村所在百丈一带，一定离不开一种声名在外的特产，它就是为余杭区非遗项目的红曲酒。农历十月二十是当地的"做酒节"，无论阴晴，在这一天，百丈家家户户都要用传统的方法酿红曲酒，等到新春佳节，在请客的饭桌上也一定会有这种澄澈清亮、醇香浓郁的酒，那是一种藏在丰收和吉庆喜悦中的幸福滋味。

余杭红曲酒酿制技艺由温州平阳一带闽南语系的移民迁移到余杭山区而带入，流传在径山的一句顺口溜可以见得：黄土山岙又一村，桐油板壁盖草房，红曲老酒灰汤粽，蕃莳玉米温州人。在清代咸丰年间直至光绪初年（1861—1876）由于战乱这里的人口锐减百分之八十四，此后以温州人为代表的浙东宁绍台一带的移民约在清咸丰至光绪年间（1851—1908）迁入径山，因此红曲酒的酿制在余杭境内至少已有一百七十年的历史。

红曲酒，顾名思义，是一种以糯米为原料，以红曲替代麦曲作糖化剂，经糖化、发酵、压榨、澄清、过滤、杀菌等多道工序而成的酿造酒，颜色由橙色到鲜红色渐变，口感新鲜爽口。在古代文献中出现的"红酒"就是指红曲酒。红曲酒缘起于唐宋，至于红曲，其实就是红曲霉菌，据李时珍的《本草纲目》中记载："红曲，人魁造化之巧者也，奇药也。"近代英国生物学家李约瑟也曾讲过，红曲可能成为一种非常受欢迎的膳食补充剂，降低普通人群心脑血管疾病的发病率，以及预防治疗肥胖等。红曲酒具有滋阴养胃、活血化瘀、健脾消食之效，对产后恶露不净、痕滞腹痛尤其有用。听百丈人说，老底子女人们坐月子时，其家人们都会用红曲酒为其烧土鸡、炖猪脚，此乃滋补之物也。

自古美酒出深山，被称为"百丈红"余杭红曲酒也不外如此。百丈镇，属天目山脉余脉的丘陵山地，这里翠竹满山，溪水潺湲，为天然的森林氧吧，生态环境十分优越，具备了酿酒需要的两个绝佳条件，其一是有益酿酒微生物的生长，其二是水源好。这里酿酒用水都取自高山山泉，水质清洌甘爽，煮沸不溢，盛器不锈，洗涤绵软，再经竹根过滤，便成了红曲酒酿造取之不尽的精华之源。

"开坛香万里，洗瓮醉千家。"百丈的酿酒师傅，一直沿袭着代代相承的传统酿酒技艺，做一缸酒一般需要一两个月的时间，而在酿酒过程中使用的工具，比如蒸饭用的木甑、制酒用的缸，都属于农耕时代的老物件。而制作上更遵循古法，步骤一个也不能少：

第一步：制曲。制曲的时间在天气较热的六七月，酒曲要用硬一点的早稻米或杂交米制作，把米蒸熟后放在箩里，兑上前一年留下来的陈曲搅拌均匀，然后放进收拾干净的曲房里培养，经堆积、平摊、搅拌、过水、摊晾等步骤，历时一周左右，才算大功告成。

第二步：浸泡红曲。在蒸饭前五至十五个小时，把从山中取来的山泉水，缓缓倒入大缸，再按一斤红曲十二斤水的比例，加入红曲搅匀，慢慢浸泡。在浸泡红曲之前，大缸必须事先进行消毒。

第三步：蒸糯米。将糯米洗净后加水浸泡至米粒能轻松捻碎时，洗净

红曲酒　半山村村民供图

沥干，放入柴火蒸锅里蒸至糯米熟透，用手捻开无白心。

　　第四步：摊凉。在"糯米饭"放入水缸之前，还要在大箥萝上晾晾，这是酿红曲酒最为关键的　步，糯米过冷不宜发酵，过热曲菌就容易被烫死，温度把控不好，酒就会发酸。一般米饭摊凉到三十五摄氏度左右，红曲水混合后的温度控制在三十摄氏度左右为宜。

　　第五步：发酵。晾好的糯米放入大缸，让它们慢慢下沉。接下来要做的就是等待它发酵。等落缸三四天后，要用竹竿做的翻酒棒翻动搅匀一次，俗称"打酒"。之后每两三天"打"一次酒，四五次之后，酒就基本发酵成熟了。整个制酒过程需要二十多天到一个月。

　　第六步：过滤分离。等缸里渗出的酒清澈透明时，就可分离压榨。过滤出来的酒，用陶瓷的缸罐密封保存，而剩下的酒糟，还可以用来酿制糟烧酒。

"如此制作的红曲酒口感柔、味道好，往往一喝就停不下来，不知不觉就会微醺。现在国家政策好，老百姓的日子像红曲酒一样，越过越红火。"已经酿了五十多年红曲酒的百丈溪口村人、余杭红曲酒酿造区级非遗技艺传承人戴明其说："我要一直做下去，到自己做不动为止，更希望这门手艺能一代代传承下去。"

一半山水一半禅，一半烟火一半诗。在半山，竹山清溪便是人间烟火，故道古寺就是禅韵诗意。一道关，锁住了千年烽火，十万金戈；一盏灯，舞出了龙腾鱼跃，人间祥和；一缸酒，凝聚着青山绿水的味道，田园牧歌的味道，乡风乡情的味道，这是时间里的半山味道，也是刻在半山人骨子里的乡愁味道。

参考文献

1.〔宋〕欧阳修、宋祁等:《新唐书》,中华书局,1975年。

2.〔后晋〕刘昫等撰:《旧唐书》,中华书局,1975年。

3.〔明〕宋濂:《元史》,中华书局,1976年。

4.〔清〕顾祖禹:《读史方舆纪要》,中华书局,2005年。

5.朱金坤主编:《南湖史话》,西泠印社出版社,2009年。

6.汤水根:《百丈拾遗》,团结出版社,2018年。

栖水人家傍水栖——临平区塘栖街道塘栖村

　　塘栖村位于临平区塘栖街道中东部，由三官堂、蔡家埭两个村组成，村域面积约四平方千米。这里北望世界文化遗产京杭大运河，南靠省级风景名胜区超山及原生态湿地丁山湖漾，石目港、沙目港、三官堂港等水网纵横交错，有着十分典型的江南水乡风貌，是闻名遐迩的"鱼米之乡、花果之地、丝绸之府"，有"中国枇杷第一村"的美誉。此外，还有赫赫有名的民间非遗米塑以及极具地域代表性的蚕桑民俗等。2018年被评为浙江省AAA级景区村庄，2019年被评为浙江省美丽乡村特色精品村，2022年被评为全国"一村一品"示范村镇。

塘栖全景 塘栖村村民供图

　　民国时期，家在崇德县（今桐乡）石门湾的丰子恺先生，每次来杭州，都会走运河水路。他偏爱坐船的慢，悠哉。这一路上，于他来说，最合他兴味的宿泊地是古镇塘栖，常常在傍晚，当船在塘栖的石坎埠头泊靠以后，他就轻车熟路地上岸去找一间酒家，点上几只精致的荤素小菜，一个人自斟自饮起来。之后，他还会去"落雨淋勿着"的老街上走走，倘若是枇杷季，就买些白沙枇杷回船，和船娘一起吃，坐在船窗口吃，将皮与核都丢在河里，吃好之后就在河里洗手。

　　如此宜居宜游的塘栖，让他不禁想到古人赞美江南的诗句"人人尽说江南好，游人只合江南老。春水碧于天，画船听雨眠"，由此，在《塘栖》一文中他做出了"塘栖水乡，为江南佳丽地之一"的评价。

　　位于杭州北部与德清县接壤的塘栖，是一座被京杭大运河贯穿的古镇。这里过去既是水路进出杭州的门户，也是杭州的粮仓；这里过去汇聚过南腔北调，商贾云集，也是皇帝下江南的驻跸之所；这里过去有栖溪十六景，历代文人辈出；这里还是传统手工作坊的聚集区，也是近代民族工业的发祥地；这里演绎着最具江南烟火气的水乡生活，保留着古老的习俗；这里有京杭运河上最美丽的七孔古桥，有最花样的美食点心、最甜的枇杷、最慢的时光……

一、人家鳞列水边楼，楼自浮空水自幽

　　曾被誉为"江南十大名镇"之首的塘栖，旧时有"栖水""栖溪""溪西""武水"等别称，都与水有关。塘栖，原作"唐栖"，唐、塘两字相通，如《汉书》里的"钱唐"县，后来通行写作"钱塘"一样。关于塘栖的得名，历来众说纷纭，无一定论。认可者较多的为"负塘而栖"说，此说始见于明朝胡玄敬所撰的《栖溪风土记》①其云：自国初（明正统七年）开濬运河，大

————————
① 胡玄敬：《栖溪风土记》，见〔清〕张之鼎撰：《栖里景物略》，当代中国出版社，2014年，第11页。

筑塘岸，故其河名塘河……彼时居民初集，负塘而居，因名塘栖。此说言之凿凿，为广大研究者、学者所采信。除此之外，有据可查的还有以下三说：一曰"寺"说，清王同所撰的《唐栖志》记载，唐栖之名，以唐栖寺为最早，宋代在下塘之西有唐栖寺，遂以寺名名其镇。后镇名显而寺名转微，于是居此者，知有唐栖镇，不知有唐栖寺矣；一曰"方位"说，张之鼐在《唐栖古今沿革考证》①中云：唐栖位于官唐之西，故宋范玉湖有纪行唐西诗，苏轼有"明朝归路下唐西，不见莺啼花落处"诗句可证；一曰"隐居"说，《卓氏家乘·唐栖考》中说："唐栖者，唐隐士所栖也。"隐士姓唐名珏，系宋末元初人，世居绍兴攒宫宋六陵之旁，因痛恨元僧杨琏真珈盗六陵、弃帝骸的罪行，夜邀乡里壮士，移六帝骨骸于兰亭附近，事后，他为了避其祸，匿名隐居于唐栖的三分村，里人敬重他的义行，遂名其居住地为唐栖。

无论哪一种说法，都意味着塘栖这片土地有着十分悠久的历史。相传春秋战国时期，伍子胥曾避难镇西武林头，并建有宅邸；吴越时期，越王勾践在镇东北勾垒村建有军事要塞；东晋时镇南已有佛教寺院。北宋以前，这里河网交错，湖泊、漾潭密布，是渔民晒网散居之地，南宋绍兴年间（1131—1162），官府在此设立了下塘寨、下塘巡检司等衙署。元至正十九年（1359）张士诚为便于军粮运输，征发军民二十万人，开武林港至江涨桥的新运河。随着新航道的建成使用，塘栖一跃成为杭州东北郊的重镇，南来北去的货船在此停靠歇息，带动了人口的集聚和商业的兴旺。

明清时期的塘栖，已是富甲一方的江南名镇。明正统七年（1442），巡抚周忱主持兴建运河塘岸，自北新桥起，从北到东，直至崇福县（今桐乡市崇福镇）界，长13272丈，造桥72座，便于漕运。从此水陆并行，塘栖成为府、县及周围四乡竹木、山货的集散地。此后，随着徽、闽、甬、绍、杭等地的商贾富户络绎而来，"开典、囤米、贸丝，开车者，骈臻辐辏"，

---

① 张之鼐：《唐栖古今沿革考证》，见〔清〕张之鼎撰：《栖里景物略》，当代中国出版社，2014年，第6—7页。

塘栖 塘栖村村民供图

渐渐形成了米粮、丝绸、百货、盐运等百业兴旺的繁华景象，并影响了周围四乡的蚕桑、鱼、果等的生产发展。

明弘治二年（1489），鄞人陈守清募建通济桥，至桥成后，镇区两岸连成一片，使塘栖蔚成大镇。据清光绪《唐栖志》记载："迨元以后，河开矣，桥筑矣，市聚矣。"又云："唐栖以官道所由，风帆梭织，其自杭而往者，至此少休；自嘉秀而来者，亦至此而泊宿，水陆辐辏，商货鳞集，临河两岸，市肆萃焉。"明嘉靖三十五年（1556），水北设有水利通判厅，亦称"添设府"，以代杭州府执行督修水利和捕盗缉私盐的任务。清康熙二十三年（1684）和四十六年（1707），康熙两次南巡，驻跸塘栖。清乾隆十六年（1751），乾隆幸临。此时塘栖名噪一时，雄踞江南十镇之首。

晚清至民国时期，塘栖呈现出更为旺盛的发展态势。近代工业的迅速发展以及良好的地理环境与交通条件，推动了塘栖近代工商业的发展，大纶丝厂、义大布厂、波华织绸厂、北德泰油坊、乾泰新油厂、范鼎盛米厂等一批现代企业相继创办。大纶丝厂由南浔富商宠元济与杭州人丁丙合资在塘栖创办，用意式缫丝车缫丝，为当时全省最早的三家机械缫丝厂之一，所产厂丝以技工娴熟、条分匀整而驰名于世。到民国初年，在塘栖仅缫丝女工就有六千多人，外来的商贾和产业工人超出了当地居民。1928年，劳少麟担任塘栖市西镇镇长时，新建广济路，以青石板铺面，碎石镶边，沿街建造商铺六十余间，有照相馆、茶店、饭店、旅馆、大戏园、西药房，均用玻璃橱窗等新式装饰，给老镇的商业带来了一派新的气象。

塘栖旧属仁和县管辖，民国后杭县成立，便属杭县管辖。新中国成立前，塘栖分水南和水北两镇，水南属杭县管辖，水北属德清县管辖，两县隔河而治。1950年5月，原属德清县城关区之双溪乡三村划归杭县，从此两岸街区均属杭县。1958年4月，属杭州市郊区，同年10月，称塘栖人民公社塘栖管理区。1959年下半年，恢复塘栖镇建制。1961年4月始，属余杭县（今余杭区）。1985年11月，因拆乡并镇，原丁河乡并入塘栖。

1991年，塘栖古镇被列为浙江省首批历史文化名镇。1992年，原塘南、宏畔、超山三乡又一起并入塘栖，于是，地域、人口猛增使其成为余杭区内的第二大镇。2021年3月，塘栖镇划入临平区。

"塘栖朝启跸，宝庆午维舟"，作为有着一千三百多年历史的水乡古镇，塘栖镇一直是大运河沿岸一颗璀璨的明珠，其历史积淀深厚，历史遗迹不可胜数，譬如京杭运河上惟一现存的七孔石拱桥广济桥、运河两岸的廊檐街、太史第弄，以及郭璞古井、乾隆御碑、栖溪讲舍碑、水南庙……行走其间，浓重的历史气息扑面而来。

广济桥是塘栖镇的地标式遗存，曾名通济桥、碧天桥，俗称长桥，位于塘栖镇水北社区广济路北，北与水北街历史街区相连，向南横跨于京杭大运河上。据清光绪《唐栖志》卷三《桥梁》记载，通济桥始建于明弘治二年（1489），建成于明弘治十一年（1498）。广济桥气势如虹，造型秀丽。七孔拱穹，纵联并列，分节砌筑。上桥、下桥各有石阶八十级，以素面石栏板、卷云纹、抱鼓石、六十四根望柱为桥身，并有覆莲刻于四角望柱之上。为迄今发现规模最大的薄墩联拱石桥，可以说是京杭运河上最美丽的石桥。

相传广济桥原址有一古桥，名"通济桥"。有赋记曰："唐栖南北通衢也，跨溪有桥，额曰通济。肇自前代，漫不可考，久益倾圮，往来病之。"到了明代弘治年间，桥坍塌，两岸往来均靠摆渡，一碰到恶劣天气，往往船翻人亡。当时有一位寓居塘栖的宁波鄞州商人，叫陈守清，某日，他在临河的酒家与人聊天吃饭，突然听到外面哭声四起，原来运河里的渡船又翻了，有人正在哭被水淹死的亲人。此事对陈守清的触动很大，就下了募资建桥的决心，他毅然削发为僧，抛妻别子，沿着京杭运河北上，四处化缘。传说，为了引起人们的注意，陈守清整日摇着银铃在京城里串街走巷，或是自缚铁链终日坐于街头，呼喊哭泣募资。据《唐栖志》载，此事最终惊动了皇太后，"周太后助银四百二十两，武宗在青宫（皇太子）亦赐银三十两并无量寿佛一轴御宝"，朝中官员也纷纷解囊。就这样，足足过了九年，在陈守清吃尽千辛万苦的努力下，这座泽被后世的广济桥终于在1498 年建成。在建成后的五百余年中，又有几次由塘栖卓氏等捐资募资进行过修葺，确保了大桥无恙。

塘栖成为江南巨镇，广济桥功不可没，而在过去的五百余年间，文人吟咏它的诗词不计其数。譬如有一首吴钟琰的《溪河夜泊》，诗云："市门相向锁长虹，画舸奔云趁晚风。箫歌声喧春梦杳，两廊灯火映溪红"。

广济桥是时代中古镇变迁的一个见证。1989 年，广济桥被列为浙江省重点文物保护单位，但正是这座方便两岸百姓往来的古桥，逐渐成了运输日益繁忙的运河杭申航道的瓶颈。据航运部门统计，这一时期，每年过桥运量达两千万吨，船只流量最高每分钟达近五艘，但每到枯水期，航道最窄处的广济桥下就会发生严重的堵航现象。同时，因为年久失修，加上桥墩基础河床泥土被水流严重掏空引起的沉降，以及过往船只不文明通行撞击桥墩等造成的破坏，致使广济桥岌岌可危，若不及时进行抢救性修缮保护，将不可避免地出现塌桥事故。

有人主张将它拆除。然而，广济桥对当时已经被拆得七零八落的塘栖古镇来说，不仅仅是一条交通要道，更是塘栖人心中的一座精神地标，承载着一代代塘栖人的记忆。

不拆，修缮又需要两百万元的费用，相当于塘栖镇当时财政收入的十分之一。此时，不光塘栖镇委镇政府犹豫不决，社会上也出现了很大反响，有媒体提出解决方案：一是广济桥拆到附近支流重建，就是把广济桥"收藏"起来；二是申请政府给塘栖镇一笔近千万元的资金，用于全镇的交通道路建设。这个方案对"拆扩并"以后正缺建设资金的塘栖镇来说，诱惑力确实很大，但塘栖镇最终没有采纳，其中起决定因素的是持"坚决保桥"态度的省内各级文保系统、各级人大和政协的呼吁和努力。1994 年夏天，时任浙江省人大常委会副主任毛昭晰一行专门到塘栖视察广济桥，并留下了一句话：广济桥不仅是一座有五百余年历史的古桥，而且是京杭大运河

广济桥 塘栖村村民供图

御碑码头 塘栖村村民供图

上仅存的七孔长桥，一定要保护好。

　　到 1994 年年底，无论是媒体还是官方，"保桥"的舆情渐渐占据了上风。据《临平红色故事》一书中《保护塘栖广济桥》记载，1995 年初，浙江省政府专门拨款一百三十万元，对广济桥进行了抢救性加固保护工程，对水下主体的 4 号至 6 号桥墩基础采用板桩维护，配合钻孔灌浆加固，并对北次孔拱券和 4 号、5 号桥墩进行外加扁钢加固。同时，还在广济桥上下游和桥墩附近增设八个防撞墩。工程于 1995 年 5 月开工，10 月竣工。1997年，浙江省政府投入七千五百多万元，征用土地三百四十余亩，在塘栖镇北另辟水道，开挖四级标准航道。工程于 1998 年开工，历时 4 年，竣工后的新航道通航能力升格为五百吨级。为了保护一座古桥，重新开挖一段京杭大运河，不能不说是一个壮举。2006 年 7 月，为了确保永久性安全，交通部门对广济桥水域实施全面封航，从此改变了运输船只经过广济桥的历史。2007 年，总投资两百余万元的第三次广济桥修缮工程启动。工程于2007 年 1 月 15 日开工，9 月 15 日竣工，这是该桥五百多年来进行的最大的一次修缮工程。2014 年京杭大运河申遗成功后，文物保护部门在广济桥上安装了一套精密的监测系统，对广济桥结构安全和游客承载力实施监测。2021 年，又在桥体周围新增八个监测点。如今的广济桥，已成为塘栖这座古镇的"灵魂"和网红打卡地。

二、曲直长廊路路通，清华济美数百年

　　"塘栖古巨镇，生聚若云稠"。旧时塘栖镇除了广济桥之外，最能代表塘栖水乡风情的大略要算丰子恺先生为之感叹的"落雨淋勿着"的"檐廊街"了。作为典型的水乡，塘栖过去处处是河，而镇上的街面几乎都沿河而建，落成在屋檐里面，俗称"过街楼"。为方便从水路而来的客商休息，沿河的一边还建有一长列鹅颈椅，也叫"美人靠"，而老塘栖人则称之为"米

塘栖村 塘栖村村民供图

床"。塘栖过去是一个繁忙的粮食中转站，采购自杭嘉湖平原的大米要经塘栖的米商送去杭城或更远的地方，当米船在埠头靠泊后，卖家们一般都会将大米的样品摆放在"米床"上与人谈价，久而久之，鹅颈椅就被叫作了"米床"，它见证了塘栖作为"杭州粮仓"的一段辉煌的历史。

过去的塘栖，除了街上廊檐连片，就连那些高高低低的石桥上，也十分讲究地搭有桥棚，来往的行人雨天淋不到雨，晴天晒不到日头，这兜兜转转的廊檐街范围之广，在江南的古镇里头大概找不出第二处，正所谓"跑过三关六码头，不及塘栖廊檐头"。清代诗人王拭曾为此写过一首诗《栖水纪游》："摩肩杂沓互追踪，曲直长廊路路通。绝好出门无碍雨，不须笠屐学坡翁。"字字句句间，不免让人缅想起塘栖这座廊檐下的古镇的旧模样来。

　　塘栖过去曾号称有"七十二条半弄"，在曲曲深深的弄堂里，有过许多名门望族的宅邸，比如目前尚保存完好的"太史第弄"卓家老宅即为其中之一。太史第弄，位于市新街98—104号，其北紧邻郁家弄和沈家弄。位于弄内的房屋跨弄而筑，四周筑有封火墙，弄堂多属暗弄堂，有弄里套弄之特色，亦称自族弄，其风格充分体现了塘栖弄堂独有的特征。

　　卓家旧居宅主乃塘栖卓氏家族七世孙卓明卿（1535—1597）。卓明卿，字澄甫，号月波，官至光禄署丞，是明朝文坛"后七子"派主要成员，与当时文坛领袖、官居刑部尚书王世贞、礼部郎中屠隆、兵部侍郎汪道昆、总兵戚继光等人交往密切，以诗文驰声三吴，曾主持西湖秋社多年，并著有《卓光禄集》等书一百卷。卓明卿在四十岁时退朝归乡，建宅于市河东侧，门前还建有月波桥。据清光绪十六年（1890）编纂的《唐栖志》记载："月波桥，在胡家桥北卓月波宅前，故名。"

　　该宅建筑的年代，若以卓明卿回乡的明万历六年（1578）开始算，距

太史第弄　塘栖村村民供图

今已有四百四十余年。另据浙江大学历史系博士生周扬波考证，该宅是卓明卿的父亲、塘栖一等富翁卓贤自明嘉靖三十一年（1552）开始营建的，如此计算，历史为四百七十余年，当然这么大规模的宅第不可能是一两年时间可以建成的，而且后期还有扩建的可能。

卓氏宅邸建成后，到底是什么时候被称为"太史第"的？据《塘栖氏族》记载，塘栖卓氏第九世孙卓彝（卓明卿之侄孙）中进士后，入翰林院为编修，官居左青坊左庶子，兼秘书院侍读，后任江西省乡试主考，为正四品，翰林院编修职掌修史之事，人称"太史"。当时戏曲家徐士俊有两首诗《题卓辛彝太史瀛洲草》和《和卓辛彝太史韵章佩兰校书》，从诗名可见友人已称卓彝为"太史"。应该从那时起，这座宅第就被称为太史第了。原宅门前有"太史第"匾额，而太史第弄也由此命名。值得一提的是，当时在卓家宅邸后还建有一处占地二三十亩的花园别业"东园"，风景绝胜，为贤人名士的雅集之所。

作为明清时期塘栖的第一名门望族，卓氏历代诗礼传家，"清华济美者数百年"，先后有进士一人，举人五人，文人志士众多。比如卓氏家族第九世卓人月，是为后世尊崇的晚明才子，他主攻文学理论，兼及戏剧，精工诗词，著有《蕊渊集》十二卷，且诗文曲论均有独到成就。清乾隆四十七年（1782），卓氏遭遇"忆鸣诗集文字狱案"，家族从此走向衰落，其后裔将此宅出售给了范家和劳家。

太史第作为塘栖地区至今留存完好的明代大宅，规模可观，共有四进住宅，前后连贯，每进为一个单元。每个单元以厅屋为中心，前后有厢屋，中间设小天井。大门两侧各设一条避弄，与各进房的内院有偏门相通。每进厅屋前后都有石库台门，门墙上方有突出的砖雕，镂刻着祥禽、瑞兽、花卉、人物，墙檐中央雕刻着文字：第一进为"基厚履祥"，第二进为"兰明瞻如"，第三进为"慎乃俭德"，第四进为"绳其祖武"。可惜前三进大厅的匾额已佚失，现仅存第四进大厅的匾额"仁德堂"。整幢住宅的四进厅屋，均为二层木结构楼屋，建筑在一条中轴线上，约一百四十米深。整体雕梁画栋，堂窗镂刻细木图案，保持着端庄严谨的徽派民居风格，虽外部门面不起眼，内部却别有洞天。2004年，太史第弄被公布为杭州市文物保护单位。

再来说现存于水北街耶稣堂西侧、原杭州府水利通判厅遗址内的乾隆御碑。形制为国内现存最大的此碑立于清乾隆十六年（1751）正月初二。通高5.45米，其中碑额高1米，宽1.5米，额上浮雕双龙戏珠纹；碑高3.35米，宽1.4米，厚0.5米；须弥座高1.1米，宽1.8米，厚0.8米。碑正文429字，款10字，楷书。碑文四周镌有云龙纹。该碑记录了清乾隆十六年（1751），乾隆南巡，考查江苏、浙江、安徽三省交纳皇粮情况，查得苏、皖两省积欠额巨，而浙省未予拖欠。为表彰浙省，皇帝蠲免浙省地丁钱粮

乾隆御碑　塘栖村村民供图

塘栖村 塘栖村村民供图

三十万两，并将"圣谕"刻石，晓谕官民。

乾隆御碑作为一件幸存下来的文物，它的"发现"也颇有故事。过去水北街分属德清、杭县两县管辖，以此碑为界，碑东为杭县，碑西为德清县。加之此碑早在民国初就被砌入围墙，只露出顶端一截，难窥其全貌，长久以来，人们一直以为此碑是两县的分界碑。1985年，塘栖区文化站在进行文物普查时，觉得此碑从碑额看就不像界碑，几次爬上去观察，认出"钦此"两字，于是立刻向镇里县里反映。时值《塘栖镇志》刚开始编纂，听闻消息的镇志编纂人员当即前往实地查考，并将碑文拓了下来。经查考诸多史籍，历经数月，终于查实了此碑的身份。2002年4月，塘栖镇人民政府出资二十余万元，拆迁了御碑旁的房屋，使尘封已久的乾隆御碑重见天日。乾隆御碑现为杭州市文物保护点。

此外，水北街上较有年代的留存还有西姚宅、塘栖水北粮站，以及清光绪二十五年（1899）北美长老会传教士金·乐德创办的耶稣堂等。

三、轻舟翻飞掠碧波，水乡风光入画图

塘栖村人的日子自然离不开与之水陆相连的塘栖镇，因此塘栖村曾有一些家底十分殷实的大户人家，比如仲家里的仲家，过去在塘栖街上就拥有好几家店，像花园桥仲满昌酒店、塘上街仲嘉顺酱油店和南货店、市河里元康米店和腌腊店，以及与人合伙经营的水北同福永酒厂等。比如以造桥修路等善举闻名乡里的东横塘唐家桥的唐家，过去东横塘以北石目港两岸的全部土地和水面，都是他家的产业，而在塘栖镇上也有许多唐家人开的店。再比如与唐家为邻的钱家，历代子孙都从事跑船生意，钱家祖籍在彭城（今徐州），因此包括船上用的划桨，以及家里的八仙桌、条凳、担桶、竹篮、竹扁等日常用品上，都有"彭城"两字的标记。旧时大多数塘栖村人还是以种植、捕鱼和做小生意为生，也有少数人是靠手艺吃饭的，比如

泥水匠、木匠、船匠、编笆斗的柳匠、缫丝工人等等，而这些职业的产生，无不与水乡古镇曾经的兴旺繁荣有着不可割裂的关系。

有一样东西成就了塘栖村与古镇的紧密连接，也足以表现塘栖村人的勤劳智慧与勇于开拓的精神，这就是船，大大小小、各式各样的船，尤其是一种木制的小划船。据《塘栖村文史录》介绍，塘栖人叫这种小划船为"小木船"，过去家家户户都有一两条，最多的时候，包括塘栖村在内的塘栖全镇，共有小木船数万条，这在全国乃至全世界也是十分罕见的。

小木船大都出自造船业久负盛名的丁山湖。船一般长 7.1 米、宽 1.1 米，整条船从前至后分为头舱、肚舱和艄舱，其中头舱和艄舱大小类似，而肚舱略大些，平常用来装运农作物，到了逢年过节，肚舱里就坐满了走亲访友的一家人，或者是去宽阔的河漾看戏班子唱戏的一家子，有道是"划桨一跺，爬上一桌"，可以想见，从前的水乡，到了年节时有多少喜庆闹热漂荡在水上。

塘栖小木船不仅是塘栖人出门代步的交通工具，平常还可以当运输船用、当渔船用、当放鸭船用，当它搭上芦席舱篷之后，还可以当载客船用。这一类轻巧的载客船，在清代及民国时期的运河水道上最为多见，特别适宜闲人作短途的旅行，比如丰子恺先生很有可能是坐这样的小船从家乡石门湾经塘栖到杭的。还可以当做小生意的船用，舱里装了塘栖应季的各种特产，比如枇杷、荸荠、慈姑等，船走一路，东西卖一路，人便吃喝一路。

这一只只木船就是漂浮在运河沿线码头间的移动小摊，不仅承载着塘栖村人的平常日子，更体现了塘栖村人在水上讨生活中顽强拼搏的精神特质，那一个个游走在水上的身影平凡中带着坚韧。

芦塘里人沈福掌年轻的时候在运河上当搬运工，他说芦塘里早年交通不便，出门劳动、走亲戚全靠水路划船。村庄中间东西向原有一条河，有河南与河北之分，日本佬打进来的时候，人们纷纷躲在芦梗塘，才算逃过一劫。二十世纪五六十年代，生活比较艰苦，村里人要用小木船装运大白菜去瓶窑、德清换柴。到了七十年代，为了增加副业收入，生产队发挥水路优势，利用几条摇橹的大木船办起了运输队，塘栖镇上不管什么货都装运，粮食、酒、糖以及建筑材料等等，他的背就是那时候长年累月背负重物变驼的。

蔡家埭人蔡掌福是村里的老支书，以前他们生产队的田就在塘栖镇现在的一区和二区，每天种地划小木船过去单趟约半小时。因为田里要种两季稻和一茬油菜，往往一年要忙到头。譬如双抢时节，带了饭包的社员们总在天蒙蒙亮就划船载着工具出门，一直要到天黑透了才装满稻谷、稻草回来，而冬天去油菜田里上泥，回来的时候冷风吹得人都缩起了脖颈。蔡掌福说，那个时候是夏吃酸饭，冬吃冰饭。每年冬末春初时节，村里的男劳力还要驾船去鱼塘和河港里捻河泥。河泥是最好的肥料，捻来的河泥盖在桑树和枇杷树的根部，风吹干以后，蓬蓬松，吸取了河泥的肥力，来年

捕鱼　塘栖村村民供图

桑叶长得又大又肥，绿得发黑。

卖柴湾的朱金根家几代人都是捕鱼的。旧时，渔民用的渔船和小木船差仿不多，不同之处在于船的头舱增加了一个用板隔出的船底有小孔的"鱼舱"。那时候河港里的鱼虾和螺蛳很多，朱金根从小跟着父亲学会了用丝网、三角网、排筒等工具捕鱼。排筒就是打通了竹节的毛竹竹筒。用的时候，在每个排筒的中间捆上一块石头，然后将排筒横一排竖一排的沉入河底，等鳜鱼、鲇鱼、河鳗等往里钻。收排筒有专门的工具，就是"排筒叉"，人站在船上，用叉将排筒一只只叉起来，如果有鱼就倒出来，然后再将排筒沉入河底。朱金根成年以后，曾去上海、江苏等地放过排筒。分田到户后，他承包了外塘河漾养鱼，最早承包的是钟家漾，后与人合作承包了面积更大的丁山湖漾以及黄家漾等，到现在还以养鱼和捕鱼为生。

马家墩人马国兴是塘栖村现任党委副书记，他说二十世纪八十年代分田到户以后，每到腊月里，父亲总会带他去瓶窑、德清、湖州等地卖甘蔗。当时的运河上常有大船往来，激起的浪花很容易将重载的小木船打翻，一路上必得小心翼翼，最难的是过闸口，水位高差大，很容易发生翻船事故。小木船每到一个埠头，父亲就吆喝："卖甘蔗，卖甘蔗……"两人吃住都在船上，饭就在一只缸灶上烧。一船甘蔗大约五六十把，一把十根，全部卖完可以挣两百元，这在当时是相当可观的一笔收入，但出门一来一去起码要十天，个中的艰辛，现在的人已经难以体会。当年塘栖人卖甘蔗去得最远的是上海。有一次，他在丁山河村的舅舅摇了一条五吨的水泥船去上海卖甘蔗，回来时，用赚到的钱给马国兴父亲买了一块上海牌手表，八十元钱，他一直记得。

到了二十世纪九十年代末，陆路交通的发展以及种植业、渔业、运输业逐渐被其他产业替代等原因，曾经与塘栖村人朝夕相伴的小木船逐渐退出塘栖人的生活，目前，塘栖村的小木船已不足百条，其中一些被村里买下来，成为村庄景观打造的一部分。一个桨声欸乃，船埠头上停满装运粮食、甘蔗、白菜、荸荠等货物的小船时代已悄悄地远去了。

四、东园载酒西园醉，摘尽枇杷一树金

民国新昌文人吕白华曾经在他的文章中称塘栖为"水果的母乡"。因为土质的特殊天赋，塘栖四乡的乡民，都种植水果过生活。一畦畦的水滨田地，春天有春天的美丽，夏天有夏天的丰饶，所产水果行销京沪杭一带。老上海人应该都记得，十六铺码头的水果行该是怎样的繁密。塘栖的出产最著名的是枇杷，还有甘蔗，那些住洋楼的上海寓公是最知道广东甘蔗和塘栖甘蔗的滋味的。还有一种质地细致的朱红橘，也播种在塘栖的乡人手里。据浙江《工商半月刊》1930年第2卷第10期的《塘栖水果之调查》记载："塘栖每年所产柑橘，约值银十万余元，内中朱柑占半，红橘次之，占十分之四，早红及蜜橘又次之，占十分之一……樱桃出产亦多，不下十万余斤……枇杷，东至泉漳，南至西界河西姚家湾西东家桥，西至毛墩坝、武林头，北至北杨墩，凡塘栖镇周围三十里内，皆为枇杷产地……塘栖每年产量不下二十万担，每担价格自四元至十六元不等。销路以江苏、上海为大宗，占百分之六十，杭州、德清及其他各处占百分之四十。"一个小小的水乡，这样的数字的确足以惊人了。

俗话说，一方水土养一方人。地处杭州北郊的塘栖，处于杭嘉湖平原及京杭大运河南端，境内河湖塘漾遍布，这里气候温暖湿润，四季分明，地势平坦，土壤肥沃，宜植桑麻蔬果，其枇杷、甘蔗、杨梅、青梅、菱藕等久负盛名，素有"鱼米之乡、花果之地"的美誉。有一首顺口溜形象地描绘了过去的塘栖水果四季不断的情形，也传达了身为果乡人的自豪："樱子开头炮，荸荠收龙艄。梅子连枇杷，还有杏李桃。花红接石榴，柿子加葡萄。重阳吃菱藕，腊月咬甘蔗。"

塘栖的水果栽培可以追溯到隋唐时期。《新唐书·地理志》所记杭州

余杭郡土贡中就有橘、木瓜等水果，此外诸如梅子、樱桃、桃子等水果在诗文中也多有记载。譬如丁仙芝《余杭醉歌赠吴山人》诗云："城头坎坎鼓声曙，满庭新种樱桃树。桃花昨夜撩乱开，当轩发色映楼台。"明代的塘栖以蜜橘为珍，冯梦桢《日记》与张岱《陶庵梦忆》中都有提及，此外，临平人沈谦也留下了"水南水北起霜风，蜜橘村村似火红"的诗句。

清代，枇杷开始广泛种植，随着栽培技术的成熟，枇杷渐渐成为塘栖水果的"旦角"，清康熙十一年（1672），孙治所撰《灵隐寺志》中已有"枇杷出塘栖"的记载。至清中晚期，塘栖四乡所产的枇杷成为了当地一道独特的风景，屡屡见于文人笔端，清光绪王同的《唐栖志》曾这样描绘："四五月时，金弹累累，各村皆是，筠筐千百，远贩苏沪，岭南荔枝无以过之矣。"

"五月江南碧苍苍，蚕老枇杷黄"，据农史学者陈其峰考证，最迟在清光绪年间，塘栖丁山湖畔已广栽枇杷，并催生出了一定规模的产业，到民国时期塘栖的枇杷产业开始极盛。1931年，有文章对塘栖枇杷的经济效益概述道："每年产生的总额，约有三四万担，值银达二十万元以上。江南、浙西各市上所售的枇杷，多数产于塘栖一带。该处人家，几乎没有不种枇杷的。每年各户枇杷的收入，少者四五十元，多者竟达千余金。"赵丕钟发表在《大众农村副业月刊》的观察称，至1936年，塘栖农民"多者一家有枇杷园十亩，少者亦有二三亩"。

塘栖枇杷　塘栖村村民供图

当时塘栖枇杷的销路很广，1932年《申报》报道称"每届枇杷上市之际，平、津、宁、沪以及其他各大都市，咸来采办"。民国时期的塘栖枇杷旺销，也得益于二十世纪二十年代在中国开始兴起的罐头产业。1947年，载发于《申报》的《塘栖枇杷》一文描绘了当地枇杷经济迎来工业化时代的图景："新由树上摘下枇杷，其味汁之鲜甜，所谓'树头鲜'的枇杷果汁，皮破即溢，与采下经时的枇杷滋味，实不可同日而语。上海梅林公司，亦在塘栖设立分厂，以极新鲜的枇杷装置罐头内，用科学方法保持此极鲜美的'树头鲜'佳味，运往京沪及国外等地。"

塘栖村老书记沈宝根回忆，新中国成立前，因为缺乏机械种不了大面积的粮食，除了渔业和船商，枇杷是大部分塘栖村人过日子的盼头。那时节家家户户都种着高大茂盛的枇杷树，"白天不见村庄，晚上不见灯光"。

塘栖村过去种植的枇杷主要有白沙和红沙两类。白沙，俗称"软刁"，为枇杷中极品，其形略长，外有芝麻斑点，肉软而厚，水分多，入口鲜甜。红沙，皮肉均黄中带红，其中"大红袍"是"红沙"中的佳品，因果皮呈橙红色，果形较大而得名。每年的五月中下旬，枇杷成熟时，塘栖村的农民就开始忙碌，天蒙蒙亮就起床去自家的枇杷园采摘，然后挑着枇杷翻过广济桥去市场上卖个好价钱。值得一提的是，过去长河其一带出产的软条白沙最为有名，根本不愁卖，每到旺季，都有上海客商前来收购，有多少要多少。

1954年的大水和1956年的台风，毁掉了塘栖的一大批枇杷树，后来粮食紧张，大家就顾不上枇杷了。二十世纪七八十年代，工业污染严重，枇杷长势堪忧。到九十年代，村里人开始重新培育枇杷树，枇杷产业渐渐复苏，一斤能卖五六块，相比当时的物价算很高了，因现在也不过七八块一斤。2002年，塘栖村率先开展土地流转，将长河其石目港东岸的一千多亩土地流转给政府，建成了塘栖枇杷千亩生态观光园，从2006年开始，枇杷季节，观光人次逐年增加到一年五六千人，最多的时候有好几万人次。

2011 之后，周边的枇杷园如雨后春笋般出现，枇杷产量出现过剩，观光的游人相对少了。近几年，塘栖村开始深度开发枇杷花、枇杷果干、枇杷酒、枇杷糕点、枇杷蜂蜜等新产品，并开展了直播卖货，村里的枇杷的销路更加广泛。

塘栖村现有枇杷种植面积 2000 亩左右，2022 年枇杷年总产量达 756 吨，枇杷产业链总产值达 6750 万元，占全村生产总值的 66.18%。其中，这一年举办"塘栖枇杷节"期间累计接待游客 17.1 万人次，同比增长 14%，实现营业总收入 2696 万元，同比增长 7.84%，助推百姓走上了共富之路，而塘栖村因此也被誉为了"中国枇杷第一村"。

提及塘栖枇杷，不得不提水南街上的百年老店王元兴酒楼打造的枇杷宴。相传三百多年前的清康熙十六年（1677）四月，康熙皇帝南巡到塘栖，很想尝一尝塘栖的人间美味"软条白沙"，可惜此时枇杷还在枝头挂青。为了不让康熙皇帝失望，杭州的地方官员下令，召集塘栖各家酒店厨师做出一桌枇杷宴来。厨师们一起商量试制，果然烧出了一席美味的枇杷宴，让康熙皇帝赞不绝口，从此，塘栖的枇杷宴一举成名。塘栖枇杷宴中有一道枇杷土焖肉，最具本土特色。猪肉切成大块焯水，煸炒，辅以佐料调味，待到八分熟后加入枇杷焖至透明，此时，枇杷酸甜的口味为焖肉注入了灵魂，油腻尽除，咸鲜可口，酥而不碎，光闻着味道就让人垂涎三尺。

过去，塘栖甘蔗的名声一点也不比塘栖枇杷小。譬如老早上海的水果店里，会在甘蔗上市季节挂出"塘栖甘蔗到了"的牌子，就连民歌《三十六码头》中都有着"青皮甘蔗塘栖出"的唱词。不过从二十世纪九十年代以后，随着城市化建设的推进，塘栖四乡种植甘蔗的数量逐年减少，如今已基本看不到成片的甘蔗田，仅有少数农户在零星种植。

"排甘蔗""倒甘蔗""窖甘蔗"是过去塘栖人的甘蔗种植行话。种甘蔗时要先在地上开好三寸深浅沟，然后将种甘蔗一段段排列在浅沟里，叫"排甘蔗"。甘蔗排好后，要在上面浇一层湿泥，使其保湿、生根、发芽。

塘栖甘蔗　塘栖村村民供图

过去塘栖人排甘蔗，无论是自己排还是请人排，这天早饭、中饭都得吃年糕，说是吃了年糕排甘蔗，甘蔗会长得更高。立冬一过，塘栖人就开始收甘蔗。先将土弄松，双手拔起甘蔗后再敲掉根部的泥土，这叫"倒甘蔗"。倒起来的甘蔗一时卖不完，或者希望来年卖个好价钱，就在自家房前向阳的地方挖个地窖，把十株一捆的甘蔗整齐地藏于地窖内，这叫"窖甘蔗"。入窖的甘蔗，不容易冻伤，而且窖过后味道也会更甜。

过去塘栖种植甘蔗，以青皮为多。品种有二，一为上河青，因产于上河渠而得名。该品种节稀而嫩，皮薄，牙口好的可以直接上嘴，就是"个子"略矮，为本地良种；一为镇江青，自江苏引进，质坚节密。塘栖甘蔗松脆多汁、甜而不腻，食之口中无碎屑，享有"脆比雪藕甘比蜜，滴滴入口沉疴痊"的美誉。旧时塘栖本地人办喜事，还喜欢用甘蔗段馈赠亲邻，春节，主人家会把整支甘蔗送给来拜年的小客人背回家，名之为"敲锣甘蔗"，有"甘蔗节节高，一年更比一年好"的憧憬与"甘蔗老头甜，越活越清健"的对长辈的祝福。

塘栖村过去除出产青皮甘蔗，在长河其、芦塘里等村庄，还大面积种植过糖蔗。二十世纪六十年代，国家食糖供应紧张，各地号召食糖加工自给自足，于是都纷纷办起食糖加工厂。当时，东横塘张家里的厅堂屋里，土丝厂停办后，办起了一家糖厂，附近村庄纷纷栽种糖蔗，秋季拔收后都投售给糖厂加工。糖厂将甘蔗榨汁后，煎制红糖，甘蔗渣料则废物利用，请从绍兴请来酿酒师傅吊烧酒，结果吊酒放出的废水，入池塘后导致鱼儿死亡，给村里人留下了深刻记忆。

塘栖水多田少，宜种瓜果，加上处于水路重镇的特殊地位，有效地带动了当地的水果经济，但随着水果产量的不断提升，水运速度较慢及水果不耐贮存的问题，就成了制约水果外销的最大不利因素，塘栖的蜜饯产业由此应运而生。相传塘栖蜜饯的加工技艺是明代一个叫吕需（1514—1593）的塘栖人从外地带回的，之后逐渐形成了塘栖特色的蜜饯，当地人叫"糖色"，到明代末期，借助京杭大运河的连接，塘栖糖色已是风靡两京的时令小食，康熙年间张之鼐所著《栖里景物略》以及清初《帝京岁时纪胜》《随园食单》等书中也均有相关记载，其中糖制的有大香片、雪梨片、橘饼、姜片、黄橙丝、姜丝、细酸、蜜罗片、佛手片、橘红，蜜浸的有金橘、刀豆、香橼、青梅等。

塘栖蜜饯业的兴盛，除了外销一路，也得益于"香市经济"的发达。过去清明节前后，来自苏州、嘉兴、湖州等地的大批香客要坐船到杭州朝山进香，而塘栖镇又正好处于行程的中间，香客们往返时都会在塘栖停船住上一宿。塘栖镇上的"香市""夜市"热闹非常，而令南来北往的香客们最为青睐的，就是塘栖的蜜饯。譬如清代诗人姚宝田《咏青梅》诗云："绿叶已成阴，枝头孕梅子。浸以昔昔盐，余酸溅人齿。妙技缕成丝，相思亦如此。"

塘栖蜜饯业的持续繁荣，有力地促进了超山梅产业的兴旺。梅子是制作蜜饯的重要原料，从明清至民国，超山一带农民曾大面积种梅，且不断改良品种。据光绪《唐栖志》记载："梅李则独山、超山、蟠杨、横里为盛。梅有青红二种，青者蜜饯，红者入药，苏商收买，每就其地大开园场。"至二十世纪三十年代，超山共有梅林一万两千余亩，达到历史的鼎峰。彼时超山一带腌梅业最盛，梅作林立，上海冠生园、泰康公司所售的话梅、陈皮梅等蜜饯，原料皆取于超山所产的盐干梅，每年要采办三四千担以上，时价达银元二十六万多元。1949年以后，梅林大片遭毁，直到二十一世纪以后，随着政府的重视，超山梅林又得以重建。

过去塘栖蜜饯的行业代表有汇昌、恒昌、复昌南货栈（店）以及聚源昌糖色店等，创办于清嘉庆五年（1800）的汇昌是个中翘楚。1927年出生的曹德润先生，二十一岁进汇昌南货栈工作，他说汇昌的老栈房建于清代，在水沟弄东侧，而"汇昌"两字原来是繁体字"彙昌"，现《塘栖镇志》写成"汇昌南北货栈"。汇昌南货栈最开始可能是从卖蜡烛起家的，后来逐渐经营起蜜饯、茶食、炒货、南北果品、海产品等两百余种商品。其经营的蜜饯品种有青梅、白梅、糖藕、樱脯、糖佛手、甜青果、蜜香元、红绿丝等等。清道光年间，汇昌南货栈所产的蜜饯、蜡烛被选为贡品，迟至清光绪年间，汇昌仍然还是清朝内务府蜡烛的"指定供货商"。

据《唐栖志》记载，汇昌在清同治年间已具相当规模，清末民初时尚有员工一百三十多人。彼时汇昌拥有蜡烛、蜜饯、糕点、藕粉四作一坊，其中蜜饯作坊的规模最大，有三百多个缸，二十多名上手师傅和若干小工做帮手。当时汇昌最为畅销的蜜饯品种是"糖水青梅"，以百斤梅子加百斤糖腌制而成，故久贮不霉变，食之甜中孕酸、回味隽永，有着"糖色之王"的美誉，是塘栖传统产品之一。近代金石大师吴昌硕先生、现代著名作家丰子恺先生曾与当时汇昌的掌门陈继明先生为友，他曾多次到访汇昌，品尝"汇昌栈"蜜饯，并留下墨宝，传为一时佳话。1929年，在首届西湖博览会上，汇昌栈的桂花姜等系列产品还获得了最高奖。在塘栖民间，至今还流传着这样一首："汇昌蜜饯复昌糖，糕饼茶食李恒昌，零零碎碎跑华昌"的民谚，足以说明汇昌蜜饯在行业中的龙头地位。以汇昌为代表的塘栖蜜饯业在新中国成立以后，由于原材料减产以及传统手工业后继乏人等原因渐渐衰落。2011年，在余杭各级各部门的大力支持下，重新恢复的手工蜜饯制作技艺被列入杭州市非物质文化遗产项目名录。

五、陌上柔桑破嫩芽，东邻蚕种已生些

在塘栖村东横塘、三官堂等几个自然村中，偶尔可见枝繁叶茂的老桑树的身影。过去这一带，女子出嫁时娘家要陪嫁一棵桑树苗去夫家。岁月如梭，这些生在村民家房前屋后的桑树已从当初的小苗长成了郁郁葱葱的巨桑，它们既蕴含着一户人家的家族记忆，也成了塘栖村的一道独特风景，更让人怀念家家种桑养蚕的塘栖往昔。

作为大运河南端著名的蚕乡，塘栖有着十分悠久的种桑养蚕的历史，素有"丝绸之府"的美誉。从良渚遗址中发掘出的丝织残品的碳化物分析，早在四千多年前良渚文化时期良渚及周边地区就有种桑养蚕史，春秋战国时期，越国以"劝农桑"为国策。唐代，民间养蚕缫丝已很普遍，有"钱塘郭外东北为蚕桑地"的记载。宋时，钱塘、仁和、临平都因朝廷推行"和买绢"制度（春天官府发放资金，蚕收后乡民还以绸绢）而盛产丝绸。在《沈氏农书》中，有明末清初"桑树蔽野，户户皆蚕""公私仰给，唯蚕息是赖"的描写。塘栖一带，农桑之盛，至民国而不衰。新中国成立后，蚕桑生产继续保持发展势头，1951年，原杭县茧子产量达两千六百一十五吨，其中大部分为临平、塘栖地区生产。以后，常年保持在年产茧子两千吨以上。

在塘栖蚕农口中，至今还流传着不少与养蚕相关的农谚，如"种得一亩桑，可免一家荒""种桑养蚕，一树桑叶一树钱""种桑三年，采桑一世""家

有百株桑，一家吃勿光""蓬头束脚一个月，舒舒服服吃一年"等等。蚕桑产业在塘栖本地经历的长久繁荣，深刻地影响了塘栖人的生产和生活，因此在这片土地上，产生了一套与蚕桑有关的极为丰富和独特的传统习俗，渗透到生活的方方面面，尤以清末民初最为鼎盛。

点蚕花：大年三十晚上，吃过年夜饭，蚕农要在蚕神像下点一盏油灯或一支红蜡烛，俗称为"点蚕花火"。蚕农相信，点了蚕花火，家中养蚕就能红红火火。不管是点灯也好，还是点蜡烛也好，蚕花火都不能马上熄灭，一直要从年三十夜里点到大年初一的早上，表示家中从去年一直红到今年，年年都红红火火。

烧田蚕：此俗源于古老的土地崇拜。除夕之夜或元宵节的晚上，村人会用稻草、竹苇或其他柴禾扎成火把，点燃后举着在田埂上追逐奔跑，还不时地把手中的火把掼上掼下，将黑暗寂静的夜晚照得亮堂堂，即"烧田蚕"。据说烧田蚕时还要请来民间歌手，唱一种名叫"烧田蚕"的歌谣："火把掼得高，三石六斗稳牢牢；火把掼到东，家里堆个大米囤；火把掼到西，蚕花丰收笑嘻嘻……"民国后，此俗日渐淡薄，能唱几句"烧田蚕"歌谣的人已经没有了。

扫蚕花地：正月初一，蚕花娘子（养蚕的女子）要到蚕房扫地，谓之"扫蚕花地"。因为前一日点过了"蚕花火"，家中已经沾上了蚕花宝气，扫蚕花地时扫帚必须从外往里扫，以确保蚕花宝气不出门。春节期间，邻里亲戚见面也要互道"蚕花廿四分"，意思是互祝蚕茧得到双倍的丰收。

请蚕猫：蚕房忌鼠，过去蚕农人家大多养猫，此外每户人家还要请一只蚕猫，就是用泥土捏成猫样烧制成的泥猫。每年春天，就有苏北人摇了小船来临平、塘栖一带，挨家挨户出售泥猫。卖的人不能说"卖"，要说"送"，蚕家也不能说买，要说叫"请"。请泥猫不付钱，而是以米、面、豆等粮食交换。请来的泥猫放在蚕房窗台上，用来吓唬老鼠。

讨蚕花：过去在塘栖民间讨蚕花，有两种讨法。一种是蚕子进门后，去附近的寺庙里求签，问菩萨今年的蚕花收成有几分；另一种是蚕子进门后，大人有意问一问家里的小孩今年的蚕花有几分，天真无邪的小孩随口应答，被大人当作"金口"。

捂蚕种：蚕种进家后，要以适当的温度捂热，使其顺利孵化出蚕宝宝。一般是在黄沙缸（一种陶缸）燃着砻糠或炭火，来增加蚕房温度。更稳妥的是把蚕纸让养蚕的姑娘或小阿嫂紧贴在胸前，年轻人火气旺，以体温捂热。蚕种要四五天才能孵出，这可让姑娘、小阿嫂们遭了罪，睡觉时只能仰睡，动作不能过大，一举一动不能触碰胸前，不然伤了蚕种，就孵不出小蚕来了，但为了蚕种不受损，姑娘和小阿嫂们都愿意这样做。

轧蚕花：又名"清明轧蚕花"，是塘栖一带蚕乡重要的蚕俗。每年正清明至三清明这几天，塘栖四邻八乡的蚕农都要赶往塘栖花园桥、超山和半山的大小庙宇烧香敬拜蚕花娘娘，祈求蚕运亨通。轧蚕花时，无论男女老幼，都要在头上戴一朵用彩纸或绢制成的小花，女的插在鬓角边或发髻上，男的则插在帽檐上，远远望去，成群结队的蚕农头上一片五颜六色的蚕花，非常好看。过去塘栖的花园桥两侧是轧蚕花最热闹的地段之一，年轻的男男女女，一边看赤膊打拳的庙会拳船，一边挨挤嬉闹。小伙子们更是无所顾忌，去吃姑娘的"豆腐"（实为摸蚕子），因为一张张蚕种就捂在姑娘们的胸口，小伙子们的举动并不会招骂。塘栖人认为，越轧越发，越轧这年养的蚕就越好。姑娘们虽被轧得头发蓬乱衣衫不整，心里却是乐滋滋的，倒反那些没被人碰到的姑娘一脸的不开心。现在，塘栖老辈人说起旧时的轧蚕花总是津津乐道。

关蚕门：四月，掸乌儿（用鹅毛轻轻地把孵在蚕纸上的细蚕掸落在铺垫着白纸的蚕匾里）后，开始养蚕。掸乌儿也叫"辟蚁"，旧时由于科学不发达，蚕农只知蚕是娇贵的东西，称之为"蚕宝宝"，将蚕奉若神虫，故在养蚕期间往往不允许生人冲撞蚕室，以免使蚕受惊害病。为此，家家户户关闭大门，有的人家还在自家大门旁边的空地上，插上一些桃枝或者打上梅花形的桩，以避邪，有的干脆用草帘围住整个蚕房。考究的人家，还会在门上贴写着"蚕月"或"蚕月知礼"的红纸条，以示育蚕禁区，外人勿入。平常家里人进出也走边门或后门，亲朋邻里不相往来，此俗就叫"关蚕门"或"闭蚕门"。

元诗人白珽在《余杭四月》诗中写的"几家蚕事动，寂寂昼关门"即是此景。若是要向邻居借物急用，也只能在邻居门口自言自语地大声说"哟，某某家吮没人嗳，我想问伊借点某某嗰"，屋内主人听到，拿着需借的东西从边门出来，借者接过，需递上一把早已准备好的洁净的桑叶，并口诵"蚕花廿四分"才行。如果有生人不知情由而闯入，则视为不祥之兆，主人要在人离开后，略备水酒，扎一个小稻草卷，在他回去的岔路口祀拜，烧掉稻草卷，倒掉酒和菜，以示送走生人带来的鬼祟晦气。有陌生人从门口路过，蚕户家也要做一碗"螺蛳头羹饭"，就是一碗饭上搁一颗螺蛳，供在蚕房里，以避免被陌生人冲犯了"蚕花"。此禁忌一直要延续到"开蚕门"。旧时，衙门还有蚕月里（一个月）不理诉讼的规定。

开蚕门：五月，蚕成熟上山（蔟），就是爬上稻草垛结茧时，蚕禁解除，家家重开大门，亲邻重新往来，赠送茶点，也有的赠鱼肉菜肴，共祝丰收，与"关蚕门"相对应，此举被叫作"开蚕门"。开蚕门后，忙了一个月的蚕娘们开始有空串门，相互询问蚕收情况，并着手筹备接下去的缫丝。此时正值端午时分，家家户户都会添上几个好菜，慰劳辛苦了一月的蚕娘，故有"端午谢蚕花"之说。

望蚕讯：如果是新嫁到蚕乡的新娘子，娘家父母还要备一担粽子、咸鸭蛋、秧凳（拔秧时可坐）、秧伞（插在秧凳上防雨用）来看望女儿，慰问女儿在蚕月中的辛苦，同时也为即将到来的拔秧种田做准备，嘱咐女儿在种田时也要像养蚕一样，勤勤恳恳，不可偷懒。

祭蚕神：农历十二月十二，传说是蚕花娘娘（蚕神）的生日，这一天，家家户户要举行蚕花娘娘的祭祀仪式，先摆好纸做的神位（画着一个姑娘骑在马上），再点起香烛，用猪头三牲、水果、糕点、酒饭等供奉。男性为一家之主，需洗浴剃头，里外换上干净衣服，焚香朝拜，以祈求来年蚕花二十四分。

从大年三十到农历十二月，蚕俗伴随着塘栖人的一年四季，像一个循环的圆，同时也衍生了出许多相关的习俗。在《塘栖风俗》中记载："……在'拜蚕神'时还通行做一些糕点来供奉蚕神。那些糕点都用米粉做成，糕点的种类繁多，有骑在马上的蚕花娘娘、爬在桑叶上的大龙蚕、一捆捆的丝束以及茧子和元宝等。"这里说的糕点就是塘栖村省级非遗项目"塘栖茧圆"，又叫"米塑"或"粉塑"。

米塑的非遗传承人黄芳珠说，塘栖村米塑，一开始是祀拜蚕神的供品，经过后人的创新，品种越来越多并融入了当地的各类民俗。过去塘栖村家家户户都会做米塑，其中最有代表性的就是"立夏狗""上梁元宝""定亲饭圆"等，都传递了塘栖人对美好生活的向往。

立夏狗，顾名思义是立夏时节的代表性食物。用加了植物色料的糯米粉捏出各种颜色各种样式的狗，蒸熟后食用。在塘栖，通常是外婆做了送给外孙，寓意小孩吃了"立夏狗"，就像狗狗一样谢（强壮），不会疰夏（身倦食少）。民间俗语说：吃了立夏狗，东西南北走。

上梁元宝是建房上梁不能少的彩头。一只只元宝用一根细竹签，串成一圈圈，在盒子盘里一层层堆成宝塔状，共叠七层，底层是十七只，往上每一层逐渐缩小一点，顶上一层是六只，中间插一朵花，再边上插上龙、凤、鱼、鸟和桃、橘、榴、菱、葵等各类形状的装饰品，寓意家宅兴旺、财源广进。

定亲饭圆是塘栖村人定亲时的必备，通常用枣子作馅，表面再嵌几颗枣子，做成后还要插上一朵花。定亲饭圆是用来分送给亲朋好友的，分头号饭圆、二号饭圆、三号饭圆、团圆饭圆四种，数量要根据娘舅、姑父、媒人等长辈人数而定。定亲时还要准备粗果和细果。粗果有红鸡蛋、云片糕、甘蔗、橘子等，细果有枣子、花生、桂圆、荔枝、糖等，寓意新人婚姻美满、生活甜蜜、早生贵子。

塘栖村"米塑"的出名，除了与古老的蚕俗有关，也仰赖于当地糕点制作技艺的成熟。过去数百年，由于水上商贸业的发达，使塘栖镇成为了南北饮食文化的交汇之地，聚集了众多驰名苏杭的传统糕点茶食派系，有京帮、苏帮、徽帮、广式、潮式等等。

塘栖的糕点茶食一向以制作精美、选料考究、各式齐备著称。比如塘栖方糕，又叫水蒸糕，选用当年新产的晚稻糯米，淘洗晒干，碾成米粉，加水适量，搅拌均匀，放入蒸屉蒸熟。其肉馅采用剔除硬皮软骨的瘦猪肉，以手工切碎斩细，调以纯酱油，拌入适量冬笋、韭菜以及皮冻。塘栖方糕馅多皮薄，蒸的时候火候很重要，在恰到好处时揭开锅盖，一块方方正正、雪白软糯的方糕酱红色的肉馅在糕皮内隐隐显露，咬上一口，味道鲜美，不油不腻，汤汁横溢，糕皮儿又薄又糯，香软可口。

重阳糕，又名"栗糕"，选用优质圆糯米和板栗磨粉加工而成，洒上桂花和玫瑰花瓣，甜而不腻，嚼劲十足，不粘牙齿。绿豆糕，用赤豆打成浆，配以一定比例的白砂糖和猪油，熬制四小时制作而成，口感独特，甜而不腻，

塘栖村米塑　塘栖村村民供图

糕点铺 塘栖村村民供图

细腻不起沙。

橘红糕，由纯手工揉制，揉制中，加入腌制的糖橘皮，在糕的外层还洒上薄薄的一层糯米粉，口感独特，既保持了糯米原有的韧性，又不会粘牙齿，吃起来又有橘子的味道。

现在塘栖镇上还遗留下来几家制作茶食糕点的百年老字号，都集中在烟火气十足的水北街上，比如在广济桥北一左一右的朱一堂、法根糕点，两家都在塘栖村有加工作坊，还有在二楼设有"塘栖糕模馆"的百年汇昌，以及老刀、永财等几家老店。

除了琳琅满目的糕点，在塘栖还能吃到两道著名的传统美食：细沙羊尾和粢毛肉圆。细沙羊尾因形似羊尾得名，是用红豆沙、猪板油、鸡蛋清等制成的一道甜点，在旧时，是塘栖酒席中一道不可缺少的名点。而在塘栖所有的佳肴中，要数粢毛肉圆的名声最大，传说连乾隆皇帝都对它赞誉有加。旧时塘栖人平时吃不到粢毛肉圆，只有在宴席上才能吃到，但到了过年时节，几乎家家户户都要做一些粢毛肉圆，象征来年的日子团团圆圆。如今，在塘栖几乎所有的饭店都有粢毛肉圆，刚出锅的粢毛肉圆，糯米粒粒晶莹，肉香四溢，被整整齐齐地摆放在蒸笼上，十分诱人。咬上一口，糯米的香甜里裹着猪肉的鲜美，让人食欲大开。"箸箸适我口，匙匙充我肠"，这一座萦绕在味蕾上的美食塘栖，也足以让人魂牵梦绕，心心念念。

"江南佳丽地，塘栖水乡是代表之一"，丰子恺先生在纸上用文字描画的塘栖，是一帧旧时光中的江南水乡古镇的剪影，它让每个走进塘栖的人慢下脚步，去寻味在那流淌的昼与夜中的一方埠头、一片廊檐、一只酒盏、一串枇杷，乃至攘攘市声带给旅人的恍若归家的感受，以及弥漫在古镇周围的河港湖漾上空的那一份微醺的乡愁。

参考文献

1.〔清〕丁丙:《武林掌故丛编》,广陵书社,2008 年。

2.〔清〕张之鼎:《栖里景物略》,当代中国出版社,2014 年。

3.〔清〕王同:《唐栖志》,浙江摄影出版社,2006 年。

4.朱金坤:《余杭历史文化研究丛书·民间文化》,西泠印社出版社,
2010 年。

指南霜叶红——临安区太湖源镇指南村

指南村属临安太湖源镇的行政村，位于天目山脉东南指南山，居东坑溪和西坑溪之间，建村于宋代，因居地背靠指南山而名。村内有古木、古宅、古池、古井、古墓等"七古"，尤以古木营造的"江南最美秋色"而闻名天下，被誉为"华东最美古村落"。2015年，"指南红叶小镇"被杭州市列为首批特色小镇，2021年入选全国生态文化村，2022年入选浙江省AAA级景区村庄，2023年入选第六批中国传统村落名录。

秋天，沿着建于二十世纪七十年代的永指线公路上指南村，在弯弯绕绕的盘山路上，车窗外闪过的一抹紫一抹黄，让人忽然想到那位叫杜牧的唐代诗人，在一千多年前的某个秋天，他乘着一辆马车，慢悠悠地行进在落木萧萧的蜿蜒古道上，远处白云生处红得像火的枫林和层叠的山峦，就是他那首著名的《山行》："远上寒山石径斜，白云生处有人家。停车坐爱枫林晚，霜叶红于二月花。"

秋色斑斓，宛如仙境的指南村，地处临安东天目山麓、太湖源头的南苕溪之滨，紧依神龙川、太湖源、天荒坪等知名景区，距杭州仅一个半小时的车程。其东为东坑村，西南为临目村，北面接白沙村。村内有指南、塘顶两个自然村，为临目乡最大村落。

指南村，原名紫南村，坐落在海拔五六百米的紫南山的山腰上，村以山名。《昌化县志·舆地志·山川》记："紫南山，治北四十二里，一名指南。"二十世纪五十年代合作社时期，村子始更名为指南村。

指南村人居史至少可以追溯到宋代。根据二十世纪七十年代以来从当地墓中挖出的文物提供的证据表明，自宋代以来，指南村一直有较为稳定的聚落延续，并且和外界有正常的商品交换，但具体何时有人生息居住，已无从考证。相传指南村的第一位建村者，是北宋末年一位逃难来到此地的莫姓官员，而目前村里的第一大姓为曾与莫家联姻的邵姓，约占全村人口的三分之一。

黄昏的指南村 谢有定摄

据指南村村史记载，指南村在南宋咸淳年间属临安县永宁乡，明代属永安乡，清乾隆年间属永安一图，民国初属金永乡，1928年属金永区，1935年属永安乡，1941年至新中国成立初属永安乡，1950年为指南乡指南村，1956年为临目乡指南村，1958年为天目山公社指南生产队，1960年为临目公社指南生产大队，1984年为临乡指南村，2001年属太湖源镇。

指南村这个有着悠久历史的古村，同杭州周边的其他古村落一样，也有众多的历史人文遗迹，比如令人发思古之幽情的古宅、古祠、古池、古井、古墓等，但令人印象最深刻的还是一年一度的"指南秋色"。指南的秋色是一幅貌似仙景的诗意画卷，是一曲令人如醉如痴的秋之牧歌。指南的秋是绚烂的、丰饶的、沉静的，它是岁月的轮回，亦是经历风雨的成熟，它还是临安的山村从传统的农耕文明迈入现代生态文明的一个生动的剪影。

一、夕卷斜阳眺莫穷

指南建村源于宋代。据传，指南村的莫氏始祖为北宋时期一位莫姓农官。北宋靖康元年（1126），金国大军攻破了北宋都城汴梁，宋徽宗、宋钦宗被金人掳去。当时，莫氏始祖带着全家老幼和几位仆人跟随着大批难民南逃，一路颠沛流离，最后来到人迹罕至的指南山，在此择地而居，繁衍生息。

莫司农到指南后，利用他在农田水利方面的专长，带领家人和仆从开山修路、建设梯田、兴修水利、种茶种稻、养殖家畜。不出数年，指南村已是一片五谷丰登、六畜兴旺、耕读传家、民风淳厚的人间乐土。莫司农活了八十岁，死后葬于村南火桶岗的坡地上，传说他的坟墓是用瓷器修建的。在明代中期，相传莫家出了一位太保，获朝廷恩宠荣耀盛极一时，于是指南村烂泥岗上建起了一座规模宏大的莫氏家庙。其后，莫氏家族随着子孙的外迁与亡故渐渐衰落，家庙也随之破败塌废。有关这段历史，因年代久远，加上族脉断绝，以及未见于史书记载，其真实性已经无从考据。有一种说法是，莫太保后来因宫廷之变，逃回指南村，在村民的保护下躲过了朝廷的追杀，之后他看破红尘，闭门潜心修道，后来成了仙。因他有呼风唤雨之术，曾为指南村人在旱季求过雨，后人称他为莫家菩萨。时间到了清康乾年间，由于后代子孙人丁不旺，莫家渐渐败落。

继莫氏之后，郤氏成为指南村的第一大姓。郤氏一族，相传为远古时期的姬姓后裔。春秋时，晋献公征伐翟人，他的同族子弟叔虎奋勇当先，带领晋军打败了翟人，事后晋献公把郤邑（山西泌水下游一带）封赏给他，建立郤国，为子爵，称郤子，其后遂以封地为姓，形成郤氏。郤氏名人有南朝梁骠骑将军郤彪、唐朝太医署郤徹、唐著作郎郤象乾，以及三国时期的益州刺史郤正等。

指南村郤氏支脉的始祖为德重太公（1345—1433），元朝末年，烽烟四起，战乱频发，德重太公携父母从安徽歙县逃难迁到浙江临安，在临安与安吉孝丰交界的市岭（现为白沙村的一个自然村）落户。德重太公勤劳能干，在山脚溪畔结庐开荒，渐渐过上殷实的生活。他于四十岁时娶王氏为妻，四十一岁得子，由此开始了指南村郤氏后代的繁衍，至今已历二十四代。据清乾隆年间修订的郤氏族谱记载：德重太公迁居市岭后，育有二子一女，女嫁指南莫家为妻，至清雍正八年（1730），郤家又有一女嫁到指南莫家。因为郤莫两家是姻亲关系，郤氏后代逐年从市岭迁往指南定居，继郤家之后，夏、汪、刘、潘、王、向等六姓也相继迁来指南。后来莫家败落，而郤家却逐渐兴旺起来，到了清末民初，郤家手中掌握的山林和田地，约占指南山整个范围的百分之六十以上。民国时期，郤家还出过一名叫郤志方的区长。

指南山郤氏是一个延续悠久的宗亲大族，有着深厚的宗族文化以及醇正的家风传承。据郤氏后人说，郤家在迁来临安的六百多年间，基本每三五十年就会续修一次家谱。1949 年前族内的大小事务，都由德高望重的族长负责主持，族里还有公田，用于每年清明祭祖仪式及一些公益事业的开支。邵氏宗祠，过去设有学堂，是邵家培养本族后代的地方，每逢重大节庆，祠堂前的戏台上，还有外来的戏班子的演出。

邵氏家族有着良好的家风。记录于族谱中的《邵氏家箴》是邵氏族人世代遵循的行为"指南"，其内容大意概括起来有八条：一是重视祭礼，慎终追远；二是讲究孝道，孝敬父母，友善兄弟；三是言行一致，做人坦荡；四是同族连枝，团结互助；五是救济贫穷孤寡；六是慎重婚娶；七是重视下一代的教育；八是夫唱妇随，勤俭持家。这八条邵氏家箴，对指南村的民风产生了潜移默化的影响，为一个村庄的兴旺与安宁奠定了坚实的基础。

《邵氏家箴》是老祖宗留下的家规家训家风箴言，它具有日常生活的指导意义，也是规范族人道德品行的一股约束力量。过去邵氏子孙中凡有违反这八条"家箴"的，在族长查证核实后，都要依族规进行处罚。据传明代中期，有一个不务正业的邵氏子孙去安吉长龙坞赌博，结果输得只剩下一条短裤。消息传回指南村后，族长就命这个败子在祠堂祖宗像前罚跪请罪，之后又让他挑了三天塘泥以示惩戒。

作为一座地理位置相对偏僻也未经历过兵戈之乱的高山古村，指南村留下了较多的历史人文遗迹，比如古宅、古墓、古池、古井等。

古建筑方面，目前还保存着五六幢徽派的老宅，它们是邵家祠堂、邵寅楠民居、潘荣炜民居、刘金富民居等。

邵家祠堂，位于村子的中心地带，始建于元末明初，现有占地面积一百二十平方米，坐北朝南，面阔三间，进深三间一弄。明间梁架为四柱七檩结构，抬梁式，次间为五柱七檩结构，出檐较远，檐下施牛腿，雕刻麒麟、人物故事图案。根据曾到指南村考察的中国建筑设计院古建所的孙彬博士的判断，邵家祠堂的两部抬梁式梁架使用了弯木做梁，具有元代建筑梁架的主要特征，而其他部分则出现了较多砍制月梁，为明清梁架的特征，因此可以判断现存祠堂的建筑年代上限为元末。2013 年，以邵家宗祠

邰家祠堂 指南村村民供图

为中心的指南村民居建筑群成为指南村文化礼堂。2015 年至 2019 年，临安区对邰家宗祠主体建筑进行了修缮，工程内容包括木结构修缮、重铺屋面、防虫防腐等。邰家宗祠现为指南村的村民书屋和村民客厅。

邰寅枏民居是最具代表性的指南清代民居。邰寅枏的父亲是邰厚富，他家的祖上是指南村的富庶人家，拥有很多田产。该建筑的落地面积约二百七十平方米，坐西南朝东北，砖雕门楼上有"明德惟馨"字样，天井用长条石板铺筑，木质构建雕刻精美，为指南村面积最大、最气派的古民居。始建于元末明初的邰家祠堂，以及建于清代的邰寅枏民居的存在，见证了邰氏宗族在指南的悠久历史，也见证了明清两朝邰氏家业的兴旺与繁荣。

指南村保存较为完好的五六幢古建筑，目前有的已被辟为村公共文化空间，比如文化礼堂、史陈馆、村民活动室等，还有一间出租给了豆腐坊，只有潘家的老房子尚有人居住。2023 年 8 月，笔者第二次到指南村，在寻找邰家祠堂的路上，忽闻有人在高声诵读："窗含西岭——千秋雪，门泊——东吴万里船……"抑扬顿挫，声震屋瓦。循声而去，只见一位白衣老者背门仰坐在一张老旧的圈椅里，正对着一扇光线灰暗的窗户大声诵诗。这位至今还居住在潘家老宅的潘根生老先生已有九十岁，是村里的一位老乡贤，曾经当过老师，三年前因患青光眼失去视力。尽管现在的生活有许多不便，但他似乎并不因此沮丧，独自一人的时候，他便以背诵诗词自娱，据潘老先生说，他会背诵的诗词有一两千首。在老宅的雕梁画栋间萦绕的唐诗宋词，照亮了他孤独的晚景，也是时间给予他的一种美丽守候。

　　潘老先生说，指南村的奠基者是莫家，而邵家应该是其后较早来到指南村的，邵家之后是潘家、刘家、王家，这几家差不多是清道光年间陆续搬来的。潘家的老房子为潘老先生的太爷爷所造，到他是第四代，算算从这间老屋中已走出了一百多位儿孙，所以这是一间有着圆满福气的老房子。更有意思的是，潘家老宅的门额题语为"得其所哉"。"得其所哉"出自《孟子·万章上》，有各得其所、求仁得仁，或者找到了适合的地方或理想的安置的意思。短短四字，映现了指南人家踏实勤勉、安居乐业的遗风。

　　除去地面上的老建筑，指南村还有较多散落在村头林间的古墓，比如明代的邵氏合葬墓、清代的邵氏家族墓等。这些古墓，与指南的山林和人家朝朝暮暮相伴，默默存在的它们丰厚了指南村的历史人文内涵。

　　指南的古墓中出土过古老的文物。二十世纪八十年代，指南村民在挖地基时，挖出了一座俗称"棺上棺"的两层古墓。在棺木上层发现了距今四五千年的新石器时代的石锛以及其他几件石器，墓主的故事引人遐思，此石锛现收藏于临安博物馆。2015年，在指南新村建设过程中，又挖掘到宋代古墓一座和明代墓葬一批，经现场发掘和鉴定，总共出土九件文物，有韩瓶、青釉碗、酱褐釉灯盏及铜钱等。此外，在村外的古树群中，人们还在一座邵氏古墓的墓碑上，发现了"皇恩钦定"的字样，说明这位墓主

文化礼堂　指南村村民供图

指南村史陈馆　指南村村民供图

生前可能受到过皇帝的嘉奖。

古池，就是指南村前山入口的面积有十五亩的"指南天池"，过去村里人叫它"指南塘"。指南塘的位置处于指南村一片开阔的山腰台地的最低处，从实用的角度，正是归聚雨水山泉的理想地点，是从前村里的一处重要的生活水源与灌溉水源。而从风水学的角度来看，指南村因为有了指南塘，便形成了"背有靠，前有照"的绝佳风水格局，符合老祖宗选址建屋的理想条件。可以说，指南村的老祖宗，当年就是看中了这片利于人丁繁衍的风水宝地迁徙而来的。

指南塘的历史无从确切考证，但至少不晚于村庄的历史。它以前没那么大，据村里的老辈人说，直到新中国成立初，这片低洼区也仅仅是三口小池塘和几亩水田。三口池塘，分别属于邵、潘、刘三个姓，各家可以在自己的池塘里捶衣洗菜、牵牛饮水、洗澡沐浴。指南塘由"小塘变大塘"，是在大兴水利建设的二十世纪中后期。过去的人谁也不会想到，当年全村男女老少在冬闲时节，日里挑夜里挑建起来的这座用于蓄水灌溉的小水库，而今成了山村独有的一道靓丽风景。

天池秋叶　指南村村民供图

同其他地方的山村一样，由于水资源相对匮乏，指南村人过去的饮用用水主要靠水井，这里一直流传着"指南山上十八井"的说法，现在留存下来的水井还有三口，两口在后山，一口在三亩口。位于三亩口的井，地势最低，出水量大，可以供十几户人家使用。二十世纪八十年代村里安装来了自来水以后，这口井就不再使用了，现在有人在井里养鱼。后山的两口井，其中一口，位于后山上山坎的道旁，在一户人家的西侧，是一口清水溢满井沿的清澈古井，现在成了村里的一处景观。据村中老人说，1938年大旱，全村人就依靠这口古井度过了百年不遇的旱灾。此井遇大旱不竭的奥秘，是井底自然岩层恰好有一条缝隙，地下泉水正是从这缝隙间源源不断涌冒出来的。

二、丹枫杏坞醉眠中

假期里的树，

有的去了城市，有的去了乡间。

有的在河岸上看风景，

有的彼此靠近了一些，

有些逃避喧嚣的树，就一直躲到遥远的山里去了。

在《假期里的树》这首小诗中，写诗的那个人为城市里的树感到心痛和遗憾，的确，它们生活的空间过于局促，周围的世界过于喧嚣，而且还不能依照自然的方式生长，常常要面对人为的刀锯裁修。如果可能，树当然是要"逃"的，如果平原和水畔仍能听到令人不安的挖掘机的轰响，就往城市的浪潮无法波及的山野里逃吧，就逃到城市西面莽莽苍苍的天目山脉的群山里去。如果，对人间烟火尚有依恋，可以逃到那些爱树敬树的山村里去，矗立在向阳的山坡上、开阔的林间、古道边，在老房子的墙里墙外、菜园中、池边、井畔……就像指南村里的那些树一样，活得郁郁葱葱，活得千姿百态，活得各美其美。

去指南村看树，最好的时节是秋天。每年 11 月到 12 月间，指南村的枫香、银杏、黄栌、麻栎都染上了绚丽的色彩，把叠层而建的村庄点缀得五彩斑斓，成为秋日指南最动人的一道风景，引得摄影爱好者和"驴友"们纷纷前来打卡。相较于杭州周边其他地区的古镇古村，指南村的古树名木特别多，据统计，树龄在二百年以上的古木有三百四十株，共二十多个品种。就单个村庄拥有的古树数量而言，指南村在临安乃至整个江浙地区，都是一个值得骄傲的存在。

在指南村的古树中，尤以枫香树居多，它们几乎都集中在村庄的后山坡上，每一棵都有二三十米高，最大的几棵需要好几人合抱，最小的也有脸盆粗细。而这一整片枫香林是一个繁荣兴旺的大家族，其中有一棵树龄近千年的"古枫王"，其他的枫树全由它飞籽成林，株株都是它的子嗣。

银杏树　指南村村民供图

枫香树　盛伟民摄

枫香树　盛伟民摄

　　每当山中开始进入霜冻，枫香树的叶子便渐渐由浅红转为深红，此时，散落在村舍周围的银杏、乌桕等古木的叶子也开始变红变黄，颜色深深浅浅，或与农舍的白墙蓝瓦映衬，或倒影在锦鲤悠游的天池水面，一幅色彩饱满、层次丰富的"高山风情油画"即将在仿若童话的村庄里铺展。天气晴好的日子，漫步在古村的古木间，仰头是红艳艳，是金灿灿，俯首是焦黄的落叶，斑驳的光影……恍惚间，就会让人产生误入幻境的错觉，就会让人忘了凡尘世界的庸庸碌碌，狗苟蝇营。生命，其实也不过是经过风霜雨雪的一片叶子的一夜或一秋而已。

　　有关指南村的红枫，有一件发生于清道光年间的雅事值得记上一笔。据邵氏宗谱记载：有年秋末冬初，在邵氏族长的邀请下，石泉的举人印钧带着郎瀛、陈胪、董一鸣这三位当时颇具诗名的秀才上山游赏指南红叶。三位秀才以《古树秋红》为题，各写了一首诗，其中郎瀛的为："万木萧萧一望红，秋官点缀逗春工，参差泔露晨烟熏，烂漫凝霜午日烘……暮上紫气真堪爱，为坐枫林兴不穷。"而在陈胪的诗中，有"艳胜桃林迷望处，丹枫杏坞醉眠中"的佳句，一个"醉"字，将清晨云雾中半显半露的指南秋色描绘得惟妙惟肖。

　　指南村多古树名木，除了指南村历代人口不多，对木材消耗量有限外，另一个最重要的原因，是天目山地区民间敬树爱树，有崇拜"树神"的信仰，使得村子里的大树免遭砍伐，得以与村子共存。地处杭州市临安区境内、浙皖两省交界的天目山，有"大树华盖闻九州"之誉，北魏郦道元《水经注》载："（天目）山上有霜木，皆是数百年树，谓之翔凤林"。这里的树木以"古、大、高、稀、多、美"称绝，成为一大奇观。其中最有名的有五世同堂、树龄为一万二千余岁的"银杏之祖"、全球仅五棵的"地球独子"天目铁木、被乾隆皇帝封为"大树王"的柳杉，以及国内最高的金钱松等。

　　同天目山山区的其他地方一样，指南村也有寄拜古树名木为干爹、干娘的习俗。过去年代，如果哪家的孩子夜里常常哭闹或者经常生病，孩子的父母往往会去找一棵古树给孩子做干爹或干娘，以祈求树神的保佑。

寄拜古木为干爹或干娘，要有寄拜的仪式感。需先备好香烛酒饭、三荤三素，然后将香火供品供奉于树前，接着报上子女姓名和生辰八字，口说"寄拜某某（树名）大王座前，我子（或女）某某某寄拜你为干爹（或干娘）"。说完以后让小孩子跪拜，并将事先写好的红纸贴在树上，讲究一点的，事先做好写好木牌，挂到树上。

寄拜古木为干爹或干娘之后，多数人都会改名，一般都是将树名嵌在人名当中，如柏荣、樟兴、桂英，前面提到的邰寅柟一名中，"柟"就通"楠"。还有一些生了女儿的人家，会将一头系着一枚铜钱的红绳抛向树枝，若是红绳被枝条挂住，便可取名柏莲（连）、杏莲等，可得树神的护佑。这样，古木就成了天目山人家的亲眷，平时这户人家就要守护这一株古木，给它松土浇灌，逢年过节还要探望，以香烛佳肴供奉。

旧时包括指南村在内的天目山山民相信古木能治病消灾、镇魔辟邪。譬如家里有病人，会去找树神求告，在古木的树枝上挂上求树神除病消灾的木牌字条。而若家里有人惹了"脏东西"，就会请树神去家里除晦，也有祈求树神保佑发财的，会在树上贴"祈求树神保佑我家吉星高照鸿运当头"的红纸，并用红线在树丫上挂一串铜钱。

天目山地区的古树信仰中有许多禁忌：一是禁忌砍伐。民间相信惹怒了树神，必会大祸临头。二是禁忌火烧，传说火烧大树会烂脚而死。过去有烧荒之人不小心将大树焚毁，按照族规要重重处罚，而且本人还要向被焚之树请罪。三是禁晾女衣。旧时男尊女卑，认为女人衣裤会污秽神明，故大树上不能晾女衣，否则会有灾祸。四是禁止伤害古树。对古树挖根、砍枝乃至钉钉子的行为都会惹来报应。六是禁坐树桩、树墩。村人认为有些大树虽被砍伐，树神尚在，所以不能随意冒犯。

由于村民对古木的敬畏与崇拜，指南村中古树也逃过了本来难以应对的劫难。村里的老人说，1958 年，有人提出砍伐村里的大树，结果遭到全体村民的竭力抵制。

"前人栽树，后人乘凉。"指南人保护树木、保护生态的传统和朴素的生态观，给后代积蓄了一笔难以估量的来自山野的财富。进入二十一世纪以后，随着乡村文旅的兴起，指南村的古树名木便成为了山村最"吸睛"和"吸金"的一张金名片，"江南最美秋色""华东最美村落"的名声也由此而来。2011 年，指南村因如梦如幻的秋景被列入临安摄影家基地。2015 年，"指南红叶小镇"被列入杭州市首批特色小镇，新华社和《人民日报》《瞭望》《浙江日报》等媒体聚焦小镇纷纷为其"点赞"。之后，指南村就开始了"破茧成蝶"的嬗变，依托山村的美丽风光以及茶叶、笋干、山核桃等丰富的高山物产资源，指南村在整顿村容村貌的基础上，开始大力发展生态民宿及农家乐产业，以"指南油菜花节""指南红叶节""梯田稻香音乐节""指南传统麻糍节"等大型活动，吸引了大量客源，据"临安文旅发布"公众号文章《新春打卡临安首家全省金 AAA 级景区村庄——指南村》，指南村连续 4 年游客量突破 60 万人次，2023 年度旅游总收入达到 6950 万元，村民人均收入 6.2 万元，从摆脱贫困到奔向小康，指南村村民的生活有大幅提高。

三、邈邈梯田脉脉峰

在浙江，说起梯田，名声最大的是丽水云和梯田，它是华东地区最大的梯田群，也是摄影爱好者们追捧的摄影胜地，被美国 CNN 评选为"中国最美 40 个景点"之一。云和梯田之外，浙江有名的梯田景观还有温州永嘉的茗岙梯田、温州瑞安的金川梯田、台州仙居的公盂梯田等。但对于杭州人来说，想看梯田其实不必走得太远，比如可以去离杭州仅一个多小时车程的指南村。作为一个高山村落，指南村的梯田分布在村庄两侧的山坡上，尽管不如云和梯田那么大，但也有高低起伏的线条、四季变幻的颜色，

梯田　盛伟民摄

梯田　徐楚浩摄

梯田　邹慧薇摄

梯田　如一摄

以及"山气日夕佳，飞鸟相与还"的悠然意境。特别是秋天，指南村的梯田稻香弥漫，与村中斑斑驳驳的枫香、银杏同醉，仿佛在向久居都市的人发出盛大的邀请。

指南村最早的水田开垦史已无从考证，推测与北宋时期到达此地的莫氏始祖莫姓农官有关，但最早开垦的梯田位置比较明确，在塘顶以上的山弯平岗上，一处叫里百路（箩），一处叫外百路（箩），据传是莫家人在千年以前开垦的。其中里百路的梯田灌溉水源，引自草山岗（烂塘岗）的山水，过去有"里百路收一百箩谷，外百箩收一百箩粟"的说法，意谓两个地方的田都是好田。今天种地的人少了，里外百路都已荒废，但从地势高的位置向下望，当年田地的样子仍清晰可见。

时间到了清代，随着郤家、潘家、刘家、朱家、陈家等外来人口的迁入，指南村的人口也到达了一个高峰，为了生产足够多的粮食养活人口，人们便在村子周围高低不平的山坡上开垦更多的梯田，到新中国成立前，指南村的梯田已有三四百亩，但这些梯田的粮食产量很低，主要原因是没有配套的水利设施。所谓"山像和尚头，滴水都不留，雨过田开裂，年年都歉收"，过去，一旦遇到旱年，村里人唯有向神明"求助"。当时位于塘顶的黄泥塘中建有一座回龙庙，也称观音庙，回龙庙是村民举行祈雨仪式的地方，庙里供着毛令公菩萨，每当旱情严重的时候，村人就会敲锣打鼓地抬着毛令公菩萨的神像到田间巡游，祈祷连续巡游几天后，天就会下雨了。

这里有必要提一提回龙庙。据村里老一辈人说，回龙庙建于清代，原先香火鼎盛。庙分二进，外有韦陀菩萨守护，供着土地菩萨、毛令公等，里面有观音菩萨香座。原先庙里还有一口需要三人合抱的大钟，重达千斤以上。大钟敲响，袅袅余音萦绕在青山翠谷间，上至市岭，下到杨岭，统统听得到。现残存的庙基藏在一片竹林中，四周一片荒芜，只有一块看不清字迹的石碑。

由于人力物力的局限，过去的指南村只能靠天吃饭，缺水缺粮在当时是一种长期普遍的状态，好在山地上可以种植番薯、玉米、南瓜、萝卜等杂粮蔬菜，即便是饥荒年代，山里人也总要比平原上的人的处境略好一些。

指南村的粮食产量大幅提高是在二十世纪六十年代。1966 年，为了多打粮食填饱肚皮，指南村人齐心协力奋战了一个冬天，将村前的指南塘改造成了面积十五亩、蓄水四万立方的泥坝水库，同时修建灌溉水渠，解决了大坝东面的一坡山垄田的灌溉问题。往后几年，全村继续大力建设农业基础设施，共开垦梯田四百七十亩、兴修山塘水库八座。由于解决了灌溉问题，加上梯田面积的增加，以及村民使用积肥对梯田土壤的改善，使粮食产量在一个时期内有了较大的提高。到 1969 年，指南村不仅改变了吃供应粮的状况，还有了储备粮，并第一次向国家上缴了余粮。1970 年 8 月 18 日，《人民日报》《浙江日报》将指南村作为先进典型大力宣传，使指南村成为了浙江省农业建设的全国典型。指南村由此声名远扬，红极一时。

尝到了兴修水利的甜头，村民们劈山造田、修塘筑水的积极性更高了，从 1971 年开始，村民一口气在塘顶一带修建了红毅坎水库、胡家头水库、爱武水库、毛山坞水库等五座水库以及八座山塘。修红毅坎水库最为艰难，村里的许多老人对这段往事都记忆犹新。红毅坎水库处在一个山高尾巴翘的山坳里，工程难度特别大，当年连县水利局的技术员见了这个地方都摇头，但指南人没有被困难吓倒，他们发扬"蚂蚁啃骨头"的精神，手抬肩扛、放炮打夯、砌坎填土，整整奋战了两个冬春，终于垒叠起一条高五十八米、长二百米的黄泥石坎大坝。接着，通过修建石路脚到塘顶的盘山渠道，把石路脚的溪坑水引入红毅坎水库，又从红毅坎水库把水引到"三八塘"，形成了二十二条长藤结瓜式的高山水渠灌溉网络。之后指南村人更是一鼓作气，在塘顶大平坦填平两处山坳，辟出八亩良田，又在山顶筑造了七八十亩梯田，回头去看，简直就是"愚公移山"的奇迹。

指南村的梯田，还见证了一段知识青年下乡的往事。1970 年 9 月 24 日，韩顺花、宋鑫娣、唐金凤、严桂金、丁素英、陈培林等七位杭州知青被分到临目乡指南大队。当时的他们正是十八九岁的年纪，之前几乎每个人都没有干过农活，但在接下来的日子，他们很快和指南村人融为一体，一起修造水库，一起开建梯田，将青春热血挥洒在了这片土地上。七位知青中，后来有两位嫁给了指南村人，陈培林与韩顺花结成一对，也在指南组建了家庭。韩顺花生第一个儿子的时候难产，大队书记刘生林闻讯后，赶紧招呼几位村民一起将韩顺花抬到山下的车站，但当时仅有的一趟班车已经开走，刘生林气喘吁吁地跑进公社，找到唯一一部电话机给客运部门打电话，请求紧急派车来接难产孕妇送医院。由于抢救及时，母子平安。陈培林在指南大队入了党，后被抽调回杭州工作，他将"指南精神"带到新岗位，被单位重视培养成为领导。他的手上，至今还有一条伤疤，那是在指南村修水库时，被石头砸伤留下的。

四、何处闻灯不看来

"天天打猪草，夜夜闹花灯""东也是灯，西也是灯，南也是灯来北也是灯"，黄梅戏《夫妻观灯》中的这几句唱词，足以形容作为吴越王钱镠故里的临安天目山地区元宵灯会精彩纷呈、热闹非凡的胜景。

天目山区的元宵灯会，有吴越王朝的遗风，至少已传承千年。据清乾隆《临安县志》卷二《风俗》记载："元宵张灯，宋初止于三夜，钱王纳土买添为五夜。而十五夜为盛，各截竹高竖联两尾悬灯，饮酒鼓乐其下，或用硝矿构烟火架，或坐花筒斗胜，谓之灯节。是夜谯人不敢诃，是月官不敢问粮。"清康熙《昌化县志》也载："上元日，神庙各街市悬放花灯若龙马禽兽诸状，看灯者或放烟花爆竹，扮为俳优假面之戏，金鼓喧阗，老幼征逐，俗谓之元宵。"

除了琳琅满目的各式挂灯，让天目山区的元宵节更添喜庆之感的是那些来自村村镇镇的灯舞，比如临安水龙、吴越双狮、天目月亮桥马灯、太阳五凤朝阳灯、湍口变狮、乐平蚕龙灯、河桥鱼灯、龙岗彩凉船、潜川手狮、青山龙腾狮跃等。

指南村的太平灯，起源于宋代著名的民间舞《耍和尚》，起初是宣扬佛法、教化人心的舞蹈，因舞者头戴大头面具，又俗称《大头和尚》。《武林旧事》中称《耍和尚》在金院本中有《月明法曲》。河南焦作的金代墓地中出土过"耍头"和光头僧俑，此俑颈带佛珠，身穿僧衣，腰束丝绦，表现的或是宋、金时期的《耍和尚》。后《耍和尚》在民间演变中加入了表达男欢女爱的曲目和舞式，成为逗人发笑的滑稽舞。

据传，南宋景定元年（1260），临安县治（今高虹镇）迁至锦北西墅保锦山，为庆祝新址举办了盛大的元宵灯会。彼时，指南山莫家有两兄弟去西墅观灯，第一次看到滑稽诙谐的大头太平灯，感到十分新鲜好玩，就暗暗将面具、头套、服饰、舞蹈动作、锣鼓点子默记下来。时间到了下半年，两兄弟从山上砍来毛竹，剖成篾丝，做成大头和尚的头套面具，缝制了演出戏服，并带领十几个莫家子弟一起练习高跷，合着锣鼓，扭将起来，

太平灯祭祀 指南村村民供图

并加入了"戏柳翠"的故事情节，非常精彩。

翌年正月十三，大头太平灯在指南村中预演，大获成功，赢得族人的阵阵喝彩。正月十五，灯队在临安县城西墅演出，受到民众欢迎，县令家之巽为灯队颁发牌匾，上写"佛法无边，欢乐人间"八个大字。

一百多年后，安吉孝丰董岭村一带发生了七个年轻人离奇死亡的怪事。当地村民听说临安指南山和尚灯能驱除邪恶、保人平安，就请指南村人过去调（舞）灯。说来也怪，经指南和尚灯一调，董岭村从此太平无事，再以后，经过指南村人的教授，董岭村也组织起了一支和尚灯队。一来二去，指南的和尚灯也被叫为太平灯，名声便传遍了临安与安吉的乡村。

光阴似箭，斗转星移。时间到了清末民初，指南村太平灯已随时间湮没，而董岭的和尚灯仍传承不辍。有一年，指南村发生了一场瘟疫，邵氏族长提议恢复太平灯，因村里潘金祥的母亲是从董岭嫁过来的，于是就由潘家出面，请董岭的灯队前来教授。不久，太平灯又来到了指南村人的生活中。

指南村的太平灯在"文革"时期被迫停顿，到二十世纪八九十年代后

太平灯等演出　指南村村民供图

又重新恢复，现在的指南村太平灯的表演形式，是由潘金祥、谷如相两人在新中国成立初固定下来的。灯队由三十余人组成，配锣鼓、唢呐、彩旗和十二盏四季花灯，花灯上有五谷丰登、六畜兴旺、风调雨顺、八方来财等字样。人物有八大头子，即两个和尚，白脸和尚手执尘拂，红脸红尚手拿法杖木鱼；两个迎童，一白脸一红脸，各扮演乖巧顽皮的丫鬟；另还有一个小姐、一个柳夫子、一个土地菩萨。太平灯起灯前，先要去村庙里前举办祭拜仪式，由灯队主事者先念一段祝祷文，接着，全体成员共跳阵子，阵子结束后，再上演去庙里烧香拜佛乞求太平的场景戏。指南太平灯一般在正月十三起灯，于正月十八日落灯。正月十八这天晚上，灯队要回到庙里祭祀，然后将服装道具全部烧掉，以表明开始进入万象更新的一年。

指南村的太平灯，有着天下太平、人寿年丰、国泰民安的美好寓意，过去在临安与安吉的乡村曾受到普遍的欢迎，年纪上六七十岁的人都记得灯队应邀去外村调灯的那种热闹场景。一路上锣鼓喧天，进村前除了鸣锣，还要放铳，家家户户的八仙桌上都要点起香烛，桌上还有一只放着点心与红包的铜盘。那时候山区的民风很淳朴，每天中午晚上，都有客气的人家来拉灯队的人回家吃饭，往往吃饭在哪家，住宿也在哪家。

指南村的太平灯，曾参加过1985年的临安市元宵灯会，大受欢迎。2004年，还在元宵灯会中荣获表演一等奖。2013年，指南村投资五万元更新了道具服装，参加临安市元宵灯会的表演，节目在杭州电视台播放，受到观众的交口称赞。近年来，随着乡村旅游经济的发展，传承七百多年的太平灯舞，已成为指南村一道亮眼的民俗风景线。

五、丰年留客足鸡豚

指南，这个天目山怀抱中的美丽村庄，因为山川土地赐予的原生食材，加上受深厚的地域饮食及民俗文化的影响，形成了本地独特的美食风味。

近几年，随着旅游热的升温，指南村人朱文校耗时数年用传统手艺复原了具有近五百年历史的乡宴"指南十八碗"，以原汁原味的山珍佳馐，守住了指南人舌尖上的乡愁，也让外来的游客，领略到了临安土菜的特殊魅力。

提及指南山的美食，最值得称道的是食材的原生态。著名美食家陈晓卿曾说过：中国土地上仍然有人在吃着健康、绿色、质朴的食物，这些东西大都来自乡野。对这段话进一步的诠释，便是更健康、绿色、质朴的食物在相对偏远封闭的山野，理由之一是山野相对少污染，理由之二是山野海拔比平原高，蔬菜的生长周期更长，昼夜温差大，有利于蔬菜等作物的养分积累。还有一个原因也是很重要的，在山野的广袤植被中，藏着更丰富的野蔬，比如芝麻菜、水芹菜、野菌菇、四时不断的鲜笋等，而这些，其实也正是地处山野的指南村得天独厚的优势。

指南乡宴的缘起，据复原"指南十八碗"的村老书记、六十多岁的朱文校说：过去老辈人手上，每年到了谷雨季节，也就意味着农忙季的来临，指南村村民除了祭祖，还要制作丰盛的"十八碗"，诚心诚意地请来帮家里采茶、挖笋、种田的亲戚及帮工们吃一顿开工饭。久而久之，这十八道美味佳肴就成了指南村待客的首选，成为代代传承的美食经典。只是由于一些历史原因，传统指南十八碗宴席消失了近七八十年。为了传承，朱文校查阅史料、走访老人，反复尝试，终于将其复原。

十八碗的菜单为：粽叶清蒸土鸡、老鸭炖石笋干、紫苏小溪鱼、梅干菜扣肉、猪蹄炖黄豆、猪藤吊蒸火腿肉、笋卤浸肉、八宝菜、野生水芹菜、高山马兰头、小鸡草、野胡葱炒鸡蛋、烟熏猪头卤油豆腐、观音豆腐、土罐苋菜梗、莫氏咸笋、五彩指南等。

十八碗中名气最大的是临安特色菜老鸭炖石笋干。关于这道菜还有一个典故："钱王自立为吴越国。天宝元年，巡游衣锦军，乡邻以王侯鼎食之礼相迎。宰老鸭烹煮，配与临安天目笋干，辅以出壳雏鸭置于四角，取老幼同堂，四方同喜之意，乃有钱王四喜鼎之谓。"从"钱王四喜鼎"这道菜可依稀看见老鸭炖石笋干这道菜的雏形。做老鸭炖石笋干，要选取两三年养殖的溪坑老鸭，以及以"清鲜盖世"的天目石笋干为原材料。具体的做法也简单，先将石笋泡发后，再将老鸭和配菜放入砂锅，倒入高汤，调料调味，大火烧开后，用文火慢炖。这样做出来的老鸭肉质酥烂、鲜汁浓厚、营养丰富。

烟熏猪头卤油豆腐。材料取自指南人用来请菩萨的烟熏猪头以及自家做的油豆腐。朱文校说，过去每年到了年脚边，指南村家家户户都会做三板豆腐，一板留着吃白豆腐，另两板用来制作油豆腐。烟熏猪头卤油豆腐是指南人过年常见的菜，先将烟熏过的猪头肉炖成肉汤，然后将风干多日的油豆腐放进汤汁熬制。这样做的佳肴汤香四溢，肉质鲜美，别有风味。

猪藤吊蒸火腿肉。猪藤吊是紫藤花的土名，春天的山头上常见，它的茎叶可药用，花瓣晒干后可炒作菜食，美味堪比素八珍。做这道菜前，要

指南十八碗 指南村村民供图

先将紫藤花干用清水泡开洗净，然后把土制火腿切成薄片，覆盖在花干上，上锅蒸熟。这道菜不仅花香馥郁，还有养身的功效。

莫氏咸笋。据传是指南莫氏发明的一道特色笋菜，原料为刚挖起的新鲜黄泥毛笋。将黄泥笋去壳以后，取最鲜嫩的部分，先用大火煮两个小时，接着放在竹架上用炭火烘干，再用野石笋熬出的笋卤汁小火炖三小时，取出后放入陶缸里压。食用时先洗净，切成小片，用菜籽油翻炒。莫氏咸笋脆嫩爽滑，咸鲜入味，特别适宜下粥，有健脾开胃的功效。这道菜曾在2019年"好家风百笋宴"杭州厨神争霸评比中，被评为"名师名菜特金奖"。

八宝菜，又名和菜。将冬笋红萝卜腌白菜黄豆芽鲜藕豆腐干香菇黑木耳老姜等八样菜蔬一起下锅翻炒，加清水大火烧熟起锅。此菜主素，清淡，味带酸且很香鲜，可解油腻，是过去指南农家春节的一款常备菜。八宝菜还有合家团圆，邻里和睦，万事和顺，八方进宝之意。

卻氏苋菜算是一种腌泡菜。咸菜的腌制方法有很多，指南村腌制的卻氏苋菜算是较为独特的一种。当地人把新鲜的花生浸泡一段时间，然后同苋菜梗一起腌制，再加入盐、醋、辣椒等佐料，口感丰富，爽口又入味。

观音豆腐，又名柴叶豆腐或草灰豆腐，制作原料需要山上一种叫"观音树"的叶子。关于这个名字，还和村里回龙庙中的观音菩萨有关。相传，有一年指南村发生饥荒，山上连树皮草根都吃光了，观音菩萨见了于心不忍，就化成一位白衣农妇，带领指南村人上山摘取一种柴木的树叶，教他们取汁做豆腐。全村人因此熬过了饥荒，为了感谢白衣农妇，人们就去黄泥塘中烧香拜佛，为她添寿，结果当村人进入庙的第二进，来到观音菩萨像前，正要跪下来拜时，才发现观音菩萨笑眯眯地看着他们，这时大家才恍然大悟，原来是观音显灵救了村里人。后来，指南村人就把这种豆腐称为"观音豆腐"。

观音豆腐的制作十分特别，从山上采来的观音树叶子，将其洗净放在锅里或桶中，倒入开水，不停地搅拌搓揉。待锅里的汤汁有些浓稠后捞出叶子，取一容器，铺上一层比较细密的过滤纱布，将树叶汤汁过滤。再取草木灰用棉布包着在清水中反复搓揉清洗，然后将洗好的草木灰水倒入观音叶浆水中不停地搅拌。待搅拌均匀后让其静置凝固，凝固后的观音豆腐呈半透明状的墨绿色，像果冻般柔滑有弹性，并散发出一丝丝独特的树木的清香气。烹调观音豆腐时可多加点油，掺一些红辣椒以及重口味的调料，一起下锅煮。这道菜清新滑口，富有营养，具有清热、解毒、下火的功效。

十八碗中的几道时节蔬菜，其实并不固定，讲究跟随山野的变化而变，水芹菜、野马兰头、芝麻菜、小鸡草，山里出什么就做什么。饱吸山野灵气的野菜，特别甘甜，不需要多余的调料，只需放油翻炒，几分钟就柔软，加点盐便起锅。吃在嘴里回味在心里的丝丝甜味，让每一个吃过的人念念不忘。

还有一道主食叫五彩指南，指的是指南山上产的五种健康又美味的杂粮：麻糍、红薯、紫薯、南瓜饼、玉米。五种杂粮拼在一起就像指南的秋色一样，五彩缤纷，寓意着苦尽甘来，越变越美的生活。

指南十八碗，最大的讲究就是一个字："土"，鸡土鸭也土，猪必须是农家自养，蔬菜不是自己菜地里种的就是山上长的，野鱼是当地小溪石涧里抓的，来自大自然的馈赠，保证了食材的新鲜，保证了原汁原味、醇香鲜美的口感。

现在，指南十八碗是临安区的十大知名乡宴之一，上过《杭州美食》杂志，2018年上海电视台专程前来报道。2020年春，央视《家乡至味》栏目来到指南村，拍摄了指南十八碗从山野走上餐桌的全过程。画面中，指南村如画如诗的美丽景色、淳朴厚重的风俗民情与风味独特的山野美食相得益彰，给人留下了特别难忘的印象。

时近重阳，秋意渐浓。黄山栾、乌桕、红枫、银杏开始晕染秋天的颜色，让人想起了指南村古木的美色，在深秋的雾岚里在夕阳的暮色中，美丽的指南古村正用一片经霜的红叶给人们写信：秋色醉人，可缓缓归矣！

参考文献

1.〔清〕彭循尧:《临安县志》,上海书店出版社,2000年。

2.王建华:《天目风俗谈》,浙江人民出版社,2023年。

3.浙江省临安县政协文史工作委员会编:《天目山古树趣谈》,1991年。

4.杭州市临安区地方志办公室:《昌化县志》,浙江古籍出版社,2017年。

最忆杭州

杭州市人民政府地方志办公室

心安吾乡：
杭州乡村记忆

风景旧曾谙

2

◎ 何淑芳 著

杭州出版社

图书在版编目（CIP）数据

心安吾乡 ：杭州乡村记忆 . 2，风景旧曾谙 / 何淑芳著 .

杭州 ：杭州出版社， 2024.12. -- ISBN 978-7-5565-2645-1

Ⅰ . I25

中国国家版本馆 CIP 数据核字第 2024B2N691 号

《心安吾乡：杭州乡村记忆》编委会

主　　　任：王紫升

副　主　任：蒋文欢

主　　　编：李辉毅

执 行 主 编：王惟惟

委　　　员：刘克敌　董林生　王建新　蔡建明　李海伟

目 录

梅蓉村原名九里洲，又名梅洲，小名洲上，位于浙江省杭州市桐庐县桐君街道，距桐庐县城十千米左右。晋以前已有人定居，后迁者来自各地，范围甚广，姓氏各异。

梅蓉村坐落于富春江北岸，因泥沙淤积而成，古时是赏梅胜地，引得文人争相赞颂。村内现有古建筑八十余处，以罗家大屋最为精美。2019 年 6 月，梅蓉村被列入第五批中国传统村落名录。梅蓉村先后被评为浙江省"一村万树"示范村、浙江省 AAA 级景区村庄、浙江省省级引领型农村社区、浙江省乡村振兴示范村、浙江省第三批未来乡村等。

梅蓉全景 徐昌平摄

　　在杨梅成熟的季节，从污泥口方向去往杭州的路上，路边摆出很多的杨梅摊位，那可是梅蓉的杨梅！迫使匆匆赶路的人停下车，买上一篮解馋。嘴里裹着酸甜饱满，懵懂之中似乎明白了"梅蓉"村名的由来。

　　"浙里富春·那么乡田"2021中国桐庐山水艺术季在梅蓉启幕，其间的柴埠大桥道旁，一块巨幅广告牌引人注目，成功吸引了众多游客的目光。这幅广告牌巧妙地融合了乡村与艺术，其简洁而富有深意的文字仿佛拥有一种魔力，紧紧抓住了人们的心弦。原来村庄入口就在柴埠大桥的另一头，桐庐人不仅对家乡多了一份了解，也对乡村有了新的认知。后来2023中国桐庐山水艺术季主题宣传语"在富春金黄的日子里"，同样以其丰富的色彩和简洁的表达，成功地传递了乡村的独特情境，展现出了强烈的乡野艺术魅力。深入探究历史发现，梅蓉村很早就有了超凡脱俗的美。

　　千百年来，梅蓉村以其独特的自然风貌和人文景观吸引着无数游客前来探访。无论是那如诗如画的田园风光、诗歌遍地的人文风情，还是那古朴典雅的古建筑，都让人流连忘返，仿佛置身于一个远离尘嚣的世外桃源。今天，那些混迹于职场深感疲乏的现代人到了此处，更是会产生在此地定居的幻想。

一、梅话洲上春

　　梅蓉村最初是富春江中泥沙汇聚的一个小沙洲。那时候，她的名字还不叫梅蓉，叫九里洲，当地人亲切地称"洲上"。

　　富春江昼夜不息，水流运动冲积而来的泥沙汇聚，在江面形成了一个又一个的沙洲，使得富春江宽阔的江面没有一览无余的单调。民间有传说，王母娘娘身边的贴身侍女巧姑，对神仙口中的凡间心生好奇，溜出天门，见富春江江水清澈，游鱼灵动，一时心生妙意，拔下头上玉簪，随意点了几下，几块石头落入江中，变成大大小小的沙洲。巧姑贪恋人间美景，从此就隐在这山水间。有人说，这神仙都羡慕的沙洲，就是富春江结出的果实。

整个九里洲自滩上而下至小江口，洲长约九里。历史上流行"十里洋滩九里洲"的说法，九里洲之名因此而来。

九里洲后来渐渐叫作梅洲、梅蓉，是因为这片沙洲壮观的梅花风景。至今，梅蓉之名不足百年，梅洲之名不足三百年，而洲上、九里洲之名已逾千年。据传典籍《艺文志》载"梅蓉有梅一万支"，这句引文很多官方资料里喜欢引用，但是"梅蓉"之名从何而来，难有原始史料可寻。

不过梅蓉村数万枝梅的盛景在历史上确确实实存在过。长江中下游是我国重要的梅产区，尤其是苏、湖、杭、越一带，宋代以来一直是栽培梅花的中心。梅蓉村不是今天才变成旅游胜地，早在九里洲时期就是一个令人向往的梅花名胜。洲上梅花闻名，大约开始于清康乾时期。清康熙二十一年（1682）童炜《桐庐县志》于九里洲条下尚无梅花记载，而在清乾隆二十年（1755）金嘉琰《桐庐县志》中，即可见到"居人多植梅树，春日花开，疏影横江，清芬袭人，九里一色，觞咏极多，桐邑之胜境也"等增补内容。梅蓉的梅花，开百花之先，独天下而春。重瓣的梅花熬过严寒，开在纤细却韧劲十足的枝上，千朵万朵，摇摇欲坠。聪明的赏花人，热衷于梅花的幽香里看完春天。遍洲的梅花齐齐开放，甚是壮观，自然成了人们赏花的胜地。

梅蓉村种梅，其实系无奈之举，全是因地理环境和生活所迫，所幸梅树生命力顽强，容易存活在九里洲的沙地，一方面用于保持沙土不致流失，另一方面又能带来些许收益。自清乾隆十五年（1750）后，梅蓉村于平地遍种青梅，山上多种杨梅。1931年，梅蓉村仅青梅就年产五十万公斤，百

① 桐庐县地方志编纂委员会办公室编：《桐庐微村志》（第一辑），方志出版社，2016年，第8页。
② 〔清〕乾隆二十年（1755）《桐庐县志》。

姓之财用，大半依赖梅。① 粗质如沙的生活里，梅不知道有没有安慰到埋头耕作的人们。

梅花冬季迎霜开放，二月结子，三月梅子挂满枝。梅蓉人的农谚中有"三月三，梅子尝咸淡"。到六七月份，梅子就从树上被采摘下来。青梅在我国有着广泛的用途。入药已有逾三千年历史，李时珍在《本草纲目》中记载，"梅"有下气安心、止咳止痛等功效；青梅独特的酸味又可作为调味品，《尚书·说命下》记有"若作和羹，尔惟盐梅"；青梅煮酒，梅制蜜饯，梅又可以制作成饮品或零食供人消遣。老梅不结子，基本只剩观赏价值。梅洲的梅子，除了鲜果，大部分用于熏制乌梅。一到采梅季节，洲上人忙得不可开交，采的采，熏的熏，烘灶不下百只，一时间烟熏火燎，空气中夹杂着炭火和熏梅的味道。

种梅的村民没有想到，他们赖以生存的梅树，吸引了从富春江上漂荡过来的客船。这些船上走下来一个又一个穿着讲究的文士官员，为了赏梅，他们还大费周章地建起了赏梅亭、望梅亭。历史形成的赏梅之风，不管是梅农无意为之，还是得益于诗人们的"穷酸"爱好，都在无形之中塑造梅洲，塑造梅洲人。花瓣粘上诗的鞋履，"梅洲"的名声也就此跟着出去了。

一时间，九里洲问梅，洋洋洒洒，蔚然成风。

唐代诗人方干曾离梅蓉这么近，自然不会错过，他的"洲上春深九里花"② 一句已经给家乡的梅花盛景做了证明，你看他称梅蓉的小名"洲上"，俨然一副自家人口吻。

元代爱梅如痴的王冕，一生种梅、咏梅、画梅，诗品、画品、人品都与梅契合为一。性格孤傲的王冕绝意仕途，千里远游至梅洲，在梅花不同俗艳的品质中找到与梅惺惺相惜的自己。你看他的《白梅》："冰雪林中

---

① 桐庐县地方志编纂委员会办公室编：《桐庐微村志》（第一辑），方志出版社，2016年，第8页。

② 〔唐〕方干：《思桐庐旧居便送鉴上人》，《方干诗集》，文汇出版社，2018年，第144页。

著此身，不同桃李混芳尘。忽然一夜清香发，散作乾坤万里春。"^① 清代诗人张芸，乃雍正初年桐庐县令张坦熊之子，在九里洲望梅亭小憩时，也尽兴写下了《九里洲》："凌风却月是梅花，冷蕊疏枝态自嘉。九里沙洲梅不断，残香犹在野人家。"^②

"野人家"以种梅为生本系无奈之举，却给无数文人墨客提供了灵感来源，梅洲的沙土地里蒸腾着万千诗情画意。

清代浙江巡抚阮元曾陪同父亲同游梅洲，此事记录在他督学浙江时期编录的悠游唱和之作《定香亭笔谈》里：过富春数十里，未至桐庐，有九里洲，丁巳春，余侍家大人至此，值梅花盛开，青山隐天，澄江东泻，居民种梅花为业，花满九里，约三万株。家大人云：余足迹半天下，从未见此香雪海。^③清嘉庆五年（1800），阮元又写下了《桐庐九里洲看梅花四首》，其中"九里江州好画图，梅花曾见此间无"^④之句可见其对九里洲的喜爱非同一般，一幅花满九里洲、三万"香雪海"之画面成为后人脑补无限的奇妙胜境。

清代张图南也在《偶游梅花洲记》中记录了当时梅蓉的自然风貌，言道洲上梅花烂漫如雪，芳气益浓，堪称人间天上，认为此处虽没有苏杭之盛名，但就美之密度而言，花开胜景和嗅觉芳香，梅花洲竟可以胜西湖一筹。

如此看来，"九里花开江上村"，梅洲的春天开在了很多人的心里。对梅花胜景的喜爱，也使很多人萌生了要来此定居的想法。当年大诗人陆游自江西被弹劾罢官之后，乘船返乡，路过九里洲，留下这首诗："桐庐处处是新诗，渔浦江山天下稀。安得移家常住此，随潮入县伴潮归。"^⑤而林则徐一生也多次来到九里洲，这些足迹散落在他的日记中：

---

① 周啸天著：《中国绝句诗史》，四川人民出版社，2019 年，第 458 页。

② 程杰：《中国梅花审美文化研究》，巴蜀书社，2008 年，第 235 页。

③ 〔清〕阮元：《定香亭笔谈》（卷三）。

④ 程杰：《中国梅花审美文化研究》，巴蜀书社，2008 年，第 236 页。

⑤ 桐庐县文学艺术界联合会编著：《潇洒桐庐古诗选析》，北京日报出版社，2018 年，第 193 页。

道光五年三月十四日(即公元1825年5月1日),过九里洲泊,舟入梅花村,见梅树数万株,如遇花时,则岭南、邓尉皆不足言矣。村中柯、俞两家为大姓,拟嘱其代觅一椽,为异日栖迟计也。①

"代觅一椽""为异日栖迟计",这与清代"诗佛"江西人吴嵩梁同一个心思。且看他的《纪游图序·富春梅隐》:

九里洲在富春山水佳处,计亩种梅,可得三十万树。花田茅屋,寝食俱香。余欲投老于此,因刻"梅隐中书"私印,题所居曰"九里梅花村舍"。②

他更是在《九里洲梅花歌》序中表示,欲移家于此,自署为"香田老农",要"饱看梅花过一生"。

后桐庐人周天放、叶浅予潜心考察,编写了一本《富春江游览志》,实为桐庐旅游指南,其中赞誉梅洲:春日花开,疏影横江,清芬袭人,九里一色,实乃桐庐之胜景也。

陆游、林则徐、吴嵩梁终究离去,但是有人真的来了。晚清的廪生、原籍湖州的民间书法家龚树标来了。明正德年间(1505—1521),其先祖做生意乘船经过桐庐,被洲上梅花所吸引,立意迁徙梅洲。不久,他真的携一家老小告别故土,来九里洲"与梅相伴"。龚树标爱梅入骨,酷爱舞文弄墨,他的书法犹如梅花一般骨骼清奇。现存于梅蓉郭侯王庙中的一副古色古香的匾额上,还能看到龚树标题写的"梅古堂"。他在自己屋后建了一座很大的梅花园,成了梅蓉村的风雅之地。每当梅花傲雪,龚树标都会邀请一些文友来一场文人雅集,吟诗作画,喝茶赏梅。龚树标一生写过

① 〔清〕林则徐:《日记卷》,《林则徐全集》第9册,海峡文艺出版社,2002年,第4339页。
② 程杰:《中国梅花审美文化研究》,巴蜀书社,2008年,第236页。

很多的咏梅诗，他还组织文人墨客，发起了创作"梅洲十景"诗歌，"十里洋滩九里洲"就来源于他的《江中独秀》。也许是龚氏对梅洲特有的情感成就了一片文化高地，这片高地庇佑了他，1955年，龚树标病逝两天后，一场特大洪水就吞没了村庄，一片废墟中唯有他的房子依然屹立，等到大水过后，家人将他安葬在梅蓉的山上。这在梅蓉村也传成一段佳话。

从古至今，富春江的美丽早已被无数诗人所歌颂，这条滔滔不绝的江河仿佛有着神奇的魅力。一旦你投入她的怀抱，便会沉醉其中，无须再用言语来表达内心的感受。你所发出的赞叹，其实早已被那些先辈用诗歌诠释得淋漓尽致。在富春江的画卷前，我们只需保持安静，静静地感受这份美好。用心去看，你会发现沿岸的青山郁郁葱葱，树影婆娑，层层叠叠，仿佛是大自然精心堆叠的一幅幅立体画卷。用心去听，你会听到江水潺潺，仿佛在低语，诉说着千年的故事。而那白云、山峦、色彩、水文，无一不是重重叠叠，组合交织在一起，构成了绚丽多姿的水墨丹青。

当你仔细端详这些富有层次的自然创造，便心领神会，国画里的远近笔法并不是一种技巧，而是对自然的写实。所谓深远、高远、平远，所谓近大远小、近实远虚、近重远淡，在梅蓉，在富春江畔，都能找到依据。

南北朝文学俊才吴均在给好友朱元思的信里这样写道：

> 风烟俱净，天山共色。从流飘荡，任意东西。自富阳至桐庐一百许里，奇山异水，天下独绝。
>
> 水皆缥碧，千丈见底。游鱼细石，直视无碍。急湍甚箭，猛浪若奔。
>
> 夹岸高山，皆生寒树，负势竞上，互相轩邈，争高直指，千百成峰。泉水激石，泠泠作响；好鸟相鸣，嘤嘤成韵。蝉则千转不穷，猿则百叫无绝。鸢飞戾天者，望峰息心；经纶世务者，

窥谷忘反。横柯上蔽，在昼犹昏；疏条交映，有时见日。①

　　这一首骈体而作的富春山水小品只一百多字，却赢得古今无数人的共鸣。富春江沿岸的人们在这篇小文中找到了认同和自豪，他们一辈子辛苦劳作的地方，确实值得被古今无数文人墨客推崇。富春江啊！她不属于任何人，她又属于任何人。江是一个巨大的容器，装下了泥沙河水，装下了天地日月，装下了文人墨客的诗意情仇，还装下了沿岸及洲渚上村落百姓的人生百态。

　　至于春夏之交的梅蓉村，更是美得如诗如画。看两岸青山相对开，富春江数千年如一日川流不息。江水的冲刷与滋养，使得这片土地充满了独特的韵味。浓密繁茂的老树古藤，沿着江边生长，见证了村庄的沧桑岁月。江面上，渔船的划水声与清风的吹拂交织在一起，构成一首宁静而悠扬的田园牧歌。沿着富春江绿道漫步，一侧是静谧的江水，另一侧则是幢幢农家别墅小院，房前屋后绿植缠绕，果木相依，呈现出一派祥和与宁静。山峦叠翠，田园如织，村庄、树木、江水等元素和谐共生，宛如一幅生动而细腻的田园诗画。桃花、梅花、油菜花，各种色彩交织在一起，形成了一幅五彩斑斓的画卷。绿树成荫，稻花飘香，每当微风拂过，都能闻到那淡淡的稻香和花香，让人心旷神怡。在这里，你可以放空一切，听涛漫步，望碧水东流，感受大自然的恩赐。

　　梅蓉，过去是富春江水路上的必经之地。历代文人墨客如谢灵运、李白、杜牧、孟浩然、范仲淹、陆游等一千多名诗人不仅游历了富春江，而且还留下了三千多首传世之作，涉及九里洲的就有两百多首。历代先贤名士、文豪画匠慕名而来，梅蓉都在岸边静静矗立，诗词华章和众多山水名画中必然有她的身影。她是黄公望传世名画《富春山居图》的灵感来源之一，

①〔南北朝〕吴均：《与朱元思书》，载自《桐君山诗文选》，北京日报出版社，2020年，第183页。

她以梅花源塑造成五柳先生《桃花源记》中的同款秘境，她是陆游诗句"桐庐处处是新诗"的意象，反反复复四季轮回地绽放。

　　这些诗句就像梅花，开满了九里洲。梅蓉本土诗辑《九里洲诗集》中收录多达一百六十一首诗歌。梅蓉的诗情画意，竟然形成了中华文化中独特的咏梅诗奇观，也成了富春江山水诗路上浓墨重彩的一笔。桐庐乃中国山水诗的发祥地之一，富春江一隅的梅蓉，在这千年诗乡中争奇斗艳，独树一帜。

　　因九里洲占据着绝佳的地理位置，在文人看来这里就是难得的诗与远

富春江梅蓉段　徐昌平摄

方。富春江匍匐在她的脚下，长王山伸展双臂从身后环绕，从勘舆角度上说，她真正地是一块背山面水的风水宝地。人与江水为伴，以捕鱼为生，面对辽阔的江面，脚踏船头，头顶蓝天，自由自在，无比闲适。而对于洲上的人来说，诗意其实就是他们的日常生活，他们也许知道诗意无须刻意追求，无须费心经营，它虽然敏锐地触动人心，却无法为他们解决温饱之困。他们在这片土地上谋求的，不过是能够代代相传、得以安稳生活的家园。在他们眼中，现实生活的艰辛与诗意的浪漫往往是两条平行线，难以交汇。他们更看重的是脚踏实地，用勤劳的双手去创造属于自己的幸福。

据嘉靖《桐庐县志》、康熙《桐庐县志》及乾隆《桐庐县志》载，当时除了南边的富春江，北边还有一条小江，系富春江的分支。江中洲渚，宛如一颗镶嵌在碧波荡漾江面上的璀璨明珠，四面环水，地形奇特，两头高耸入云，中间则低洼如谷，恰似一只轻盈飘逸的小舟在江面上随波逐流。这条江不仅滋养着洲上的每一寸土地，带来丰富的生机，更是连接着外部世界的桥梁，为洲上的人们带来了无尽的希望与机遇。同时，他也是一位严厉的导师，教会人们如何在生活的激流中勇往直前、急流勇进。九里洲的命运，始终与这条江紧密相连，它的兴衰荣辱，都深深地裹挟在这条江水的波澜壮阔之中。

小江曾经有好几个埠头，埠头的一端连着江，一端连着岸，村民日常在这里洗洗刷刷，江水把尘世的污垢都涤荡干净。不论是蔬菜瓜果，还是浣洗衣物，清洗农具，村民累了歇在树底下，闲时在这里唠唠家常，夏季在这里拧把毛巾就能洗澡。岸边的杨柳树倒映在水中，平平常常的日子，虽不伟大，但合乎人性。

九里洲，这片独特的江中洲渚，与富春江有着不解之缘。它深知富春江的脾气，时而风平浪静，宛如一位温文尔雅的君子；时而风急浪高，又似一头狂暴的野兽。当洪水汹涌而来时，那湍急的江水如同离弦之箭，浪花翻腾，犹如万马奔腾，险象环生，让人不寒而栗。然而，正是对富春江脾性的深入了解，使得船夫们能够游刃有余地应对各种挑战。他们懂得避开大风大浪，选择风平浪静的小江前行，最终抵达埠头，在九里洲上短暂停留。这里仿佛是一个安全的避风港，让人们在经历惊涛骇浪之后能够找到一丝安宁。

九里洲与富春江的关系，既是一种挑战，也是一种依存。它们相互磨砺，共同成长，共同书写着这片江域的传奇故事。洲上离桐庐县城十千米左右，算是刚刚好的距离，太近的话船只就会一鼓作气前行，无须停靠于此，而洲上是一个刚好可以停靠的小港。外来船只绕过曲折的江湾，行进小港，真有一种"人行明镜中，鸟度屏风里"的愉悦。村前富春江浪打浪，村后小江船挤船。如此便形成一个奇特繁盛、号称"小杭州"的景观。明万历六年（1578）《严州府志》就记载了这种情形：在县东二十五里，江分燕尾，绿荫桑麻，北有小港，其衺九里，居民擅鱼薪之利，号小杭州。①

九里洲拥有着自己的三条渡船。对于村民们而言，这些渡船不仅仅是交通工具，更是连接外界的重要纽带。村民们需要外出办事时，便依靠这些渡船在江上，往返于洲上与江岸之间。村里的老辈人还能依稀记得，过去的小港，港面宽阔，有五六十米之宽。那时，江水清澈，波光粼粼，小港是村民们出行的重要通道。然而，随着时间的流逝，泥沙不断积淤，小港的江面日渐变窄，失去了往日的宽度。小江上再也无法行船，取而代之的是一座座小木桥。这些木桥虽然简陋，却承载着村民们日常出行的重任。那时富春江的水路运输，就是桐庐的交通主动脉。九里洲小港的盛衰，无形中见证了桐庐商贸发展。到底什么样的情形才能称得上"小杭州"？商贸的足迹已不可寻，只能去寻文章记载。

如今的梅蓉早已融入陆地，当初的小江早已消失，埠头、渡船、木桥都成了老一辈人的历史，承载着村民们对过去的回忆和对未来的期待。它们见证了九里洲的变迁，也见证了村民们生活的点点滴滴。年轻人只能从

---

① 程杰：《中国梅花审美文化研究》，巴蜀书社，2008年，第234页。

爷爷奶奶的絮叨里，去了解他们的日常。

泥沙淤积的九里洲，沙地多而耕地少。沙地上缺少种植条件，也只能种点大小麦、玉米、高粱，人们只能靠粗粮填腹。过去旱涝交错，十年九荒是常有的事。当地曾经有民谚：十里洋滩九里洲，庄稼十年九无收。米桶一年空到头，有女不嫁九里洲。这是九里洲民众穷困潦倒最真实的写照。

外地如果有女孩要嫁到九里洲，娘家为了让女儿有饭吃，不惜陪嫁几亩田。一份田契，就是最好的嫁妆。曾经有一段时间，梅蓉村积累了分散在桐庐、富阳、新登三个县的陪嫁田达五百余亩。地不在跟前是最麻烦的事，春耕秋收，一到农忙时节，村里人就浩浩荡荡扛着农具，搭乘村里自有的渡船，外出至村外其他"三县二十四乡"的耕地耕作，形成独特的"走耕文化"。最远的田地有几十里路：去，要把肥料、种子、农具扛出去；回，又要把稻谷挑回来。路途遥远，交通又不便利，往往花了大力气耕种，但收成并不怎么样。

"饭在腰里，喝在吞里，鸡叫出门，摸黑回家"，劳作之苦，老一辈人一辈子都忘不了。天蒙蒙亮，村里的三只渡船就满载着外出耕作的人。他们带着饭包，穿着草鞋，种完一块地，又急急忙忙赶去另一块地，日行起止万步。回村之时，渡船载着疲惫空洞的身躯，人人手上满是粗糙的老茧，肩上全是一碰就痛的水泡。"谁知盘中餐，粒粒皆辛苦"，小娃儿很小就会《悯农》，梅蓉人格外珍惜碗里的米饭，他们看得见长辈如何从土地里刨出一碗饭来。

纵使千般不容易，每年的汛期一到，九里洲这艘"漂"在富春江的小舟又要惶惶不可终日。由于临江之环境和两头高、中间低的地形，民众只能全靠老天的脸色吃饭。"三点毛雨水上灶，三个日头脚起泡。"连日下暴雨，中心地段积水洪涝，一段时间不下雨又是旱灾。旧时，每一个梅蓉的孩子从小必学两件事——游泳和爬树，原因是那时常席卷而来的洪水猛兽。

一轮又一轮水旱灾害，让这个村里的人来了又离开，长此以往，梅蓉村的姓氏比桐庐其他的村庄都要杂一些。孙家、戚家、陈家、王家、店坞、前江、龚家、徐家、罗家、舒坑、滩上十一个自然村，姓氏各异。现在以孙家、王家两个自然村最大。每一个姓氏家族历史的齿轮，都因为洪水发生了或荣或枯的变动。家族始祖在洪水中大部分已不可考，也说不清村庄起源于什么时候，只知道晋以前就有人定居此地。

看山如观画，游水如读史。山的起伏，水的绕行，自然早就把鲜明的一课摆在眼前，变化起伏才是世间常态。从古老的村落到如今的繁华景象，经历了无数的风雨洗礼和岁月沉淀，梅蓉村的历史曲线，就暗暗地呼应着自然。这般山水这般曲线所塑造的梅蓉人，就像当地的梅一样耐寒坚韧。

二、老屋守流年

罗家大屋是梅蓉的骄傲。它是梅蓉众多古建筑中保存最完整的一处，很长时间里，作为梅蓉的会客厅存在。罗家大屋，不仅是一座建筑，一部活着的历史，更是一部立体的文化。它见证了家族的兴衰荣辱，也承载了江南水乡的深厚底蕴。在这里，我们可以感受到历史的厚重，也可以领略到文化的魅力。

听着"罗家大屋"这名字，就知道其位置当在罗家自然村。穿过拥挤的弄堂，脱落着墙皮的低矮民房和新式的装修靓丽的现代民房，相互对照，老与新存在于一个容器里，令人恍惚。罗家大屋周围显得格外空旷，似乎前后都为其所让。这座于1914年诞生的建筑，已经走过了百余年的风雨历程。令人惊叹的是，它的外貌依然年轻而充满活力，仿佛时间在这里放慢了脚步。不像弄堂里的那些房子碍于空间狭隘而不得已跼缩着，罗家大屋仿佛是没有阻碍地生长，长胳膊长腿，立在那里，绝对醒目。

这座一百来年的房子，竟然显得十分年轻，我知道这是重新粉刷的效果。白墙黛瓦，马头墙高耸，清清爽爽，宛如一位标致的人儿，在建筑群中脱颖而出。它故作沉默，却又气质不凡，让人不由得为之倾倒。穿过青石条门，仿佛穿越时空，两层十间两厢的布局，中开天井，典型的江南古建筑风格。阳光透过天井洒下，照亮了整个屋子，也照亮了历史的印记。内里雕梁画栋，精美绝伦。那些雕刻以戏文故事、花鸟图案为主，每一个细节都凝聚了匠人的心血与智慧。这些雕刻不仅具有极高的艺术价值，更是江南文化的生动展现。

花窗上点缀朵朵梅花，这是梅蓉人眼里最美的花吧！据说花窗上的玻璃是当时屋主高价订购的，如今看来毫不起眼的四片玻璃，彼时一定是走在了乡村流行的前头，一定惊艳了乡亲们的眼睛，一定存在于街头巷尾的赞叹声中——罗家这两个人物嘛，当然有这个实力。哥哥罗阿茂乃国民党教官，曾任教于黄埔军校。弟弟罗阿梅，你看他的名字又和梅相关，他一

罗家大屋

"罗家大屋" 梅花砖

"罗家大屋" 牛腿

"罗家大屋" 天井内

生待在这个梅花盛开的地方，买田置屋。哥哥寄回来大洋，弟弟精心谋划，兄弟俩合力分两次建成的罗家大屋，向周围人宣告着罗家的大富大贵。

罗家大屋的辉煌，不只在它建造之初。大屋见过大世面，前方一个方正的小广场，显示出它不俗的气质。罗阿茂的军旅生涯，使得它在北伐战争时期和抗日战争时期都曾被作为官兵驻扎的营地。后来梅蓉轰动国内外的时候，作为村里最好的房子，罗家大屋注定成为接待外宾的重要场所。不知道罗阿茂、罗阿梅两兄弟建房子的时候，有没有料想过房子在见证历史发展的过程中还深刻参与了历史。我们目前看到的大屋，经历了梅蓉战天斗地的艰苦岁月，参与了梅蓉改造自然的"计划书"和"路线图"，已然成了梅蓉的代言人，向每一个走进来的人讲述梅蓉的峥嵘岁月、乡贤传奇、诗情画意。

大屋不远处，是罗家村口七百多年的古樟，断了一只胳膊，露出了时光雕刻之后丰满的年轮。然而你看它经历洪水、战乱之后，树冠依然庞大，沉静而通透地活着，久远的时光浪里淘沙，最终留下来的，相信都是福气凝聚的所在。

梅蓉村的各个自然村散状点缀在各处，每个自然村都被一片田地菜地包围着，从罗家大屋到郭侯王庙，要走一段距离，因为郭侯王庙位于王家自然村，需要穿过一大片田地才能到达。当然如果不赶时间，天气舒适的话，心情又不一样了。村与村之间的道路宽阔又平整，航拍下的村庄俨然像一艘船，江岸的弧线勾勒出美丽的弧度，其间参差不齐排列着现代房屋和古建筑。

值得一提的是郭侯王庙。明万历六年（1578）《严州府志》有记载，郭侯王庙，在县东南二十五里，地名舒湾。万历四十二年（1614）《续修严州府志》［清顺治六年（1649）重刊本］、清乾隆二十一年（1756）《桐庐县志》、1926年《桐庐县志》中都对郭侯王庙有记载。寥寥数语，却已衡量了小小神庙的分量。就其建筑范围来说，在一片耕地之间显得面积并不大，民间平常称其为"大庙"，系由梅蓉邻近六村村民共建，以供奉唐代良将郭子仪夫妇、张巡和许远。称其为大，村民对忠臣良将的尊敬之情溢于言表。

郭侯王庙没有和其他的房子集中在一起，在它的旁边是梅蓉小学。庙在新中国成立前后一段时间内开设过学堂，这样就不难理解，一座庙和一座学校竟然挨着。庙是某种形式的"纪念和教化"，庙门口的石碑和盘托出建庙的由头，"国之立，必有忠臣良将出，保社稷、安百姓，后世敬重，推为神祇"，郭侯王的历史故事已经模糊不清，但丝毫没有影响到敬奉的人。民俗信仰在不知不觉中实现了教育的有形化，祈福的人格外恭敬，道德良善，洒扫庭除，孝敬老人，生怕自己做的不入神仙法眼。

郭侯王庙重修再修的历史被铭记，自清嘉庆十二年（1807）重修，距今已逾两百年。清光绪三十一年（1905），乡人孙云章、孙桂林等募捐再修，1927年重修，2002年再修，2014年4月，梅蓉村举行郭侯王开光祭祀大典。郭侯王庙的木构件上有装饰性彩绘，牛腿、梁托、雀替、猫梁上，蓝、绿、红、白，村民表达情感和审美的方式粗拙又热烈，牛腿峰头分别书写"风、调、雨、顺、岁、岁、平、安"八字，是梅蓉人最简单也是最诚挚的要求。每年5月6日桐庐百姓日，村中六十岁以上的老人聚在此地，享受免费的"孝老幸福餐"。

平常的日子，郭侯王庙是锁着的。在它的侧手边，有一个小小的神位，供奉着的就是郭侯王，非重大节日人们就是在这里烧香祭拜。1955年之前，庙内香火旺盛，盛大的梅蓉时节就在这里举办。每逢正月半、八月十八，村民都要杀猪宰羊，将供品抬至庙内。庙内有个戏台，过时节连演三天三夜庙戏，锣鼓铿锵，热闹异常。庙里大小神像十几座，"聪明正直"匾高悬，四个大字是村民对自身的基本要求。

尽管神仙们总是忙碌不堪，但梅蓉人从未停止对神的供奉，同时也在痛苦中深刻反思。他们的命运就如同那在水中漂泊的小舟，每日都受着富

郭侯王庙

春江的掌控。正是这条江，以其独特的方式塑造着梅蓉人的风貌。江水湍急之处，人们展现出更为鲜明的个性，即敢于承担责任，迎难而上。曾经在水位上的退缩，如今换来了坚定的前进，在这进退之间，梅蓉人找到了自己坚定的信念和核心力量。翻阅《九里洲巨变》这部著作，愈发感受到梅蓉村的发展历程，其实是一部与自然搏斗、向天地索取、与命运抗争的壮丽史诗。从曾经的"软绵绵"地躲避洪水灾难，到如今敢于直面挑战、奋勇抗争，无不彰显着梅蓉人的耐受与坚韧。梅花盛开时的诗意与美丽，不仅为大地带来了生机与活力，更锻造了梅蓉人在艰苦环境中坚韧不拔的精神。这种精神，无疑值得被赋予一个响亮的名字——"梅蓉精神"。

三、梅蓉造梦人

农村里水有多重要，无须多言。洲上特殊的地形，既不蓄水又不经晒，虽然住在富春江边，但是不能随心所欲地用到江里的水，不能大面积地发展农业，只能"望江兴叹"。把江水从低处引到洲上来，相信不少人苦于水田灌溉的时候，都曾幻想过如果能有这样的魔法就好了，无奈技术不发达的时代，只能靠肩挑手提。

中国人善于造梦造神话，然后在适当时机实现这个梦或神话，人们都知道嫦娥奔月在现代不只是神话，而是可以实现的现实。可以客观地说，梅蓉"水往高处流"的神话也是按照这个路径去往现实。神话里的抗争同西西弗斯式无尽的循环不同，西西弗斯被迫推着一块巨石向上，但每次即将到达山顶的时候，巨石总会滑落下来，他不得不从头再来，这一循环往复的劳作，似乎没有尽头，也没有希望。而中国传统文化的抗争不是个人的抗争，它是愚公移山式一代又一代人的接续，将去往山顶的路变成接力赛道，总有一个比西西弗斯力量更大的人，推进那关键的一步。农耕社会永远会希望"后继有人"，人是抗争的动力，也是希望的基础。

如果有时光机，我们可以来到 1956 年冬，那时梅蓉人开始将脑海中的设想一步一步变为行动。缺少材料，村民就去河滩里捡石头，然后用木船一趟趟运回来，有时候船翻在水里，人冻得直打哆嗦；缺少资金，农户们把卖鸡蛋的钱都凑上了，家家户户把从牙缝里省下的钱凑在一起；缺少技术，他们会甩出一句当地的谚语："死了张屠夫，难道就吃带毛猪了？"边做边研究，边做边培训，土匠人在数次的失败中不断探索出了牢靠的技术。

1957 年 5 月，第一个抽水机埠在徐家建成。这在梅蓉算是开天辟地的大事，在桐庐也算是首开先例。富春江的水克服重力被驯服，江水抽调上岸的那一刻，全村人都来"看水"，孩子们沿着水渠追着水跑。江水日日在跟前，从来没有像现在这般看过江水，村里如同过年一般喜庆，这水给了梅蓉莫大的成就和鼓舞。旱地被江水滋润之后，梅蓉作物产量就蹭蹭上升，当年除了留足自己的食粮，梅蓉还向国家卖了一万斤左右的余粮。自此之后，梅蓉一鼓作气，又先后建成了机电排灌机渠十七座，电机、水埠配套设备二十三台套，受益灌溉面积达到三千多亩，全村百分之九十的耕地实现了机电灌溉。

开渠饮水的同时，沙地改田也在进行，梅蓉村不再是江上洲渚，原本可以行船的小江不见了，村里人日常使用的桥和埠头消失在历史烟云中，多出来一大片稻田。进村有了一条笔直的大路，梅蓉从一个江上村变成了江岸村，从此以后和陆地融为一体。1958年开始，梅蓉实施"改土工程"，将原本"种种一畈，收收一担"的沙地进行土壤改良。挑塘泥、种紫云英，家家养猪用粪肥田。汗水换来了成效，土壤肥力逐渐提高，原来只能种旱地作物的沙地，如今变成了能种水稻的沃土，1961年梅蓉村粮食亩产超纲要，1982年超双千斤。说起来，这是一个时代的记忆，当时可不像现在有挖掘机、工程车等大型工程设备，完全靠梅蓉村民肩挑背扛人工兴建。工地上热火朝天，"今年挑土，明年挑谷"之类的红色的标语随处可见，高音喇叭宣传激动人心，所有人的信念都朝向新生活。装卸主要用簸箕、用推车，靠肩扛、用手抬，挖方也是一锄一锄地挖，黄泥更是一簸箕一推车地运，夯实则是用一块加工好的方石，靠十几个人用手抛起落下，一起用力，一寸一寸进行夯实，在梅蓉老一辈的回忆里，不难想象一个清晰的场景、一项非常耗费气力的工程，村民带着饭包上工地劳动，依然斗志高昂。

建机渠、改良田、肥土壤、舒坑水库、小港隧道、防洪大堤，梅蓉乘胜追击，对自己的肌肉、血脉、肌肤做了一个新式整形，从此有了线条更加分明的金刚不坏式肉身。2020年的新安江九孔泄洪，下游桐庐严阵以待，梅蓉村凭借几代人完成的水利设施经受住了严峻的考验，安然地稳住了那藏在记忆深处对水旱的恐惧，良田、房屋皆无一损失。

从引水梦想到用水自由，从"米桶一年空到头"到稻穗挂满根、米粮积满仓，从一个江上漂浮不定的小舟变成了富春江左岸新农村的"顶流"，梅蓉走的每一步都令人感动。敢叫荒滩变绿洲，"变"是必然的结果，"敢"

才是梅蓉神话的魂，人是九里洲巨变的关键。在诸多关于梅蓉的书籍里，一些人名被梅蓉永远铭记。开渠饮水的总指挥徐阿罗，第一个管理机埠的人罗长青，第一个掌握电动抽水机的社员陈春根，等等，我们看到这些名字的时候，脑海里已经不是一个个鲜活的个体，而是赤着脚挑着担走在田埂上的父辈群像，他们有组织有目标地去做一件日常而又伟大的事情，烈日和严寒并不能阻挡他们为生活为家园为后代创造便利生活的决心。

令梅蓉人无比自豪的是，早在1963年，北京就派人下来拍摄了纪录片《访梅蓉大队》，如今它仍然在位于梅蓉村罗家大屋的村史馆中重复不断地播放着，还没有进入罗家大屋，就能听到充满年代感的播音员声音。影像里江上船帆点点，梅花开满枝头，农田劳作的社员腿上沾满泥却脚步轻快，抽水机引来的江水如同哗哗的白银，粮食加工厂里电力机器履带不停地转动着，村民丰收富足，露出笑脸，大爷叼着烟袋悠闲地看着报纸或者听着收音机，爆米花嘭的一声爆出来，腼腆的孩童如今已然成了耄耋老人，一幅幅画面无一不让人泛起乡愁。

不只新闻纪录片，1963年2月20日，《浙江日报》头版头条发表题为《富春江畔新绿洲》的长篇通讯，并配发了社论《一个穷棒子精神》。几乎同时，《解放日报》头版报道了《依靠集体征服自然，荒滩变成新绿洲》，1965年8月，《人民画报》刊载了孙毅夫撰文摄影的《为梅蓉创新史》。官方媒体争相使用大篇幅，将梅蓉作为新中国乡村自力更生的样板。在纸媒信息时代，官方头版的介绍使得这个向来穷得被人看不起的地方从此风光起来。可以说，梅蓉的建设是新中国农村建设的历史缩影。

自1963年至1991年，梅蓉接待过来自六十多个国家四十八批次的四百八十二名国际友人，这在那个年代绝对令人称奇。1963年，外交部副部长黄镇陪同二十九个国家外交使节和官员访问梅蓉，从此，梅蓉被定点为桐庐县对外国友人开放的参观单位；1966年，国务院副总理李先念陪同阿尔巴尼亚部长会议主席谢胡前来参观学习，为了留存这个珍贵的历史记

江畔绿洲

梅蓉风光

忆，梅蓉把村口的小石桥命名为"先念桥"，阿尔巴尼亚向梅蓉赠送国旗和"阿尔一号"麦种，来自阿尔巴尼亚的麦种在梅蓉的土地上长势喜人，"友谊麦"大丰收，又继续向其他来讨要麦种的各村传递友谊。此后，阿尔巴尼亚和梅蓉的友好交往活动不断。

梅蓉从那时起一跃站上了国际舞台，它对自己的定位非常明白，就是要向世界展示中国农村的形象。接待外来游客的经验，梅蓉基因里应该是不欠缺的，历代诗人的到来，梅蓉以梅好客，只不过此时有了一些政治上的要求。如何把自己最好的一面展示给外人，对来宾的欢迎仪式怎么进行，怎样应对想抹黑的敌对势力和政治隐患，县里和村里高度重视，不断就可能发生的各种情况进行预演，积累了许多接待外宾的经验。而今不管外宾还是国内游客，不管什么季节来到梅蓉，都能被深深地震撼。

四、舌尖果香浓

梅蓉以梅为名，这里有很多种植大户和培育果树的土专家。洲上的沙地虽然只能种植粗粮，但是梅蓉村种水果倒是得天独厚。据村里人说，从古到今，"十里洋滩九里洲，杨梅生得九旦九"。梅蓉杨梅早在清朝乾隆年间就已经闻名各地，村里几棵年纪最大的杨梅树已经有一百五十多年。百年杨梅树可是个老来宝，越老的杨梅树结出的果子越鲜。如果树太高，不容易够着杨梅，有专用的十八档竹梯子。一棵棵高大的老树，仍然能每年都结出红红的杨梅，梅蓉人的记忆也结在这些梅树上，每年都要泛起一轮游子的乡愁。不管在哪里，到了杨梅成熟的季节，只要想起鲜甜的多汁的杨梅，游子的口水一定会随之分泌！老梅树不服老，大年结得多一些，小年结得少一些，多的时候产量在六七百斤，令人肃然起敬，它们把一生奉献给这方土地，到季节开花，到季节结果，却从来不要求什么。村里的老年人也不服老，在老年食堂门口看到八十多岁的陈来春老人，骑着三轮电动车，从容地上下。梅蓉的宣传片里能看到这位参与了梅蓉的改造、如今又是《九里洲巨变》主笔的老人，眉毛都白了，却依然精神矍铄，停不下来，农村里要忙的事情多着呢！

"春季梅李青蓬蓬，梅李好做落田本；夏季杨梅红似火，夏收夏种能派用；秋季白梨水蜜桃，农具机器添置好；冬季柏子白如银，年终分配喜盈盈。"从这个梅蓉人自己的顺口溜，可知果木带来的收益甚是可观。二十世纪五十年代，梅蓉村成立了新蓉高级社，成立了水果专业队，一手抓粮食生产，一手抓果木生产。专业队种果树就和以往不一样了，不是种下去随它自然生长，而是对果树精心呵护，对品种优胜劣汰，队里到各地购进了一批果树苗木，山上、田头地角种满了白梨、水蜜桃，洲上的一些荒滩改造成果园后，又引进了很多名优的水果品种，比如塘栖枇杷，并进行果木嫁接，培育良种。1963年，梅蓉大队的水果总产量已经达到三十五万多斤。春天，桃花红，梨花白，一片姹紫嫣红，秋天，果木飘香。磕着碰着的，长得没那么好看的，村民们留下自己吃，其余好看的果子均由供销社统一收购，统一销往杭州等大城市。梅蓉的白梨、水蜜桃、杨梅在市场上做出了自己的口碑，有了自己的品牌。当时，凡是听过水果来自梅蓉，都不会错过。梅蓉的杨梅甜中带酸、酸中带鲜。在公路还不发达的年代里，富春江上的机帆船可忙碌了，每日要突突突地装一船新采摘的杨梅到杭州，一般每船平均要装一百多筐杨梅，足足有两千多斤的杨梅，鲜甜的杨梅乘着水路走出梅蓉，去征服外乡人的胃。

杨梅上市的季节只有二十来天，从山上采摘回来后，一日味变，二日色变，三日腐烂。杨梅还有大小年的问题，每逢大年，杨梅产量超过二十五万公斤，而到了小年，只有十五万公斤左右。杨梅怕下雨，一下雨，杨梅就沾足了雨水，就有了虫，且没了味道。三天雨一下，杨梅就统统掉落到地上，掉到地上的杨梅可就不值钱了。

1999年，九里洲杨梅专业合作社成立以后，果农们拧成一股绳，把杨

梅蓉杨梅　邹鸿摄

梅做成了村里的事业。桐庐快递为杨梅事业保鲜护航，大小年就通过科学手段均衡果实的品质，怕下雨则有气象指数保险，梅蓉的果农再也不怕杨梅卖不到好价钱了。到了杨梅采摘季，周边市民喜欢自己去梅树上采摘，吃着刚从树上摘下来的杨梅，那叫一个鲜！

杨梅和酒是绝配。梅蓉的杨梅酒，使用冰糖打底，说是两斤杨梅一斤冰糖，放进陶瓮或玻璃瓶，注入五斤农家自酿的荞麦烧，酒大致高出杨梅，密封三月左右或更久。不过农家人自己浸酒，不会精准到用秤来取比例。所有的比例都在手上、在心里。开坛的时间也在自己心里，待酒坛开封，眼见初始的白酒已经变为剔透潋滟，杨梅的玫红消解到酒中变为绛红色，果味和酒夹杂的醇香，直直地从鼻从口钻入脑中，迫不及待就要尝一口。入口时酒的清冽、梅的甘甜，不免感叹人间值得。夏天杨梅酒解暑，冬天温一碗酒，寒气即刻从身体里被赶出来。

村民的好日子，就像这杨梅一样，红红火火。梅蓉与富春江的关系，就再也不是听凭江上猛浪翻涌的小舟。一边是诗意，一边是生活，两条毫不相关的轨道不知不觉中并了轨，产生了交集，从此一发不可收，成为亲密爱人，梅蓉村尝到了甜头。

五、江湖舟船忙

富春江上，货船，不知道从哪里出发，一艘接着一艘赶往目的地。我静静地看着它们，跟马路上的车轮子比起来速度并不快，但因为运输费用低廉，依然有着旺盛的需求。它们去的时候满载货物，回来的时候也不会空船，总会带一点目的地的特产，船民们有自己的生意经。年纪轻的人大概很少知道，曾经这条江上，船匠、船夫们自成江湖。

梅蓉村很多上了年纪的人，都做过船匠，造船本就是梅蓉的传统手艺。据桐庐县志，梅蓉村的造船业，早在清朝年间就已经打响了名声。光绪年间，秀峰俞氏曾造过"百官船"，能载五十吨，可见其高超技艺。历史上的九里洲四面环水，凭借富春江黄金水道地理位置的优势，形成了人、货集散中心，有了船只的需求，加上临水的天然环境，梅蓉船匠逐渐闻名。1958年之前，航运远远超过陆运，舟船往复行若风，每逢农历八月十八，村里的船匠就会出钱请来戏班子演三天戏。"家有一船匠，油盐酱醋不用慌"，这门手艺曾经是养活一大家人的活计。

1958年，梅蓉大队响应国家号召，重启"船工"经济，办起了集体造船厂。八十名船匠，拾起了沉寂了十来年的技术，重新干起老本行。墨斗、手钻、鲁班尺、大锯、凿子、刨子再拿到手上，肌肉记忆立马复活，一条条木船就由工匠们用手和这些木工工具做出来。二十世纪七十年代是梅蓉造船的鼎盛时期。全村有五百多名船匠，富春江上的运输船一大半出自梅蓉，梅蓉船匠撑起了杭州两家造船厂的半壁江山，90%的业务来自外地，长江流域和浙东沿海地区的客户，不惜舍近求远，慕名而来梅蓉请师傅做船。村级自身也拥有二十吨到三十吨级机帆船十九艘，木质捞沙船、渔船三十多艘。

船匠，分好几个等级。比如"大匠"，俗称作头，是修造船舶的木匠，也是实施造船工程的总负责人；"填匠"是专门负责船缝填充油灰麻筋的人，他们的工作与船体质量息息相关；"扶匠"则为干粗活的人，从事揽拉锯、拉牵钻、夯灰及扶料等活，与各位工匠密切配合，哪里需要就到哪里，是最辛苦的人。梅蓉船匠以"填匠"名气最大，无论船板的漏缝有多宽，经由梅蓉船匠用油灰填过，就会变得坚实无比，再也不会漏水了。罗家、滩上两村的船匠还"善造大船"，据说，二十世纪三十年代，梅蓉船匠为船民陈金龙造过一艘重达一百四十吨的四帆大开梢船，当时在钱塘江上都可以算数得出来的大船，据说这艘大船曾出海并远涉江西九江，可以说风光一时。

即便现在梅蓉的埠头还停着各种各样的小船，也已经很少再见到本船。现代科技的发达和新型材料的使用，使我们难以想象过去纯粹用人力和手工制造大家伙的画面，工匠半闭着眼寻找他内心的尺度，在木材上切割磨平，在缝隙里刷着油灰，他们是保驾护航的第一步。造船是一项大工程，每一步都得亲自去做，好的木头才能做出好的船，光选材就得花上个把礼拜，桐庐深山里哪些地方有好的杉木，什么船需要什么木头，船匠心里都有一本谱。结底、填缝、内舱制作和上漆，工序繁杂。一艘船就像一条鱼，须得坚实的骨架，船体建造完成，船板之间的缝隙更考验人，缝隙里塞进麻丝，较宽的地方则塞进麻绳，外面涂上一层桐油，一艘泛着光的船就从一双粗糙的手中诞生了，成为船民家族两到三代人赖以生存的家伙事。如今这门手艺后继乏人，松板、纳块、滚筒、腻木……这些拗口的古法手工造船工艺中的专有名词连本村年轻人都不一定明白；造船上手慢，很少有年轻人耐得住这份心，在一锤一锯中去打磨自己。

如今，景区里只有摇橹船、手划船和端午时的龙舟，除了这些传统文化展示类的木船，水上运输的风光不再。尽管梅蓉船匠为梅蓉各项事业树立了标杆，桐庐本地及长江流域运输业的发展都曾有他们的功劳，却依然逐步衰落。梅蓉村的造船历史，以及对浙江水运做过的贡献渐渐被封存进入历史。1998年，梅蓉造船厂解体，一个时代落幕，犹如"斩断"了梅蓉船匠的工艺制作之手，斩断了船匠与富春江的纽带，斩断了木船与水路交通的江湖之道。梅蓉船匠，在享受科技带来便利之变的同时，发出了一声叹息。

六、花期重绽放

　　进入梅蓉村，首先得过一道仪式——五百米水杉大道。来到这里的人都会眼前一亮，心中一喜。笔直的大道，挺拔的水杉，浓密的树荫，相向的水杉在冠部牵起了手，围出一条时光隧道，从高压的城市中，进入一个广阔的乡野，水杉大道在人进入"诗和远方"前，一队标准的迎宾仪仗。水杉大道值得每个季节来探一探，四季在树梢涂抹了不一样的色彩，春吐嫩芽，夏叶如盖，秋染霜黄，冬挂冰枝。在不同的时节过来，氛围感都不一样。在大道两旁直插云霄的水杉，硬朗地挺立着，在江南水乡的温婉中，站出了一股精气神。村内和村外，由一条道分割出两种境界。

　　据村里的老人介绍说，二十世纪七十年代，这条进村道路还没有如今

水杉大道秋景　徐昌平摄

水杉大道夏景

的水杉。梅蓉刚刚经历一场改革的胜利，成为全国各地乃至国外都要来参观的乡村治理范本。村口的形象一下子就被提上了日程。说来也怪，本地树种种下去却遭遇了在本地"水土不服"这种丈二和尚摸不着头脑的情况。第一批种植的泡桐树，娇滴滴地一棵也没有成活。后来换成对土壤要求不高的苦楝树，依旧和泡桐树一样。树和村庄也是有缘分可言，大家提了很多建议，也尝试了很多努力，直到后来学着杭州种植水杉。彼时在杭州工作的梅蓉人虞永良，刚好是林学院毕业的，千辛万苦为村里争取到一千多棵水杉苗，没承想，这些水杉苗和梅蓉的气质异常相配，就此扎根。梅蓉人一发不可收，在房前屋后和空闲地上，都种了上水杉树。

　　要知道，这些水杉从一棵棵幼嫩的树苗长成参天大树，可花费了不少的功夫。要避免孩童的踩折，要避免村里三百多头耕牛的啃食，起初由村里的第一任支书陈光荣看守，后来承包给附近的村民。可以说，梅蓉村很早就开始了绿化管理。水杉寿命漫长，四十多年的生长，也只不过是自然地一口呼吸，而对于村民来说，却是半辈子的记忆。村委至今还留着一张珍贵的照片，照片上一群戴着红领巾、朝气蓬勃的小学生，他们和旁边的水杉一样青春，孩子们走在水杉大道上，舒展的童年笑容被定格，成了梅蓉村新生的重要见证。照片上的人和水杉一同成长，如今他们想再聚集当年的小伙伴，再去拍一张见证岁月的照片。

和杨梅树一样，水杉树成为梅蓉村的标志性树种。

历史上，梅蓉是浙江省的杂交水稻制种基地，1984年8月，联合国国际粮农组织专家在梅蓉"小农场"的杂交水稻繁育基地进行水稻试验。1984年10月，总部设于菲律宾的国际水稻研究所育种系高级专家，来梅蓉对制种基地的杂交水稻进行考察鉴定，1991年10月，澳大利亚国际粮农协作组专家来梅蓉进行油菜试验、杂交水稻试验和油菜高产试验，研究成果还存入了联合国粮农组织档案馆。繁育的杂交稻种子不仅完全满足本村，多余部分还向桐庐县种子公司出售。

农耕社会的基因传承没有间断，从上山文化孕育人类文明的第一粒稻种开始，一直到如今杂交水稻改变世界。水稻不仅仅是我们餐桌上的主食，更是中华文明演变过程中的鲜活载体，稻作之根在中国。《诗经·周颂·闵予小子之什·载芟》就记载了"载芟载柞，其耕泽泽。千耦其耘，徂隰徂畛"。在水稻金黄的季节，走进梅蓉，畛界分明，整个原野大地蒸腾着热浪，水稻田间丰收的气息跟随这股热浪喷涌，低着头的饱满稻穗令人满足。踏入稻博园，简直眼花缭乱，这是一个田园沉浸式体验水稻的博物馆，不同颜色不同品种的水稻，浙大粉彩禾、浙大黑彩禾、浙大红芒、浙大金芒，也有婴幼儿专用的迷你小粒，还有适宜糖尿病、高血压人群食用的品种，足足有二十多个品种。一路看下来，能认识和了解不少现代水稻研发技术。在艺术稻田区，金黄的稻穗中间，夹杂着黑稻或者其它品种，如果从高处看，或者从航拍看，稻田原来是一张巨大无比的画布，拥有丰富色彩的水稻就成了画笔，一幅幅稻田画的创作，都是在用丰收致敬国泰民安。

梅蓉艺术稻田　邹鸿摄

如今的梅蓉大地，绽放着宏伟的农耕景观。除了杂交水稻，春季来梅蓉，适逢油菜花开，还能欣赏到五色油菜花。游客举着手机、照相机，根本忙不过来，想要把春天永久地留住。穿越三十亩的油菜花迷宫，人和蜜蜂一样渺小，蜜蜂嗡嗡地在枝头从一朵花到另一朵花，在比人还高的层层叠叠的油菜花间，自然毫不吝惜地铺染一地摇曳的金黄，挥洒沁人心脾的花香，油菜花最大方，给人最高浓度的色彩和气味。迷宫通道曲折交错，游人甘愿迷失其间。

梅蓉稻田里绘出袁隆平先生的画像，用丰收的大地回应他的"禾下乘凉梦"，游客在梅蓉还能珍藏稻穗伴手礼。粗糙的沙地，变成了育种基地，不仅温暖了梅蓉人的胃，更端起了中国人的饭碗：希望的田野，让我们自豪。"好种子下地，丰收有底气"，只有好种子，才能带来好收成，好种子，要好农民培养才能茁壮成长。是的，每一个来到梅蓉的人，走在田野大地上，看到铺天盖地又壮美的丰收艺术画卷，都能感受到背后耕作的辛苦，观赏不同颜色的油菜花，辨别不同品种的稻子，为现代科技啧啧称奇，也为现代好农民高兴，更为中国乡村的今天而欢喜。

梅蓉变了，九里洲变成了梅蓉，江上村变成了江岸村。富春江绿道梅蓉段上，江边水岸防护林遍植芦竹、杨柳、水杉，满目青翠。它是堤坝之外又一道屏障，从此江是江，岸是岸；也是富春江和村庄绿意盎然的过渡，水土甘愿保持现有形状，水是村庄的命脉，滋润着，养育着，引领着百姓。远处的逶迤青山，近处的树，还有那一江绿水，农家的菜园和农田，被绿意包围着，被充实包围着，被田园理想包围着，待在这里整个人有多滋润不用说。每家每户都有个院子，院子里基本上都有果树。到了季节树上缀满了果子，柿子、石榴、枣，还有不知道名字的果实。岸边的农家小院最惹人眼羡，是多少人心目中理想住所。

梅蓉没有变，一冬又一春，梅花如期绽放。富春山继续起伏着，历史随着江水涤荡，闪耀着光芒的珍珠终将显现。今天的梅蓉，清楚地知道自己拥有什么财富，因有《九里洲巨变》《九里洲问梅》《口述梅蓉》《九里洲诗集》等一些村志村史的出版；当地人对搜集整理村史资料有多赤诚，他们对家园文化就有多珍视。无论是天然的山水，还是与人文精神的辉映，都是培植花卉的绝佳土壤，让村庄显现出不一样的吸引力。田间地头，散落着来自"十大美院"的二十件作品，将梅蓉的山水、农耕、渔船等特色文化用艺术定格，一步一景，宣告着梅蓉站在九里洲、梅洲的肩上，在富春江左岸续写梅花的诗意："把山水送给你，把诗意也送给你，生活的诗意，诗意地生活"，在梅花盛开的地方，融为一体！

如今的梅蓉，罗家大屋内备好了笔墨纸砚，村民自发成立了"九里洲诗社"，拾起诗歌的接力棒，将梅蓉的诗继续写下去。这是在急流中勇进的村庄，在诗文里流淌的村庄，在季节里绽放的村庄，在老宅里等候的村庄。在这里，山、水、历史、故事已经氤氲成淡淡的乡愁。传统的韵味与风情是梅蓉，生活的便捷与舒适是梅蓉，现代的活力与气息也是梅蓉。美丽是她的态度，她是开在江岸的一朵坚韧之梅，她是江水低声咏唱的一首赞歌，她是时光永恒绘就的立体富春山居图！

参考文献

1.〔唐〕方干：《方干诗集》，文汇出版社，2018年。

2.〔清〕乾隆二十年（1755）《桐庐县志》。

3.〔清〕阮元：《定香亭笔谈》（卷三）。

4.〔清〕林则徐：《日记卷》，载自《林则徐全集》第9册，海峡文艺出版社，2002年。

5.《桐君山诗文选》，北京日报出版社，2020年。

6.周啸天：《中国绝句诗史》，四川人民出版社，2019年。

7.程杰：《中国梅花审美文化研究》，巴蜀书社，2008年。

8.李利忠主编：《波映山光分两浙——三江两岸诗词选》，杭州出版社，2013年。

9.桐庐县文学艺术界联合会编著：《潇洒桐庐古诗选析》，北京日报出版社，2018年。

10.桐庐县地方志编纂委员会办公室编：《桐庐微村志》（第一辑），方志出版社，2016年。

自爱山中隐者家——桐庐县凤川街道翙岗村

翙岗古村落位于桐庐县东南部美丽的富春江畔风生水起的江南形胜之地——凤川街道，距今已有一千三百余年历史。它地处浙西黄金旅游线中心地段，西抵桐庐县城、北达富春江、东南通绍兴诸暨、西南达金华衢州，水陆交通穿境而过，十分便利。

元代李氏家族隐逸群给古村铺垫了深厚的文化根基，村内水澳系统据说是刘基参与设计的，翙岗老街内目前尚有八十余幢保存完好的明清时期徽派古建筑。2013 年，翙岗被列入第二批中国传统村落，2016 年 7 月，被评为第五批浙江省历史文化名镇名村，入选 2019 年浙江省 AAA 级景区村庄名单。

翙岗村全景 李鹏摄

从地图上看，中华大地上散落着大大小小的村落，大部分的村落籍籍无名，如同山边的一块小石子，或是田地里的一堆土坷垃。然而它们每一块都是整体的组成部分，中华文明正是由无数个小村落组合而成。通过对它们的搜寻和辨析，隐隐能触摸到文明枝干下隐藏在土地里的根茎。

杭新景高速凤川出口下来就到了凤川街道的翙岗村，这个以往隐逸的村落仿佛一下就呈现在世人面前。白云在蓝天上忙碌着变幻，悬浮在青砖、黛瓦、翘檐、马头墙的古村落上空，使得每一寸土地都能安放我们对美好生活的想象。翙岗，一个被一千三百余年岁月镌刻的古老村落。它的历史，就像那潺潺不息的溪水，在时光的流转中静静流淌，讲述着千年的故事。沿着溪水漫步，你会被那些鳞次栉比的老屋所吸引，它们静静地伫立在那里，仿佛与溪水共同守护着这片古老的土地。千百年来，翙岗吸引了无数文人墨客前来归隐、游历、创作。他们在这里留下了许多脍炙人口的诗篇，使得翙岗成为钱塘江诗路文化带上的一颗璀璨明珠，更增添了古村落的历史厚重和文化深意。

一、凤凰名矣，于彼高冈

凡村庄都有名字，会取的就取得文雅些，不擅长取名的就叫一个顺口的，随意自然，怎么容易称呼怎么来。以该村居住的大姓取名最常见，其次是用村里的典型标志来取名，如山峰或溪流等，这两种都比较常见。诸如百家姓每个姓氏都能取出很多村名——新叶村、徐畈村、李村村、郭家村……再就是深澳村用的是村口的大水澳，石舍村必定与石头有关，一听就知道这些地方兴盛过什么家族或者有什么特征。看似简单的取名，透出历史繁衍中的生生不息。中华大地何其之广，大大小小的村子数不胜数，这些名称，让每一个村子以自身的鲜活呈现历史和地理的庞大。

位于桐庐凤川街道的翙岗村民对他们的村名一直带着点骄傲，一般人不一定会读，重名的也少。"翙"这个字，从岁从羽，读"会"，是一个拟声词，模仿鸟飞时翅膀震动的声音。翙岗村为了让外地游客认识这个字，下了不少功夫。游客在村里行走，不经意间就能与这个字撞见，"我有一个约'翙'""要把握机'翙'""社'翙'青年"等等，在语文考试里被认为是错误的用法，却能在这里通过谐音拉近与游客的关系，不失为一种有趣的办法。

翙岗名称的由来，还有很多传说。一是"悔冈"说，孙权的祖父孙钟母亲去世，众人正在送葬途中，不承想下葬之时风水先生又看好另一块地。因这块地的风水可以主子孙权贵，孙钟半路上就让抬灵柩的杠夫"回杠，回杠"，"悔冈"即为"回杠"的谐音。这个传说在外人看来可信度甚低，风水先生这样岂不是自砸招牌！倒是另外一种说法更可信，李氏始祖仰庵公为人低调，嫌最初的村名"凤冈"太过显眼，想要隐晦一些，就改成了"晦冈"，当地百姓对于这个名字不置可否，一个村名如此这般着实幽暗了一些。元末，翙岗村的贵人，三十几岁的刘基（字伯温）出现了。有学者分别从清乾隆《浙江通志》、光绪《桐庐县志》《桐庐县地名志》《桐江华氏宗谱》《吴兴旧闻录》等方志、谱牒中发掘出新的材料，翔实地考证了刘基这位明朝开国功臣，在辅佐朱元璋打天下前，约于元至正九年至十一年下半年（1349—1351）隐居在桐庐翙岗，设馆华林寺，韬光养晦。彼时的刘基，还处于仕途不得志的年纪，怀揣着"溯湍怀谢公，临濑思严子"[1]的不甘之心，来到了桐庐，想要效仿严子陵归隐田园，"落帽非我达，虚垒非我耻"[2]。他瞧不上元朝官场，丢官去职，寻一处隐逸之所。桐庐高士严子陵像是一束光，成为古代文人内心高洁的地标，刘伯温也一样被吸引而来。他在《赠桐江临溪西庄华氏宗谱序》开篇说："予为中原不靖，遨游海内，寄迹于

---

① 刘基《九日舟行至桐庐》，李利忠主编：《波映山光分两浙——三江两岸诗词选》，杭州出版社，2013年，第191页。
② 刘基《九日舟行至桐庐》，同上。

桐江凤冈李氏之家。"①这句话透露出非常重要的信息——这个时候，村庄的名字还是凤冈。

据清光绪十七年《凤冈李氏宗谱》记载，刘伯温之所以来到凤冈，是因为受到了当地颇具声望的李氏家族邀请。刘李交情甚好，互相欣赏，李家祠堂东边厅落成，自然要请刘基题匾，刘基题好之后，大家定睛一看，"凤翔高冈"。"翔"与"悔""晦"同音，有《诗经·大雅·卷阿》"凤凰于飞，翙翙其羽""凤凰鸣矣，于彼高冈"为村名作注解，既然如此，那么就用这个名字吧！从此一个惹人喜爱的名字沿用了几百年。

如今走进翔岗，需要穿过一座高耸的牌楼，牌楼上高悬的"凤翔高冈"牌匾就出自刘伯温手笔，金色凤凰围绕着四个描金繁体字，竟显得有些秀丽婉约。确实，"翔岗"作为村名显得既明亮吉利，又独特无双，张扬得恰到好处，正如我们看到的翔岗人，骄傲而不自满，谦虚又不失自我。

刘基之所以题写"凤翔高冈"，既源于他对凤冈村卜算长远的寄语，也来自地理层面的考量。他在地理风水上的造诣，为人折服，民间流传着"前朝军师诸葛亮，后朝军师刘伯温"的说法。

刘基的《虎镇山记》说的就是凤川西南角的"火镇山"，即现在翔岗村南侧的大庙山，这里原有两座山叫作"猴山"与"驼山"，传说是由远古时代火山喷发而成。生活在近处的人担心火山再次喷发，当年住在凤川的刘基提议以水镇火，在火山上打了一口井，猴驼两山之后真的不再喷火，于是这两座山改名为"火镇山"。"是山之发脉，远自红羊尖午峰飞舞而下，蜿蜒磅礴，委蛇迤逦而来。抵此则势忽昂藏，崇嶐嵌钦，如虎作威，而有静以镇之之象，故以虎镇名，形似矣。"在《虎镇山记》中，刘基形容这座山本来走势蜿蜒磅礴，到凤川却如虎蛰伏不动，以静制动。翔岗村就处在一条隆起的山脊（即山岗）上，延伸江南大龙门山余脉，村子所处地势

① 吕立汉：《千古人豪——刘基传》，载自《桐江华氏宗谱》（卷二），浙江人民出版社，2005年，第359页。

"凤翙高冈"　牌楼

比周边要高，故称之为青龙背。翙岗潜龙伏虎，文学家的想象和勘舆家的理论结合，竟然造就了虎镇山"自然山水好风水，天地乾坤良云天"的大气景象。

"登是山之巅，可以俯视一切：烟火康衢，而瓦缝参差，宛如泼墨，人言、鸡犬嘈杂之声，哄然莫辨；南望，则三峰插天，列戟于后，而华林香水垂手可挹；东眺，则两水潆回，溪流涓涓，狮山如吼，亭山屹立，野花与草树，杂发点缀；北览，则近若梅山松林，其烟村云树与苍松翠竹，天然画图。更远望对岸，叠巘重峦，云蒸霞蔚，爽然入我襟怀；西顾，则平畴绿野，一望千顷，铁岭、马鞍、鸡笼诸山，形势起伏，跌落顿挫，宛如城郭。"①

搁现在，就是一幅凤冈全景航拍图，当时尚没有这些技术，刘基只能靠自己的双脚登上虎镇山之巅，将这一幅全景收入眼中。烟火人家被四面护佑，真乃天选之地，南有黄杨尖三峰列戟，东有大源、小源两溪萦回，北是重峦叠嶂，西则平畴绿野。好一派风生水起！"登临之际，不觉豁我

---

① 刘基：《虎镇山记》，载自《桐庐县地名志》，浙江省桐庐县民政局编，湖南地图出版社，2015年，第537页。

凝眸，畅我幽情，而虎视眈眈之念，与山同一镇静矣。"就连满怀壮志的刘伯温，登上此山都不免心无杂念、归于宁静。

令人遗憾的是，对大部分埋头于现代快节奏的平常人而言，登山已经成为一件沉寂已久的事情。大源溪倒是每年夏天的玩水胜地。往肖岭水库的方向，每逢周末的下午，路上的车堵成了一条长龙，却丝毫不减人们即将潜入水中的热望。溪面宽阔，盛夏时节水浅及腰，男女老少冒着酷热的太阳，踏着滚烫的鹅卵石，步入暖和的清澈的溪水里，似乎整个夏天就为此而来。人们在水里欢快地度过一个又一个夏天，他们浸在水中，流连四周山川美景，往西的方向，与站在虎镇山顶东眺至此的先贤，不知目光可曾交汇。

潜龙伏虎之地，也被看作是凤凰栖息的地方，所以又有一种说法，翙岗地形状若起飞的凤凰。一个夏日的午后，翙岗的天空如同往常一样，蓝色背景下云朵追逐，变幻万千形态。笔者用镜头采集古民居的粉墙黛瓦，被某一处颓败而荒草丛生的院落吸引。更难以置信的是，屋顶正上方白云幻化的一只白色凤凰，它的腹部弧线、展开的双翅和舒展的尾翼，"翙翙其羽"正是如此吧。凤凰应该是不只一次地出现，让人更加相信历史的轮回，

翙岗上空的凤凰云

在历史的某一个阶段，一定有某一个人看到过类似这样的吉象，无论是地形，还是云形，或是其它。"翙"是最接近的形态，"翙"是最本真的名字，"翙"是最上乘的风水，"翙"也成为最坚定的追寻。翙岗给了刘基政治生涯中最平静的三年，而刘基题写"凤翙高冈"，就此给翙岗的乡村气质定下了基调。来自天地间的暗示，龙凤呈祥的类似图景，与其说是一种神的指引，不如说是农耕社会中来自人们内心对美好生活的希冀。一种冥冥之中的存在，带领他们把美好想象变成坚定的现实，并在未来成为更多人的理想家园。

二、粉墙黛瓦，画栋雕梁

翙岗村，像是一部厚重的历史书，正等人翻开，在这个藏凤卧虎的地方，有一片徽派风情古建筑群，其中古朴简约的明代古建筑群，最富历史底蕴和人文内涵，宛若历史书中一个亮眼的篇章。上百幢古建筑，集翙岗山川之灵气，融传统人文之精华，依势而建，风格独特，结构严谨，雕镂精湛。

青砖小瓦马头墙，回廊挂落花格窗，一个个院落相连，一户户参差错落，构成了一条全长四百多米、南北走向的老街。老街自宋元之际现雏形，至明清两代成为一个成熟的街区。途经此地的商人集资建造三进会馆"客保厅"，以服务于当地的商贸活动。1934年，富春江畔人周天放、叶浅予撰《富春江游览志》，这部被称为中国旅游手册之先河的书中记载有着翙岗老街，说道："山货输出，集中于此，市廛颇盛。"[①]作为曾经凤川镇的镇政府所在地，翙岗一度是凤川镇的政治、经济、文化中心。

旧时新合、三源人进进出出，必须经过老街。据说当时老街两侧的"太和堂药店""万裕堂药店"开张，盛极一时。而为晾晒和储存草药，这些

---

① 王国平：《钱塘江文献集成》（第19册·富春江、萧山专辑），杭州出版社，2017年，第539页。

商铺也演变出"前店后场"的空间格局。现在看建筑的密集程度，遥想当年叫卖声不绝于耳，逛街采购的人络绎不绝，紧挨的排门，一列列，一间间，糖果店、馒头店、布店、茶楼、邮政局及杂货店，商铺鳞次栉比。至今仍能看到"凤川国医馆""许氏民间蛇医""馒头"等店铺招牌。二十世纪八十年代后期，新街的贯通吸引商铺迁出，老街两侧繁盛的景象逐渐衰败，老街内再无人吆喝，从中走出来的多是颤颤巍巍的老年人，一看就是在这里住了一辈子，举止神情沧桑而安详。

老街牌楼是进村的必经之处，牌楼是对翙岗古风的缩写，呈现木石在建筑中的合作，以及木、石、砖三雕的精细。由八根圆柱支撑的高高台门，在村口精致小巧的景观绿地中，仿若一扇穿越时光之门，牵引着人们从此处进入。旁边两根旗杆石，昭示着主人身份的不凡，"凤翔高冈"彰显主人的格调。游客走进去的瞬间，不免收拾心情，就像来到很久不见的邻居家做客一样。沿着鹅卵石铺就的青石板巷，老街像是把两侧的古建筑串起的骨架，生长出"一纵两横"的街区，村落空间就沿着街区延伸形成如今的格局。以老街为轴，俞家台门、太吕街、章家弄堂、华家弄、下方家等沿用至今的路名，是翙岗多族多姓的体现，明初，胡、郑、吕、俞、方等多姓相继迁入，李氏大族的迁入对翙岗村街巷格局的影响最为深远，各族姓围绕自家祠堂、家庙布局，在翙岗形成一个又一个小中心。

空间上自然舒展，时间上也层层累积，特色街区吸引了

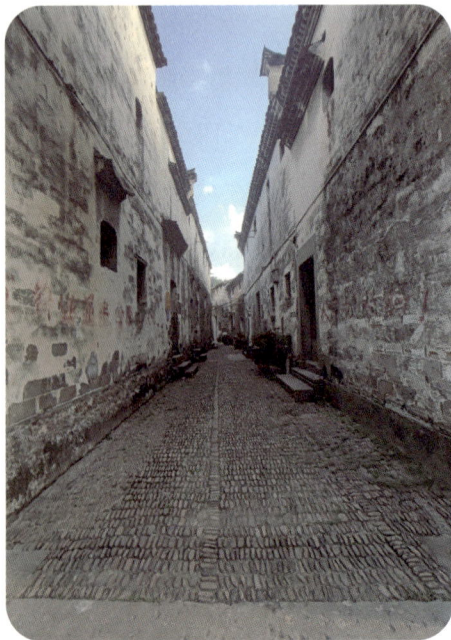

老街古巷

众多的游客，有端着家伙来采风的摄影师，有一群背着画板来写生的美术生，也有信步闲逛感受时光流淌的游客，住在这里的原住民早习以为常，不觉怪异，只顾做自己的事。他们穿梭于古民居的门里门外，埋头于自身的日常，是这里不可缺少的风景。

古民居外部马头墙高挑，多为两层建筑，檐宇重重，白墙上弥漫着经年风雨留下的斑驳印记，黑白交杂之间，建筑的底色和着时间的着墨形成一幅壮观的水墨画。行走其间，遇见座座有名字的建筑，嘉庆堂、康德堂、敬吉堂、梧新堂、豫立堂、经畬堂、方店厅等等，一个一个名如其屋，端庄文雅、精致沉稳。按照古代建筑层级的规制，民居不得超过三开间，尽管翙岗富户不少，宅邸最基本的格局还是受徽派建筑的影响，大多是层进式三开间。天井是一定有的，中间厅堂两侧厢房，每一幢都透露出主人的个性喜好，连片起来又形成风格凝聚的江南村落风情。往里走行不多远，就能看见古朴的忠孝台门，不同于其他民居建筑，忠孝台门在青石板门框的外围另有醒目的砖雕门罩，尽管有岁月烟熏过的痕迹，门额上"忠孝门"三个篆书大字仍清晰可见。门框左右有对联："东晋忠臣裔，南齐孝子家。"门额下砖块上雕有奔马花草图案，四米多开间的门罩，如此精致规格的台门，主体建筑的恢宏却只能凭后人想象了。

嘉庆堂，又名章庆堂，据说是清朝某个县令兼富商的房子，权力与富贵集于一身，因此规模宏大，占地面积约一千平方米，是翙岗规模最大的古建，高度在古街上也比其它房子出挑。嘉庆堂门前回堂内设有三块门板，敬吉堂也有五扇门板，据说从前只开两侧的两扇以供日常进出，中间的几扇门板则只有在婚庆等大事时候才能够打开。两侧的厢房在过去是主人读书的书房。嘉庆堂原有一座园子唤作"萦素园"，是明清桐庐三大名园之一，想来当时并不是所有人都能进出。二十世纪六十年代后，嘉庆堂等许多祠堂及宅院被拆分为几户人家共用的民居，它们所象征的权势与富贵也不再。如今它仍然珍贵，只是坐东朝西的大门敞开，任谁都可以走进，青石板门框、高高的门槛不再是障碍，反倒像是一种邀请。

　　与豪宅嘉庆堂相对的是康德堂，占地约三百平方米，也是翙岗古建筑的典型代表，始建于清道光七年（1827），坐西朝东。这又涉及翙岗独特的风水布局，太阳东升西落，照着古建筑两边的门窗，刘基所谓"门缝（逢）朝阳"。光影在门墙间攀爬，照过出入门里的人，门缝依旧朝阳，时光静默不语。沿着门厅进入室内，明堂天井是翙岗的建筑特色。天井大多铺设青石板块，排水设施科学合理，老祖宗的智慧令人惊叹。康德堂天井中，两个太平缸下的六边形须弥座较为少见。走进每幢古建筑的天井，都能看到一口或者两口缸，缸里储满的水，倒映着天井上方的天空。平日里这些被称作太平缸，火情危急时，就是救火的水罐，守护家人平安。因此无论春秋冬夏，缸里都储满水，"水"也寓意着聚财，家中藏着无穷无尽的财富。

　　经畲堂与康德堂同年修建，走到老街区的后街，你就能遇见这幢也很特别的建筑，它的名字叫经畲堂，"畲"在当地人口中发音为"余"，意为火烧过的土地。经畲堂是中华传统的寿文化微型博物馆，也是翙岗木雕艺术的代表。一百九十岁左右的它，又名百寿堂，因其建筑上刻有二百余个大小不同、形态各异的"寿"字而独具特色。五福寿为先，人的幸福以长寿安康为前提，有寿即有福，否则一切皆空，古人比今人通透。经畲堂现仍有几户人家居住，如果你来得巧，能听到有人下楼，楼板发出咚咚咚的声音，将近两百年的房子用实际演绎"寿"的含义。一楼的边房住着一对头发银白的老人，他们晚饭吃得很早，生活作息与太阳同步，大概这是长寿的秘诀，安详的场景使人希望他们长命百岁。

　　注重隐逸的文化传统，教会翙岗人避开与外部世界的争夺，转向内心探求。这种探求就表现在对生活的认真，追求极致的生活细节，比如居住空间的雕梁画栋。戏曲人物、花卉动物、文字纹样，丰富的内容可以延伸出不同的审美表达，形成了翙岗独特的三雕艺术：木雕、石雕、砖雕。村东的万国山上，远古时期形同"神仙刻字"的摩崖石刻，留下了无尽的悬念，至少可以说明此地石雕文化源远流长。灵巧多变的花格窗，典雅优美的花枋雀替，精细吉祥的牛腿腰板随处可见，还有庄重古朴的重檐门，细致的繁复细节，呈现在一座座房子里，让人目不暇接，不禁感叹古人的从容与智慧。他们拥有如此多的时间，能够静静地等待每一个精雕细琢的日子缓缓走过，生命被刨花的香味温柔地浸润。那样的心境，仿佛可以静静地等待一根木头自然成长为心中的模样，不急不躁，充满耐心。被快节奏压抑的现代人羡慕他们极致丰富的生命体验，可以毫无顾忌地奔跑在巷弄之间，穿梭于邻里之间，分享着生活的点滴。然而，当我们也迈开步子穿梭于这些古老的街巷，推开一扇又一扇的门，却只见旧物不见故人。

如果有空漫步在翙岗蜿蜒的石板路上，做一点消磨时间的事，自是极好，无论是对于自身心态的沉静，还是致敬于一直生活在这里的人，都非常值得。你会发出由衷的赞叹，赞那极少数可以跨越时间延续历史的载体，就是民间工艺。所谓"三分匠，七分主人"，建筑是主人审美趣味的表现，工艺是助力他实现的帮手。建筑上所表现出来的文化信息最真实、最直观、最丰富、最准确，旧日里原住民和工匠对居住细节的打磨，他们对时间的处理跃然眼前，处处呈现精雕细琢。某种程度上超越了实用功能的构件，带着遥远的过去、祥和的现在、未知的未来，静静地悠然地站在时间里。我们日益追求效率的神经，在这里得以牵动；忘却许久的情感表达，在这获得了启迪；早已习惯种种规则的内心，在这触发了某种反叛回归的契机。

尽管有些碎裂的青石板爬着青苔，巷子里的某扇窗框里冒出一棵小树，没来得及修缮的破败院落被外来植物侵占，月梁黢黑布满虫洞，房梁上燕巢累累，即使已经没有人居住，生命在这里也从来没有缺席。建筑木构的质地，注定了其在没有人居住打理后的迅速凋落，衰老不仅仅发生在人的身上，如果任由它们消失，皮之不存，毛将焉附，许多依附于其中的生活方式、情感依托都将散如云烟。据《拾起一片乡愁——桐庐县传统建筑保护利用成果集萃》介绍，从 2005 年开始，桐庐县就有计划地对县境内的

"嘉庆堂"石雕柱础

嘉庆堂

"嘉庆堂"木雕

康德堂

"经畲堂"牛腿上的"寿"字

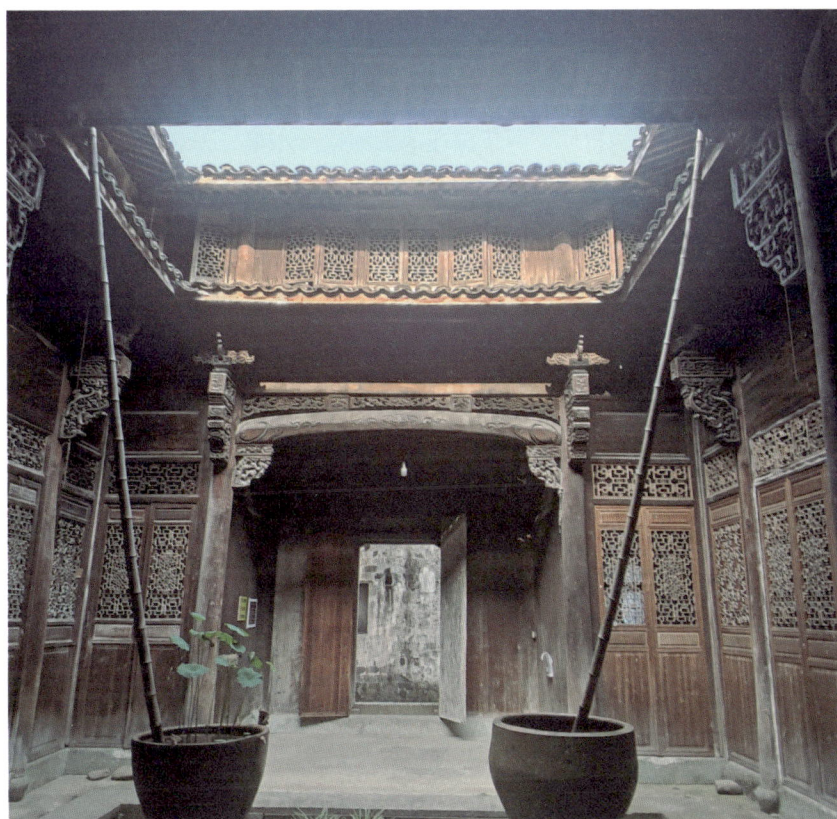

敬吉堂

古建筑进行抢救性维修，作为见证桐庐社会发展变迁的厚重物证，烙有鲜明桐庐地域印记的翙岗古建筑群，2017年成功申报为浙江省第七批省级文物保护单位。

三、古澳水系，喜街纳福

如果说古建筑是翙岗坚硬的骨骼，那么流淌在村落地下的水系，则是翙岗灵动的脉络。正是这样的骨骼经脉，生出了翙岗丰满的血肉和富有灵气的纹理。翙岗水系之所以为人称道，在于它流量之大、范围之广、存续之好、使用之频、年代之早，成为桐庐古代重要的水文化遗产。桐庐古澳系统入选浙江省重要农业文化遗产资源库名录，其核心范围就处于凤川街道翙岗村至江南镇古村落一带。

翙岗古村水系被称为桐庐乃至江南水利史的活化石，其最突出的特点，是它若明若暗的科学布局。两条深埋地下的人工水渠，一条南从沙田头进村，沿着古大街一直到北乌门厅出村，另一条东边澳在李氏宗祠东边厅一带分出，向西到长澳口出村，两个出口装有高低石条来控制水量，设计科学、便利，平衡灌溉，确保旱涝保收。地下暗渠可以进人，修建时已经考虑了日后疏浚。地面则以十几个大小不一、形状各异的澳口交替出现。水系在地下游走，建筑在地上铺开，每一户人家都能从最近的水澳口获得生活上的便利。如此深谋远虑的村庄布局，不得不说是人类智慧的结晶。至今，在石桥头暗渠中还保存着明代正德年间的题刻，石板上面清晰地刻道"大明正德七年岁次壬申七月吉旦建立"。停车场附近的澳口谷井潭为明代所建，是翙岗最深的一口井澳，相传为国师刘伯温所建，又名国井潭。《桐庐县水利志》以"传记、故事"方式记载有谷井和刘基的故事。水澳常年流动，因此谷井清澈见底，硕大的锦鲤游动其间，成为翙岗吉祥文化的一部分。

翙岗水系始建于元明之际，一个伟大工程的背后经历了多少磨难，如今不得而知。水系，是农耕社会的命脉，可以想象，自从南宋构村开始，历代先祖就开始规划利用大小源溪。民国《桐庐县志》中的记载说明了翙岗水系的源头："上澳：水出大小两源，溉田千余亩。下澳：水出谷井，溉田千余亩。……谷井：为翙岗七社所共有，水甚清，溉田千余亩。……中澳：源出甘溪中部，溉田三百余亩。"①"澳"，指的是渠澳，最早的功能是灌溉田地，翙岗大大小小的田地，由水澳将大小源溪的水引入。大小源山，地下水资源丰富，水质优良，清澈甘冽，冬暖夏凉。经历了细致的地形考察，经历了家族内部的研讨，前人拿出了一套切实可行的方案，想必当时一定也收获了如今天一样多的赞叹，大家心甘情愿付出人力物力，最终呈现在我们面前的是这一条全长三千余米、贯穿南北的水澳，是利于当下也利于子孙的水利。水澳建成后不仅用于农田灌溉生产，更是全村饮用洗涮生活之水。这种"先饮用、再淘洗、最后洗衣杂涮"科学用水体系，带着深深的农耕印记。

无论何时来到翙岗，总会看见水澳边有人在浣洗。有人蹲在石板上摆洗着菜叶，有人把裤腿挽至膝盖以上，直接站在水澳里，用肥皂搓洗衣物，泡沫瞬间漂浮一片，有一对住在水澳边的老人用完饭后，把锅碗瓢盆直接搬到水澳清洗。流动的水荡涤着一切杂质，上下游互不影响，平静的生活由流动而生，消磨在这一日又一日的清洗中。水澳作为每天使用的功能空间，延伸为公共空间，老人们搬个小板凳在水边拉着家常，小孩子围着水澳嬉闹奔跑，勤快的农家人为生活操劳的痕迹都在这水里。几百年后，从遥远时代流淌过来的土地和村庄，依然奔流不息，似乎永不会干涸，灌溉滋润着子孙后代。尽管随着时代发展，自来水已经普及到家家户户，水澳的数量也不断减少，但是居住在水渠一带的村民，依然习惯性地依赖水澳。

翙岗人的幸福来自水，其特殊的风俗自然和水有关。"洗街"就是翙

---

① 缪承潮：《严州文献集成》（第八册），杭州出版社，2021年，第110页。

岗村特有的一种传统民俗文化，已延续三百多年。每年大暑前后，村里特有的传统民俗文化"洗街"一直吸引着邻近村民前来一同感受。在这里，没有人不喜欢在炎热夏季举行的"洗街"。每逢此时，康德堂前的水澳由专人用石板闸门将澳口堵住，地下的路径被封，渠水逐渐溢出水澳，不一会儿漫过老街石板路，沿着老街一路冲刷下去。穿着拖鞋凉鞋的村民直接踏足而入，不知情的游客脱下鞋袜，赤脚也加入没过脚背的流水中。孩子们就不一样，干脆就匍匐在地上，或者坐在水里，或者跳入水澳里。清澈又清凉的渠水带走街面的灰尘，带着夏季的燥热，带着肉眼可见的快乐，孩子们的水枪扫射在古建筑的墙面，扫射在不认识的游客身上，人们也不恼，没有人介意这些。从"洗街"到"嬉街"再到"喜街"，名称的变化越来越向吉祥的寓意靠近，和少数民族的泼水节一样，都有着祛灾纳福平安喜乐的彩头。大家完全尽情地投入这充满活力的街巷文化里，康德堂湿了身，它似乎像是一个慈祥的长者，微笑着看着这一切祥和喜乐，正如它的主人当初所望。

四、更唱迭和，赴曲随流

翙岗骄傲的资本可不止它的地理风水，那些外在的形态不过是亿万年自然的造就，真正令人底气十足的，是生活在其中的人，以及源远流长的隐逸文化传统。安静人心的风光，有了如岁月基石一般的沉淀，才有了成为隐逸文化的符号——翙岗李氏隐逸群。如果把它放在中华民族历史架构中解读，这里就是一道奇特绚丽的隐逸风景线，源远流长，蔚为壮观。隐逸在传统文化中，虽然不是主流，但作为中国历史上一种奇异的文化现象，在几次隐逸大浪潮中，串成一种精神基因，传承和积淀于历代不畅其志的士人血脉之中。"处江湖之远"的隐士，所产生的社会影响力有时并不亚于"居庙堂之高"者。

水澳

　　清光绪十七年（1891）《凤冈李氏宗谱·姓氏源流》中记载，翙岗李氏源自陇西，与李唐李氏同气连枝，其嫡祖是彪炳史册的抗金民族英雄——南宋丞相李纲。李纲一生思想的精粹，用他劝告宋高宗时所说的话，就是人要"以宗社为心，以生灵为意，以二圣未还为念"。南宋淳熙年间（1174——1189），丞相李刚的曾孙李瑶议自新登迁入凤冈，地灵人杰，百年间子嗣繁衍，李氏发展壮大成为桐南大族。到了元朝，李氏在翙岗形成了一个以李骧、李康、李文、李恭为代表的隐逸文化群。先祖爱国忧民，热血未凉，到翙岗的李氏后代却集体隐逸，其中的原因令人唏嘘。在改朝换代的纷乱年代里，"躺平"不是现代社会特有的产物。个人被裹挟在意识形态下，一面是入仕庙堂的价值追求，一面是元朝蒙古权贵对汉人的压制，不难理解这一时期文人面临的两难抉择。春秋时期，中国文人志士就确立"立德""立言""立功"的"三不朽"，唐人孔颖达在《春秋左传正义》中分别作了界定："立德谓创制垂法，博施济众"；"立言谓言得其要，理足可传"；"立功谓拯厄除难，功济于时"①。体悟天性与思想言论、事功业绩作为士大夫孜孜以求超越世俗的永恒价值和终极目标，在特殊时代个人抉择的过程中难免碰撞得细碎，不能齐全。元朝实行民族分化政策，划分了蒙古人、色目人、汉人和南人四种社会等级。汉族知识分子处于社会底层，没有任何政治优势和地位，即便出仕做官，也常受到蒙古权贵的压制，刘基在高安县丞任上受迫害就是一个缩影。因此广大汉族知识分子纷纷退隐田园山林，不愿为元朝效力。

　　翙岗李氏隐逸群，呈现出极其壮观的家族风骨，选择埋头致力经史而绝意仕途，唱和之间，留下了丰厚的文史著作和书画艺术作品。昌黎先生《送孟东野序》谓："大凡物不得其平则鸣。草木之无声，风挠之鸣。水之无声，风荡之鸣。其跃也，或激之；其趋也，或梗之；其沸也，或炙之。金石之

---

① 张轩作：《先秦元典的思想内涵与精神意蕴》，吉林大学出版社，2020年，第258页。

无声，或击之鸣。人之于言也亦然，有不得已者而后言，其歌也有思，其哭也有怀。凡出乎口而为声者，其皆有弗平者乎！"[①] 各种事物不能处于平静就会发出声音，人也这样，尤其在遭遇不公的时候，在内心不够平静的时候。自然界"以鸟鸣春，以雷鸣夏，以虫鸣秋，以风鸣冬"，而隐于白丁之中的翔岗鸿儒，静息凝神，扪心叩意，曲高以寡，将满腔情怀付诸隽永文章、诗情画意之中。"其鸣喈喈，当年遨游；更唱迭和，赴曲随流"。[②]他们寄迹林泉也广交同道，隐逸而不封闭，文人名士的交游，使得翔岗一时风头无两，英杰风流激扬，成为江南文化的重要阵地。家族集体隐逸，是李氏面对外界压力时的精神皈依，其中核心人物是李骧（一作李骧龙），他辈分最高，族弟李文，侄儿李康、李恭，次子李翰，以及两个孙子等，虽然没有严光的举世闻名，然而一个以翔岗文人群体为中心的隐逸文化圈，随处可见历史留下的人文痕迹，为桐庐这个东亚隐逸文化起源地增添了浓墨重彩的一笔。

南华老人李骧才华横溢，在整个县邑都算得上翘楚，却自谦笨拙，以"百拙"名其诗稿，著有《南华百拙集》诗集传世。其中一首《和刘伯温来韵》七律[③]，诗云：

> 自爱山中隐者家，杖藜随分踏江沙。
> 岁时野老频分席，朝夕山僧共分茶。
> 旅雁随阳寒有信，轻霜点染菊垂花。
> 青山翠岫半秋色，清簟疏帘落照斜。

三十来岁的刘基对已是暮年的李骧应该是很崇拜的。刘基的原诗，文史资料已不得寻。他当时在翔岗做教书先生，是李骧两个孙子的老师，并

---

① 〔唐〕韩愈著：《唐宋八大家散文》，天地出版社，2022 年，第 61 页。

② 〔先秦〕宋玉：《高唐赋》，〔梁〕萧统编纂：《昭明文选》，民主与建设出版社，2021 年，第 159 页。

③ 皇甫汉昌编著：《隐逸桐庐》，西泠印社出版社，2016 年，第 192 页。

且和其弟李文交情颇深，和李骧成为忘年交也极有可能。

另一位值得介绍的人物是被刘基赞为"儒士之旷达者"的李文（字仲章，号近山），"自幼志趣不群，明春秋，读书不烦，程督既冠，卓然自立，豪逸迈众"。[①] 正是李文的豪逸，这一代人为后来的李氏结交了深厚的人脉。除了刘基，著名书法家、礼部尚书、奎章阁大学士康里巎巎（1295—1345，字子山），著名道士、诗文家、书法家张雨（1283—1350，道名嗣真，号句曲外史），著名文学家、书画家杨维桢（1296—1370，字廉夫，号铁崖），著名书法家俞和（1307—1382，字子中，号紫芝），著名文学家宋濂（1310—1381，字景濂，号潜溪），著名画家赵雍（1289—约1360，字仲穆，赵孟頫之子），画家林子山（赵孟頫外甥），名士许瑗（字栗夫）、吴立夫，剧作家柯丹邱，都争相与李文交游。李文结交的圈子甚是宽泛，政界文化界都有接触。据清光绪十七年（1891）《凤冈李氏宗谱》记载，李文初授建德路桐庐主簿，张士诚起兵攻打吴越，元将不花儿统兵击之，屯于县境，粮饷不济，公出家储，以饷士卒，赖以克捷。至正十二年七月，红巾起义，奉浙东宣慰使司都元帅脱脱，咨（李）文差往剿捕，屡奏捷。论功行赏，升授浙江行省都事。不难看出李文积极的入世态度，李文一开始就有桐庐县主簿的职务，在镇压张士诚的过程中竟献出自家的储备作为元军的粮饷，在当时的环境下屡立战功，也符合一个儒生的政治期许。

元末蒙古势力被农民起义军赶出了中原，一个时代就此没落。李文与许瑗避乱于金华，产生了避世的念头。此事记载于家谱之中，他另有一诗《避世山中和韵》表达了归隐之心，其中写道："迢递天河水，河当洗甲兵。风尘嗟客况，霄汉惜交情。李愿终归谷，庞公不入城。山深无鼓角，好为养残生。"[②] 朱元璋一统天下，暮年李文回到翔岗，给自己作了一幅肖像画，并题了一首四言诗，言道："黄冠野服，逍遥自如。性静心逸，志动情舒。

---

① 〔清〕光绪十七年（1891）《凤冈李氏宗谱·人物行状》。

② 皇甫汉昌编著：《隐逸桐庐》，西泠印社出版社，2016年，第195页。

无求名利，嗜读诗书。近山而居，临水而渔。抱冲养性，乐也蓬蓬。"[1]
表达了他退隐之后的潇洒散淡，"近山老人"之名由此而来。近山临水之余，李文并没有闲着，作了《南冈十景诗》记录家乡翔岗十景，编辑了《古乐府》二卷，《近山集》二十卷，留给后人一段传奇的人生。李文去世时，远在都城金陵（今南京）的刘基闻讯，哀痛万分作诗追悼：

追悼李君近山

　　桐庐李君近山，儒士旷达者也。与仆为知心友，契阔十余年，风尘渍洞，音问杳绝。忽其子来京师，始知李君亡矣，悲感成诗，聊以写其情耳！

　　　　白头经丧乱，青眼总凋零。
　　　　解剑情何及，看山兴已暝。
　　　　夕岚空蕙帐，朝雨翳松铭。
　　　　痛哭幽明隔，酸凄孰为聆。[2]

　　"竹林七贤"之一的阮籍真性情，看人分"白眼""青眼"，对待讨厌的人用上翻白眼，对待喜欢的人用青眼正视。季札因为徐君看中自己的剑，心想等出使回程时送他，不料徐君已故，便把宝剑挂在徐君墓旁的树上。随从看不懂，说人都不在了，你的剑给谁呢？季札说，当时我心里已经想好要送给他了，不能因为人不在，就违背我的心意。刘基以"青眼""解剑"两个典故，借阮籍和季札对待朋友的态度，表达了他与李文君子之交的深情厚谊。

　　还有被人称为"梅月处士"的李康，字宁之，是李文的侄子。他有一

---

① 皇甫汉昌编著：《隐逸桐庐》，西泠印社出版社，2016年，第195页。
② 皇甫汉昌编著：《隐逸桐庐》，西泠印社出版社，2016年，第196页。

书室，取南唐李庭珪《藏墨诀》中"临风度梅月"句，定名为"梅月书斋"，自号"梅月主人"，以梅自居，高标自立，孤傲超群。李康学识修养深厚，善诗文及琴棋书画。在绘画上成就不凡，他擅长山水和人物画，他所绘的《伏羲像》，如今被珍藏在故宫博物院，并被编入《晋唐五代宋元明清名家书画集》。

刘基在翙岗与李康时相往来也结成知心朋友，曾写有一首《题梅月斋宁之读书处》诗：

> 乾坤清气不可名，琢琼为户瑶为楹。
> 轩窗晓开东井白，帘拢暮掩西山青。
> 玉堂数枝春有信，银汉万顷秋无垠。
> 夜深步同踏花影，梅清月清人更清。
> 罗浮不独具闲春，广寒不独天上人。
> 人间天上有如此，何时载酒来敲门。[①]

"梅清月清人更清"将李康淡泊名利的风范展露无遗。刘基离开翙岗，与李康分别时甚是依依不舍，在《留别李君宁之》诗里写道：

> 群山雪消江水宽，主人情重欲别难。
> 我今自向玉岛去，短日斜倚着风寒。
> 满楼山色几时醉，永夜月明何处看。
> 人生有心无远近，频将书札报平安。[②]

刘李二人交谊深厚、情重别难，诗词唱和间，不难看出文人之间惺惺相惜，李康的文化影响力可见一斑，四方名士争相慕名拜访。明开国元勋高阳郡侯许瑗、侠肝义胆的桐庐才子徐舫、浦江诗人戴良、号称"铁牛翁"的淳安诗人何景福、自号"句曲外史"的方外诗人张雨都曾是他的座上宾，

---

① 王樟松编著：《画中桐庐》，西泠印社出版社，2015年，第288页。
② 王樟松编著：《画中桐庐》，西泠印社出版社，2015年，第288页。

族叔李骧、兄弟李恭等都与李康有诗歌酬答。这样一个有学识有社会地位的人，自然被官府青睐。然清乾隆《桐庐县志》载，李康一而再，再而三地拒绝出任元官。元至正二年（1342），郡守马九皋备礼聘他出来任职，辞谢不就。九年，张奉使闻其贤，又欲起用他，复固辞不应。十六年，宰臣塔失铁来县，备下厚礼，遣县令罗良迎他到县议事。康纵论得失，深入肤理。塔失铁欲委以官职，康以奉养老母为由辞归。朝廷"三顾茅庐"都是热脸贴冷屁股，孝是最好的挡箭牌。李康确实是个大孝子，母亲病重，他"割股和膳以进"，割股救母于封建社会，无论在哪个朝代，都是至孝的典范。

　　李康在当时的读书人中可以算是一个另类，才华横溢又孤傲超群，所读之书就与一般读书人有所不同。他瞧不上科举必读之文，更注重研读策论、律赋、经义、八股文、试帖等科举功名文以外的经史文学，师从永康胡长孺，在古学上自成一家，著作等身，冠绝当时，《桐庐县志》所记下的就有《杜诗补遗》《桐川诗派》《梅月斋永言》《看山青暇集》等[①]。其中《杜诗补遗》花费了李康大量的时间和精力，在唐代诗圣杜甫诗歌的校订考究方面，具有极高的学术价值和文献价值。李康把挖掘、搜证、整理杜甫诗作当成自己的人生使命。闻一多在其《唐诗杂论》中评价杜甫是中国"四千年文化中最庄严、最瑰丽、最永久的一道光彩"，古今中外大量诗人、学者对之借鉴、研究，留下了汗牛充栋的文献，形成了一门绵延至今的显学——杜诗学。《杜诗补遗》不仅体现了李康在古文研究上的精深造诣，还是历代"杜诗学"生命力的延续。

　　如果说李康是一个埋头古文古学的"宅男"，那么其族弟李恭则是一个性情快意潇洒的"旅游达人"，亦诗亦酒，隐逸的乐趣都被他玩明白了。二人都以处士界定自己，名字以梅鹤并称，却也展现出不一样的人生状态。

① 　金嘉琰：乾隆《桐庐县志》（卷十一），清乾隆二十一年（1756）刻本。
② 　闻一多著：《唐诗杂论》增订本，人民文学出版社，2022年，第149页。

李康取号"梅月"，李恭以"呼鹤"自居，也许是受北宋处士"梅妻鹤子"林逋（967—1028）的影响，兄弟二人各取梅鹤，直接表露隐逸山林闲云野鹤的处世境界。清光绪十七年（1891）《凤冈李氏宗谱·人物行状》称赞李恭："自幼颖悟过人，五经百家诸史无不通晓，韬迹山林，隐居不仕，朝夕以诗文自娱。""好赋诗以纪时事，所著有《呼鹤山人集》。"[①]《呼鹤山人集》诗稿今存一百余首诗，可以说是李恭的"旅游笔记"。从诗目中可见他的行程轨迹，富春江一线是其主要活动范围，行迹遍及大江南北。当时严州府治梅城是李恭频繁活动的区域，《夜宿郡庠有怀》《严郡幕府集宴呈诸子》《严城寓风雨作》《严城舟中》等诗歌就是这一时期活动的证据。沿着富春江，李恭到过遂安、分水、桐庐、富阳、杭州，并且到达了南昌、苏州、南京、山西等地，每到一地都作诗留记，把一个处士的生活过得有滋有味。当他看遍了外面的世界，回到家乡后，闯荡和漂泊的心都静了下来。你瞧，他在《舟回远望家山》中写道："夕阳影里见家山，静倚归篷意自宽。一片白云飞更好，此情不比太行山。"[②]家乡还是那个家乡，心境却变了。

李恭当然也和刘基结下了深情厚谊，他在《秋日怀友人刘伯温赋二首》诗中就表达了与刘基的"金兰"之交，其诗曰：

其一

倚栏惜别暮江天，一纸音书动问难。
两地相思无限意，何时携酒话平安。

其二

怅思惜别暮江东，自谓金兰气谊同。

---

① 〔清〕光绪十七年（1891）《凤冈李氏宗谱·人物行状》。
② 桐庐县社会科学界联合会编：《品读桐江名人》，团结出版社，2023年，第61页。

何日一樽重晤对，黄花香里话西风。①

刘基已离开翙岗去追他的明主，开启仕宦之旅。想当初把酒畅言，一腔热情，如今无人可对，无限思量。李恭晚年，朝代更迭，明朝洪武年间天下初定，朝廷求贤若渴。不知是否受到刘基的举荐，明洪武五年（1372）四月初八，朱元璋下旨敕授李恭为山西石州知州。晚年功成身退，"秋风吹动乌纱帽，莫待诗人醉后狂"②，依然潇洒豁达如初。翙岗李氏退隐退得，平步青云亦能进得，进退之间，其实是时代变局中的茫茫求索。千百年来，历代文人高士心怀家国，锐意进取之余，从未停止过对隐逸生活状态的追求，从早期的"寄身岩栖、高蹈绝世"，到后来的"大隐隐于朝、中隐隐于市、小隐隐于野"。"隐"的境界，时至今日仍是融存在中国人血脉里的精神追求。李氏隐居以求其志，曲避以全其道，他们是翙岗骄傲的引路人，翙岗老街的村史馆，展示着他们恬淡高远、云淡风轻身后的厚重历史，数不清的诗篇，讲不完的故事，还有那影响后代的教育模式。

五、四方来客，多喜读书

绕过人烟密集的村庄，在村南香泉山隐藏着一座千年古刹——华林寺，又被当地人亲切地称为"燕子窝"。据考证，刘基的《虎镇山记》就是站在华林寺前的大庙山上写的。而香泉山，恰恰就是上文中刘基说到的"南望则三峰插天"中的羊角峰。华林寺始建年代说法不一，但至少在唐代就初具规模。山门左手边一棵古树，树干不知什么原因断了，不仔细就看不出来，其身形依然指天，绿意依然葱茏，树龄虽只有上百年，却和身后华林寺的命运如出一辙。

民国《桐庐县志（卷四）》记载的华林寺历程坎坷，一次次在坍塌的

① 桐庐县社会科学界联合会编：《品读桐江名人》，团结出版社，2023年，第60页。
② 桐庐县社会科学界联合会编：《品读桐江名人》，团结出版社，2023年，第64页。

废墟中重新站立：华林寺在县东南二十里凤冈庄香泉山，五代吴越时建，元末毁于兵燹，明洪武中重建，明成化四年（1468）僧景泰重修，清光绪间上殿坍，僧良修募修。传说鼎盛时，有僧人五百余人。至新中国成立初，华林寺尚存天王殿、大雄宝殿、上厅、下厅、斗阁、香泉亭等建筑。出于种种原因，如今我们仅能从一些明代的文物里感受穿越千年的禅意。

1997年，释默悟法师在凤川镇政府与诸佛教弟子的支持下，重建华林寺。一个个僧侣的身影竟由这段历史显得高大起来，让人不免感叹，命里磨难固然不少，但是生命力的顽强比磨难更值得关注和歌颂。多少楼台烟雨中，数千年的历史大浪淘沙，能留下来的又有多少？如今华林寺大雄宝殿巍然耸立，一尊高五米多、重二十五吨的缅甸汉白玉释迦牟尼大佛端坐着，眸间唇角带着微笑，显现出内在的静穆与和谐。这世界那么多人，窘迫、羞辱、悲伤、苦恼和无尽的绝望，三千烦恼竟都在佛陀的笑眼中消解！如今的华林寺大雄宝殿以崭新的容颜矗立在山腰，继续行使它的未来使命。每年一度桐庐"江南时节"，是这里人气最旺、香火最盛的时刻，甚至有香港、台湾等地赶来的香客。庄严肃穆的寺庙里藏匿着翙岗人的精神因子，既有当地人及周边民众的宗教信仰，也有翙岗乡村教育厚重的历史书写，读书人的信仰和普通生活的信仰竟在一条向上的山路上重合。

初来乍到者去往山寺，往往很难找到其位置，只因狮、象两山对峙形成的天然山隘，让人容易迷失方向。而民间神秘流传的"狮象护卫""万代诸侯吉祥地"又给它平添了一分隐秘又传奇的色彩。据说抗日战争时期，这个神秘的地形就阻挡了日军侵犯的脚步，漫山遍野的参天古木过于繁茂，日军怕中埋伏弃之而走。香泉山山道蜿蜒曲折，隐隐看见半道寺墙，宁静庄严而又僻静无比。这是一个恰当有分寸的距离，古人读书非常讲究选址，像著名的岳麓书院建在湖南长沙的岳麓山脚，白鹿洞书院建在江西庐山五老峰下，都处于环境清幽的山林之间。理想的读书场所要远离尘世，才能心神安宁。大概如此，华林寺的偏僻静谧就被刘基看中了，书生怀着朝圣的心态来此拜师，与因信仰佛陀而至的民众一样，都企图通过这里得到一个令人欣慰的结果。1991 年《桐庐县志》记载，刘基元末流寓桐庐数年。设馆于翙岗华林寺，与李近山、李宁之及徐舫等交游。1984 年《浙江省桐庐县地名志》也有记载，华林寺（始建于五代吴越国时期）北寺湾里，昔时曾设学馆，元末刘基曾在此寓居数年。位于此处的三峰书院，成为一个未来理想社会的教育试验场。明朝建立不久，刘基任职弘文馆学士，掌校正图籍、教授诸生等职务，还担任过京师乡试的主考官。在《赠桐江临溪西庄华氏宗谱序》中，刘基落款"处州府青田县逸史侍教生伯温刘基"，而在翙岗"侍教生"的三载教育实践，不仅间接地影响了他日后的执政举措，也培养了一批得力的人才。据传明初石桥工部主事郑侃就是刘基的学生。

三峰书院以华林寺后的三个尖峰命名，前身是社学。元代对民间子弟进行扫盲创建社学，每五十家立一社，每社设立学校一所，配备通晓经书的学师，在农闲时进行扫盲。元代晚期，凤冈李氏开设了三峰书院。在一众乡贤大儒的推动下，社学升级为书院，成为当地的高等学府。从最初的翙岗香火厅（东边厅），到虎镇山脚的大庙里，到大庙西边的峙湾里，再后又转村口乌门厅（清道光年间），求学者络绎不绝，书院的选址也有了更高的要求。书院靠着四十余亩学田支撑日常杂用，吸引各地名流鸿儒，清嘉庆年间，学术文章、冠于六睦的金牛乡施家庄施锡彦就执教于此。一任又一任塾师、一代又一代书生来到这里，又去往各地，将翙岗这样一个学术交流和文化研究的重要场所承载的江南文化精髓，扩散至四面八方。

除了三峰书院，古时翙岗还有一些教育机构，虽已不见踪迹，却用它曾经所拥有的名称向后世昭示先祖所创下的读书基业多么宏大。南宋绍兴年间，石桥村乡贤郑氏修建西林书屋，如今只存在于《凤冈郑氏家谱》八景诗中。李氏家族给自家子弟启蒙读书的族塾学馆命名为挹泉书舍，亭、阁、楼、石，遍植花草古木，对子弟读书的重视可见一斑。新中国成立后，三峰书院改名为凤川小学，名虽屡易，读书如昨，学童仍向老师学仁义。经

桐庐华林寺

历古今嬗变，现今翙岗继续扛着乡村教育的大旗，地方文化精神一脉相承，扎根在一代又一代人的心里。

六、昔日战场，今日潮村

作为经济发达的交通要塞之地，翙岗也曾是金萧支队浴血奋战的战略要地。抗战时期，国民政府沈德亨将军曾在华林寺开办"浙江青年抗日救国训练班"。根据桐庐县党史资料，1948年7月，桐庐县国民党警察局芝厦分驻所被当时在桐庐频繁活动的会稽山人民抗暴游击司令部袭击，国民党县自卫总队独立常备第二中队（陈标部）被紧急调防到凤冈，驻扎翙岗村西北部小丘上的关帝庙内。

1948 年 12 月 6 日，为了清除干扰，金萧支队政委张凡带领两百多号人从四管乡（今新合乡）赶到凤川，对关帝庙进行围攻。敌我双方激战两个多小时，金萧支队从街边的小店里提了两箱煤油，把关帝庙的瓦片掀开，扔进加了煤油的火把和手榴弹，关帝庙顿时火势熊熊，陈标吓得举着白旗出来投降。这一场战斗总共俘获了敌人六十多人，俘虏通过柴埠的水运码头被带到了县城，关帝庙之战标志着金萧支队在桐庐扫清了障碍。

中共浙东临时工作委员会在致金萧支队全体指战员的贺函中称，凤川战斗全歼敌军一个中队，俘获中队长以下六十余名这一伟大胜利，不但是路西县主力北撤后的空前大捷，就是在全浙东也是一次巨大胜利，这是全体同志的努力和英勇作战的结果，并望再接再厉，为解放整个金萧地区而战。

1976 年大源溪开展改造、修建堤坝和填溪造田运动，在二十世纪八十年代开启的工业化浪潮中，这里先是办造纸厂、新建农贸市场，后又落成为城东工业园区。但真正改变村庄命运的是 2012 年第二批中国传统村落的申报成功，以及 2020 年开启的美丽乡村 3.0 建设模式。每一个塑造乡村气质的历史事件都不会被遗忘。历史上吸引青年文人的翙岗似乎找回了自己，你看它如今正在酝酿的青春计划，喜街音乐啤酒狂欢趴、喜街潮玩节、实景剧本杀、动漫艺术节、2023 年环浙步道总决赛等，哪一项不是年轻的节日赛事呢？越来越多的年轻群体聚集到这里，翙岗利用闲置古建筑，渐渐找回一个年轻的艺术的自己，坚定地要做一个"富春江畔最潮古村"。

翙岗是浙江首个剧本沉浸式体验古村落实景地。根据翙岗故事"定制"创作具有翙岗文化特色的剧本，《关帝庙战斗》《刘伯温密码》《李康传奇》《翙岗遗案》等，以翙岗村千年古城为基、千年文脉为魂，参与的玩家选择扮演角色，身着特定的服装，在翙岗古街一间间老宅中翻查搜集线索，国画馆、康德堂、东边厅，在一间又一间天井中辗转，翙岗上下一千三百余年，翙岗的非遗文化和特色菜肴，以一种更易于传播的方式为玩家感知。随意翻开一个剧本，将玩家带到另一个截然不同的时空，演绎一段不一样的人生，而翙岗大量的古建筑群营造了一个还原历史真实的空间氛围，这是普通剧本杀所无法比拟的。

历史没有消散，而是成为后人添枝加叶、创造新历史的元素。"翙宝""蛋宝"就是根据村名创作的两个吉祥物，吉祥物们和黑猫警长、齐天大圣等动漫形象一起，点缀古村的动漫元素，同翙岗传统民居、院落相映成趣。翙岗本土元素与动漫元素的结合，就是年轻群体眼中的"网红"。老街如同一个巨大的容器，盛得下历史痕迹，也装得下时代生机，知名动漫 IP 以及一大批中国新生代潮流艺术家作品不经意间出现在游人眼前，儿时的记忆从时光深处走来，艺术的力量不仅激活了游人的怀旧情怀，也

动漫在古村落

激活了乡村文化。白墙成为画布，古宅变身阿七牛杂摊、"大宝 J 发廊"，在大家以为古宅仅供观赏时又变出了无限的可能性。一千三百年又怎样，照样活力四射意气风发！作为杭州市首批未来乡村建设试点村，以"千年翙岗、活剧潮村"作为定位，2021 年，翙岗作为"中国·大地剧场·艺术季"重点打造的艺术乡村，"五一"期间接待游客约七万三千人次，与2019 年同比增长二十一倍，其中百分之七十以上为青年人群，旅游总收入近八百万元，与2019 年同比增长十四倍，周边纳入统计的精品（特色）民宿平均入住率为百分之九十有余。

2023 年环浙步道总决赛桐庐十字峡谷溯溪越野挑战赛落地，赛道就安排了翙岗村的石板路。当年轻的脚步奔跑在古老的长街上，古村知道，唯有奋力奔跑，方能把握最快到达终点的时机。光阴，不过百代之过客，犹如古澳之水，滔滔流去不复返。唯有心中之风，驱动生命之舟破浪前行。

看！风起翙岗，云聚江南！

参考文献

1.〔梁〕萧统编纂:《昭明文选》,民主与建设出版社,2021 年。

2.〔唐〕韩愈著:《唐宋八大家散文》,天地出版社,2022 年。

3.〔清〕光绪十七年(1891)《凤冈李氏宗谱·人物行状》。

4.〔清〕金嘉琰:《乾隆桐庐县志》(卷十一),清乾隆二十一年(1756)刻本。

5.闻一多:《唐诗杂论》增订本,人民文学出版社,2022 年。

6.吕立汉:《千古人豪——刘基传》,浙江人民出版社,2005 年。

7.浙江省桐庐县民政局编:《桐庐县地名志》,湖南地图出版社,2015 年。

8.王国平:《钱塘江文献集成》(第 19 册·富春江、萧山专辑),杭州出版社,2017 年。

9.缪承潮:《严州文献集成》(第八册),杭州出版社,2021 年。

10.张轩:《先秦元典的思想内涵与精神意蕴》,吉林大学出版社,2020 年。

11.皇甫汉昌编著:《隐逸桐庐》,西泠印社出版社,2016 年。

12. 王樟松编著:《画中桐庐》,西泠印社出版社,2015 年。

13. 桐庐县社会科学界联合会编:《品读桐江名人》,团结出版社,2023 年。

茆坪翠色掩，古意新光融——桐庐县富春江镇茆坪村

茆坪村处在桐庐县西南部富春江镇东南部群山峡谷中，居于芦茨（白云源）溪流域中段。茆坪始建于宋末元初，全村总面积约三十平方千米，七成村民为胡姓，为文安郡开国男胡国瑞后裔胡氏聚居地。

首批浙江省一级古道、始建于元代的马岭古道穿村而过，给茆坪村平添几分古色古香。古村迄今仍保留浙江省内稀缺的具有宋代风格的传统建筑，许多古建历经沧桑后依然保存良好，如江南第一农居徽派古建筑文安楼、五朝门、胡氏宗祠、东山书院、仁寿桥、万福桥等。

茆坪村是省级非物质文化遗产民俗文化村、国家级美丽宜居示范村，2014年被评为第三批中国传统村落、第七批中国历史文化名村。

蔀坪全景 邹鸿摄

　　当代著名作家和民俗学家、被誉为"传统村落保护第一人"的冯骥才说过，传统村落是民族根性的家园，是扎在大地上最深和最关键的根。如今，越来越多人喜欢走进古村落，去触摸历史匍匐在大地上的根系，去探寻中华文明生生不息绵延不绝的奥秘。浙江有上千个古村落，如果要选出一个相对理想的古村落——三五步皆可成景，历史深邃而厚重，地理位置不那么偏远，经济水平相对富足，商业意味不太浓厚且能同时满足这些条件，茆坪村可以算其中之一。

　　茆坪村是一个有着九百多年历史的古村，是绝对经典的江南古村落，有山清水秀的风光美景，有底蕴深厚的人文传奇，有文脉不断的宗族记忆，有植根乡土的家国情怀。它既有近千年的历史积淀，又拥有现今的容光焕发，游人在此更展望着充满诗意的未来岁月。茆坪，如同一本厚厚的古书，等待恰好遇见的游人翻阅。同样是由芦茨溪养育的村落，茆坪村和石舍村相距不过"一脚油门的工夫"，外观上却给人完全不同的感受。石舍是山也近、水也近的小家碧玉，茆坪则地势更加开阔一些，显得更有大家风度。视线所及青山蓝天，满目绿意双眼清润，一条宽阔的古道横亘中央，拉开了民居与民居之间的距离，格外宽敞舒适。如果说石舍是现代村落建设的样本，茆坪则守着村落的荣耀，显得格外恋旧。

一、白云入怀，流水润心

　　茆坪，它是一幅山水美得不像人间的水墨画卷，让寻找诗与远方的人们找到更多的灵感和治愈；这里有五朝门、胡氏宗祠、文安楼，用建筑无声地彰显胡氏宗族的荣耀；这里有一条鹅卵石铺砌的从村北向村南的马岭古道，不仅穿越了村庄，也穿越了时间；这里有桐庐目前唯一的一座清代私家书院东山书院，在江湖之远的乡村并没有怠慢诗书礼乐；祥龙舞动的乡村，女子板龙队用威武和强大的阵容展现充满人情味的民间风情。

我们不妨从宗谱收录的清代诗人盈沐《富春茆坪即景四章》中摘取两首，感受茆坪曾经的盛景：

乐志园怀古
楼傍青山榭傍矶，
满园春草目菲菲。
频看画栋雕梁上，
燕子呢喃认主非。

诚正楼怀古
地拓三弓屋一椽，
登楼吐纳几何年。
回廊曲槛今奚在，
古柏苍苍荫未迁。

乐志园、诚正楼已悄然隐匿在历史的深处，如同泛黄的古卷，被时光轻轻覆盖。茆坪北连芦茨风情古村，南接石舍创意古村，周边有严子陵和白云源两大景区，三个古村和两个景区共同构成了富春江慢生活体验区。虽然茆坪村被提高到创建国家级示范村的层面，但依旧古朴、安宁、祥和、僻静，并一直恪守着原汁原味的生活方式而不被外来浮躁的旅游风潮打乱。现代人为了茆坪村的慢舒古韵而来，不同时代的记忆在山水、古树、古风、古建里盛满。那些随风而逝的是岁月的脚步、是历史的尘埃，它们属于那个遥远的昨天，封存在我们的想象之中。然而，那些历经风雨却依旧屹立不倒的，是岁月给予的馈赠、是历史铸就的瑰宝，且将继续面向未来。

连绵起伏的崇山峻岭间，先祖挑中依山傍水的地理环境结庐而居，水流入口就是村口，故也称水口。入山寻水口，登局定名堂。唐代卜应天在《雪心赋》中留下的名言影响深远，流传至今。水口是村落的门面，也是村落的风水，其形态各异，颇有讲究。水口选得好，既能藏风聚水，还能聚气生财，纳福呈祥。果不其然，历经数代村民不懈创业，明末清初的茆坪已是浙西地区兴旺的村落之一。《桐庐县地名志》记载的茆坪："古为荒芜地，名茅草坪；后芦茨胡姓迁此繁衍成大村，雅化成今名。"[1]从一个遍地茅草、荒无人烟的地方发展为一个传承千年的村落，并成为现代富春江乡村慢生活体验区的代表性村落，茆坪用岁月流转、繁华依旧诠释了祖先寻址谋划的精妙。

每一个来到茆坪村的人，都会对神清骨秀的水口由衷地折服。遥想当年，先祖踏遍青山绿水，站在高处目光如炬，洞察天地间的奥秘，选中宜居宜业的理想之地。自那时起，水口凝聚着祖先的深谋远虑和无私奉献，成为茆坪村的精神象征和文化标志。如同一面镜子，水口映照着村庄的过去与未来，见证了一代又一代人的成长与变迁。无论是晨曦初露还是夕阳西下，无论是春花烂漫还是秋叶纷飞，"水口"都以其独特的魅力，吸引着人们驻足观赏、流连忘返。大山庇佑，芦茨溪绕村而过，水口上的老桥，水边的古树、岸上的胡氏宗祠、文昌阁粉墙黛瓦飞檐翘角，小桥流水枕人家，古道西风伴客行，江南水乡的情调已是不能更旖旎了。

茆坪村由巽峰山、来龙山与芦茨溪共同形成了"背山面水，金带环抱"之势，房屋建筑以东南方向巽峰山为参照标志，有利的地形造就了良好的生态与局部小气候——冬日的寒冷气流被背后的山脉阻挡，芦茨溪则在夏日迎来凉风，方位朝阳可以获得良好的光照，形成冬暖夏凉的安居之地。临近的水源满足农田灌溉及生活所需，一定坡度的地势又可以避免洪涝，丰富的山林绿植使得茆坪成为一个天然氧吧。芦茨溪沿着山谷流淌，从浦江经石舍一路向富春江奔去，自茆坪陡然开阔，宽约三十米的溪面，波光盈盈，满目苍翠，"天下有水亦有山，富春山水非人寰。长川不是春来绿，千峰倒影落其间"[2]，芦茨溪绿水潆洄，是对唐代诗人吴融这首《富春》

---

[1] 桐庐县地名委员会编：《浙江省桐庐县地名志》，1984年，第39页。

[2] 丁成泉辑注：《中国山水田园诗集成》（第1卷·东晋南北朝—隋唐），湖北教育出版社，2003年，第1071页。

诗的形象注解。盈盈绿水浸染在苍山墨岭间，水光山色养眼宜人。泉水清澈，石头静静地承载着水流，耳畔隐隐传来泉水哗啦和鸟儿的鸣叫声。时间在流动的水中驻留，显得小山村更加宁静。夏季时，村落的平均气温会明显比县城低，村落成为人们络绎不绝前来避暑纳凉的绝佳胜地。踏入水中的那一刻，炎炎夏日带来的浮躁就被冲刷得无影无踪。在一派"世外桃源"景象里，人们放下所有的疲惫和羁绊，亲近自然，舒怀快目，每一次呼吸都成了享受，时光真的慢下来。

水口作为村落出入口，空间上欲扬先抑，开合有度，富有节奏韵律。为了增加水口的锁钥之势，通常会种植风水树。"水口树"神圣不可侵犯，任何人都不能随意砍伐，以至于我们见到的一株株樟树、苦槠树、黄连木、麻栗树参天耸立，盘根错节，树冠巨大，夏天可浓荫蔽日，秋时以色彩斑

水口戏水

古树

姐妹柏　邹鸿摄

斓示人，无论什么季节都显得茂盛魁伟，充满生命力。树好像有意识地把枝干伸到路面，人站在树下，心里别提有多宁静，似乎能参透时光的秘密。焕发神异之光的"水口树"常年扼守进村的古道，如同豪宅中遮挡视线的影壁和屏风。村里的那些老树，亲昵地注视着一切，它们有的已经驻足了上千年，树干上系着一条条红丝带，充满了灵性。

　　热爱土地的先民将茆坪村的形状巧妙地比喻为一艘整装待发的大船，村南两棵苍劲的姊妹柏树就是船的桅杆。古柏苍苍影未迁，这两棵古柏相互扶持了一千三百余年，依然生命旺盛，仿佛永远不会老去。茆坪在两棵神树的庇佑下破浪扬帆，深山古树清风，小桥流水农家，成了无数游子心灵停靠归帆的港湾。粉墙黛瓦的圆洞门五朝门、胡氏宗祠和文昌阁一起扼守着水口。沿着古道拾级而上，自五朝门穿过五道圆形拱门，经过胡氏宗祠，就走进了卵石铺就的古韵村庄，一扇又一扇门，有情有义地守着数百年，也养育了一众有情有义的胡氏后人。

二、登楼吐纳，入室思贤

"宋朝时期，为官清正、功效卓著的胡国瑞（1080 –1132），在死后被朝廷封为文安郡开国男。南宋理宗年间（1224—1264），胡国瑞的孙辈清溪公择茆坪安家，渐成村落。现在村里的胡氏族人占七成。"① 茆坪村志言简意赅地介绍了茆坪建村的历史。在茆坪村的村口，有一尊胡国瑞公的塑像，村民说塑像所有的筹资和兴建过程，完全是民间众筹自发而建的行为。据《富塘胡氏宗谱》记载，茆坪胡氏原籍湖南文安，文安郡属于胡氏安定郡的一个分支衍脉，于南宋高宗绍兴二年（1132），由朝廷追封胡国瑞为文安郡开国男而创始。胡氏的先祖胡国瑞，为迁自安徽徽州、徙至浙江睦州寿昌（今属建德）富塘村的胡氏第七世孙，郡属安定。胡氏家族几经迁徙，于宋代分徙到桐庐芦茨村，后来又分支到茆坪安家落户。茆坪村胡氏列富塘村胡氏宗族的第九世孙，亦即胡国瑞的孙辈。因此，茆坪村的胡氏宗族自建村起，便以胡国瑞为先祖，以文安郡为衍源。

胡国瑞是大宋名士，据说他少年聪颖，酷爱读书，二十来岁已经进士及第。建德《富塘胡氏宗谱》记载：自北宋末年至明朝末年的五百余年间，胡氏家族就有三十三人考中贡士及以上功名，其中进士十三人，仅南宋崇宁二年（1103），富塘胡氏一个家族就有四人同登进士第，这在中国科举史上是不多见的，而胡国瑞便是这四人之一。《富塘胡氏宗谱·左中大夫胡公墓志铭》记载胡国瑞，字彦嘉，严之寿昌人也，因为在征方腊行动中立了大功而受到提拔，"官至吏部侍郎，文安县开国男，食邑三百户"。胡公因刚直不阿，难为朝官所容，宋高宗建炎时被外派至知舒州军州。但是不管处于何种境地，他都坚持做一个忧国忧民的好官，深受百姓爱戴。告老还乡之后，他在家乡开办义学，并把自家的田地划出一部分来作为培养读书人的经费，名叫"赡土田"，后人称之"义畈"。这样豪情大义的

① 桐庐县地方志编纂委员会办公室编：《桐庐微村志》（第一辑），方志出版社，2016 年，第 105 页。

祖先，后人引以为傲，怎么尊崇他都不为过！

有这样一位德高望重的先祖引领，茆坪人顺势在溪北的缓坡上慢慢地扎下根来，像是一粒被雨浇灌的种子，在泥土芬芳的大地上，发芽吐绿，开花结果。历经朝代更迭，千年历史变幻，茆坪依旧山峰叠翠，炊烟袅袅，一草一木、一人一屋都保持着最原生态的烟火气，弥漫着一股"活着"的气息。弯弯的古道纵横其间，犹如村庄强健有力的脊椎，在它的两侧错落有致地分布着结构多样、类型丰富的明清古宅院。

据说很久以前茆坪村胡氏族人祭祖，要到芦茨村的胡氏家庙总祠"振衿堂"进行。纯靠双脚步行的年代，二十多里山路，人们在祭祀祖先的路上翻山越岭，从未间断。清乾隆三十七年（1772），茆坪村的胡氏发达之后，加上人丁兴旺，便在茆坪村建了自己的胡氏宗祠。与此同时，在其右侧建造了五朝门和文昌阁。五朝门和胡氏宗祠、文昌阁共同在村口组合成一个神圣庄严的场所，组合成一个稳定的精神架构。这里盛着家族的历史和文化，盛着家族的力量和温暖。

五朝门单看形貌，只是一个处于风光美丽的隘口处不起眼的路亭，只能从传说中去感受其昔日的不凡。五朝门是封建社会彰显权贵的建筑，平常人不得修建，得皇帝钦点才可以。茆坪村为什么可以修建五朝门呢？自然是因为胡国瑞文安郡开国男的贡献，皇帝允许在建造胡氏宗庙的同时建造五朝门。经过五朝门，文官要下轿，武官要下马。但是乾隆年间，有些人不知道胡氏先祖的事，正当建造五朝门时，就给胡氏告发了，险些被抄毁。胡氏族人取来胡国瑞的画像挂在祠堂正厅才免于此难。后来道光皇帝知道了此事，还专门派钦差补送圣旨。被皇帝再次肯定的传说，更加鼓舞了茆坪人。茆坪人日日穿过五朝门，崇高的家族声望和地位成为后代抵御外来压力的力量，保持家族的稳定和繁荣。

朝为田舍郎，暮登天子堂。古人靠着科举实现阶层跃升，也因此衍生出许多神灵信仰符号。《孝经援神契》曰：奎主文章，仓颉效象。文昌阁

五朝门

是中国的传统祭祀建筑，专门祭祀传说中掌管文运功名的奎星，为保当地文风昌盛，人们读儒家经典，参与科举考试，对考试之神的崇拜一点不减。文昌阁始建于清乾隆三十七年（1772），"奎楼望月"一度成为茆坪古八景之一，现存《桐江白云胡氏宗谱》中记载着胡儒超的《奎楼望月》诗，诗云："良宵蹑足上奎楼，远瞩长空一色秋。万丈云梯如有路，乘风须到广寒游。"[1]如今的文昌阁徒留外形和屋架，内部已被辟为茶室，成为前来避暑的游客休憩的场所。门头飞翘的屋檐和"文昌祥瑞"的匾额，仿佛穿过这扇门，仍然能拜见左手持一只墨斗，右手握一管朱笔的魁星。

胡氏宗祠坐北朝南，总面积约一千八百平方米，巍然耸峙，远涵嶂山，近俯青溪，看得出来曾经是一个极其神圣的地方。清同治元年（1862），族人又对胡氏宗祠进行了修缮，目前仍留有清代建筑的风格。祠堂前整肃开阔，在蓝天白云下熠熠生辉，透出一股神秘的气息。石砌的门梁上刻着"胡氏宗祠"四个大字，粉墙黛瓦高脊飞檐，尽显质朴巍峨。尽管《白云胡氏家训十八条》要求子孙对宗祠"应常加理漏，勿使霉湿""凡见坏损，及时修葺"，但宗祠门前画有狮子图的照壁还是荡然无存。1990年，叶浅予先生来茆坪写生，就曾以小时游茆坪被照壁上的狮子吓了一跳，由此领悟到狮子之吓人就在于眼睛传神的故事来教导他的学生。民间艺术的精湛

---

① 浙江省住房和城乡建设厅编：《留住乡愁：中国传统村落浙江图经》（第3卷·上），浙江摄影出版社，2019年，第5页。

文昌阁

竟然只能存在于传说之中，遗憾至极。

胡氏宗祠方正规整，内部分为三进，第一进是一个戏台，可拆装组合式舞台凝结着劳动人民的智慧。平时敞开，供人们进出宗祠，活动时合拢，就是演出的舞台。每年农历九月十五过时节，村民欢聚一堂，祠堂看戏是一个重头节目。第二进悬"清芬余泽"匾。第三进高悬"振德堂"匾额，以德处世是茆坪立身之本。结合祠堂内的《胡氏家训十八条》，"奋于忠义，道军曲折，挺身报国，不避艰险"，可谓爱国；"凡我子孙，幸而富贵，必制节谨度，乐善好施"，可谓友善；"必诚必信，无遗后悔"，可谓诚信……当下这些家训与国训相通，爱国、诚信、友善本就是从民间发展而来。风清气正的胡氏家族，将"德"字深埋心间，也出了很多德位相配的乡贤，比如出资修建"马岭古道"的胡仲仁，以家财为军资组织乡民抵御战乱的胡镜渠，等等。"振德堂"匾上方还有一个胡氏家族最高荣誉象征的圣旨匾，为清咸丰帝亲赐"平寇"圣旨金匾，表彰的就是村人胡镜渠组织白云源义军抗击流寇、保卫家园的功绩。遗憾的是原件毁于"文革"，后人只能从风貌逼肖的复制件中了解到这一事件中茆坪村人保卫家乡的一腔热诚。祠堂内牌匾琳琅满目，"岁魁""诰封""贡元""泽被湖溪""燕翼贻谋"……年轻的村民已不能了解每一块牌匾背后的故事，不知是延请族中哪位书法精湛者誊写，也不知道由本族哪位德高望重的人反复推敲才能确定悬挂位置，但是它们挂在那里，依旧展现家族的精神风貌。

祠堂平日里安静肃穆，热闹的时候莫过于春节祭祖。祠堂里面人来人往，香火缭绕，两旁红烛的火焰不断跳跃，中间供奉的牌位显得格外肃穆。鞭炮炸响的同时，进来的人不约而同地朝着同一个方向揖拜，宗族文化在此一刻就被激发出来，众人与故乡的羁绊愈发深刻。祠堂连接的不仅是祖先，也连接着身边所有的血亲，同时留住乡愁、记住乡思、牵住乡俗、拉住乡音。这座凝聚血亲、朝宗谒祖的圣殿，成为茆坪人有家可回的重要载体。

如今胡氏宗祠又纳入了茆坪文化礼堂、道德讲堂、杭州民生文化博物馆，作为与现代连接的第一公共空间，继续发挥着它凝聚乡亲的功能。富阳籍文化人叶加申，将自己多年收藏的明代、清代、民国时期各类地契、农民田税收执、结婚证书、分家书等原始凭证，以及寻常百姓家曾使用过的陈设品、生活用品和生产用品等捐赠展示在祠堂内。大大小小的老物件，承载了多少过往，在岁月一代又一代流转中留存下来，冷眼观察兴衰更替的常态。物的背后是一个个认真活过的人，每一件老物上似都留有余温，物件的老去就是人的老去，往事如烟，岁月沉香，能盯着这些物件看半天的人，必定被勾起了无限的回忆。

胡氏宗祠

　　文安楼是茆坪另一座标志性古建筑，它是茆坪村不拘泥于传统的见证，与村里其他江南地区常见的徽派建筑不同，文安楼体现了主人独特的创意和卓然不群的个性。

　　文安楼坐西南朝东北，总占地面积约两千平方米。主体占地约

胡氏宗祠"振德堂"

五百二十平方米，为五间二进式楼房，气势上碾压周边乡村民居。关于文安楼的建立年代，《茆坪村志》云："1922年，胡儒艺建文安楼。历时三年，花费三万多银圆，建成文安楼占地五百二十多平方米。"[①] 胡儒艺凭借经营山中竹木柴炭发家，走南闯北，渐渐吸收了外面的建筑手法，将传统手法和西方审美皆融入文安楼，呈现出别致的风格。文安楼不仅是茆坪村中最大的古建筑，也是最年轻的古建筑。民间建筑所体现出来的与时俱进，成为桐庐民间建筑史上的一个实体标杆。

文安楼的外立面首先给人强烈的视觉冲击，在遍布明清徽派建筑的江南确实难得。迎面敞亮气派的门楼，地势开阔的广场，眼界毫无遮挡，青山白云作它的背景，文安楼呈现出更丰富的层次，彰显山乡小村无界的迎

① 桐庐县地方志编纂委员会办公室编：《桐庐微村志》（第一辑），方志出版社，2016年，第108页。

客胸怀。游客均被这座既像城楼又似牌坊的门楼吸引，门楼内框以条石围合，以内框为中心，外围以多重贴塑等手法构筑。最上方是"双龙戏珠"图，其下有"居贞吉"和"派衍文安"二匾。"居贞吉"取《易经》中的"居贞吉祥"词句，"贞"通"正"，有坚守正道之意，表明还是把做人放在第一位，进而追求祥瑞吉利的美好愿望。"派衍文安"是对先祖文安郡开国男胡国瑞的传承，感念血脉之恩，不忘祖先，不失良善，在茆坪自古至今九百余年的传承中，始终保持着韧性，一直没有磨灭初心。

走进文安楼，映入眼帘的是典型的晚清徽派木雕风格，梁枋挂落、雀替牛腿、花鸟虫鱼、神话人物等雕刻无不精致到了极点。据说是楼主专门请来东阳建筑大师设计。《富春江渔文化记忆》一书中，就对文安楼中的鱼雕做了详细的阐释："在天井四周的二楼檐枋布满了鱼藻图、池塘水禽图、山水小品，檐枋的中间部位用中国结相连缀。鱼藻图每边有四个画面，总共十六个小景，呈现了姿态各异的鱼类。鱼藻纹的写实性，使得纹饰中的鱼类大致可以辨认，金鱼、鲇鱼、鲂鱼、白鱼、鲫鱼、子陵鱼、鲩鱼、鲭鱼、鳜鱼、鳡鱼、虾、蟹、螺蛳等，或大或小，或群聚或独处，总计七十九尾。山水小品描绘的是富春江七里泷一带的山水景象和江中风物。鱼藻图与池塘水禽图、山水小品、中国结相贯穿，整个二楼檐枋犹如一幅长卷，体现了房主人的鱼乐思想，追求渔隐之乐、悠游之乐。"[①] 如此精湛的细节恰恰反映了富春江流域的渔文化在民间的丰富，也传神地体现了"雕刻要吉利，才能合人意；画中要有戏，百看才有味"的东阳木雕技艺。

从二楼开墙伸出一个"望月台"，也是以往民居中所没有的设计。置身于望月台，可以一览茆坪安逸秀美的山村风光，生活在此处，全然一副静谧安逸的心境。胡儒艺人如其名，热情大方，结交了一众儒士名人。月光依然照故土，不见当年望月人，正是这一方望月台带来的诗意，使文安楼在长久的岁月中成为茆坪相当有文化意味的一幢民居，成为桐庐的文化

---

① 方仁英：《富春江渔文化记忆》，浙江文艺出版社，2015年，第205页。

名楼。据胡氏后人回忆，1926 年前后，康有为生病，受到楼主邀请，曾来此楼休息养病。想来康有为在夜深人静之时，或在望月台上展卷卧读、吟诗泼墨，或和胡儒艺等友人把酒畅谈，不禁感叹文安楼乃"江南第一农居"。

友谊终究面临一别，康有为将来时所带"百宝箱"赠予胡儒艺点缀"文安楼"，箱内不仅有康有为的十八幅字画，还有"戊戌六君子"书法作品，以及京剧大师梅兰芳题字并使用过的折扇。最为珍贵的是四件半米来高的菩萨雕像，据说原为清皇室珍藏文物。不过这些宝物在随后动乱岁月里全部荡然无存。

宝物一说，缺少了真凭实据，但是康有为的到访还是让人们对康胡二人的关系产生了遐想。另一位文化名人大画家叶浅予也多次来此，尤其喜欢坐在文安楼望月台上，面对如画美景写生作画。叶老每次回桐庐都要到文安楼看看，有时还带学生登望月台。他和胡儒艺之子、年逾古稀的胡宗陶留下的许多珍贵合影，成为老画家与文安楼特殊情缘的历史见证。

望月台　邹鸿摄

　　文安楼一度被公家所用，作为茆坪村专门用来接待贵宾的场所。抗日战争时期，国民党省政府高官曾在此多有留宿；新中国成立前夕，这里曾作为金萧支队江东联络站。二十世纪六十年代，中央及省市领导多次来芦茨考察，均在此休息用餐。著名导演谢晋对文安楼更是情有独钟，接连在此拍摄了《珍珠衫》《无国界战争》《周恩来》等影片。如今只在一楼其中一角开了个柜台，作为文安楼小店。曾经的繁华逝去，文安楼早已物是人非，游客进进出出，步履匆匆，很少有人愿意再因它感受一番月下诗意了吧！

　　说到诗意文风，不得不提及茆坪的乡土书院。根据民国《桐庐县志》的记载，北宋天圣年间，富春江镇芦茨村有过一座东山书院，这是史籍记载中桐庐最早的民间书院。为唐睦州诗派重要人物方干的八世孙芦茨"十八进士"之一的方楷所建，曾经作为芦茨村古十景之一的东山书院，开创了桐庐办学之先河。至清末，桐庐、分水两地共有书院十九所。1958年，富春江水电站开工建设，芦茨老街沉入水下，东山书院也沉寂静于历史之中。

望月台　邹鸿摄

茆坪紧邻芦茨村，也曾效仿芦茨建起一所东山书院，仿佛冥冥之中握住了一根历史的接力棒，希望自己的子孙也像方氏一样兴旺发达。茆坪的这所东山书院记载甚少，据调查，该建筑为清代本地翁姓为子弟读书所建，是桐庐县目前发现的唯一一座清代私家书院。历经风雨始终未倒，说明村民对东山书院极为敬重，反映了当地"耕读传家"的精神。

东山书院位于茆坪村的东山上，这里地处僻静，靠山临溪，早先并没有房屋包围，是一个不受干扰读书学习的好去处。在桐庐偏远的山乡里，深藏着浓郁的文脉之风。这座回廊式的中国传统书院建筑，建筑格局考究。院内有轩廊、半塘、小径，十分接近现代学校的布局。院内有一个半亩方塘，效仿朱熹"半亩方塘一鉴开"，大概为古代书院的标配洗墨池。如今的方塘漂满了一层绿色的浮萍，但是仍然掩盖不了从时光深处传来的墨香。据桐庐县文物管理委员会办公室的许重岗老师介绍，东山书院的建筑规划完全符合古代书院的建设标准。首先，室内开间特别大，同时使用了两个四架梁，将房屋分成前后两半，不但减少了柱子，也增大了使用空间。如此

"东山书院"方塘

设计考虑教室的宽敞，说明当时此处求学的生源相当可观。其次，它的窗户设计完全考虑了引入自然光线，前后通面开窗，窗户全部打开以后，光线非常充分地进入室内，使这个楼层特别光亮，加上窗槛比较低，也增加了进入的光线。古时候没有电灯，这样的设计彰显了书院建设者的智慧。

遥想当年书院情景，孔子画像端挂中堂，窗外天气晴朗，白云朵朵，室内亮堂，书生的读书声也响亮，学问和德性在一笔一画里端正，齐家治国的理想浸润在一日又一日的习得中。这所弥漫着书香墨香的书院，有教无类是它的真正精神，著名学者来此讲学，其他书院的师生均可自由来听，不受地域限制。曾经它的门前拥着多少有志向渴求知识的年轻人，就连不识字的村民在锄禾而归路过书院，也会更加明白读书的意义。2011 年，茆坪村东山书院被列为桐庐县第四批县级文物保护单位，如今，东山书院窄小的门扉依然发出历史深处的回响，教室里堆着闲置的农具，书院无人管理，游客通常匆匆而过。也许，在不久的将来它将回归，继续成为乡村的文化地标。

"东山书院"俯拍　邹鸿摄

三、慷慨古道，仁寿小桥

有人的地方就有路。富春江流域山路崎岖，危险重重，古人为修路可没少吃苦头。茆坪村志和《桐江胡氏家谱》都提到茆坪富商胡仲仁的慷慨，元至正六年（1346），茆坪乐善好施的富商胡仲仁不忍村民受山路磨难，独自出资修建马岭古道。马岭古道经芦茨、五云岭、蟹坑口、百步街、邵家、茆坪、石舍、巽岭、枫岭、西坑口、毛洲、梓洲、马岭等，以芦茨溪中卵石为材，建道时遇山凿五岭，遇水筑五桥，村人众志成城，历时五年建成。从桐庐芦茨埠一直到浦江马岭头炉峰石，全长约五十里，耗时之久，里程之长，在当时甚是壮观，现代人无法想象彼时修建一条山路的艰难。马岭古道绵延在崇山峻岭之间，取材于溪中卵石，青石板整齐地排列铺筑，宽度依着地势从二三米到一米不等，沿着芦茨溪蜿蜒曲折，依着岁月缓缓延伸。村中的一段古道依山而建，设有木质栏杆。临峭壁一侧竟然有一条人造的溪流，它没有华丽的修饰，却彰显出一种顺势而为、古朴宏伟的气质。马岭古道是一代代人重视德行，为家乡建设作出贡献的重要见证，是浙江境内比较有名的古道之一。

古道位于浦江、建德、桐庐三地交界处的崇山峻岭中，一直通往义乌、浦江界内。据光绪《浦江县志》卷五记载："马岭，在县西北五十里，与建德连界，直源至桐庐鸬鹚埠。"[1]马岭古道是古时候连接金华府和严州府的官道。作为官道，最初的古道功能为古驿道，既是军事要道，也是商贸往来的重要通道。多少过往客商、州府官员，或行色匆匆，或步伐轻松，外出交往、经商、求学、任职，走过这条古驿道，走向他们人生的另一个节点。相传，刘伯温就是从马岭古道来到严子陵钓台，并到芦茨村拜访了方干的后裔。早年在芦茨至马岭沿途凉亭除供茶外，还挂着灯笼和蜡烛免费供给夜幕中的过路行人，黑暗中一盏烛火摇曳，发出温暖人心的光。

七百多年历史的马岭古道和九百多年历史茆坪村的时间线重叠，或者

---

① 浙商证券编：《浙商古道行》，新华出版社，2016年，第38页。

说，茆坪村就靠着这一条古道发达起来。马岭古道不仅助力了人们的来往行走，更重要的是极大地推动了物资的交流，繁荣了桐庐和浦江以及各地间一些村落的经济与文化。茆坪这个深藏大山深处的村落，成为马岭古道上一个重要驿站。桐庐至浦江、东阳和金华山区物资和商贸流通，茆坪乃必经之处。既带动了当地的山货集散，又推动了过往客旅歇脚等其他行业的发展。古时，深居大山的茆坪村民靠山吃山，多的是烧炭翁，以卖炭为业。穿村而过的马岭古道，使得本地的主要经济物产如竹木柴炭和各种山货，有机会通过这条古道，经芦茨埠改水路运往桐庐，或直接经陆路古道到浦江，然后再运达全国各地。

久而久之，百余米的古道两侧聚集了以商业为目的的建筑，村落围绕古道更加聚集，而这段古道就成了茆坪的主街。马岭古道成了茆坪村的重

马岭古道　邹鸿摄

要组成部分，没有马岭古道，就没有今日的茆坪。马岭古道更像是茆坪强健的脊椎骨，支撑着茆坪的空间布局和人文意蕴。如今想要知道哪些建筑是曾经的商铺，看门前的水塘便知。据说门前有水塘的大多是民居，而没有的大多是货栈。建在房前屋后的水澳在桐庐的乡村中比较多见，日常生活就在流动的水中张弛有度。古道东侧地势有坡度，西侧地势则相对平整。因此常见的东侧房屋显得小巧，会有一个小小的台门，下设台阶。西侧建筑显得高大宽敞，临街基本为商店货栈，通面木排门。可以说，整个村落的商业文化就因古道而累积出自己的特色。

踏上青石板或卵石路，宛若踩着岁月的琴键，历史的跫音传递着悠久的回音。因为徒步难度低，如今众多游客和户外爱好者从城市四通八达的大马路转向了这里，似乎这条窄得只能并行两三人的小道，会走得更有味道。古道沿线的风景名胜和文化遗址已经成为游客们纷至沓来的热门景点，户外远足的人们，活跃在竹海茶园茂林修竹之间，拨云寻古道，倚石听流泉，用自己的双脚叠印先人的足迹，踏踏实实，历史就是这样一步步走出来的。

近来，官方认定马岭古道为首批浙江省一级古道，并立法保护。官方的有意识保护和民间的自发守护，叩响珍贵的历史大门，触摸地方文化的深厚积淀，推动马岭古道沿线文旅的共富发展。

如果说古道是茆坪的脊柱，那么分别位于南北两头的古桥，则是村庄活着的另一道见证。南边年代最久远的万福桥、北边的仁寿桥，依然静静地屹立，临水梳妆、波光生艳，构建着小桥流水人家的烟雨江南。

万福桥，是马岭古道上的主要桥梁之一，也是芦茨溪上现今仅存的一座古桥，2010 年被列为桐庐县文物保护单位。万福桥早在马岭古道开凿之时就已经建造，桥和路相辅相成，连接了天然相隔的距离。沟通了七百余年历史的古桥，静静地横卧在芦茨溪上。宋代名士谢翱曾多次途经此处，

万福桥　邹鸿摄

并留下了"石桥千载何成败，转觉行人路不迷"的精彩诗句。[1]桥从工艺来看，在中国桥梁进化史中实属平平无奇，桥梁为单孔石拱桥，弧形拱券圆润平整，材质采用也是当地普通的石材。然而万福桥在质朴的体态线条中透着俊秀柔美，乡村追求桥的功能是平坦实用，透过累积的石材即可以想像当时乡村工匠的兢兢业业，他们用最朴实的审美和最精湛的手艺打造着村民的希望。从这个村跨到另外一个村，从此有了更近的距离。在二十世纪六十年代省道及其新桥梁开通之前，万福桥一直是从茆坪通往浦江的唯一通道。

　　历经山洪无数次的冲击，桥梁依然稳如当初。桥是可信赖的、可期待的，桥也陪伴着多少人的一生。过去茆坪村的日用杂货、酒水吃食，都是经过这座桥运往村中。关于万福桥的创建，一种说法为大部分资金来自当地一

① 卓军、章珠裕主编：《江流石不转——三江两岸历史遗存》，杭州出版社，2013年，第16页。

仁寿桥　邹鸿摄

位妇人的捐赠；另一种说法则是除了该妇人外，还有千家万户的募捐。传说没有办法证实，但是透过传说我们能看到茆坪人的乐善好施，对仁对善的追求一直是当地自古至今的精神信仰。

另一座仁寿桥从名字上就强调了"仁"的信念。仁寿桥最初只是一座木桥，在木板的吱吱呀呀声中，跨越了元明清三代。直到 1922 年，茆坪村绅士仇蒂伯，别号"长寿先生"，见木桥易损，便独自筹集资金，改木桥为石桥。他是又一位仁义的乡贤！《论语·雍也》："知者动，仁者静；知者乐，仁者寿。"仁在中国文化中，是个深奥高贵的字眼。孔子说"仁"就是爱人。仁者怀着一颗柔软的心，尽力担起社会责任，关怀他人，乐善好施。茆坪村的富商发达之后，都不忘回馈家乡。仇氏表现的善意，意味着此时仁义已经不仅仅局限在胡氏家族了，而成为整个村落推崇的价值观。从一个小小的山村里，我们完全可以看到中华文化的缩影。

仁寿桥的兴建，不仅是对马岭古道茆坪段的完善，更给茆坪村增添了一处景致。仁寿桥是茆坪村西侧入口的标志。踏上陈年老石板，可看到石能被水滴穿，也能被脚步打磨得泛出岁月包浆的光泽。古代顺着富春江进山的人们，到了此桥，便知道到茆坪村了。桥下水奔流不息，水上桥坚守使命，奏上一曲和谐的流水乐章。除了作一个明显的进村地标，仁寿桥还通往茆坪人虔诚的精神殿堂——灵古寺。清代诗人盈沐的《富春茆坪即景四章》，在茆坪村流传很广，其一《仁寿桥闻钟》：

> 曙色当窗梦不成，披衣策杖小桥行。
>
> 禅房未见双扉启，但听钟声杂水声。

其中的"禅房"和"钟声"，当指灵古寺。

灵古寺与仁寿桥沿溪呼应，都是茆坪村的重要历史见证。灵古寺，旧名灵水庙。据民国《桐庐县志》记载，灵水庙，一名禹王庙，左有文武二庙，相传昔有高僧卓锡于此，里人胡儒襄捐资重修。据灵古寺住持释性空法师介绍，灵古取自"灵现吉祥，古法无常"之意。

茆坪村的灵古寺与芦茨村的陈公寺，可以说是同出一脉的姊妹寺，供奉的是同一位神仙，即烧炭始祖陈老相公。白云源深山里的百姓靠竹炭过

灵古寺　邹鸿摄

活，农耕时代有一位能保佑他们安居乐业的神格外重要。陈老相公乃隋朝大司徒陈杲仁，是历史上的真实人物。陈公在任时统兵平定叛乱，立下赫赫战功，隋朝覆灭之后，他便遁世隐居在桐庐白云源。因当地群山绵延、树木茂盛，陈公将烧木为炭的技艺传授给当地村民，成了造福一方的烧炭始祖。更因此地乃浦江、兰溪至杭州的水路要道，常有强盗出没，过往民众客商无不提心吊胆。陈公集结当地民众打击谋财害命的劫匪，保一方百姓平安。对于这样一位造福乡里、卫护百姓的人，人们发自内心虔诚地为他立庙奉祀，尊称"陈老相公"。随着信奉他的人越来越多，民间信仰逐渐受到了官方认可，官方为顺从民意，多次对"陈老相公"进行敕封褒赏。唐乾符三年（876）封为忠烈公，北宋宣和三年（1121）赐庙额"忠佑"，南宋嘉泰年间（1201—1204）加封为孚佑真君，即今所称的孚佑侯庙。每年农历九月十五为茆坪村的时节，茆坪村都会抬"老爷"，把这位孚佑"侯陈老相公"抬出来巡村，祈盼来年风调雨顺，一方平安。

四、祥龙舞动，戏曲悠扬

茆坪人不管走到哪儿，看到舞龙，便会想起自己家乡那支最有特色的大板龙。体形粗犷纹饰又细腻的长龙，既能镇妖降魔，又能代表一个豪情雄壮、绵延不绝的宗族。

茆坪板龙在桐庐县十几种地方特色的龙灯中算得上精品，其龙灯以大而美，因其大场面、大气势而闻名。大气粗放的舞动，欢快的传统吹打乐，激烈的阵铳焰火，似乎将全年积蓄的身体热情全部释放出来，气氛热烈奔放，龙舞只是他们用以发泄的载体。

正月初六，茆坪女子板龙队正式起灯；元宵节当天，还会走上县城舞台，与其他各地的龙舞争相互动，成为桐庐县一年一度的盛事。元宵一到，各户出动，瞬间条条板凳首尾相连，平日在胡氏宗祠"沉睡"的长龙立马灵活地起舞。舞龙的人们走道同行船，腿脚富于弹性而后跟稳扎；转身也似游鱼般，快捷而具张力。"起若龙腾凌霄，落如蛟舞沧海。盘是虬观三世，行比螭游天下"①，一般人很难想象，板凳龙这样的力气活，是由一群平时下田埂、转锅台的乡村女子所挥舞。女性的轻快使得龙舞刚劲有力的同时更加流畅柔美，重约四百公斤的长龙，在龙珠的引导下，翻转自如、活灵活现。刚柔相济间，引"龙"抢"珠"，逗"龙"游"舞"，龙逐渐活过来，敏捷灵巧阵式多变，盘龙阵、单元宝阵、双元宝阵、铁索阵、长蛇阵、梅花阵、连环阵等，每变幻一个阵式，龙都会用一段悠扬的圆场动作过渡。最为壮观的是到了夜间，花灯内烛光闪烁，全身通明透亮的长龙腾挪翻越，如同流动的火焰，甚为壮观。

舞动的人全情投入，观看的人血脉偾张。舞龙，茆坪人自幼对它就迷恋热爱，龙舞到哪，人们就跟到哪。舞龙是他们平凡日子中的大快乐。耳听得锣鼓咚锵的声音，全身的血都随那节奏涌动，难以言喻的激越和雄浑，那是整个村庄铿锵有力的脉搏。龙灯龙灯，"灯"与"丁"同音，闹龙灯就是人丁兴旺的吉兆，先祖们用元宵闹龙灯的方式表达着内心热切的祈盼。响呛呛的锣鼓里的红鳞绿鳍，与人心人情交织、冲撞，舞龙舞的是山乡的天籁、地籁和人籁！家乡的民俗风情，以不拘一格的舞之张力、舞之动律、舞之韵致，融入龙的传人血液之中，为中华民族庞大民俗体系增添了小小的一个分支。

茆坪板龙的表演是一种古老的民间艺术，相传宋代已经兴盛，胡国瑞被追封为胡氏文安郡开国男的荣耀，被村民灌注在民间艺术中，以舞龙的方式祭祀先祖。每年正月十五，人们从灵谷寺请出"夏禹王""陈孚佑侯""十三相公"三尊神像，巡视检阅茆坪；舞龙和抬"老爷"一道，走过人家，穿过弄堂，进入祠堂，各处起舞助兴。在茆坪人的心中，板龙起舞，

---

① 桐庐县地方志编纂委员会办公室编：《桐庐微村志》（第一辑），方志出版社，2016年，第110页。

一年才真正开始。

　　时代变迁，一条龙历经改朝换代，几经兴衰，依旧舞得欢快。二十世纪三四十年代，茆坪村艺人胡海根、胡庆祺等人，对原有板凳上置简易花灯的制作工艺，加以改进丰富。过去，茆坪板龙主力全是男人，茆坪村文化员刘树根告诉我们，改成"娘子军"的原因再简单不过，就是男子数量不太够。1999 年在村老年协会的倡议下，村民集资扎了一条龙头重一百多斤、龙身八十九节、全长两百多米的花灯板龙，破天荒地全由女子舞动。平日里挥舞着锄头铲把的女子，挥舞起板龙，一时间，茆坪板龙的观赏性更加深入人心，受到附近各乡镇热捧。为讨得一年好兆头，富春江镇的不少企业也会盛情邀请板龙队去单位表演，凡舞龙队所到之处，叫好声混杂在锣鼓鞭炮声中不绝于耳。茆坪板龙舞出乡村，舞出桐庐，舞进各种各样的赛事，获得各种荣誉：如 2004 年杭州西湖狂欢节表演金奖、杭州市民间艺术桂花银奖、浙江省农业博览会优秀表演奖等。越发激励一帮女子对舞龙的热爱。

　　舞龙的制作是一门生活艺术，如果缺乏对舞龙的热爱之情，大概也画不出什么龙的神韵。没有人见过真的龙，但是用心用情的人们心里都有一条属于自己的龙。锣鼓敲得脚底痒，每年从 1 月下旬开始，村里就要进行紧锣密鼓的排练和扎制工作。龙灯修复工程正式启动，胡氏宗祠内，村民们在扎灯艺人的指导下，给龙灯卸去昨日旧装，增补新饰品。

　　板龙最重要的是龙头与龙尾，需要专门的扎灯工匠制作，两米长的龙头昂首张口，气势磅礴。其余龙身则由各户自扎，每户各置一条长板凳，上扎一个花灯，一条龙灯由六十八节板灯组成，每节的背上都装饰有一幅故事的花灯。板灯种类不一，亭台楼阁、十二生肖、鱼虫鸟兽、戏曲人物，汇集书法、绘画、剪纸、刻花、雕塑艺术和扎制编糊工艺为一体。平日里做着农活双手粗糙的农民，扎起龙来却格外细致。他们有着最朴实的审美，那龙头、龙眼、龙角、龙须、龙嘴、龙舌，无不饱含着敬畏，无不精美到极致，无不形神齐具。几十节龙身一连接，激活这条龙，便可舞动祥龙、热闹街巷、福泽山乡了。一凳一花灯，一户一祈愿。龙灯盛时，最长有两百多米，舞龙人数最多一百七十多人。龙身舞在一起，"人心"也舞到了一起。哪怕不在舞龙队伍里的村民，也默默地跟着她们发力。众人托举而起，龙身翻转，龙头高昂，威武雄猛。把龙舞起来，就是把人生舞起来，把家族舞起来，把村落舞起来。龙的精气神全在人，一条龙的舞动，在人脸上诠释的是对家乡的热爱。

当小时候屁颠屁颠跟在龙灯后面的孩子们长大后走出家乡，当鼓乐队的老师傅们一个个离世，当舞龙队伍的面孔不再年轻，茆坪村元宵板龙舞也经历着重重考验。城镇化进程大刀阔斧，毫不留情地砍向大量的历史文化遗产，很多行当徘徊在去或留的十字路口。已然走过九百多年历程的茆坪村，见得多了。舞龙市场化空间小，也并非一项稳定的职业，年轻人很难对这项发源于乡村的传统产生持久的兴趣。舞龙不仅需要体力，更需要长期训练培养队员的默契。而舞龙主要的经费来源不过是政府补贴和少得可怜的商业演出薪酬，自然缺少吸引力。对于非物质文化遗产的保护，人

女子板龙　邹鸿摄

们逐渐认识到，并不是将偌大的板龙陈列在胡氏宗祠中就足够，而应是在时间维度上的活态延续。龙是否活着，就看它有没有回归本土，接轨当下。在相关政府部门的支持下，茆坪女子板龙经过挖掘整理，保留原班人马和基本阵式，对龙身装饰和队伍着装都进行了优化，呈现更好的表演艺术效果。随着传统村落的复兴，从小对板龙有着特殊情感耳濡目染的村民，义不容辞举起了父辈手中的接力棒，代代相传的龙舞有必要也有责任传承下去。流动的艺术背后是一个个极为平凡的普通群众，他们是社会的文艺细胞，在平凡的日子中续接着生活的诗意。

2023 年由浙江省乡村振兴局开展的"百村争鸣"十大系列文化艺术村评选中，茆坪村斩获"戏曲村"的称号，在富春江（芦茨）乡村慢生活体验区首开先河设立"桐庐越剧传习工作室"。不得不让人感叹，桐庐这座越剧之乡里，艺术浓度如此之高，以至于弥漫到西南部的群山峡谷中。

桐庐人听越剧、唱越剧是一种浓郁的地方文化。越剧是桐庐人民生产生活的重要组成部分，是乡村艺术文化基因里的一个隽永符号。越剧艺术界早已形成这样的共识，越剧的故乡在浙江嵊县（今绍兴市嵊州市），但越剧的摇篮在桐庐。这里曾先后走出了谢群英、单仰萍、陈晓红、王杭娟、陈雪萍共五位获得中国戏曲最高奖"梅花奖"的演员。一个县城，能培养输送这么多越剧名角，在全国也屈指可数。大概是富春山水的清丽养育了能发出悠扬声调的嗓子。戏曲自古以来是现场与观众一起完成的艺术形式，演员靠观众的打赏过活，自然就会在表演上有所追求。观众的热情互动激励着演员的表演，因此每一次戏曲演出都是一次再创作过程。戏曲的节奏和表演形式都跟随观众的生活方式调整和变化，跟着观众的感觉走，戏曲戏文朗朗上口、腔调悠扬婉转、寓意耐人寻味，造就了戏曲艺术强大的生命力。

桐庐越剧团一度被人们誉为"江南戏曲舞台上的一颗明珠"。一部部优秀作品被争相传唱，比如《春江月》《桐江雨》《月亮湖》《浊浪惊魂》

茆坪戏曲　邹鸿摄

《花溪情歌》分别在浙江省第一、二、三、五、十一届戏剧节上获双优奖。其中《春江月》《桐江雨》分别被中央新闻纪录电影制片厂和上海电影制片厂拍摄成戏曲电影《绣花女传奇》和《桐花泪》搬上银幕。《绣花女传奇》有一半的景色是在富春江搭景拍摄，景色优美，电影上映后创造了上百万元的票房。作者包朝赞熟悉富春江两岸的居民生活，将现代生活和富春江本土气息融入古装戏的题材中，词曲婉转间述说着山水古村里的一番乡情。观众在戏曲中熟悉人文历史，浸染于忠孝节义的历史精神和道德传统之中，让不识字的渔樵村夫与精英文人于戏里戏外有着相同基因的文化认同。

茆坪村已建成浙江省五星级文化礼堂，成立桐庐越剧传习工作室，有自己的戏曲专场演出和村晚，以京剧、越剧、婺剧、黄梅戏、乐器队等为主要艺术形式，开办少儿戏曲爱好培训班，并举办多场戏曲专场演出。村里的文化能人聚集在一处，还自编自唱一曲反映"最美人物"的越剧戏歌《好人就在富春江》。富春江畔曲折，茆坪曲调婉转，小山村凭借本地人对传统文化越剧的认同与热爱，助力桐庐越剧在越剧史上翻开新的篇章。诗画桐庐，越剧传习更是将越剧和桐庐诗路文化联姻，为戏曲的传承和发展注入新的活力，让观众在富春江山水里穿越亘古时空。

五、拜古为师，由新点睛

每一个来到茆坪的人可能都会感叹，这茆坪有些太古老了吧？古树、古道、古桥，青山、绿水、白墙，宛如穿越到古代，依然传统的历史风貌使人恍惚。茆坪人亘古不变地遵循着"敬天法祖，慎终思远"的信仰，他们那鼓回荡在其中的"待人以义，处世以仁"的情怀以及"逢山开路，遇水搭桥"的干劲儿令人感佩而又赞叹。流连于街巷，品读着砖瓦，古韵悠悠，小桥流水，古道石巷，岁月静好，一些似曾相识的童年记忆侵袭，无论外面的世界怎么变，都能看到茆坪对近千年时间沉淀的尊重。古韵深藏在每一个角落，宛如一坛久经岁月尘封的酒。酒香不怕巷子远，古意穿透历史沉重的墙，古的河道，古的山川，古的夜晚，古的故事，古的传奇流淌，古的无尽气象，古的博大精深，古的风雅悠扬。

昔时历史铸就今时文化，古老的传统是创新的不竭源泉。披星戴月走过九百多年的时光，茆坪不断焕发出新的活力，续写崭新的史诗篇章。它无疑是新的，一路兴衰唱遍，村落如大船始终坚定航向，不断自我调整与更新，灵活适应时代的变迁。

二十世纪六十年代，茆坪村一改往日因地少人多而不得不吃国家"返销粮"的局面，改周边沿溪的荒滩缓坡为良田。以粮为纲，村里的农田扩增了 400 余亩，村民人均耕地从 0.23 亩增加到 0.78 亩，从缺粮村一跃成为全县的余粮村，成为农业战线上的先进典型大队（村）之一。文安楼东面至今还留有三座圆仓库，"三合土"结构，圆柱形，尖顶，下部面西北开仓门，仓内顶部为木梁架结构，梁架用木条和泥搭建，外墙刷有石灰，防潮防虫技术体现着时代感。每座容积约四十立方米，可储存稻谷近二十

圆仓库

知青楼　邹鸿摄

吨，圆仓库带着久远朴实的稻香，讲述自己曾经在"广积粮"的号召下打下的战绩。曾经盛极一时的圆仓库早已不符合现代化的科学储粮要求和能力，但它们是时代的功臣，是农耕文明珍贵的遗产，见证了农业社会的繁荣与变迁，也是茆坪人心中那份深深的农耕记忆。站在这些圆仓库之间，仿佛能够穿越时空，回到那个稻香四溢的年代。那时，稻子从金黄的打谷场被直接收进谷仓，扬起的灰土热腾腾，充满了丰收的喜悦。空气中弥漫着富足丰盈，那是大自然的馈赠，更是茆坪人辛勤劳动的结晶。

同样带着浓厚年代感脱颖而出成为具有茆坪标志风景线的，还有公路旁的知青楼。1974 年，杭州低压电器厂二十多名职工子女，通过水路坐船到茆坪村插队入户。这幢土坯楼房，承载了一代知识青年的风华和光荣，给茆坪注入了新的血液新的希望。七十年代后期，插队知青返回城市，一批有志青年响应伟大号召的年代记忆不仅仅属于古村，它更记录着新中国的变化。之后知青楼一度做过村委楼，也做过小工厂。前几年，村里回收闲置多年知青楼，将其出租开发，改造为慢生活体验区的精品民宿。泛黄的书籍和同样发黄的泥墙，带着温度唤起很多人的情感记忆。

茆坪村，这座承载着深厚古韵的村落，正以其独特的方式，将历史与现在、城市与乡村、传承与发展巧妙地连接在一起。新的阶段，它迎来了新的级别、新的机遇、新的区间，展现出一派全新的气象。如今的茆坪，更加自信地走在发展的道路上，它的名字也愈发响亮，吸引了更多人的目光。

茆坪在原有的道路系统基础上，进一步优化了步行网络，使开放空间与村庄的历史文化以及自然生态相得益彰。这样的设计，不仅方便了村民和游客的出行，更让人们在行走中感受到茆坪村的独特魅力。荣获 2023年英国全球国际设计奖的富春江镇茆坪会客厅，更成为茆坪新气象的生动体现。这个项目以对古建筑的改造提升为核心，以"绣花"般的精细功夫挖掘乡村古建筑的文化内涵，每一块地板和瓦片都是从老房子征集来后进行二次利用，既体现了对资源的珍惜，又彰显了对历史的尊重。整个会客厅的改造过程，都秉承着"修旧如旧"的原则，保留了古建筑的韵味的同时，又赋予了它新的功能。芦坪村的国际知名度，为它的未来发展注入了强大的动力。

　　拜古为师，既古又新，古今相悦，新的脚步力量如同当初行走在古道上一般遒劲。正是芦坪，在一方静默的山水里放慢时光的脚步，在一幢粉墙黛瓦的古民居里绘制一幅诗意盎然的画卷，在一出传统的折子戏里唱起四海惊艳的曲调，在一条与古为新的道路上踏出春风十里的脚步。古意深沉，滋养着村庄；新情澎湃，如同板龙上的点睛之笔；古和新不断交融，正是对芦坪深沉的歌颂。

参考文献

1. 桐庐县地名委员会编:《浙江省桐庐县地名志》,桐庐县地名委员会,1984 年。

2. 丁成泉辑注:《中国山水田园诗集成》(第 1 卷·东晋南北朝—隋唐),湖北教育出版社,2003 年。

3. 桐庐县地方志编纂委员会办公室编:《桐庐微村志》(第一辑),方志出版社,2016 年。

4. 浙江省住房和城乡建设厅编:《留住乡愁:中国传统村落浙江图经》(第 3 卷·上),浙江摄影出版社,2019 年。

5. 方仁英:《富春江渔文化记忆》,浙江文艺出版社,2015 年。

6. 浙商证券编:《浙商古道行》,新华出版社,2016 年。

7. 卓军、章珠裕主编:《江流石不转——三江两岸历史遗存》,杭州出版社,2013 年。

水聚山停石舍——桐庐县富春江镇石舍村

石舍村位于桐庐富春江乡村慢生活体验区东南端，直属桐庐县富春江镇，与建德、浦江接壤，二一〇省道直通村道，与芦茨村、茆坪村形成乡村慢生活体验区。石舍村民以方姓为主，全村三百余人。

石舍村距今已有四百多年历史，遗存有存仁堂、精义堂、厚载堂等三千多平方米的明清徽派民居古建筑群。2013 年被列入第二批中国传统村落名录，2021 年度被列入浙江省第九批历史文化（传统）村落保护利用重点村。

石舍乡村风光 邹鸿摄

> 萧洒桐庐郡，开轩即解颜。
> 劳生一何幸，日日面青山。[①]

北宋年间，范仲淹任睦州知州，写下了《萧洒桐庐郡十绝》，在被贬谪的人生中还能感受潇洒的豪情，桐庐的青山绿水占了很大的功劳。位于富春江镇的石舍村就是对"开轩即解颜""日日面青山"最好的注解，人见山喜，山见人悦。来到石舍的人都会暗自惊喜，不亚于陶渊明闯进了桃花源。群山环绕，古树苍翠，推门即见竹海，溪水清可见底，村中老旧的古屋，浓郁的乡土气息扑面而来。山水就在眼前，山也近，水更近，像是把你拥在怀里，任你有任何的不舒畅，这一热情的拥抱当时就让你甩开一切烦恼忧愁。

岁月失语，惟石能言。石舍，从名称来看，带着天然的质朴沉稳。据记载，因方氏先祖迁入此地，因地制宜以石、草构筑墙舍，村落有着一股自然生发的气息，与周围环境浑然一体，村名也因此而来。当你慢步走进村庄，静候村口的古树，明清时期的徽派经典建筑，把日子过得悠闲自在的村民，以及新型的乡居景观生态，时光竟在这个小小的村庄走过了四百余年。命运流淌过的石舍村，如同溪流中圆润光洁的鹅卵石一般，闪烁着平凡又独具纹理的光彩。

一、日日心随青山伴

二一〇省道，在浙江是再普通不过的公路，它顺应着富春江支流芦茨溪的曲折蜿蜒前行，两边的青山匍匐，水是眼波横，山是眉峰聚。行驶在这条路上，感觉好像在丛山聚集的山巅起伏飘荡，天空像是倒过来的海，一切都漂浮着，人类飘荡在这旷达之中，渺小至极。翻过一座山还有下一

---

① 桐庐县文学艺术界联合会编著：《潇洒桐庐古诗选析》，北京日报出版社，2018年，第127页。

座山，一层一层地绵延，公路无止境，似乎永远也走不出山的包围。山的子孙这么多，显得造物主甚是大方，并且毫不吝惜它的笔墨。孔雀蓝铺满天空，凹凸有致、肆意变幻的白云，满山的青翠，将一个个韵味十足的村落掩映在公路之下。然而这些似乎只是为了铺垫，就那么穿梭在白云源景区，在沿溪缠绕的一路风景之后，一大片古色古香的苦槠、香樟就在那里迎接。于是，你就这样来到一座四百来岁的小村庄里。

位于桐庐东南角的石舍村面积不大，逛完一圈花不了多少时间，却有着小家碧玉落落大方的气质。游客慕名而至、流连忘返。"我见青山多妩媚，料青山见我应如是。"①大约是辛弃疾诗句里的一见钟情，世间何物，能令公喜？却是石舍人日日看遍还不要钱的山和水。

没有人不感叹自然造化的神奇！山野里长出什么都不稀奇，小村落竟也像在山水的角落野生而出，逐渐壮大起来。村庄的选址紧贴着山崖，四百多年前，迁居此地的方氏祖先，想来也是一样产生了被山水保护的期待向往。传说，方氏祖先于北宋农民起义失败后避难在此，躲避是第一要义，才把地址选在山谷冷坞中，却不曾想就安定下来，发展成一个人口鼎盛的村落。

村落沿着芦茨溪构筑，以水系为中心，生活劳作便利是首要考虑的因素，在芦茨溪的侧岸慢慢布局出顺应地势的形态，成为江南一带典型的山溪石居村落。幽深的环境自然会让人们想到，在很久以前，这里是个何等封闭的山村。常言道，村不露村是好村，家不露家是好家。如此两山夹峙，河流淌过又藏风得水的有利地形，在勘舆学中是集聚理想的格局。风水不泄，是一个家族人丁兴旺的精神寄托，也导致很多初次来的游客甚至找不到进村的道路。

在村道和沿溪道路这两条外围道路修建之前，村里仅有一条老街贯穿

---

① 〔宋〕辛弃疾《贺新郎》，胡云翼选注：《宋词选》，岳麓书社，2022年，第244页。

南北，溪流和沿着溪流的马岭古道可能就是山村沟通外部世界的唯二通途。山挡住冬日的寒风，取柴烧火、做饭取暖，水带来丰富的水产生物，方便饮用、洗涤，日常生计就靠山靠水。南低北高的地势，石舍的景致就得益于山丘与茂林，一条自然形成的泉溪徜徉在村落周围，水中倒映山中的美景，水光山色融为一体，真正是山因水美、水因山秀。山、水、林交织不仅构成满眼温润绿意的景观，也形成了山涧中独有的冬暖夏凉小气候，更生发了自由自在、清淡逍遥的石舍野生气息。人的心灵如同天上轻盈的云朵，飘落在山间水潭，再也不想收回来。

两山排闼送青来，石舍的山生动无比。据《桐庐县地名志》记载：薄荷岗，位于石舍村东北。海拔820.5米，因长野薄荷得名，长薪炭林。巽岭尖，位于石舍村西，海拔522米，长薪炭林，1930年这一带建乡，曾以此山命名为巽峰乡。横岭，位于石舍村枫林自然村西，海拔623米，长薪炭林。[①]群山环抱，站在静立不动的大山之前，完全想象不到亿万年前地质板块经过了怎样的挤压，才形成高高低低、纵横错落的滋生万万生命的庞大体系。不同的季节，不同的距离，不同的天气，山变幻着、运动着，自然表现出一位伟大艺术家的美学修养，动静之间展现出千万种姿态。不同的人看山，有不同的视觉和想象。有人站到山顶，能看到天地苍茫，村庄尽收眼底。有人能看到山上无数的生命体，大至参天巨木，小至一株草一粒虫，没有谁不可以在这世界立足。在石舍，大抵都会生出"天地与我并生，而万物与我为一"的感慨。

家门前潺潺的芦茨溪，终年环绕着村庄。它仿佛承载使命一般，臂弯坚毅而伟大，撑起两岸的生命，也撑起旺盛四百余年的小村落。水深之处，潭深如镜，碧蓝澄澈，随着光照变化和两岸色彩映衬，呈现出不同的色调与水韵。水浅之处，明丽见底，水中顽石累累，大小不一，千姿百态。石舍名称的来源，据说就是因为先民就地取材，利用水中的卵石垒砌房屋。

---

① 桐庐县地名委员会编著：《浙江省桐庐县地名志》，1984年，第343页。

山水石舍　徐昌平摄

据《桐庐县地名志》记载："方姓迁此定居，初筑石墙草舍，故名。"[1]
如今我们确实在大部分民居以及溪边的景观造型上发现数量不少的卵石，
石桥、石路、石屋，自然赋予它们朴实无华，却由人类智慧凝结成观赏性
极高的艺术。人们靠着双手，在山谷溪流中挑挑拣拣，筑起了天然古朴的
村落家园。今天的我们已经很难想象，当初那些依靠双手和肩膀一趟一趟
挑拣石头的先民构筑自己居所的画面。石头在河床上默默撑起溪水的同时
也被溪水冲刷，磨平了所有的棱角。无数堆叠的石头，是大山留下的诗句，
是一条河流淌过的语言。柔软的纹理像是在告诉人们，岸上的村落其实是
它们中的一员，命运冲刷着将石舍磨成一个光洁的鹅卵石，每一个普通平
凡的村庄都有为人惊叹的生命历程。

　　每每进入酷热的夏季，石舍狭窄的村道上就排起了长龙，尽管堵得水
泄不通，狭长的村道上有几个交警出面进行交通管制，还是不能阻挡大家
去往凉爽秘境的热情。村民们开玩笑说，本村人非必要不出村，要不然可
回不了家。山涧清且浅，可以濯吾足。一些小瀑布，纷纷扬扬喷洒雨花，
直泻石壁间。冒着酷热而来的游客，把自己沉浸在清凉清澈的山溪中，涉
水的那一刻，一路的热气和浮躁即刻退散不见。此时不论你的灵魂在何处，
都可以把肉身放下，涤荡来自尘世的污浊。

　　一年又一年，到石舍过夏天成了一个仪式，不仅桐庐本地人往来不绝，
据村民说邻近的浦江人傍晚也会骑着电瓶车来到石舍的溪边。潭中石斑鱼、
娃娃鱼、石蟹和虾悠游自得，清晰可见。赤脚小心翼翼踏过湿滑的鹅卵石，
浑身因一股圆润的从大地而来的力量而震颤。汀步有一种排列组合的自然
美感，似桥非桥，似石非石，浅溪曲涧，步石几点，使水景更形成山野之
趣。溪水在脚下流淌，流水淙淙，山鸟啁啾，水声随着山野清风散发出净
化的力量。大自然是野趣无穷的活教材、孩子们玩水摸鱼的玩乐场所。与
水的互动，在许多中国人一生中是宝贵的体验，在曲折变化的河道中理解

① 桐庐县地名委员会编著：《浙江省桐庐县地名志》，1984 年，第 39 页。

"顺应变化"，在乱石穿空中理解"急流勇进"。大抵就是在一次次地玩水中，不停地变幻玩法，不停地掌握水的秘密和人生的真谛。

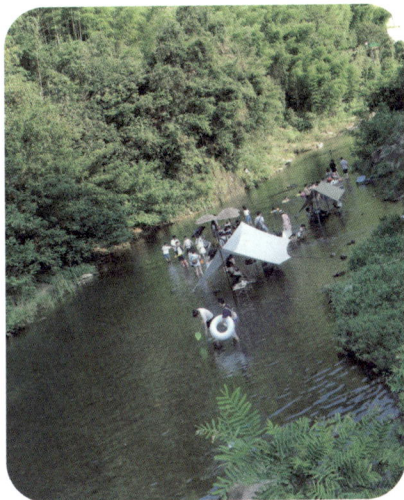

石舍嬉水

四面皆环山的石舍，铺天盖地的碧绿，森林覆盖面积超过了百分之九十二。经过专家检测，这里的负氧离子含量最多的时候达到每立方米七万个。位于村口龙口庙的大樟树，树龄超过一千二百年，高二十三米，胸围近八米，最大树冠四十五米，巨大的冠幅在整个杭州都能排进前列，被评为杭州最美古树。游客只能一边惊叹，一边想方设法把它全框进相机。

古樟在村里还有很多，且逐渐失去它的"用途"，故没有倒于斤斧之刃，而是变成《庄子》笔下的大树——"……何不树之于无何有之乡，广莫之野，彷徨乎无为其侧，逍遥乎寝卧其下"。[①]如果说它一开始没有成为栋梁之材，是"无用"的树，那就随意地徘徊在它的周围，逍遥自在地躺在它的荫盖下。无用，反而成就了它的美。遒劲挺拔的躯干，婆娑如盖的枝叶，集野趣诗意于一身，以顽强的生命传达着古老的信息，成为它生长至今的最大意义。古树把自己站成了诗，传递着时间的信息。这棵古树不知为谁所植，倘若它能说话，又不知能说出多少故事。孩子们攀爬过它的枝丫躲进茂密的叶里，农人坐在它凸出的根上咂摸着自己的茶，往来的牲畜在它身上蹭着获得身体上的舒适。

亲树的中国人自古就有敬树的传统。耕种渔猎，少不了树木；生火

---

① 〔战国〕庄子《逍遥游》，陈可抒校注：《人间逍遥游》，中国友谊出版公司，2022年，第24页。

做饭，少不了树木；起居休息全靠树木撑起！树，是自然的代表，是生命的根基，拥有通人性的灵魂，拥有人所不具备的神圣。除非人为的移动，树自己是不会动的。它站立一处迎接风雨雷电，水火沙尘，扛过一切想要摧毁它的力量。当其他的生命靠近它，当行走的生命靠近它，当智慧的生命靠近它，通过这个静立不动的生命获得继续前行的力量。于是，一系列的生命被树串联起来，我们称其为生态系统，一棵树就是一个小宇宙。

当人们面对石舍这棵千年古樟时，能在树的身上看到厚厚的一本书，古树记录着生态变迁，气候变化。它的位置指示历史脉络，很多人靠着一棵可亲可感的树回忆童年、念及故乡。透过千年古樟的树洞，能看到里面有一只石造神龛，日久天长被裹进了树腹，树自己亦成为神灵。

二、白云深处有人家

石舍村中的主干路以石板铺砌，一幢幢建于明清时期的古建筑在路的

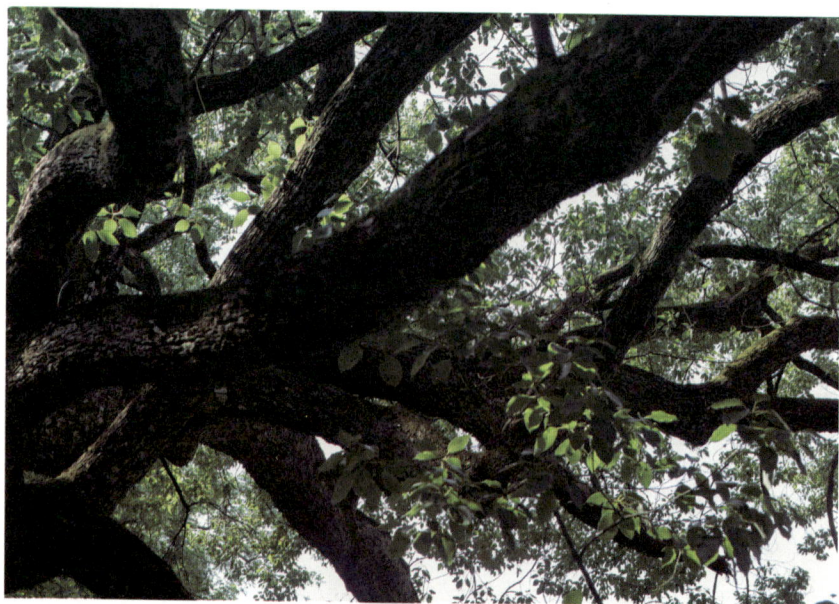

开枝散叶的古树 邹鸿摄

两旁铺开，如存仁堂、精义堂、厚载堂、方东辉民居、方伦伟民居、方明军民居等。在这些雕龙画凤的建筑中，偶尔还能见到比较朴素的典型明代风格建筑，牛腿不见雕刻花纹。漫游在这座经历世事变迁的宅院里，历史的尘埃剥落，浓厚的古老气息扑面而来。宅院里的老人静静地坐在椅子上，像是坐了很久，他们知道游客带着很多疑问，有人问他们也不回避，关于老宅的故事从他们口中徐徐道来。

石舍村遗存住宅虽与徽派建筑一脉相承，但在山村之中，文化风俗相对隔绝，因此透出一股野生却又一团和气的调子。双坡硬山顶是明显的农家风范，马头墙一道道地排列，像是天际下的一个个标点符号。《明史·舆服志四》中提到古代民间建筑的结构要求："庶民庐舍，洪武二十六年定制，不过三间，五架，不许用斗栱，饰彩色。"①浙西是宋明理学家的主要活动地，民间文化深受影响，可以看到石舍的建筑规制遵循的就是这样的标准。格局相对统一，没有过分逾制的豪华大宅，但又能瞧出些许大户人家的气质。比如建于清代，占地总面积八百平方米左右的存仁堂。存仁堂有一些礼制上的讲究，照厅后为轿厅。在过去，经常有富贵之人登门坐轿来访，站在他们落轿的地方，仿佛仍能感受人声鼎沸的客套繁华。地形上第二进比第一进抬高了两百毫米左右，院落一进高于一进，取"步步高升之意"。

据了解，存仁堂由方干二十二世裔孙家骥公建于清乾隆年间。家骥公，字德仁，国学生，汝楷公之子也。石舍村无田可种，大部分人靠经商过活，家骥公亦常年生活在外，可谓是"半夜思家睡里愁，雨声滴落屋檐头"。手头有了钱便回乡建起一栋颇有文化意蕴的房屋，称作存仁堂。名称大概取自《论语·里仁》中的"里仁为美。择不处仁，焉得知"，居住在有仁风的地方才美好。"富与贵，是人之所欲也。不以其道得之，不处也。"君子当行义存仁，富贵得之皆有道，可见石舍商者对自我的要求和风骨。

存仁堂位置很是特殊，位于主街南端东侧，门前有一地坪。或是屋前

---

① 姚慧：《传统营造文明》，中国建材工业出版社，2021年，第119页。

宽敞，或是建造之初主街对建筑朝向的要求没有那么强烈，存仁堂与村落其他住宅的朝向都不同。因山谷面向，大多数住宅都是朝东，面向山体和溪流，存仁堂则坐北朝南，村里的老人聊天时都表示这栋房子朝向最佳。第一眼看存仁堂，容易被它宽阔硬朗的墙体吸引，面宽三开间，宽敞大气却不张扬。时间的大手拂过，白色的墙皮上隐约透视出内部的一块块方砖。建筑主体为二进三开间两弄一天井，东侧有两栋三间两过厢的抱屋，从太师壁往后，有一条宽约三尺的东西向长廊，可通往两栋抱屋。长廊的支柱并未选取粗直的木材，而是用乡村的木柱子，显得朴素很多。从小被教育直木才是最好的木材，然而此处选用的木材并不刻意取直，以最自然的形态撑起建筑几百年，也默默地撑住乡村的精气神。

东侧边的抱屋，年代晚于主建筑近二十年。家族不断地繁衍，屋基不断地扩大，房子是人的延伸，建筑也在不断地生长。老祖宗住的房子格外讲究，房子是要住到生命的最后一刻，没有过渡房一说，建房之初就要规划一辈子生和死的细节，并且还要留给下一代，所以哪怕是再朴素的民房都会特别注重谋划。所谓"宅吉人荣"，人因宅而立，宅因人得存，很多细节泛出一股生活的韵致。

天井是江南民居的生长点，那是光照进的地方。地理位置的局限迫使人们生活在被包围的昏暗空间中，便打起了天井的主意。不论大小，江南建筑中普遍都有天井，由于村落的尺度等客观条件不允许有宽敞的庭院，天井的设计成为整幢建筑尤为重要的部分。砖、石、木结构，从材质上与大自然建立亲密的关系，从自然而来，回归自然。房子需要阳光和雨水，天井是老屋可以呼吸的前提，自上而下自然地形成循环气流，改善着房屋的自然通风。整幢建筑如同植物一般，从大地中生长出来，向着太阳，生活在其中的人自然也持续迭代。

存仁堂天井中，雕琢精美的须弥座，上置一口庞大的荷花鱼缸，水乃催财必备之物，平日里它聚集房屋的风水，关键时刻可以消防护家。南方

"存仁堂" 长廊

"存仁堂" 牛腿

存仁堂 邹鸿摄

雨水天气多，水流顺着屋檐由天井倾泻而下，再由底端小孔和配套的排水沟道迅速排到地下。外地人来到这里，通常会呆呆地看上很久，看这水流的去向。有了天井，二楼的子女用房和一楼的长辈厢房，适当的空间距离和亲密关系的营造，都有了相当融洽的分寸。围绕天井展开的牛腿，均以圆雕手法刻着龙、凤、狮、鹿、如意等吉祥之物，精雕细镂，神态各异，活泼伶俐，栩栩如生，显得格外秀美精致。天井犹如老屋的眼，仰视苍天云起星动，俯视大地雨滴穿石，将一片蔚蓝和一片黑暗都纳入深邃的眸中。乡村的"坐井观天"，是他们对地理宿命力所能及的抗争，是古人在居住实践中得出的高级智慧，也将江南人民天性中的浪漫发挥到极致。

存仁堂斜对面的精义堂是另一幢方正大气的建筑，由方氏先祖启谷公建造，迄今为止已经有二百七十余年的光景。启谷公，字扶九，也是在杭州经商发家，荣归故里时回石舍构筑了精义堂。这座乾隆年间的建筑，五开间的规格也体现其非凡的地位与财力，外观亦与别处不同，显示出主人独特的审美。墙基以巨石垒砌，墙面以青砖砌筑，马头墙耸立，两侧山墙高出屋面一截，马头墙作为防火墙的同时，兼有防盗和防风的作用，不失为富足人家的一道心理屏障。更出彩的是，大门两侧上方素面，上绘梁架与云纹花草图案，门楣上是方方正正的篆体"福履绥之"四字，原句出自《诗经·周南·樛木》："南有樛木，葛藟累之。乐只君子，福履绥之。"扑面而来文艺的气息，同建筑范式一同透射出浓厚的儒雅之风。

很明显，规划设计这所建筑的人，既是匠人，也是艺人。在社会分工还不那么细致的古代，他的一生都生活在乡村，祖祖辈辈言传身教，耳濡目染地修习，保持对礼制的敬畏，保持对风水的推崇，保持对生活的热爱。在生活点点滴滴的细节中掌握地域性的技能，匠人把自己对宇宙对人生的理解，融会贯通在一幢幢房子里，一砖一瓦还原乡村山水的灵气，每一条纹路都传达着他哲学和美学的表达。如果你在夏季住过石舍的民居，就会感受来自山谷的清凉的风、清澈的溪水，还有传统砖木建筑冬暖夏凉的温

精义堂

"精义堂"　内部细节

度科学。《石舍村志》评论精义堂："兼有山之静态与水之动态的交汇，山之封闭与水之开放互补之风水"①，言简意赅。

当地匠人因地制宜，充分利用本土资源营造舒适的居住环境，发扬明显的地方特色，丰富宝贵的天人合一、师法自然的思想流动在建筑的每一根线条。疏密有致的建筑布局与蓬勃优美的自然肌理，是人与自然相互选择的结果，是先民应对那独特的地理环境而做出的变通。生产生活和自然的边界变得模糊，而这正是中国乡土建筑普遍的顺势而为技法。当代几何式规划布局，以高深的技术、高新的材料，也难以比拟。

遗憾的是，千百年传承的江南建筑范式在工业革命大潮的侵蚀下逐渐消失不见。像精义堂这样保存完整的石舍古建筑显得格外稀缺，成为人们建筑考古和感怀乡愁的寄托。现代技术很难做到对乡村自然地再呈现和再创造，不少"专业团队"不过是花了短短几年的时间肤浅地学了个皮毛。尽管一味地在建筑中强调新技术，花费很高的代价应用某种新奇的材料，或者过于追求生态上的口号意义，却把自己的传统建筑看作该被淘汰的历史糟粕。技术带来的变化会被下一个新技术淘汰和取代，所谓的新技术也

---

① 桐庐县地方志编纂委员会办公室编：《桐庐微村志》（第一辑），方志出版社 2016 年，第 127 页。

临溪而建的人家

民居题额"山水清音"

石舍古巷

马上被代谢。当游客进入石舍空间，确实会为眼前的传统民居所惊叹，没有新技术工具，没有所谓大师的运作，只有整个生命周期都在山水乡村之中的匠人。他们集对乡村理性认识和乡村感性认识于一体，顺势而为地布局，就地取材地作为，用灵动的心和灵巧的手参与和主导。

关注一座建筑生长的故事，也就是它完整的生命叙事，不仅仅注目于它初始的青春英姿，还要了解它的变化与延续的生命状态。隔街相望的厚载堂，系精义堂主人之子所建。他靠着贩卖柴炭和茶叶等积累了不少财富，然后用赚来的钱，从淳安购买牢固的石材，打造自己的理想居所，如今也有一百七十余年的历史。其中面积更大一些、内部牛腿采用更为精致的浅浮雕，看起来费工又费时。从一扇石条门，到另一扇石条门，父子二人一定都很满意这样的创作吧！一代更比一代旺，房子和房子之间实现的代际传承，就是中国传统村落生长的基本方式。

三、故里草木郁葱茏

从石舍村现在所保存的明清古建筑来看，不难看出石舍村当时茶、炭经营是何等兴旺发达。凭借这类生意，石舍人在外面闯出了一番天地，小小的山坳里富而隐约有大族气质的建筑民居，逐渐拔地而起。野蛮生长的石舍，把春天从视觉转移到口感里，把清凉闲置在繁盛的夏日，把平凡的生活长在自然的灵气里。人，如故乡的草木。故乡有了草木，更显得生机盎然，草木有了故乡，也就扎下了根。柴炭、黄芪、毛竹、茶叶……它们是故乡的符号，也是故乡的诗歌。

从高空俯瞰，有人说整个石舍村庄形如帆船，徜徉在千年历史的海洋里，有人则说整个村庄形如满满当当的饭碗，事实上石舍山多田少，全村耕地仅三百余亩，而山地面积却有八万多亩。游客眼里四季展示不同色彩的葱茏山林，旧日里可是石舍村民赖以生存的重要来源。缺田少地，靠山吃山靠水吃水，石舍人完全要借助四周的山和眼前的水。芦茨溪蜿蜒曲折，绕村而过，是石舍人民的母亲河。芦茨埠在过去是桐庐载运货物最多的船埠之一，芦茨溪沿线一带的芦茨村、茆坪村、石舍村都靠着这个船埠过活。

民间流传济公"古井运木"的故事。济公移锡净慈，净慈寺院遭火，方丈命济公募化木材重建大殿。济公化得木材，却在钱塘江遇阻，便施妙法，将木材从寺内醒心井中运出。尽管神话传说具有神秘色彩，但它们仍然具有史料参考价值。净慈寺曾一度毁于火，济公确实到过严陵山一带募化，使净慈寺得以恢复旧观。而济公所募化木头的所谓"严陵山一带"其实就在石舍境内，这个地方现在叫茶源岭。

石舍村在当时是桐庐境内主要薪炭基地之一。唐朝诗人戴叔伦在《白云源》一诗中言道："山遥入修篁，深林蔽日光。"①深林绿意掩蔽日光，足见石舍柴炭资源的丰富。《石舍村志》提到，西坑坞"外段岔坞称铜盘，谷地平坦如盘得名，旧为烧炭最好地段，曾设有十八只炭窑"②。清代以后，石舍出现了一批做柴炭生意的商人，其中有一位名为"梅太太"的女商人，她的故事至今仍在当地流传。梅太太并非出身于富贵之家，但她有着非凡的商业头脑和坚韧不拔的毅力，从小跟随父亲学习经营之道，对柴炭生意有着深刻的理解和独到的见解。梅太太年轻时便展现出了过人的才华和胆识。她不仅精通柴炭的采伐、加工和销售，还善于察言观色，了解客户的需求和市场的变化。她经常亲自前往各地考察市场，与买家建立深厚的信任关系，她的柴炭生意越做越大。梅太太富甲一方，据说在杭州、上海等地还购置了不少地产。

抗日战争期间，沪杭沦陷，木炭经济一落千丈，人民困苦不堪。抗日战争结束，木炭生意再度红火。《桐庐县志》记载当地柴炭事业，旧时柴

①　桐庐县文学艺术界联合会编著：《潇洒桐庐古诗选析》，北京日报出版社，2018年，第33页。
②　桐庐县地方志编纂委员会办公室编：《桐庐微村志》（第一辑），方志出版社，2016年，第130页。

炭为桐、分（桐庐、分水）两县大宗货，乃山民主要经济来源之一。新中国成立后，木炭仍为大宗农副产品。1950—1956年，年均收购约15.5万担。当时汽车、小电厂、小加工厂皆赖木炭为动力燃料。1958年后，近山已无薪炭资源，需要量也锐减。从向山索取到封山育林，对于住在山里、用在山里、吃在山里的人来说是一种朴素的生态环保意识，然而"卖炭翁"这个行当亦渐渐从人们的视线中消失。

烧炭挑炭早已退出历史舞台，如今我们已经很难想象千百年来山林劳动者的艰辛。1986年，中国画一代宗师、桐庐人叶浅予不顾八十高龄，乘坐拖拉机一路颠簸，又步行去芦茨山沟的长洲（1984年石舍属芦茨乡所辖）烧炭区采访，满怀感情地创作了《挑炭夫》《烧炭户》。借助这两幅炭色画，可以遥想旧时石舍密集的炭窑，炭烟缭绕，烧夫挑夫浑身沾染了炭黑，衣服从来没有干净过。叶浅予在《故乡近事·原始生产关系》一文解释这两幅画作："走近深坞，即见木材薪炭沿路堆积。走进深坞，堆积更多，只见草棚连片，鸡犬相闻，形成了一个自然村落。这里不但有居民，有坐商、行商，有收购站，有供销社，有小饭铺，可能还有小旅店。"[1] 据叶老调查，砍柴户、砍树户、烧炭户，都是外地人，其中缙云人居多数。而柴炭经营承包户几乎全是浦江人，本地人则负责放筏装运。本地背景的生意人叫"山客"，而从上海到杭州来收购的生意人叫"水客"。想必老人家对炭夫有着极深的感情，童年时期叶浅予就用家里烧剩的炭块来学习绘画，终成一代大师。丰子恺《桐庐负暄》中也提到作画起稿用的木炭，不知道他是否也用过来自石舍一带的木炭。

木炭的烧制很有讲究。清光绪年间就有"白云源盛产木炭，青炭最上，栗炭次之，乌炭又次之"的文字记载。[2] 白云源的木炭在当时相当有名。石舍村木炭分白炭与乌炭，又因用材不同，可分为青炭、乌钢、条枕、松

---

① 叶浅予编绘：《旅程画眼》，上海文艺出版社，1989年，第100页。

② 《钦定古今图书集成·经济汇编·食货典》（卷二百八十八）。

统等品种。石舍青炭，以质优而闻名于杭、嘉、湖、沪等地。木炭到杭嘉湖一带，主要用于烘蚕茧。陆羽《茶经》认为，煮茶应该用炭，次而劲薪，也就是炭比柴火直接烧更有优势。茶不仅对茶叶、对水质的要求比较高，烧水使用的炭火也有说法。唐代诗人温庭筠《采茶录》指出："茶须缓火炙，活火煎。活火谓炭之有焰者。当使汤无妄沸，庶可养茶。"① 茶需活火养出味道，就需要有焰的炭。

叶浅予在其自传《细叙沧桑记流年》记录了儿时看芦茨戏的情景："过了端午节，请三十里外的芦茨老相公到县里来做客显灵，各路戏班子轮流登台，连演一个月，那才热闹哩。这位老相公红脸黑胡子，据说是烧炭佬出身，因为火烧不旺，就一只脚伸进窑洞里，他的炭窑就变成收成最大的炭窑，于是他就成为远近闻名而有求必应的菩萨，有邪压邪，求福得福。"② 不难理解白云源一带跟木炭有关的芦茨陈老相公习俗。

石舍村不仅有"仙气"，还号称"无癌村"，是桐庐著名的长寿之乡之一，胡庆余堂的药材基地之一就建在此。2015 年，中央电视台在《中国医药》栏目试图解密村民远离癌症缘由，证实与当地一种土生土长的中药材有关。这种中药材就是土黄芪，药名为金雀根。《植物名实图考》收载为锦鸡儿，并指出，俚医以为滋阴补阳之药，花蒸鸡蛋，治头痛；根去（粗）皮，煮猪心治痨病。锦鸡儿的花为金雀花，其根为金雀根。

石舍村还有一张诱人口水的金名片，那就是历代民间实践得出一道精致的菜谱——用黄芪炖制的"神仙鸡"。神仙鸡将菜肴与养生完美结合，被各方媒体争相报道。和一般的炖鸡汤不同，神仙鸡烹制过程中不加一滴水。选材上，要选当地饲养的走地鸡为原料，根据不同体质的人，选用不同的中草药——黄芪、三七、石斛等。不同的方子调理不同的体质，久居山林中的人与植物相亲，摸透了这些宝贝的属性灵性，植物也以另一种方

① 朱仲海：《中国茶道》，北京联合出版公司，2016 年，第 16 页。
② 叶浅予绘：《中国漫画书系》（叶浅予卷），河北教育出版社，1994 年，第 140 页。

式回报。宰杀洗净的鸡，不用剁开，整只鸡用酱油腌渍之后置于砂锅之中，鸡内脏全部塞入鸡肚中，最妙的是再放一块五花肉，倒入黄酒、适量冰糖。土灶大铁锅，锅底铺上两斤盐，砂锅置于食盐上，铁锅盖边缘用湿布密封，隔盐慢火炖烧三四个钟头。柴火噼里啪啦，香味只要想起来都特别满足，不用说自己动手炖制的农家人，一顿美味就可以抚慰平日劳作的辛苦。出锅时，鸡肉色泽红润诱人，汤汁鲜美香醇，酥烂的鸡肉只需用筷子轻轻扒拉开，饭前喝碗鸡汤，不负其名，果真是神仙过的日子。

石舍村的招牌"三石一鸡"，除了神仙鸡，还有石鸡、石笋、石斑鱼。美味的食物都来自自然的馈赠。村里的方大叔告诉我们，"三石"最为珍稀的当属石鸡了。这种学名棘胸蛙，形似牛蛙大小的蛙类，只有在深山峡谷之中才能发现它们。石舍高山流水为石鸡提供了纯天然的生态环境。每到盛夏，有经验的人就拨开溪畔的岩石找寻它们，溪流深潭阴湿的岩石缝中，通常也隐蔽着毒蛇。带着风险的捕捉，若能抓到半斤左右的石鸡，就算很有收获。村里的方大叔说，有人捕捉到大的石鸡，重达一斤。石鸡的烹制方式多样，清蒸、红烧或爆炒，带皮风味更美。石舍当地的做法更多的是清炖。石鸡的腿是精华，肉质洁白，细嫩肥厚，即便是炎热的夏天，石鸡汤汁都会凝结成冻状，由此可见石鸡清凉性寒。

高端的食材，往往不需要复杂的烹饪手段，石斑鱼只需要简单地清蒸，就足以展示它的鲜香，让食客垂涎，原因来自石斑鱼对水质的要求奇高。野生的溪流中，石斑鱼可以说是水环境变化的检测表。石舍境内有多条溪流，主流芦茨溪，支流西坑坞、茶叶坑、长洲坑等，基本是原生态水质，溪水比其他地方清澈。岸边树木葱茏，溪水莹润透底，虾蟹之类藏在石板之下，或白或黑的鹅卵石，长着柳叶纹的石斑小鱼在石缝间迅疾地穿梭，翠鸟伫立在溪石上。红烧石斑鱼当然又是另外一番风味，刮去鱼鳞，破肚洗净，煎至两面金黄，葱姜蒜激发出鱼的香味。

至于石笋，我们且放一放，先说说视觉上的感受。靠近水边的遮蔽日光的深林里，修竹万竿，飒飒而立。岸边毛竹成林，秆径高大，粗壮均匀，向天而生，真是一幅奇特的景象。石舍村有三千四百多亩毛竹林，占到桐庐全县毛竹面积的 6.6%。昔日水面竹筏木排如长龙，竹筏都由毛竹扎成，翘首平尾，浮力正好，把上游各地生产的毛竹、木材运送至全国各地。除了大量外销，石舍人还会用竹子建房、造纸、打竹麻、编制各种各样的竹器，竹子的用途真的是数不胜数。当地村民就地取材，将竹筒做成装纳物品，包括干货和水货的容器，作为生活用品，在农村随处可见。谁能想到，在他们看来几百年间平平无奇的竹筒，如今竟然晋升为多个城市的"网红"商品，游客到一个地方，如果没有捧着带有地名的竹筒奶茶，仿佛就不能证明自己去过一般。奶茶没什么稀奇的，稀奇的是它的容器，从一只塑料杯变成单手都握不下的竹筒，竹筒奶茶带着返璞归真的感觉。人们不知道的是，过去石舍村民上山干活的时候，用来带干粮或者茶水的容器就是一只只竹筒，一股竹子天然的清香，渴来饮之，疲解心舒，格外清凉。

几声春雷，竹笋们像是约好了进行一场比赛，争相从土里冒出来。毛茸茸的生命从泥土里，带着一股不服压制的力量冲出。据当地的老农说，毛竹前四年专注于根部的生长，地面处于蛰伏不动的状态，生长速度缓慢，只冒出个约三厘米的头，但从第五年开始，以每天三十厘米左右的速度疯长。竹子不像其他植物由下往上生长，而是每一个竹节都同时生长，堪称生长速度最快的植物。人往往从另一种不同形式的生命，获得意想不到的震撼，竹子也因此被古今各人所推崇。

石舍毛竹

杜甫有诗"远传冬笋味，更觉彩衣春"，说的就是笋有时间的力量。笋的种类有十几种，"三石一鸡"之一的石笋，在其他春笋全部落市之后才开始破土，不同的是，石笋笋期更长。其珍贵在于稀少，石笋长得不密集，大多时候孤零零的一棵。挖一碗鲜笋得跑很多地方，而十斤鲜笋才能晒出一斤石笋干。挖笋是个技术活，外地人可能不懂这些道道，从小耳濡目染的村民，对脚下的土地闭着眼都很熟悉，寻起笋来一眼一个准。

择笋时还要把底部比较老的部分舍去，只留下最鲜嫩的部分。制作笋干必须用大土灶大铁锅，鲜笋加少许盐煮两三个小时。然后一个重要的环节是晒，晒得干，晒得透，反反复复地经过五六个有太阳的日子，就可以长时间保存了。"笋干焖肉"这道菜，很多人喜欢它的关键不是肉，而是其中的笋干。笋干浸润着肉的油星，却不油腻，既滑又嫩。嚼着嚼着，像在咀嚼满嘴的春天时光。大多数笋干对于老年人的假牙不太友好，石笋干又肥又嫩，老年人也可以一饱口福。石笋除去水分及其他营养素外，几乎全是吸附油脂较强的纤维素，荤素百搭，乃滋补佳品。《本草纲目拾遗》就说笋"利九窍，通血脉，化痰涎，消食胀"。

拜访石舍村民的客人，会受到主人亲自泡一壶"芦毛红"的招待。"芦毛红"，属小叶种。石舍当地的红茶，确实是拿得出手的特产。洗茶、冲泡、分壶、奉茶，村民深谙其道，手艺纯熟。芦毛红量小而精，经久耐泡，胜过大多数红茶。喝茶的人就在茶香四溢中打开话匣，在不断的续杯中消磨大半天的时光。

"芦毛红"红茶早在清代就名气在外，当地至今还保留光绪年进士、书法家张书云的"茶礼"之匾。《石舍村志》中寥寥数语记载着茶叶的工艺制作，"鲜叶经日晒，摊凉后用布袋盛茶以脚踩揉或用手揉，再经堆压发酵(用篾箩盛装压实上盖布或蓑衣)，然后日晒至半干,再用炭火(用焙笼)

马岭古道，游客徜徉在竹林间

烘干。如遇雨日、阴天则把发酵好的叶全用焙笼烘干"[1]。内行看门道，外行看个热闹。每一道工序，都是考验耐心和体力的技术活。从鲜叶到装箱，经过日晒、烘焙等多道工序，除散去水分长期储存外，也更能激发茶叶香气，改善品质。一代又一代茶人，在这种土法制茶中掌握的不仅是一种技术、一种智慧，更饱含着对"芦毛红"执着的品质追求，还携带着对岁月、对家的记忆情感。"茶"字，上有草，下有木，人在草木间，单从笔画构成上讲，就生出了氤氲天地精华的哲思。中国人的茶，喝不尽。开门七件事，"柴米油盐酱醋茶"，茶名列最后，却只有茶得了道，升华为茶道。

安史之乱后，陆羽只身逃难到南方，在浙江湖州、杭州等地踏遍青山，研究太湖、西湖出产的茶叶和煮茶的水质，这些内容日后见于他的《茶经》。陆羽还在《茶经》中引用了《桐君采药录》中的文字："西阳、武昌、庐江、晋陵好茗，而不及桐庐。"[2]桐君是桐庐的精神偶像，更是中国的药祖，他是中国知茶懂茶第一人。清乾隆二十一年（1756）《桐庐县志》："凡可饮之物，茗取其叶，天门冬取子，拔揳取根。而羽叙茶所出，谓浙西以湖州上，常州次，睦州下。生桐庐山谷，与衡州同。衡州，谓祝融峰所产也。"[3]可以想见，在桐庐翻山越岭，艰辛考证，亲自采茶做茶，汲泉品茗，这一段人生经历对于一代茶圣陆羽的意义，才有了《茶经》，这部茶界第一典籍。

陆羽所谓"桐庐山谷"就是"芦茨白云源"，石舍村有着优越的茶树生态环境，海拔不超过千米，峰峦连绵起伏，加上充足的降水，四季温暖湿润，终年云雾缭绕。没有工业污染的土层，富含各种微量元素。山林中绿涛阵阵，乱石间泉水淙淙，茶树绵延在天地之间自然的美妙乐章中，在与友邻兰花、箬叶、毛竹等亲密接触中，获得自己独特的清香体质。陆羽

---

① 桐庐县地方志编纂委员会办公室编：《桐庐微村志》（第一辑），方志出版社，2016年，第130页。

② 吴觉农编：《中国地方志茶叶历史资料选辑》，中国农业出版社，1990年，第90页。

③ 吴觉农编：《中国地方志茶叶历史资料选辑》，中国农业出版社，1990年，第90页。

在《茶经》对茶叶源头环境作了分级，"其地，上者生烂石，中者生砾壤，下者生黄土"[1]。石舍村的茶叶生长环境就属于此中"上者"。桐庐县茶文化研究会经过长期的深入调查研究，在石舍村对面山及茶源坑茶叶岭脚，发现了古茶叶树近一百棵（群）。古茶树盘根错节，根系发达。据桐庐县古树名木鉴定机构鉴定，茶叶岭脚最大古茶叶树的主干地茎粗约 11 厘米，树高 4.5 米左右，平均冠幅 580 厘米，树龄约 180 年。久远的历史，浸润在茶香里。

昔日芦茨埠繁华，上游的毛竹、柴炭都通过这个溪口驶向更远的江面，茶叶也是其中一类大宗货物，"芦毛红"甚至远销辽东等地。《浙江茶叶》（1985 年版）中的"浙江茶叶贸易"载："清、民国期间……桐庐、分水等县生产的毛峰（芽茶）、烘青……及桐庐芦茨（源）生产的红茶，都为国内市场畅销的内销茶。"[2]石舍村自古就是茶业发达之地。《石舍村志》记载，石舍村现有茶叶基地两千余亩，主要分布在茶叶坑、茶叶岭、枫岭、传弼等一带。不仅一众地名带"茶"字，更发展出了自己特有的茶仙信俗，在石舍竟有专门的"茶仙殿"供奉茶仙。方家岭古道上的"茶仙殿"遗址，眼下只见残砖朽木堆积，时间如风一般穿过桐庐红茶的历史，遗址也为"桐庐是中国红茶发源地"增添了一项有力实证。

石舍人当然不会辜负这深厚的茶文化历史。据说当地有方六方七相公庙，一在石舍庄西，一在方家岭，七相公庙又名"茶仙殿"，相传石舍方氏皆为两相公后裔。在这一民俗信仰中，有着令人感动的故事。方七相公在历史上确有其人，《白云源方氏家谱》即有他的记载。"茶仙"俗名为方文祥，是白云派方氏二十五世孙，因字行排第七，亦称方七公，生于明嘉靖年间，卒于万历年间，寿四十七岁。方文祥生前是一个深受百姓爱戴的好官，因治理水平出色，依法办事且公正无私，离世后通邑百姓哀恸不

---

① 知书编著：《茶经》，民主与建设出版社，2021 年，第 1 页。
② 桐庐县地方志编纂委员会办公室编：《桐庐微村志》（第一辑），方志出版社，2016 年，第 130 页。

舍。方氏族人多有事茶者，方七公在族内德高望重，且多关心茶事，故被方氏后人奉为"茶仙"，建"茶仙殿"以祭祀。拜神求平安是中国人常见的民间信仰，它源于对生活安宁的珍惜和期盼，也体现了对苦难和灾难的超脱和化解。传统农耕社会靠老天爷脸色吃饭，人力斗不过自然的情况下，只能寄托于鬼神之说。神来自民间百姓的自我选择，他们选择的是自己认可的、生前有某种事迹或者精神受到民众景仰的人，然后在传说中逐渐神化赋予神格。正因为方七相公来自真实的民间人物，作为神他也并不高高在上，他所具有的神力，也更偏向于支撑石舍种茶、制茶、贩茶的生计。似乎真的是有冥冥之中的保佑，仅民国时期，石舍村每年都有很多茶叶产量一千多斤的人家。新中国成立初期，杭州城里还能见到石舍方氏的茶叶商户，若有其他方氏族人到杭城，必会到本家的茶叶商户去转转，在方氏茶庄受到一宿两餐的招待。

四、四百年间事如梦

石舍的方氏族人和芦茨村一衣带水，自明末从芦茨村迁徙而来，已有四百余年的历史。四百年很老吗？和芦茨溪养育的其他古老村落相比，石舍太年轻了！芦茨村是唐代诗人方干的故里，历史久远自不必说，邻近的茆坪村自宋元之际建村至今已有八百余年的历史。四百余年的石舍在它们面前显得稚气未脱，它还有很多的时间用来生长。村庄如同漂浮在时光中的大船，头顶的月光与当初并无二致。

方氏先祖早已落足白云源，但是真正迁入石舍境内定居，是几百年之后的事情。其实，在石舍还没有形成村落时，已经被方氏先祖看中并作为寝墓的风水宝地。据《桐江白云源方氏宗谱》记载，白云派方氏先祖有不少人的墓地在石舍境内的方家岭和众家岭，北宋景祐四年（1037），方干五世孙方彦威即葬于村西北面的方家岭，此后，方氏十世孙右都御史方元若、兵部侍郎方元昭，十三世孙两浙提刑方秘，清代诗人方启凤，族谱上一个又一个光耀宗族的姓名，在这里选好身后的长眠之地。千年来白云源方氏家族文人辈出，自方楷之后一共出了十八位进士的事实，不免对"山主人丁，水主财"的说法多了一轮印证。石舍村的隐蔽位置，在明末清初的战乱环境中，成为人们躲避战火的绝佳去处。《桐江白云方氏宗谱》又名《白云方氏宗谱》《方氏宗谱》，宗谱记载，晚唐诗人方干为桐江白云派一世祖，被赞为"身无一寸禄，名扬千万里"的方干是方氏最为自豪的祖先。白云派方氏于明代永乐年间又析出石舍派、长洲派、朱庄派三派支脉，直到方干第二十一世孙方关寿迁长洲、方关梯迁石舍。石舍境内衍生石舍、长洲两支派系，村志言道其"较诸他方为更盛"①。

四百年不长吗？生长百年以上的树可算古树，拥有两百年历史的村落已经可以荣膺古村落。石舍的古樟一岁又一岁，"芦毛红"泡了一壶接着一壶，毛竹生长一轮又一轮，四百年足以使一条河流改道，足以见证几代人的荣光，也足以见证一个姓氏的落地生根。漫步在石舍的石板街，两侧的明清古建筑大方地展示着，触手可及，不像博物馆里的历史遗珍不人让摸。轻轻抚过被时光侵蚀的老墙，岁月的回音传来，谁家孩童欢笑着跑过，谁家妇人聚在一处聊着有一搭没一搭的闲话，谁家老汉又在抽着旱烟满脑子心事。喧嚣过去，时光如同竹筛过滤了浮华，留下了生活本真的模样，大概这才是最动人的所在。一些房子大门紧闭，像是出门做活儿的人待会儿就会回来。另一些大门敞开，来来往往都是游客，不停地用镜头对准古建上精美的木雕。和住在其中的现任主人擦肩而过，偶遇一个颤颤巍巍的老人，神情姿态都写满离别和失去。

悠长的四百年，历史的河流一路冲刷，留下来的都是经过时间考验的审美。2017年1月，石舍古建筑群被公布为浙江省第七批省级文物保护单位。古村季节变换，构成耐人寻味的动静关系。村落，早已成为山水间不可或缺的一部分；人，赋予其山的精神水的魂魄。建筑群落，在白云堆叠的蓝天下形成优美的线条，舒展身体吸纳着天光地气。不知道是风景把建筑自然化了，还是建筑把自然人格化了。自然情趣和山水灵气，是游客最直接的观感，处于其中的明清徽派建筑简直就是一颗颗沧海遗珠。

当我们谈论历史的时候，此刻已成为历史，历史的触角正向未来延伸。在变化剧烈、充满不确定性的时代，古村落在深沉的历史中回望。历史成为视觉景观的重要元素，而贯穿其中的核心命题是未来。与其他近千年的古村落比起来，石舍还有很长的路要走。石舍如同它面前流淌的这条溪流，有着明确的方向，从一个隐逸避世的村落到一个兼容开放的村落，敞开怀抱去召唤所有热烈的生命。

《桃花源记》里那位偶然闯入桃花源的捕鱼人终究耐不住思乡，几天之后还是离开了，后来无论是太守还是隐士刘子骥，刻意去寻找却再也无法发现进入那里的门径。粉墙黛瓦的石舍里，乡村的猫儿狗儿自由地在巷子里踱着步，即使行李箱轮子咕噜噜滚过石板路的声音响起，它们也不会诧异。不一会儿，三五成群的游客叽叽喳喳、交头接耳出现。很显然，他们决定在这个远离城市喧嚣的世外桃源度过一个悠闲的假期。人们受够了城市的喧闹，追捧绿色生态的自然环境，憧憬着把自己的房子安置在石舍的山水田园。山水情境的绿意腾腾、生命力的野蛮生长，替换着城市快节奏带来的人们的麻木失衡。获得临时短暂的平衡后，他们转身离去，不带走一片云彩。石舍知道人们为什么接踵而至，山间的清风和水中的明月，不过是它神秀的外表，山水再好，也很难满足人内心纷繁的欲望。如何营造一个桃花源，让人们重新找到来时的路，就成为石舍人一直思索的问题。

存仁堂摇身一变，布局了浙江省首个美丽乡村 3.0 综合展示体验馆，成了集"艺术、创业、法治、文明、数字"五大元素于一身的未来乡村石舍体验馆。历史与未来，本来没有明确的界限，在很多古村落还沉醉于自己辉煌厚重的人文历史之中时，石舍已经轻装上阵，思考琢磨未来的乡村样板。青山绿水的美，自不必说，是石舍村的过去，也是现在和未来。而一种将美内化为乡村的本质，独属于石舍乡村的生活方式，却异常稀缺。动人的往往是普通人的努力，一如四百年历史中石舍的祖先们。出去闯荡又回归乡里的村民中，或者是客居乡村的"新村民"，他们携家带口，努力地融入本土村民，把一身本领和满腔情怀，试着落地在民风民俗和乡土乡音之中，用生命体验把自己完全交给村里。

2004年，芦茨人黄伟舜最先从打拼了十多年的北京回到故乡，那时村里人还想不明白，为什么一个在大城市发展得还不错的年轻人要回到农村，还看中了石舍一块被大水冲出来的滩涂。在他邀请的各路高手中，就有在上海做工程师的童旭明，他对那些几百年的老樟树非常感兴趣，在加拿大学过景观木屋的他，在石舍村的鹅卵石滩上营建了十块大小不一的木屋营地，这一改造使得村委会对他刮目相看，随后童旭明加入村庄的整体改造设计中。他提倡石舍要走自己的路子，首先得保护好本地村民的利益，村里至今还有一条不成文的规定，外来人员不能参与住宿和餐饮业务。正是这种先见，使得石舍村新老村民之间不存在利益上的冲突，从而能和谐相处。要知道观念的冲突、资源的占用很容易就掀起风波，新村民和本土村民的融洽，在很多村里是很难得的画面。外来人员不会遭到排斥，自然吸引了更多的年轻人来施展才华。

水彩画家金钰琦，因与石舍的缘分，2023年被桐庐县评为"最美结庐者"。2019年他租下了清代宅院精义堂，在这里创办舍庐艺术馆和水彩工作室。画家可不只是简单地过来采采风，金钰琦更希望别人称他为石舍新村民，他把自己的生活搬到了石舍。他在自己兼任老板和员工的K7酒吧，一边熟练地调着酒，一边向客人介绍"这个酒吧是我的玩具"。确实，在画家的眼里，鸡尾酒就是一张画布，各种颜色在他手里调和着，客人首先从色彩开启一场感官的全新体验。从调酒到水彩画，画家对颜色的敏锐抓住了别人看不到的古村模样，一幅《玫瑰色的石舍古村》带领村民重新观察自己生活的场所。渐渐地，围在写生画家旁边的村民越来越多，用绘画表达的村民越来越多。"每位村民都是艺术家，"金钰琦说，"他们用颜色诉说自己对山水的感知。"酒吧里陈设着他和他的村民学员创作的水彩画，他也会带着大家的创作去参加各种展览，浙江展览馆"艺启乡里：浙江省美术家驻村成果展"还复原了他在石舍的美学实践 —— 一间根据梵高的画作《阿尔勒的卧室》1：1打造的民宿房间。金钰琦并不是入驻乡村最早的美术家。浙江省的美术家驻村要追溯到二十世纪七十年代初。1971年，浙江美术学院（今中国美术学院）迁至桐庐县阳普大队，在农村办学。众多美术家直面乡村问题，在解决问题的过程中，感受乡村的创造力。创作和劳作的共通性，给村民带来新的视觉体验，艺术与乡村连接，村民的表达没有技巧，诠释着生猛质朴的生活情感。村民朋友知道金画家的理想，舍庐正在筹建的国际艺术家驻地基地计划，目标是将石舍村打造成"国际化艺术小镇"，作为一个来自上海的艺术家他有足够的资源和渠道，金钰琦唯一担忧的就是石舍狭窄的村道、逼仄的停车场如何承载他的宏伟计划。

金钰琦来村里的第一个月，吃住都在当地村民李凤珍的良誉民宿。李凤珍把村里酒席上才会见到的美食拿来招待他，来自乡村的淳朴赤诚打动了画家。现在良誉民宿内，除了看到金钰琦亲笔签名的作品，其他布置也都由艺术家免费设计。良誉民宿就在溪边，女主人可以给你泡一壶当地的"芦毛红"，陪你聊一个下午，而不在意你是否在她家消费。自从嫁到石舍，她就一直在这里，起初家里经营着农家乐，每周会定期发班车去往上海，去接待要来石舍的游客。长期和游客打交道，她对城里人的需求了如指掌，服务做得好，有些客人多付一点钱，她就回报他们一堆石舍的土特产。

正是一个个人，使得石舍在与现代连接的道路上更顺利，书吧、咖啡、酒吧、瑜伽馆、美术馆等应有尽有。别的乡村也有这样的消费业态，而在石舍的空间内，是一种和谐一体的存在，拥有现代化的资源却不与传统建筑冲突，拥有多样的业态享受却未被完全商业化，这应该是石舍的最大魅力所在。

石舍村，名字中便蕴含了"舍"的哲理，一个充满诗意与哲思的地方，它以独特的慢生活节奏，诠释了"舍"与"得"的深刻内涵。山停，人停，石舍，拾得，人们在此不仅是在寻找一处静谧的居所，更是在探寻生活的真谛。舍，意味着放下，舍弃繁华与喧嚣，回归自然与本真。在石舍村，人们舍弃了都市的快节奏生活，选择了与大自然为伴。这里的山水、宅院、草木、田园、村落，构成了一幅幅美丽的画卷，让人流连忘返。

对于偶尔来一趟的游客来说，石舍村的美景带给他们一瞬的欢喜。他们在这里驻足欣赏，拍照留念，然后离开。然而，对于那些生活在这里的新老村民来说，石舍村已经成为他们生命中不可或缺的一部分。他们在这里度过了无数个日夜，春去秋来，与这片土地建立了深厚的情感纽带。在这里，人们得到了宁静与安详，得到了与大自然的亲密接触，得到了内心的平和与满足。春日的暖意，秋天的萧瑟，都成为生活中不可或缺的一部分，盈满了双眼，也盈满了内心。

石舍村，不仅是一个地理位置名称，更是一个心灵的归宿。石舍不舍，拾得惬意。一旦你在这里驻留过，那种宁静与安详，那种与大自然的和谐共生，就会深深地烙印在你的心中。你可以让自己的身体离开，但对石舍村的眷恋与思念，永远无法抹去。

参考文献

1.《钦定古今图书集成·经济汇编·食货典》（卷二百八十八）。

2. 陈可抒校注：《人间逍遥游》，中国友谊出版公司，2022年。

3. 胡云翼选注：《宋词选》，岳麓书社，2022年。

4. 叶浅予编绘：《旅程画眼》，上海文艺出版社，1989年。

5. 叶浅予绘：《中国漫画书系》（叶浅予卷），河北教育出版社，1994年。

6. 姚慧：《传统营造文明》，中国建材工业出版社，2021年。

7. 朱仲海：《中国茶道》，北京联合出版公司，2016年。

8. 吴觉农编：《中国地方志茶叶历史资料选辑》，中国农业出版社，1990年。

9. 知书编著：《茶经》，民主与建设出版社，2021年。

10. 桐庐县文学艺术界联合会编著：《潇洒桐庐古诗选析》，北京日报出版社，2018年。

11. 桐庐县地名委员会编著：《浙江省桐庐县地名志》，1984年。

12. 桐庐县地方志编纂委员会办公室编：《桐庐微村志》（第一辑），方志出版社，2016年。

石阜耕，斛山满——桐庐县江南镇石阜村

石阜村是桐庐的东大门，位于江南镇南面，与三二〇国道相邻，杭千高速贯穿全境，村庄区域面积近十七平方千米。石阜自南宋开村，历史悠久，积淀深厚，也因耕阜积石而成名，现有明清时代古建筑一百余幢。

石阜村是桐庐县农业人口第一村，是古建筑最密集、体量最大的村，也是县内单一姓氏——方氏最大集聚村，九世祖方礼被奉为桐庐农业志第一人，此外《桐庐县志》明确记载的石阜村贤有八人。2016 年 12 月，石阜村被列入第四批中国传统村落名录。

石阜全景 徐昌平摄

一、此身根何系，宗谱辨祖先

位于桐庐江南镇的石阜村，近来花费很大力气从事一件轰轰烈烈的大事——撰修宗谱，正所谓乱世藏金，盛世修谱。自南宋开村以来，石阜村已有八百多年的历史。八百年后，方氏家族齐心协力，投入巨大的人力、物力和财力，将新一轮族谱修缮工作细致入微地开展。2023 年 11 月 18 日，石阜村在桐庐各级领导和乡贤的助推下，圆满举办了"同宗同族续根脉方为人先促共富"为主题的方氏族谱圆谱庆典活动，昭示着方氏宗族生生不息，瓜瓞连绵，传世久远。

方姓为桐庐十大姓氏之一，占桐庐总人口的百分之三点四，每二十九个桐庐人中就有一个姓方。石阜村作为桐庐县最大的方姓族居村，辖十一个自然村，方姓人口占十分之九。据《石阜村志》，南宋乾道淳熙年间，芦茨白云源方干公十二世孙方逸公携长子璿由浦江迁入石阜仰卧山居住，璿公始为桐南方氏始祖。自南宋乾道年间方氏迁入以来，发展到现在石阜方氏的五千多人口，是个相当庞大的支系，方姓人更是遍布全国甚至海外。

故乡一声呼唤，八方呼应！所有一脉相承的亲人都有回应，来自各地的方氏宗亲、乡贤和本地村民总共八九千人相聚一堂。都是"本家"人，华夏文化促进会方雷文化研究工作委员会、浙江方氏总会一起见证石阜方氏支系的发展壮大。同姓同宗的亲缘关系构成姓氏共同体，如同一棵茂密的大树，庞大的分支让人理解古人所谓的"开枝散叶"，叶散枝开，源于根扎得深、枝长得壮。由一个人到一个家庭、一个村落，再到一个国家，中国就是由这些姓氏家族构成。所谓"行不更名，坐不改姓"，姓氏告诉你和谁是同一群人。《大学章句》说："家齐而后治国，国治而后天下平。"对宗族或血缘的高度认同，正是中华文化能够生生不息延续几千年的一个重要原因。过去石阜方氏家谱并没有完整保存，只有小部分支谱流传了下来。2016 年启动石阜村家谱修缮工作，汇聚各方之力，寻访全国各地的石阜方氏子孙，至 2024 年已历时八年，其中艰辛琐碎可见一斑。条分缕析间，每个人就从"此身何系根源竟"的疑问获得"宗谱编修辨祖先"的解答。

庆典当天，红地毯铺了几里长，两旁大圆桌摆起龙门阵，八百多桌彰显着大村的规模气势，整个村庄到处张贴红纸榜单，上面列满了出资捐款、负责庆典具体事务的人员名单，以方氏为主的名字形成阵列。这些人带着他们的姓氏生活在这个地方，带着他们的姓氏出走四方，在全国各地乃至海外发展出一个规模宏大的方姓村落或群体。他们的姓氏在这一张张红通通的纸上闪闪发光。庆典上，方氏的子子孙孙，男女老少披红挂彩形成阵势壮观的队列，扛着方氏的大旗和"珠联璧合"的匾额，锣鼓喧天，浩浩荡荡地巡村游行，沿着石子路穿过各房各弄，走过吾素堂，走过双庆亭，追忆"积石成田、垒石成阜"的建村历史；焚香点烛、恭读祭文、拜祭祖宗、礼炮齐鸣、各房接谱……望着摆放在祠堂正堂上厚厚的宗谱，族人们怀着激动的心情，用最隆重的仪式、最崇敬的心情、最激动的声音感念始祖和历代先贤。他们知道，方姓家族逐渐人丁兴旺，必是千百年来内部团结、能人辈出的体现。

在庆典仪式的过程中，所有人都能感受到自己就是方氏壮大的参与者，历史也许不会书写每一个人的姓名，但在宏大叙述体系以内，每个人的人生都有意义。

二、流水绕村前，方贤开新篇

南宋时期政局纷乱，方璿随父亲方逸公迁入石阜仰卧山，大概谁也没想到在动荡的社会，竟于此安定了一个家族。元末明初九世祖方礼又从仰卧山迁到下石阜，自此石阜作为村名一直没有变动，且渐渐形成十一个自然村的规模。现在展现于人们眼前的是一个房屋连成片、村内巷道曲折复杂、外来者一时摸不清方向、村与村之间没有明确分界的迷宫村落。不过幸好有水，使得兜兜转转的石子路充满灵性，人便有了方向感。

　　仔细考察，一个村落能够繁荣必有玄机。所谓"风水"就是最关键的奥秘，是乡村生命的气息。中华哲学流派众多，但有一点惊人地一致，即人与自然的融合，无论儒家的"天人合一"，道家的"道法自然"，还是古代建筑中的风水观念，其实都表达为人与自然和谐统一。古代勘舆学认为，祖先搬到风水宝地，如同一棵树种到土壤肥沃营养丰富的地方，树的根基会更牢固，枝干会更挺拔，叶子也会更茂盛。好山好水就是好的资源，能够庇佑一方子民。

　　且看石阜村的"风水"，其实所谓"风水"好坏，按照今天的文化地理学理论无非就是看具体的地理环境是否适合人们居住和发展，因此不能简单地视为迷信。石阜村坐落于三国东吴文化发祥地天子岗山麓，大源溪是石阜的母亲河。逐水而居是祖先必备的原始生存技能，是为了取水方便，也是为了争夺河流冲击所带来的肥沃土地，方氏先人自然也不例外。八百年前，方氏先人由浦江迁至此地建村，在一片荒溪上做起了石头的文章。他们择高而处，枕水而居。尽管现在的仰卧山春天时开满金黄的油菜花，已看不出几百年前房屋错落的影子，不过从地势仍然可以判断出前人的选择。偶尔从山垅里开垦出的成堆瓦砾或者陶瓷碎片，也在无声地讲述生命存在过的痕迹。对于当地人来说，仰卧山于石阜村，是祖地，是福地，更是发祥地，为什么这么说？因为石阜村从仰卧山迁到下石阜，正是源于方氏先人方礼在仰卧山的一瞥。传说他看到冬季漫山遍野一片白茫茫，只有石阜这片地方没有积雪，形若一只顺流而驶的"浮簰（排）"，昂扬在大源溪天然丰沛的水流之上，遂认定这是一块风水宝地。

　　关于方礼开辟新址的传说绘声绘色，令人想起《诗经·大雅·公刘》中歌颂的主人公，率众迁移开疆创业，中华文化里多的是公刘这样的朴素实在的英雄。"笃公刘，既溥既长。既景乃冈，相其阴阳，观其流泉。其军三单，度其隰原。彻田为粮，度其夕阳。豳居允荒。"[1] 你看，公刘先

---

①　陈戍国点校：《四书五经》（上），岳麓书社，2023年，第321页。

是将整体地形勘察一遍，有时登上山顶，有时走在平原，有时察看泉水，有时测量土地，他带着族众的期盼在山川平原留下思考，然后开始规划哪里种植，哪里建房，哪里养殖，哪里采石⋯⋯

方礼大概就是因此被当地人"君之宗之"，被爱戴尊称为"斛山阿太"。"斛山阿太"颇有前瞻性的操作，是将村子的功能分区规划清楚。因"浮簰"亲水，北边的大樟树为篙，在方礼看来当是天选之地。他带领众人沿雪地的东侧分界线先挖了一条大澳，澳东为田，澳西建房，在这之后，村里的房子基本集中在澳西。他想必也仔细考察过甘溪。甘溪是大源溪的旧称，是桐庐境内的富春江支流，源出三源城岩顶北坡，上游山高林密源深，集水面积广，经凤川后又集小源溪之水，丰富的水资源足够养育整个流域的村落。不知是因方礼的号召力，还是河道改迁等历史环境的变化，人们渐渐从小有规模的仰卧山迁往这片荒滩，并把它逐渐变为良田和宜居之地。几百年后繁华的石阜村印证着当初迁址的正确，印证着领头人物的远见卓识。对此，清代的诗人李景瀚有诗赞道：

> 淙淙流水绕村西，杨柳阴中好听鹂。
> 鼓吹诗肠动诗兴，绿苔扫罢夕阳低。[1]

不过，如若山洪暴发，处于地势稍低处的石阜还是容易受洪水侵害。据资料记载，仅清嘉庆六年（1801）年到1982年，大源溪暴发较大山洪就达八次，河道不断变迁，更不要说在方礼所在的元末明初。

古时候生产力不够发达，人们在和自然斗智斗勇的过程中，既要考虑村民日常生活用水，考虑流经区域农田生产灌溉，又要考虑洪涝或干旱时期的问题，逐渐形成了很多体现民间古朴智慧的水利设施。石阜人现存主水系，分为主要负责村民生活洗涤的村东大澳，和主要负责全村九成农田

---

[1] 桐庐县地方志编纂委员会办公室编：《桐庐微村志》（第二辑），方志出版社，2018年，第59页。

灌溉的金堂澳。另外村中有饮用水井二十三个，洗涤及灌溉水塘二十六个，如此就充分利用了当地的地表水和地下水。民国《桐庐县志》记载"甘泉澳，在石阜庄前，由甘溪水伏流至珠山棋盘形下龙头涌出，水源入澳流向下泉庄出渔浦，可溉田数十亩"[①]。甘泉澳就是大源溪地下水涌出而形成的地表水。饮用之水清冽甘甜，水温常年保持十七摄氏度左右；而金堂澳的水只能用于灌溉不能饮用。古人早已在水质上做了区分。

村中有名的泉水共两处，一处为祠堂边的石罅泉，村民叫大岸泉，二为下畈泉水龙口，现已扩建成井。至今村里还留有清朝嘉庆年间砻糠坝治水工程及相关的传说。砻糠，是稻谷碾磨后脱下的壳，砻糠坝是形容当年修筑这条水坝就如同用砻糠搓绳，难度可想而知。1963年建成肖岭水库，则是在前辈所建的水系设施之外又拓展出的新需求。纵横交错的沟渠，大大小小的井塘澳坝，共同织成石阜的水系网络。有些已经在岁月流转中化作尘土，有些仍然在为后人所用。哪怕自来水再方便，人们还是愿意挎着篮子提着桶，来到水澳边，在宽阔的水面摆洗起来格外畅快，自然的温度通过手部抵达全身，与邻里三三两两交头接耳的感情培养，再先进的技术也代替不了村居的闲适。天然的水在人工的澳渠里欢快地流淌，流过一代又一代人，构建起村落美学的基本结构、功能和景观，人们在水澳边心安理得地过着平淡的日子。

"水"在中国村落中的意义远非生命之源所能涵盖，与传统五行思想结合，形成极具形而上学意义的中国传统文化。

然而，你要说自然风水是一个村落绵延八百年的最核心因素，也有失公允。风水说到底调节的是天、地、人三者关系，强调人与自然平衡、人与人平衡以及人的内在平衡，三个维度都达到和谐共生的状态，方能顺遂长久。石阜的名字里就有这种和谐的讲究。许慎《说文解字》说"阜"字形像一座土山的形状。至于如何像一座土山，段玉裁注解："象可拾级而上。"

---

① 毛锡范主编：《桐庐县水利志》，1992年，第98页。

石阜的"阜"并不是天然形成，不是一朝一夕形成，不是在方礼手上就完成的，而是数代村民集体垦荒的结果。"耕读传家"是石阜村的发展主线，"耕"是"阜"的灵魂和基石。

元末农民起义的浪潮中，频繁的战乱致使田地大多荒芜。起兵的朱元璋部队随着规模的不断扩大，面临更大的粮食问题，为此，朱元璋命令军队勘验开种荒芜田地，但实行军屯难免干扰民众的正常生活。清康熙《桐庐县志》中呈现的方礼，平日是个嗜好古典经籍，诸子百家无所不通，尤其擅长写诗的文人，此时奋勇提出"包荒"，改"军屯"为"民屯"，奔赴各地游说劝耕，并且亲自投身开荒耕田之中。不仅如此，方礼还亲自绘制了《耕阜图》，配备多种播种之法，咏为《劝农歌》。在方礼的带动下，桐庐江南一带造田风气日盛，方氏族众勠力同心，将大片的溪滩改为田地。原本溪滩中的石头被堆到一边，石头堆积越来越多，到处都是石堆，荒滩上却开发出了良田百顷。不知后代子孙耕作的时候，有没有在土地里刨出

古井

长长的水漖

石头堆砌的村落建筑

更多的垒田故事。至二十世纪五十年代，尚存一百余石堆，"垒石成田，堆石成阜"，遂成就了"石阜"这一村名。进村的人会发出惊叹，这个村怎么有如此多的石头，视线所及，皆是石头——石墙、石屋、石院、石路，溪边的石板，门前石臼、石槽、石磨，整个一石头部落。

而方礼，寓雄奇于淡远之中。时任江浙行省平章政事多次推荐他做官，方礼辞而不应，并作诗以明志："乐隐因辞轩冕，谋生且学耕耘。高风千古谁推论，堪与严陵相并。南亩乘时播种，落实到处缤纷。此间离乱未曾闻，仿佛桃源风景。"[①]他以隐士严子陵对标，这种"有志劝农稼穑，无意离乡为官"的志向在《耕阜图》中显得格外动人。《耕阜图》流传至京城，京师官吏纷纷崇尚，吟咏良多，影响广泛，甚至编成专辑向社会传播，由蜀府长史郑楷为之序，翰林郑棠为之跋。其时礼部尚书郑沂、监察御史

---

① 王樟松编著：《画中桐庐》，西泠印社出版社，2015年，第290页。

郑翰等人都有贺诗：

贺《耕阜图》
礼部尚书郑沂

玄英处士旧名儒，独美云孙嗣读书。
数亩石田和德种，一犁春雨带经锄。
传家嘉见箕裘盛，罚稼宁忧仓廪虚。
试问客星台上月，年来高节竟何如。

贺《耕阜图》
汪改

幽居石阜乐躬耕，鼓腹讴歌颂太平。
负耒出时朝日上，荷锄归去晚云横。
扶商德业思伊尹，佐蜀功名忆孔明。
圣代求贤正如渴，未容畎亩久潜名。

贺《耕阜图》
监察御史郑翰

待漏金门十数年，好怀长梦到林泉。
鹓鸾已忝清朝列，松竹犹存旧日缘。
耕凿安量超后辈，衣冠敦俗继前贤。
知君轩冕非无志，自是南阳胜有田。

贺《耕阜图》
郑杲

屋上青云屋外田，为农岁岁愿丰年。
林间鸠唱春阴日，谷底莺啼雨后天。
化诱早闻诗礼训，播耕惟仗子孙贤。
知君堂构题存隐，千古交章铁笛仙。

方礼也一一和诗，足见当时官方对《耕阜图》的重视：

和礼部尚书郑沂

台辅鸾坡国钜儒，草茅何幸沐亲书。
片言垂鼎辉蓬荜，只字流金忝耒锄。
盛世不才多自弃，象贤无地一生虚。
云岩高并双台石，今与佳章万古如。

和汪玫

驱犊乘春阜畔耕，芳塘过雨绿初平。
犁从柳色添时举，枕向桃花落处横。
饮啄何尝忘帝力，歌谣仅可颂皇明。
皋夔事业昭如此，巢许原来浪得名。

和监察御史郑幹

白云留恋几经年，猿鹤凄其绕玉泉。
世事多端游客老，生涯数亩野人缘。
鹿门欲遂庞公愿，苍耳难逢太白贤。
圣主臣邻恩泽远，喜沾余润满桑田。

和郑杲

躬耕南阜一区田，结屋连云几稔年。
芹曝未能酬圣主，耘耔犹得庆尧天。
匹夫自是供常分，佳句何由锡大贤。
铁身标传存隐重，玉堂翰墨实文仙。

民间有关方礼的传说颇多传奇色彩。其人大气狂放，他能拿出家中所有粮食犒劳朱元璋军士，可见其家底足够殷实。据推算，犒军时方礼才

---

① 李龙主编：《耕阜石阜》，文汇出版社，2019 年，第 246—248 页。

二十岁不到，可说是少年英才。这么富裕的读书人，却甘愿放弃功名去做
垒石垦荒这类费力之事，这种"行一善而固执之"的儒家精神，正是他作
为九世祖被石皋方氏后人铭记膜拜、被《桐庐县农业志》奉为桐庐农业第
一人的重要原因。

　　方礼过世后葬在斛山。据明嘉靖《桐庐县志》记载："斛山在县址东
南二十五里，脉自乌石山来，平地突起，高可二百余丈，石壁嶙峋，有似
斛然，因名之。"① 斛山，形状像斛一样的山，斛是农耕文明的量器，这
是典型的东方思维方式，山不再是山本身，而是变成了一座带有隐喻的象
征物，成为当地人的行为指南。斛山在以农耕文化起家的石皋人心目中就
是丰收的山、富足的山，后来祥四公三子发等各代祖先都相中这块风水宝
地作为安息地，斛山成为方氏后人清明祭祀的祖茔之地。石皋耕，斛山满，
斛山成为一个容纳乡愁的容器，一个盛满石皋耕皋文化的容器，一个伟大
姓氏勤勉固执方为人先的精神容器。

三、古宅今仍在，回眸梦已惊

　　祖茔、族谱、宗祠，是我国传统宗族文化的三大构成要素，缺一不可，
一部完善的方氏宗族文化就在这三者的相互作用中得以延续。

　　石皋村现存方氏祠堂多座，以方氏宗祠为最，乃江南镇最大的方氏宗
族祠堂，地处石伍自然村，坐西北朝东南，一条穿村而过的水渠从宗祠身
边绕过。宗祠又称积庆堂，俗称大祠堂。"积庆"出自《周易·坤·文言》，
"积善之家，必有余庆"，这是中国人齐家的基本信仰。这句话还有后半句，
"积不善之家，必有余殃"，也是中国文化中最喜欢提的因果报应。方氏
自然也服从于这种传统文化的力量，以"积庆"命名宗祠，以"积善人家"
要求自己的子孙。

---

① 李龙主编：《耕皋石皋》，文汇出版社，2019年，第51页。

　　《石阜村志》记载，方氏宗祠建于清乾隆至嘉庆时期，咸丰年间因遭破坏重修。1997年筹资重修，数年后完成。2014年又用两年时间对方氏宗祠进行大整修，复原了门前宽大的广场，自然以遍地的鹅卵石铺就，上书方氏祖训的崭新影壁，与门前一对旗杆石呼应，展现一派宗族兴盛的景象。宗祠占地约649平方米，面阔19.9米，三间两弄三进。一进为大厅，由石板铺筑的大天井之后是中进，为正堂。"积庆堂"黑底金字大匾高悬，在重要的日子里，中堂置十二张八仙桌摆祭设宴，用宏丽的规模彰显家族余庆。后进为荫堂，供奉着方氏先祖牌位。

　　据说破"四旧"以前还能在祠堂内看到刘伯温、康有为撰写的对联，可惜现已毫无踪迹。若说刘基在翔岗设馆，应该到过近在咫尺的石阜村，康有为到过桐庐三次，如有墨宝留存当也可信。石阜村乡贤众多，方氏宗祠祠堂内牌匾也多，是附近各村祠堂中匾额最多的一座，每个牌匾背后的故事都有一箩筐。"礼耕学耨"说的是方礼劝耕、堆石成阜；"克承首义"

方氏宗祠

讲的是雍正年间方成霖多次行善意之举；"是君子儒"是方骥力屡次拜官不受，县令何维仁求人才而不得；"肄书扶杖"出自袁昶诗《寿方古香丈八十》"课子肄书黄槲社，劝农扶杖白云村"之句，感念早年受方金琢接济一事；"父子大义"说的是方发培和其子庚泉；"挂剑扶桑"说的是方逸夫在日本早稻田大学学习后报效祖国；"节寿双辉"，颂扬的是村中有气节的女性；还有"拔贡""训导""少将""劲节"，各人各事，都被一一记载于宗祠中。

方氏宗祠记录着家族的辉煌历史和优良传统，在经年累月的时光中被打磨得如同一块温润的玉石，愈发显得庄重而典雅。宗祠不仅是方氏家族祭祖敬祖的圣地，更是传承和弘扬家族文化的重要场所，是方氏家族历史和文化的重要载体，也是中华民族优秀传统文化的重要组成部分。在这里，人们可以感受到方氏家族深厚的文化底蕴和独特的精神风貌。随着时间的推移，方氏宗祠的文化气息不仅没有消散，反而愈发浓郁，成为连接各家族成员情感的纽带，让人们在共同的文化认同中感受到家族的凝聚力和向心力。

石皐村每一条弄堂都有一个名字，一条弄堂就是一个支系，每个支系聚居在一起，各弄堂相互穿插如同蛛网，外人来逛，一不小心就会迷路。行在逼仄的弄堂中，镜头很难找到一个宽阔的角度，这里大概是桐庐地区房屋和房屋之间最密集的一个村。阳光照在墙上，投下另一幢建筑的影子，不同叠影之间，仿佛时光也重叠了，静止了，只有古建筑温润地、默默地诉说。如果你在一个雨季来到石皐，还能感受到戴望舒诗中的江南雨巷。

村中方姓有九个房头，"九子坊"——讲述的就是九子成族的故事。传说方氏自方礼生下三个儿子开始，结束了之前九子单吊的忧心局面，从方礼的九个孙子开始人丁旺盛，分为九个房头，各自发展，又相互联系，发展为现在的桐南方氏大族。岁月流转，大房的踪迹已难觅，而四房的后代则多数外迁，他们在异乡扎根发展，成就斐然。然而，在村中，七房却如一棵参天古树，枝繁叶茂，历久弥新。七房弄最长，更是村中人口最多、居住范围最广的一族，因此，七房弄自然而然成为村中最重要的弄堂。

这条七房弄，宽约三米，却深长近百米，仿佛一条时光的隧道，引领人们走进历史。弄堂中间有两个九十度的转折，一眼望去，尽头遥不可及，更增添了几分幽深与神秘。在转折处，细心的人会发现，凸出的墙角都有约二十厘米的让步，到约三米高度时又恢复直角。以前嫁娶的花轿和过世后的灵柩都要到七房弄里行走，并形成了约定俗成的仪式。在直角转弯处有如此的退让，也是为了方便大件器具的搬运。在村民们的心中，七房弄早已超越了其物理意义，成为一种象征，一种连接过去与现在、沟通生与死的纽带。它不仅是村民们生活的一部分，更是他们情感的寄托，是他们对于传统与历史的坚守与传承。

弄堂虽窄，却是一道生活的长廊，畅通无阻地连接着家家户户。冬日里，暖阳斜照，洒在青石板上，洒在每个村民的脸上。夏日里，弄堂清风穿堂而过，带来丝丝凉意，缓解了一天的暑热。清晨或黄昏，只要天气宜人，村民们便纷纷搬出凳子，捧着饭碗，在弄堂里聚首一堂。饭菜的香气与邻居间的笑语声交织在一起，构成了一幅生动的乡村生活画卷。男人们谈论着田间的劳作和市场的行情，女人们则交流着家常琐事和育儿经验。而孩子们，则在旁边追逐嬉戏，享受着无忧无虑的童年时光。

弄堂不仅是村民们生活的舞台，也是一个小型的集市。许多小商品的买卖活动都在这里进行，吆喝声、讨价还价声此起彼伏。那些熟悉的叫卖声，如"咯叮—叮—咯，咯叮—叮—咯，鸡毛换糖喽——""木莲豆腐哦，三分钱一碗哦……"，打破了乡村相对宁静的氛围。孩子们用平时捡拾的鸡毛、骨头等换取甜甜的麦芽糖，那种甘甜的滋味至今仍令他们回味无穷。

一条条石巷中，诸如十间四厢素吾堂、九房老屋、六言堂、绍衣堂、植善堂、勤业堂、方游故居等私人民居，以及方氏宗祠、麻园厅、三友堂、孝友堂等公共建筑，经历过时光的淘洗，所保留的营造技艺和建筑风格令人惊叹，所展现的审美哲学独具一格，家乡的乡土风情生动含蓄。

石联方孝函民居建于1935年，堂名素吾堂，建筑形制和特色构件保存完整，当地人称十间四厢，为五开间二进四合式三层楼房。十间四厢，是桐庐民间关于居住条件的最高标准。方孝函，字胜山，为新中国成立前原艮山门火力发电厂厂长，可以说是我国电力行业的先驱，新中国成立后任浙江大学教授。素吾堂融合清代晚期与民国建筑特色，具有明显的时代特征，是研究江南古民居不可或缺的资源。

如此显著规模的建筑，其细节中所体现的文化风韵真是让人挪不开眼。然而《石阜村志》中一句话，却深深地刺痛着每一个古建爱好者的心。"天井八个牛腿被悉数盗去，只留下榫装印迹和斑斑盗痕。"① 中国的传统木结构建筑往往有深远的出檐，官式建筑中常用斗拱承重支撑，民间建筑则以一根斜木代替，叫"撑拱"，又称"斜撑"。发展到后代，斜木变成了牛腿。至于为什么叫牛腿，大概是其形似牛腿而得名。明清时期，我国木雕达到鼎盛时期，牛腿由于位置显著，更能显示房主的地位和精神追求，就成了木雕匠人施展才华的位置，牛腿雕刻技艺成为衡量一幢民居价值的关键。牛腿雕刻的题材非常广泛，人物、山水、花草、鸟兽，神话传说、民间故事等内容都非常流行。从素吾堂仅存的后堂两个牛腿来看，两面各雕圆形，框内雕有松鹿和耕牛图案，外辅以花卉，替木外侧为牡丹花，整体感觉壮硕结实。牛腿是古建筑最精华的部位之一，也是民居文化中一道不可磨灭的风景，自然也成了非法分子眼中牟利的香饽饽。近年来江浙一带在古民居上盗窃牛腿、门扇等精美木构件的团伙屡次作案，对当地的传统文化保存造成不可逆转的伤害，令人扼腕。素吾堂所在的位置离公路出口非常近，作案后便于逃离，因此也最容易遭到伤害。

如今素吾堂经过整修，恢复了被盗牛腿。因没有原有牛腿的史料记载，

① 桐庐县地方志编纂委员会办公室编：《桐庐微村志》（第二辑），方志出版社，2018年版，第98页。

只能根据现有的梁枋雀替去猜测原有的用料和雕刻。《石阜村志》中关于木雕细节的简略记载，读来已颇让人心动："上堂枋木正中雕刻着福星送瑞图案，三老二幼五个人物形态栩栩如生，边上饰以松树和山石；枋上隔板雕以荷花和兰花图案，花叶舒展自如。""明间大梁为巨大的方梁，雕刻着双狮戏球图案，以画卷的形式展开；雀替雕双鱼，梁下灯笼钩俱全。""小檐廊雀替为树下双马图案，梁上垫木刻'光前''裕后'。"雕刻内容宽泛，所有如意的象征应有尽有，精细的雕刻是对传统历史文化精髓的表达，是先贤内心世界的完美外化。复原的牛腿缺少岁月烟火的熏制，新牛腿与老构件之间显得有些隔阂，很让人叹息。后天井一个很大的青石板砌筑的鱼池，石栏板高一米许，鱼池宽约一米半，长约四米，深约一米半，倒是可以看出主人的喜好和品位。今水池干燥，素吾楼空，佳人何在，空留楼中燕。

石阜村大房子多，危房也多，像是一个历史遗留的伤疤，既有碍观瞻又有安全隐患，一到梅汛期强降雨，转移危房中的老人就成了很重要的一项工作，拆除或修缮的讨论已经多次提上日程。行走在这些危旧建筑之间，游客们不再局限于书本阅读的层面，而是深入历史的内里，自觉地理解历史的沧桑。历史并非一蹴而就，房屋的坍塌也是，在漫长的岁月中逐渐演进，一点一点地剥离，石阜把真相呈现给人看。更重要的是，我们可以感受到普通生命的平凡真实，也可以领略残存之美的绝佳样本。不知什么时候掉落一粒植物的种子，就在房屋的缝隙里生了根发了芽，人常年不在的地方，植物撒起野来，根系默默穿透墙体，潜入任何可以钻入的结构。植物越来越粗壮地展示生命的奇迹，逼迫墙体做出退让。

很多房屋的坍塌，其实和无人居住有很大关系，因为人是房屋的制造者，是自然气息与建筑气息相互沟通的纽带。人类需要建筑，建筑需要人气，人类和建筑是一种相互依存的关系。民国《桐庐县志》明确记载了石阜为

① 桐庐县地方志编纂委员会办公室编：《桐庐微村志》（第二辑），方志出版社，2018年版，第98—99页。

国军驻地，以及挺三纵队与当地民众联合抗击日寇的英勇事迹。数千年来，无论是朝代的兴替，还是战火的冲击，都只让石阜村的房子越来越密集，而今天石阜却因为人们的离开而黯然颓圮。

光阴把真实留在了石阜，巷道深不可测，无数个转弯通向各房各户。不同时期的建筑，走在弯弯曲曲的石径上，犹如踏上一条漫长的时间轴。庞大的建筑群体中，建筑形制各异，风格也有不同。清代建筑以二层为主，到民国年间普遍三层，大概受制于空间的局限。建筑风格以徽派建筑为主，但又不断吸收外来文化，比如村内典型的走马堂楼，有西式栏杆装饰的跑马廊。还有两幢被围在徽派建筑中的三层小洋楼，格外引人注目。

在历史的长河中，桐庐自明清时期便以造纸业闻名遐迩，被誉为"造纸县"。据1936年的《中国建设》所载，草纸制造在这片土地上蓬勃发展，占据了浙江草纸制造业的重要一席，纸槽数量之多，令人瞩目。石阜村的草纸生产始于清朝康熙年间，至今已有二百多年的岁月沉淀。那时的石阜村，造纸业不仅是村民们谋生的主要手段，更承载着他们的希望与梦想。在最鼎盛的时期，有十多个草塘，一百五十多张纸槽，近一千户人家从业；新中国成立后，还有草屋头五处、料场五处、纸槽一百多张。草屋头、料场、纸槽，这些看似简单的设施，却承载着村民们无尽的辛勤与智慧。而石阜草纸的销售网络更是遍布省内外，甚至一度垄断了江浙沪市场。为了方便运输与贸易，清雍正元年（1723），石阜村的方成霖先生筹资建造了窄溪大埠。那些年代，石阜村的草纸如同一张张金色的名片，传递着这片土地的富饶与繁荣。许多毛纸商人因此致富，他们中的一些人更是远赴上海，开拓新的天地，定居上海的就有一百多户。村中有许多堂楼房就是那时建成的。

村里那两座三层的洋房始建于1946年，早年在繁华的上海滩经营废纸生意的方文彩与方文相，凭借敏锐的商业眼光和不懈的奋斗，积累了不菲的财富。两人回到石阜村后，决定以欧式建筑风格建造两幢洋楼。他们

十间四厢"素吾堂"

"素吾堂"内部细节

"素吾堂"修缮后的牛腿

"素吾堂"木雕

借鉴了欧洲建筑的精华，结合当地的气候和地理特点，打造出既具有异国情调又符合当地实际的建筑。洋楼的每一个细节都经过精心设计和施工，无论是有色彩的砖墙、整齐排列的玻璃窗，还是优雅的拱门拱窗，都与传统的老宅不一样。然而从楼的命名来看，"友善轩"承载的是中华传统价值观的精髓，尽管采用了欧式建筑风格，但其内核深深植根于中华传统文化之中。无论是建筑的布局、装饰的细节，还是空间的利用，都透露出一种和谐、友善的氛围。中华传统价值观与现代建筑艺术的完美结合，传递出一种文化自信和民族自豪感。即使在现代化的进程中，中华传统文化依然具有强大的生命力和影响力。

消逝的建筑，记忆的原乡。一栋栋老房子的倒塌，也意味着时代风俗渐行渐远，乡愁逐渐无处可依。如今，盖房子已非昔日之模样，钢筋、水泥、砖石。在传统社会中，不管是建造房子还是修葺房子，都是一生中非常重要的组成部分。石阜房屋的建筑基本选用土、木、石等自然材料，从新建到修复，需要村里的乡邻乡亲互帮互助，无论有没有血缘，无论远亲近邻，在盖房子的过程中建立亲近关系，帮别人就是帮自己。更何况石阜这样的血缘村落，造房子是乡村聚落中重要的公共活动和联络感情的纽带之一，房子不仅仅是用石头砂灰砌成，更是用乡邻的情谊凝聚而成。整个过程中，人们用心地组织工匠，通过统筹分工、协力互助，把营造房屋当成生活的一个重要部分，生成代代相传的仪式风俗，在居所营建和维护活动中传承了技艺和智慧，也维系了家族凝聚力和归属感，在空间建构中获得认同、尊严、荣耀。

石阜传统建筑的营构过程中，主家和工匠之间逐渐形成一套不成文的规矩。奠基、竖柱、开门、上梁、结檐，选在一个个精心挑选的吉日良辰。闲暇时，村民们就瞧着师傅们做活，大师傅带着小徒弟，用沙灰把一块块小石子砌成一堵墙壁，当各种形状的石子砌筑得一平二直，便赢得众人一阵称赞。好的木匠会照活儿下料，农村木材紧缺，木匠要替主人家的所有木料作一番合计，做的不仅是活儿，更是良心，也是信任。

　　房子是人生大事，房屋是立家之基，中国对居所特别看重的传统观念体现在一个个建造的程序和礼仪中。比如《耕阜石阜》关于营造礼俗的记载，上梁过程中，木匠作头师傅要讲一套吉利话：

　　　　一杯酒敬天天门开，全家福禄双全；
　　　　二杯酒敬地地门开，全家幸福万代；
　　　　三杯酒敬鲁班师傅，全体工匠平安。

　　桐庐时兴的酒酿馒头，因为"发"得开，寓意吉祥发财，蒸蒸日上。只有过年过节、红白喜事、新房上梁之类的大日子才吃得到。踩梁甩馒头是修房造屋的高潮，地面人越多越好，分布在房前房后，象征房主后代人丁兴旺。大家以争抢为乐，耳听着上梁师傅的顺口溜，纷纷用簸箕、筛子

三层小洋楼

或围裙接住馒头，接住了馒头，就是接住了好运：

> 馒头抛到东，儿孙在朝中；馒头抛到南，儿孙中状元；
>
> 馒头抛到西，儿孙穿朝衣；馒头抛到北，儿孙都幸福。①

　　造屋工序中，木工最后工序是做门闩，忌讳被闩出门外；泥工则以开狗洞（俗称"将军门"）作场。做门闩和开狗洞时主人家都要送红包，请吃圆工酒。一套房子的建成，也是乡村文化秩序的建成，这方土地不只是人们的生活故乡，更是大家的精神原乡。

　　很多来石阜村拍摄的摄影师，无人机飞至四百多米的高空镜头仍然不能框住石阜村的全部时，都会发出由衷的赞叹，石阜村的房屋错落纠缠，镶嵌在其中的小路弄堂曲折纵深繁复。面对某一幢静默的建筑遗存，讲述其中的历史变迁成了一个难题。然而，一系列不同时间节点的建筑阵列却不一样。村落如同一个巨大的时间容器，将不同年代不同风格的建筑容纳在一起，废墟与重建、繁华与毁灭在同一个空间中共存。

　　江南一带以丘陵地貌为主，古代道路大都翻山越岭，鲜有坦途，道路边大致五到十里即设有一亭，供行人暂憩，挡风遮雨，一般称之为路亭、山亭或风雨亭。据民国《桐庐县志》记载，桐庐、分水（今属桐庐县）两县境内有路亭四百三十五座。至 1985 年尚存二百九十一座，至 2024 年全县古亭已不满百，大多数年久失修，濒于圮毁者日甚。今人《桐庐石刻碑志精粹》统计，桐庐县留存有石刻楹联的古亭，约十三座，包括残存的石刻亭联，总数在三十对左右，这与民国《桐庐县志》记载的四百三十五座路亭数量大相径庭，那些古亭的消失，也带走了附着其中的文化。

　　路亭多为砖木结构，亦有石头砌筑的，地位常占据着往来的通路，大小莫若斗室。由于功能简单，造型上就显得轻巧，选材不拘，布设灵活，

---

① 李龙主编：《耕阜石阜》，文汇出版社，2019 年，第 23 页。

设备却大体一样，靠壁架石作凳。一般庄稼汉，为了惜时省钱，不舍得坐埠船，只能委屈一双脚，来去都是跑路。有担着辛苦经营的蔬菜瓜果到街上置换的，有到街上去买办日用杂物扯块布的，有带着家伙出门挣点辛苦钱的，他们可能清晨就顶着朝晖出发，到月光铺满大地才匆匆回家，再恰逢挑着个担子，或者烈日炎炎，或者雷雨冰雹，一条路走得艰辛异常。别看路亭破陋寒碜，貌不惊人，在长途跋涉的劳动人民心里，这就是沙漠中的一掬清泉、人生道上的一个驿站。有积德行善的人还会专门每日煮好凉茶送到这里供过往行人取用，称为"施茶"。

岁月流逝，交通方式早已转变，路亭逐渐失去了功用，只留给乡土世界一缕恒久的温暖。石阜村大，古亭也多，至今仍可见完整的双庆亭、常山头亭、寿庆亭、庆稀亭等。据村志记载，双庆亭由村贤方逸夫（1884—1972）为庆祝父母大寿而建，后又因添了子嗣，又于村东建造再庆亭，东西两亭回馈乡里的举动，自引得很多文人学士达官贵人前来助兴。中国同盟会会员、浙江省立第九师范学校（严州师范）首任校长包汝羲（1880—1950）题了"双庆亭"亭额，并做了跋文阐述建造缘由。亭内三副对联，据说为乡贤黄若望所书：

　　　　雨暴风狂从何处赶寻庇宇，汗淋气促于此间权息征程。

　　　　来时不啻归安宅，到此何须问主人。

　　　　地辟三弓功同广厦，亭成一翼德被劳人。

位于石阜村与雅泉村之间的常山头亭，由石阜村妇方裘氏出资重建。一幅"侬也凉凉去，你且慢慢行"像极了送家人出行的大姐，整理一下行囊，拍拍肩然后轻声叮嘱，格外亲切，"长亭外，古道边"送别的诗意就蕴藏在这亭中。亭中一共三对楹联，字体浑圆厚重，潇洒自如，都由著名书法家、教育家诸暨人何颂华题写，其子何燏时为北京大学第一任校长。

人走茶未凉，当我们今天看到路亭时，我们在谈论什么？是祖先与乡贤名士交往的荣耀见证？也有祖先用善意围绕石阜的传递教导？这善意早已融进石阜人民的血脉。

四、言行作楷模，德义传四方

浙江是方姓活动的重要地区，出现了很多极具盛名的历史人物，比如唐代诗人方干等。方氏族人以"方"以"正"要求自己，教育子孙后代做人堂堂正正，为人正直，贤良方正。石阜村方氏名人众多，以一种精神执着地闪烁在历史的天空，灿若星辰。劝农之方礼、济民之方发培、护民之方金琢、化民之方骥才、悬壶之方游、维民之方辛、救民之方祖昌、为民之方逸夫，这些被尊为"石阜方氏八贤"的英才，被《桐庐县志》《石阜村志》和其他官方历史资料记下了姓名。之所以被历史记住，则因"劝农""济民""护民""化民""悬壶""维民""救民""为民"等等事迹。是了，只有大义，只有为了人民，才能被后人真正地尊敬铭记。

方礼拓展了石阜村的发展空间，改善了当地的农耕经济，关于他的传说和记载比较丰富，几百年后的今天，我们还能感受到一个性格饱满、不拘小节的方氏祖先。乾隆《桐庐县志》，以及桐庐城南街道《岩桥村志》，都记载了方家桥的传说。传说方礼年过半百还没有一个儿子，并且三兄弟都没有后代。直到方礼年近花甲，骑马经过岩桥村，看见一个在溪边洗衣的年轻姑娘，很是心动，为引起注意，将自己的帽子顺手丢入溪中。当姑娘看向自己时，方礼问道："六十年的陈谷子还会发芽吗？"姑娘答"只要秧田肥"。方礼觉得姑娘聪明伶俐，回到石阜便托媒人来提亲。后来二人捐资修建了方家桥，并且子孙繁衍，成为一段佳话。

方金琢，史载其与战乱中保护了江南各村，并且为百姓免除了增税之苦。在江南镇珠山村的历史资料中，还提到晚清"庚子五大臣"之一的袁昶，杭州西湖孤山南麓有座为纪念忠心耿耿护国的浙江籍京官的三忠祠，其中一位就是袁昶。其十七岁时父亲去世，被方金琢收留并被接济读书。袁昶先后在中央和地方为官从政三十余年，始终坚持做到忠心为国，诚心为民，舍己为公，不谋私利。百姓发出"生我者，袁公也"的慨叹，不论是受方金琢的人格魅力影响，还是说同类相吸，都从侧面印证了方金琢护民的历史事实。在方金琢《八十自寿》的诗中，"大丈夫原观志节，小经济亦善乡村"①，也能看到千百年来，一代代方氏祖先用他们的信念和行动证明了他们基因中"积善"的自觉性。

2015年，石阜村里发现一块又大又重的金砖。据考证，金砖为村贤方骥才故物。这块金砖大有来头，上面有两个管戳，"同治十一年造细料二尺见方金砖""江南苏州知府李铭皖署照磨查有耕管造"。经过文物保护专家的鉴定，金砖乃清代御制，为清同治十一年（1872）所产，产地为苏州府。金砖并不是由黄金所造，而是仅供皇宫专用，故又叫"京砖"。金砖制作技艺繁复，一般两年时间才可造出一块，为了保证质量，金砖铭印上都标有委造官吏的姓名，由署名官吏直接负责。那么这块金砖是怎么来的呢？是被淘汰的次品，是宫廷给的赏赐，还是晚清从宫中流落在外的文物，一切皆成了谜，也让人对方骥才产生了更大的好奇心。这位石阜村的文豪品行高尚，桐庐邑令何维仁屡次请他做官，都避而不见，何县令又赠"品学纯正"额。袁昶是他的学生，跟随方骥才修习陆王之学。

位于石联自然村的方游故居"勤贻堂"，是至今仍完整保留着墙园的建筑。迈步其中，说不定能跟平行时空的仁医方游撞个满怀。方游的事迹很多，1944年6至8月，新四军第五师师长兼政委李先念胸口的流弹弹片，是时任第五战区兵站总监部军监少将处长方游主刀做的手术，据说还有一张二人的合影，不过已经遗失。方游二十岁即考入河北保定医科专科学校，后在北京协和医院见习，获医药硕士学位后，扎实的功底为他行医过程中

① 李龙主编：《耕阜石阜》，文汇出版社，2019年，第254页。

胆大心细奠定了基础。他于1921年在桐庐县城创办该县第一家西医院——桐江医院，并于1924年在梅城开设长春医院，为建德最早之西医院。桐庐医疗史上的首例蛇伤截肢手术、外伤植皮手术，都由方游开始。医者不问党派，长期在国民党部队从事军医工作的方游，在1942年收容了从湖北襄阳大洪山撤下来的三十余名八路军抗日伤员。新中国成立后，他拒绝前往台湾，将国民党后方医院的先进的医疗设备和医药物资转交到解放军手中。之后，方游回到家乡，他为穷人看病很少收钱，纯纯一颗"但愿世间人无病，何惜架上药生尘"的医者仁心。在石阜，也许你还能看见几只尘封的木箱，里面装着方游读过的医学著作，每一本扉页上都留下一方"方游之印"的印章。方印依然鲜红，这位戴着眼镜、文质彬彬的医生似乎并没有走远。

让村庄为之动容的是，每个时代有每个时代的村贤。他们是石阜村堆累的一块块基石，是濡养乡土文化的精神坐标，是温暖乡情、维系乡缘的血脉纽带，他们更是激活、凝聚、再造乡土基因的人文胚胎。乡贤故居仍在，斯人只留下一缕背影，任人追随。

五、谢神庆丰年，江南好时节

在历史村落中，凝结着一方水土中从传统而来约定俗成的一套时序和礼节。日出而作，日落而息，春生、夏长、秋收、冬藏。恰恰是人，扎根在土地中的人，聚集在一起的人，一年又一年，一代又一代，倾注太多的实践和情感。土地从工具性质的物质存在变成具有价值的精神家园。劳动人民的生活哲学里，一直存在"我们是谁？""我们从哪里来？""我们到哪里去？"的集体追问和时空对话。为什么我的眼里常含泪水？因为我对这土地爱得深沉。故乡，蕴藏着心灵栖息的精神力量，承载着绵长的记忆思念，成为我们追寻的意义。

桐庐的下半年格外热闹，位于富春江以南的南乡人，要开始过时节了。"江南时节"和江北的庙会不同，从旧时的春社和秋社发展而来。"社"起源于农业社会人们对土地的敬畏，《白虎通义·社稷》道出人们立"社"的用意："人非土不立，非谷不食。土地广博，不可遍敬也。五谷众多，不可一一而祭也。故封土立社，示有土。尊稷五谷之长，故封稷而祭之也。"[1]社日为的是春祈秋报，在中国历史上，可以说是最古老最普遍的节日。各地可见的土地庙大约就是社日的遗存。人们祈求风调雨顺，求子求福，把质朴的愿望托付给土地神。

新中国成立后，春社逐渐没落，桐庐只有江北的横村镇农历三月初八、旧县镇三月廿八改为交流会形式。有百余年历史的横村镇"三月初八庙会"源于春社，为纪念钱武肃王，设"三公庙"主祀五代吴越武肃王钱镠，配祀显灵王周雄和寿昌令刘珏。"三公庙"为横村镇社庙，每逢农历三月初八举全镇之力开办盛大庙会。叶浅予先生曾亲赴横村庙会并即兴作画，庙会的热闹场景呈现在画作和题诗中："三月初八敬水神，独山脚下闹盈盈。千家摊贩万驾车，横村街上人轧人。"[2]"江南时节"的热闹，不亚于江北的庙会。跟横村镇庙会以镇为单位不同，时节皆以村为单位。

1991年出版的《桐庐县志》"村社节日"中有记载："农村旧节，源于社日。旧时，乡间一村或数村立庙祀社神（俗称土地菩萨）。一年二祭，即春社和秋社，而各地日期不一。"县志还说："春社在春耕之前，有的地方与闹元宵同时举行，由各村逐年轮值，并雇戏班演剧。届时于神龛前陈设猪、羊、鸡鱼、水果、菜肴等各式供品，张灯彩、放焰火，鼓乐喧天。春社将毕，于神前卜问农事年岁，祈求年岁丰登，人畜平安，称作春福。秋后酬神，即秋社，既是对一年来关照保佑自己的土地神表达谢意，也是犒赏自己一年辛苦的盛会。秋社自农历八月初一始，其中分定时和不定时

① 常建华：《中国古代岁时节日》，中国工人出版社，2020年，第126页。
② 黄苗子等著：《叶浅予》，人民美术出版社，1997年，第383页。

两种，前者称过时节，后者称完冬福。届时迎菩萨进村，演戏祀神；家家亲朋盈门，设宴招待。贺生祝寿之家更为热闹，破费之巨，甚于过年。"桐庐人的祭神有讲究，他们不崇尚务虚的神，对道家的神仙或者佛家高高在上的诸位显然要求不高，自然也就可有可无。要祭就祭真正接地气的且为人们做过贡献的人，历史上真实存在的人物被神格偶像化，并且逐渐地被传说故事赋能，拥有了超越本身的各种神力。在"国之大事，唯祀与戎"的农耕时代，古人对天地的敬畏，对不可控制的自然力量的恐惧，信仰就是植根于人类生命历程中的火把，抵御一切不确定性。

　　至于桐庐的秋社从八月初一开始，说的就是石阜村，"江南时节石阜始"，从农历八月初一到十一月二十，前后历时近四个月，遍及八十多个村。据不完全统计，在此期间，江南镇、凤川镇共有大、小时节六十四个，平均每隔三天就有一个村落会过"时节"，感恩土地这一年的馈赠。时间跨度之长、涉及范围之广、社会影响之大，成为江浙地区独特、浓郁的地方性民间人文景观。"江南时节"由社日发展而来，从南宋一直延续至今，已有八百余年历史。"时节"是桐庐江南各村热闹的顶峰，有"时节大过年"的说法。"天下无不可变之风俗"，然而在年年如此、周而复始的传承中，历史似乎一直在稳定地按时耕耘，淳朴的坚守中可以看出中国人的"恋旧"情怀。若是在农历八月到十二月这段时间去桐庐，说不定还能参与当地的迎神祭神，吃到品种齐全且正宗的桐庐地方美食，共庆秋日盛典。

　　石阜时节每年举办得早，为南乡片之首，每年由石阜拉开"江南时节"的序幕。第一关的阵势尤为重要，之后大大小小的时节接踵而至，仿若比赛一般。下半年为"息业期"，一年来辛苦劳作的身体趁着时令休养生息，亲戚朋友则在此时串门吃食以联络感情，将平日里耕种劳作的全部精力转化至此，自然是要办得隆重。小孩的满月酒、拜周酒，老人做寿，逢十的同龄人自行集资放电影，人生中较为隆重的节点都放在此时庆贺。亲朋好友俱在，家的概念在此时得以延伸扩展。人员聚集，摊贩们支起摊来，把村民喜闻乐见的好货都摆出来。过去还有抬神、迎神，在庙里神像前供奉猪、羊、鸡、鱼、水果等，把神像请出，抬着去村里巡游一圈，随着时代嬗变与发展，有些礼俗的部分就转化了，留下了情感交流、商品交流。村里还会搭起戏台，或者放电影待客，讲究的就是一个热闹，从中可以看出主人的热情和体面。戏是做给神看的，当然十里八乡的亲朋好友也能沾光来看。从村外邀请的剧团卖力演出，村民们求神保佑，鞭炮红烛映彻天际，神人共娱之时便是时节活动达到了高潮。

节日是时间的顿点，是岁月长途跋涉中的驿站和界碑。说到八月初一，石皁村早年定下这个日子，主要是因为八月中稻已经收割完毕，每家每户都有点存粮，款待亲戚朋友多少也大方些。再者，石皁这个大村，房屋集聚，人多房少，来客留宿若要方便，随意地打个地铺，就能省下很多事情。可以想见一个温馨的乡村夜晚，宴席过后，人们欢呼着呼朋唤友地坐在一处，孩子们则兴奋地挤到离戏台最近的地方，想要参透演员的把戏。大家嬉笑着看完戏，意犹未尽地走回家，月亮高高地挂在天空，把清朗的光洒在大地上，人们就着月光的明亮，手挽着手拉着家常，招呼着客人睡在床上。皮实一点的人在凉席或是谷篓在地上窝上一晚，吃住都好解决。日子就在祥和的氛围里一点一点地往前去，当年穿开裆裤的小屁孩，现在成了一家之主，从父辈手里接过办时节的重任，就像接过父辈手里的锄头一样自然。

《石皁村志》中有诗描写这一场景：

淳厚乡风旧梦遥，仲秋八月暮云飘。
酒旗阵里由人醉，集市笙歌贯碧霄。①

买鱼买肉，杀鸡沽酒，石皁村热情好客在桐庐出了名，单从他们过时节宰牛献祭，就说明非同一般。要说到石皁时节的开篇范式，不得不提到

---

① 桐庐县地方志编纂委员会办公室编：《桐庐微村志》（第二辑），方志出版社，2018年，第103页。

当地的村庙——阜成庙。全村时节那天，庙中土地老爷享受供品。土地爷可以说是神仙级别里较低级的神灵，却与老百姓息息相关。人生于一方土地，死后更要回归土地，民间有"土地老爷管得宽"的说法。土地爷是神仙，但也像个有求必应的朋友一样。除了过时节，每年正月十五要挂灯上供，进行祭祀；正月十一迎灯，更要恭恭敬敬请土地老爷出位，抬着神像周游全村，以保全村平安丰收。几百年的焚纸燃烟，香火不断，大约土地老爷从来没有亏待这一方人。

据《石阜村志》说，阜成庙是整个桐庐县规模最大、保存最为完整的原始宗教庙宇建筑。现在的规模，是方氏族人于清道光年间所建。乾隆《桐庐县志》有关于它的记载，原系石阜土谷祠，用以纪念建村的祖先，对于一个约百分之九十姓方的村来说，其实就是家庙。阜成庙有三进，一进为戏台，二进为大堂，演戏时则摆放观众座位，三进就是神堂了，专门供奉土地老爷。

庙西边是观音殿，东边为关帝殿，前殿还有文昌殿，以方便读书人求取功名，庙殿之间还有一弄，供奉着财神。乡野素人，把自己的理想生活分化成一个个具体的目标，让神仙好专司其职。他们把所有职能的神仙供奉一处，一道供奉，一个神仙都不落下。禅钟悠扬的家庙里挤满了头角峥嵘的神仙，聪明的乡亲们用祭拜的供品侍奉着、管理着各路神仙。每个神仙都有一份供品，不能多也不能少更不能错。"举头三尺有神灵"，人们在天地敬畏中形成一套道德标准来约束自身，与其说他们敬天敬地，不如说他们敬的是自己的良心，敬神就是敬自己，经年累月中时节已演变成聚拢人心的灯塔。邑人诗曰："清宵法鼓丰民梦，阜庙禅钟济世篇。又共诗心冬夜月，清辉洒落照君眠。"方氏一族用自己的方式完成了对"方"字方正的注释。

从耕田、耕族到耕德，石阜村是江南农耕文化的重要传承地。方氏先祖创建美丽田园的故事历历在目，庞大的古建筑群体依旧壮观，方氏八贤

阜成庙

方礼、方金琢等名人创作的诗文还在流传，江南时节如火如荼，2015 年，石阜村打出"耕阜石阜"的品牌，拾起时光河流中遗落的颗颗宝石，继续堆砌石阜的未来。

桐庐是浙江诗路文化带建设上一颗璀璨明珠，有着"中华诗词之乡"的美誉，石阜村作为传承桐庐历史文脉的一支，这里的诗歌更具有乡土气息，是农耕文化的重要载体，也是石阜乡土味道的灵魂。石阜村挖掘整理当地原创诗词，汇编成"石阜方氏诗集"，并创办了"耕阜诗社"，举办农耕文化主题晚会。遍布全国各地的方氏乡贤，不管是政界、商界还是文艺界，陆续投入石阜建设中，延续这个家族的使命。他们把老祖宗留下的珍宝一一擦亮，除了修纂《石阜方氏宗谱》，还编著《耕阜石阜》，对古迹遗址、古建筑进行保护维修，一并建设了代表耕阜文化的八个展馆：村史馆、知青馆、方游少将艺术馆、方骥才私塾馆、抗战纪念馆、方逸夫故居、石阜名人馆、耕阜诗社。石阜村真诚而充满智慧，延伸着灵魂诗意的深厚文化，是江南农耕文明的一个重要篇章。

水，涵养着石阜，它的洁净、流动、滋润，流走了岁月，也留下了岁月；石，筑造着石阜，它们的坚实、稳固、温润，每一块石头上，都能看见一个族人在历史长河里上下求索的影子；人，聚合成石阜，他们的平凡、信念、热爱，他们在田地里耕出和大山一样重的谷穗，他们在曲折的岁月里砥砺出日子的甜腻，他们用诗用歌颂雕琢着石阜的坚韧和美丽。石阜古十二景，按"春夏秋冬、渔樵耕读、风花雪月"为序，方畈秧歌、古澳鸣琴、斛山飞云、阜成禅钟、大源分流、农闲樵唱、先祖耕阜、路亭遗韵、时节风尚、仰卧松菊、眠犬弄雪、隆阜月影，从所配的诗依稀可见当时的盛景。

古老村落的秘密，静静地等待被解读；古老村落的未来，默默地持着那份最纯粹的自然与宁静，走向一个更加真实的发展方向。

参考文献

1. 陈戌国点校:《四书五经》(上)，岳麓书社，2023 年。

2. 毛锡范主编:《桐庐县水利志》，桐庐县水利水产局，1992 年。

3. 李龙主编:《耕阜石阜》，文汇出版社，2019 年。

4. 王樟松编著:《画中桐庐》，西泠印社出版社，2015 年。

5. 常建华:《中国古代岁时节日》，中国工人出版社，2020 年。

6. 黄苗子等著:《叶浅予》，人民美术出版社，1997 年。

7. 桐庐县地方志编纂委员会办公室编:《桐庐微村志》(第二辑)，方志出版社，2018 年。

荻浦村属桐庐县江南镇，距桐庐县城约十五千米，距杭州约五十千米，是桐庐县"东大门"。北有三二〇国道穿过，南有杭千高速贯境而过并建有深澳出口，交通十分便捷。

深澳、荻蒲旧时统称深浦，为申屠氏始祖于南宋后发展而成。村内文化底蕴深厚，文物遗存丰富，保存大批古建筑群，以清乾隆年间孝子牌坊为镇村之宝，有省级文保单位三处（申屠氏宗祠、保庆堂、咸和堂）。2007年，荻浦村被列入第三批国家级历史文化名村。2013年8月，荻浦村被列入第二批中国传统村落名录，与深澳村、徐畈村、环溪村、青源村等村构成江南古村落群。

苑浦全景 刘剑鹏摄

　　孝文化是具有千年历史的荻浦古村最为鲜明的特点。以孝为先，以义为荣，村民世代传承孝义之风，最终养成古村独树一帜的孝义文化。

　　岳麓书院国学博士研究生、江南古村文化复兴计划发起人唐西园在为荻浦村刊《世德之家》一周年而作的文章中写道："古村的存在离不开政治组织形式，离不开区域经济形态，但从根本上来说，古村首要的是文化和文明的载体！因此，文化才是古村活化的灵魂。"荻浦村凭借历史文化、古建筑文化、古造纸文化、古戏曲文化、古生态文化、孝义文化六大特色古文化，收入《浙江农业文化遗产调查研究》聚落类遗产。[①] 大量的历史遗迹是农业文明的鲜活载体，维系着姓氏家族的历史记忆，凝聚着乡村儿女的向心力，也记录着古村落的历史高度与文明厚度。早在 2007 年荻浦村就被列入第三批国家级历史文化名村。

　　"三江二湖一山"的黄金旅游线上，将历史文化名村和美丽乡村示范融合一致的荻浦，让孝义成为空间主题。串联宋代的松坞、明代的坎渠，串联范家井、理公墓碑、孝子牌坊、泉塘澳、古纸槽遗址等文化古迹二十多处，串联申屠氏宗祠家正堂、保庆堂、咸和堂等古建筑堂屋四十余幢，最终串联起现代社会的精神资源和漂泊的乡愁。

一、门径森森护荻松

　　荻浦，古名荻溪，据《桐庐县志》记载，至唐宋时期，县以下行政区划编制为乡、里。荻溪里，归属定安乡管辖。后又历唐宋元明诸朝千余年，其乡和村名一直沿用不易。至明崇祯年间（1628—1644），申屠氏第十八世祖华封公念及上游有村名为环溪、深澳，荻溪之名不够雅致，遂召集众人商讨更改为荻浦："凡源出水流，或溪或澳，然必经浦入江也！浦，不

① 汪本学、张海天：《浙江农业文化遗产调查研究》，上海交通大学出版社，2018 年，第 146 页。

就由荻地而昉哉？"浦，是江河与支流的汇合处，应家溪一路自南向北，从青源村的青源溪发源，至环溪村汇聚天子源溪而成，流经徐畈村、深澳村、荻浦村而汇入富春江。应家溪串起青源、环溪、徐畈、深澳、荻浦五个"中国传统村落"，是养育着五个村落的母亲河。应家溪在荻浦汇入富春江，"荻浦"的叫法就一直沿用至今。不管荻浦里、荻浦庄、荻浦村，"浦"的名称再也没有变过。深澳、荻蒲在历史上统称深浦，清康熙时期则已明确记录定安乡深澳、荻浦、环溪、徐畈四庄村名。

　　然而无论是溪还是浦，"荻"一直伴随着古村落，古时村东溪边荻草丛生，想来美丽无边。"荻"是古诗词中经典的植物意象，荻花和秋总是关联在一起。白居易的"浔阳江头夜送客，枫叶荻花秋瑟瑟"，李珣的"荻花秋，潇湘夜，橘洲佳景如屏画"，何应龙的"江上秋深客未归，荻花枫叶两依依"，把离别之思、思念之苦和想象之力灌注在这纤细柔弱的植物上。荻花生于水边，茎和花看起来轻盈似羽毛，然则生命里透着一股子强韧。秋末冬初，四野凋零之时，荻花开得正盛。如雪的荻花绒绒，是萧条中的一抹暖色，给村落带来无限生机的同时也带来无限的诗意。有禾名荻，花开如荼飞似雪。有村名荻，生命坚韧话千年。

　　如此水土丰润的宜居之地，早就有先民择地而居。据《桐庐县志》《富阳县志》及《申屠氏宗谱》记载，荻浦早在唐宋时期已经形成初步的村落格局，并有范、曹、陈、杨、汪至少五个姓氏家族在此安居乐业。祖籍荻浦村的文化学者在《荻地遗梦》中展示了《宋时荻溪古村示意图》，其中可以看到宋代范家园、陈家碓、曹家园、杨家园、汪家园的分布。初接触申屠姓氏的人，总会抱着一丝好奇，特别的姓氏会赋予他们怎样的天赋品格呢？走进江南古村落，也就掀开了复姓申屠神秘的面纱。

　　中国人的姓，源远流长。姓氏如同基因锁链，伴随着人的一生，如同生之带来又不可去除的胎记。《说文解字》注："姓，人所生也。"上古

---

① 申屠水荣编著：《荻地遗梦》，中国社会出版社，2013年，第47页。

八大姓，随着人口繁衍，通过分封、分支、赐姓等方式，姓氏越来越多，到《百家姓》中，共收集了五百零四个姓氏，其中包括四百四十四个单姓和六十个复姓。申屠就是其中一个复姓。要说申屠氏在《百家姓》中只是一个小姓，在浙江省桐庐县却是大姓。仅获浦和深澳两个大村庄，繁衍的申屠氏后裔数量加起来就已近万人，这两个血缘村落随处可见申屠氏后裔的标志性建筑。

说起申屠姓氏的来源，要追溯到西周。据《申屠氏宗谱》记载，申屠一姓是炎帝神农氏十五世裔孙伯夷之后。周幽王为了讨好褒姒，昏庸无能地废黜申后、追杀太子宜臼。宜臼的舅父申侯救驾有功，协助宜臼登基为周平王，其子跟着封赏，被赐封在安定郡屠原。其后代为了纪念祖先功绩，以国名"申"和地名"屠"结合为姓，申屠就成了后代敬畏的神圣姓氏。西汉末年，申屠氏第一世、西汉丞相申屠嘉的七世孙申屠刚，为避王莽之乱，携家带口自河南洛阳迁至浙江富春屠山，可以说是杭州的第一支申屠氏。屠山之地，居申屠氏上千户、数千人，分上屠山、下屠山、左屠山、右屠山，是富春一地的名门望族。刘基为桐南《申屠氏宗谱》编撰的序言中记载道："申屠氏远本神明之胄，自炎帝后封于申地，赐姓曰'申'。申伯之裔避讳沐者乃周王申后之兄，爵封京兆屠原，故赐姓申，及汉时，申屠嘉为丞相，其七世孙申屠刚避王莽乱循迹于富春之南，地以人胜，故名其境曰屠山村（今富阳区图山）。"[1]明成化年间，申屠氏的外甥姚夔曾撰文称："椒房早周代，相国在汉朝，避地在新莽，迁居在宋之南渡，分派在明之初"，都一再地追念申屠先祖的功德。[2]

北宋崇宁三年（1104），申屠刚后裔申屠理，字元道，号松筠，从屠山入赘至桐庐获浦村范家，而后在此繁衍生息，理公也被后人尊为"桐南申屠始祖"，因排行三十一，世称三一府君。申屠理自幼敏而好学，及至

---

① 明洪武十年（1377）桐南《申屠氏宗谱》。

② 浙江省住房和城乡建设厅编：《留住乡愁：中国传统村落浙江图经》（第1卷·上），浙江摄影出版社，2016年，第119页。

成年，已成一代名儒。无奈时局动荡，虽博学多才也不入仕途，申屠理整日潜入山中捕猎消遣。荻浦村内外，丘陵连绵，树木茂盛，是打猎的好去处。一个寒冷的冬天，那位手持猎矛、腰挎弓箭的翩翩少年，路过范家村，瞥见村中一块菜园，在周边遍地白雪的情况下无一点积雪。他打量周围，树林茂密，泉甘土肥，必是一块风水宝地。申屠理心生几分眷恋之情，辗转打听此处范贡元家有一贤淑待嫁千金，欲招赘婿，便请当地名流撮合入赘范家。范贡元欣赏申屠理的品貌才华，此事就这么成了，而后人脉旺盛，子孙繁衍。因"申屠"一姓乃皇帝赐姓，入赘不能改姓，所以申屠姓得以保留。荻浦遂成桐南申屠氏发源地，至第五世，申屠恭迁居深澳，又是另外一番故事。桐庐因荻浦、深澳两村，成了申屠氏最密集的聚集地。也有传说申屠理和范家女一见钟情的故事，不管哪一种说法，都是村民后代对始祖将一个姓氏发扬光大的浪漫遐想。

申屠理百年后留下遗嘱，安葬于当年打猎时看到无积雪的福地范家上园之中。因范氏先葬于此，后人将此园称作阿妈园。近千年的光阴，后人早已寻不见始祖墓地，直到2000年6月荻浦建村中心大道时，挖到了理公墓，一时间众人激动万分。2007年3月，申屠氏上千代表怀着对始祖的追思和敬意，为"始祖墓碑"举行隆重的揭碑仪式，感念先祖建村的历史。如今，理公墓被苍翠的树丛包围，形同马路上的环形岛，高高的墓碑矗立在村中心大道上，将大道一分为二，再合二为一。理公墓碑静静地"站"在那里，就是一杆旗帜，就是一个坐标，就是一张名片。望之，赞叹，沉思，心底不禁泛起无限涟漪。祭如在，祭祖如祖在。

穿过牌坊，是一片占地面积数十亩的古树林，这里叫松垅里，为古村荻浦八景之首。据荻浦村考证，宋代初期申屠氏来到荻浦之前，就已经由先人种植了古樟古松，且长势茂盛。出于风水上的考量，村庄前有田有水，后面并无靠山。这一片树林就如同靠山，是村庄的阳基。目前水澳东侧这片古松林，称为大松垅。南宋淳祐年间（1241—1252），由申屠氏第四世祖发公创立慈济庵后，又在西侧种植了一批松木，称之为小松坞。

慈济庵旁，几棵参天大树很难让人不注意，它们饱经风霜、苍劲古拙，却又郁郁葱葱、挺拔繁茂，枝干和树皮都写满了历史的印记。《荻浦村志》记载松坞里现存古松六株；两百年以上的香樟十一株，其中树龄最长的约一千两百年，还有一株同根而生、相互依偎、亲密无间的犹如兄弟树的奇特古樟；名木女贞两株，其他杂木数百株。2005 年，桐庐县政府在这里竖起了"浙江省古树群保护碑"。这些古树日日站在这里，村民们时不时从这里走过，有了这些老树的陪伴，日子过得自然安宁。古树底下无夏酷，从四面八方聚到这里的游客，尽享他们的乐逍遥。明正德九年（1514）就有桐庐文豪郑漠先生曾称赞过松坞里："合抱有年，形若虬龙，势若参天，环绕接续，若城郭然。"[1] 他在明朝已见其高大丛密，倘若穿越到今天再看到这些树，必定要发出时光有多长、光阴有多韧的赞叹！古树点缀的岁月，变成一首诗，神秘而悠长。

来荻浦村，松坞里是必经之地，慈济庵香烟缭绕，孝子牌坊背靠古树威严耸立，看着澳中红色鲤鱼自由游荡，松涛阵阵，鸟鸣啾啾，直教人感叹自然生长的岁月静好。游客不知古树守护着村民，村民也精心守护古树的故事。荻浦村人知道，明代这片古松林差点荡然无存。明嘉靖二十四年（1545），江南一带遭受大旱。荻浦富户赈济灾民，直到自己也难以为继，而后有人提出砍掉松坞里的树换粮保命。此事引起了激烈的争论，反对的人觉得这是村庄的阳基，砍掉的是祖基家业，主张的人觉得人都要饿没了，要树有何用。双方争执不下的时候，村里的贤达东溪公申屠极出巨资买下了这些树，既解决了饥荒问题，又保住了松坞里。后来东溪公干脆把房子也建在古树边，号召家人都来守护，"幽居结就小东溪，门径森森护荻松，酒醉卷帘凝望处，白云流水四时同"[2]。他的诗中就有一种矢志不移守护

---

① 申屠水荣编著：《荻地遗梦》，中国社会出版社，2013 年，第 37 页。

② 桐庐县地方志编纂委员会办公室编：《桐庐微村志》（第一辑），方志出版社，2016 年，第 81 页。

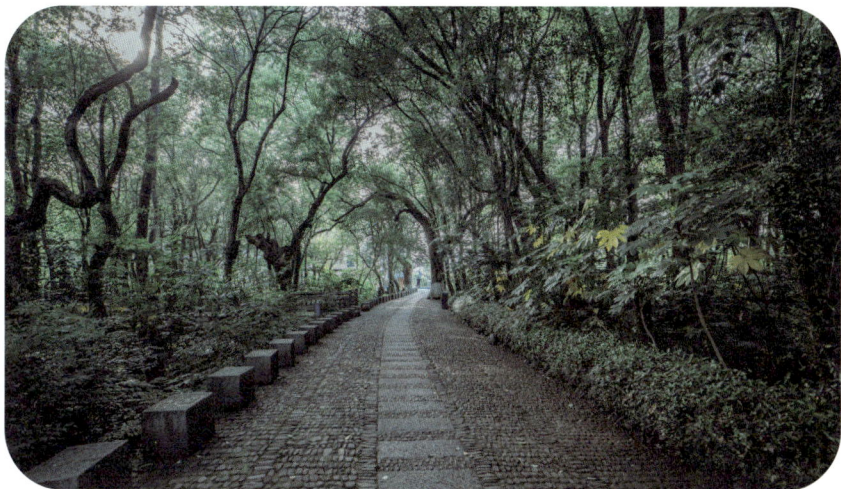

松垅里　刘剑鹏摄

荻松的坚定。

二、清溪一曲抱村流

　　那些散落于各个水域边的村落，如繁星点点，灿烂于苍茫的中华大地，无一不反映着古人临水而居的智慧。江南古村落如诗如画的美丽，是应家溪吟唱出来的。荻浦、深澳、石阜、石泉等古村落的聚集与发展，就得益于其中发达的引水体系，在饱受水患灾害侵扰的过程中，不懈地探索寻求着人与自然和谐相处的理想方式。

　　以溪流、山泉、井潭等为水源，以拦河堰为渠首，采用深井蓄水，水渠引水与分水，为村民生产生活提供用水，上下游村落间的水源平衡又能同时兼顾，桐庐江南一带古朴的引水系统可以说是一个凝聚智慧体系完善的工程。利用村落外围天然形成的溪流，营造成村落内部独立的引水水系，如此完整的系统化工程，堪称古代乡村水利工程的典范，在所处时期中国古代水利规划与工程技术中处于较高发展水平，可以说是中华民族"人水和谐共生"的历史缩影。2023 年，桐庐江南镇古村落水系入选首批浙江省重要水利工程遗产资源名录。二十年前，抢救了一大批浙江古镇和遗迹的文物专家毛昭晰，在桐庐考察时提出：桐庐江南的水利灌溉工程要申报世界遗产！水是剪不断的天地文脉，水中流淌着悠悠不断的文明，一方百姓在此安居乐业，一切都围绕着水展开，村落营造规划治理、水利工程营造技艺。

江南古村落水系中最引人瞩目的是"水澳"。民国《桐庐县志》记录，至清末民国初年，桐庐共有较大水澳四十六处，长者达十余里，大者灌田上千亩。

荻浦村水系是江南古村落水系中重要的组成部分。《荻浦村志》中描述了村庄的水系面貌，"荻浦人从古时就开沟渠，治荻溪，凿陈婆、泉塘两澳，引荻溪水入村，村中广布池塘，植莲藕，养鱼虾。民居倚塘而建，前门临巷，后门临水。村中尚存多处古井、水澳"①。可以看出，荻浦村水系分为几个层次：外围应家溪（也叫桐溪）、后溪，作为灌溉用水，又同时具备排洪、引流、泄涝的作用。内部则有溪、澳、渠、塘、井，用以汇集雨水，还能防火防潮。

澳主要为地下暗渠，渠底以卵石铺成，渠上筑成拱顶，可供成人进出疏浚，每隔一定距离开设了一个水埠，修建埠头，这就是我们能肉眼观察到的"澳口"，村民日常洗漱都在离家较近的澳口。规划明渠时设置闸门，用以控制水量。在经年累月的磨合中，形成了约定俗成的村规民约，村民定时定点取水、用水，水系出村后还可用于农田灌溉。饮用水、生活水、污水分开处理，水始终处于潺潺流动的状态。古人巧妙的治理水设计，生成无数个文化积淀最丰厚的历史古迹。新中国成立后，澳渐渐与新建堰坝和渠道相连通，或在调整灌溉网络中废弃，现存者不多。为数不多的水澳

---

① 桐庐县地方志编纂委员会办公室编：《桐庐微村志》（第一辑），方志出版社，2016 年，第 81 页。

历史遗迹，时时提醒村民，虽不见当年掘澳人，却不要忘记祖先的恩德和前人的奋斗。

范家井位于荻浦自然村村中心，据《申屠氏宗谱》，此古井成于千年之前，在申屠理入赘范家时已经存在。它由居住在此的范氏家族挖掘而成，因此一直被称作"范家井"。范家井和我们平常所见深邃的圆井不同，是用卵石砌筑而成的长方形，敞开式地拥抱着天空、大地和人家。井的西侧砌有几级台阶，由此下井取水用水。水不深，约莫一个成年人的身高，为防止有人跌落，村民在井潭边筑了三面围合的条石栏杆，满是岁月痕迹的栏杆上雕刻着"范家井"三个大字。

源起宋代的范家井犹如村庄不老的明眸，站在井边依稀感觉到被时光之外的视线所凝视。井潭里的红色锦鲤向人们宣告着，这井水质良好，依然富有生机。儿童绕着井边奔跑的欢笑声，农家女在水边洗衣淘米时的闲聊，后生哥们担着水桶的矫健身影，古井收集着时光里的一幕幕场景，把它纳入眼中深藏。在不经意间，一个后人重叠了前人的举动，历史就这样如同水中的涟漪一样一圈一圈地发散开来。

村民在此井的出水处，挖出一条大澳，供村人洗涤，并引水灌溉农田。

水澳　刘剑鹏摄

范家井并不是孤立的一口井，它是荻浦古村落水系的一个关键节点，先人在规划村落建设时，第一步先规划了村落水系。明沟暗渠、溪流坎井各自独立、却又相互联系，水在其中流动，串联各个节点，也串联着申屠氏一族。范家井连接起了千年之前曾经在这片土地上存在过的范氏家族，勾践灭吴后，始于正史而终于传说的范蠡西施泛舟五湖，从历史的后门失踪，"范家井"成为越国范蠡后裔在荻浦存在过的证据。后经门庭转换，兴盛一时的范家在北宋时人丁凋敝，申屠氏取代范氏在荻浦扎下了根。范家井被申屠氏认作发家的生命泉，千年不涸的范家井，被村民视为"神井福水""开村之源"。正是因为这井，申屠氏才能一跃而成桐南大姓。范家井串联了范氏和申屠氏的渊源，"木本自屠山，水源连范井"的对联悬挂在申屠氏宗祠中，申屠氏始祖和范氏的联姻，即使在千年之后，申屠氏依然保持对范氏母族的尊敬和怀念。千年范家井，同时又见证了荻浦孝德文化的源远流长。

时间久远，荻浦关于范家井的传说充满了神性，也因此它和一方福地才成为绝配。传说是一位白发道人指点了遍地挖井却不见有泉的范氏先人，高人称此地为"泉井系罗汉献脐，泉眼深不可测"；传说范氏在此处日夜

范家井　刘剑鹏摄

督工，历经数年才终于挖成；传说道人留下一句"善待此井，福祉无量"的真言。此后，范家井也不负所望，千年如一日滋润着荻浦村，而村民就在这日复一日的循环中，倾心呵护他们的井。"井"，在中国传统文化中，就是家，所谓"背井离乡"，范家井是每一个荻浦人的根脉。它是一面镜子，记着祖祖辈辈的面容，熟悉人们的足音。看井，就像瞻仰祖先挂在墙上的像。

"澳连澳，塘连塘"是荻浦村水系的特色。同一脉水系养大的人音相通，气相凝，水是捆住人心的绳子。江南水患多，旱季粮田干涸，暴雨又淹了田畈，水利是村民赖以生存的基础。富阳及桐庐两地《县志》等都记载过新中国成立后县界因为对水资源的争夺利用而发生过重大纠纷。各村也在一次又一次的争战和解中找到解决地方水源的办法，在引水过程中产生了一位又一位对村庄有杰出贡献的乡贤。

明清时期，陈杨两位妯娌先后捐资修建的陈婆澳、杨婆溪。顺治年间，十八世祖翼南公又组织凿挖了泉塘澳。《申屠氏宗谱·翼南公传》介绍，翼南公，名应试，字用之，号翼南，系荻浦申屠氏第十八世祖。申屠翼南慷慨解囊，捐赠巨资治理荻溪，易溪改田，并开凿泉塘古澳。因此澳自狮山下的青山澳引水，经黄山脚的一处泉塘合并，故命名为"泉塘澳"。全澳长两千余米，整条澳体皆用鹅卵石所砌，上下游段皆建有长约四米、宽约两米的厢式石池，用来沉淀污泥与杂物。荻浦水体功能分为三大块：头格水，清澈甘甜，主要供村人饮用；其后部分，可用于洗涤、沐浴；后面的澳水，用于生产作业，灌溉农田。荻浦村落的框架也在筑澳的过程中大大扩展，泉塘澳当之无愧是荻浦村的母亲澳。明代文人申屠祯曾作过一首诗《旋塘坐暑》，描绘了澳边避暑的生活场景：

> 绿树映泉碧，青山似练明。
> 澳边间倚杖，斜日听流声。[1]

---

① 申屠水荣编著：《荻地遗梦》，中国社会出版社，2013年，第47页。

自古以来，泉塘澳不仅支撑着人们饮用洗涤的生活水源，还支撑着农田灌溉和毛纸副业的生产水源。清嘉庆年间（1796—1820），村人就利用泉塘澳的水搞副业生产。1951年，政府号召兴修水利，村农会组织村民对泉塘澳进行治理，并新开了五十米；改革开放后，由于上游办化工厂、造纸厂，水质受到污染，村人就放弃饮用了。

荻浦村虽然位于神奇的北纬30度，气候温和，土地肥沃，但终究人多田少，人和土地的矛盾愈演愈烈，要在有限的土地上有更大的产出，必须探索其他的发展方式，荻浦村的造纸业应运而生。

据《中国近代造纸工业史》，明清浙江纸业极为兴盛，到1930年国民党浙江省政府设计委员会调查时，全省仍有43县手工造纸。但多为农家副业，大多只有纸槽一具，每槽从业人员4人，稍具规模的槽户极少。[①]《浙江之纸业》记载这个时期，桐庐有草纸槽1172具，草纸工人5697人，所产草纸供包装杂用，年约40余万元。包装用草纸，在洋纸和国内机器包装纸尚不发达之前，商铺包装物品，主要用纸质粗厚的草纸。[②]

造纸业的发展，就出现了荻浦村志中记载的场面，"农隙则造纸者十居八九，夜以继日，灯火莹上，无间寒暑"[③]，全村日产量可达500捆。造纸，是荻浦村农业之外的支柱产业，对于荻浦村意义重大，改变了当时农村单一经济的模式。始于清嘉庆年间的荻浦造纸业，在清代时规模最为旺盛。史料表明，全村有数百只纸槽，10多个洗草塘和草料场，村里家家户户农闲时分便投身造纸。新中国成立前后，仍尚存草屋头6处，料场7处，纸槽120余只，其经商人足迹遍及江南十余省，销售网络完善，经济效益可观。

① 上海社会科学院经济研究所轻工业发展战略研究中心编：《中国近代造纸工业史》，上海社会科学院出版社，1989年，第5页。

② 上海社会科学院经济研究所轻工业发展战略研究中心编：《中国近代造纸工业史》，上海社会科学院出版社，1989年，第6页。

③ 桐庐县地方志编纂委员会办公室编：《桐庐微村志》（第一辑），方志出版社，2016年，第85页。

成品纸又分粗细，比较著名的有坑边纸，即俗称的毛纸，质粗而薄，日常如厕及妇女用之，因其用途甚广，产额颇大。另一类草纸，比坑边纸更粗劣，但吸水吸油，供南货、茶食店包裹之用。最粗的纸筋掺入石灰，可以用来糊墙。薄薄的一张纸，演绎着生活无数的日常，也承载着人类文明史的璀璨与厚重。

桐庐下南乡（江南片区）草纸闻名全国，从取料、制作到成品，一个造纸生产周期大约三十五天，不可谓不复杂。宋代文人苏易简《文房四谱》说道："蜀中多以麻为纸……江浙间多以嫩竹为纸，北土以桑皮为纸，剡溪以藤为纸，海人以苔为纸。浙人以麦茎、稻秆为之者脆薄焉，以麦藁、油藤为之者尤佳。"[①]造纸技术自蔡伦后，四处传播，每到一个地方，就会在当地就地取材，浙江省以纯稻草制纸。荻浦草纸的生产原料就是稻草，没有电没有任何机器，能借助的只有牛，其他全靠人工，制作过程相当复杂辛苦。生产工序分为拌草、腌草、踏草、洗草、捞纸、扦纸、晒纸、刨纸，男人们负责用大水牛拉着石碾，反反复复地将草踏软，他们光着膀子包揽了沤浆和洗浆之类的力气活，待稻草经过碾压、发酵碎成糊状，就汗流浃背地将它们装在布袋里在池塘里滚洗。女人们则负责将捞出来的湿润的毛纸一张张剥下来，贴在墙面上，刷得平整牢靠，等到太阳晒干，又一张张揭下来，码整齐成捆成捆地摆放。动作一遍又一遍地重复，在汗水和浆水之间打磨，揉搓沉淀凝结成炫目的珍珠，悬浮在历史长河中，偶尔打捞出来，仍然灵动鲜活。

水澳边现存颓圮的古纸槽，曾是村里固定的相亲点。参与劳作的有很多未婚的女子，大家都有固定的劳作纸槽。村中的小伙子若倾慕哪个姑娘，就去哪个槽边帮姑娘捞纸，表达心意。劳作再辛苦，生活也总是值得期许。纸槽不仅仅是生产工具，更具有生活的温情。现代机器逐渐取代手工作坊后，古纸槽一度沦为生活垃圾的堆积点，在岁月年轮中逐渐黯淡。直到有

① 刘仁庆：《纸的发明、发展和外传》，中国青年出版社，1986年，第64页。

一天，村民们又把它们从垃圾堆中清理出来恢复原貌，心中充满疼惜。被遗弃的又何止是纸槽，那些从我们生活中渐渐退出历史舞台的老物件，恰恰是我们傍身的底气，在它们身上有我们内心的情感。

三、木构建筑光与影

荻浦村的聚落形态与隔壁的深澳村不同。深澳是桐庐第一大村，曾是乡镇中心，整体布局比较规则，平面形态近乎方形。荻浦村是以理公墓为中心散落构造的村庄，整体布局灵活，"一纵两横"的街巷布局，外廓呈现不规则。然而在看似无序的空间尺度中却呈现出明显的伦理叙事和差序格局。不研究乡土建筑，就没有完整的中国建筑史。大量乡土建筑如同乡土中籍籍无名的人，在建筑史里没有什么地位，却真实地反映出农耕文明和广大农村的社会生活。荻浦村落的构建，是宗族血脉关系的严密表达，是古代礼乐教化的有形化，具有鲜明的地方特色。

荻浦村目前尚存大量的古建筑，最早的建于明代，大多数属于清代中后期建筑。荻浦还有三个省级文物保护单位，即申屠氏宗祠家正堂、古戏厅保庆堂和明代建筑咸和堂。咸和堂建于明正德十年（1515）。据《申屠氏宗祠》记载，咸和堂由申屠氏第十四世祖秋涧翁及子东溪公出资并发起建造，为荻浦申屠氏族第八房专有的祭祀、议事场所，这是荻浦传统"同氏、同族、同宗"聚集的聚居形态，该堂以家和、族和、村和、社会和及人与自然和谐相处而命名。还有一批保存良好的古民居：孝子故居兰桂堂、佑承堂、致和堂、允中堂、日新堂等。民居多以木结构为主，外墙用卵石、砖石混砌。设计多为二层，这是由农耕社会的生产方式决定的，方便生产工具的存放和粮食的储藏。村落巷道或者建筑外墙多以卵石铺就，就地取材的建造方式是人们可以直观读懂的江南韵味。然而，当人们走进外观简洁的古民居时，可发现内里另有一番风情。梁架门窗上的木雕呈现出一种

古纸槽　刘剑鹏摄

近乎奢华的格调，不仅牛腿、斗拱、花枋雕刻精致，连扁作梁、楼屋裙板都做了雕饰，天井内的石雕也是格外讲究，完全呈现出一幅外拙内秀的面貌。"伟大的毛泽东思想万岁"等时代标语随处可见，大概也正是因为如此，红色是古建筑的保护色，大批古建筑爱好者蜂拥而至，犹如闯进了古建筑的博物馆。

兴旺的家族大都有祠堂、家谱、祖训。兴旺的家族，在像守着生命一样守着这些祠堂、家谱、祖训。荻浦申屠氏宗祠是江南镇一带申屠氏的总祠，在深澳另有一座申屠氏宗祠攸叙堂，是分祠。荻浦总祠始建于明代，后不断地毁坏重建，再毁再建，相距几百年的申屠后人，因共同的坚持不经意间做出了同样的选择。

清乾隆二十年（1755），由申屠氏族第二十世祖申屠鲸公（号在川）发起重建，并取名为家正堂。所谓"家正"，据《申屠氏宗谱》记载，先祖在川公聚族而谋，他突发感叹尊敬祖先、团结族人，势必要建一雄伟的宗祠，故选定村西北这一嘉地作庙。大家齐心协力，各有分工，祠庙建成，规模宏大。在川公曰，有公家之政，私家之政，政之为言正也，故以"家正"

命名宗祠。"家正"二字，是申屠氏祖先对后代的告诫：立家者须正，族为家，正亦政也！人正、业正、家正，中国人以为这是立身立家立国之本。家正堂，作为申屠氏族议事、祭祖等活动的重要场所，祠堂占地八百八十余平方米，堂前有可容纳千人的古石道地。堂后建灵寝一所，两侧设长廊，两廊中则引水为池。中竖外堂，堂前有照壁，照壁前可演戏，照壁外甬道可容万人。横梁、牛腿、柱拱全部用青石打制，带着明显北方的风格。从建筑如此恢宏的规模可以想象当时申屠氏一族聚集修祠的震撼场面。

申屠氏宗祠也曾一度失去宗祠的功能，据村里年长的老人口述，抗日战争初期，有兵匪驻扎在此，将祠堂内的屋门木料拿来烤火煮饭。1939年冬，一场暴雪又压塌了祠堂后井的大部分房顶。五十年代初，申屠氏宗祠成为老一队的收粮点，六十年代作为学堂，七十年代成为队里养兔的畜牧场，鱼池被填平，祠堂也渐渐被拆毁。直到1980年，才受到县文管部门的高度重视，申屠氏族人开始着力修缮家正堂。1985年，家正堂成为桐庐县第二批县级文保单位。历史的厚重，总能触动心弦，家正堂从遍体鳞伤一步一步地恢复，鱼池重新挖掘了，屋顶的瓦片也都恢复了，灵牌神位归

古巷 刘剑鹏摄

咸和堂 刘剑鹏摄

于原处，基本上还原了本来鲜活饱满的面目。2005 年 5 月，家正堂被列为浙江省第五批省级文物保护单位。

在申屠氏宗祠中，申屠族人每年举行规模盛大的追念先祖的祭祀活动，给祖先的老屋拂拂尘，给祖先的德容擦擦灰，给祖先的衣襟掸掸土。宗祠中一副楹联直观简明，提醒后人不要忘记祖先：

> 木本自屠山，木郁荻葱，枝枝高百丈；
> 水源连范井，水流浦纳，派派聚明堂。

宗祠恢复了原样，修订族谱就提上日程，一个姓氏的繁衍生息，需要在族谱中找到根据。2008 年举行荻浦申屠氏家谱圆谱典礼，桐南申屠氏宗谱是申屠家族繁衍的历史见证，记录了家族的起源发展、世系演变、支脉迁徙、家规家训、祖家业绩等。中国传统文化中很早就有对"宗族"一词的解释：族者，凑也，聚也，谓恩爱相流凑也。生相亲爱，死相哀痛，有会聚之道，故谓之族。"生相亲爱，死相哀痛"由宗祠牵连。宗祠除了供奉和祭祀祖先，也是家族重要的社交场所，是村落的文化中心。封建宗法的烙印鲜明地打在整个村落和每一幢房子上，宗祠随着进深加深，层高也逐进递增，作为等级最集中彰显的建筑，放置祖先牌位的寝堂位于宗祠的最高处，形成"不失其伦"的差序格局。

如果说宗祠展现了对礼制的认同，民居展现的是日常生活范式，那么保庆堂大概就等同于一所学校，执行的是文化的教化职能，它的受众是教育资源不那么丰富的广大村民。

保庆堂，又名跌界厅，为荻浦村申屠氏之香火厅。整座建筑坐北朝南，三间三进，由三幢相互平行的独立建筑组成，前为接官厅，中为戏厅，后为花厅。厅前有约两百平方米的鹅卵石地坪，还有一个半月形水池，水澳清泉从这里流过，池内鱼虾嬉戏，成为一道点睛之笔。一汪活水，还担当着偌大厅堂的消防重任。每年正月，各村舞龙队伍走过堂前，一动一静间，气势蔚为壮观。前厅接官厅，是专为吏部尚书等官员下马落轿的下马厅，壁门将厅一分为二，前次梢间为"轿厅"，供停放轿子，后次梢间隔成休息室，供客人休息品茗，形制大约相当于当下的贵宾休息室。

　　从前厅出拱门过甬道，便看到一栋独立的楼阁式建筑，居中筑有戏台。台高约 1.5 米，面宽约 7.4 米，进深约 10.2 米。第一次见到它，视线太忙不知该定睛看向何处，一栋建筑从头到脚都让人连连惊叹。且说木雕细节，保庆堂可谓"雕栏刻栋、逢木必雕"，每一根梁、栋、枋、斗拱等，必全部精雕细刻，雕刻内容涉及人物、灵兽、百鸟、回纹等，既写实具象，又抽象写意。龙凤呈祥是中国人孜孜不倦的血脉追求，龙飞凤舞即可以表现一派繁荣太平景象。戏台前檐两支龙头梁向外挑出，龙头上方停有雕刻飞凤，凤凰在上，龙在下，有人推测说是光绪年间所雕。台上藻井、台前九根狮腿弧形柱、梁枋上的一对孔雀，以及牛腿上的人物形象，根据戏文配以兵器坐骑，形神兼备，细节甚至具体到头发丝、眼角、指尖。上层用浅浮雕，下层用深浮雕，边缘用镂空雕，据说这样一个牛腿需要花费工匠大半年的工夫。保庆堂堂内各柱上筑有三十余只牛腿，刻有《封神演义》主要人物和故事。其他木雕四百余件，件件精美逼真。戏台两侧东西甬道，

申屠氏宗祠　刘剑鹏摄

前后贯通，上方设厢房。厢房是演员化妆穿衣、存放道具的场所，厢房前设小看台两座，有偏门与厢房相通，看台一边是锣鼓乐队使用，一边专供村内年长者看戏，相当于我们说的"包厢"。

后厅为花厅，分三阶，看台逐级下跌，前两阶主要供妇女儿童坐凳（有专门看戏的凳子）看戏，类似现在的阶梯式影院。第三阶用青石板材隔成围堂，作祭祀问卦之处。这个现象耐人寻味，大抵因为歌舞戏剧与祭祀仪式本来就是结合产生。农业社会百姓为求幸福平安，总会求助于祖先神灵而敬歌献舞。就其规模形制来说，专业人士认为保庆堂这样的戏台，在同类建筑中实在罕见。2010年，荻浦村开展"美丽乡村"建设，对保庆堂开展全面维修，保庆堂成为古风荻浦的新十景之一。

保庆堂最早宋代就已修建，当时不过是一座独立的"堂"。明朝礼部尚书姚夔在他的《保庆堂记》一文中详细地记叙，保庆堂始建于宋，重构于元。"堂据典礼，列两楹，阶崇一级。北面，自外作甬道，以壮祠观，堂之正壁上建半轩，供奉三官（天官、地官、水官），堂之东南见龛，以奠木为主，是为灵寝，堂后为厅，事奉太祝，而层乎其上（即在厅中建小楼）专祀文昌，与俗异也。厅后仍各创平房数间，如屏藩然。"① 据此，香火堂和祠堂的功能有了明显的区分，作为灵寝，同时祀奉太祝，供奉文昌、三官。到了元代，在宋代"堂"的前面又兴建了颇有规模的"厅"，形成前厅后堂的格局。元至正五年（1345），申屠氏隐梧公欲将宋代的前堂和元初的大厅以围墙连接成院落，以便于管理。不料天降神火，虽最终扑灭，故从此不再修筑围墙，一切均按旧制。

明成化四年（1468），姚夔在为母亲祝寿期间，与席间乡党及一众朝廷命官，感悟人生成就的同时，思念儿时寄居舅家的种种。姚夔是申屠思敬公的外甥，其母申屠妙玉系荻浦申屠氏第十一世祖宝四公之女。荻浦申屠氏宗谱第一卷，姚夔在《家乘总旨》中写道："夔受皇帝宏纶敕赠先大人为征仕郎，敕赠母大人申屠氏为孺人。夔固宝四思敬公之第五甥也，早岁及游庠后，时举礼赴其庭，得以习览其图系，是以有江南世德家之誉。荻浦演派之引有礼仪一门诗书百代之称。"① 姚夔一岁丧父，幸得荻浦舅舅家中条件可观足以扶助，姚夔少年时常居荻浦外婆家，受申屠氏族世德之家、诗书礼义之族风熏陶涵养。在卷二十《保庆堂记》中姚夔写道："今日者，太夫人且鹰宏庆以及呼夔，又岂非由世大父以前积善所致。世大父隐梧公也，太夫人所自出，夔沐其泽。"姚夔从小受到良好的教育，加上天性聪颖，十三岁即已精通经史，明正统七年（1442）会考第一，后来官拜礼、吏两部尚书，从政三十余年，为英宗、代宗、宪宗三朝元老，政绩卓著，深受历朝皇帝器重和同僚的爱戴。可以说，此番成就和荻浦申屠氏对姚夔的养育是分不开的。他便与母亲商量，报答舅舅恩情，捐资重修香火厅，并按照母亲嘱咐，改名为"保庆堂"。当地人说，像保庆堂这种三进相互独立的"离三进"格局，只有族中出了大官，才有资格建造。姚夔的母亲因教子有方，后被封赐为一品诰命夫人，并被写进申屠氏宗谱。在保庆堂，如今还能看到特为纪念姚母而设立的绣花大鞋。申屠氏为了鼓励族人能再培养出像姚夔这样出类拔萃的人才，立下家规，凡申屠之女出嫁临行之前，必须去保庆堂楼上穿一下姚母的绣花鞋，意为"踏脚迹"，沾福气。

在申屠氏宗祠毁于战火后，保庆堂一度担起了宗祠的功能，直到清乾隆二十年（1755），申屠氏宗祠重新建成，保庆堂和申屠氏宗祠便各司其职，成为村民活动的公共场所。此后每逢节庆大事，大家就会欢聚于此，并请来戏班子演戏。二十世纪七十年代，保庆堂作为封建时代残余，一时命运危急，幸亏有聪明人偷偷用黄泥把镂空的木雕糊起来，这才使保庆堂逃过一劫。古建筑中有一些木制构件看起来明显发白，大概都是时代的幸运儿。2000 年，保庆堂被列入桐庐县级文物保护单位。2005 年 5 月，保庆堂被

---

① 明洪武十年（1377）桐南《申屠氏宗谱》卷一。

列入浙江省第五批省级重点文物保护单位。

如今，在戏台的墙壁上还有各个时期戏班艺人来此演出留下的题壁："芦花荡十一郎，大闹嘉兴府下河东""八仙过海，首次演出八五年十二月一日"。寥寥数语，却不难想象当时台上锣鼓喧天、台下人头攒动的场景。台上台下互不隔绝，观众叫好与打赏都是与演员的交流互动，并促进成为表演艺术的一部分。可以说一出戏是由演员和观众共同完成的。如此规格的戏台，它见证着荻浦村的富有、朝代的更迭、人世的兴旺、文化的繁荣。在漫长的封建社会历史，很少人能接受正规的学堂教育，看戏是他们接受社会知识和增长见识的重要途径。观戏如读书，"演千秋史事尽是悲欢离合，看满台角色无非善恶忠奸""数尺地五湖四海，几更天七朝八代"，英雄奸臣的形象、浪漫的爱情故事、忠孝仁义的道德榜样，从小在戏曲中就能耳濡目染。祠堂威严沉重，礼制的约束通常使人敬畏，民居中的木雕形象又太过静止，不像戏曲，锣鼓铿铿锵锵，演员妆容极致夸张，刀枪剑戟抓人眼球，观众一个走神，竟不知在戏里还是在戏外。观戏如人生，每次看戏、听戏、想戏，甚至不自觉地哼戏时，戏中的人生便嫁接到真实的历史。

戏曲的兴盛促进了戏台建筑的恢宏，戏台建筑的恢宏也促进了戏曲的兴盛。据说，越剧戏迷心中永远的"宝哥哥"徐玉兰年轻时经常来荻浦演出，并从这里脱颖而出，成为一代名伶。一到时节，保庆堂演戏一演就是几天几夜，就连其他村的民众也三五成群赶来荻浦，热闹非凡。浓郁的地方戏剧文化，也培养出了本土的梅花锣鼓队和文宣队，村民自己拉琴、唱戏，自娱自乐的风气也逐渐盛行。古戏台不亚于一座乡村圣殿，它是见证乡村历史、百姓生活的"活化石"，留给人们的是那离不了又忘不掉的一块精神圣地。

"古戏厅"狮腿弧形柱
刘剑鹏摄

古戏台 刘剑鹏摄

戏台看戏 徐昌平摄

四、古时明月照今人

在中华文明五千年历史长河中，家国情怀构成了中华文明特殊的制度性模式。由此所构建的强大的民族共同体，不是靠契约法律来维护，而是靠伦理血缘为基石，其原点在于一个"孝"字。在生产力低下的原始社会，"孝"就已经开始萌芽。汉字"孝"见证了这一过程。据考证，商代就有了"孝"字，在金文中，"孝"从字面看就是一个孩子对老人的托举搀扶，汉字发展的过程中并没有改变其上老下子的结构。孔子把孝道视为"仁"的核心思想，《论语·学而》有言："孝弟也者，其为仁之本也与。"孔子非常看重孝，一部《论语》，"孝"出现了十七次，涉及孝的内容就占了一半。随着儒家思想政治地位上升，孝成为最有影响力的社会核心价值。黑格尔把"家庭孝敬"上升为国家特性，指出中国纯粹建立在这种道德结合上。台湾学者杨国枢更是强调传统的中国是"以孝立国"。对于孝作为民族精神的标识以及在中华文明绵延不绝中的作用，古今中外各路学者做出了充分的阐释，此处不必多言。

透过历史的重峦叠嶂，我们可以说，中华文明之所以成为世界上唯一一个没有中断的文明，忠孝文化作为传统血液中深沉的民族精神基因，起着至关重要的作用。几千年来，孝文化不仅根深蒂固、绵延不绝，还形成了蔚为大观的文化景观。千年荻浦，就是以源远流长的"孝"文化知名于世，其镇村之宝就是乾隆御赐规格宏伟的孝子牌坊。牌坊于村口骑路而建，圣旨高悬，威严庄重。青石打制的牌坊背后，是见证永恒的亲情，是穿越时空的温情，是坚定有力的传承。央视纪录片《记住乡愁》这样赞道："现在看来，这些牌坊、桅杆、牌匾，已经不是一些物件，而是一个个铆钉，打在中华民族这艘巨轮的关键之处，让它顺利航行在充满风雨的历史长河中。"[①]

孝道深深地根植于乡民的骨髓里，形成强大的磁场，"孝子牌坊"不

---

① 郭文斌：《永远的乡愁》，长江文艺出版社，2016年，第245页。

知教化了多少周围及来往于此的孝子贤孙。"孝"作为传统价值观念一直在传承延续，在不同时期、不同地方、不同家庭，体现出不同的表达方式和表现形态，展现出了强大的生命力。孝子牌坊是对获浦孝子申屠开基行为上的嘉奖，更是对其所呈现的孝文化内涵独特性的肯定。

获浦孝文化的独特性，主要体现在常人很少做到的艰难。孝很难做到，这是中国人的共识，善于剖析国人的鲁迅这样说他自己："请人讲完了二十四个故事之后，才知道'孝'有如此之难，对于先前痴心妄想，想做孝子的计划，完全绝望了。"① 鲁迅批判的是愚孝的部分，而我们今天从现实出发，从有限的人生经验出发，也能感知孝做起来不容易。孝文化更多的是从一种普遍奉行的道德准则趋向于更为具体的行为方式，不仅是一种实践文化，更是一种情感存在。必须承认，孝并不是动动嘴皮就可以被认定，孝道关系难在一种深度的、长期的关系，日复一日的实践磨损着生活的激情，一些毫无价值的细节琐事会让人重新考虑这样的关系。父母是给子女建议、指责和批评的人，有时候亲密关系带来的伤害也增加了这种实践的难度。再者，孩子再也图不了父母什么，父母在衰老期各类资源衰退，暴露的是更多的不足，或者观念陈旧，或者行为保守，又或者情感狭隘。客观的事实，无一不在考验着孝。

现代人跟随鲁迅的批判视角看待一切关于忠孝的事迹，只当成玄幻故事听，并不觉得完全可信。而今天我们需要透过故事传播乃至其中的异化，去看见当时的社会风俗和百姓心理。申屠开基（1675—1762），一介平常农家子弟，在关于他的事迹或传说里，传递出的不过是普通而强烈的人性，却在时代发展中磨砺出了光华，村史留名，光耀后世。《获地遗梦》中，获浦本土学者详细记录了当地流传的申屠开基孝子传说。开基对父母关怀备至，夏天赶蚊虫，冬天暖被窝，"父母在，不远游"的时代，平日里嘘寒问暖，求医问药这都不在话下。这一年，父亲云龄公背部长出了一个"千

---

① 鲁迅：《朝花夕拾》，崇文书局，2021年，第28页。

头疮"，疼痛彻骨，脓血腥秽难闻。开基寻遍周边名医，无人能治，急得孝子寝食难安。后来听说浦江有位名医专治疮痛，孝子无惧跋涉辛苦，无惧山林野兽凶险，终于请来了名医。名医此时也别无他法，无奈之下开基只能以口吮疮，将脓血清理干净，不料竟将父亲的病治好了。父亲百年后，开基同样孝顺母亲。申屠开基死后，他孝养双亲的事迹广为流传。

申屠开基打破了"久病床前无孝子"的世俗观念，成为人们心中理想化的孝子形象。在他身上，你能见到二十四孝故事大部分的影子，孝义的高光之处是，绝大多数人望而远之的脓疮，开基能以口对之。医学手段不够的情况下，孝心成了一剂特效药。

申屠开基不知道，他个人对老父亲的孝善之举，竟然开创了荻浦村的长青基业。几百年来，村民以他为荣，村庄也因此有了更接近生命原色也更深刻的灵魂。

清代统治者以孝治国，自古求忠臣必于孝子之门，未有不能尽孝而能尽忠者，以至于不少人弄虚作假。乾隆朝为防止出现旌表孝子过滥的局面，制定了比前朝更烦琐的程序，"嗣后直省举报节孝，仍令本家开具事实，乡邻族长据实递结，该州县及该学查实加结。一面报明督抚，一面申报该

孝子牌坊　刘剑鹏摄

管知府确核，转报藩司，将应准应驳之处议详督抚学政。该督抚会同学政据详复核，果系实在节孝，存案汇题"①。各级官府收到孝悌之人的推举后，就会着手层层考察。清乾隆十九年（1754），一份由荻浦全村人联名书写的孝子事迹上报，桐庐县衙开始着人前往荻浦村进行走访，上级州府对县衙提交的报告进行考察，地方监察官员认定情况属实无误之后，正式上报中央。经过各位执掌大臣联名签署之后，才最终确认，一层一层核实之后，孝子事迹分别载入了《桐庐县志》和《严州府志》。

历经十六年层层核实查验，终于在清乾隆三十五年（1770），乾隆皇帝的圣旨到达荻浦村，此时申屠开基已于清乾隆二十七年（1762）过世。他的子孙诚惶诚恐地接过皇帝亲手御批：桐庐县孝子申屠开基，孝义兼全，旌表给银建坊。《钦定大清会典则例》中记载，"凡旌表节孝，在省府州县者，官给银三十两；满洲蒙古汉军，支户部库银三十两；听其自行建坊"②。开基之子承寅和申屠氏族的亲人们风风光光地建造孝子牌坊，大家都被一种身临其中的无上荣耀包裹着。孝子牌坊就立在村北的松垅里，全部构件均使用青石打制，为三门四柱五楼的构造。《荻浦村志》记载了它的规格，通面宽 7.55 米，明间 3.65 米，次间 1.95 米，主楼高 8.63 米。顶部直竖高悬"圣旨""恩荣"，正中楷书"孝子"石匾，排面十足，视觉感官上刺激着来来往往的人们。地方上出了孝子，那可不得了。各级官员也能因为"体察民情，治政有方"而连带被嘉奖。《荻地遗梦》中称，孝子坊底层大梁上方书刻的各级授奖官员名单显示，除了孝子开基，被朝廷嘉奖的官员达四十余人。

旌表孝子"恩荣牌坊"门洞式纪念性建筑物，是朝廷孝行旌表制度的历史见证，反映了制度顶层设计的不断调适和内容的逐渐丰富，更加带动同乡邻里往同样的方向去执行，在封建社会里是有效的宣传途径，从而达

---

① 方玉权、赵令志：《清代朝廷孝行旌表探析》，《烟台大学学报（哲学社会科学版）》2020 年 7 月第 33 卷第 4 期。

② 清乾隆十二年（1747）《钦定大清会典则例》卷七十一。

到教化的作用。"孝弟之行，虽曰天性，岂不赖有教化哉。"①官方旌孝，实际上就是一种化民成俗的过程。"文革"期间，牌坊在红卫兵破四旧过程中被拆除，幸亏有村民冒着风险偷偷地把牌坊的部件藏回家或者埋在山里。2007年，这些部件才重见天日。根据历史照片和残存构件，孝子牌坊得以复原重建。曾经的威严不再，路过这里，再也不用文官下轿、武官下马，然而其所蕴含的人文精神，穿透时间，如一轮明月，依旧照着大地。

对于荻浦村人来说，孝乃是天经地义的事情，文明之根早已深深地扎在他们的心里，孝子牌坊就是仁孝之风的象征。《申屠氏家训》族箴八条，孝字排第一："百善孝为先。为人之子，必怀养育之恩。父母惯小，谁不知之；尊长之训，谁不敬听。如若不知，全无礼数，痛斥不孝。父子相夷，成何体统，尤心在钱财，而怨恨父母，则自入禽兽。敬可惕哉！"孝道是申屠氏家风文化的根本，"永言孝思，终身行孝"，先祖的遗训印在每一个荻浦人的骨子里。

2015年央视播出的百集大型纪录片《记住乡愁》对荻浦的孝风民俗做了专门的报道。明清时期，当地稻谷成熟后，农民要在每年的农历十月二十一祭祀土神和谷神，感谢这一年的风调雨顺，祈求下一年的平安，当地称为时节。时节当天要敬天地敬父母，后来就发展为敬老节。这一天，整个村子热闹非常，仿若过年。凡是年满七十的老人，上午九点聚集在祠堂，祭拜申屠氏列祖列宗。祭先主于孝，祭神主于敬。每一个站在祠堂里的老人，都知道他们从何而来，又将往何处去。一世又一世，申屠氏发展到如今的四十五世，孝道如春风化雨，润泽着世世代代，延续庞大枝丫。祭祖仪式结束后，祠堂里大摆宴席款待这些老人，开始了为期三天的敬老节。这天还是为老人贺寿的良辰吉日，摆上几桌丰盛的宴席，亲朋好友、街坊四邻，甚至是陌生的路人都可以到家里闹寿，人气越旺，代表老人福寿无量。

在荻浦，凡是六十三岁或者六十六岁的老人，嫁出去的女儿会在那一

---

① 清乾隆年间《钦定四库全书》（明史）卷二百九十六。

年拎着鱼肉回到父母身边，妈妈则会给女儿精心准备象征团圆的米粿作为回礼。米粿是前几天左邻右舍的阿姨奶奶到家里一起帮忙包的，五花肉、春笋、雪菜、油豆腐或豆腐干、辣椒等切细炒熟做馅，热气腾腾的粳米粉在村妇手中腾挪揉捏，包裹上满满的菜馅，洁白如雪、秀气玲珑、圆润精致的米粿摆满蒸屉，绵软糯香，吃的是一口家乡的味道。米粿吃起来方便，或蒸或炸，老桐庐人最经典的吃法是将米粿和白粥煮在一起，米粿里满满的菜馅，就着一口热粥，人生仿佛都没什么遗憾了。米粿包裹的温情和孝道，不仅牵着味蕾，更牵着家人幸福，在热气腾腾的味道中收获满足的孩子，孝顺就是人间最朴素的人文。一种强大的纽带维系着几代人的感情，回"家"就是一件必须做的事情。

在大力实施乡村振兴的顶层设计中，文化振兴能获得民族自信的底气。孝文化的传承，其社会基础在乡村。人口流动的时代，"父母在，不远游，游必有方"早已成了被时代淘汰的陈旧观念。"孝"在当下，已然成为社会稀缺的精神资源和个人品格，如何批判地继承乡土社会的孝文化，就成为一个格外沉重的话题。

从宋代"范家井"之名的保留，明代姚夔报恩修建保庆堂，清代申屠开基的孝子行为，还有众多乡贤捐资筑澳献地，从小孝到大义，获浦村像是在努力完成中华传统美德的守望与接力，历经改朝换代而根底强韧，孝义文化当之无愧成为古村的核心与灵魂。如何让孝文化更好地"延年益寿"，更好地发挥它的价值，在考虑保护传统的同时，获浦村人更是在思考如何更好地展示，让建筑说话，让古迹说话，通过营造的魅力，读懂获浦。获浦走过了千年，古建筑似乎也在提醒我们，我们这个时代，能为下一个千年留下什么样的建筑？一代有一代的文学和艺术，审美有时代差异，材料技能也有区别，然而无论古今我们对美的追求是一致。当一个千年过去，下一个千年打开了大门，古人的匠心依然源源不断向我们输送灵感，凡是符合事物本性，对细节的雕琢，体现美感的创意更容易被保留被看到。

包米粿　徐昌平摄

　　村里的孝义文化公园，以申屠开基故居兰桂堂为主体，聚合古建筑群而组成，兰桂堂一直由申屠开基后裔居住。2006年，申屠开基后裔申屠德福父子出巨资全面修缮，使兰桂堂风貌依旧，并续写新时代的孝子故事。荻浦村刊《世德之家》、荻浦乡村图书馆、孝义文化宣讲团（讲习班）共同构成了荻浦文化建设的新体系新平台，荻浦家族文化博物馆（家谱编修所）也在积极筹建，一众乡贤举起了本土文化传承的大旗，传统文化基因获得当代表达，也是对"注重家庭、注重家教、注重家风"的有力回应。孝文化不是高调也并非空谈，其中强调的情感教育，是对实际行动的呼吁，是新时代家庭和谐的必然要求。

五、千顷花海多浪漫

　　早在2014—2015年，荻浦村在发展旅游的初期就曾达到旅游巅峰。数据统计，来访游客的年接待量在一百二十万上下，很多人都是慕名千顷花海而来，骑着旅游观光自行车在弄堂里兜兜转转，在水澳边走走停停，在老宅里细细品味，就这样认识了荻浦。古村文化融入水岸共治，村内生态与人文流淌、生活与休闲徜徉。逛饿了买份甜甜的麻糍，或者一杯冰凉的木莲豆腐，荻浦敞开胸怀，接纳着来自不同地方的游客。

　　那时候荻浦花海、牛栏咖啡、猪栏茶吧远近闻名，名气一度超过了荻浦村的历史文化古迹，央视新闻联播还以"牛栏猪栏变迁记"为题专题报道过。荻浦村一改传统农家乐的做法，将闲置废弃且有碍观瞻的牛栏、猪栏进行改造再利用，变成具有文艺范的咖啡厅和茶吧，用石头垒砌和生土建造的乡土外观，保存了村民对传统生活方式的记忆。没想到这一创意引爆了乡村旅游，荻浦村一时风头无两，成了众多乡村旅游转型的模板，据说每年仅停车管理费就直接为村集体创收一百余万元。

　　荻浦村养牛的牛栏，已经有约六十年的历史了，原为五间牛棚的单体建筑。外观上没有做什么改变，除了窗台门前摆满的盆栽，以及卵石墙面上有仿古木头制作的"牛栏咖啡"招牌。室内裸露的墙体和不太平整的泥土地面，一如当初。桌椅是质朴原始的木头，装饰是荻草、野花等乡村随处可见的植物，仿佛仍能看见几头牛悠闲地躺在这里嚼着草料。农耕的气味从记忆里穿透而来，大家心照不宣，其实就是冲着这再也找不到的感觉而来。猪栏茶吧，以前是一个小小的建筑群落，由十四间闲置的猪栏组成，空间比牛栏更丰富。令人惊艳的是其中就地取材的细节，每一处都像是时间深处的提醒。灯具是手工竹编工艺灯，有"黄鳝笼""泥鳅笼""鸡罩"等造型，别具一格。摆件有汤瓶、腰子桶、豆腐架、石磨盘、竹编篮等乡村日常生活中的老物件。猪食槽变成了洗手盆，六个包间分别取名为"快乐猪""好运猪""春江猪""幸运猪""灿烂猪""幸福猪"。原生态

荻浦花海　徐昌平摄

的猪圈场景，猪食槽、猪食桶、瓢、稻草等，像是打开了记忆的盒子。

牛栏咖啡和猪栏茶吧是荻浦村实施古村落保护的成功案例，在农村历史文化符号中，用休闲文化嫁接了乡愁。

2019 年，荻浦花海由桐庐县文旅集团出资提升改造，前有松坞古树，今添生态花海，千年荻浦一直孜孜不倦地为广袤山川铺展如画的大地景观。古村利用大数据分析赏花游客的拍照偏好，选择以百日草、波斯菊、马鞭草、向日葵、矢车菊等不同花期不同花色的观赏性花卉为主导品种，同时积极推进科研，调控延长花期。每年 4—6 月、10—11 月是最浪漫最热烈的乡村生态花海观赏时期，粉、紫、橙、黄、红、白，色彩缤纷让人目不暇接。万亩花海延绵不绝，花香弥漫十里八乡，八方游客纷至沓来，乡野乐趣就萦绕在这不负花开不负自然和微风的每一天。花海观光带沿线，村民开起农家乐、卖起土特产，他们不仅仅是大地景观的"制造者"，更是大地景观的"守护者"。对于这方朝夕相处的水土，他们有着最真挚的眷恋，也有着最深入的了解，更有着最敏锐的感知。

行走在古朴的石板路上，没有喧嚣的车水马龙，没有繁忙的人来人往，时间在这里放慢了脚步，人也不自觉地放慢了脚步。青砖黛瓦、木雕花窗，展露着岁月的痕迹和历史的厚重。千年孝风浸润着村庄淳朴的灵魂，传统的价值观积极拥抱现代文明。人们用自己的双手和智慧，将历史和新生的和谐地嫁接在一起。

荻浦既是历史文化的传承者，又是美丽乡村建设的典范，为乡村振兴注入了源源不断的活力。荻浦让我们看到了乡村发展的无限可能，也让我们对乡村振兴充满了信心和期待。让我们共同期待下一个千年，期待荻浦这朵绽放在江南大地的美丽奇葩能够为美丽中国添上更加绚烂的一笔。

参考文献

1. 桐南《申屠氏宗谱》，明洪武年间始修，民国二十三年（1934）攸叙堂木刻活字印本。

2. 清乾隆十二年（1747）《钦定大清会典则例》卷七十一。

3. 清乾隆年间《钦定四库全书》（明史）卷二百九十六。

4. 汪本学、张海天：《浙江农业文化遗产调查研究》，上海交通大学出版社，2018 年。

5. 申屠水荣编著：《荻地遗梦》，中国社会出版社，2013 年。

6. 浙江省住房和城乡建设厅编：《留住乡愁：中国传统村落浙江图经》（第 1 卷·上），浙江摄影出版社，2016 年。

7. 桐庐县地方志编纂委员会办公室编：《桐庐微村志》（第一辑），方志出版社，2016 年。

8. 上海社会科学院经济研究所轻工业发展战略研究中心编：《中国近代造纸工业史》，上海社会科学院出版社，1989 年。

9. 刘仁庆：《纸的发明、发展和外传》，中国青年出版社，1986 年。

10. 郭文斌：《永远的乡愁》，长江文艺出版社，2016 年。

11.鲁迅:《朝花夕拾》,崇文书局,2021 年。

12.方玉权、赵令志:《清代朝廷孝行旌表探析》,《烟台大学学报（哲学社会科学版）》2020 年 7 月第 33 卷第 4 期。

日暖寻春入引坑——桐庐县新合乡引坑村

引坑村位于桐庐县新合乡东南边缘，与浦江交界。村庄区域面积约九平方千米，青山绿水环抱，农业以种植水稻为主，兼种植茶叶、香榧、毛竹、水果等经济作物。

引坑村历史悠久，占地六千余平方米的省级文物保护单位——"钟氏大屋"保存完好。2016 年，引坑村被住房和城乡建设部列入第四批中国传统村落名录，2018 年被列入省级历史文化村落保护利用重点村。2020 年度引坑村入选浙江省 AAA 级景区村庄名单。

新合乡引坑村 邹鸿摄

　　从杭州去引坑村，建议选择走杭千高速，在凤川高速口下道，沿着蜿蜒的柴雅线公路再走约二十千米的路程，经过绿水莹莹如玻璃的网红景点肖岭水库，穿越桐庐县城和革命老区新合乡之间唯一的通道雪水岭隧道，沿途依山傍水，昂首奇石嶙峋，低头流水潺潺，远眺满目滴翠的片片茂林，近观路边错落有致的块块茶山。

　　不过从前引坑村可是贫穷闭塞的山旮旯头。它所在的新合乡地处桐庐、浦江、诸暨、富阳四地的交界点，原名四管乡，伟岸高峻的大桃岭、杨家岭、雪水岭阻隔着新合与县城的联系。新合乡是桐庐县最典型的偏远山区乡镇，也是经济社会产业基础最薄弱的乡镇，这里的发展总是慢一拍。此外，无论从水系、山脉、物产、风俗、语言诸多方面分析，新合与桐庐都有较大差异。新中国成立后曾经将其划归浦江，因乡民反对又回归桐庐。早年，新合人翻越雪水岭或杨家岭到桐庐去，全靠两只脚走七八个小时。1985年2月13日柴雅线通车。2003年4月18日，雪水岭隧道工程开工。2015年隧道开通后，新合人去县城，从步行一天变成乘车只需一个小时左右，引坑村就这样从一个封闭的山里走出来，走向全国，走向世界。

引坑村入口

　　《浙江省桐庐县地名志》这样介绍引坑：旧名杏坑、引溪、杏溪。相传，昔时为引山水入村，经人工整治溪流而名引坑，村以之得名。[①]一个千年古村落，从郁郁青山之间、袅袅白雾之下、潺潺溪水之旁，带着岁月铺洒的光辉而来。这里有桐庐占地面积最大的单体明清建筑、六千多平方米的钟氏大屋，讲述着古村第一大姓聚族而村的故事；这里是烽火岁月里的红色阵地，金萧线人民抗日英勇的事迹代代相传，如今从战火中重生，给这里注入新的灵魂；这里有特产新合索面，带着热腾腾、暖乎乎的情怀，传递着浓郁的乡土风情。

一、青山渺渺水迢迢

　　一踏进引坑秘境，放眼望去，四面都是青山。山脉匍匐低卧，天空、青山、溪流、乡野青绿互染，山水相依水天一色，如同一幅自然天成的水墨山水画。

　　现代中国画大家、一代宗师桐庐叶浅予在《旅程画眼》中有诗这样描绘引坑的地理环境："富春南山高入云，林木森森兽成群。除却樵夫与猎手，谁敢单身闯密林。"[②]山孕育猛兽险境，也集聚着卧虎藏龙的气息。引坑村靠北有两座把门的山：西北面的那座叫大塔山，大塔山像一头雄狮，又叫狮山；东北面的那座叫石柱山，石柱如屏像大象，又叫象山。狮象隔溪相望，俗称之为"狮象守水口"，传统勘舆观念中，要天门开地户闭，天门是来水口，地户是去水口。所谓狮象守水口，即在水的出口位置，两座山矗立如同卫兵，如同把守着去水口一样。去水口要关合闭气，气不会溜走，就是上乘的山水格局。不得不说，山水中蕴含着某种令人神往的神秘的东方气息。引坑村就是山间的一片开阔盆地，缜密不漏，宛如金瓯。狮象守水口，易于富贵。引坑的祖先相中了这块地方，认为此地必出贵人，

① 桐庐县地名委员会编著：《浙江省桐庐县地名志》，1984年，第87页。
② 叶浅予编绘：《旅程画眼》，上海文艺出版社，1989年，第103页。

引坑历史上也确实诞生过很多保家卫国的英雄。

　　石柱山海拔约531米，大自然鬼斧神工，在山上有五六根直径1米左右的巨大石笋，石笋根根如柱般耸立。岩石也自成景观，使得石柱山仿若村子的一道天然屏障，其身形似大象般厚重，勾卷着长长的象鼻，故又名象山，也叫作石柱屏。无论是石柱山、象山，还是石柱屏，道尽了村民们从自然出发的朴拙的乡土美学。据说村子东西南北四个方向，各有一个深水潭，潭中各藏着一条龙，因而村旁的溪流才能流淌不息。如遇干旱时节，司掌行云布雨的龙就会腾空上天普降甘霖。石柱山龙门飞瀑的下面，就有一个龙潭，水质清冽，久旱不涸，水潭边石龙石马，似有灵性。潭边一个天然石窟，形状如庙，当地人称作龙王庙。如此仙灵之境，落在了引坑村志的一首诗中：

> 天孙削去秀芙蓉，幻作石柱插天空。
> 风人巅头吹玉笋，云迷岭顶罩银龙。
> 春晴花气来探山，夜静猿声落笔锋。
> 四面兽形皆拱状，恍疑玉帝坐其中。[①]

　　据说龙潭求雨非常灵验，叶浅予《旅程画眼》中也提到当地的农耕信仰：

> 新合乡贴近浦江的最后一村名叫引坑村，连着浦江的大梓村，由条河源大溪接连着。溪流弯曲处有座小山是两县的交界山，山脚有座荡江庙，旧庙已毁，新庙建成不久，我问浦江人此庙为何叫荡江？答云：河源大溪，源出浦江，遇到大雨，必发大水，大水一来，两岸田地被淹，看来，这座庙是为镇压洪水而建的。

① 桐庐县地方志研究室编：《桐庐微村志》（第三辑），浙江人民美术出版社，2020年，第117页。

事也正巧，雪水岭南坡有条九曲瀑，瀑下有座龙王庙，旧庙只剩残墙，新庙的梁柱才架好，好事者在墙上题了一副对联：

山不在高，有龙其灵。

水不在深，有仙则名。[①]

看来"龙"和"仙"两条错了位，不知是否有意如此。据说遇到干旱季节，山南一带农村都要到这里来求雨。两座庙都在新合，龙王庙为天旱求雨而立，荡江庙则为镇压洪水而建，龙王菩萨各自分工又造成奇妙对立，和我们人间一样，同样有分工也有对立。古时候靠天吃饭，一切不可抵抗的自然力都只能靠神仙去化解。

登上石柱屏，鸟瞰引坑，村居全景恰似山脚落着的一只喜鹊，在群山环绕、溪水萦绕、良田肥沃的大地上临水照影。喜鹊虽小，却有着自成一派的秀美和灵动。

引坑村有两条溪绕村而过——壶源溪和引坑溪。壶源溪，又名湖源溪、

狮象守水口

---

① 叶浅予编绘：《旅程画眼》，上海文艺出版社，1989年，第103页。

壶源溪绕村而过

壶源江，因溪流形状像把酒壶而得名，是富春江径流量较大的重要支流。据《桐庐县地名志》《桐庐县水利志》记载，壶源溪源出浦江县，于瓦檐山东入桐庐县新合乡，曲折北流经引坑、高峰、仁村、曹家、何家、坑口，至雅坊北入诸暨市，又入富阳，于清江口入富春江。桐庐县境内流长约十千米。过去，壶源溪上竹筏运输繁忙，大量的竹、木、柴、炭及土纸等特产，顺着水流进入富春江，运往各地码头。壶源溪经过狮山时，来了一个大转弯，水流回转与陡峭的石壁打了个照面，形成一个深潭。宽阔的水面如同一面巨大的镜子，将引坑村翻了个儿，吸收在其中。两岸滴翠，云朵变幻，全部倒映在水中。引坑溪见证了村民们一代又一代的辛勤耕耘和不懈奋斗。他们依靠自己的双手，整治溪流、开垦荒地、种植作物，将这片土地变成了富饶的家园。他们的汗水与努力，都流淌在引坑溪之中，化作了村庄生生不息的力量。引坑溪溪水叮咚，飞云苍茫滚动，长风浩荡翻腾，水在河道里自由地奔涌，岸上的人羡慕凫在水面的一只鸭、游在其中

畅游的鸭子

的一尾鱼，抑或被水流轻抚的一棵水草。到了夏天，这个愿望便可以实现，日落前任你扑腾在水中，享受这水光山色，日落后满天星斗，山谷的风吹得人目酣神醉。

溪上十多条堰坝，是引坑人引水筑村智慧和勤劳的有力见证，高峰堰、后门堰、清水堰、汀步堰……溪水从天然的渠道中被人为地分引至田间地头，生产灌溉和日常生活用水都得到了解决。汛期涨大水，堰坝上的汀步被淹，无法过溪，引坑村钟辛堂公倡议设"荡江义渡"，由引坑与浦江杨家畈双方，置公产，置木船，雇渡户撑船，免费载村民过往，一度传为佳话。引坑人认为，"杏"与"引"同音，"溪"与"坑"同义，"引坑"比"杏溪"更能铭记祖先的奋进，更能让他们感到自豪，在自然和人文交融的诗意中，他们更青睐于"引坑"。

此外，《引坑村志》中提到两处关于溪流宛如仙境的美景，如今听来也很令人向往。

一是壶源溪中的天然水潭，潭长约五百米，宽约一百米，潭水碧绿，如同深邃的大地之眼。岸边怪石嶙峋，溪水晶莹剔透、清澈见底、柔情温润，人们爱这清幽美妙的原生态绿谷环境，夏天将此处作为纳凉避暑的胜地。杜鹃花在本地有个浪漫的叫法——"葭渤花"，阳春三月，两岸的山林岩石边，开着一树树、一丛丛、一簇簇火红的葭渤花，蔚为壮观，淡淡的清香沁人心脾，大自然总是在不经意之间流露出万千风情。更妙的是，葭渤花瓣落入水中，花瓣随溪漂流，在水面转着圈圈，自然地形成一条花溪。岸边石崖上的葭渤花，漂浮在水面的葭渤花，还有水下的倒影，竟奇幻地对影成"三人"，相映成趣。这个水潭一片粉红，潭也跟着叫作葭渤花潭，不知此中的鱼儿虾儿有没有倾心醉倒在花瓣下。

另一个和引坑村的前世有关。引坑村，旧称杏坑村，也叫杏溪村。最早住在这里的是陈、潘、朱姓村民，喜爱杏树，便在村口溪水两岸种满了杏树。每年农历二月即为杏月，春雷惊醒地上万物，雨水润泽，草木盈润，杏花开得最烂漫，当是"春日游，杏花吹满头"的时节。淡淡的粉白色闹满枝头，在清风的拂动下，轻轻袅袅地摇曳，再宛若片片雪花，素白一片铺在杏树下。春天溪水开涨，清水岸边的杏花，便自顾落入水中，花缀水流匆匆，水映杏花倩影，水与花、花与水一起奔赴更添浪漫。这不就是飘荡奔涌在王安石《北陂杏花》中的意境吗？

> 一陂春水绕花身，花影妖娆各占春。
> 纵被春风吹作雪，绝胜南陌碾成尘。[①]

颇感遗憾的是，昔日的杏花早已落入历史碾为烟尘，不知何时才能再见一座开在杏花里的小村庄。

---

① 许渊冲、许明译：《宋元明清诗选》，五洲传播出版社，2018年，第195页。

二、义门钟氏"赛陶朱"

新合乡以钟姓为主。钟氏家族自北宋太平兴国年间（976—984）就迁居于此。引坑村钟姓始祖，钟可谅（隆五十一公）于明万历四十年（1612）引本房子孙从旧庄村迁居引坑村，义门钟氏一脉在引坑迅速繁衍，成为村里的第一大姓。据《桐江义门钟氏宗谱》记载，新合乡钟姓一族始出东汉颍川长社（今河南许昌），始祖钟皓。钟音"忠"，钟氏家族世代以"忠义"立身，"耕读"传家。故文人武士、官宦儒流，代不乏人，最具代表性的历史人物要数钟厚。关于钟厚，正史中记载得不多，《桐江义门钟氏家谱》中倒是有五篇传序文、两篇碑记、十八首赞诗、三道圣旨，足以确立一个忠君爱国、舍身为国的忠救王形象。钟厚人称"赛陶朱"，是说他像范蠡一样家底丰厚。北宋咸平年间（998—1003），北方契丹屡次南侵，钟厚慨然曰："大丈夫尽忠报国正在此时，安敢惧死哉！"从此投身疆场，屡立战功，被授予"游击将军"之职，因为总是冲锋在前，备受军士们爱戴，尊称为"大先锋"。北宋景德元年（1004），皇帝赵恒御驾亲征，抵御契丹，钟厚随驾前行。钟厚随主将李继隆奋勇抗击，契丹为避宋军锋芒，假意求和，趁宋军放松戒备，率精骑来犯，年仅三十的钟厚在护驾过程中受了重伤，不治身亡。宋仁宗于庆历三年（1043）下诏，"追封游击将军钟厚为忠救王"。南宋建炎二年（1128），高宗皇帝赵构改封钟厚为"天官明王"，以"忠义"旌其门。"忠义"自钟厚列入钟氏家族的族规家训，明代两部尚书姚夔吟诗赞曰：

胡骑长驱帝独征，寇公奋怒展神旌。
闾民血落无成魄，可汗头悬不再生。
介石孤忠全国难，断金大节立军营。

今观决策澶渊处，夜夜风涛泣战声。[①]

宋朝国运衰退，多少忠义之士选择与国家共进退，浩然正气的爱国主义一定是宋韵的"第一条主旋律"。宋代的民众、士人以及征战于疆场的军队将士，用他们的脊梁撑起了一个摇摇欲坠的时代。钟厚作为北宋人士，在南宋已然被封神，就是宋韵中传达的忠义节孝的代表。

钟氏子孙铭记义门壮举，践行着祖先的忠义精神，崇文尚武，代代出忠良。引坑村处地偏僻，位于富阳、桐庐、浦江三地交界处，这里盗匪猖獗，兵灾频繁。险恶严酷的要塞环境造就了这里和别处不一样的建筑构造，钟氏家族实行"聚族而村"的规划，类似堡垒一样的钟氏大屋，一幢房就是一座城，可以看出钟氏聚族互济、同仇敌忾、共荣共存的血气方刚秉性。

三、呢喃燕子语梁间

钟氏大屋是引坑古村地标性的建筑，承载着钟氏家族曾经的辉煌与荣耀，在斗转星移之间倾诉着岁月往事，在雨雪洗礼之下彰显着钟氏性格，在风起云涌之际丰富着引坑形象。

钟氏大屋坐西北朝东南，神来之笔是它由五列平行的二层楼房组成的建筑群，通面阔约六十七米，占地面积约六千五百平方米，青砖灰瓦，错落有致，重梁叠柱，古朴典雅，院落递进相套，廊道曲回婉转。从钟氏大屋的中轴线上看过去，四个逐渐增大的天井组成了五进厅堂，一进门厅，二进花厅，三进三星堂，四进承启堂，五进承德堂，这是大屋的核心区域。厅堂在中，住房位于中轴线两翼，左右两侧各有一条东西向九十米的长廊，一眼望不到头，两排数十间面向厅堂的居住楼房，互依互通。外围布局有百忍堂、余庆堂、启翼堂作围护。

---

① 浙江富春江旅游股份有限公司编：《桐庐旅游故事集》，西泠印社出版社，2014年，第127页。

二进花厅

三星堂

　　钟氏族人对自己居住建筑的实用考虑，既有生理方面，又有心理方面；既有物质方面，又有情感方面；既要考虑族人对匪患侵袭的防御，又要考虑族人居住的上下尊卑、崇宗敬祖、礼乐相济。整个建筑延续了方正的江南庭院式建筑风格，符合入门、登堂、入室的层层递进的空间秩序、门第礼序。一进是门面，二进待客之道，三进往后是私家情怀。构造中的对称元素，无处不在，蕴含着圆满吉祥与平衡稳定。两百多间房被天井院落分割成小单元，聚是一个大家庭，散又可以各过各的小家生活。

　　去往钟氏大屋，要先穿过一道圆形拱门，门顶上墨色的"万里风云"四个大字已经斑驳，墙头长满青苔，和五角星一起诉说着历史的峥嵘沧桑。门厅正门为条石构筑，木门上留下了往日对联的痕迹。时光走得再远，总会留下些什么。门额一块石匾上书写苍劲有力的"舞鹤飞鸿"，典出钟繇。钟繇是三国时书法鼻祖，《法书要录》中称钟繇的书法"若飞鸿戏海，舞鹤游天"。钟氏族人以钟子期和钟繇作为家族文化的杰出代表，"舞鹤飞鸿"

钟氏大屋

"万里风云"

"舞鹤飞鸿"

"芝兰并茂"

以示对先祖成就的敬重，也是因为其中呼之欲出、跃然纸上的吉祥意味，透过字面就能看到灵动恢宏的场面或景象。门口两个高门蹬，钟家人称为"上马石"与"下马石"，从这门里进出的人非富即贵，可以踩着门蹬上下马。门蹬上石雕华丽，刻有看门瑞兽图案。旁边一扇门额上书"芝兰并茂"，是另一种植物静态的生命力，中华传统文化内涵在每一个建筑细节中。第二进花厅视觉空旷无阻隔，类似于现代的入户玄关，站在门厅中，就能一眼穿过花厅看到第三进。

第三进为三星堂，是钟氏大屋最出彩的地方。明堂悬挂匾额上的三个大字"三星堂"，是民国《桐庐县志》修志监修、著名的书法家胡传泰于1925 年所写。胡传泰当时正在浦江当县长，其书法很有特色，在桐庐颇有影响，当地的一些书法爱好者常把他的字作为临摹本。三星堂建筑用料考究，雕刻、装饰花哨精美，刀法圆润细腻。牛腿、琴枋、拱托、雀替、梁架，逢木必雕，灰尘和蛛网遮不住雕刻的精致华丽。全立体的镂空雕，据说光是制作大厅柱上一只牛腿，技艺精湛的匠人就花了一百多个工时，而每天镂雕下来的木屑还不足一拳可握，极显雕刻功力。木雕图案主要有祥禽瑞兽、花卉草木、故事人物、抽象博古等，一块块木头在匠人的手里变得有生命力。

看那九狮戏球，中央小狮子搂着一颗镂空雕绣球，两边小狮子数量对等，九只小狮子形态各异，欢腾扑闹萌趣可爱，显得喜气洋洋。狮子是清代东阳木雕匠人的拿手绝活，狮寓意主人"官登太师"，一家"事事平安"，狮子戏球，又有财源广进之意。人物形象多取材于《三国演义》《水浒传》等，推崇威猛阳刚，与村民崇文尚武的性格暗合。如姜太公八十遇文王、空城计、三英战吕布、曹操赠衣、击鼓骂曹、马超战张飞、赵云单骑救主、灞桥挑袍、送徐庶……有的牛腿从几个立面看过来，十几个场景变幻复杂，竟然能连贯起来形成一个完整的戏曲故事，如同中华传统文化的固态展览，看得人目不暇接。还有一只牛腿，不足一平方米的面积上，竟雕镂上二十多个人物，刀

"花厅"木雕

"三星堂"牛腿绣球

"三星堂"木雕

法灵活，个个妙趣横生，真可算是木雕艺术的精粹。孩子们听过忠义故事，再去房上找到一件件木雕对应，故事就如同刻在心里一样，永远不会被磨灭。

钟氏大屋始建于清朝嘉庆年间，同治年间续建外厅（花厅），以后逐步扩建，在建筑两侧扩建，举全族之力建厅堂，造居室。厅堂在中，居室在侧，直至光绪年间才形成现在的规模。资料显示，最早建造西头的一厅两厢一院的承德堂，也就是第五进。后来扩建了第四进，也是一厅两厢一院的承启堂。清道光九年（1829），钟氏鸿章公一门考出了两文一武三名贡生，家族备感荣耀，又在启德堂大门前建造了三间两厢两廊的三星堂、一厅两厢的花厅和门厅。在居所上对读书进行了弘扬，侧面上反映引坑钟氏耕读传家的家风。钟氏大屋的建造顺序从后往前，民间建筑匠人们不需要图纸，一切空间构造早已胸有成竹。历经七十余年的建设，钟氏大屋五进最终合体，将几十年间不同历史时期家族经济文化的发展融入居所中。

钟氏大屋与钟氏家族一起茁壮成长起来，当建筑、人、时光可以一同成长，建筑便有了生命延续的力量。大屋面积庞大，居住人口众多，而现在大屋大部分房间闲置，仅有十几户钟氏后裔在此居住。房梁上燕子穿梭衔泥垒窝，晨兴暮归养儿育女，一如此处的人。屋内还陈列着当年人家用过的古旧木椅、生活老物件，它们静默地站立着，不动声色地向游客展示主人的生活习惯与民情风俗。

想当年家家户户住满了人，每天公鸡一打鸣，整个大屋就灵

牛腿上雕着二十多个人物

动起来。井里打水的声音，锅碗瓢盆交响的声音，洗衣服的棒槌声，小伢儿琅琅的读书声，大人的谈笑吆喝声，一曲山野间热闹动人的晨歌，在溪边流转。至今逢年过节，远在外地的钟姓人还会聚集在大屋内，举行各种重大的活动，他们在这里出生，在这里读书成家，在这里待到生命的最后一刻，参与别人生命中重要的仪式，也迎着他人参加自己的。重重叠叠的流光里，如同山野里四季生长的植物一样代际轮回，只要住在其中的人还呼吸着大屋的气息，大屋就一直焕发着它的活力。

　　在围合起来的小环境中，人际关系的融洽和互助是大屋人文情怀最显著的标志。不论贫穷和富有，几百户人家聚居在一起，人与人之间的关系有着不成文的法度，大家的衣食住行往往相互照应，喜怒哀乐往往同受同承。一个院里长大的孩子，大家共同养大。一个从学校里回来的伢儿，假如他从门厅走到第五进，一路上只要见到长辈都会打招呼，一一喊过来，手里一一接过点东西。伢儿一时不见了，站在屋角喊一声，不一会，话就已经传到了。这里大多数人姓钟，一个人看见另一个人，脑海中马上就浮现出一幅宗亲关系图，就带出了自己和他的关系。每个人都知道自己的根和脉在哪里。大屋中度过的岁月静谧且祥和。白天农家人在庭院前整理着从地里收获的瓜果蔬菜，一双双布满老茧的手裹挟着泥土的芬芳，整个院落都弥漫着令人安心的气味，极力向世人昭示这片土地的肥沃。大家我给你一个桃，你还我一个李，这是最纯洁干净的社会关系。夜深人静时，窗外不同种类的昆虫一展歌喉，交织成一首安眠曲；月光透过窗户洒在天井洒进窗户，又或是星光满天，根本不需要人造光源。温柔细腻的时光，不知不觉在指尖流逝。那些立志要从大屋走出、生活在优越大城市的孩子，可能会格外失落。走在人挤人的马路上，没有人认识你，没有人知道你从哪里来、父母是谁，既没有鸡毛蒜皮的斤斤计较，也没有邻里家外的温情日常。房子可以换更大的，可以常常换，但漂泊感就来了，漂泊无定带来了焦虑，带来能量缺失。只有当他们再回到老房子里，任家族的历史记忆穿透他们的血脉，像是一颗重新挂在树上的果子，从根部吸收了营养，便又活泛了起来。

作为迄今为止桐庐占地面积最大的单体明清建筑，作为一个共同的地理凝聚力的代表，钟氏厅堂建筑群是浙江古民居中不多见的经典之作。它对研究浙江古代宗族聚居建筑群落的形态有着很高的价值，是中华民族宗族文化的集中表现。2013 年底，住房和城乡建设部启动全国传统民居建造技术初步调查工作，覆盖三十一个省、自治区、直辖市及港澳台地区，调查成果汇编成《中国传统民居类型全集》，引坑村的钟氏大屋就名列其中。专家认为，传统民居是凝固的历史，是民族生存的智慧，建造技艺、社会伦理和审美观念等传统文化要素在此集中体现，是难以再生的珍贵的文化遗产。2017 年，钟氏大屋被列入浙江省级文物保护单位，引坑村由此被列入中国传统村落名录。

四、红色载体忠义魂

当年在钟氏大屋召开的浙东人民解放军金萧支队"千人大会"，为引坑村注入了一股崭新的忠义之魂。1999 年 8 月，新合乡党委、政府在"千人大会"旧址立碑纪念。钟氏大屋用深处的历史回声，讲述发生在引坑一带的腥风血雨，讲述钟氏后代忠良的英勇无畏。

金萧支队，全称新四军浙东游击纵队金萧线人民抗日自卫支队，是全面抗日战争、解放战争时期活跃在浙赣铁路萧山与金华区间的一支人民武装力量。金萧支队在 1942 年浙赣战役时金萧地区的几支小型游击队基础上发展壮大，向日伪军全面发动军事攻击，收复了金萧广大地区，为抗日战争在浙江的胜利奠定了坚实的基础。金萧支队建立后，以浦江、诸暨、桐庐、富阳毗邻地带为游击根据地的中心，在桐庐四管乡（今新合乡）先后建立被服厂、修械所、金萧报社、后方医院等后勤机关。

　　早在 1927 年八七会议之后，中共中央就致信浙江省委，要求组织农民武装暴动。1928 年 3 月，《中共浙江省委对于浙西各县工作的决议》中指出："浙西农民痛苦之甚，和革命要求的强烈，如果有了适当的领导，他们便如干柴着火一般，马上爆发起来"，"浙西一带的确是一个容易发展工农革命的区域"，"浙西的最近工作前途，应是一个游击战争的前途"。^① 在桐、浦边境一带，以"桃园结义""梁山聚义"形式在寺前惠云寺，由新合乡雅坊村潘芝山为首拉起了一支队伍——"三十五兄弟"，引坑村的钟柏秋、钟柏友就在其中。由于缺乏战斗经验，经过整顿扩大至一百六七十人，他们高举革命的红旗，正式命名为"浙东农民革命军第一大队"。

　　1948 年 6 月，国民党浙江保安三团突然流窜四管乡，钟柏友因叛徒指认被捕。敌人用"老虎凳""老鹰扑天飞"等各种酷刑，逼迫钟柏友吐露金萧支队的秘密，然钟姓人怎么会轻易屈服。敌人大概不懂得钟姓人的忠义信念，又将他押送到浦江县城，使出各种阴险毒招，让他穿上棉袄在温度高达60℃的溪滩上暴晒，钟柏友几度昏死过去，宁死不屈。敌人无计可施，将其杀害。而他的儿子钟本金早在 1945 年已经牺牲。1945 年 6 月，18 岁的钟本金参加了金萧支队路西县平湖区中队，担任警卫员。10 月，在与前来清乡围剿的诸暨县国民党自卫队许长水一部在山河岭遭遇激战，因腿部受伤被敌人抓捕，审讯的过程中钟氏三缄其口，被敌人捆在树干上丢入深潭中，虽然被村民救起，却因枪伤溃烂而光荣牺牲。一门双烈士，钟氏用鲜血铸就忠魂，用热烈生命谱写忠义，用铮铮铁骨在乱世中渡起引坑人的灵魂。

　　在金萧支队的支队长蒋明达和政委张凡给中共浙东临委的信中，可以感受到敌人的凶残，"扑灭我的决心甚强"：

---

① 　浙江省档案馆编，《浙江革命历史档案选编·第一、二次国内革命战争时期》，浙江人民出版社，1989 年，第 358 页。

此次敌二〇三师六〇九团及突击营约二千人，附迫击炮、六〇炮廿余门，轻重机枪八十余挺，伪师长金氏亲率下羊角岭、雪水岭、罗家、引坑，分四路围剿我基本地区。详情如下：二〇三师于十四日晚由茆平星夜出发经长洲、分水塘、羊角岭、雪水岭、罗家、引坑进击，我江东县自卫队，即在东茆村及雪水岭予敌打击，毙敌尖兵后我安全撤退。另一路经平湖分二路，一路经罗家至旧庄，一路经潘家、引坑直至旧庄会师，路上未停，是奔袭的，扑灭我的决心甚强。时我后勤机关、报社及后方医院均安全撤退，被服厂与修械所被毁大部，敌人奔袭，不及撤退我后勤一特务长ＸＸＸ，顽强打击敌人而牺牲。敌人普遍搜山、烧山、抢劫、强奸，异常疯狂，事后老百姓说："比日本佬凶十倍。"……①

抗战末期汪伪警察局的警察郭如权，在参加路东武工队后很快叛变，枪杀一个武工队员后持枪投敌。路西武工队探听到他的下落，将其抓获。《引坑村志》记载：1949 年 3 月 14 日，金萧支队在四管乡引坑村钟氏大屋召开公审大会，公审叛徒郭如权并处以极刑，参加大会的有金萧支队直属大队、路西、江东等县干部战士和当地群众共千余人，故称"千人大会"。无数英雄儿郎用自己身体阻挡了炮火，当烈士忠魂被埋在家乡的土地上，大地的深层便翻滚着一种红熟的浆液、一股燃烧的洪流，从来没有停息。

引坑承得住春日盛情，也托得住风雪苦难。经历过战火的引坑村，更知道生活的意义，它把一切的情绪落到真实的生活中。"生活"，一个平淡又平常的词，却是我们生命意义的全部所在。只有更好更用心地生活，才能告慰那一段血雨腥风的岁月。

① 浙江省新四军研究会金萧分会：《解放战争时期路东、路西、路南地区史料汇编》，2003 年，第 326 页。

五、盛满清欢四季丰

叶冈在《浅予画传》中写道，其兄长叶浅予"乡思特重，话题常会涉及桐庐老家的饮食吃喝"，有天晚上烧家乡的糊索面吃。"浙江乡下常备这种索面，隆冬腊月，夜谭肚饿，到地里割棵黄芽菜煮面吃，煮食时把长面切成一小段一小段，加菜肉佐料煮成一锅，便成所谓糊索面。"① 其中说到的桐庐索面，就来自新合。那一碗落胃的面，安慰了多少在外的游子。

中原人南迁时带来了他们做面的手艺，浙西南很多地方都有手工索面，在江南方言中，"面"与"命"发音相似，所以又叫"长面""长寿面"。而桐庐手工索面要数新合乡引坑村最具特色。

索面的历史，如同它的身形，细润绵长长约千年，根据《桐江义门钟氏族谱》，索面早在宋代已经作为馈赠佳品。北宋庆历三年（1043），皇帝为了追思澶渊功臣，下诏"追封游击将军钟厚为忠救王"，宰相吕夷简来到新合宣旨，钟氏族人以索面馈赠。索面就这样被带出了山村，来到了京城，因其柔似春绵、韧如秋练又鲜软可口的特色，受到了京城文武百官和文人雅士的青睐。

新合索面因此声名鹊起，"索"顾名思义，如同绳索，其特点就在于长而韧性好，不易折断。单根面可以长达两三米。据说当地人给长辈做寿，面的长度根据年龄岁数单制，几岁就是几米长的面，寓意长寿，往往一根面就是一碗面甚至就是一锅面。长长的面经由双手制作出来，索面频繁地出现在产妇坐月子、老人做寿、年轻人的婚嫁大事、走亲访友等场合，祝寿时象征长寿，婚礼上象征天长地久，送朋友则表示友谊长存，祭祀场合表示源远流长。一根面不只是饱腹的食物，更是亘古绵延的爱和长长缠绕的人情。正月初一，桐庐家庭主妇在这一天什么家务都不做，要享受难得的清福，早上由当家的男人煮好长寿面，犒劳辛苦了一年的农家女子。在一年的最开始，男人们系上围裙，嘴角噙着笑意端上一碗热气腾腾的索面，

----

① 叶冈：《浅予画传》，上海书画出版社，1999年，第95页。

上面可能卧着一个鸡蛋，也可能浮着肉丝，最平常最淳朴的农家情谊就浓缩在一碗面里。吃了这碗面，一家人一年的日子都能顺风顺水、万事如意。

新合索面的制作对温度要求极高，每年的10月至次年的油菜上场的时节，恰好为农耕劳作的空闲时间，便是制作索面的黄金时节，家家户户门前都搁着几张面架，面架上端正地写着主人的名字。天晴时，古老的架子上，色白如雪、细长如丝的面条，排列有序如同层层纱帘，拿着面筷不时翻动穿梭在线帘中间的农家女，锈红色的面庞、俯身劳作的身姿，着实震撼人的心灵，暖阳下微风拂过，整个村庄都弥漫着面粉的香味。

而在这诗意的劳作场景背后，是不可言说的艰辛。面条制作要赶时间，晚上和面，第二天早晨拉面，日上三竿晒面，日差三竿收面，严苛的工序需要劳动者牺牲自己的休息时间。引坑索面制作方法复杂，有自己的特色。别人想模仿外观是可以的，但模仿出来的面就没有引坑村这么地道了。

一碗面从面粉到碗里，要经历许多流程，做好索面绝不容易。每一位从上一辈手里接过索面手艺的农人，都在代代相传、日积月累的过程中形成了一套自己的制作技法。各种资料上显示的步骤名称不尽相同，但是总不外乎和面、切面、揉面、索面、上面、熟面、出面、收面等多道工序。

一斤小麦粉、半斤水、半两盐，食材再简单不过。面的柔韧性全靠盐分和水分的拿捏，降温季节，还需要随着气温和湿度进行调整，不同的环境下，对于盐和水的把握全凭匠人内心"适量"的尺度，这是一个看天配料的过程，手中无尺规，心中却有度量。适量的盐水加入适量的面粉，面粉既不会太湿，也不会太干。和面是个力气活，和一次面，要用大概十斤的面粉，光和面就得大半个小时，几乎大半条手臂都要深入面团底部，没有足够的力气，手臂都很难拔出来，翻转拉伸与揉合，暴露青筋的肌肤与面的黏稠做一场力量的较量，要将面翻滚揉透，面要筋道，手必须有"劲道"。一双满是厚茧与褶子的手，用擀面杖将揉好的面团滚成一张厚度均匀的大面饼，再用钩刀由外围向内螺旋形切割，得到一根盘在盆中的"绳索"。

老师傅几十年的功力会让这根绳索保持粗细一致美观，体力强、技法熟的老手，一天可以做上百斤的面。

开始一头搓面，一头盘面，这一步也叫作开条。把这根绳索拉出来搓成拇指粗的圆面条坯，绕着易拉罐一圈一圈地盘起来，盖上油纸，目的是保温和保持水分，保证面条能在盆里发酵。就这样约摸过了三个小时，开始"上面"。两根面筷，间距约十厘米，固定在绕面架上，面条就在一双手之间翻转，以数字"8"的形式绕到面筷上，每双面筷绕二十多圈，这个环节面条绕的长短要一致，否则后面的程序中容易断裂。差不多绕到一半的时候，可以借助"撑子"撑住面筷两端，从而保证长短匀称。一双绕毕，将其中一根面筷架在面箱里，开始绕下一双。面条在面箱中大约发酵三个小时，就开始了辛苦的夜班流程。这大概是所有制面人最怵的一个环节，被窝刚焐暖，又得挣扎着爬起来。因为索面的拉面工艺主要靠面条的自重下垂，匠人必须熬夜定时将面筷上下对换，一夜翻转，两根筷之间的距离从初始不过十来厘米，到早晨的长约半米。

最有成就感的是通宵达旦之后，面筷一双一双地晾晒到阳光下。把湿软的面条从面箱腾挪到户外的面架上，此时要继续间隔着时间对换上下筷，村妇娴熟地将面筷轻轻下拉，面条越来越细，也越来越长，最长能垂到两米左右。晒面的架子都是实木的，泛出经年累月的油光，上面还有各家各户的签名。晒面的场景也是摄影师最喜欢收入镜头的画面。晒面选的是晴好的天气，面只有脱干水分，才能保存长久。还得保证风吹着、太阳晒着的情况下不能干太快，不然拉不到理想的长度。真是一点也不能偷懒！等到下午三时左右，阳光不暖了，就要及时收面，否则地表湿气会使含有盐分的索面返潮，倘若返潮面粘成块，那真是心血白费。晒燥后，将面理成线绞状，装进竹制箩筐便可食用、可保存、可销售。

引坑人深知做人如做面，吃面知做人。做面反反复复，一环又一环，如何对待面前的一根面，其实就是如何对待生活。做出这碗热面的巧手，属于再平常不过的普通百姓，他们在一碗面条里做出名堂，在寻常的日子里吃出自己的讲究，更可以让人们吃出引坑村的风土人情和文化底蕴。

新合索面煮的过程中，锅里无须任何调料，自带的面香和适配的盐面配比，即便是随意搁点油花葱花，也能吃出一股子鲜劲。葱花汤面、葱油拌面、萝卜丝焖面，如果再配上点配料浇头，洁白的银丝上牛肉丁、豆芽、胡萝卜丝、青菜叶、葱花、碎香菜，颜色一下子丰富起来，叫人看得直流口水。索面细，煮起来不费时，两三分钟就可以捞起来，吃起来更不费事，甚至不需要牙齿咀嚼，只轻轻一吸，便可直抵肚膛。牙口不好的老年人吃起来，也毫不费劲。肠胃不适的人，一碗面汤容易消化，最是健胃养胃。

晒面 徐昌平摄

晒面 徐昌平摄

一餐餐面食，伴随人的出生至生命的结束，是贯穿一辈子时光的情感与记忆。在这漫长的岁月里，生活的味道在每一碗面中得以体现，从青涩到成熟，从简单到丰富，它见证了我们的成长和沉淀。在引坑村，纵使吃不得面的婴儿，打一出生，一顿长庆面便使人与这索面连接了一生；它出现在每一次隆重的场合，一碗面条吃的是人面、场面、情面；酸甜苦辣咸，日常的消磨中五味杂陈，一碗面吃的就是人生；做人要知足，一碗面不用两个浇头，浇头只求锦上添花，从不喧宾夺主。

然而这么快意人生的索面，其手艺曾一度失传。《桐庐县地名志》关于桐庐土特产中提到，新合手工索面"因诸多原因，几近废弃。改革开放后又获新生"[①]。过去做索面多以家庭工坊为主，自做自吃，加上离县城远，人们没有商品经济意识，只图吉利作为馈赠物品。

对于制面工匠来说，身疲力尽的劳动从来都不是诗意盎然的一件事。索面制作工艺主要由家里女人们代代相传，"为了发酵，一个晚上要起来

---

① 浙江省桐庐县民政局编：《桐庐县地名志》，湖南地图出版社，2015年，第491页。

好几次……我做面的时候，都会想到我的妈妈当年是这样的辛苦"，"索面阿姨"钟桂花接受采访时说出了大家的心声。她们满头因为熬夜而长出的白发，通常与实际年龄不符，做面的妈妈都希望自己的孩子不要再走上这条路。随着年轻人的出走，索面的手艺更是面临失传的困境，还在坚守的只有不愿离开的老人。匠人们的平均年龄越来越大，六十岁左右的妇女是主力军，最年轻的也已有四十七岁。市场对索面高度认可，一些山东、河南的订单都让新合人骄傲，要知道让从小吃面的北方人认可南方面可不容易。每年春节前的两三个月，索面要卖出四十来万元。然而索面的季节性限制，堂食成本，以及纯手工的制作技艺的价格都阻碍着索面的发展。索面如何走向市场，如何让制面匠人的口袋鼓起来始终是个难题。

《桐庐县地名志》记载，在当地政府的帮助支持下，2006年成立了桐庐"壶源"索面加工厂，并注册"义门牌"商标，统一收购、包装、销售农户的成品索面。后来更名为桐庐农副产品有限公司，在"公司＋农户"模式下，把手工索面推向市场，让手工索面成为当地农户致富的一条门路。

在乡村旅游产业逐渐打开的今天，新合乡要把这一碗面做出像山西刀削面、武汉热干面、兰州牛肉面一样响亮的品牌，行走在新合，到处都可以看到索面的招牌。不仅如此，新合索面文化节、新合索面创意烹饪大赛，聚焦着游客的目光，也让索面匠人找到了传承的价值所在，他们创新研制了蔬菜索面、红曲索面。村里十余家家庭作坊，都入驻了当地的"非遗工坊集聚园"，实施统一品牌、统一标准、统一原料、统一包装和统一销售的"五统一"管理，一切按照正规市场体系运营，不仅通过食品安全认证，农家作坊也设置了更衣室、制作间、仓库、成品间，加工设施、加工工艺、产品包装、出厂检验、成品贮存等环节制定了市场化标准。政府、企业、农户升级产业抱团经营，农户看到其中的商机，从以前的靠天吃饭，到如今依靠现代科技保证工坊间的温度湿度，四季都可以做面了。相关数据显示，2021年新合索面销售规模突破一千吨，销售额超过一千八百万元。

新合索面非遗工坊充分利用传统古村落的闲置场地资源，打造省级非遗工坊，"新合索面：双手创造丰盛光景"入选文化和旅游部、人力资源社会保障部、国家乡村振兴局公布的 2022 年"非遗工坊典型案例"名单。现如今，新合乡以引坑村为引领，共有四百五十余户、一千余人从事索面加工制作、销售及其相关产业，家家户户皆会制作索面。可以相信的是，未来新合引坑索面将带着桐庐味道走向更远的地方。

六、且将新火试新茶

剪一片云绿，煮一壶雪水。喝一口茶，就把自然搬到了眼前。"雪水云绿"，在杭州名茶中一枝独秀。光听名字，如望见诗与远方，云水泱泱，山高水长。

"八山一水一分田"的桐庐，奇山异水，天下独绝，这样的地形注定要出好茶和名茶。从陆羽《茶经》中我们知道，唐代桐庐就已盛产茶叶，且以八大茶区之一睦州为主要产地。而到宋代，更是有作为朝廷贡品的"天尊贡芽"，"潇洒桐庐郡，江山景物妍"[1]，"潇洒桐庐郡，春山半是茶"[2]。俞颐轩、范仲淹或为这茶沉醉过，在书斋中或在与幕僚好友畅聊时烹茗品茶。清朝桐庐知县陈苌的《桐江竹枝词》："谷雨村村摘嫩芽，纷纷香气出篱笆。山家客到老供给，泉水新烹自焙茶。"[3]用竹枝词这样通俗的体裁来写人们天天要喝的茶，说明茶的普及程度。茶文化的火种，被桐庐人代代传承，成为桐庐文化的重要符号和形象。

雪水岭，天堂山，壶源溪，雪水云绿是大自然的馈赠。《桐庐县地名志》

---

① 〔元〕俞颐轩《桐君山》，李龙、谢云峰主编：《桐君山诗文选》，北京日报出版社，2020 年，第 37 页。

② 〔宋〕范仲淹《潇洒桐庐郡十绝》，桐庐县文学艺术界联合会编著：《潇洒桐庐古诗选析》，北京日报出版社，2018 年，第 127 页。

③ 〔宋〕范仲淹《潇洒桐庐郡十绝》，桐庐县文学艺术界联合会编著：《潇洒桐庐古诗选析》，北京日报出版社，2018 年，第 127 页。

载："天堂、雪水两地，山高雾多，气温低，所产云雾茶为茶中珍品。"[①]
新合境内峰峰相连，青碧欲滴，满目苍翠，深峻之山，云雾缭绕，从古至
今一直都是桐庐名茶生产的主产区。雪水岭的龙涎顶海拔九百余米，山高
雾多，气温低，雨量充沛，土壤深厚肥沃，方圆三十千米无工业污染，得
天独厚的生态环境自然造就了茶的不凡品质。

　　层层叠叠的翠绿茶山在春天苏醒，高空中掠过的风催出了嫩芽。清明
前后，云雾氤氲中延绵不绝的新绿沾着露水，经过时光的酝酿，尽情展示
它丰饶的身姿，等待着农人的采摘。经过杀青、理条、初焙、复焙一道道
工序，就成为人们手中的一杯杯"色、香、味、形"四美的佳品。从来佳
茗似佳人——雪水云绿外形绿润如玉，形似莲心，茸毫隐翠；用水冲泡，
芽蕊徐徐沉浮，始若鹊嘴嬉珠，尔后千峰林立，汤色清澈明亮；及至嘴边，
香气清悦，清醇留香，仿佛那雪、那水、那云、那绿都在胸中萦绕。

　　桐庐县茶文化研究会梳理了"雪水云绿"的档案，其前身是桐庐地方
名茶"窄溪谷芽茶"。1915年"窄溪谷芽茶"获巴拿马万国博览会金质奖。
1987年，桐庐开始恢复研制"窄溪谷芽茶"，1988年4月在新合乡山桑
坞自然村研制成功。研制成功的茶为针形，在恢复研制的基础上创新发展
出一款新的名茶，开创了全国针形茶之先河，这款新的茶获得一个动人的
名字"雪水云绿"，意为"雪水岭上一片绿云"。针形茶"雪水云绿"在
1988年5月杭州市第二届名茶评比中获"名茶奖"。1989年4月，"雪
水云绿"在新合乡的山桑坞、湖田、旧庄、雪水四个村生产，共制作"雪
水云绿"茶约三百公斤。

　　"雪水云绿"凭借自然特色闯出了一方天地，不得不提到背后参与研
制的一个人，他就是来自引坑村的钟为淦，他被族人称为"义门茶人"。钟
为淦生于1960年，1987年研制"雪水云绿"时，他恰好还是新合乡副乡长，
当过乡林技员的他全力扑在这件事上。不知道是故土资源成就了子孙的事

业，还是子孙的专业推动了故乡的发展，钟为淦喝着高山茶长大，对茶叶有着与生俱来的领悟，1996 年，他弃政从商，专心经营杭州桐庐雪水云绿茶业公司。从此，"雪水云绿"走向了每年在各地举办的博览会，连续多次获得省级、国家级荣誉，并且走到了文化名人面前。1991 年 7 月，赵朴初先生在品尝此茶后，亲笔为"雪水云绿"题字。当代书僧月照关于"雪水云绿"的诗也很有名："雪山高万丈，泉水飞龙潭。天堂云雾露，孕育嫩绿香。"钟为淦潜心经营，为将"雪水云绿"推广至全国各地，做了大量的工作。桐庐雪水云绿茶叶有限公司打响"壶源"品牌，继绿茶系列"雪水云绿"后，又成功创制了白茶系列"雪冰云绿"、黄茶系列"壶源金芽茶"，简称"壶源三宝"。公司成为桐庐的农业龙头企业，带动了周边茶农共同富裕，桐庐县委授予桐庐雪水云绿茶叶有限公司"2022 年度桐庐农业之最美茶园"。

桐庐雪水云绿茶叶有限公司有茶叶种植基地共五个，茶园面积约一千六百亩，鲜茶年产量高达六十吨。钟明辉从父亲钟为淦手中接管了公司，并且传承了父辈人工杀青的技术，保证茶叶的品质，钟姓人身上总是呈现出一股韧劲。在各地大力推广文旅之际，依托新合乡山水环境，公司还开发了多种体验项目，包括茶园观光、制茶体验、喝茶品茗等旅游服务项目。2013 年 4 月，新合乡被桐庐县政府授予"桐庐县红色茶乡游基地"。"雪水云绿茶艺馆"与"浙东人民解放军金萧支队纪念馆"隔溪而望，红色旅游与绿色经济相映成趣，革命理想的精神陶冶与如诗如画的茶园景观，红色乡村文化和绿色乡村生态共同构建山乡独特而靓丽的风景线。

满山的茶园让人流连忘返，"坚果之王"香榧更是让人入口难忘。香榧和山核桃是浙江省的两大当家干果，其树种还可以做围棋和根雕，可以说浑身是宝。新合乡是桐庐东南部香榧基地，一到秋天，满山腰的香榧，以浓郁的深绿色在深山里称霸。绿油油的果实，一簇一簇地长在枝条上，也长在农人的心上。

香榧为第三纪孑遗植物，是世界上稀有的经济树种，为中国原产树种。

我国栽培香榧树的历史至少已有二千多年，而浙江是重要的原产地之一。《尔雅》中已有香榧的记载：

> 皮似杉而异于杉，彼有美食而木有文彩，其木似杉，其果似桐。绝难长，木有牡牝，牡者华而牝者实，开黄花，结实大小如枣，其核长于橄榄，核有尖者不尖者，无而壳薄，其仁黄白色可生啖，并可焙收，以小而心实为佳，一树不下数百斛。[①]

北宋时，香榧已被视为珍果出现在公卿士大夫餐桌上，被列为朝廷贡品。苏轼在《送郑户曹赋席上果得榧子》的诗中写道："彼美玉山果，粲为金盘实。"[②]用金盘，说明香榧的地位可不低。《神农本草经》《名医别录》和李时珍的《本草纲目》中，都有关于香榧入药的记载。

2007年，返乡创业新农人钟早荣回到新合乡，承包了八十多亩竹林，组建了桐庐兆丰竹业合作社。一次在诸暨的考察，他见到了当地种植香榧树的盛况，有些种植户年收入就可以达到六七万元，地理环境差不多的新合为什么不可以呢？二话不说，说干就干。香榧培育周期较长，从幼苗的种植到能够挂果大约需要十年时间，因此没有人敢大面积种植。钟早荣顶着巨大的压力，连房子都抵押了，承包了引坑村小王坑近千亩山地，从零开始，打拼新合香榧的江山。想要在都是乱石岗的小王坑种下娇贵的香榧，可不简单。钟早荣，连同从杭州辞职的妻子，开山路，筑水渠，寒来暑往，像照顾孩子一样照顾一万三千余棵香榧树苗。后来钟早荣成立了翡留香农业开发公司、兆丰香榧合作社，并且去诸暨等地学习炒制技艺。当村民尝到桐庐第一批自己栽培、自己炒制的香榧时，钟早荣也收获了"榧叔"的

① 陈仙波、潘庆平、郭毅编著：《浙江旅游发展20年》，西安地图出版社，1999年，第418页。

② 李之亮笺注：《苏轼文集编年笺注》（诗词附·11），巴蜀书社，2011年，第163页。

称号。除了香榧，山上还套种了高山蔬菜、中药材、毛竹、茶叶，养了土鸡、鹅、猪、蜜蜂……路是人走出来的，山里人最懂这个。

2012 年，浙江省林业厅决定在全省实施香榧南扩西进计划。林业部门估算，十五年后，全省香榧产量扩展十倍。村民们看到了香榧的大好前景，开始了大规模种植，"榧叔"帮助榧农提升管理技术，开展一系列培训。2017 年榧留香牌香榧被认定为杭州名牌，2018 年在县城开了榧留香专卖店。"榧叔"钟早荣被评为国家级园艺师、浙江省"新农匠"、浙江省林业乡土专家、杭州市乡村产业技能大师、杭州市 E 类人才。对于香榧的加工，钟早荣有着自己的一套独门方法，用他的话来讲，是自己不断探索"折腾"出来的。他的香榧个头越小、价格越贵。顾客嫌弃香榧不好剥，他便开发出"懒人"手剥香榧、香榧肉。香榧芝麻糖、香榧油、香榧酒，一系列的产品陆续被开发出来。为了拓展产业链，他创建榧留香谷民宿，把游客留下来。外地人在这里赏新合山水美景，品一杯"雪水云绿"，尝地道的新合菜式、新合索面。10 月份来的话还能听到哗啦哗啦的香榧翻炒声，并伴随着一股股诱人的清香。2023 年为推进共富，钟早荣在县城新开了红色山乡品质新合精品农特产展销中心、新合索面共富面馆。可以带走的山乡味道，是原生态山乡和外部世界的连接。

十多年的时间，昔日的荒山，如今变成了"绿色银行"。石柱屏上看到的那只喜鹊正扇动翅膀，在春风浩荡的天地之间飞翔。

2019 年 5 月 31 日，桐庐大地艺术节首届发布会暨启动仪式在桐庐县新合乡引坑村钟氏大屋三星堂内举行，这是中国首个大地艺术节项目。向大地致敬，向生活在大地上的人致敬，一件件带有他们生活和劳作印记的物品，带着最真实的情感与温度，呈现在人们面前。所谓大地艺术，是人文与自然的尽情生长，让艺术在土地的每一处发生，让艺术在生活的每一天发生，让艺术加入生长，成为生态的一部分，产生对话和新的生长形式，使乡村更有活力。在这样一个宏大背景下，如何根据引坑村的实际情况深化发展？如何在保有原住民的情况下对大屋进一步保护和使其焕发新生？索面的制作和晾晒是非常艺术的乡村景观，如何向游客讲解也是一个问题。引坑人知道他们仍然任重道远。不过，有什么能难倒引坑人呢？

　　触摸青野水泽，倾听山川大地，传承着这方土地恒久不变的奋斗和热血，引坑村正站在一个新的起点上，一趟历史脉络溯源之旅，一场锐意探索的乡村实验，一个面向未来的恒久命题，更自觉也更自信地创造引坑人与自然共融共荣的乡村场景。随着"十四五"规划桐义东高速的获批，壶源江流域将步入高速时代，我们不能忘记如何出发，也憧憬着这片土地接下来的样子。再看引坑，能看到它在阳光下萌发出新生的力量。远方，春的气息正浓！

参考文献

1. 桐庐县地名委员会编著:《浙江省桐庐县地名志》,1984 年。

2. 叶浅予编绘:《旅程画眼》,上海文艺出版社,1989 年。

3. 桐庐县地方志研究室编:《桐庐微村志》(第三辑),浙江人民美术出版社,2020 年。

4. 许渊冲、许明译:《宋元明清诗选》,五洲传播出版社,2018 年。

5. 浙江富春江旅游股份有限公司编:《桐庐旅游故事集》,西泠印社出版社,2014 年。

6. 浙江省档案馆编《浙江革命历史档案选编·第一、二次国内革命战争时期》,浙江人民出版社,1989 年。

7. 浙江省新四军研究会金萧分会:《解放战争时期路东、路西、路南地区史料汇编》,2003 年。

8. 叶冈:《浅予画传》,上海书画出版社,1999 年。

9. 浙江省桐庐县民政局编:《桐庐县地名志》,湖南地图出版社,2015 年。

10. 李龙、谢云峰主编:《桐君山诗文选》,北京日报出版社,2020 年。

11.桐庐县文学艺术界联合会编著:《潇洒桐庐古诗选析》,北京日报出版社,2018年。

12.建德市茶文化研究会编:《严州茶诗选》,中国书籍出版社,2019年。

13.陈仙波、潘庆平、郭毅编著:《浙江旅游发展20年》,西安地图出版社,1999年。

14.李之亮笺注:《苏轼文集编年笺注》(诗词附·11),巴蜀书社,2011年。

红尘厌倦山里去——桐庐县莪山畲族乡新丰民族村

新丰民族村是桐庐莪山畲族乡四个民族村之一，由戴家山和铁砧石等自然村组成，村域面积约八平方千米，森林覆盖率达百分之九十。该村山多地少，全村总人口八百余人，其中畲族人口近四百人，占全村总人口的百分之四十左右。它距桐庐县城约十一千米，是莪山畲族乡最偏远的民族村，也是杭州市畲族人口集聚度较高的民族村之一。

凭借其千年古树群、万亩竹海的壮丽景观和畲族风情、古村风貌的独特魅力，新丰民族村戴家山自然村2014年被列入第三批中国传统村落名录，2016年被列入中央财政支持范围的中国传统村落名单。此外，新丰民族村还先后获得中国少数民族特色村寨、浙江省十佳特色村寨、浙江省民族团结进步小康村等荣誉。

戴家山冬景·邹鸿摄

　　从桐庐县城沿着徐七线一路出发，就来到了杭州市唯一一个少数民族乡村。自"中国畲族第一乡"的标志开始，新丰民族村"畲"味越来越浓，路旁的道旗悬挂着"钟""蓝""雷""李"畲族姓氏图腾，沿线民居以各色织带等畲族图案装饰，就连马路上的白色标线也透露着民族风情。穿过彩绘釉瓦覆顶的团结门，又经过和谐门、幸福门，高大宽阔的三重门楼如同伸开双臂的姿态迎接着每一位来到这里的人。车子在万亩绿海中盘旋上升，一个又一个山坡之后，戴家山村就呈现在我们面前。

　　畲族是我国华东地区六省一市人口最多、民族文化最丰富多彩、民俗风情保存最完好的少数民族。他们自称"山哈"，即指居住在山里的客人。但这个名称，史书没有记载。浙江有景宁畲族自治县，也有"中国畲族第一乡"——桐庐莪山畲族乡。与景宁畲族自治县相比，莪山乡的畲族文化底蕴不仅同样深厚，且有着明显的区位优势。随着三二〇国道、杭新景高速公路的贯通及一六省道的扩建贯通，莪山到杭州仅需一个半小时。2023年4月莪山成功发布"西湖边的畲乡"文旅品牌，畲族文化成为桐庐县乃至杭州市地方文化中具有影响力的品牌之一。

　　莪山畲族乡新丰民族村，是桐庐县内畲族人口聚集度最高的地方。1961年10月，莪山公社中门管理区分设新胜、戴丰两大队，2005年1月，行政村区域规划调整，从原新胜、戴丰二村中各取一字，合并为新丰村。其中戴家山自然村是一个有近四百年历史的古老村落。不过，戴家山既不是山的名字，戴家山村也无姓戴的人。问到村名的来源，村里的老人指着对面的山用方言说"对家山"，难道意思是家对着山？也是，畲族自称"山哈"，在畲语中意思为居住在山里的客人，"戴家山"也是"山哈"的另一种表达吧？村落位于六百米左右海拔的深山里，背靠狮子山，面对龙峰山。群山重重叠叠，竹海碧波万里，站在千年古树群下，浩瀚的时光就从眼前穿梭而过，是谁造就了现在的一切？黄色外墙的夯土民居里有过什么样的故事？古老的畲乡处处透着神秘。

　　戴家山村也是一个现代"网红"村落。凭借着得天独厚的海拔位置，一打开门就是青山翠绿、云雾缭绕，"秘境山乡生活""云夕戴家山""戴家山8号""独幽处"等一个个有格调的名字，听着就让人心动。戴家山精品民宿集群成为桐庐县高端民宿的起源，是杭州地区的一张"金名片"，带动了周边地区高端民宿的发展，而新丰民族村也成了名声在外的现代"世外桃源"。一座座闲置的夯土墙活过来，曾经破败的空心村有了文艺气息，游客纷至沓来，流连忘返。如果你时常感到神经紧绷、对生活深感无力，那就去戴家山做一个"山哈"吧！去山水间，在泉流飞溅、仙气浮腾中涤荡心胸，清洗尘肺。

一、大山深处藏秘境

　　戴家山可以说是桐庐的秘境，古村位于狮子山南坡，东、西、北三面被大山包围，正好处在豁口朝南的向阳避风宽谷。村居依山势地形而建，上下层叠一片。

　　狮子山是横村、莪山、钟山、瑶琳的界山，据钟山乡大市村、横村镇白云村、莪山新丰民族村、莪山中门民族村等《村志》，狮子山有东西二峰，形似得名，海拔918米，为桐庐县中部制高点，高冠群峰。周围荆刺寨、龙峰山、杨坞山、遮风山、上坨山海拔皆超过800米，群峰如矗。山间云海雾霭，时聚时散，若隐若现，不啻天堂仙境。流水潺潺，从山间流淌而下，清澈透明，如同仙子之泪。山顶有天然泉池，水质甘甜清冽，大旱不涸，名作"狮山银湖"，古时作为"莪溪八景"之一。据说，如果天气晴好，在狮子山上能够看到桐庐县城和波光粼粼的富春江。可惜现在小道已被茂密的毛竹和丛生的荆棘淹没，再想登顶已经十分困难。不过即便想想也觉得美，登临山巅，看苍山起伏律动，墨色山水间大片留白，芳草鲜美，山泉流水汩汩，寄蜉蝣于天地，渺沧海之一粟，人当如其中一只飞鸟，去天地之间寻找生命的答案和意义。

在过去，狮子山和附近的村庄是在山上悠扬的寺钟声中醒来的。清光绪三十二年（1906），常乐、安乐（现为胜峰乡、横村镇）两乡民众集资于"狮山银湖"旁建起规模宏大的韦驮殿，祀奉佛教护法神韦驮天尊，有寺田十亩，有僧人常驻。寺中有一口一米高、重达二千斤的大钟，一只大鼓，每日晨钟声发自天关，豁人心胸。每年六月初三韦驮圣诞，庙中佛事很是热闹，礼佛者不绝于途。据说此殿的菩萨非常灵验，善男信女有来为父母祈祷长生，有超度去世的人早登极乐世界，也有病家乘竹轿上山来此康复疗养，疗效甚佳。1949 年初，浙东人民解放军金萧支队曾以狮子山一带为根据地，征粮筹款、打击恶霸地主，军民合作还打跑了曾对狮子山根据地进行围剿的国民党分水县大队。新中国成立后，僧人还俗，韦驮殿也毁于"文革"期间。后来山下的静林寺村要组织一个剧团，因缺少资金，将寺里的大钟变卖，所得资金用来购置戏服。如今青山依旧，一代人的记忆已消散

山村秘境

于历史的烟尘中。

莪溪

二十世纪五十年代后期，以狮子山为制高点，四水分流，东流大坑溪，南流清溪、龙伏溪，西流百岁溪，北流漕源溪。纵贯全乡常年水流不息的"莪溪"，即发源于狮子山西坡，由西坡直泻而下，途中纳蓝田山之山泉，再纳狮子山南坡之水，入横村汇入分水江。莪溪中途遇一石壁，水流转弯，流速趋缓，形成一漩涡，在小水潭上汇成一堆白色泡沫，远望如白鹅戏水，故名鹅溪，"白鹅戏水"也是莪溪八景之一。二十世纪六七十年代，因造田修路溪流改道，"白鹅戏水"就随之消失了，鹅溪随之雅化为莪溪。

深山多奇石。《新丰村志》记载，铁砧石位于新丰村的西边，巨石长、宽、高各有七米，顶宽达一百五十余平方米，是一块巨大的单体花岗岩磐石，石色铁黑，形如锤铁用的砧，因名铁砧石。对于这块花岗岩，没有人说得上它的来历，于是便有了各种各样神奇的猜想。传说当年东海小龙王为百姓凿通山岩以百泉灌溉，在此开铁铺制造凿孔工具而留下的，砧石旁的石缝即当时的淬火池，上方两块相依的长长巨石，中间有一个直通岩洞，则是风箱石。风箱石常年凉风习习。如今，我们看到铁砧石上刻痕累累，确实像是被人锤炼过。后来铁砧石岩上建有五通神庙，有老少五个神像，相传都是抗元阵亡的士卒。据说神像还出现在朱元璋的梦里，明太祖怜悯为国战死的士卒，遂在全国建立五圣庙，让他们庙食一方。传说惟妙惟肖，赋予大自然的鬼斧神工无数神秘的色彩，也赋予砧石灵性。古人对一块不能解释来源的石头予以天马行空的想象和构造，石头不再是一块自然意义上的石头，它有了生命，有了文化，也有了精气神。

沿着山哈古道，一定要去寻一寻"一指动石"。《浙江省桐庐县地名志》提到，有崖如平台，有石长一丈，高五尺，屹立其上，稳如磐石，以一指抵之则微微晃动，疑将下坠，颇为神奇。元代学者杨维桢（1296—1370）有诗"一指力可动，万夫莫能移"，说的就是这块奇石①。清代文学家张岱（1597—1679）在《夜航船》中也说到，一指石"在桐庐缀岩谷间，以指抵之，则动"②。想想真是神奇，他们一定像现在的我们一样，要去探个究竟。想象一下这些文人大家也曾站在这里，拿手指抵在石头上用力，发出由衷的赞叹声，历史和现实瞬间融为一体。

深山藏古树。戴家山百岁以上的古树有二十余棵，有国家一级保护的古木红豆杉、二级保护的古木香樟以及保持着原始风韵的大片红枫林。三棵红豆杉最珍贵，其中最大一棵胸围约四米，高约十八米，冠覆两百余平方米，树龄超过三百五十年，历史的年轮藏在强壮俊秀的树干里，像千年的时光奔涌在河床中沉淀下的鹅卵石。野生红豆杉是第四纪冰川遗留下来的古老树种，在地球上已有两百五十万年历史。据了解，南方红豆杉在野生环境中，发芽率非常低，生长速度缓慢，属国家一级珍稀濒危保护植物，是植物界的"大熊猫"，被誉为植物活化石，是世界上公认的濒临灭绝的天然珍稀植物。据《村志》，戴家山拥有红豆杉一千三百六十棵，已建立自然保护区。戴家山良好的生态环境是珍稀古树重要的理想生长地，它们是更原始的村民。到了秋天，红豆杉缀满了红艳夺目的果实，一颗颗珍珠般的果子悬挂在绿叶之间，煞是好看动人。再看看皱纹满身的老树树干粗直，如同深山里一位老神仙，坚定地站在村口，默默地守望这一方水土，默默地一年又一年，把绿叶和果实带回人间。看着这些古树、群山、河流，

---

① 桐庐县地名委员会编著：《浙江省桐庐县地名志》，1984年，第276页。

② 桐庐县地方志编纂委员会办公室编：《桐庐微村志》（第一辑），方志出版社，2016年，第185页。

甚至星辰，生命之外还有生命。人把自己种在深山里，就能生长出悠然与笃定的气质，纵然外部千变万化，内在无比沉稳淡然。

靠山吃山，戴家山村遍布高节竹，铁砧石自然村有一万两千余亩高节竹核心示范区，万亩竹林磅礴雄伟。新丰民族村特有的土质和气候，使得高节竹笋不同于别的笋，一般是 4 月 20 日以后才开始盛产，笋吃起来也鲜嫩松脆。从 1988 年起，村民开展大规模种植高节竹，以食用竹笋为主。2005 年，村里建立康源菜竹专业合作社，注册"铁砧石牌"商标，年产菜竹笋一百一十万余斤、毛笋七十五万余斤、冬笋两万余斤、毛竹七百万余斤，年产值六百余万元。畲乡老百姓百分之三十左右的农业收入来源于此。竹笋既可用作竹材，又可食用，还可制作畲族竹竿舞的道具以及其他竹制品，边角料被村民码得整整齐齐，堆在家门口，成为飘在乡村的一缕缕炊烟的原材料。竹构建了畲乡人的生活，也构建了独特韵味的畲乡文化。

2016 年，莪山畲族乡成为桐庐县唯一入选"杭州最美竹乡"的乡镇。

红豆杉群

成片的竹林叠翠溢青，绿涌满山，山野人家掩映在绿竹猗猗中，静谧气息十足，目之所及眼润心怡。一阵风吹过，"入竹万竿斜"，竹子顺着风的方向弯下了腰，翻滚起层层碧波，竹叶沙沙作响，犹如绿色的海洋。在新丰的竹林，你能看得见风，听得见风，感受到风。风声和山上奔流而下的溪水声在山间回荡，夹杂着鸡鸣狗吠之声，越发显得山谷出奇的安静。漫步在竹林间，白色水汽萦绕，漫山遍野的竹层层叠叠、紧密排列，自然生成的秩序感呈现别样的空间美学意境。一根根婀娜的身姿或傲然挺立，或怡然静雅，或摇曳生姿，呈现出一节节蓬勃的力量。阳光从竹叶的缝隙中斑驳地洒下，将林中小路装扮得朦胧幽静。如梦如幻的云雾遮山，风姿摇曳的竹林，迷迷蒙蒙犹如一幅浓墨重彩的写意画。

戴家山海拔较高，四季分明，任何一个季节来到这里，都能感受到时光和自然的赠予。

乡村的春天最是货真价实。能闻得到、能看得到、能听得到、能摸得到、能尝得到，这便是田园。人们在戴家山最先注意到的总是油菜花，油菜花是戴家山春天的主角。一大片一大片，色彩和香味都极富吸引力，人们看到油菜花迈不动步子，琢磨着镜头怎么对准才能拍出目之所及。嗡嗡忙碌的蜜蜂才顾不上人类，这里是它们的春日工厂，多大的工作量啊！

山里人则比这蜜蜂更忙碌，他们要趁着季节去寻觅山中时令山野菜。山里长大的人，寻味是基因里带来的本能。被称为"山菜之王"的蕨菜，也就是桐庐人口中的"兰荠头"。"箭茁脆甘欺雪菌，蕨芽珍嫩压春蔬"，便是陆游也很爱吃的野味。蕨菜从冒芽到成熟也就十多天，不及时采摘，茎秆就老了，吃起来就像嚼干柴棍。因此，摘的时候得掐顶端最鲜嫩的部分。食材自然淳朴的味道，烹饪起来反而不复杂，沸水焯熟后过凉水，除去涩味，切成小段，搁点咸肉、雪菜，配以青蒜、青红椒一块儿炒个什锦，想想就馋。或者焯水后晒干，做蕨菜干扣肉，这可是桐庐的一道名菜。

清明时节，青团是游子抹不去的乡愁味道。山里人在竹林里冒出第一捧笋尖，山野间掐到第一抹艾草青时，村民就迫不及待开始行动了，他们要吃最鲜的春。一人拎个袋子或者篮子、一把剪刀，勾着腰在田野间，春天真是大方，艾草一长就是一大片。经过母亲的手摘洗的艾草，手工熬煮成青汁，被揉进了糯米面团，孩子已经焦急地围在母亲身边，但是又不得不耐心地等她将嫩笋与鲜肉炒成馅儿，这个是青团的关键技术。接下来，孩子就可以帮忙一起把馅儿包进去了。等到放上蒸笼，热气腾腾的香气里，吃下的就是一整个春天。

农家生活用的水池，水源全部来自大自然的馈赠。终年流淌的山溪只需要一根接水管便来到了农家，根本不需要现代化的水龙头。夏天路过，用这山溪水洗脸、洗手，甚至直接饮用，瞬间就能感受到一股凉意从心底升起。山溪更是成了消暑的好去处。茂密的树木遮挡住了烈日的炙烤，山间的小溪潺潺流淌，带来了阵阵清凉。人们可以在树林里漫步，感受树荫下的清凉；也可以在小溪边嬉戏，让清凉的溪水冲刷掉身上的暑气。从夏天开始，接连不断的果子从大山的口袋里钻出来。覆盆子、红柿子、野栗子、山楂、猕猴桃等，一趟趟发现野果的惊喜更甚于吃进嘴里，大山的馈赠往往超出了人的期待。

秋天，是戴家山最为灿烂的季节。阳光洒落在五彩斑斓的树叶上，仿佛给每一片树叶都镀上了一层金色的光辉。在戴家山，晒秋的场景随处可见。村民们会在自家的院子里，或是村子的空地上，铺上一层层的竹席或布料，然后将收获的稻谷、玉米、黄豆等农作物放置其上，竹编的晒簸里有柿子、板栗、猕猴桃。阳光透过蓝天，洒落在这些农作物和果实上，形成了一幅幅美丽的晒秋画卷。当秋天渐行渐远，那些晾晒过的农作物和果实成为山里人们冬天里的美味佳肴。它们不仅滋养着人们的身体，更传承着一种古老而淳朴的生活方式和文化记忆。

至于冬天，则是戴家山最宁静的季节。由于海拔较高，这里的冬天来得比其他地方早一些。当雪花飘落在戴家山的每一个角落，无论是草丛、树枝还是屋顶，都覆盖上了一层厚厚的白雪。晶莹剔透的冰凌，在阳光的照耀下闪烁着迷人的光芒，给整个山林增添了一份神秘而浪漫的气息。

二、刀耕火种成往事

每个民族、每个村庄的身上都镌刻着史诗，新丰民族村更带着一股隐忍与不屈。

据民国《桐庐县志》，清雍正六年（1728）已有戴家山村的记载，历经太平天国时期，人口锐减，村落绝户。而后中门村姚姓后人迁来。中门村，乃莪山乡四个民族村之一，也是一个千年村落，姚姓为唐开元名相姚崇（650—721）之后，一世祖姚述恭，于北宋乾兴元年（1022）自安吉县徙居桐庐县安乐乡莪溪之滨，今已传四十多世。姚氏耕读传家，尚文习武，儒风相续，曾被誉为六睦（严州府）首屈一指之望族。历史上，莪溪姚氏曾中进士两人，举人七人，担任知县以上职务者九人，另有县丞、主簿、典史、教谕者多人，乡贤达士代不乏人。[1] 根据村民口述，清朝政治家、军事家姚启圣后人三兄弟的一支，为躲避政治迫害而迁居于戴家山，几百年来休养生息，繁衍了数千人后代。曾任国民党秘书长，新中国成立后为推动海峡两岸的交流作出了卓越贡献的姚步坚先生也出生在戴家山。

有清一代，莪山的畲族祖先是从温州文成、青田等一带迁徙过来。新丰民族村由戴家山和铁砧石等自然村组成。具有悠久历史的畲族，公元七世纪时就已居住在今广州、福建、江西三省交界的山区，较早的汉文文献称他们为"蛮""蛮獠""南蛮""峒蛮""峒獠"等。公元十三世纪中期，南宋末年的史书开始出现"畲民"和"畲民"的称呼。畲，意为刀耕火种，以传统农业为主的古代社会，受自然灾害、人口压力与官方政策影响，被

---

[1] 桐庐县地方志编纂委员会办公室编：《桐庐微村志》（第一辑），方志出版社，2016年，第184页。

迫迁徙的畲族人直面艰难的生存压迫，畲民生活环境备受挤压，只能不断辗转于山林之间，被叫作"中国南方的游耕民族"。1956 年经国务院正式公布，该族裔的名称规范为"畲族"。

畲族的蓝姓、雷姓、钟姓等家族，就是在大迁徙背景中来到了莪溪拓荒辟壤，繁衍成族。畲民最早来浙江的时间是唐永泰二年（766），景宁是浙江畲民最早的居住地，桐庐的畲民主要由景宁一带迁徙而来。从畲族家谱上看畲民的迁徙是以一户或几户为一伙进行的，这方面情况《浙江省少数民族志》作了较多的记载。李姓，据畲族《李氏宗谱》记载和李氏家族后代回忆，清同治九年（1870）李鸣垫三子李承涛步行九天，由青田县八都富澳乡驮丘边村迁入现新丰民族村戴家山落脚，迄今已有一百五十余年。后其兄弟李承雷、李承仁、李承然相继从青田迁至尧山、塘联村牛厄岭、尧山坞等地。雷姓，始祖为上古忠勇王龙麒三子雷巨佑，敕封武骑候。郡望冯翊郡，堂号谦让堂。本村始迁祖雷士（树）风，清光绪九年（1883）从文成县双桂乡洋山桐村迁入铁砧石搭篷落户，自始迁祖以下辈分排序依次为士、礼、元、德、本、明、昌、绍。钟姓，始祖为上古忠勇王龙麒之婿钟志琛，敕封国勇侯。郡望颍川郡，堂号颍川堂。本村始迁祖为钟温义，于清光绪十年（1884）从青田县八都五源萧山村迁入铁砧石。莪山地区山高树大林密，地处偏僻、宜开荒种植，又远离汉族居地村。村里上了年纪的老人回忆，新中国成立前，少数民族的地位比较低，畲民迁来莪山之后，汉族人居住在山下，占有较好的田地，畲民只能选择半山腰，每隔三年到五年就迁徙一次。畲民选择山坡向阳避风有水源的地方，建起了"寮"屋，木结构、黄泥墙、茅草顶，过着"火笼当棉袄，竹篾当灯草，野菜充饥肠，番薯吃到老"的日子。

桐庐历史上素无莪山乡，亦无莪山之名，莪山之名新中国成立初才有。1950 年以前，今天的莪山乡分属于横村镇与旧县乡。1950 年设莪溪、塘山、尧山三小乡。1956 年由三小乡合并建制莪山乡。虽说新中国成立后畲族政治地位得以提高，也拥有了平等的教育与工作机会，但那时的莪山"男子多光棍，女子无嫁衣"，是个闭塞的山坳坳。昔日山路泥泞、房屋破败，温饱问题都难以解决，更不要说接受教育了。

1958年建造从横村到钟山的绕山公路，路基宽仅四米，1959年6月，由横村供销社受设莪山供销分社于高踏步，后相继建起了粮站、合作商店、成衣铺、理发店等，高踏步一带成了莪山的中心。1988年之前，"贫困"是外界对畲乡唯一的印象，整个莪山公社的公路里程不足七千米。一切都要从1988年翻篇，浙江省政府批准正式成立了莪山畲族乡，这也是杭州地区唯一的少数民族乡。1990年，杭州市政协帮扶莪山脱贫的规划，定下了"输血"与"造血"双管齐下的基本思路。2002年，莪山逐步走上绿色发展之路，封山育林，培养资源优势，为开发畲乡风情旅游创造条件。2004年，莪山进一步明确发展旅游产业。

要发展旅游就要先修路。1988年徐七线改建，道路扩宽至六米，莪山中心学校、农贸市场、医院、村委大楼、各种商店形成了一个崭新的集镇。徐七线从无到有，从有到优，逐渐拓宽到十米，是莪山乡通往外界的唯一通道，凝聚了畲乡人的心血与汗水，也见证整个畲乡的历史跨越。畲族人和汉族人走在同一条大道上，一代代人长久地磨合，共同在同一片土地上安居乐业。位于徐七线的莪山入乡标志团结门，也因道路拓建而重建。2011年建成的新团结门，周身萦绕着民族团结气息，四柱三间楼阁式的牌坊富丽堂皇，算得上桐庐第一坊。楹联上书："民族和睦同绘万家幸福如意图；人民团结共歌百业振兴富强曲"。

过去，去戴家山、铁砧石都要沿着小溪，靠两条腿得一个多小时才能进村，一到下雨下雪，没处落脚。从山下的潘山桥一路通到戴家山、总长八千米有余的潘戴线结束了这段历史。山路像一条纽带一样，连接了山里边和山外边。2019年潘戴线已建至六米半宽，路旁种上了银杏树等各类乔灌木，沿路的村民随时清扫，保证它的清洁。路越来越美，畲乡味也越来越浓，古村落就越来越有活力。山里人、山里特产通过它运送出去，一辆辆满载游客的大巴车通过它来到山里。

农村面临城市化快速发展所遇到的挑战，新丰民族村也正在经历着。海拔六百多米的戴家山仅有三十八户人家，住在这里的年轻人，最大的愿望就是走出去，一到年纪都下山进城去了。年轻人一走，村里留守的只有老人孩子，万亩竹林缺少劳动力，夯土墙的房子空着了，畲族文化也淡了。从 2013 年新丰民族村村民把自家老房子出租给民宿经营者开始，山好、水好、空气好的戴家山，成了很多年轻人的打卡地。闭塞的小村庄发生了巨大的变化，就连平时只能在家务农的妈妈婶子一个月都开始有固定收入，走出去的畲族青年也回来创业了。他们翻新自家老宅，发展自营民宿，钱袋子渐渐鼓起来，山坳坳成了"金窝窝"。

岁月如梭，莪山畲族乡在漫长的历史中逐步崛起，焕发出璀璨的光芒。数据，是这段历史的见证者，也是这个民族乡奋斗的足迹。从 1988 年到

和谐门

团结门

幸福门

2018 年，莪山畲族乡花了三十年的时间，工业产值从 1988 年的 1385 万元提升到 2017 年的 11.7 亿元；农业产值 331 万元提升到 1.1442 亿元；人均年收入从 760 元提升到 22842 元。特别是村级增收化债效果明显，2018 年上半年全乡村级集体经济总收入 471.66 万元，同比增长 67%，其中经营性收入 223.09 万元，四个村债务全面化解。2019 年 10 月，桐庐县莪山畲族乡获得了中国民族品牌文化委员会授牌的"中国畲族第一乡"称号。2022 年 7 月 6 日，全国首个民族乡村共同富裕指标体系在莪山畲族乡发布。这个指标体系的建立，既是对莪山畲族乡发展的肯定，更为莪山畲族乡未来的发展指明了方向。

畲族人民如今终于结束了被迫在连绵山头间迁徙的生活，他们曾经的迁徙是为了生存而不得不做出的选择。在戴家山的深山中生活了近四百年的畲族人民，如今展现在我们面前的是他们的富裕、美丽和幸福。在中华大地上，他们将维持生存的努力转变为美丽生存的现实，每一个中华民族都不可或缺，这难道不是一部历史上震撼人心的伟大史诗吗？

三、古韵娓娓醉畲家

在物质财富极度依赖大山的年代，畲族人几乎没有多少财富剩余，他们固守一方天地，用自己的双手和来自深山的原料创造了农耕文明的传奇。人们用苎麻把山里的花鸟鱼兽编织在衣服里，大山里日常生活和劳作的酸甜苦辣被唱成了歌，山里的粮食被酿成了酒，山成了不问世俗的代名词。去一趟戴家山，去触摸畲家人聪慧善良的心性，去感受他们炽烈火热的情感，去追寻山里孕育的浪漫。

山上椭圆形的巨石，在畲乡人看来，那是凤凰卵，是畲族人民心中的神石。这个起源于广东潮州凤凰山的民族，凤凰是他们的信仰，是他们的图腾。凤凰在畲族生活中无处不在，它是畲民的骄傲，也是畲民的灵魂。

畲族妇女普遍穿"凤凰装"，凤凰图案被刺绣或者印染在服饰上，女子将红头绳扎的长辫高盘于头顶，形似凤头，姑娘出嫁时，还要戴"凤凰冠"，凤冠上有银钳栏、头面、银金、国铮、奇喜牌、奇喜载、银链、古文钱等，一副凤凰翘首的姿态；服饰和围裙上用金银丝线镶绣五彩缤纷的花边图案，那是凤凰的颈项、腰身和羽毛，扎在腰后飘荡不定的金色腰带头，象征着凤尾；畲民全身佩挂多件银器叮叮作响，仿佛凤鸣之声无比悦耳。《后汉书·南蛮传》"好五色衣服"，《桂海志续》"女则用五采缯帛缀于两袖"，记载的就是畲族千百年来的服饰特色。凤凰装是穿在身上的一本畲族史书，近年来社会上刮起的一股民族服饰风，是民族文化底蕴在时尚界的不断发酵，服装正成为文化自信和民族认同的外在语言。

彩带是畲族女装的重要装饰品。畲族女孩从记事起，就开始学习编织彩带；一根彩带，花费几天的时间，具有重要意义的彩带则需要更久的时间构思，畲家姑娘们把对生活的美好愿景倾注在手上的一丝一线中。彩带是系在腰间保平安的"护身带"；是背孩子的兜带，是呵护后代的"子孙带"；也是姑娘们送给心仪对象的"定情带"。这种精美精致的织带，工艺并不复杂，不限时间和地点，只要手上闲着，随处都可以织起来，田埂上、屋檐边、山坡上，能见着心灵手巧、认真细致编织彩带的姑娘。一把简易的木梭，也许是从祖辈手里传下来的，姑娘们牵好经线提好综，一头挂在门环、柱子、篱笆或树枝上，另一头拴在自己的腰身上。一片竹板，几根丝线，一来一回间，字带雏形就出现了。

彩带的宽窄取决于经线的多少，一般以五双和十三根较为普遍，经线越多图案越复杂。彩带图案的编织方法、编织技巧没有文字记载，仅靠一代代的畲族妇女口口相传。畲娘们运用各种颜色和图案的组合，创造出独特的视觉语言。每一种颜色、每一个图案，都代表着特定的含义和象征，它们共同构成了一个复杂而精妙的符号系统。根据畲族文化研究者雷关玉的整理，彩带上图案主要有三种：一种是写实的图案带，比如自然万物都可以编进彩带，龙、鱼、云彩、麦穗等都是常见的元素；二是会意的各种形状符号，比如表示太阳崇拜的"卍"字纹、寄寓孕妇顺产的菱形等；三为比较多见的汉字带，"风调雨顺，国泰民安""百年好合，五世其昌"，非常具体地表达着编者的祈盼。畲族没有自己的文字，但他们通过彩带这种独特而富有创意的方式，来传达各种特定的含义和情感。彩带都是蓝底为主，看到彩带的那一刻，游客才意识到，进入莪山乡看到民居门窗上精美的蓝色图案，原来都是由彩带进化而来。

彩带，对于畲族人来说是一种装饰品，更是一种承载着丰富文化内涵和象征意义的民族符号。彩带在畲族文化中具有举足轻重的地位，它不仅是畲族妇女智慧和创造力的结晶，更是畲族文化的重要载体和传承工具。在畲汉民族融合的过程中，彩带发挥了不可替代的作用。它作为一种独特的文化符号，不仅展示了畲族文化的独特魅力，也为畲汉两族人民提供了一个相互了解和交流的平台。通过彩带，畲族人民向汉族人民展示了他们的智慧、勤劳和创造力，同时也从汉族文化中汲取了丰富的营养和灵感。这种文化的交流与融合，不仅增进了畲汉两族人民之间的友谊和团结，也为中华民族的文化多样性增添了新的色彩和活力。

畲乡不只有彩带，还有红曲酒。没喝过畲乡红曲酒的人，不要说自己去过莪山。"琉璃钟，琥珀浓，小槽酒滴珍珠红。"第一次喝畲乡红曲酒的人，就会爱上这朦胧的中国胭脂红。分明就是李贺诗中的"琥珀""珍珠"，米饭发酵的原始醇香触到舌尖，便在胸腔荡漾开来。根据史料查证及畲族长辈估计，畲族红曲酒制作工艺已有五百多年历史。手工制作的红曲酒，畲民当作珍品用来招待尊贵客人，每逢喜事节庆，畲族家家户户都会酿红曲酒，客人上门主人必热情地请他先饮三杯酒。

畲族红曲酒是畲乡人简单而真实的生活态度，是对自己辛勤付出的赞赏，是对生活的理解和尊重，是对生活的热爱和享受。其用料除了粮食，还有当归等药材，有活血化瘀、健脾暖胃之功效。畲民中流传有"三碗红

畲娘编织彩带　邹鸿摄

曲酒，抵碗人参汤”的俗语。劳作之余，细品上两口佳酿，仿佛为疲惫的
身心注入了新的活力，使疲惫的筋骨得以舒展，脉络重新焕发出生机。妇
女产后吃红曲酒煮鸡蛋，便能快速恢复元气，多产奶水。冬天将红曲酒隔
火烫烫热，更醇更柔的酒香弥漫全身，江南的冬天在一杯杯防风御寒的红
曲酒中就溜走了。现在的红曲酒与时俱进，还能降脂、降糖、降压，是桐
庐家家户户餐桌上必备之物，十七度左右的香甜，不论男女都要咂摸上两
口。2007 年，畲族红曲酒被评为“桐庐县名牌产品”。2009 年，莪山畲
族乡办起红曲酒厂，打出“畲香虹”商标，全新包装红曲酒。红曲酒走出
了畲乡，走出了桐庐，走向了上海、无锡、杭州等城市的餐桌。

畲族把农历十月二十称为酒的生日，这天家家户户飘出醇厚的红曲酒香。据说，这天酿的酒最精、最香、最醇。红曲酒，承载着深厚历史文化底蕴，其酿造过程既是一门技艺，也是一种生活的艺术，"畲乡红曲酒酿制技艺"已成为省级非物质文化遗产项目。红曲酒的酿造，不仅仅是对原料的精细挑选，更是对原料比例的严格把控。选用当年新出之上等糯米、山上引下来的山泉水。红曲的选择当然最关键，这种长在竹子上的野生菌是酒色通红的来源。每年，酿酒人都会精心挑选出最好的红曲，留作下一年的引子，以确保酒的品质和风味。捣好红曲后，按照1∶40的比例加入清澈甘甜的山泉水，将冷却至30℃左右的熟糯米加入其中混合均匀，数字比例当然是现代人的摸索，资深的酿酒匠人全凭自己的感觉，他们的手就是比例尺。红曲酒在一个星期的自然发酵过程中，酿酒人通常彻夜守着酒坛，悉心照料确保温度和湿度。每一批次的酒都承载着独特的生命力和故事。"开酒门"是一个很重要的仪式。匠人通常在凌晨三点的寂静中，用搅拌棍从酒缸的中心开始，将酒液缓缓捣开并均匀搅拌。熟练的技艺和专注的神情，是对酒的深情、对生活的敬畏。最新酿制的红曲酒，通常要接受酒花的考验。舀起一瓢泛着玛瑙红光泽的酒液，轻轻地倒下，酒花在酒面上跳跃，酒表面的酒花越多，酒越清甜甘爽。

红曲酒可不像白酒，年份越久越金贵。开封之后必须尽快饮用，最好在4℃以内保存，才能保持酒的纯正醇香。以前没有冰箱，当地人酿好后，都藏在地窖里，即使这样，也不能留过来年四月。

四、以歌传情"三月三"

畲族，这个古老的民族，拥有着自己独特的语言。然而，历史的长河中，畲族人的分布如同繁星点点，散落在广袤的大地上，与汉族交织杂居。这种"大分散，小聚居"的居住特点，使得畲语如同孤岛般存在于汉语的汪洋大海中。随着普通话的普及，畲族的年轻一代与母语的距离渐行渐远。学者曹志耘在《南部吴语语音研究》中揭示，金华某些地区的畲族村落已无人能讲畲话。那流传了一千两百多年的民族语言，正逐濒临消失。

语言是文化的根基，失去了它，文化的枝叶也将枯萎。畲族的山歌，便是以这种独特的语言为土壤而生长出的绚烂花朵。当畲语的使用日渐稀少，那些曾经用歌声慰藉生活、表达情感、欢庆节日的畲民也渐行渐远。在现代科技的冲击下，那些曾经在山间回荡的歌谣，如今只能在特定的场合，通过表演的方式，艰难地呈现在人们面前。

然而，幸运的是，还有一些人在努力守护这份珍贵的文化遗产。2012年，莪山乡便开始了畲语语音档案的紧急记录工作，他们希望通过这种方式，为畲语留下不灭的印记。莪山民族小学更是开设了畲语表演社和畲语课，让孩子们从小就接触到自己的母语和文化。雷树冰，一位90后的畲族青年，用自己的行动诠释了对畲族文化的热爱。他不仅在畲歌的采编研究上取得了显著成果，还希望通过山歌的力量，唤醒更多人对这份古老文化的记忆。

时光荏苒，但希望永存。在畲族人的努力下，那些即将消失的声音或许能够重新回响在这片大地上，让更多的人听到，让这份独特的文化得以延续。

每年的"三月三"，彩旗飘飘，人潮涌动。畲族会举办盛大的庆祝活动。这一天，整个莪山乡沉浸在欢乐和热闹的氛围中，新丰民族村也沉浸在这场民族盛事里。许多人家还会选择在"三月三"这天举办婚礼，每一个细节都深深地烙印着畲乡的风俗和传统，每一个程序都有着深深的农耕记忆。

在结婚之前，莪山畲族乡的青年便以"缘歌"来寻得意中人，在辽阔的山野大地里生长的人感情真挚。年轻的姑娘小伙在公开场合以山歌表达自己的爱意，以对歌的方式考验双方的才情，有"月亮弯弯像把梳，妹子花花恋郎哥；恋郎不知郎哥意，先唱一个试心歌"的单纯炽烈，有"打好柴禾下山岗，三岔路口等少娘；有心问你一句话，金鸡能否配凤凰"的直接迫切，有"没闲三日未见娘，好比三年岁月长；今晚见到娘面容，夜间眼泪湿枕头"的夸张思念，有"午时留恋日头正，留恋妹来心发癫；我的心事没人晓，有话难得讲你听"的失恋惆怅。

著名语言学陆稼祥在《浙江畲歌》中，对畲族民歌做了高度的评价："畲族情歌回环往复，一唱三叹，颇有《诗经》中重章叠句的'国风'韵味。畲族情歌的修辞方法甚为丰富，超出了赋、比、兴的范围，这也是它具有较高的文学价值的原因之一。"

根据恋爱过程的推进，又可将畲族情歌分为初识歌、结交歌、热恋歌，还有特殊的苦情歌与反抗歌。

畲族婚俗仪式环节众多，大致分为拦门、举礼、喝宝塔茶、脱草鞋、借锅、杀鸡、撬蛙、对歌、对盏、留箸、行嫁、拜堂、传代、回门等，相应的婚嫁歌有《度亲歌》《赤郎歌》《嫁女歌》《娶亲歌》《念娘歌》《成双歌》《度娘歌》《劝女歌》《芙蓉歌》《花纽歌》《仙宫歌》《点心歌》《劝酒歌》《时辰歌》等众多曲目。山歌在畲族不是一般意义上的娱乐或者表演形式，而是一种代替文字和他们的日常息息相关的生活方式。

在畲族的婚俗中，若村中有两位或更多的新娘在同一天出嫁，后出门的新娘便寓意着"走旧路"。为了破除这一忌讳，畲族人便会牵来一头牛，让它踏过这旧路，寓意着重新开辟一条新路。而今天，无论前方是否有过其他新娘的足迹，踏路牛都如约而至，为新娘踏出一条崭新的道路。有一个很有趣的环节是"赤郎借锅"，意为伴郎以唱山歌的方式向女方借用炊具款待宾客。赤郎唱到哪个炊具，姑嫂们就得把先前收好的炊具摆出，只要有一个炊具漏唱了，赤郎就得重新唱借。

一场畲族的婚礼，不仅仅是一场两个人的结合仪式，更是一场关于传统、文化、民族的盛大庆典。这些环节不仅仅是形式上的走过场，更是畲族人民对婚姻、对家庭、对生活细节的尊重和热爱的体现。

五、不负青山宿新丰

徙居初期，畲族本身势单力薄且作为外来移民，并不能享有河谷与山麓平原这样的优良地块，只能在山腰或山脊处寻找适宜的居所。1998年，同济大学王绍周主编《中国民族建筑》的"民族概况篇"中将畲族住宅特点概括为"大分散、小聚居，民居以泥墙瓦房或茅草房为主，多为三开间或五开间住宅，建筑式样与汉族农村住房相似"。为了适应山地环境，他们在山谷间搭建简易的山棚，称为"草寮"或"草厝"，畲族人称呼自己的屋宇为"寮"。

原始的"茅寮"为草屋，在清代以前主要表现为"悬草寮"，将架料缚成框格形，寮面的茅草打成草匾之后盖上，整体形状呈"介"字形，被形象地称为"千枝落地"。茅寮几乎没有隔间，因结构低矮而采光不足，泥土地面十分潮湿。为了改善这种情况，畲民发展出了"瓦寮"，用泥巴夯实成墙。泥巴是用黄泥土浸漂，再借用耕牛在泥上多次反复踩踏，以增加土的黏性，然后加入稻草制成土砖，由于有稻草的牵引，土砖的硬度更高。

明清之后，随着村落的不断发展和人口的繁衍，原本定居在山腰茅草屋的村民开始朝山下迁徙，畲族逐渐向汉族文化靠拢，从游耕农业发展到定居农业，住房也表现为向一至两层的土木结构过渡。平房布局基本为方形，房顶呈金字状。畲族屋宇内部设计布局合理，充满了实用性。大致分为中间厅堂、两侧厢房。厅堂又分为前后庭，中间用木制屏风隔开，两旁留有出入小门，左门顶上设有神龛，右门顶上设祖先神位，后庭用于放置日用杂物。左右厢房分别隔开计四间，其中右厢房后段为厨房，其余三间为卧室。厨房一般不设烟囱。每家的灶前均设有一个烤火取暖的火塘，冬天全家人围坐火塘，有客人来时便会请客人在灶前坐下，吃饭、喝酒、唱歌，其乐融融。楼层多为两层，下层用于储存粮食和杂物，上层用于住人，楼上有出廊到平台。新丰民族村戴家山村的畲族夯土建筑有着当地明显的特色。传统徽派夯土建筑外墙刷白灰，而这里的夯土建筑却是原色黄泥墙。

竹制的天花板和防雨层，更凸显畲族风情。

　　畲族的民间习俗传统是，营造前要选择黄道吉日，奠基、上梁、砌灶、入宅都要选择一个正日。其他的工作就选择农忙时少干或不干，农闲时多干。先打地基、立柱、上梁，搭好架子，然后在屋顶铺瓦，最后是砌墙、建灶、铺地、装饰屋内。畲族人造房子，流传着一种独特而温馨的传统——"一户建屋，户户帮工"，帮工者只用酒饭，不要工钱。在建造新房的过程中，大家齐心协力、共同奋斗，不仅完成了物理上的建筑任务，更在精神上构筑了一个坚固的畲族团体。随着时代的变迁和社会的发展，这种传统的建房方式已经逐渐淡出人们的视线，而畲族人的团结和互助精神，以及他们对家庭、民族和传统文化的眷恋，已经深深地浸在血液里。

　　村民们对这几年戴家山的变化感悟很深，最直接的莫过于从前象征贫苦人家的黄泥墙老房子，摇身一变成了住宿一晚需要花费近千元的高端民宿。沿着山路拾级而上，戴家山的黄泥墙建筑几乎与大地融为一体，让人

老屋墙根下晒太阳的老人

难以分辨土地与生活的界限，淳朴的原始风情打动了异乡人。当初为了实现"村口有树能挡风，屋后种树能蓄水"，在房前屋后栽种果树或毛竹，如今都成为让人着迷的景观。

近年来，随着旅游业的兴起，畲族地区的民居逐渐转型为民宿。这些民宿保留了畲族传统建筑的特色，同时又融入了现代设计元素，为游客提供了舒适而独特的住宿体验。从单个民宿到民宿集群的发展，不仅带动了当地经济的繁荣，更让畲族文化得到了更广泛地传播和认可。畲族建筑从民居到民宿的转变，是畲族社会经济发展的一个缩影。这一转变不仅改变了畲族人的生活方式，更让畲族文化在新的时代背景下焕发出活力。

2023 年"五一"期间，桐庐民宿（农家乐）人流接待量达到 20.13 万人次，创下历史新高，桐庐当得起浙江美丽乡村样本地、民宿经济领先地等称号。自 2015 年桐庐县首批"乡村民宿"经营营业执照发放，十来年的发展，桐庐民宿从零零星星到铺天盖地。截至 2022 年底，桐庐共有民宿经营户 785 家，民宿集聚村 23 个，精品民宿 154 家，成功创建省级白金宿 2 家、金宿 3 家、银宿 5 家。其中 1 家金宿"云夕·戴家山"、1 家银宿"秘境·山乡生活"都位于戴家山。作为全县高端民宿的发源地，戴家山民宿一不小心走到了行业前列，成为桐庐民宿经济向外展示的标杆。2013 年开始，戴家山村民把自家老房子出租给民宿经营者，成功引进的"秘境·山乡生活"和"云夕·戴家山"两家优质高端民宿，新丰民族村已连续两届成为"中国（桐庐）国际民宿发展论坛"的现场考察点，并且开启关于民宿的各种培训。

山间民宿背倚竹林屋舍，山涧里溪流声不用侧耳就能听见，正前方就是敞开的梯田山谷，油菜花、稻田、竹林，作物随着季节奉献给大自然不一样的色彩，不用面朝大海，也能春暖花开。蔚蓝的山泉泳池在这葱茏的山谷间颇有张力，聚集着外围的目光，像大地上一只蔚蓝的眼睛，与天空对视。一头张望远方的木质麋鹿不知道在思考什么，一张宽大的原木长桌

悠然地等待人们坐在它的周围，不禁让人联想起辛弃疾《清平乐·村居》
词里的乡居景象：

> 茅檐低小，溪上青青草。醉里吴音相媚好，白发谁家翁媪。
>
> 大儿锄豆溪东，中儿正织鸡笼。最喜小儿无赖，溪头卧剥
> 莲蓬。

　　设计师最精巧的设计就是让人看不出来刻意地营造。老房子新生活，
新房子旧时光，民宿以外墙的朴实融入农家屋舍中，内里的布置也以精简
为主，营造着山乡原始的烟火气息。在这样的天地里，窝在沙发中，或者
站在原野上，哪怕只是发呆，也有一种别样的静谧。

　　2013 年开始，建筑设计师张雷与南京大学建筑与城市规划学院可持续
乡土建筑研究中心，在桐庐莪山畲族乡、深澳古村等地开展"莪山实践"
等一系列乡土建造和经营实践。许多设计师虽然完成了很多项目，但始终
缺乏成就感。张雷等人在他们的一系列关于设计理论的文章中，不止一次
地表达对"时间和空间"的思考。他们在东西方的建筑范式之间，在乡村
和城市对历史和文脉的传承上做出了一系列的拷问，追问"我们自己的建
筑文化"到底应该什么样？而这些有价值的思考，恰恰来自他们在戴家山
等地的实践。当一件件作品落实在戴家山时，人们不禁疑惑到底是设计师
成就了戴家山，还是戴家山成就了设计师？设计师的文章散见于各大报刊，
更是发表在《光明日报》等头部媒体上，戴家山的民宿也被广泛报道，轰
动一时。

　　乡土聚落的原生秩序给了设计师源源不断的灵感，不同于西方建筑界
面向"城市历史街区"的表达。2015 年"4·23 世界读书日"由《生活》
杂志与亚马逊 Kindle 电子阅读器联合主办的"阅读未来·千书世界"空

---

① 张逸尘编：《辛弃疾》，台海出版社，2022 年，第 117 页。

间创意展中，建筑师张雷设计了一座柴门书屋——柴门听蝉，摇曳的烛火、窸窸窣窣的虫声，营造一个静心耕读、回归本初的空间。搭建柴房的一百五十担柴火、柴房内的旧条凳与油灯都来自戴家山。展览结束后，一枝一柴又回到戴家山，成为"云夕戴家山"乡土艺术酒店入口充满创意的柴火墙。"云夕戴家山"不仅有大面积的柴垛，云露台上艺术空间使用的是三百把当地村民扎的扫帚，别墅外墙和厨房建筑使用的黑石，以及室外庭院里的石水钵、竹篱笆围墙等均来自当地。农家日常不被待见的物品被做成了艺术品。当这些东西变得"没用"时，却成了一种艺术、一种大家追求的美。黄泥土坯房屋的结构被最大限度地保留了，在这里过日子，像是山居生活，却又不像传统山村生活。店主雷树冰即兴就可以来一段畲歌弹唱，作为畲族山歌的市级非遗传承人，民宿也是他的一个试验场。

先锋云夕图书馆是先锋书店的第十一家分店，被誉为国内最美的三十家书店之一。然而谁也不会想到，六百米的山上还有此般惊喜。先锋云夕图书馆由村庄主街一侧闲置的两座毗邻的畲族民居改造而成，保留传统的黄泥土坯墙、木头窗，红色的邮筒在楼梯的墙边，像是来自远方的召唤。左边艺术咖啡馆，右边图书馆，两栋建筑之间为入口庭院，以和外墙同一色系的艺术化透空木格栅连廊遮挡连接，短短的几步路竟有着曲折的意味。街道、台阶到连廊之间，是小巧玲珑的前院；连廊的另一侧则是一个弧形的观景平台，坐在此处享受着自然的气息，品着醇厚的咖啡，阅读一本喜欢的书，时光悄然地慢下来。设计师将原本衰败的古老民居加固复原，将屋顶做了抬升，加了高窗，阅读空间就显得更加通透，光、气流以及优美的竹林都成了书店的客人。

先锋云夕图书馆门口木刻的标牌，木质楼梯井，室内摆放的书架和桌椅几乎都是取材于当地，畲乡古老的历史原貌存在于很多小细节中。一百五平方米的书店，收藏了民俗文化、地理、乡土文学、人物传记、诗歌、摄影艺术、书院文化等四千多个品种、近两万册图书。张雷认为书店的特

畲家民宿

以竹子元素装饰的民宿

质在于人与书邂逅、人与人相知，而乡土社会中人与人之间天然的血缘地缘关系，削弱了空间的商业气息，如同去做客的邻居家，可以天天到访，无论老人还是儿童。先锋云夕图书馆成了一个具有人文情怀的公共场所，如同一所没有围墙的学校，一处让人自由散步的林间空地。地方竹编农艺、民俗元素的文创产品更被呈现在书店中，图书馆经营属于半公益式，销售利润主要用于捐助当地的畲族贫困学生。

先锋书店的宣传语"大地上的异乡者"，这取自奥地利诗人特拉克尔的诗句，恰恰符合戴家山的气质。每一个来到此处的人都是"山哈"，每一个人都在异乡寻觅故乡。

2017年，民宿戴家山8号开业，除了对房间的改善，还把畲族特有的文化引入民宿。民宿管家身着畲族服饰迎宾，迎宾礼、敬酒茶、竹竿舞、长桌宴，客人来了还能品尝畲乡红曲酒和黄金粽，戴家山8号就有了自己鲜明的特色。

戴家山8号一期投入四百余万元，不到五年就实现了成本回收，民宿主人、90后的邵婕频频接受《杭州日报》等各大媒体的采访，许多外地的民宿也来这里取经。这不能不令人心动，村里人要么踏上了自己的民宿之路，蓝王伟就在山顶开启了露营基地，十几顶帐篷一个月营业额就有五六万元；不会做生意的就在各个民宿之间帮工，戴家山8号民宿的保洁，每月工资三千两百元，收入远远高于平常务农；或者有人干脆在村里干起了小吃店，人流量这么大，干一个月抵打工干半年，山里的土货龙须、红曲酒、笋干供不应求。曾经的"空心村"成了城里人的第二居所，昔日远离家乡村民逐渐回归，村里从二十余人回流到六十余人。2019年戴家山村年均接待游客十万余人，旅游收入近一千六百万元，老百姓人均可支配年收入超过两万六千元。这可不是呆板的数据，这是戴家山人引以为豪的创造，是戴家山人逐渐回归的牵引，更是戴家山人心中的又一缕乡愁。

在民宿产业兴盛之前，新丰民族村也不是没有其他的尝试。

先锋云夕图书馆

因为紧邻横村镇,在中国针织之乡市场的辐射和带动下,各类私营针织企业如星星之火,迅速点燃了莪山,家庭式的针织加工业成为许多畲民改变命运的重要途径。电子商务和快递之乡的发展,使得针织、针纺行业在莪山工业结构中占据半壁江山,它们像细密的网,将农村剩余劳动力紧紧编织在一起。

据《新丰民族村村志》,当地曾经有一个知名的村镇企业——桐庐莪山新丰花炮厂,这是一家专业生产烟花和承办烟花晚会的企业。自 1981 年成立以来,便以其精湛的技艺和不断创新的精神,赢得了国内外的一致好评。三百二十余个品种的烟花爆竹,年产值高达一千五百余万元。桐庐县花炮厂是杭州地区唯一一家烟花爆竹生产企业,桐庐产的花炮,一度占据了杭州烟花市场的四成。不仅为杭州市西湖博览会、香港回归庆典等大型活动带来了震撼人心的视觉盛宴,而且应邀参加了中国香港、中国澳门等地区,加拿大、摩纳哥、西班牙、尼泊尔等国家的国际大型焰火比赛,并获得国际传统烟花比赛金奖,更为非洲十多个国家国庆庆典增添了绚丽色彩。桐庐花炮厂,作为莪山工业的一颗璀璨明珠,不仅为戴家山等地众多待业在家的畲民和汉民提供了就业机会,更改变了他们的生活轨迹。习惯了在田地里刨垦的畲家人,成为烟花燃放产品制作经验丰富和保障产品安全系数稳定的专业队伍成员。

2010 年,桐庐花炮厂因发展需要选择新址筹建。2012 年,确定江南镇珠山村所属的山地作为新厂厂址。戴家山成为一个网红村落,也让很多人反思,工业从根本上改变了人们生活的物质条件,然而流浪在工业园区里的灵魂,却还在追寻家园大地留下的乡愁。中华文明植根于农耕文明,即便栉风沐雨数千载之后,中华文明的农业底色与农耕本色从未改变,让我们引以为豪的还是农耕文明留下的自然村落。正是工业文明和现代化,导致了传统生活方式急遽消失,才显得新丰民族村的农业遗产格外稀缺和珍贵。人们意识到这片大地上的道德伦理及乡风民俗一旦消失,将难以再生。

随着旅游业的发展，长期闲置的花炮厂被改成了影视基地，浙江卫视一档非常切题的综艺节目——《我们的客栈》正是在此录制。节目的立意正好顺着新丰的品牌，或许是从节目当中获得灵感，"我们的"开始了一系列的业态转化："我们的客栈""我们的畲味""我们的风情"。我们的新丰民族村站在了一个新的历史海拔，在原有自然风光秀丽的山中，向人们展示特有的畲家农耕生态。

如今的戴家山，每一缕新风都似带着自然的低语，轻拂过脸庞，给予人无限的生机与活力。戴家山的风，从历史久远的地方吹来，是一种山脉自然的存在，是一种民族风情的神秘，是一种民族融合的气象，它象征着一种不断追求新生、不断进步的精神。在戴家山，吹着新风，感受到一种由内而外顶天立地的力量，生命总会长出新的枝丫！

参考文献

1. 桐庐县地名委员会编著:《浙江省桐庐县地名志》,1984 年。

2. 桐庐县地方志编纂委员会办公室编:《桐庐微村志》(第一辑),方志出版社,2016 年。

3. 张逸尘编:《辛弃疾》,台海出版社,2022 年。

最忆杭州

杭州市人民政府地方志办公室

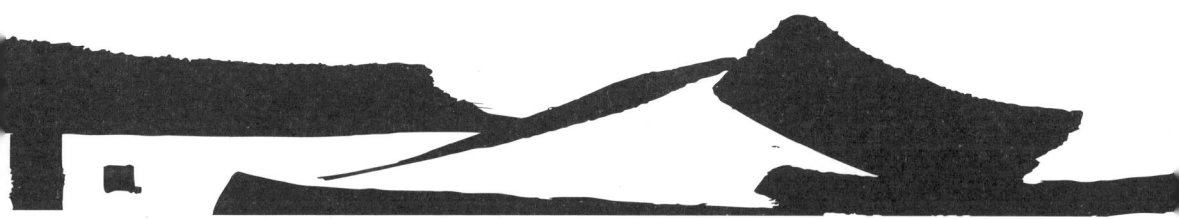

心安吾乡：
杭州乡村记忆

安乎山水间

4

◎ 柴惠琴 著

杭州出版社

图书在版编目（CIP）数据

心安吾乡 ：杭州乡村记忆．4，安乎山水间 / 柴惠琴著．

杭州 ：杭州出版社，2024.12. -- ISBN 978-7-5565-2645-1

Ⅰ．I25

中国国家版本馆 CIP 数据核字第 2024637NW1 号

《心安吾乡：杭州乡村记忆》编委会

主　　任：王紫升

副 主 任：蒋文欢

主　　编：李辉毅

执 行 主 编：王惟惟

委　　员：刘克敌　董林生　王建新　蔡建明　李海伟

目录

日出东山——萧山区河上镇东山村

东山村位于萧山区南部永兴河畔，由金坞、鲍坞、上山头三个自然村组成，区域面积约九平方千米，拥有山林六平方千米有余、耕地不到一平方千米、全村森林覆盖率在近百分之八十以上。东山村沿袭着"活金死刘"的姓氏文化以及与之相关的"背马纸罗伞"民俗表演。这里也是泰戈尔唯一的中国学生魏风江的故里。2016 年 12 月，东山村被列入第四批中国传统村落名录。2019 年，东山村被命名为浙江省 AAA 级景区村庄，杭州市非遗民俗文化村。2020 年，东山村入选浙江省第八批保护利用重点村。

中國傳統村落

金塢

东山村村口

東山村

鲍坞

清晨，随着几声鞭炮响起，祠堂里早已备好的木桶、木盆、缸钵、石磨、蒸笼、捣臼等年糕制作工具，再次发挥了它们的用途。

春节前夕，又一场"年糕节"在金氏家庙拉开帷幕，随着人越来越多，祠堂很快热闹起来，在搡年糕师傅一槌一槌的敲打声中，老底子的年味溢满了东山村。

每一口热腾腾、香喷喷的年糕花里，都藏着浓浓的乡情。

东山村年糕节 东山村村委会供图

一、近村居水色山光

东山村，坐落在萧山区河上镇东南角，这个宁静、质朴、美丽的小山村，是印度诗人泰戈尔唯一的中国学生魏风江的故里。森林覆盖率在 76% 以上的东山村，是萧山区生态环境最良好的天然氧吧。竹林溪流间，人家掩映，仿佛桃花源。

东山村由金坞、鲍坞、上山头三个自然村组成，是河上镇最大的行政村，因各自然村均围绕东山分布而得名。

金坞自然村因金姓族人聚居而得名。此外，位于村东北部的桃里，旧时住着丁姓和陈姓十几户人家，也属金坞村村域。

鲍坞自然村自古有鲍姓族人聚居于山坞，故名鲍坞，至今已有六百余年建村史。鲍坞曾有徐氏族人入赘，后代皆为徐姓，因而建有徐氏家庙作世代供奉。

上山头自然村由上山头、下边、毛山头、黑楼朱、下珂畈五个自然小村组成。这五个小村在新中国成立后曾合并为联合村，公社化时为上山头大队，后改为上山头村。上山头自然村主要以魏、俞两姓为主，其中魏氏始祖于北宋天圣九年（1031）自德清转至魏塔村，后部分支系迁居至现在的上山头。聚居于毛山头的俞氏族人先祖从诸暨次坞迁居而来，距今已有六百多年历史。聚居于黑楼朱的朱氏族人，则是从朱家村迁居而来的。另外还有聚居于下边的董、谢、沈姓等族人，历史渊源久远，难以溯源。

东山村有两个非遗项目，都在金坞。一个是"活金死刘"，一个是"背马纸罗伞"，都和金坞村金姓族人的传统习俗相关。

几百年来，在金姓村民中，口口相传一句话："祖上八角坟，太公广八公。"

这句话说的就是金氏的历史。

金坞村金姓的渊源从东汉"义阳王"刘辉开始，他因封地乌伤郡国号"乌伤郡王"，义乌地名即来源于此。刘辉被尊为刘、金两姓的浙江始祖。乌伤郡王的后代世居义乌县治南门金山，义乌《刘氏宗谱》上称它为东平山，东平山内有著名的"八角坟"，就是乌伤郡王刘辉之墓。

活着姓金，死后复刘。这一习俗流传于浙江省钱塘江、富春江一带及义乌、东阳、天台、绍兴、嵊州、诸暨、浦江等地。这种生死异姓的现象，被称为"活金死刘"，是一种典型的认祖归宗习俗。

鲍坞老墙门 东山村村委会供图

　　在中国的百家姓里，"刘"是一个大姓。这个姓氏有着辉煌的历史，刘邦、刘秀、刘备先后建立了西汉、东汉、蜀汉。然而，作为出过皇族的刘姓，却在历史进程中，出现了死生异姓并沿袭至今的习俗，在其众多的改姓缘由中，有两种说法传说最广，一种是"避难"，一种是"避讳"。

　　《姓氏源流考》有"吾家金氏本姓刘，因王莽篡汉欲灭刘氏，上祖除去卯刀改做金氏，故得免莽贼之祸。有祖刘秀字文叔，尚年幼，彼幸走至白水村，更名金和，埋头潜身，躲得数年，有严光先生勉劝，从众情除莽贼，始复刘号，为中兴光武，于是刘氏子孙都复姓为刘"的记载。

　　时至五代十国，后梁龙德三年（923）钱镠被册封为吴越国王时，刘辉后裔刘昕任越州刺史（管辖萧山、绍兴、余姚等地）。因刘与镠同音，需避讳。"刘"字去"卯"与"刀"改"金"。宋时，民籍恢复原姓，军籍与官籍仍姓金。

上山头老房子　东山村村委供图

这些关于"刘""金"改姓的记载或者传说，大多见于家谱、口头传说，并以家族传承的形式固定下来，成为一种独特的姓氏文化。

金坞人尊广八太公为始迁祖，也因此称"太公广八公"，根据义乌金氏家族的记载，广八公名傑環（杰环），生于明景泰三年（1452）二月初一，卒于明正德十一年（1516）二月廿二，而金坞村记载广八公乔迁金坞为明嘉靖元年（1522）。

根据中国传统文化里对于"始迁祖"的理解，一般尊一世祖往前一代为始迁祖。例如富阳龙门古镇，孙忠为迁居龙门一世祖，龙门孙氏尊孙忠父孙劻为始迁祖。按广八公去世时间，也可能是去世后移厝金坞道林山脚的毛笔头，并被尊为金氏始迁祖，可惜金坞家谱已毁，一世祖的情形已无从知晓。2014年，后人捐资修缮了广八公墓地供祭祀。

金坞人活着姓金，死后姓刘的"活金死刘"习俗，主要体现在牌位、墓碑上。金姓男子死后，牌位、墓碑上写"先考刘公某某，孝男金某某"。金姓妻子死后，牌位、墓碑上写"先妣刘母某氏，孝男金某某"。金姓女

道林山的槐花

金氏家庙

子出嫁，到夫家死后，牌位、墓碑上不写"金氏"，而写"刘氏"。金坞自建村始，一直遵循先祖定下的这一铁律，至今不改。墓碑上的记载，在萧山区近邻富阳区渔山乡墅溪村的刘氏家庙里也能得到佐证。墓碑上，右侧镌刻有"刘氏十二世"，中间正文为"皇清例赠登仕郎讳山府君之墓"，落款时间为"道光二十一年仲夏"，立碑人中，孝男、孙两栏只署名而不落姓氏，同时，曾孙这一栏为"金绅、金钊"，出现了"金"这个姓氏。

金坞的宗祠的冠名，更是"活金死刘"铁律的巧妙体现。金坞宗祠正门上方悬"金氏家庙"匾额，表明这是金姓活人的宗祠。而宗祠的第三进还悬着"刘氏宗祠"匾额，因为这里供奉着列代"刘公""刘母"的神位，表明这是"死刘"的宗祠。这种用两个姓氏为一个宗祠冠名的格局十分罕见，为金坞所独有。

"活金死刘"这一独特的历史文化现象，渊源深远，积淀深厚，内涵丰富，至今仍然活态传承。历史上改姓的现象和原因虽然多种多样，但"活金死刘"仍然算得上特例。如今，分布在浙江境内，包括萧山金坞村等不同地区的该习俗至今均流传了数百年，它的稳定性在氏族文化中颇不多见。

据传始建于明代的金氏家庙，总建筑面积九百七十八平方米，为三进五开间四合院式，分别为门厅、享堂、寝堂，保存良好，格局规整，建筑宽敞，用料考究。

庙前立旗杆一对，旗帜上分别是"金""刘"。家庙门厅面阔五间、约十八米，两间包廊，开有方窗。廊前牛腿透雕"狮子滚绣球"等。正门上方高悬"金氏家庙"匾，有楹联为"源于汉室，支派金门"。进大门为戏台，戏台前为享堂，以过廊相连。左右有小天井、厢房、厢房上层，厢房上层即看楼。享堂悬"继序堂"直匾。享堂与寝堂之间是大天井。寝堂悬"刘氏家庙"匾，下挂始祖广八公遗像，神龛内供奉刘氏列代先祖神位，神龛涤环板上雕刻二十四孝故事图像。寝堂还悬挂有一块清代雍正皇帝赐的"仁寿"直匾。

民国二十四年（1935）《萧山县志》记载："金廷蕙，字芝堂，金坞

"刘氏宗祠"内景　东山村村委会供图

木雕

金廷蕙像

人。家素贫，弱冠游京师，佣书度日。久之，见知怡邸，延之授读。世宗朝，怡邸秉政，奏草皆出其手者三十余年。乾隆乙丑告归，亲已殁，庐墓尽孝，疾终墓庐。"这位弱冠之年游学京师的金坞贫家子弟，为家乡留下了这块"仁寿"匾额。他的故事，依据民间故事创作流传的法则，变得夸张而荒诞，但丝毫不影响村里人记住他，并口口相传。

芝堂公金廷蕙生于清康熙二十年（1681），相传，他很有学问，却以卖字为生，云游各地。康熙四十年（1701），弱冠之年的金廷蕙到京城游学，到达后，因京城"米贵"，居大不易，遂靠卖字为生。有一回，他远远望见一大群人围在一起，走近凑上一看，"朝门"两个字已写好，独缺前面一个笔画最少的"午"字空着未写。芝堂公明白，这是高难度的嵌字考。他站了一会儿，见大家互相推让，谁也不敢出手书写，就说："能否让我试试？"众人求之不得，顺水推舟，让芝堂公书写。只见他挽起右手衣袖，脱下脚下穿烂的一只草鞋，饱蘸墨水，一挥而就，一个"午"字与"朝门"两字十分般配，如出一人之手。众人齐声喝彩。他因字写得好，逐渐声名远播，受怡亲王知遇，延请他为自己的经史讲师，并担当幕僚的职责三十多年。

到了清乾隆十年（1745），金廷蕙告老还乡。此时，他的父母皆已过世，他就庐墓尽孝，后来病死于墓庐。回乡以后，他还将御笔钦赐"仁寿"匾悬挂在金氏家庙里，匾额挂好后，在家庙前道地上横铺石板十三块半。因此，不论官职大小，到了金氏家庙前，均"文官下轿，武官下马"。当然，在不同的乡村，因为一些出类拔萃的乡贤而形成的"文官下轿，武官下马"，实际上可能是乡民对舞台演绎的理解并衍生的行为。

现在，每年清明节左右，一般是3月30日至4月4日这几天内，家庙内都要进行"活金死刘"传承仪式。活动开始时，成人站两边点香祭拜后，由族长读祖训，两边族人跟读，后拜谢祖先恩泽，不忘祖先遗训，誓将金氏发扬光大，以自身之才学报效国家。到了4月4日这一天，金坞人先开家庙门点香，祭拜完后，族人带瓜果品上山祭拜广八公，进行扫墓活动。

金家坞的金姓族人，一贯坚持本家是汉高祖刘邦、光武帝刘秀后裔，又依据"活金死刘"习俗，故将宗祠称为"家庙"。为体现皇家威仪，展现先人显赫，不知从哪一辈开始，金坞的先人就以皇帝出宫的华盖"黄罗伞"为样本，制作"纸罗伞"。因三国蜀汉昭烈帝刘备是刘邦子孙，也是刘氏家族中的王者，就以其军师诸葛亮，五虎上将关羽、张飞、赵云、马超、黄忠为原型，做了纸人纸马巡游。与别处不同的是，金坞村的纸人纸马是"背马"，需要表演者将纸人纸马道具背着表演。据村里现在非遗传承人金伟新说，早年在表演完成后，背马纸罗伞还要作为贡品烧给祖先，可见这一习俗跟古代祭礼有关。

金伟新是背马纸罗伞制作工艺的第五代传承人，从小跟着祖父、外公和父亲等长辈学习背马纸罗伞制作、表演，他耳濡目染，对这项非遗比较熟悉。后来，为了更好地传承背马纸罗伞道具的制作，他还专门去找师傅学了两年篾匠活。他前往相邻的富阳常绿参观学习，那里同样拥有扎纸类非遗项目"纸糊高照"。他在斟酌比较中了解高照和罗伞的异同，从而更

"背马纸罗伞"表演　金伟新摄

好地复原纸罗伞制作。

现在，村里建了非遗馆，"背马纸罗伞"的传承学习也有了专门的地方。

罗伞起源于先秦，是历代帝皇出行的仪仗。宋代，凡六品京官以上，可用各色绣花图案罗伞，以示皇恩浩荡，因此民间对罗伞也并不陌生。金坞纸罗伞用竹、木、纸精制而成。桃花纸挂糊染色做面，上刻各种吉祥镂空图案。古人认为天圆地方，因此纸罗伞上层以金钱花为装饰，环环相扣，寓意财源滚滚；底层为各色"卍"字形图案，配合如意装饰，谓之万事如意；中间一层叫"阳眼"，作天时、地利、人和之自然规律。纸罗伞舞动时，中间竹竿配以灯盘，点上蜡烛，烛光灯影缤纷多彩。背马也是竹马，起源于南宋，当时南宋面临蒙古大军侵扰，为提高军队战斗力，以竹木制成马形状，加以装饰，成为军队操练的道具。金坞村背马，保存原型，添加了三国五虎将等人物，更具有观赏性。

纸罗伞和背马合在一起，就成了独一无二的背马纸罗伞。背马纸罗伞在表演时，分上场下场等式，战鼓紧，马飞扬，与罗伞一起串行。在金坞，这不仅是村里特有的民间风俗，还是该地区的文化象征。逢年过节时，族人会组织背马纸罗伞盛会，作为节庆活动的必备节目。

完整的背马纸罗伞表演时，走在最前面是三面高照，两面开道锣；接着是两个烫叉，八面大三角旗，四个扇形牌，三个冲，即旗锣三冲，一只背罗；再是由两只麒麟，两只高大红马，一只高大白马，一只高大黑马，两只高大狮子组成的主体；最后是两只空中会跳的小狮子，十八只背马，十八个纸罗伞，八面小高照，九面帅旗，两只背麒麟，两支锣鼓队，手提小灯笼数个组成的队列压阵。表演队伍需六十人左右，浩浩荡荡地在村里巡游，年节时分，也偶尔去外巡演。

现在，金氏家庙和非遗馆里都陈列着背马、纸罗伞道具以及制作中的半成品。为了传承这项民俗并让年轻人喜爱，传承人金伟新带着退休工人金关校、残疾人金善平、金利恩等徒弟，一直都在不懈地努力。

背马纸罗伞是一种集传统工艺、历史文化和民间风俗于一体的独特艺术品，而由此开展的表演，不仅丰富了当地的文化生活，也为人们提供了一个了解传统文化的机会。

东山村的稻香节　东山村村委会供图

二、山水相逢会有时

在东山村的近现代史上，还有一位先贤魏风江，这个从东山村的上山头村走出去的青年，像风一样飘零半生，他的事迹，像江河一样，长流不息。

他的故事，要从1924年4月中旬，文坛巨匠泰戈尔访华说起。

这是一场一时轰动全国的访问，当泰戈尔乘坐的"热田丸号"客轮抵达上海的汇山码头时，前来欢迎的上海文化界人士挤得码头水泄不通。现场的六百多人，包括徐志摩、瞿菊农、郑振铎等文化界名人，也包括上海文学研究会、上海青年会、江苏省教育会的代表，以及来自中国和日本的各大报纸记者。

在访问期间的交流座谈中，泰戈尔诚恳希望两国互派留学生，学习、研究彼此的历史和文化。他在上海、南京、杭州和济南等地，作了多场演讲。在演讲中，泰戈尔发出了对中国学生的邀约："我不知道你们有没有听说过我在印度所办的那个学院，即国际大学。我已自不量力地使这个大学肩负起一个国际性的使命，就是邀请各国学子到这里来相互学习各国历史文化，沟通各国人民感情。这个使命没有中国人士的帮助和合作，是绝对无法完成的。"

泰戈尔创办的国际大学在1901年初创时为圣迪尼克坦学校，随着时间的推移逐渐扩展，1921年改称国际大学，校址在距离加尔各答不远的小镇圣迪尼克坦。

泰戈尔在演讲中表示："中印文化合作开始在数千年以前，两个邻国如此友善，在各国历史上是找不出同样例子的。但这种亲密关系，由于外来的干扰而长久中断。目前我们都已觉醒，不甘长久消沉，让我们迅速恢复这种关系，从而产生新的力量，为各国作出示范。继往开来的事业，请从我创办的大学开始吧！"

这一提议在当时得到了国内许多著名学者的赞同。蔡元培先生牵头成立了"中印学会"，并亲任会长，决定在国际大学设立"中国学院"，并选派中国学生研究印度历史文学。1928年，谭云山接受泰戈尔的邀请去印度国际大学任教。谭云山（1898—1983），湖南省茶陵县下东长乐人，被誉为"现代玄奘"，印度总理英迪拉·甘地夫人称之为"伟大学者"。他青年时代在湖南第一师范学校参加了毛泽东创办的"新民学会"和"新文化书社"。他于1924年赴新加坡和马来西亚任教。1937年，他成为首任印度国际大学中国学院院长。1956年周恩来总理访印时，参观该学院，称赞他为促进中印文化交流作出了贡献。1968年，他从国际大学中国学院退休，享有国际大学终身名誉教授殊荣。谭云山著有诗集《海畔》，辑入他在新加坡、马来西亚所写的诗歌。

国际大学所在的圣迪尼克坦，早先是莽莽荒原，在蔓草荆棘中挺立着几十棵有着巨大树冠的榕树。曾经这里人迹罕至，是匪徒的乐园，是人们不敢抵达的所在。但也正因为如此，一些印度历史上德高望重的人物长期在此隐居，他们讲经传法，教化匪徒。在一代代贤哲的努力下，这处荒原逐渐成为一个风景优美的宜居之地。泰戈尔的父亲即是众多贤哲中的一员，他毕生致力于印度教的改革，被世人尊称为"大哲"。在晚年时，他只身来到这片荒原，在巨树下搭起茅舍，并将此地命名为"圣迪尼克坦"，意即"和平之乡"。在他的感召下，流浪四方的人们陆续赶来，将这里的土地开垦成良田，并在这里逐年种植果树。日复一日，在种植和收获的轮回中，村落慢慢形成。

1901年，泰戈尔在这片"和平之乡"的中心创办了国际大学的前身圣迪尼克坦学校。这所最初只有五个学生的学校，自泰戈尔获得诺贝尔文学奖后，在一万英镑奖金的支持下得到了快速发展，学生和班级越来越多，从小学到中学又成为大学，最终成为国际大学。

1933年12月，距离泰戈尔访华已经过去近十年，在谭云山的推荐下，其弟子魏风江经中印学会会长蔡元培批准，应选前往，从朔风怒号、正值冬日的中国出发，去往已经是早春的印度，成为国际大学的第一个中国学生。

魏风江，1911年出生在上山头村一个殷实的纸商家庭。在上山头村这个村前有小山、村后有大溪的地方，魏风江度过了童年。春天里，他跟着小伙伴上山采摘映山红。到了夏天，他去溪边摸螃蟹、抓溪鱼。等秋高气爽的时候，魏风江和小伙伴们沿着道林古道上山，眺望田野和村舍。大雪纷飞时，他又和大家一起滚雪球、堆雪人。在印度的求学期间，他也常常和老师泰戈尔讲他的童年往事；讲他跟着长辈登山涉水，漫步田园；讲他家里有一棵大枣树，初夏的时候，树上果实累累，即使枣子尚未成熟，孩子们也经常在树下仰望，期待着枣子从树上掉下来。

走出小山村的魏风江曾先后就读于春晖中学、上海立达学园，成绩优异，深受恩师谭云山喜爱，也正是谭先生的推荐，魏风江只身赴印，在国际大学攻读印度历史文学。

"关关雎鸠，在河之洲。窈窕淑女，君子好逑。""将仲子兮，无逾我里，无折我树杞。"那些从母亲和私塾学来的诗歌，魏风江都念给泰戈尔听。端午节这个专门纪念诗人屈原的节日，魏风江也向泰戈尔娓娓道来。魏风江在学习印度文化的同时，也将中国文化带到了印度。

"你是第一只从你祖国飞来的幼燕，欢迎你筑巢在圣迪尼克坦，同我们一起生活和学习吧。"

魏风江怀着一颗渴求光明的心，踏上印度的土地，寻求大师的教导。很多年以后，他还记得当时迫不及待想要见到泰戈尔的心情：无论是坐在大马阿甲巨轮的甲板上，还是登上吉隆坡宝塔寺的台阶，或是在仰光的大金塔内，不管眼前是怎样的风景，青年的脑海里始终思索着他想跟诗人说的话语。

为了这次见面，魏风江日夜准备，把想要对先生说的话，一句一段想出来，记下来，整整写满了两本联系簿，如同一位虔诚的信徒。

在学校安顿好住处不久，魏风江就在加尔各答华侨协会主席李渭滨的陪同下去拜访泰戈尔。他们雇了一辆小汽车，一路循着诗人的行踪，来到圣迪尼克坦国际学校。

初次谒见，泰戈尔对魏风江送的李、杜诗集爱不释手，说他很喜欢中国的线装书，朴素古雅的线装书存储着先贤的智慧。泰戈尔在魏风江隔几天后再次来探望时，回赠了一张题词给他。题词里，伟大的诗人写着："……我现在作为一个古代文化的代表，同时又代表着现时代的文化，与你相见……"

作为唯一的中国学生，魏风江受到了泰戈尔特别的关爱，他被泰戈尔的长子罗蒂安排住在塔塔别尔亭，这里又称拉坦古底，是印度钢铁工业家塔塔捐赠的建筑。在魏风江到来时，这里已经住了好几位外国学者，罗蒂怕魏风江一时不习惯印度同学的生活方式，就让他住在这里，并一直住了下来。

从塔塔别尔亭出门右转，走过一段草地，跨过公路，进入一个花园，之后踩着随意铺设的石板，就到了泰戈尔的住屋乌大阳。

乌大阳离塔塔别尔亭很近，是国际大学内的红珊瑚屋，泰戈尔故居。这一座绯红色的大厦人称"乌大阳"，也称"诗人之屋"。

在印度的日子，深受泰戈尔喜爱的魏风江成了乌大阳的常客。他很快学会了几句孟加拉语，能唱几首泰戈尔创作的歌曲。凉风习习的黄昏，魏风江坐在草地上，看柠檬树林上

魏风江在"塔塔别尔亭"

升起的明月，想念家乡。

树林是国际大学的课堂。

这是一个头顶绿荫如盖，脚下绿草如茵的教室。巨大的榕树、果实累累的柠檬树下结成了天然的墙垣，将众多课堂隔离开来。

当一天的课程开始时，晨唱队嘹亮的歌声，在朝露未干的密林间飘荡。泰戈尔的演讲时常夹杂着朗诵或吟咏，师生们即兴奏响管弦乐。课间休息时，同学们也乐于高歌一曲。

当一天的课程结束时，晚唱队轻快的歌声，又伴着习习夜风，和星星、月亮一起，让夜晚也显得格外温柔。

"圣迪尼克坦的一天，以音乐开始，以音乐结束。"

和魏风江一起住在塔塔别尔亭的法国人福盖用留声机播放印度歌曲，其中一首忧郁中带着甜味的音调，唤起了魏风江的乡愁。同在异国他乡，操着不同乡音的他们，由于渴望能够相互倾诉，魏风江很快就学会了一些简单的法语，两个人也因此熟络起来。

在学习的间隙，泰戈尔也常常对魏风江谈起自己昔日访华的场景，赞美中国是充满诗意的国家，并且以陶瓷、雕床、印章等为例，尤其怀念西湖。魏风江告诉泰戈尔他的家就在西湖附近，他还把中国传统文化里的毛笔、墨和纸的制造法翻译成英文，送给泰戈尔及印度友人。听到泰戈尔先生要一点中国的纸，魏风江还委托作为纸商的父亲通过邮局寄了一大包宣纸到印度。

这些宣纸，除了送给泰戈尔，魏风江还送给了他在印度的同学和朋友。

魏风江的同学们，也都对他十分亲昵，学习的间隙，他们带着魏风江一起去孟买、贝奈勒斯和马德拉斯等大城市游玩。1936 年，魏风江短暂回国探亲时，他还特意邀请了同学杰宾·辛赫同行。他们一同游览了南京中山陵、杭州西湖，还有魏风江的故乡萧山，及周边临浦、河上店、楼家塔等地。

1937 年 4 月 14 日，孟加拉国新年第一天，国际学院的中国学院迎来

魏氏宗祠 东山村村委会供图

了盛大的成立典礼，这时，已经是魏风江到印度的第四年了。在节日的氛围里，泰戈尔进行了长达一小时二十分之久、如今仍在传诵的、名为《中国和印度》的演讲，表达了他对中印文化交流的重视和对中国学院成立的鼓励和帮助。

中国学院成立的时候，正好是国际大学快要放假的时刻。泰戈尔和谭云山两位老师，嘱托魏江风去探望"印度圣雄"甘地，向他汇报中国学院成立的情况，也吩咐魏风江在甘地处学习一段时日。

1937 年 4 月 22 日，魏风江带着两位老师的介绍信，从加尔各答乘火车经历一日一夜到达华尔达，下车后又乘坐马车、步行，穿过广阔的草原，最终抵达了真理学院新村甘地的住处。接着，在甘地秘书马赫代夫·德赛先生的引领下，魏风江去谒见甘地先生。走进一排低矮的小平房，魏风江见到了这位著名的老人，一个肩披白布的、朴实的，正戴着眼镜埋头写作的老人。

原本打算探望过甘地，稍住几天就走的魏风江，在主人的热情挽留下，最终竟然住了五个多月。其间，他和真理学院的其他学生一样，和同学们一起参与纺纱活动，偶尔也跟随甘地先生参加了各种聚会，有客人来探望甘地时，他也会帮忙做一些协助的工作，总之在真理的日子也是宁静且充实。

到了快 10 月份，魏风江担心自己的学业，要回国际学校上课。动身的那一天，甘地先生赠魏风江一个给中国青年的祝愿，他是用英文写的：

"My affection has always been with the youth of china/in the difficult years/they are passing through/I am sure that they will/come through successfully/owing to their moral character."（我一直心系中国的青年，他们在艰难的岁月中前进，我深信他们一定会胜利，因为他们具有优良的道德品质。）

9 月 28 日，魏风江告别甘地和真理学院，带着甘地用过的手纺车回到了国际大学。

此时，国内的抗日战争已经爆发，魏风江心忧祖国，毅然决定"逆行"回国。临行前，他在中国学院的周围种上了二十多棵椰树和柠檬，期望这些树木迅速成长，等他日后再来时，能看见它们枝繁叶茂的样子。

从 1933 年 12 月的只身赴印，到 1939 年 1 月只身回国，魏风江在印度攻读历史文学，修完了本科，也进入研究院学习，在祖国的召唤下，魏风江带着师友们的殷切关心，带着恩师泰戈尔赠送的手稿和亲笔画，毅然决然地回到了他久别的故国。

回国后，魏风江在抗日战争期间先后担任萧山日报编辑、浙江省国民抗日自卫团总司令部政训处股长兼军党部科长、绍兴稽山中学英语教师、淳安中学英语教师。抗日战争结束后，他又赴上海任教，任职上海警察学校英语教师、上海新沪中学英语教师。在此过程中，他跌宕起伏的人生从青年步入中年。

1961 年，魏风江陆续完成了一些书稿，内容关于他在印度的生活经历以及对泰戈尔和印度师友的怀念。这些书稿原计划用来纪念泰戈尔百年诞辰，但遗憾的是，因故全部散失。到了二十世纪七十年代，他在浙江农业大学和杭州师范学院任职期间，因学生多次要求，断断续续讲述过一些泰戈尔的故事，但一直没有勇气重写书稿。

1979年，越秀外语学校创办初期，师资缺乏，魏风江教授以近古稀之年，重返讲台，并开始重新撰写有关泰戈尔的回忆录。他在越秀上的第一堂课，就是为大家讲解泰戈尔的诗歌。

步入晚年的魏风江，多年笔耕不辍，完成了《泰戈尔传》《我的老师泰戈尔》《甘地传》《泰戈尔哲学论文集》《印度的建筑艺术》《印度的宗教》等论著，又转译史诗《罗摩衍那》，并在晚年努力增补早已在印度出版的《中印文化交流的回顾与前瞻》一书，专注于中印文化交流。

1987年，魏风江因出席南亚学术会议，受到时任印度总理拉吉夫·甘地和印度驻中国大使的邀请，再度到访印度。故地重游的他，再次见到印度的各类古迹、博物馆、故居、纪念室、陵墓，再次回到母校，目睹恩师的遗物，恍如隔世，他泪如雨下。

2004年，魏风江病逝于杭州，享年九十三岁，安息于杭州半山水洪庙浙江安贤园。

他的墓碑很特别，碑左边，是几笔简单的线条勾勒的泰戈尔肖像，碑右上方刻着一行字："风，日夜吹拂；江，川流不息；我，永不疲惫。"

这是魏风江的座右铭，也是他一生的写照。

三、道林山深露气清

春天是蔷薇花盛开的季节，东山村的金坞人沿着道林山古道上山，一路山花烂漫，走过几片野茶园，往竹林深处行进不多时，就是祖先"广八太公"的墓地。金坞人在林道边立了碑，说明了修祖墓事宜，也赞美了此处风景绝佳，人杰地灵。

道林山远眺

　　沿着道林古道上山，可以到道林寺。

　　道林寺，又称兜率禅寺，其历史久远，相传前身为宝华院，建于三国吴赤乌年间（238—251），距今约有一千七百多年历史。唐天祐元年（904），在宝华院基础上建道林讲寺。根据民国《萧山县志稿》记载，明崇祯十四年（1641），僧离愚、镜愚创建兜率禅寺，居士俞圣芳、徐振声施舍了宅基地。寺庙建成后，相传因当时寺僧众多，山上林木葱郁，因此将寺庙所在山峰称为道林山。清嘉庆四年（1799），"道林旭日"一景被列为仙岩八景之一，并留存古诗一首：

　　　　乌轮半吐千峰晓，红镜全开万户烟。
　　　　紫气蔚蒸蓬岛上，霞光远映绮楼前。
　　　　沿溪村落鸡啼晓，隔岸花堤鸟语喧。
　　　　晨游自觉襟怀旷，恍是桃园镜里仙。

　　现在道林寺原址有高大建筑物正在兴建，其规划设计充分考虑了结合文化传统的村庄的活动需求，等投入使用后有望成为东山村新的文旅热点。

蔷薇花开

现在往道林山有两条道路，新路开车，古道行走，不同的人各行其道。

古道在近些年有过修缮，但随着山林里毛竹以及其他植物的生长，已经看不出新修的痕迹，只有从小生活在村里的人才能分辨出哪些石头是老的，哪些石头是新填入的。

一路上行，山溪水轻快地流经路左侧，一些不被大众熟知的中草药在林间生长。新生的竹子已经快要褪壳，金伟新说东山村早年也做元书纸，道林古道山脚的位置原来有造纸的小作坊，做好的纸张有一部分通过古道送到山上的寺院里。

当造纸从村庄活动中消失后，东山村人对毛竹的利用仍然务实。春笋、鞭笋、冬笋虽然生长于不同季节，但均肉质细嫩、味鲜爽口，是土地给予东山村的礼物。东山村的杭州鲍坞毛竹专业合作社作为萧山区唯一的浙江省竹产业协会会员单位，以"鲍坞"为品牌的竹产品屡屡在相关比赛中获奖。竹笋连续三年获中国义乌国际森林产品博览会金奖；炒、炖、闷、煨皆是

道林古道

鲍坞竹制品展馆　东山村村委会供图

美味的勒笋干，连续两年获金奖；毛笋切丝切片煮熟后，加东山村当地产
的山地黄芥菜干一起混合晒干制成笋干菜，低脂、低糖、多纤维，深受客
户喜爱。

　　除了吃笋，村里的手工艺人将笋壳做成沙发垫子的填充物，环保耐用；
小毛竹加工成竹椅、竹凳，既传统又时尚；竹枝晒干做扫帚。这些掌握了
传统技艺的手艺人，包括赋闲的老人，将一根竹子化身千万件实用之物。
他们默默劳作，默默创造财富，也默默将传统工艺传承下来。

参考文献

1.《萧山县志稿》，1935 年印行。

2. 魏风江：《我的老师泰戈尔》，贵州人民出版社，1986 年。

东流第一关

——富阳区场口镇东梓关村

　　东梓关村位于富阳区西南，背丘临江，风景秀美，人文底蕴深厚，水陆交通便捷，是古徽杭水道上的名埠名村。目前，村内保留有清末民初古建筑八十余幢，因其浓厚的文化底蕴及保存完好的典型江南古村落风貌，入选2016年由住房城乡建设等部门公布的第四批中国传统村落名录。2017年，村内回迁房"杭派民居"以其"吴冠中水墨江南"神韵知名。2018年起，东梓关开始举办富春江江鲜大会、富春江开渔节，朝着富春江畔第一村的目标不断前行。

富春江畔东梓关

"江上太阳西斜了，轮船在一条石砌的码头上靠了岸。文朴跟着几个似乎是东梓关附近土著的农民上岸之后，第一就问他们，徐竹园先生是住在哪里的。"

这是郁达夫小说《东梓关》里的"文朴"第一次踏上东梓关轮船码头江边的青石板。

在这个至少拥有一千五百年历史的村庄里，一个人的一生也只不过是一瞬，在她更为漫长的村庄演变过程中，大地上生长的植物还是那么朴实，而东梓关的故事，一个接一个登场。

一、江南好，风景旧曾谙

东梓关。

第一个出场的人物是孙瑶，他在后世龙门古镇的孙氏家谱里被称为"良玉将军"。他的后人孙忠在北宋初年自东梓关迁居到龙门定居，并逐渐发展成了国内最大的孙权后裔聚居地。

南北朝刘宋时期（420—479），在孙瑶驻守这个江边小渔村时，村西侧有条浦，唤作"青草浦"。这条浦发源于桐庐县青源村，而青源村在附近村庄的土话里一直被叫作"青草村"。浦里的山溪水汇入富春江，江中还没有姐妹山，而是连着现在的庙墩头有一座大山伸展入江，这一座山后来因为孙瑶改叫了"紫微山"。

孙瑶任职过的"黄门侍郎"前面加"紫微"这两个字始于唐开元元年（713），诏令改中书省为紫微省，中书令为紫微令，设有中书侍郎二人，也称紫微郎，正三品。也因此，在后来的史书中有了孙瑶"紫微黄门侍郎"这个称呼。白居易任职中书侍郎时，有诗云"独坐黄昏谁是伴，紫薇花对紫微郎"，暮色苍苍，黄昏寂寂，诗人独坐紫薇花下。

南宋潜说友纂修《咸淳·临安志》卷三十六载："东梓浦，在县西南五十一里，东入浙江，旧名青草浦。宋将军孙瑶葬于此。坟上梓木枝皆东靡，故以名。"梓为"桑梓"之一，和桑树一起，在古人的心中占有重要位置。《诗·小雅·小弁》云："维桑与梓，

家谱上的村庄示意图

必恭敬止；靡瞻匪父，靡依匪母。"东梓关向东两里即孙权故里王洲，《临安志》上记载孙瑶墓"坟上梓木枝皆东靡"，便因而引人遐想无限。其卷八十七"孙钟墓"条目下也补充记载了孙瑶墓在县西南。之后，富阳的县志、东梓关许氏宗谱和龙门的孙氏宗谱都沿用了这条记载。另外，清雍正年间《古今图书集成》载："紫微山，在县西五十里，山崛起，东浸大江中，世传吴紫微黄门侍郎孙瑶葬此，因名。"但在这本古籍的卷九百五十二又载"将军孙瑶墓，在申屠山"。

这两条一参照，我就觉得有误的记载出现在同一本书里，又找了龙门孙氏谱寻找孙瑶，清光绪二十五年（1899）《龙门孙氏宗谱》之《富春龙门孙氏重修宗谱序》载"刘宋元嘉时良玉公名瑶，以大将军守富春临江东梓"，再对照世系图，"世传吴紫微黄门侍郎孙瑶"的"吴"显然多余，而"紫微"这两字也是后人根据官职另加，一加就加出来一座"紫微山。"

紫微山现在已经是姐妹山，大概是"紫微""姐妹"在东梓关的方言里，有着相似的发音。

这一处地名的讹传，也许恰好催生了姐妹山这个凄婉动人的民间传说。同样的，属于东梓关的民间传说还有"东指关""越石庙""许彧求鱼""百岁孝子许心寰"……山河故人，几度夕阳红，这些流传于村庄的传说有如

越石庙门口的大香樟树，逐渐根深叶茂。

郁达夫在小说《东梓关》中借徐竹园的口讲述了村名的来历："东梓关本来叫作'东指关'的，吴越行军，到此暂驻，顺流直下，东去就是富阳山嘴，是一个天然的关险，是以行人到此，无不东望指关，因而有了这一个名字。"

他也记录了一个关于姐妹山的完整传说，类似于"望夫石"这类，大抵是一个好的故事被文人记载下来后，随着流水、旅人，被风传播到各方，嵌入新的场景，又衍生出来一个个内核相似的故事。

比如光绪三十二年（1906）《富阳县志》和《富春许氏宗谱》里，都记载了许氏始迁祖、孝子许彧的一则故事。说他因母亲孙氏爱吃鱼，从屠山迁桐洲又迁东梓临江，然后在某个多雪的隆冬，他的母亲因为

家谱上东梓关许氏始迁祖许彧像

吃不到鲜鱼而生病，到处买不到鱼的许孝子难以解忧，去了江边号哭。大约这份孝心感天动地，就有鱼儿主动跃出水面，使他得以带回家侍奉母亲，母亲的病也因此痊愈。这个故事显然演化自流传更为深广的二十四孝故事，要是再去别的家谱翻翻，还能见到更多的孝子，也常在这样相似的大雪的冬日，来到江边，他们或凿冰或祈祷，然后总有几条鱼儿因此跳出来满足孝子的愿望。

现在的姐妹山上，时常有人寻一块岩石坐着钓鱼，边上有数只渔民的小舢板、开梢船慢悠悠绕行，作为一道常见的风景。岁月静好，不远处王家埠头的轮渡，又接了一船客人去了对面的大桐洲。

但在明末，倭寇来侵，江浙沿海一带，处处都遭了蹂躏，

这儿一隅，虽然处在内地，可是烽烟遍野，自然也民不安居。忽而有一天晚上，大兵过境，将此地土著的一位农民强拉了去。他本来是一个独子，父母都已经去世了，只剩下两个弱妹，全要凭他的力田所入来养活三人的。哥哥被拉了去后的两位弱妹，当然是没有生路了，于是只有朝着东方她们哥哥被拉去的方向，举手狂叫，痛哭悲号，来减轻她们的忧愁与恐怖。这样地哭了一日一夜，眼睛里哭出血来了。突然间天上就起了狂风，将她们的哭声送到了她们哥哥的耳里。她们的哥哥这时候正被铁链锁着，在军营里服牛马似的苦役。大风吹了一日一夜，他流着眼泪，远听她们的哭声也听了一日一夜。直到第三天的天将亮的时候，他拖着铁链，爬到了富春江下游的钱塘江岸，纵身一跳，竟于狂风大雨之中跳到了正在涨潮的大江心里。同时他的两位弱妹，也因为哭了二日二夜，眼睛里的血也流完了之故，于天将亮的时候在东指关的江边，跳到水里去了。第三天天晴风息，东指关的住民早晨起来一看，附近地方的树头，竟因大风之故，尽曲向了东方。当时这里所植的都是梓树，所以以后，地名就变作了东梓关。过了几天，潮退了下去，在东梓关西面的江心里，忽然现出了两大块岩石来。在这两大块岩石旁边，他们兄妹三人的尸体却颜色如生地静躺在那里，但是三人的眼睛，都是哭得红肿不堪的。

今天的东梓关人，在江边的姐妹山和许家大院旁讲述相关的故事时，口吻已经变成了"郁达夫先生在小说《东梓关》里……"这个来自民间的传说，有赖于文本记载流传下来，但也可能已经覆盖了原本的面貌，成为现今最为正统的民间传说版本。

在东梓关的许氏家谱中，也有关于姐妹山的记载，描述它崛起于东梓

秋染姐妹山　朱啸尘摄

江中，山体没有泥土皆为岩石。这地貌按理不能作为墓地，当时必与庙墩头合体为一座山，只是年深日久，姐妹山逐渐和庙墩头分离，或者说，是江水的经年冲刷，紫微山的山体逐渐崩塌，只留下山石仁立在一江春水中。

　　姐妹山如今没有梓树，它的东头长了一丛枫杨，似乎一直都长不高。发大水的时候，姐妹山的两块大石头露出来几个尖尖，枫杨也露出来树梢头，依然是枝皆东靡。东梓关老人说："姐妹山会浮起来，再大的水也淹不没。"

五月，梓树开花了。

从轮船码头处一路往西，去往越石庙、姐妹山，路边能看见好几棵梓树，梓树花雪白，一串一串挂在高高的枝头。梓树花的花语是"希望"，这条路上行走过的无数人，他们也许不知道这句花语，但对美好生活的期待是一样的。

梓树花开

来自陕西延水边的斫琴师孙江云因他的职业，对梓树又多了一重独属于他的情感。

他来东梓关村数年了，来了以后不想走，目标是成为一名村里人，他说东梓关这个地方，天生该是他落脚的地方。在这位制琴人接受的传承里，以桐木作琴面、梓木作琴底的琴中上品被称作"桐天梓地"，而古琴面圆底平的形态也合乎天圆地方的观念。这一处的富春江边，有"东梓"，有"桐洲"，中间一江东流水。在孙江云的眼中，正好是桐洲为天，东梓为地，中有春江流水作弦，好一张自然造化的天地之琴。

孙江云制仲尼式古琴 孙江云供图

　　说了东梓，再来说一说"关"。郁曼陀有言"东流第一关"。从现在的视角看，富春江进入富阳境内后，便可见东梓关的庙墩头往江中一伸展，与对岸桐洲就成了掎角之势，古代水上关隘东梓关的"关"就有了地理学上的释义。

　　在宋代富阳的县境图上，有一条"东梓衙路"，路西是"炙溪"，"炙溪"汇入"富春江"。作为仅有的一处路名，且定位于这江边的乡野之地，即使来源难以考证，对东梓关这个村落仍然意义重大。参照现在的地形和发音，"炙溪"的方言发音基本是如今的"窄溪"，而"窄溪"也是距离这条溪流不远桐庐县江南一个古镇的名字。同时，如果原来的"炙溪"并没有消失或者改道，那么这条溪现在有了新名字，富阳人称之为"宋家溪"，桐庐人称之为"应家溪"，那是因溪边居民的变化，溪水有了新名字。

　　在东梓关的历史上，和"衙"这个字搭得上边的，将军孙瑶算一个，巡检司也算一个，可惜孙瑶驻守东梓关的历史如今只留下寥寥数字，而在孙瑶后五百年左右才发端的巡检司，史书里就能翻到不少来。

　　巡检司作为一个机构，始于五代，盛于两宋，金及西夏也有类似设置，元因宋金遗制，所设巡检司巡检主要为州县所属捕盗官，另有京师、沿海、蛮夷地区的特殊形态。《宋史·职官志》记载"巡检使一员，掌训治甲兵，巡逻州邑，擒捕盗贼事"。

　　有关东梓巡检司，最早的记载来自南宋周淙《乾道·临安志》，其卷二载："东梓巡检司寨在富阳县界，元额管土军一百二十人。"此外，成书于南宋淳祐元年（1241）至祥兴二年（1279）之间编年体史书《两朝纲目备要》卷五"六月丁逢罢"条目留下了南宋庆元五年（1199）的一则故事，可以说是东梓巡检司存在及它打击走私职责的重要证据，实录如下：

　　　　何澹为参知政事，其弟涤新除通判临安府，自行在舟行归
　　处州。舟人江乙市私盐万余斤以往，东梓巡检司逻卒林广等捕之。

涤仗剑伤广，事至临安。司农卿丁逢知府事，当乙杖罪，而广以受贿杖脊编管，时庆元五年六月也。程松为监察御史，上疏劾之。戊辰，诏逢与宫观，而以工部侍郎朱晞颜知府事，且命大理劾江乙以闻，毋得观望生事。辛未，澹乃丐免。上批其奏略云："遽以小嫌，力求引去，卿初无预，朕亦何心？"澹乃即起视事。上寻批付大理，以伏暑恐致淹延，命有司据见追到人结绝。秋七月，狱成。甲午，涤降一官，为朝奉郎，罢通判。逢降一官，罢祠。乙未，澹上疏言："臣顷为中丞，首论枢密使王蔺不能钤束其弟，蔺遂去国。今训饬无素，罪何所逃，望赐黜责。"诏不许。明年闰二月，澹知枢密院事。七月，逢遂奉祠。十一月，复逢直宝文阁知婺州。嘉泰元年四月，以涤通判建宁府。

作为一本权威的史书，这条记载在短短的三百余字里，出现了九个人物，他们之间因"舟人江乙市私盐万余斤以往，东梓巡检司逻卒林广等捕之"这个事件，演绎了一系列错综复杂的故事，在这条关于南宋官场政治生活的描述中，我们终于窥见了巡检司的工作日常。

到了明代，洪武十三年（1380）八月定天下巡检为杂职，至洪武十七年（1384）十月，又改巡检司巡检品级为从九品。明后期，因朝廷经费不足，巡检司多被裁撤。清万斯同等所纂《明史稿》，卷四十四载："富阳府西。东有观山。西南有湖洑山。东南临富春江，即钱塘江也。西南有东梓巡检司，后废"。

巡检司也有单独的印章，清康熙二十二年（1683）《富阳县志》载"东梓巡检司巡检一员，印曰'东梓巡检司印'"。另据许氏家谱记载，邑庙中大铁香炉系清康熙二年（1663）所铸，镌有铭文"东梓关巡检马云从、汪起蛟"。清宣统三年（1911）《富阳县新志补正》"兵制"一节将跟东梓巡检司有关的记录做了整理："……国朝顺治初仍设东梓寨巡检司，添设驻防一员掌水师，乾隆间裁巡检使……"至此，东梓巡检司退出历史舞台。

东梓关巡检司在由宋及清的时光里，虽有兴废，但片言只语间还是可以想见东梓关在钱塘江流域地理位置和军事位置的重要性。二十世纪九十年代，富春江上挖沙船在越石庙处的江水中作业时，挖出来过古代的兵器，即使已经被机器搅断了，来自场口华丰村的挖沙机朱姓主人说："拿在手里很重，很凉。"

东梓巡检司的驻兵，还有自己的特色武技，那些被称为天罡地煞拳、麦叶枪（矛）的技勇，传播到场口民间，这一方水土因孙权故里而为人津津乐道的尚武民风，似乎因巡检司的存在而在更为广阔的乡野之地传承了下来。

东梓关的先民们也因缘际会，成为场口一带"武风盛行"传统中的一个不可忽视的符号。

二、一江"春水"照晴岚

富春江边有个东梓关。

路过的江流，到了越石庙的庙凸头处被挡了一下，停一停，听了一耳朵的故事，又往下走了。

大约在 1930 年，一群年轻人从杭州出发，他们乘着木帆船，浩浩荡荡地溯富春江而上。到了越石庙附近，有个叫郭锡麒的摄影师，拍了一张叫《春江揽秋》的照片。照片上，十余艘帆船绵延不绝，画面左侧的船上，有个头戴西式旅行帽，举着社团旗帜的旗手安静坐着，船尾一位背着旅行帽的游客双臂后撑坐在船板上，任两只脚在船舷边随波荡漾，几位戴着学生帽的则是乖乖待在船舱内，船首一人穿西装抱膝而坐，悠然自得。

照片上与江面相接的沙滩，就在越石庙庙凸头的东侧，现在这里曾经的小码头和沙滩已经一起消失了，变成了草坪和小树林，这些树木里有梓树、水杉、桂花和紫荆。临水，一个现代的码头出现也有几年了。这些年，江水的潮信已经被人记住了规律，而岸上那些人的生活仍然难以捉摸。

曾经的沙滩往上就是越石庙前的江堤，现在仍然是江边主路。很多人走过，有的人看风景，有的人去庙里拜菩萨。文朴在这里看见了乱世里的恬静乡村；郁达夫听见了姐妹山的传说；村里的老人记得有人从庙宇边的石壁滚了下去没有受伤，说是土地公公保佑。

越石庙附近还有条朱家弄堂，住着东梓关村朱、王两姓人家。朱家弄堂出来到江边有一个埠头，埠头在庙凸头西侧，东梓关人称之为"官船埠"。传说村里朱姓有一外出谋生的后生，他的后辈有人当了大官，根据祖上所传乘坐官船来东梓关寻亲。由于时间久远，朱姓族人无人能答，又怕惹了官人不好收场，终是无人认亲，于是官船停泊数日后离去不返，后来人就把此处"朱家埠头"改名为"官船埠"。和村里人传说相比，"官船埠"作为"巡检司逻卒林广"等用来行使巡检司职责时，过往船只停靠的埠头，似乎更符合历史的真相。

官船埠的石阶往上走就是越石庙的围栏，围栏还有一块雕花青石板是两百多年前清嘉庆时期维修用的石料，如今看着也是饱经风霜。这样的石板，在东梓关附近桐庐县获浦村明代建筑咸和堂门口，有一块雕花和形制几乎一样的。沿着围栏走到转角，就能看见越石庙门口的大樟树，这棵树有八百多年了，也

春江揽秋　1826摄影博物馆提供

一江春水照晴岚 朱啸尘摄

许它比这座小庙出现的时间还要早。明万历三十三年（1605）修的《许氏宗谱》上有越石庙的图形和名字，除此外尚未见到其他更为清晰的记载。传说一位走南闯北收香灰的徽商，有一次在沉淀香灰的水缸里看见了一棵大樟树的倒影，看着像越石庙门口的这棵。为了验证，再次来时他就往树上挂了一双草鞋，等他将收回去的香灰再次沉淀时，果然又看见了这棵樟树，只不过比他第一次看见时多了一双草鞋。

乡野的传说往往充满神秘主义色彩，因为神秘且难以验证，口口相传就到了如今。越石庙里供奉的土地公是村里许氏的始迁祖孝子许彧。这位大雪天在江边哭泣过的许氏先祖，是东梓关历史上第一位得到朝廷旌表的孝子，在北宋雍熙三年（986）和明隆庆年间（1567—1572）都得到过官

方表彰。也因此，这座最早名为开口土地庙的庙宇在村里有了不一样的地位，在清嘉庆年间大修扩建之后的规模，一直存续到现在。

之后，东梓关陆续出了不少孝子，据村里的老人说，到民国时，东梓许氏还有二十四块孝子牌匾。其中最著名的当数建于清康熙十八年（1679）许佳贤（许心寰）的"百岁孝子坊"。据县志和家谱记载，这位"得享大年"孝子的"百岁孝子坊"建于五个地方，分别在东梓关村南面、富阳县城东头、杭州猫儿桥、山东花鼓山、京城卢沟桥。根据家谱的记载，东梓关人还在庙里设了左宗棠、蒋益澧两位将军的神位，感念他们在太平天国运动后对东梓关百姓的爱护。

越石庙一直是热闹的，每月初一、十五及年三十都有香客守夜，正月

越石庙 童定贤摄

越石庙里看戏

十八、十九村里过时节,戏班子唱越剧的戏台也在庙里。戏文开场前,庙门口就摆了临时的摊位,炸沸馒头的、削甘蔗的,气枪打气球的,那些小商贩在人群中间辟出一小片位置,沾一点过节的人气,赚点小钱,庙里"桑园访妻""送凤冠"这些曲调咿咿呀呀地被风传到江心。

如今的越石庙是区级文保点,里面还有一个简易的佛学文化陈列馆。除了越石庙,东梓关村西南还有一座小山被唤作"经堂山",另一座小山唤作"道院山",都得名于曾经出现过的道观及庵堂。

从空中俯瞰,东梓关和很多古老乡村一样,在现实的青山绿水之间,传说和历史藏在口头以及大地上留下来的事物里,美好的风景因为有传说而显得更为迷人。

到了清嘉庆年间,东梓关的许氏又迎来了他的兴盛期。村里的乡绅许廷询娶三妻生十子,按乡间民俗,一个儿子称一"房头",许家这十个儿子因此被称作"许十房"。一直到民国年间,"许十房"及其后人在一百多年时间里人才辈出,有孝廉方正一、举人一、拔贡二、秀才一十八,经商置业者也均有所成。光绪《富阳县志》称许十房"家门之盛,为邑中首屈一指"。

如今在东梓关村南的孙家山上，还有一座"许十房"子孙辈为父祖许廷询建造的"七十寿亭"继善亭。清同治十二年（1873），许廷询六十九岁，按风俗要做"九"祝寿，可他要求儿孙将做寿的经费用于孙家山上建凉亭，并表示这是他平生夙愿。同治十三年（1874）春，亭子建成，取名"继善亭"，亭内石梁上刻有"遗命建亭"四个大字，并落"先考许公讳廷询七十寿亭"款识。后边还有一百一十六字的亭记，亭记结尾处写着："谨述数言，以示后嗣。继承修葺，毋忘先人善志。云尔。"在东梓关及其附近的村庄，村外的田野山林间还有不少老凉亭，那些久经风雨的凉亭，将这一带乡民乐善好施的美德用建筑形态流传了下来。

"许十房"儿孙辈的故事，在家谱里比比皆是。其中以排行为"三、六、九"的几房在东梓关当地最为知名。村内目前留存下来的两处省级文保单位"许家大院""安雅堂"就曾经是三房许秉石、九房许秉禄家的房产。另外，六房许秉玉、八房许秉甘共居的六八房和许家大院中间隔着一个冬瓜塘，池塘的水很清，来自富春江的活水日夜兼程。一到夏天，睡莲开放了，花期很长，游客们拍照，粉墙黛瓦的背景下，睡莲、许家大房门口的莒萝、

继善亭

安雅堂旧址　东梓关村村民供图

南瓜的藤蔓延续了郁达夫笔下安静恬淡的东梓关乡村气质。

　　六房许秉玉，村里人称呼为"六先生"，他仪表伟岸，声如洪钟，因为近视，终日戴一副水晶眼镜。他才华横溢、秉性刚正，一次为百姓就漕米之事乘船到京都去告状。他在任学官的大哥许秉常帮助下，多方奔走，诉状终于送到皇帝面前，涉及案子的人因此被查办。这之后，他为了避祸，捐官去江苏某地担任巡检司一职十年。在任期间，他主管的漕运冬防皆有政绩，被朝廷奖授五品顶戴，并赏蓝翎，后来因母亲张氏生病才辞官回家。回乡以后，许秉玉考虑到村庄儿童的教育，独立出资五百金创办了东梓小学，自任校长，同时聘请有学识的人担任教师教导学生，他还出资合办了东梓关对面桐洲的看潮小学，这两所小学都是富阳早期的现代小学，作为一个乡绅，许秉玉为培养人才不遗余力，为人所称道。

　　去世前一年，许秉玉看到许多织布女工因不善经营获利而致贫，特意集资在富阳县城创办女织布厂，并出资五百金作为女工生病的备用金，亲自管理。去世以后，家谱盛赞他勤力为公数十年如一日，不失为当世君子。

九房阿太许秉禄，也是个人物。除了读书交游，写得一手米芾体的书法之外，生活在西风东渐时期的他，也对自然科学多有研究和实践。他独立造木轮船，能沿江上行至七里泷、桐庐看夜戏，轰动一方。他还会辨矿。富阳县北

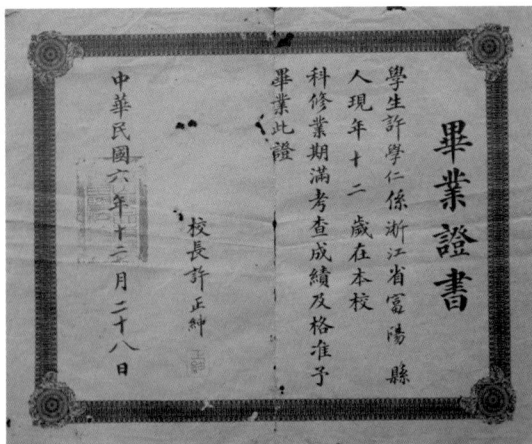

民国时期东梓关小学的毕业证书

有一村名"银坑"（现为春建乡咸康村），传说那里产银矿，就有人拿着矿石来请他辨别。他看过之后，就断定这是硫铜矿，用硫酸一测就能辨别。因为他知道"铜入土则色绿，银遇硫则色黑"，根据颜色变化就可以判断当地产的矿石是不是银矿。辨矿的本领大了，连省里的高官也知晓一二，竟特意遣人延请他参与省内矿产勘探。因此，清光绪二十七年（1901）东梓关九先生在金华、衢州、严州等地诸多矿山上都留有足迹。

可惜的是，九先生在勘探矿山的时候，受山中瘴气侵染，引发了气喘病，一病不起。他于光绪二十八年（1902）十月十七日去世，时年四十岁。洒脱了一辈子的九先生，自号闲闲桑者，修有一座草庐，名为闲闲庐，死后，家人将其归葬于闲闲庐侧，也算寻了他喜爱的归处。

九先生没有儿子，立了十房许秉中的儿子为嗣子，他的住宅安雅堂及附近一片区域也因此被叫作"十房道地"。安雅堂后来成了东图医院的暂存之所，著名骨伤科医生张绍富曾在此行医。

张绍富（1922—1992），中国中医研究院骨伤研究所客座研究员、浙江省名老中医、主任中医师，富阳中医骨伤医院的创始人。

张绍富出生在距离东梓关五千米的上图山村。他作为张氏正骨术第四

代传人，十三岁开始随父学医，并和在村里坐堂行医的众多医家交流学习；十七岁开始独立坐堂及出诊。之后，在其数十年的实践中成功改进了张氏骨伤传统方法，在正骨手法、固定技术及理法方药等方面取得突破性飞跃，总结出五十余种徒手正骨方法，逐渐形成"整体辨证、手法整复、杉皮固定、内外兼治、筋骨并重、动静结合、功能锻炼"的诊疗体系，慕名而来的就医者遍布全国各地，以及日、美等国。在他一生的行医生涯里，也留下了无数故事，人们说他望一眼便知疾病，摸一下便知病情，捏一把筋骨复位，吃几服药病消身愈。

张绍富在东梓关行医的这几年，有轮船在杭州南星桥和桐庐桐君山之间往返，那些南来北往的伤科病人，把"骨伤科"叫作"东梓关"。

村里的查宝琴说，东梓关半数人家的屋里都住过来看伤的病人或家属，她还说轮船码头有一家面馆，最多时一早上卖出去两百碗面条。江水悠悠，那些是登岸的旅人；他们熙熙攘攘，男的女的，手提肩挑，那些是东图医

1977年张绍富医师在东图卫生院传授正骨技艺　东梓关村村民供图

院骨伤科年轻的学徒、护士。那些学徒、护士们担着担架，掐着轮船靠岸的点，又来等着接远道而来也素不相识的伤科病人。

"给病人看病，千万马虎不得。你粗心一时，病人就会痛苦一世。"在五十多年行医过程中，张绍富医术精湛、医德高尚，妙手回春的故事不计其数，被誉为"富春江畔活华佗"。

张绍富思想开放，打破门户之见，广收学徒，一生带出了十八位张氏子弟和三十五位外姓徒弟，遍布浙江地区，为的是共同传承张氏骨伤医术，为百姓祛除病痛，真正把"张氏骨伤疗法"弘扬于世。也正是在一代代传承人的努力下，2011年5月，中医正骨疗法（张氏骨伤疗法）被列入国家第三批非物质文化遗产保护名录。

现在的安雅堂已经是张绍富医德馆，张氏骨伤科的过去和当下都被陈列出来，这里陈列的许多中草药材标本，也被作为孩子们的自然科学读本。同时，张绍富的家乡上图山村，依然是个以中医而知名的古村，有八十余位中医师活跃于村内村外。

比张绍富早来东梓关数十年的郁达夫就是来寻医就诊的。

世间的很多相知，都缘起于偶然的交集，比如郁达夫之于东梓关，比如文朴之于徐竹园。郁、许两家是世交，在"许十房"第三代许正衡的著作《谷园诗钞》里，描述两人友情的诗歌屡屡可见。

故人京洛知无恙，小别隔年相见疏。
欢宴未终更饯别，天涯劳燕苦分飞。

《岁暮寄怀郁曼陀》《第一楼小集兼送郁曼陀之京师》，一首首读来，字里行间的绵绵情谊历久弥新。

那是多事之秋的1932年，郁达夫来许家大院治疗肺疾，理想被压抑，身体病弱的先生乘着大轮船自富阳溯流而上，来东梓关寻求母亲口中的治病休养之所。彼时，这个富春江畔的村庄安静祥和，让人沉醉。休养一段时间后，沉疴尽去的先生身心俱安。借着文朴的口，郁达夫述说着对恬淡的、与世无争的乡村生活的向往。

还有文朴喝过东梓关的酒，哪怕只是一杯，也让他念叨和竹园先生温酒夜谈时的景象要比龚定庵"小屏红烛话冬心"时心情要好一些。

小说《东梓关》让郁达夫留在了村庄的记忆里，而他也将这个恬静、秀美的江边渔村景象凝固在文字里。同时，他还给我们留下了"乡绅徐竹园"。这个形象，杂糅了东梓关名医许善元、王笙庚的形象，也能看到许善元家药房"春和堂"半施半卖的善举。

在场口一带有着"请到许善元，死了也心甘"的说法。许善元不是东梓关的第一位名医，也不是最后一位。在读书人"学而优则仕"的主流文化影响下，不能入仕的众多乡村知识分子，他们的职业选择往往会集中在幕僚、私塾先生、乡村郎中这几项中。而许善元除了行医，也开诊所，并为了保证药材的真实有效，甚至专门养了梅花鹿。在他持家的数十年间，许家三房以"元、亨、利、贞"为序沿富春江在窄溪、汤家埠、场口开了春和堂数家分号。同时，他扶弱济贫，是个受人尊敬的乡绅。

到今天，在东梓关的一众古建筑中，许善元所居住的许三房许家大院是建筑用材以及木雕最朴实的一家。走进这幢老宅，偶尔遇上熟悉情况的村里人，还会向大家介绍许家三房的故事，也帮着大家认一认郁达夫曾经住过的房间。

包括许家大院在内的"许十房"的产业，大部分在长塘附近，有一些得到了修缮，有一些藏在巷子里还不为人所熟知。这个惊艳一时的家族，在约莫两百年的时间里为今天的东梓关留下了不少难得的建筑，那些老宅沧桑斑驳的墙面上能读到它的过往。

五房的春晖楼，大门上"鸿轩凤举"这四个石刻字仍然端庄。它的主人许秉分曾在太平天国运动后，东梓关"元气丧尽，无所得食"的情况下，远赴金华、衢州买数十头耕牛和大量豆麦种子分给村民，帮助村民恢复生产。七房和五房挨着，隔了弄堂是六房、八房，穿过弄堂后就是大房许秉常家的过街楼。许秉常曾经任过京城的学官，许十房的兴盛由他而始，现在的过街楼经过了修缮，地面的青石板已经被踩出了包浆。过街楼北侧是三房的许家大院，南侧是六房、八房。据说既经商又在县里会计部门任职过的六、八两房，建造房子时在面朝许家大院的这扇大门的门楣上雕了一个铜钱图案。外圆内方的图形，既展示了主人家的职业和财气，也映射了主人"外圆内方"精神面貌，现实生活和精神生活在这个图像里实现了哲学上的统一。

许家五房堂楼的台门

　　长塘边也是东梓关曾经的商业街，因此，就近的人家建房时常常要两扇大门，一扇面朝长塘做店面，另一边就作为家人进出用，也就是生活区和工作区互不干扰。街上曾有一些与类似的古镇上相似的店铺，无非柴米油盐。借了水路交通的便利，有些商店还经营需要富春江才方便进出的货物。

　　随着岁月更替，那些相似的店铺大多湮没在历史长河中，少数几处有着东梓关人印记的成了传说。现在，从西往东漫步，春和堂成了文保点，人们说里面坐诊的王笙庚是儿科医生，医术高超，给一位许家五房后来活到九十多岁的老太太救过命。再往东行，是邮电所、供销社、西洋楼、

1982年的东梓关老街一角　叶盛高摄

长塘新貌 朱啸尘摄

安吉祥杂货店、积善堂、六八房，安雅堂，不同建筑年代的房子带着各自的特色，名称随建筑一起出现，一直沿用至今。最知名的复大昌南货店在村口，是许氏三房许秉石创立，时有杭州、上海等地的大户人家派人专程来购买店里制作的糕饼，东梓关人津津乐道它可与湖州著名品牌"震远同"相媲美。这幢老宅，外墙皮已经脱落了不少，露出来的青砖和墙面的花纹带着天然的艺术感。

时移世界，村庄的变化即使缓慢，等要回溯的时候，很多故事也往往已经找不到。在东梓关村一千五百多年的历史里，每一个被记住的人物，

就像富春江中的一朵浪花，无数浪花聚集，成就了泱泱江水，奔流入海。

　　长塘边的房子，春和堂药店开得很久，到二十世纪九十年代还在营业，不过已经不是个人的产业了。差不多同时期，东梓关村屠家自然村的申屠雨田也把开在本村的中医诊所搬来了东梓关长塘边。一直到现在，长塘边仍然是村里开店最多的地方。长塘北多江鲜馆子，小吃店、路边摊，奶茶与咖啡店；长塘南是骨伤名医张绍富坐诊过的安雅堂，菜场，几户人家。

　　孙江云刚来东梓关时，就在长塘南面开了一家琴庐。来后第二年的夏天，他在村里走路的时候，领回来一个小家伙——一只羽毛还未长齐，羼弱且难辨种类的雏鸟。不知道发生了什么变故，它出现在村里的石板路上，又避过了猫猫狗狗和其他危险，直到被捡起来。孙江云给小鸟用茶钵做了窝，准备好滴管，找出产自家乡延安的小米，煮成糊喂养。在东梓关住久了，孙江云已经熟悉了富春江畔的方言和各种异乡风味，比如长塘北小吃店里的沃馄饨，比如家乡少见的白鲦和刀鱼，他在日常的斫琴、学琴、结交新的朋友中逐渐融入当地人的生活。

　　长塘北面靠西的口子上有个小馆子，主人原是个开小面包车的师傅，后来村里旅游业逐步发展，他就改行开了店。"你要问我哪道菜最好，我告诉你每一道菜都好，蔬菜和江鲜都是最新鲜的。"他又说，"我这家店开了九年，有杭州来的客人吃过后，每一年都来店里吃，吃了有五年了。"

三、水远山长看不足

　　"来东梓关啊，是要去哪里？"

　　文朴到的那一天，村庄被冬日的暖阳拥抱，就连枯树枝头也有几处似金刚石般地反射着刚离地平线不远的朝阳光线。到了现在，从郁达夫手迹里集字组成的"东梓关"这三个字被镌刻在村里的好几处地方，供人瞻仰，也提醒人们此刻在哪里。而换一个角度看，郁曼陀的"西下严陵濑，东流第一关"是东梓关人的笃定，许正衡的"晚风隔水起渔歌，拨剌银鳞出碧波"是东梓关人的热情邀约，渔舟唱晚，鱼儿跃出水面，快来吃鱼啊！

　　青草鲢鳙鲂鲫鲤，鲈鳜鲚鳗鳊潮鳝，虾蟹鳖龟蚌螺蚬，一江春水一江鲜。富春江里的鲜鱼，清蒸好吃，红烧也好吃。杂鱼一锅，抓两只螃蟹，放几只虾，随便炖炖也透鲜。

　　在官船埠和姐妹山之间有个水湾，村里的渔民许增富就把此处作为停泊渔船的港湾。夏秋季节，许增富说捕鱼是个辛苦活，凌晨一两点就要出发，直到四点半左右才回来，捕来的渔获多就卖给鱼贩子，如果少，就留

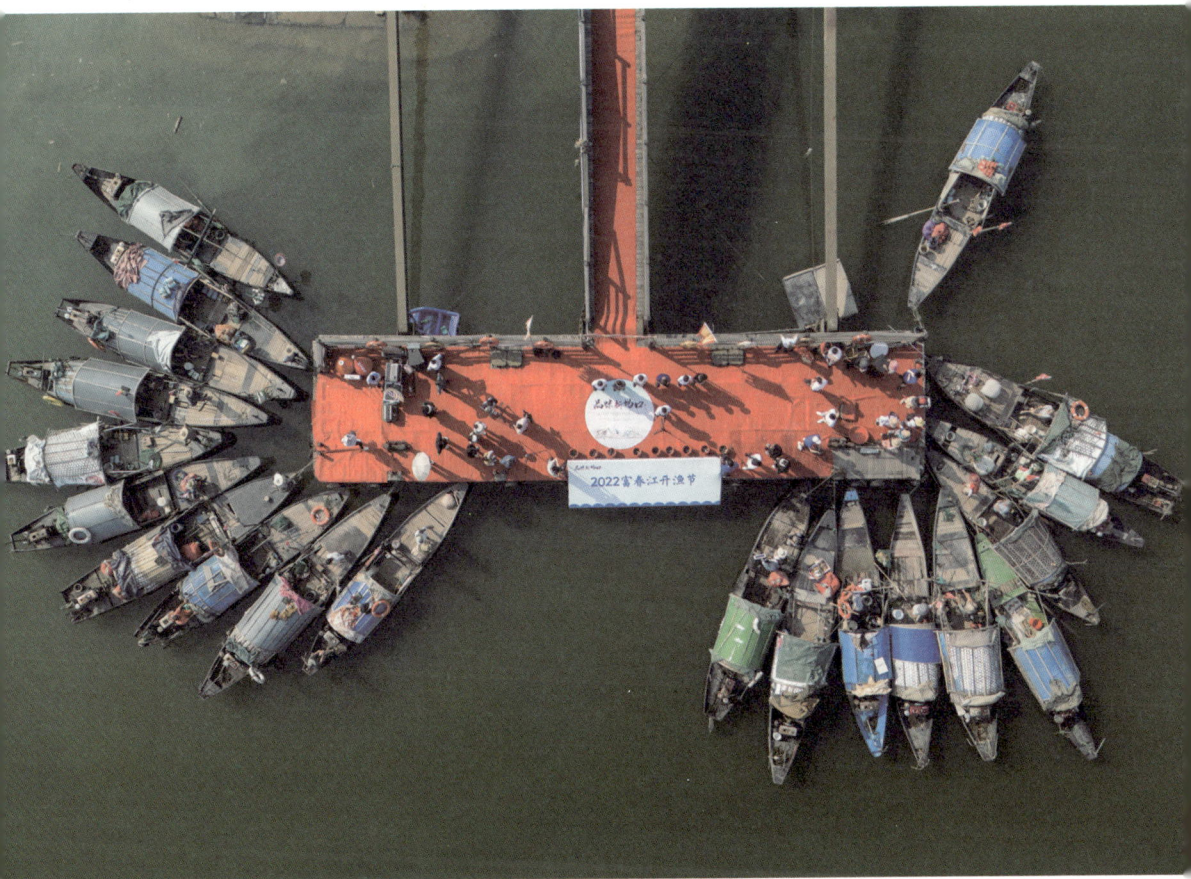

富春江江鲜大会

着。十月初刚过了节，村里的游客少了不少，他说他这几天都不抓包头鱼，怕太多卖不掉又不好养。

十二岁就成为孤儿的许增富靠水吃水长大，成家之后又靠着捕鱼养大了两个儿子。现在，小儿子子承父业，也在江上讨生活。富春江里的鱼，这几年比禁渔之前多了不少，虽然说禁渔期占去了四个月，但总的算起来，收入并没有因此减少。除了像早年单纯捕鱼之外，这些年慕名前来东梓关拍摄的媒体增多，许增富夫妇俩和小渔船在富春江上也常常"出镜"，这是他万万没想过的生活。

水好鱼多，2018 年，东梓关举办了首届富春江江鲜大会，七天内十数万游客涌入东梓关尝"鲜"，当地政府特辟了临时停车场，十余辆大巴车从早上八点到晚上十点不间断接送游客，村内旅游总收入超过一千万元，这是一个村庄的胜利，东梓关村也成为富春江江鲜大会的永久举办地。之后，随着富春江禁渔，除了江鲜大会，村里还每年新增了开渔节。

此后，一年一度的开渔节当天，一众渔船从各自的停泊处汇聚到轮船码头，开渔锣鼓一响，渔船四散，从七月到过年的江鲜都被渔夫默默盘算好了。另一边，数只帆船驶离越石庙附近的专设码头，逆流而上，又迎着风在富春江平静的水面上犁出一道道白浪来。

春水渔舟一江鲜，东梓关的代名词从几十年前的"骨伤科"变成了"富春江江鲜"。

"每天忙得像个陀螺，空地上全摆满了桌椅，还有客人要进来。"2018 年在姐妹山边的江堤内重新开出江鲜馆"江梓鲜"的老板娘江小欢说，"这几年，来东梓关的客人非常多，生意一下子好了起来。我去年都没休息过，越干越有劲头。"除了安排客人的餐食，她还经常要帮客人们联系村内的民宿，她说："好多人都是冲着我们东梓关的房子来的，吃过一顿江鲜之后又想住一晚，我经常帮忙去订房间。"

"今年的国庆长假，我突然发现我都没注意到桂花开。假期很忙，过了假期下了两场雨，桂花都谢了。"江小欢跟客人随口说起了今年的桂花，这个时候，夜晚的灯光下，二楼的阳台外，一株桂花树已经高过了阳台的栏杆。

流水般的客人，和富春江里的鱼一样，跟着潮水一潮潮来去，从这家江鲜馆流到另一家江鲜馆，都在桂花香里。

从大桐洲一侧的王家埠头乘轮渡来东梓关，上岸后沿着江堤往东，最先遇见的是民宿"贯月"。民宿顶楼有个宽敞的露台，视线所及，两岸群山延绵，村庄散落在田野中，轮渡在大桐州和东梓关之间往返不歇。

"我们下了高速，沿着富春江随意开车，发现了东梓关，又来到了这家民宿。风景真好啊！孩子们很喜欢这里，大家在这里研学两天了，从来没画过山水画的孩子，也画得出富春江的美丽。"也是这个"十一"假期，一个来自上海的研学团队"误入"东梓关，在"贯月"民宿的露台和江边采风、写生，教和学都快乐又放松。

"贯月"往东，一路是"江梓鲜""梓缘""老码头江鲜馆"……好几家民宿的阳台和窗口都是欣赏富春江江景的好位置，如果有足够久的时间，仿佛也可以看见山月照江流，亘古及今。从江边到村里，无论是作为村庄的原住民，还是慕名而来租房做民宿、餐饮的新东梓关人，都愿意将最好的富春江和东梓关呈现出来。

东梓关人许红杰的江鲜馆就开在老码头上来的路边凉亭和自家小院里，随口取了"老码头江鲜馆"这个名字。除了烧鱼，许红杰还擅长钓鱼。因此，吃钓来的富春江江鲜，是他家最大的卖点。

江鲜第一锅，鱼乐东梓关，每当这口巨大的铁锅开始使用时，江鲜节就到了，来东梓关吃鱼吧。柴火烧起来，十几斤、几十斤重的大包头鱼被切块倒进锅里，吃江鲜，也享受更为浓烈的气氛。

前些年，一些东梓关的村民舍弃老宅，去杭州或更远的城市谋求生计，村庄渐渐成了"空心村"。如今，景区村庄吸引着众多慕名而来的游客，也吸引着一些在外的东梓关人返乡创业。之前在富阳城区饭店当了十几年厨师的许芒，看到村里的发展越来越好，游客越来越多，索性辞去工作，回家开起了"芒芒饭店"，能摆十多桌，生意很不错。他的店里有一道特色菜，红烧肉炖青鱼干，青鱼是每年冬天从富春江里钓来的。有一年，他约了三五个朋友一起，连续几天买几百斤螺蛳"打窝"，一次钓上来上千斤。

2022年5月，电视剧《富春山居》在东梓关拍摄，长塘边摆起来"长桌宴"，清蒸白鲈、白鱼、红烧江团、包头鱼……"鱼"贯而出。镜头之外，报名参加江鲜烹饪大赛的乡村厨师们在江鲜第一锅处各显身手。

这部以富阳最知名的传世之作命名的电视剧，用一条江、一幅画、一群人将乡村里的故事定格在屏幕上。电视剧在叙述乡村振兴新景象的同时，又在不经意间将东梓关的粉墙黛瓦、青山绿水做成一幅流动的画卷。

除了江鲜，东梓关还有"素云红糖"和传承了近百年的区级非遗"同裕昌"臭豆腐。

一般来说，早上七点左右，"同裕昌"的臭豆腐已经卖完了。这一家水作坊的创始人申屠友兰出生于1916年。大约在1930年，长塘边有家安徽皖南籍师傅开的水作坊，申屠友兰跟着学，后来时局变动，师傅回家，已经成家了的申屠友兰就盘下了这家店自己开，逐渐做出了"同裕昌"这块牌子。

店里特制了一批臭豆腐大小的锡制镂空印章，制作的豆腐、豆腐干、臭豆腐用四方的纱布包好，压一压，再翻面过来时摆好印章再压一下，每一版豆制品都有了整整齐齐的"同裕昌"。还有一种"包干"，每块豆腐干都用四四方方的小纱布包好再压制，做出来的也更入味。为了表示区别，其他的水作坊有的压印一块铜板作标记，老百姓总是想方设法为自家的产品做上一些独有的记号，或者凭口碑让顾客记住。

许如元家里生意好，铜板多，为了计数方便，开木行做木匠的父亲就特制了一只钱斗、一个钱柜。曾经，主人家忙不过来的时候，顾客就自己往斗里放钱然后自取，等钱斗装满，许如元说用筷子在口子上打平，就知道大致收了多少钱。一斗斗散钱倒进钱柜，等钱柜满了，又可以计算收入几何。"同裕昌"水作坊的这只钱斗，斗量的也是东梓关的淳朴乡风。如今，这只钱斗被陈列在村史馆供人观瞻，人们听了故事再摸摸它，这只斗就更加锃亮。

许如元是老来子，他的父亲许金林出生于清光绪十四年（1888），直到六十一虚岁才通过"典妻"生下了他，之后还生了一个妹妹。妹妹姓许，但跟着生母长大、出嫁。他说父亲比养母申屠友兰大二十八岁，是父亲的最后一个妻子。木匠父亲虽说不识字，但很有想法，村里在铺设东梓关到赵家村（今赵欧村）的堤坝时，是他用富春江的水平面作标尺来恒定堤坝一路的高低，因此，这一段堤坝做得特别平整。

"我家的豆腐作坊，算算一百年的历史是有了。"许如元如是说。

如今，父母早已作古，许如元也过了古稀之年，他和老妻奚申秀经营着这个水作坊，一晃也有快六十年了，凭着口碑，豆腐在不知不觉中销得更多更远了。当然和工业化生产比，"同裕昌"豆腐的产量不多，最远的销售的远近主要来自于

用了有一百多年的茶源石

客人的距离。每逢年节，一天制作一千多块臭豆腐已经很考验两位老人家的体力。

用来压豆制品的案台是块茶源石的石板，百来年用下来，日日被浆汁冲洗，特别有年代感。石板下方，一个同样石材的千斤顶如今依然发挥作用，主打一个朴实无华。

东梓关村里，原来大路上都铺着茶源石石板或者青石板，这些石板大部分都来自如今在千岛湖景区的遂安县。石板路从村里大路一直延伸到堤坝，堤坝里的农田这几年种了许多"糖梗"甘蔗。农历1到10月底，甘蔗开始收割，申屠素云家的红糖作坊又到了将持续一个月

豆腐干压制

收甘蔗

之久的热乎乎、甜蜜蜜的榨糖季。

2013 年秋天，素云和她用甘蔗土法熬制而成的红糖突然而又醒目地出现在东梓关、场口，以及富阳人的视野里。

"富春江水浇灌的甘蔗，纯手工榨取汁水熬制的红糖，天然绿色，还有我从义乌请来的老师傅。"对于自己的产品，素云很自信。

八口糖锅，从大到小依次排成一排，三个师傅协作。榨好的甘蔗汁通过滤网到坑里沉淀之后，再经地下管道进入最大的一口锅开始熬煮。接着，那些甘蔗汁从大锅到小锅一路向前，糖汁在翻滚中完成了嬗变，又在最后一位"候糖"师傅热切的眼神中成熟。

起锅啦，趁热掰一块，蜜蜜甜。

在央视《山水间的家》这个节目里，撒贝宁、秦岚还有富阳

熬糖

籍的著名作家麦家组成的"山水小分队"也来到江边的田里，他们擦了擦汗，跟着素云一起收获。

"家"这个字，上面是个宝盖头，也就是屋顶，有了屋顶，一个人才算真正有了立锥之地。在东梓关，过去的家，最知名的是许十房，而提起今天的家，说得最多的自然就是"杭派民居"了。

东梓关，山水间的家。

清晨，初升的日光洒在江北的远山上，朦朦胧胧的，山峦重叠，云气飘忽，近一点的杭派民居，前面的庄稼和粉墙黛瓦的院落，都被烟岚薄薄地笼罩着，烟生云起，画青山半卷。

如果文化是一个村庄的底气和底色，那么，2015年4月15日动工兴建、2016年8月交付、2017年年底就有村民入住的东梓关杭派民居，就是底气之上新农村理想家园的典范，底色之上妙笔绘就的吴冠中画中景象。

为了这幅景象，东梓关人将画笔交到了设计师孟凡浩手中。2017年即将过去时，他在微博上晒出了一组图，内容是东梓关杭派民居的建筑组图。

素云红糖

杭派民居 朱啸尘摄

这随意发布的一条微博，在短时间内引发了网民的热情，东梓关"网红"由此而始。同年5月，具有建筑界"奥斯卡"之称的 Architizer A+Awards 颁奖典礼在美国纽约举行，来自中国的 gad 团队，凭借设计作品"东梓关杭派民居"，一举夺得 Jury Winner（最佳评审大奖）。

在孟凡浩的理念中，中国的乡村需要守护和反哺。辽阔的土地上的广大乡村，被城市远远甩在身后。为乡村做点什么，是他作为一位设计师的社会责任感。而他的这种设计理念，落实到东梓关的这个项目，就是创新之外，仍然是烟火人间。

2017 年年底至 2024 年，一晃七八年了，杭派民居的住宅，仍然吸引着无数人前来看风景。于是，在家里开民宿或者出租也就自然而然地发生了，这些"最美回迁房"值得不同的主人们进去造梦。新居 A-35 号朱勇杰家的"茶言居"，是开办最早的一家民宿，当时正值东梓关刚刚成为"网红"，几乎每一个走进杭派民居的人都想着要去"茶言居"现场感受一下

东梓关人的生活。2018年1月中旬，央视春晚节目组还特意来东梓关拍了一组片花，朱勇杰一家人围坐吃年夜饭的镜头也因此出现在春节联欢晚会开场宣传片里，更多人因此真切感受到了东梓关村老百姓的日常和家在画图中的生活状态。

民宿"栖迟"，名取《诗经》，"衡门之下，可以栖迟"。"栖"，左木右西，太阳西下，可以休息。"栖"是有处可去，"迟"可缓缓归，"栖迟"这个名字，似乎已为每一次的相遇定下了不寻常的基调。"栖迟"主人赵小儿，2016年分到新房后，便考虑做民宿。为了将心中的"诗和远方"融入田园梦想，她在装修过程中一遍遍修正细节才迎来开业。民宿外面，稻田很近，江景不远，经过数年的经营，设计主打现代简洁风格的"栖迟"打出了整幢预订入住的特色。

来到东梓关的第七年，孙江云拥有了自己的工作室。

"栖迟"对面，是孙江云的"琴也"，"也"的书体很特别，不太好认，和他透过时常半掩的门看进去，灯笼上写着的古琴"减字谱"的符号一样，能吸引一些人特意跑进来询问。于是，营业半年多，孙江云又结识了不少新朋友。

作为一名年轻的斫琴师和古琴演奏者，走进他的艺术空间，扑面而来的就是浓浓的国风气息。"琴者，禁也。禁人邪恶，归于正道，故谓之琴。"孙江云从汉朝班固《白虎通义》选了字做名字，又从宋画里选了式样定做琴桌，传统的仲尼式古琴静置其上，轻拨琴弦，清音雅乐声声入耳。这位仅仅是在北京白云观内偶然听值殿道士奏了一曲古琴的年轻人，已经走上了与此前的人生截然不同的方向。2012年到现在，从陕西到江南，一路走来，每一步都循着琴音前行，每一步都走得坚实且幸运。孙江云说他家祖上是从安徽迁徙去了陕西榆林，以屯户的形式定居下来，并逐渐形成了一个叫孙家塬的村庄。而他出生的延安南泥湾，也是个因陕北民歌《南泥湾》而为大家所熟悉的地方。孤身一人，怀揣着梦想来到东梓关，并打算定居的孙江云，是新东梓关人的典型。"自力更生，艰苦奋斗"这句来自他出

《江州清远》 楼森华绘

生地的口号，切切实实支棱起了他这几年的人生。

在新的一年里，他有了女朋友，家里还添了新成员，一只叫"墨子"的暹罗猫。两个人在这个新空间里，做香弹琴，和生活的铿锵相比，琴清香雅。《玉壶冰》《一池波》《蕉林听雨》《醉鱼唱晚》《鸥鹭忘机》，这些名琴名曲的名称被孙江云融入灯光设计，安装在梓木、桐木做成的客房门上，不动声色。

孙江云对面，杭派民居最前面的一排房子里，艺术家楼森华的工作室到下一个春天就可以入驻。他是富阳人，"一川如画"的富春江是永恒的创作题材，"当作品睁开眼睛"，富春江边的东梓关也许就会回到村庄"初始"的那一刻。

春分时节，在杭派民居前的油菜花地里，由杭州文旅、富阳文旅组织的一场时装大秀，以田埂为秀场，展现了东方美学与江南春韵。这富春山居里的诗和远方，是一个古老乡村低调的复兴之路，是"碧水黛岸已新番"。

参考文献

1.〔南宋〕淳祐元年（1241）至祥兴二年（1279）之间编年体史书《两朝纲目备要》，又称《中兴两朝纲目备要》，该书不署撰人，清文澜阁《四库全书》本。

2.〔南宋〕潜说友纂修、〔清〕汪远孙校补：《咸淳临安志》，成书于南宋咸淳年间（1265—1274），清道光十年（1830）重刊本。

3.〔南宋〕周淙撰：《乾道临安志》，南宋乾道五年（1169）十五卷，今存三卷，清文澜阁《四库全书》本。

4.〔元〕脱脱等：《宋史》，清文澜阁《四库全书》本。

5.〔清〕钱晋锡主持纂修：《富阳县志》，清康熙二十二年（1683）完成。

6.〔清〕陈梦雷、蒋廷锡编纂：《古今图书集成·方舆汇编·职方典》，清雍正四年（1726）最后编成，卷九百三十七。

7.〔清〕万斯同、王鸿绪编著的纪传体史书《明史稿》，又称横云山人明史稿。成书早于《明史》，共310卷，包括本纪19卷、志77卷、表9卷、列传205卷。

8.〔清〕汪文炳等编纂:《富阳县志》,清光绪三十二年（1906）完成。

9.〔清〕朱寿保等撰:《富阳县新志补正》,清宣统三年（1911）完成。

10.郁达夫:《郁达夫全集》第二卷 小说（下）,《东梓关》,浙江大学出版社,2007年。

11.王人彦、张玉柱主编:《张氏骨伤正骨复位与外固定技术》,中国科学技术出版社,2014年。

12.张玉柱、王人彦主编:《富阳张氏骨伤诊疗技术》,浙江科学技术出版社,2012年。

龙门镇东临上官乡，南连湖源乡，西南接常安镇，西邻场口镇，北靠环山乡，辖龙门一村、龙门三村、龙门五村、龙门七村四个行政村，距离富阳市区约十六千米。古镇四面皆山，地势南高北低，因其南山有大瀑布，民间视瀑布为龙门，山因此而名，镇因山得名，主峰杏梅尖为富阳境内最高峰。作为三国孙权后裔最大聚居地，人数众多，是少见的一个自然村包含四个行政村的情况。古镇以明、清古建筑群为主体，有牌楼、祠堂、厅堂、民宅、古塔、石桥、古井等，其中古民居两百多栋，古厅堂六十五座。义门、旧厅、百狮厅、同兴塔等七处为市（县）级文保单位。龙门古镇景区2005年开发并对外开放，2007年被评为国家AAAA级旅游景区，2009年被评为"中国历史文化名镇"，是杭州地区目前唯一的"中国历史文化名镇"。

只此龙门——富阳区龙门古镇

龙门古镇全景

龙门，全国最大的孙权后裔聚居地。

从东梓关到龙门，孙氏族裔以一种隐逸的姿态，在龙门溪和剡溪流经的土地上，经历一千多年的时光，用建筑形态向世人展示了中国古老家族的传承脉络。岁月更替，若白驹之过隙，忽然而已，村里的家谱写满了一页又一页。从鼎立一方到耕读传家，孙氏子孙各自在家族的祠堂或厅堂楼房里留下了或深或浅的印记。

去龙门，还没看见村口的同兴塔、牌坊时，龙门山已经遥遥在望，一年四季，山道上都有奔着登顶杏梅尖的人。富阳乡贤蒋正华"神奇龙门古镇，孙权故里迷阵"的题词，被镌刻在一块大石上并安放在古镇停车场入口处，这里还有一处仿古造景，传递了龙门给外界的形象。等走进古镇，老街两侧檐廊相连的古建筑、迷宫一样的弄堂里，氤氲的是乡间美食的味道。边走边听老宅的故事，那些和旧主人相关的故事，古建筑活化利用的故事，每一个都折射了龙门的历史和当下。

村口牌坊

一、传家总不出龙门

北宋初年，孙权二十七世孙孙忠遵从父亲孙勋的嘱托，从江流开阔的东梓关出发，遍访周边适合迁居之地，终于在相距东梓关三十里许的龙门山下找到了适合之地。到了迁居这一天，孙忠挈妇将雏，从东梓关坐船，顺风顺水到中埠，再转进剡溪，上溯数里到一处叫柏树下的地方时，剡溪已经是卵石浅滩。于是他们弃舟登岸，换上当地既能走山路、又可载人载物的羊角独轮车，"一路好山迎去马，三春甘雨洗行程"。

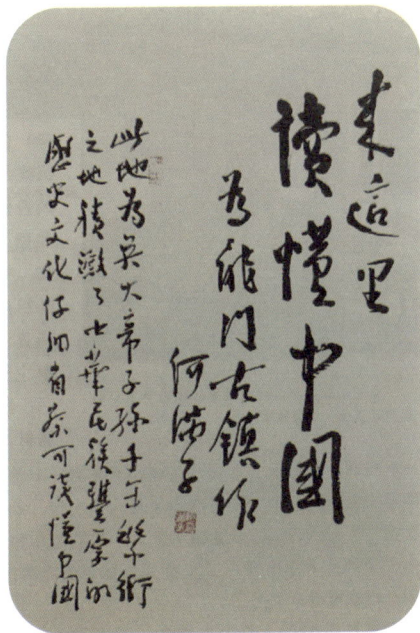

2008年4月，何满子为杭州龙门古镇旅游开发公司题词

此后，孙氏族人就地取材，用附近山上的山石、木料，剡溪和龙门溪中的卵石，青砖黛瓦，也用黄泥茅草，逐渐建成了这座卵石上的古镇。

龙门人，著名学者何满子（孙承勋）曾经为家乡题词：来这里，读懂中国。并在题词后落下长款：此地为吴大帝子孙千年繁衍之地，积淀了中华民族丰厚的历史文化，仔细省察，可读懂中国。

那么，就把龙门当作一个活态的乡村标本，走进去，就是走入中国的传统文化。

《龙门孙氏宗谱》载："孙氏有千余家，各房聚处皆有厅以供阖房之香火。"

龙门的布局，从始建于宋代的孙处士祠，即香火堂开始，以厅堂为中心，民居院落依厅堂发散，同一房系聚居，形成长弄短巷交织、水系穿插其间

古镇俯瞰

的样式。

　　元明时期，龙门人以宗祠为中心，逐渐向北、东两侧发展，建了承恩堂、燕翼堂、明哲堂、世德堂、旧厅、厚祉堂、耕读堂、陈箴堂、思源堂、诚德堂、孝友堂等厅堂。清初，在耕读堂主人孙孟骞、孙昌父子的倡议下，孙氏宗族举全族之力，在村中挖开了一条弯曲如飘带状的溪道，将龙门溪纳入村中，并将之引入村里的明沟暗渠。这样一来，改道后的龙门溪由原来的绕村流经变成穿村而过，孙氏族人还在溪道上修筑和改造了数十道堰坝，雨季防涝，旱季灌溉。古镇由此奠定了延续至现在的、以龙门溪为界形似太极图的基本布局，村庄结构也由松散趋向于紧密。到清代又新增了慎修堂（百狮厅）、余荫堂、庆锡堂、怀耕堂、素怀堂、光裕堂、怀珍堂、迎曦堂、怡顺堂、明德堂等百余幢建筑。这些名称上无一不寄托了先人生活理想以及对子孙后代期望的古建集群，基本形成了现在的古镇面貌。

俯瞰古镇，可以看出这里的厅堂院落形式分为"井"字形和"回"字形两种，另外还有像怀珍堂那样从"回"字形衍生出来的，由主厅堂和周围五间厢房组成的，寓意"五福捧寿"的造型。"井"字形的房屋一般里面会有两个天井，而"回"字形一般只有一个天井。"井"字形以孙氏智七公派聚居的建筑群为例，自北而南，有咸正堂、光裕堂、瑞徽堂、素怀堂、道丰堂、慎修堂、神主堂等，其中咸正堂与光裕堂属于一个组合。中纵轴线上的建筑，前为光裕堂，次为天井，两旁为过厅，最后为咸正堂。而咸正堂又可作一个独立的建筑体系，前有门屋，次为天井，再次为正厅。在中纵轴线的左右，各有一条纵轴线，均分成三进，每进都有天井和墙垣相隔，并有小门以供出入，左右中轴线上的第二进与中纵轴线上的过厅之间又有边门相通。在这三条纵轴线的前沿，建有面阔九间的长廊，把这三条纵轴线的建筑连成一个整体。长廊前面为道地，建筑外面围以高墙，左右龙虎门以供出入，形成一个封闭式的院落。

余荫堂是典形的"回"字形建筑，中间为本房族的祠堂或主厅，四边环以住宅，形式上相对"井"字形简单。现在，龙门由各个房族组成的孙氏总族，有共同的祠堂两处：一为余庆堂，即现孙氏宗祠；一为思源堂，也是"回"字形建筑。

孙忠定居龙门后，他的两个儿子孙治、孙洽出类拔萃，家族繁衍昌盛。

次子孙洽因他这一支连续四代都有人在朝为官，晚年时为不忘祖宗，携子孙及族人在村西南面建了一座香火堂，名"孙处士祠"纪念祖先孙钟，到宋理宗时改名为"孙氏宗祠"并扩建，按孙洽长子余庆而名"余庆堂"，之后在明清时期都有大规模扩建维修。现在，余庆堂占地面积2570平方米，位于村西南角，正厅面宽三间，前为天井，天井前设戏台，左右为廊屋，正厅内"余庆堂"匾额下是吴大帝孙权像，龙门孙氏声势浩大的祭祖活动及跳魁星等民俗表演都安排在余庆堂。这里还是孙氏族人的私塾所在地，

孙氏宗祠

"孙氏宗祠"俯瞰

1913年开办的现代小学"龙门两等小学"也设在孙氏宗祠内。

在宗谱的记载中，余庆公晚年还在龙门石塔山下的大路边建了一座家庙"荫功天子庙"。庙成之日，景纯查到吴大帝于九月迁都南京，他的太祖洽公和祖父余庆也都是九月出生，就定九月初一为开庙之日。这也是龙门"九月初一庙会"的由来。

另外，孙忠长子孙治这一支在北宋治平二年（1065）时，因第五代孙孙瑾为暨阳教谕，其族人与子孙大都随之迁往诸暨定居，留在龙门只剩少数大房族人。这一支子孙繁衍，在清代时建了"思源堂"为本房族祠堂。思源堂在朝岁弄口东侧，正厅有孙钟像，两侧还有用"瓯塑"制作的孙氏

孙孟元家老宅

分布图和迁徙图，迁徙图上用青石板路和鹅卵石路分别表示了富春孙氏迁入和迁出的情况。

卵石的大量应用，也是古镇建筑上的特色之一。在景区入口处朝岁弄东侧，两棵玉兰树在春天里恣意开放，孙孟元家的民居就在边上。这幢卵石房子，始建于明代，面阔三间，从厅后穿过天井为三层堂楼，是龙门古建里最高的建筑，数百年里，经屡屡修缮，终于保存下来。日光晒进天井，二楼有个屋檐遮挡了一部分光，三楼的窗户外有居民晾着的衣服。正堂柱子上的牛腿非常素净，几乎不见雕琢，只贴着边沿顺势刻画了如意纹线条。主人说，牛腿都是当时的老木头，足足四五百年了。等走出朝岁弄左拐，沿思源堂走进古镇，在鹅卵石铺设的路上行走，两旁的古建筑次第出现，可以发现它们在建筑材料的使用上也有区分。祠堂和厅堂一般用砖墙，民居宅院大部分用石墙，这样的安排在不经意间表达了对宗族和祖先的敬重。石墙用大量卵石、零星砖块以及山石垒成，弄堂的地面、龙门溪的溪坎、堰坝、溪边行人上下用的台阶，包括古井的井壁也都是采用这些材料构筑的。

2018 年，央视《地理中国》栏目播出了纪录片《卵石上的古镇》。在这个片子里，节目组走遍了龙门的角角落落，在当地人和专家的带领下，探讨了古人选择使用卵石建造房子的原因，并了解了建好的房子是如何保住千年不倒的奥秘。

就地选材的龙门人，将龙门溪和剡溪里的卵石采集回来，大的做基础，小的做墙体，然后抹上用石灰、黄泥甚至加鸡蛋清、糯米饭按一定比例调制而成的灰浆，有时根据需要还会在大卵石里揳进小卵石，一块块一层层将墙体堆砌起来，这样砌好后的墙体，粉不粉刷都很坚固。于是，大大小小的卵石被组合成各种建筑形态，融入龙门的岁月。

在龙门古镇的众多厅堂之间，大弄堂连着小弄堂，小弄堂延伸进人家的宅院。这些卵石铺就的巷子，仿佛家谱瓜瓞图上的子孙延绵，也仿佛一

龙门的卵石房子

个人的血脉。我们可以想象一下这些厅堂弄堂的形成。龙门孙氏刚刚迁居之时，人少，房屋也不多，千百年间随着人口逐渐增加，才形成以厅堂为中心的建筑聚落。四面环山的龙门耕地有限，为了给子孙留下足够的口粮田，村内房屋密度之高也在情理之中，像"借墙造屋"这样的情形很常见。比如说谁家孩子大了造新房，就贴着墙再造出来一间，也有旁人来边上造房子，商量好了也可以共用一面墙，且并不限于孙氏本房本族。如今留下来外姓人家的老宅还有楼家厅、洪家厅、戚家厅、骆家楼、陈家洋房、沈家厅等，另外，老街上还有一条大弄堂，唤作赖家弄。天长日久，龙门人习惯了在原有的建筑格局上，拼一拼，挤一挤，拐弯抹角处让一让。于是，宽阔的巷道搭了过街楼，狭小的弄堂从一家到另一家可能要穿过人家的厅堂、厨房，还要贴着墙根走几步。那些人来人往的"出路"被隐藏在家与家、房与房之间，外地人走进古镇仿佛走进迷阵，本地人在街巷房屋之间穿行，除了"不湿鞋"，在特殊的时期还能躲避追捕。

　　这些弄堂仿佛人与人之间的纠缠，复杂又简单，独立又亲密，经历了

龙门的弄堂

特定的时代背景和相似的文化背景后，给中国古老的乡村留下来一个可研究的样本。深入的时候，需要在里面走一走，穿过一家又一家，抬头看看天井上四角的天空，才有更真实的体验。现在，村里的导游在带队时，会给你指一条明路，迷路了不要怕，顺着水流的方向走就能走出来。

这个水一般指龙门溪里的水。龙门有两条溪：剡溪在村北，东西向；龙门溪又叫秀溪，发源于龙门山，清初完成了改道后的溪流南北向。两条溪的交汇处呈丁字形。短短几千米的龙门溪是一条山溪，雨季的时候，来自海拔千余米高度的龙门溪飞泻而下，水流湍急，幸而一部分水被裘家坞水库截流后，通过水渠流过大半个村庄，自跃龙桥头流入剡溪。后来又有一部分水在太婆桥处被引入附近的砚池。砚池是一口大池塘，因形似一方砚台而得名。砚池水随着小弄小巷穿过七房厅、老街、八角井，最后到龙兴桥处流入剡溪。剩下的溪水经过弯曲的溪道时流速放缓，还有一路的堰坝使得溪水在前进中还要迈过一级又一级的台阶，千尺巅崖百尺湍的瀑布水，自此潺潺流入剡溪。

布局科学的水系及建筑方式帮助龙门人抵挡住了洪水的侵袭，也方便了游客跟着水流走出古镇。

龙门溪的水流过太婆桥、三房桥、几处堰坝，在耕读堂"耕读世家"门楼边，靠"龙门驿事"客栈一侧的溪水中，沿着溪坎砌起来一口老井。这一口水井口子小、内里大，水位常年高出溪流半米到一米。溪水和井水就以这样"井水不犯河水"的姿态存在了不少年头。井边溪坎上还长了两棵枇杷树，有几年结果多，有几年结果少。枇杷成熟的时候，能被人们伸手够得着的果实很快就被摘完了。溪里以前还有许多鸭子，在流水和水草间追逐鱼虾。在龙门溪两侧的通道上，行人三三两两，从设在耕读堂后院的茶空间"茶香居"的院门、窗户望过去，过往的行人都可入画，从溪对

龙门溪畔的茶香居

面看过来也是一样。于是，走到这里的人，脚步会不由自主慢下来，用相机或手机拍拍照片，或者干脆坐下来围炉煮茶。素日也常有画画写生的学生，坐在溪边、岸上、枇杷树旁，捧着画板，一待就是大半天。

在"茶香居"门前围炉烤番薯，抬眼望去，越过一座万庆桥，对面便是文化学者何满子、革命烈士孙晓梅姐弟俩故居"怡顺堂"，再稍远处，龙门溪溪坎上的杏花开了。杏花，龙门土话里是"杏梅花"。清道光十六年（1836），被赠"山西第一廉吏"匾额的龙门人孙衔，在卸太古（今山西省晋中市太谷区）令时，留别士民："杏花春雨思归久，一摘公然赋遂初。"他对杏花微雨的江南想念很久，到这个春天终于可以回家了。

龙门溪边的杏花

这种对美好生活的向往和追求，早已融入龙门孙氏传承已久的家族精神之中，鼓舞了一代又一代的龙门人不断前行。在现为孙晓梅烈士故居的"怡顺堂"里，孙晓梅

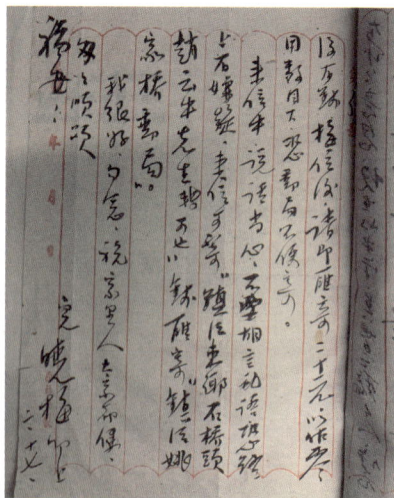

1940年孙晓梅烈士参加新四军后，派在苏中敌后斗争时书写的家信（富阳档案馆藏）

祖父孙蓉第留的对联"祖有遗言，莫纵樗蒲莫纵酒；家无长物，半藏农器半藏书"是一种，孙晓梅写下的家书"国不保，家何能存？"也是一种。

　　现在，这棵老杏梅树的花已经开了一年又一年，溪边万庆桥上人来人往，空气里的花香和炸油面筋的味道很吸引人。

　　龙门的两条溪流都不算宽阔，那些有着古老故事的桥规模都不大，却各自有着足以流传千百年的桥名：隆庆桥、万安桥、万庆桥、庆禧桥、跃龙桥、龙兴桥、太婆桥……"新新娘子新新桥，千年太婆万年桥"是龙门人的祝福。鲤鱼跳龙门，一跃鱼化龙，古镇入口附近，剡溪上的跃龙桥也有个好彩头。在古代龙门，考取功名的龙门人走跃龙桥，不亚于进士簪花骑马游街，满满的仪式感，是跃龙桥加持过的荣耀。

　　过游客中心、校场，走上跃龙桥，左前方是一座建于2002年的石牌坊，牌坊后的粉墙上还有出身于国民党四大家族的陈立夫亲笔所题写的"孙权故里"四个大字。站在跃龙桥上看剡溪水，是龙门八景之一"大桥清波"。距离跃龙桥不远的上游还有一座隆庆桥，原为木桥，二十世纪八十年代改建为简易公路桥。下游是万安桥，俗称大桥，初建于元至正六年（1346），桥上原有廊房十七间，后屡毁屡建，现在也是公路桥。同样的，不少伴生于弄堂、溪流的水井也已消失或者被改建。

　　在龙门古镇的发展史里，还有众多的工匠参与了村庄的建设，但他们大多不见经传，悄然湮没在岁月里，如今的龙门人还能说起的唯有一位叫孔文龙的建筑师。这位在孙氏宗谱里并没有确切记载其事迹的泥水匠，在龙门一直生活到过世。他至少主持了同兴塔建造、龙门溪改道、龙门溪上戚家桥的兴建等大工程。根据家谱的记载，清康熙十六年（1677），孙孟骞和他儿子孙

同兴塔

昌共同募建同兴塔，为精益求精，最终招募了孔文龙主持建造。风吹雨打三百多年后，这座飞檐斗角、玲珑剔透的白塔，在日光下白得发光，是目前富阳境内保存最完好的两座古塔之一。塔壁粉刷的那层薄石灰，到现在仍很少脱落。获得了东家孙孟骞和龙门人尊敬的孔文龙，自此留居龙门，并留下了不少建筑艺术。他叠建的龙门溪两岸的溪坎，最大的特点是大大小小的石头随心所欲摆放，这看似随意的操作，恰好体现了工匠的高超技艺，也蕴含了建筑的诗意。造型上像飘带一样飘过村庄的龙门溪，溪中有个石桥潭，就在孙孟骞家"耕读堂"边上。这个潭的流水很特别：溪水大时，水往对面流；溪水小时，水流向耕读堂一边。这个利用了河流凹凸岸原理的设计，悄然表达了孙孟骞对自己厅堂居民的偏爱。龙门溪上原有一座戚家桥，桥墩是三四块石头垒成的，没有泥浆镶缝。有一年发大水，汹涌澎湃的山洪几乎冲毁了龙门所有的大小桥梁，唯独孔文龙修筑的戚家桥纹丝未动。这一座桥的桥墩石头，二十世纪八十年代还在溪水中，直到后来有村民造房子时才被挖走。另外，古镇里那些口子很小底下却很大的井据说也是孔文龙的杰作，包括耕读世家对岸的井和七房厅附近的"十里红妆井"。在相距龙门约二十千米的深澳古镇，目前还保留着的双口塘井、九思堂边上的井也是相似的造型，并在差不多时期建成。现在，龙门人把他们还说得清的九口古井的井圈造型，都仿建了安置在村口仿古造景里。

龙门山脉一带，高山、丘陵、盆地、平原交错分布，溪流河道密集、沙洲密布，山岩、卵石在建筑上的大量应用，有着得天独厚的条件，姓氏的迁徙，村庄的发展扩张也催生出不少技艺高超的工匠。

历史，是由人民群众创造的。

二、此间独有古风存

千百年来，龙门古镇依旧保存着江南最完好的明清古建筑群。2005 年龙门景区开发前,富阳市委宣传部牵头组织文化学者、相关机关部门等对龙门古镇的古民居、古厅堂进行了近一个月的摸底调查。他们走街串巷、实地查看,拜访乡贤和村里熟悉情况的村民和本地老教师,包括如今已经作古的孙家鹗、孙仲安、孙北强等。其中,出身于书香门第,父亲曾经任过龙门学校校长,对龙门历史文化和传统知晓颇深的孙家鹗被称为龙门古镇"活字典"。他纠正了不少当时介绍龙门古镇资料中的错漏,如"保义堂"应为"保彝堂"、"碧紫门"应为"必止门"、"大书房"应为"淡书房"等。如今,龙门村里还有不少致力于研究龙门本土文化的老人,像孙承安、孙奎郎、孙文喜、孙德峰等,而年岁小一些的龙门人如孙华、孙伟良等也已经接续上了对家乡的关注和研究。这一次调查,在当时留存的二百多栋古宅院中,整理出有名称的厅堂一百零三个,其中六十五座保存完好,而且其中大多还有住户。调查不仅摸清了家底,也奠定了龙门古镇景区内居民不迁离,景区经营和百姓生活共存的基调,也使得如今的龙门古镇景区依然是个充满烟火气的山乡。

在龙门,跟着水走可以走出去,当然也可以走进来。古镇入口进来的朝岁弄一侧就有一条明渠。行人进出朝岁弄,两旁店铺依次排列,龙门味道已经扑面而来。朝岁,也作岁朝,是正月初一,也是一年中最大的节日——春节。"岁朝"这个词最早出自《后汉书·周磐传》中"岁朝会集诸生,讲论终日"的记载,指一岁之始。富阳人董诰曾作《岁朝图》,寓意"平平安安,万事如意,国泰民安,人寿年丰"。

以前朝岁弄的地方有个朝岁庙,弄堂由此而得名。沿着朝岁弄往里走,经过孙孟元家老宅和孝友堂,到了弄堂口东侧就是思源堂。经过思源堂,就走进了老街。

一千多米长的老街全用鹅卵石铺成,既是古镇的主要交通干道,也是这里的商业中心。明嘉靖至清康乾年间,徽商运粮要通过龙门再至绍兴、苏州等地,一时商贾云集,是龙门孙氏家族的鼎盛时期,有"半列儒林,咸饶富有"之说。数百年的时间，留给龙门不少古建筑精品，每一个厅堂都装满了乡愁，每一块匾额都是历史的书页，每一个堂号都是浓缩了的龙门精神。

沿着老街向前，或者往两旁弄堂深入，每一次穿越都是对历史的回望与凝视。

老街上现存最早的建筑是旧厅，是一座典型的明代建筑，因时间久远，后人以旧厅呼之。旧厅的梁架结构为抬梁式与穿斗式相结合，明间为抬梁式，次间穿斗式。东西侧明间各一逢梁架为九檩四柱，五架梁带前后两步，横梁为梳形勾线梁。圆柱，柱顶卷杀，架梁、斗拱、雀替不加雕饰，整体粗犷大气，不尚雕饰。早年，元宵灯节正月十三开始"上灯"时，龙门孙氏新生了男孩的人家要在旧厅里挂一盏子孙灯。子孙灯越多，就意味着这个房头越昌盛。

还有一处气派的牌楼式砖砌门墙，上面题有"工部""冬官第"等大字，庄重大气，雕刻精美。这是孙惟和为纪念父亲孙坤，经朝廷恩准后于明正统十四年（1449）建造的，因此这座厅堂的名字叫"承恩堂"。工部在明代是六部之一，冬官是工部的别称，"冬官第"意即在工部为官者的住所。工部牌楼两边门楣上还分别有"廉泉"和"瀼水"二词。据《龙门孙氏宗谱》记载，孙坤及其后人清正廉洁，勤勉有为，这座牌楼就是先辈的功德坊。"廉泉"和"瀼水"二词也勉励着子孙后代牢记家训，廉洁自守。

承恩堂里面陈列着各式各样的船只模型，最大的一艘是郑和宝船，这也揭示了孙坤是郑和下西洋建造船只的幕后英雄之一。孙坤，字景祐，号素斋，生于明洪武六年（1373），卒于明宣德二年（1427）。他在明永乐三年（1405）中举后，入国子监深造，随后授官工部都水清吏司主事，受明成祖朱棣之命赴太仓督造郑和下西洋的八十余艘巨舰，工期一个月。他合理安排，科学调度，最终如期竣工，在造船期间没有一个民工因劳累而死。后来，他又率领铁匠木工万余人，奔赴南京宝船厂施工。任职九年后，

"龙峰叠秀"

　　孙坤升任为工部郎中。明洪熙元年（1425）闰七月十三日，明仁宗朱高炽在一天内赐了四道圣旨到孙家，分别表彰了孙坤已故的父母，孙坤和他的妻子裘氏。赐给孙坤的这道圣旨里，皇帝褒奖孙坤从举人到工部属官再到郎中，始终兢兢业业，恪尽职守，并勉励他继续勤勉于职责。可惜两年后，孙坤卒于任所。他去世后受到皇帝的褒奖，由工部郎中追封为工部侍郎，其后人特意建了工部门楼和承恩堂来纪念他。

　　过承恩堂，往前走几步就是居易堂了，这座厅堂建于清末民初，是一幢典型的民居，至今仍有百姓居住。承恩堂里面有一块牌匾，上书"妊姒遗风"，说的是当年有对贤名远播的姑嫂，双双丧夫后住在一起互相照顾，形如姐妹。在两人同庆九十大寿之际，知县特书此匾道贺祝寿，一时传为美谈。在龙门，还有一幢被称为"二不厌居"的民居也很有趣，据传原主人夫妻俩，一个是教书先生，一个是绣娘。绣娘在家绣鞋补贴家用，教书先生起的这个名称不拘一格，令人莞尔。同样的，在龙门还有不少民居也有生活气息浓郁的堂号，像"山乐堂""迎山堂""迎曦堂"是对自然的赞美，"鹭鸶园""养吾轩""恰恰斋"则表达了主人意趣和对安居乐业的向往，还有"春及堂""稻香馆""荆乐堂"则是对农耕生活的欣赏，是"柴门临水稻花香"的满足。

在龙门八景诗里，有一景是"西湖古迹"。这一处景点，龙门人称之为"假西湖"或"仿西湖"，是明嘉靖时期被称为杭州七县首富的孙潮为年老不方便远游的母亲而建，表达了一个儿子对母亲的孝心。在众多写这一处"仿西湖"（"假西湖"）的诗歌里，有一首回文诗《咏赛西湖回文》比较特别，诗人是明末清初龙门人孙源仁，他博学多才，诗书俱佳，终生以诗酒自娱，诗句如下：

> 平湖一水接天清，断岸斜桥曲浦横。
> 鸣鸟野田春寂寂，落花檐砌露盈盈。
> 晴空远岫凝碧烟，晚径荒林带月鸣。
> 轻雾似云笼水涧，小庄深树乱啼莺。

孙潮为母亲建的仿西湖，有钓鱼石、六桥、四祠、十二栏杆、十二楼，湖边栽有桃、柳，亭台楼阁一应俱全。到了清代已经成为遗迹，如今只剩一个池塘，"唏嘘不在沧桑易，谁念劬劳镜碧潭"。

作为传说里"左脚踏金，右脚踏银"的首富孙潮，也是龙门知名的"义士"，至今还流传着关于他的不少轶闻，如"火烧缎子行""景德镇十里碗路""独造南门埠""假西湖"等。如今，在龙门的一众古建、遗存中，经常作为龙门形象出场的"义门"就是为表彰孙潮而建，是龙门古镇关于"义"文化知名度最高的牌楼。

义门始建于明朝嘉靖年间，原来是燕翼堂的大门，只是厅堂已毁，仅存门楼。门楼两边各有一个呈三角形的突出位置，这在建筑上属八字开门楼，它坐北朝南，外面八字分开，像个古代官府小衙门，由大门口朝外看，两旁侧壁向左右砌成"外八字"形，整体造型比传统牌楼更显得气派、端庄、精美。义门前的鹅卵石道地上，也用卵石做了两个铜钱图案，一脚踩一个，沾一沾龙门义士孙潮的财气。作为当时龙门一个响当当的人物，虽然孙潮富甲一方，但平时一贯粗衣淡饭、为人乐善好施。明朝嘉靖年间，龙门当地闹旱灾，老百姓种的庄稼颗粒无收，可是朝廷还是要催缴皇粮，眼看着老百姓就要背井离乡了。孙潮站了出来，他替全村的老百姓缴了皇粮，同时还拿出一千石稻谷救助百姓。孙潮的忠义之举，被当时的富春县令奚朴上报朝廷，嘉靖皇帝知道后特赠"义民"一匾，并赐孙潮建造八字砖砌牌

义门

坊义门。从此以后，义门也成为龙门人心中的一座丰碑。现在，不少影视作品也把义门作为外景地，如杜淳、薛佳凝主演的电视剧《租个女友回家过年》，陈逸飞先生执导的电影《理发师》也两度把义门作为重要外景地。说到《理发师》，义门东侧的积善堂里还有一个因《理发师》在此拍摄而特设的"龙门情"展馆。展馆门口设立的旗杆和木台子都是当年拍摄《理发师》时所留下来的道具。走进展馆我们可以看到正中央"龙门情"三个大字，这三个字是由陈逸飞先生亲笔所题，从中我们可以看出陈逸飞先生对龙门古镇有着非常深厚的感情，他曾说过："龙门古镇是我心目当中的古镇。"陈逸飞共拍过两部电影，第二部就是他的遗作——由吴思远继续拍摄完成的《理发师》，这部作品曾在上海电影节上获传媒大奖。

往义门西侧弄堂走几步就是世德堂。世德堂始建于明末清初，主人是孙权后裔孙念阳。他也是一个经营有道的商人，和当时耕读堂的主人孙孟骞等一起出资举办了不少公益事业，包括建造同兴塔、勾留亭、名宦祠、文昌阁，挖掘尚古堂深井、改道龙门溪等。世德堂的大门，并没有中规中矩地开在正南方，而是开在东首朝南的方向。东南角在八卦中属于巽位，而巽就是风的意思，所以在这个位置开门，寓意家族顺风顺水。龙门有不少老宅的大门都是这样的朝向和造型。世德堂左近的人家，还有龙门溪边耕读堂的三扇台门都这样开，这也从侧面佐证了龙门人营商的氛围和商业的繁华。

在弄堂里穿行，台门的朝向，照壁上的"福"字，比别处高的围墙，老墙上斑驳的题字，厅堂、人家屋里的牌匾，包括脚底下鹅卵石的拼图，无处不在的细节折射出来的精神，是龙门的，也是中国的。

"余荫堂"又名"官房厅"，是明嘉靖年间龙门人孙濡这一房的议事厅，门楣上有"端履"二字，相传为孙濡亲笔所题。他任河南长葛县令期间，有一年因旱灾的缘故，老百姓种的粮食颗粒无收，为了救灾，他派亲随回乡变卖家产，购得荞麦籽运到长葛。但荞麦播种后仍不见下雨，孙濡心急

砚池

如焚，对天长跪不起，祈祷"宁可绝我子孙，不可绝我子民"。之后天降甘霖，荞麦丰收后，百姓得以存活，当地父老为使子孙永志不忘，称荞麦为"孙公麦"，载入《长葛县志》。孙濡辞官回乡时，士民赠"政侔卓鲁"匾额，此匾仍悬挂在余荫堂里。回乡的孙濡依然获得了富阳几任县令的尊重，获赠"彦方太宇""澹台灭明"匾额。同样出身于余荫堂的还有孙衔，除了"山西第一廉吏"的褒奖外，他还获赠一块"还我寇君"的匾额，足见当时百姓对他的敬仰与留恋。2016年，龙门镇人民政府在余荫堂设了"正身馆"，该馆现在是浙江省廉政教育基地，得其所哉。

回乡以后的孙衔教书育人，他的学生，后来也在龙门授馆为业的俞校，为龙门写下不少诗词，在孙氏家谱里能翻到不少。"谷雨新茶手采回，一枪尚卷一旗开"写龙门山野茶，"白酒黄鸡红稻饭，四更犹有客登筵"写龙门庙会，还有"我爱龙门山水幽，去年已订龙门游"描绘生活。

砚池边的明哲堂，是最能让人感受到龙门人"大雨天串门，跑遍全村

砚池边"山乐堂"

不湿鞋"的一幢建筑。这里场地宽敞，村民们以往还会在此地组织召开村民大会，平常也用来举办红白喜事，逢年过节还会在这里迎龙灯、跳竹马、跳狮子，热闹非凡。现在大厅中陈列着农具和生活用具，其中一架制作于民国时期的水车上写了"龙游浦江分水青田"这一句，巧妙地将浙江的一些地名嵌入水车的功能中去，可以说是"耕读传家"的龙门人最有趣的物证了。

明哲堂大门斜对面、位于砚池西侧的山乐堂，建于民国初年，是古镇雕刻最为繁复的建筑。整座山乐堂的立面都是雕刻，反映了当时主人家孙仁有的富裕程度，现在是龙门古镇的雕刻文化展示馆。龙门古镇木雕雕刻的内容有人物、山水、八宝、花鸟、民间传说、神话传说、戏剧场景等，木雕的题材和内容鲜明地反映了龙门古镇受宗法制度、儒家传统道德观念影响下的思维模式，像山乐堂雕刻里的"二十四孝""渔樵耕读"题材和百狮堂里雕刻着寓意吉祥如意的"百狮"等等都是。另外，作为三国吴大帝孙权的后裔，"三国故事"也是龙门人雕刻的题材之一。

"彝鼎留芳"匾

走进古镇，赏不完的古色古香；深入其间，挖掘不尽的古典文化。

在孙氏宗祠内，悬挂着一块"彝鼎留芳"

"坐花醉月"匾

匾额，这是浙江省内迄今为止发现并完整保存下来的三块木质宋匾之一，具有很高的历史文物价值，是宋理宗时期翰林学士真德秀为孙祁而题写。孙祁，字翊光，孙权第三十四世孙，龙门孙氏第九世孙。他于宋宁宗时为大理寺评事，因讼济王冤，忤旨报罢，退隐龙门溪水之西。后史弥远奸事爆发被杀，宋理宗欲请孙祁回朝任职，但当真德秀奉旨到龙门寻访时，孙祁已病死三年，于是真德秀题写这块匾作为表彰，并表达怀念和惋惜之情。

在富阳，现存牌匾最多的当属龙门古镇，它一百零八块牌匾的后面，都藏着故事，而这些故事的后面，是龙门人的"微言大义"。"余庆""义门""钦褒纯孝"是孝义传家、积善人家庆有余，"思源"是饮水思源，"耕读世家"是乡村最常见生活状态，"端履"是清正自省，"春及"是"农人告余以春及，将有事于西畴"，"澹台灭明""青史流芳"是对先贤的尊崇，"法官及第""高等文官"是新旧时代碰撞，"文华巨族"是对孙氏家族的褒奖，还有"坐花醉月"是赏心乐事。读懂了龙门的这些牌匾，也就读懂了中国的文化史。

三、春来万景斗芳菲

在龙门过龙年春节，跃龙桥上一条"金龙"营造了浓厚的节日氛围，引得不少游客流连"打卡"。跨过跃龙桥，景区门口牌坊广场上，"吴大帝孙权"正在带着"文武百官们"热情迎接着四方来客，旅游公司安排的古镇特色年俗表演节目《孙权迎宾》《天子巡街》《汉服巡游》开场了。

旧时，龙门人的春节，从腊月初八的腊祭或腊月廿三、廿四的祭灶开始一直到正月十八才结束。正月十三到正月十八称灯会、灯节，另外，龙门人在农历十二月特别忙，打年糕、做花糕、扎花灯、扎龙灯、扎竹马等都要在这个月完成。

正月初一，龙灯要先去龙门山下龙门寺龙王菩萨前开光后才能开始当年的演出。龙灯队由四五十人组成，最前面有两至六把铳，紧接两面鸣锣开道，"瀑布神龙大旗"、彩旗十面、梅花锣鼓紧随其后，接着才是长长的龙灯，龙灯后还有大鼓、大钹跟着敲敲打打。旧时，龙门各房族都备有龙灯，种类有板龙、柴箍龙、敲草龙、兜水龙等。板龙的每一桥上装饰的是三国戏上的人物和吉祥物。

龙门的读书人家在跳魁星表演时还要接魁星，寓意学业有成。正月初四、初五开始结社筹资请来戏班子演出，戏班子大都是京剧、绍剧团，越剧很少演。新中国成立初期龙门有一京剧团，龙门人称"小京科班"，专演京剧，剧目基本上是《三国》《水浒》故事，其中，《借荆州》剧目拒演。

正月十三开始上灯，各房前一年如生男孩，称"添丁"，要扎一盏花灯挂于主厅，该灯又称"子孙灯"。"子孙灯"越多，显示房族越兴旺，像旧厅十七阿太这一支，目前有后裔一百多人。厅堂正中、左右两旁上方要挂自己房族的先祖画像，称"承支阿太"，即承接支脉、支派的阿太，支派的老祖宗、始祖，寓意请阿太元宵观花灯。

到了正月半，外出表演的龙灯、竹马、魁星等演出队伍必须回龙门闹元宵，当天还要把用竹篾做骨架、外面糊以油纸的大明灯笼挂在厅堂门口

跳魁星

或正厅屋檐下，并悬挂每年春节才使用的更为精致的宫灯在厅堂的梁架上。

宫灯一般用好木料做成木架，镂刻出各种图案，再镶以玻璃、绢纱，上面彩绘人物、山水、花鸟，有四角、五角、六角、八角等形式。还有走马灯，这是用木料做成的两层宫灯。外层固定，镶以透明玻璃；里层在绢纱上绘以骑马的仕女人物或三国时的骑马打斗场面。当灯点亮后，产生热能上升，使内层不断自动旋转，就像马儿、人物会自由行走一样，最吸引人们驻足观看。

是夜，龙灯、竹马、魁星、狮子全部上阵，到各厅堂轮流演出。人们手提灯笼，到各厅堂观赏游玩，对女性的各种活动限制在元宵节也被忽略，真是欢乐的一天。

正月十八落灯，各房举行祭祀活动，备香烛、纸帛、贡品叩拜先祖，称"拜'阿太'"，之后收好阿太画像，用梅花锣鼓将阿太画像送到轮到保管画像的后裔家里，寓意"阿太"返程，春节各项活动结束。

当然，像元宵节吃汤圆、清明上坟、端午吃粽子、中秋赏月、除夕守

龙门风情节演出

东吴战马

岁等等流传于大多数中国乡村的传统习俗，龙门人也一样。一方水土养一方人，在一些传统习俗里，龙门人因加入了"龙门元素"以体现个性。同样的，在传统节日中体现属地特色，也是中国传统文化的特点，也因此才有了五十六个民族千姿百态的民俗风情。

在龙门，二月二春祭、十月十九秋祭，六月六晒宗谱、七月七吃鸡、九月初一庙会，都有着千年历史，庙会和祭祖等一些民俗活动甚至比过年还热闹。现在，龙门人将节庆活动整合后称"龙门风情节"，在每年的国庆期间进行。龙门人的民俗"龙门九月初一庙会""跳魁星"和更名为"东吴战马"的跳竹马都是省级非遗项目，"龙门孙氏祭祖大典""竹刻""瀑布神龙""龙门面筋制作技艺"也是市、区级非遗项目。时移世异，传统乡村的一些细节如今已丢失在现代文明里，当然，如果把龙门一千多年的历史放大了看，新的习俗总是从旧生活里生发。

现在过完春节，老街上依然悬挂着彩灯，仿古店招从店家的门楼里伸出来，行人熙攘穿行在"油面筋""姜糖""米酒"等各种小食的吆喝里，

龙门祭祖

一路的店铺数百年来还是保留着前店后居或前店后坊的形态。于是，那些开在老宅里的小店仿佛都加了一层滤镜，有色调上的雅致，也有"慢生活"的自得。

租了旧厅这组建筑其中一个院落开"柏木馆"的陈小祥说，房东给他看过一块老匾，上书"顺风里"三字，于是，他就按着样子在"柏木馆"的另一个出入口挂了一块仿制木匾。从挂着"柏木馆"的这扇门往里走，有个很小的天井，天井里摆了不少盆栽菖蒲，还有一个大鱼缸，水滴滴答答，鱼缸里时常有鱼，大多是陈小祥下班以后在富春江沿线夜钓钓来的。过了天井还是店堂，一侧辟了一小间摆一张茶桌，他日常串手串、做一些小手工活都在这里，客人来了，也可以坐下歇脚喝茶，额外听听主人养菖蒲和钓鱼的心得。他和简丽群一起合作的文创店，十来年开下来，已经从老街开到龙门溪边耕读堂里，且正在上溯到太婆桥处筹备新店。原籍福建的简丽群把弟弟一家也带来龙门开店，弟弟家来龙门后生的孩子已经上小学了。

一路走，看见熬制中的姜糖、梨膏糖被主人搅动，这种传统的招徕客人的方式和《清明上河图》等古画里展示的并无二致。其中有一家"唐生记"姜糖店在老街的中心位置，这家不起眼的小店，还有一家约四百平方米的大店做后盾，一年的营业额颇为可观。最多的小店自然还是炸油面筋、臭豆腐，卖小馄饨的，那些卖馄饨的小店被游客逐渐叫作"萍萍馄饨""砚池边的馄饨"等等，每一家都有专属的忠实客户群。

做油面筋的摊位简直是三步一家，毕竟这是龙门特有的美食。制作油面筋时，首先用小麦粉水洗出面筋，然后将各种馅料包裹其中，再油炸至色泽金黄、鲜香扑鼻。这些如乒乓球大小的丸子，几乎家家的主妇都会做，久而久之，也被外乡人模仿，做出各种不同的口味，依然是招牌小吃的气场。这道不知产生于何时，不知被哪双巧手所创的美食，被龙门人演绎出不少故事，每一个都是特别精彩的版本。三房桥边上这一家店日常销量很大，古镇外剡溪边"禾央堂"民宿的素面筋和素食都很受欢迎，接受预订。

还有像"工部土菜馆"这样的饭店藏在民居里，基本是龙门人在家里开的夫妻店。开在老宅里的"再回楼土菜馆"，主人孙增卫是摇滚爱好者，门口的庭院和家里的厅堂都是他即兴演出的场所，他家边上还有一家"龙门书屋"，也设在老宅里。也有年轻人开的新潮小店，他们卖咖啡、奶茶、面包，为古镇融入了一些现代气息。来自法国普罗旺斯的桥斯和妻子杨祎奔着古镇的浪漫气质开了一家"蓝纹咖啡"，小店营业时间略随意，不经意间和古镇的生活节奏合拍。"顾童乡村面包"开在弄堂里，然后在网络平台吆喝，金子在带娃的间隙开着服装店，将店里的衣服搭配出龙门的古典韵致。

老街延续着一直以来"店肆林立"的状态，但热闹中见平和，穿行其间的游客也跟着慢腾腾的，像春天里的龙门溪，都符合龙门古镇简朴低调的气韵。

这几年，世德堂经修缮后，改造成了1826摄影博物馆，它是中国唯一致力于传承与复兴摄影古典工艺的摄影博物馆。馆内陈列着摄影技术出

世德堂内"1826 摄影博物馆"

现以来的各种照相机、摄影镜头、摄影附件、摄影作品、底片、相机设计文献、摄影化学文献、古董照相机修复与改制、影像文物保护九大类藏品，数量上多达两千五百余件，周边展览资源更是有三万余件。世德堂中堂悬挂的是一幅黄山迎客松的摄影作品，是民国时期美术摄影名家郭锡麒所摄，快要一百年了。馆长李长江用了富阳产元书纸重新制作，古法制作的元书纸和现代摄影技术的结合呈现出别出心裁的效果。

世德堂门口弄堂里有一家"吾味米酒酿造局"，也将现代理念融入了传统文化。龙门人自定居于此后，一直坚持用乡村常见的"酒药花"酿制米酒，辈辈相传，沿袭至今。度数低、酒性柔和的龙门米酒，在千年的酒文化中，出现在龙门人一生的重要场合里，"满月""闹周""嫁娶""丧葬"要办酒，建房起屋"上梁""搬新屋"要办酒。另外，孙氏后裔在进行祭祖大典时，也要用龙门米酒祭祀吴大帝孙权及龙门孙氏列祖列宗。龙门人孙超立意将"吾味米酒酿造局"打造成一家"网红"店，除了展示米酒生产制作的全过程以外，她开发的"米酒豆花""米酒咖啡"这两款标新立异主打的产品成为 2024 年龙门春节时年轻人的新宠。

在吃货的世界里，龙门的"牛八碗"也让人垂涎欲滴，炖四五个小时打底的牛肉、牛骨头是龙门人家的招牌菜，而将牛肉做成商品的佼佼者当属义门东南角"洪牛堂"出品的卤牛肉。土生土长的洪师傅将他家的卤牛肉做成了"龙门一绝"，一周烧三次，每次一百斤的卤牛肉，这几年线上线下的交易量对一个家庭式作坊来说非常可观。

来龙门有无数种理由，而留下来，除了生活的底气，更需要的是热爱。这些年里，不少外乡人一转一转来了龙门街上。"墨庄"的程美玲制墨售墨，用了家传的方子，获得了不少荣誉和认可，现在已经成为家乡江西的非遗传承人。这些年里，她先把家安在龙门的丰受堂，之后又拓展到隔壁的诚德堂，安居乐业，新年又在附近开出来一家"龙门饭店"，俨然是要扎根在龙门的样子。赵冬梅的"三分书舍"开了七八年了，这些年，川妹子赵冬梅民宿的小耕地里种菜，和客人一起裹粽子，摘树上的青梅浸酒，带客人逛龙门老街，书舍里还有一块小黑板给客人涂鸦、留言之用，每周四还有一场固定的读书会。沉浸式的生活，是民宿的追求，而生活的舒适感，自然让人向往。太婆桥边上的民居"正大昌"在这个春天里启动了装修，这个由知名高校牵头的研学基地，已经准备好了在新年里成为龙门旅游的新目的地。

因为一座镇，来开一家店；因为一家店，赶赴一座镇。

外乡人租了屋子留下来，本地人的民宿、餐饮则更多占了"自家屋子、自家出产"便利。龙门村口的"尚古小筑"，主人将他收藏的老家具、石头构件、雕刻、文房雅玩布置其间，将传统文化的低调雅致和现代酒店的便捷舒适融为一体。耕读堂对面"龙门驿事"，将老街上"工部"孙坤这一房留下来的"粉署流香"区块的四幢民宅连在一起做了客栈。客栈的房间用了"好事近""南歌子""浣溪沙"等词牌名做房号。租住在附近的玉雕师"岑夫子"，在老街上开了一家小店，也称"粉署流香"。

剡溪边上，在龙门人孙瑛自家的民居"禾央堂"里，传统文化得到了延续。"五福捧寿"和"鹿回头"的大理石雕刻被安排在照壁的两面，鹅卵石和地砖被铺设在不同的区块，院子里有小桥流水，还养了不少锦鲤。古色古香的房子里，木雕随处可见，每个房间内的床铺也是木雕架子床。

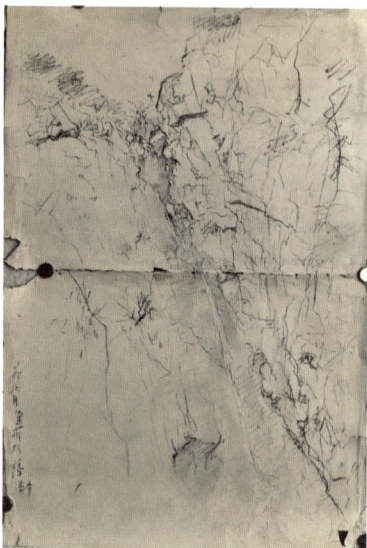

龙门飞瀑 1987 年楼森华写生作品

孙瑛说，她想做一家和龙门古镇建筑特色相呼应的新民宿。

"禾央堂"的正门正对着龙门山的杏梅尖。孙瑛说，雨后天晴的早晨，龙门山常常有雾，隐隐约约，仙境一样。春天里，龙门山上的檫树花已经从正月半开到了清明节，那些长得高大的乔木，是登山人的路标。一年四季，都有很多人专门奔着龙门山而来。龙门山主峰杏梅尖作为富阳的最高峰，海拔1067.6米，据说在峰顶可以看到杭州的钱塘江、六和塔。山上有一道落差达百米的瀑布，瀑布奔流直下汇成龙潭，景色非常好，是历代诗人吟诵龙门的题材。

谷静溪声晴作雨，春明竹色晚含辉。

行行复行行，千山总画屏。

巨浪横空破，惊雷迸地颠。

还有郁达夫的"天外银河一道斜，四山飞瀑尽鸣蛙"。当代著名作家徐迟也曾慕名登临龙门山，留下《龙门观瀑记》。艺术家和普通人都往来不绝的龙门山，"山色朝暮之变，无如春深秋晚"。

冬天里的龙门山，一到突然降温的日子，就有不少摄影师、登山爱好者记挂着杏梅尖的雪凇。山上黄山松从半山腰往上，一到天冷就准时挂上了雪凇，冰雕玉琢。临近山顶，这些松树更是将北风劲吹的姿势固定在蓝天下。山上的瀑布有时会变成冰瀑，那就更为壮观。于是，那些低温之后天气晴好的日子，龙门山上人头攒动，有人说："像是整个富阳的人都来到了山上。"

　　立春以后，山上的植物就开始陆续开花。低温冷雨，金色的檫树花和山茶科的微毛柃、毛柄连蕊茶花一起被冷雨冻住，晶莹剔透，冰冻对花朵虽有伤害，却也是难得一见的风景。等天气渐渐变暖，缓过劲来的檫树、微毛柃、毛柄连蕊茶又开出了新的花朵，在山樱花开了之后间杂其间。龙门山上还有一种珍稀树种细果秤锤树，它们丛生于龙门山的山涧之间。杏梅尖群落的细果秤锤树直到2014年才被官方发现，相对中国植物志和浙江植物志来说都是新种，成为目前这一树种的最大分布点。住在山脚的龙门瑶坞村村民倒是没把细果秤锤树当回事，就是一种野杂木，甚至也很少砍回来当柴烧。春天里满树小白花的细果秤锤树，到了冬天落叶以后，树上满是与茎干近直角的小枝，所以老百姓叫它"狗骨头刺"。没想到不起眼的"狗骨头刺"转眼成了龙门山的镇山之宝，富阳农业农村局给立碑竖牌，划出了保护区范围，省里也把它列入了省重点濒危物种。

　　四五月，等龙门山下热闹张扬的油菜花开过后，洁白如玉、清香扑鼻的细果秤锤花，是龙门山比山下的古镇略晚一点的春天。

　　从东梓关到龙门，是富阳的"第一家族"奔赴富阳的"第一高峰"，富春江汤汤，龙门山巍巍，龙门人留下的历史和创造中的当下，都有被读成中国的底气。

早春细果秤锤树

早春檫树花开

雪后杏梅尖　蒋侃摄

参考文献

1. 王运祥、蒋金乐主编:《龙门古镇——吴大帝孙权后裔最大聚居地》,中国文艺出版社,2003 年。

2. 蒋增福执行主编:《龙门文化系列丛书》《龙门故事》《龙门古建筑探秘》,北京燕山出版社,2005 年。

3. 孙奎郎、周根潮主编:《历代诗人咏龙门》,西泠印社出版社,2007 年。

4. 蒋增福、孙承安主编:《龙门何满子》,华文出版社,2010 年。

5. 孙文喜编著:《闲谈龙门》,杭州出版社,2017 年。

6. 孙承安、孙华、孙伟良著:《在龙门读中国》,中国文史出版社,2018 年。

一纸元书写春秋——富阳区湖源乡新二村

新二村距富阳城区约四十五千米。东靠白羊尖，南连新三村，西南接新一村，西邻双喜村，北联上官乡深里村，2023年年底获评"浙江省生态文化基地"。2007年，李家村、钟塔村合并为新二村。这里山多地少，环境清幽，竹林之中溪水潺潺、古道深深，中草药漫山遍野生长。新二村自村庄形成以来就赖竹、木、柴、炭为生，后依托自身丰富自然资源和富阳传承千年的手工竹纸制作技艺，整村从事竹纸生产经营，是富阳竹纸古法制作技艺传承至今的主要村落，是富阳竹纸文化的重要组成部分。作为富阳李氏宗族的聚居地之一，新二村流传着扑朔迷离的传说和历史故事。

像条鲤鱼的新二村

　　航拍机从新二村李氏家庙东侧的广场上起飞，在机翼的轰鸣声中，很快就只剩下一个小黑点，监视器上已经看见整个村庄了。

　　在青山和翠竹之间，村庄狭长，像极了一条鱼。

　　"像一条鲤鱼"，新二村造纸匠人李文德在边上说，"鲤鱼，谐音就是李煜，他是我们李家的老祖宗，钟塔山上还有李煜墓。"

一、归来依旧青山

　　新二村的历史，从钟塔山讲起。

　　从航拍视角中看，钟塔山位于"鲤鱼"的鱼头前方三千多米处，因其上矗立着一块如钟似塔的大石而得名。这附近有野猫岭古道、钟塔岭古道，野猫岭通常绿，钟塔岭通上官。这几条山道以前是运山货、运竹纸的通道，现在是登山爱好者喜欢的线路。富阳知名登山达人张建龙每年都组织队伍走这条山道，也因此，他对钟塔山一带的情况了如指掌。

　　按记载和传说，钟塔山上有李重耳墓、李煜墓。对于新二村李家的后裔而言，富阳李氏家族的故事，钟塔山是个起点。

　　在富阳的壶源溪畔，"李"是一个大姓，根据《富春李氏宗谱》记载，富阳的李氏族人尊李重耳为先祖。李重耳，陇西成纪（今甘肃秦安县）人，西凉国王李暠之后。清光绪三十二年（1906）《富阳县志》附有"魏安南大将军李重耳墓，在县西南九十里栖鹤钟塔山"的记录。新二村《富春珠坑李氏宗谱》开篇的序文里也有这一句："李重耳避沮渠蒙逊之难，隐居我邑之甄山……卒葬于栖鹤山中。"除此之外，钟塔山这一带，还要再经历唐、五代十国、宋、元等王朝变迁，到元末明初才迎来李姓族人在此定居。

　　根据家谱记载，李重耳死后，他的儿子李熙复归陇西，之后，六世孙李渊创立唐朝。唐武德元年（618），敕造重耳墓，改"栖鹤山"为"千春山"，建"千春寺"，赐田地一千亩，命僧守。唐元和十四年（819），宪宗李纯派遣建王李恪前往富春祭扫先人墓，奉诏改"千春山"为"万春山"，寺为"万春寺"。如今，壶源溪边留存的地名"万春山""万春寺""万春岭""寺口"均与此有关。

李唐皇朝灭亡三十年后的937年，李昪建立南唐，并通过一番考证之后，认定自己的先祖是建王李恪。这样，南唐的小朝廷和李家皇朝又接上了联系，中主李璟、后主李煜也自然就是李唐皇室的子孙了。北宋开宝八年（975），李煜兵败降宋，被宋太祖封为光禄大夫、检校太傅、右千牛卫上将军，又封违命侯。北宋太平兴国三年（978），李煜作《虞美人》词：

> 春花秋月何时了？往事知多少。小楼昨夜又东风，故国不堪回首月明中。
>
> 雕栏玉砌应犹在，只是朱颜改。问君能有几多愁，恰似一江春水向东流。

这首充满故国之思的词，触怒太宗，让李煜招来了杀身之祸。李煜在这一年四十二岁生日之际，被赐牵机药，死后追赠太师，封吴王，葬洛阳北邙山。

归葬于北邙山的李煜又因何与湖源的李氏发生了联系呢？光绪《富阳县志》所附的"南唐后主陇西郡公李煜墓"条目载，"在重耳墓北月燕山吴驾坞"。县志还根据《富春李氏宗谱》收录了吴越国的末代君主钱俶所撰的墓志铭："太平兴国三年，戊寅七月十三日，陇西郡公李公卒于宫，赠太师，追封吴王……次明年己卯，乞恩归柩于杭之富春山。越岁，辛巳二月十一日，葬于祖重耳公之墓北月燕山之阳，因曰吴驾坞。适俶祭省归杭，且有姻娅之好，事状强志其墓。"同样是亡国之主的钱俶和李煜有着亲戚关系，他的姐姐保安公主嫁给了李煜的哥哥李从福。恰逢其会，他在物伤其类的感怀中写下这篇墓志铭也是合乎情理的事。县志中还有南宋富

钟塔石　张建龙摄

阳县令赵汝崖的《李宗礼墓志铭》，其中有这样的文字："煜献土归于我朝，进封陇西郡公，子孙乾等三十一人，咸拜节度使。卒，赠吴王，敕葬富春月燕山之阳，因而曰吴驾坞。而孙昭度四十二人，咸乐富春山水，遂卜居焉……命子孙居之，守奉先灵而为富春人也。"

自古以来，关于李煜的迁葬说法众多，有的说迁葬韶州，有的说迁葬富春山，有的说迁葬汜水县虎牢关，也有说迁葬无锡的，虽各有说法，各有依据，但都没有考古实证。岁月流转，对新二村来说，李煜墓在"重耳公之墓北月燕山之阳，因曰吴驾坞"也是一个只有文字记载和传说。如今，月燕山、吴驾坞这两个地名已经语焉不详，月燕山被村里人认为就是钟塔山，而钟塔山之北的上官境内还有一处叫葬吴坪的地名引人遐想。这些年，跟李煜相关的记载一直吸引着众多考古和文史研究者、爱好者沿着钟塔山上的古道勘查，为新二村增添了不少传奇色彩。

根据《富春李氏宗谱》记载，北宋庆历二年（1042），李煜孙辈李昭度决意辞官并携子孙归隐定居富阳"守邱墓于富春，优游于桑梓之间以自乐"，是为富春李氏始祖。因"守奉先灵"来到壶源溪畔后，李氏家族沿着这条溪流自富春江青江口至浦江境内，子孙繁衍，人才辈出。有宋一代，落脚于壶源溪畔善政村古城（今浙江杭州常安镇古城村）这一支李氏家族在七代里出了十一个进士，为一时文华巨族，其中最知名的当属"将作监"李鞱（1077—1153）和"公清之相"李宗勉（1177—1241）。

关于李氏的两位先祖李煜和李昭度，富阳的乡邦文史研究者蒋增福先生撰有一文《李煜墓：旧结论新修正》，说到著名学者夏承焘先生曾专门对钱俶《墓志铭》作过考证，发现"记事与史籍大异"，因此他认为"不足辩也"，说是"吴越南唐世仇"，两家不会有姻娅之好。另一位乡邦文史研究者蒋金乐在他《李后主，问君能有几多墓》一文中，也提到这一句，同时他也指出范仲淹写李昭度的这篇墓志铭提到李昭度"卒于皇祐癸巳二月初五"，也就是宋仁宗年间，即北宋皇祐五年（1053）年。但是范仲淹本人卒于北宋皇祐四年（1052）。可见这篇墓志铭存疑。同时，根据富阳另一位研究者胡定均的考证，墓志铭里记载的李昭度官至右谏议大夫兼翰林学士，拜枢密副使；后又加拜同中书门下平章事，兼灵惠观使；后又加拜太子太师。这个任职中的"右谏议大夫兼翰林学士""枢密副使""中书门下平章事"之职，和范仲淹同时期的官员，符合的人是李迪，而且范仲淹给李迪撰写的墓志铭《祭故相太傅李侍中文》收录于《范仲淹全集》。

至于光绪《富阳县志》收在附录《胜迹志》里的关于李重耳、李煜、李昭度相关的文字，编撰者在附录后写了一段文字，大意是富春山水甲于东南，知名度高的要算大岭、小隐，除此之外人所未知的山水真境不少。编撰者虽然生活在富春，但因"腰脚不健"并没有一一核实。在县志《山川志》的结尾，编撰者也说了修志时，各乡上报的资料存在很大的疑点，甚至为此发生争吵，为此还定了一条规矩，要求报上来的资料见于各类志书，如《史志》《一统志》《浙江通志》等方予以收录。

另外，翻阅其他史料，《富春李氏宗谱》所载的始祖李昭度的生平、履历均找不到实据。宋代,曾任过富阳主簿的徐自明(?—1220?)编写的《宋宰辅编年录》一书,记载了北宋建隆元年(960)至南宋嘉定八年(1215)二百五十多年间中书、枢密二府大臣的任免情况,在这一本详细记录宋代高级官员人事变动的重要史书中,不见李昭度相关的任职记录。由此,家谱中的李昭度更像是一个"虚构的、杂取种种合成的一个人"。作为始迁祖的"李昭度",他所承载的历史使命在后世的谱系传承中逐渐丰富,但也不可避免地越来越模糊。

当然,除了这些因年代久远难以考证的历史之外,关于李鞅、李宗勉等李氏族裔的事迹则见于史籍良多。之后的珠坑李氏在新二村的发展结合家谱也是非常清晰的。

根据家谱记载,李秉温的父亲李敬生于元至元二十七年(1290)九月,卒于元至正二年(1342)十一月,生一子秉温。秉温生于元皇庆二年(1313)六月,卒于明洪武二年(1369)十月。根据古人庐墓习俗,可推之李秉温是在至正二年后从善政里剡山(今浙江杭州常安镇小剡村)来钟塔山为父守墓。在守孝的生活中,他见珠坑山水胜景,遂在此定居,为新二村珠坑李氏始祖。家谱上说他"守父茔于栖鹤,遂卜居于珠坑""秉温公守父茔于栖鹤钟塔山,度地规则始迁""秉温公庐墓钟塔,见珠坑山水之胜遂卜居焉"。而且,按照村里老人的记忆,李家进村的道路中,钟塔岭古道和野猫岭古道都是主要道路,现在开车进来的公路直到二十世纪七十年代才修好。

钟塔山即栖鹤山,位于富阳东南,山势高耸、怪石林立、层峦叠嶂、茂林修竹,峰下五六里水清而驰、地广而平,就是所说的珠坑了。新二村李氏家谱里收录的珠坑八景诗有《钟塔流云》《珠溪新涨》多首描述了钟塔山的风景,录其一二:

钟塔山上的山溪

钟塔流云
崇山绝顶任逍遥，如塔如钟矗九霄。
俨若云中天半立，游纵敢于众仙朝。

珠溪新涨
武陵渔父向溪行，瞥见桃花水面盈。
回忆昨宵风雨甚，朝来红日正新晴。

这些令人神往的风景亘古而今。现在，从钟塔山上下来的钟塔水被新二村人叫作李家滩溪，流到村口和发源自后坞、毛熊坞的山坑水汇合，往前在新三村（颜家桥头）和五云岭水汇合成珠坑源干流，珠坑源流入壶源溪的地方叫坑口，溪流经过的区域都是珠坑。

这条溪流蜿蜒曲折，为了方便过溪，仅新二村人就造了十几处过溪桥，最大一座是村口的卧波桥。这座三孔石拱桥，南北横跨钟塔水，上游一端翘首分水尖，分水尖交错砌筑，桥置 石梁六根，中孔石梁东头刻有鳌头。所雕鳌头的嘴、牙、胡须、大眼都十分逼真。桥西面刻有"卧波桥 民国丁巳年（1917）"，东面上中孔阴刻"卧波桥 丁亥重修（1947）"字样。现在桥面铺设了水泥，桥栏是雕花石栏，这些新雕的石刻历经了十几年的时光，看着也有一点岁月的痕迹了。

清嘉庆三年（1798）八月，贡生裘奎文从钟塔山后的上官黄土岭乘肩舆翻越钟塔岩，沿着山溪下行到李家修家谱，他将一路所见写成《珠坑形胜记》一文，

钟塔山山脚"珠坑形胜记"木牌 楼高峰摄

钟塔山上简易小桥

记录了他所见的山水风光。他说"珠坑"这个名字由来已久。他望文生义，以为珠坑是两山夹峙，水流坎陷，深窅窈窕，不可窥测或者溪水怀珠而山川妩媚才得名。走了一趟，他才注意到珠坑一带山重水复，山势险峻，危石参天；在山溪和山谷之间走两三里路地势才豁然开朗，土地平旷，田园场圃、村落丘墟无所不有。尤其是李家地形前山（狮山）拱峙，后屏（象山）环列，山色葱郁而溪流婉转随山湾环抱村落，这才明白"珠坑"这个名称所指。

　　写于1914年的《重建珠坑庵记》也记录了珠坑所处的位置："珠坑在栖鹤十四庄，离城七十八里，有一山土名珠坑，系李秉温公之恒产焉。山峰峻而秀，山岩曲而深。"这篇文章里还记载了元至正年间僧人妙相法师和秉温公商量后，请秉温公捐助山林一亩建了珠坑圣僧庵的事迹。这座庙宇经历战火屡毁屡建，如今位于新二村隔壁的新三村山毛坞口，为圣僧院。同时，在钟塔山山脚，新二村人立了一块木牌，介绍了这个故事。

　　现在，在钟塔山山脚古道入口处的竹林里还能看见一幢两层的石头房子，这幢房子在当年为管山人和开槽做纸的工人所居住，叫"下樟屋"，沿古道上山还有"中樟屋""上樟屋"遗址。类似的房屋在新二村附近开槽做纸的山林里都有，也是这个名字。往上走百余步就能在山道左侧看见几块巨大的岩石，转过岩石再走十几步穿过竹林，就能看见山溪一缕自两侧形如圆珠的山石之间下泄，形成一个溪坑，坑里溢出的溪水浅浅漫过长满了石菖蒲的山沟、石壁。扶着山岩踩着菖蒲和其他植物或碎石，走到溪坑边，只见溪水清冽，溪底的岩石像被神仙踩了一脚，留下一个深深的大脚板印子。日光洒下来，流光溢彩，新二村人常说的"珠坑、珠坑，珠宝满坑"在此刻显得特别形象。

春天里，山兰香远，野茶簇生。林间有游玩的人，有采茶的人，也有奔着风景来的摄影师。之后，天气暖和起来，石菖蒲、地黄、黄精次第开花，把竹林打扮得姹紫嫣红，林草之间还藏着众多大家不太熟悉的中草药。悬崖峭壁上生长着野生石斛，村里李传忠三代都是采药人，祖孙三代奔走于山林，也留下来不少故事。现在，李传忠在自家的院子养了许多石斛、白芨、

上作坊遗址

钟塔石上俯瞰

黄精，这些中草药被细心呵护，白芨紫红色的花朵开放，石斛发出了新芽。

　　一路上有两座小桥，一为木桥，由山上的杉树就地取材搭成，一为石桥，用了青石板，看着有些年头，曾经是当年造纸工匠常走的山道。上山约十五分钟就能走到始建于清咸丰年间的上作坊造纸遗址，这里还保留着古老的石板槽筒、宕滩及祭山神神龛等。李家、钟塔手工制作的元书纸经过钟塔岭古道运送出去。再往上一个竹林茂密，山势平坦又有靠山的地方，就是传说中的南唐后主李煜墓葬地。接着往竹林沿林间小路上行，还能见到传说中的魏安南大将军李重耳墓。站在山顶高阔处俯瞰，连接新二村李家和钟塔两个自然村的公路仿佛一根麻绳，弯弯扭扭地被扔在两边高山之间的峡谷里。

　　以钟塔山为起点，到了元末，新二村终于开启了属于这个村庄的成长史，用李靴的诗句来说，就是"飞出偶成霖雨，归来依旧青山"。

　　新二村《李氏宗谱》里还提到了珠坑李家的村庄形态发展情况，说是原来的李家像一艘船，村头有棵古榉树参天立地，恰似一根巨大的桅杆直立于船头，是个天造地设的景象，非人力所能为。

李家先是定居于钟塔水边，位置在现在新二村航拍照片的"鱼腹"部位，后来一支移居后坞口，一支移居石门坞口，两头相隔里余。到了光绪年间，还有后裔因竹纸经营迁居临安等地。民国后期，纸业凋敝，又有村民外出谋生迁离村庄。另外，还有周边同年坞、水竹畈、尖石坪、野猫坞这些山坞里也散居着人家，有的是外乡人在战乱时逃难到这里而定居，有的是村里纸农来山坞里做纸而定居，还有因同样原因形成的在钟塔山山脚的钟塔自然村，它们都是新二村的一部分。

村庄像山上毛竹，春风过后，春笋拱出地面，长满山坡。

清嘉庆年间（1796—1821），新二村后坞口迎来了第一位住户李国泮（字天池，1759—1822）。他分家后选址后坞口造房子，当时这里还是一片荒林，蔓草丛生，危石林立，乍看让人束手无策，畏难的人一看就放弃了。天池公匠心独运，在后坞溪西面垒石填基造屋，并将附近村北的田地也重新垒了石坎，为后代子孙多留了一片田地。因元书纸获利发家之后，他也开始重视教育，在家开设私塾，还将小女儿嫁给了私塾先生臧煜。家谱里留下来的不少传记出自臧煜笔下，这位臧先生文风朴实，为后人留下了不少有价值的史料。同样的，到了清咸丰年间（1851—1861），李树嵩也在弱冠之年就听从父亲的安排，开设村塾任教，并招募塾师教学李氏子弟，同时，他还作为富阳南乡众多槽户的一员，

现位于后坞的新二村元书纸制作园区

"业精纸货，服贾于姑苏檇李间"，在村里口口相传的叙述里，他是远近知名的抄纸师傅。

　　和后坞口相关的还有一则造纸故事。据家谱记载，李国洲（字瀛川，号秋帆，1762—1824）在清嘉庆二十五年（1820）沿着村西后坞的山坑水上山，他在峰峦环绕，两侧竹木葱郁的山道上行走，发现溪泉涓涓不绝的半山腰居然有平缓的坡地约数亩大小，他恍然发觉"此间造纸必佳"。于是开始召集工匠，建造造纸工坊。山好水好，嫩竹采伐也方便，果然这里出产的纸张与其他地方比更为洁白。这座纸坊一直到民国时期还在使用，所获的利润皆得之于秋帆公的深谋远虑。秋帆公有三子十孙，这十个孙子后来又被称为"十房阿太"，在村里也有不少人家是这一支的后裔。世代造纸的珠坑李氏，人丁兴旺也是纸业发达的原因之一。如今也入驻于后坞口"新二村元书纸制作园区"开办纸厂的李文德说这个造纸作坊遗址还在，村里人叫此处为"镬潭基"。珠坑八景里有一首《后坞镬潭》这样写道：

> 人家灶上可烹调，后坞潜藏是石雕。
> 镬视潭形真若铸，潭流镬水不容挑。
> 月成卵色临渊煮，日焰波光类釜烧。
> 冬冷宜汤陈谷口，往来甘饮采山樵。

　　这首诗写得像是主妇烹调，生活气息浓郁，颇有趣味。

　　到了清咸丰六年（1856）左右，珠坑的石门坞口也有了人烟。李氏族人李国浩在此建了大宅，家谱上这样描述它："开创宏基，规模巨大，连翩结构，栋宇维新。"即使不懂这些词汇的确切含义，仅仅从字面看，也能看出来写作者对主人的恭维与祝福。是的，这幢乡村大宅的建造始于一件令人悲伤的意外之灾，所幸在村庄几乎全民造纸的氛围下有了圆满的结果。据记载，李国浩与兄弟刚分家不久，就因邻居家火灾殃及自家，烧毁了房子及所有的财产，以至于独立难支，几乎一蹶不振。幸运的是，竹纸挽救了这个小家庭。当时，他的丈人在村外高墟坞口开纸厂造元书纸并售卖，他也因此从事纸业经营，在家产全失的情况下，李国浩用数年时间积累财富，终于在石门坞口造起了大宅。也因此，石门坞口李国浩这一支现在也有不少后裔。

造纸业的发展兴盛，也推动了村庄人口的流动和增加。清光绪初年（1878），珠坑李家的李承淼在临安经商卖纸，因往来不便以及逐渐积累了财富，于清光绪十三年（1887）举家迁居到临安南乡一个叫白华里直坞口的地方。作为世代造纸的槽户，李承淼仍然以此为生，他带领长子立虎、次子立燧一起督办纸厂于高唐山之麓直坞口，同乡的纸工都跟着他干，他创办的"李永昌号"纸畅销于大江南北，在当地名气很大。后来，他的长子立虎负责经营外务，经常往返于余杭，是"嘉来纸行"的股东。他的长孙李皋毕业于省立甲种农校，留校任教数年后，也被父亲喊回家继续经营纸业。

新二村一角

除了外迁者，也有迁进来的。钟塔山下的钟塔自然村，这里的村民大多姓盛，而"盛"是上官乡的一个大姓。究其原因，大致因钟塔山和上官之间有着交通往来的山道，山上的林地在社会发展中逐渐成了"插花地"，有属于李家村的，也有属于上官人的，于是双方各自派人管理林地。又有上官人来建了槽厂做纸，小产业链逐渐形成后，人口增加，再加上一些逃难到这里后发现有工可做而落脚的人家，最终形成了钟塔村。钟塔村的形成要晚于新二村的李家村。

在山多地少的湖源，新二村依山傍水，用数百年的时间慢慢扩张，从像一艘船到像一条鱼，一直在生长中。

二、竹里风生客上门

修竹丛林锁翠岚，定居钟塔山珠坑的李氏族人，和漫山遍野的翠竹相伴，赶上了明朝资本主义萌芽，商业、手工业比以往更为发达的时代。在之后的数百年时间里，这个村庄的发展史和富阳竹纸（元书纸）的发展轨迹几乎同步。

这个位于富阳南乡的小村庄，用她的村庄史为富阳竹纸的发展和在民间的传播、生长提供了一个标本。翻阅新二村保存完好的民国时期编修、元书纸印刷的李氏宗谱，藏在文字里的那些模糊的面容在叙述中生动起来，一代接着一代的李氏族人，用数百年

翠竹满山

的时间，讲述了一张富阳竹纸的前世今生。那些"传、序、跋、赞"里提到的名字其实极其有限，而且仔细阅读后也能发现他们中有一些还是同一个台门里的祖孙几代。在学而优则仕的时代里，手工匠人的社会地位并不高。然而，李氏宗谱里的那些人物生平却大都跟造纸有关，这种少见的情形，也许就因为这个家族将竹纸制作作为家族的立身之本。同样的，这些文章记载角度多，细节多，叙述也务实，时间延续达四五百年，解读的过程，也是在给富阳竹纸的发展史作注。

富阳一张纸，行销十八省。在这个地处偏僻山区，山多地少的地方，靠着竹纸的生产经营，定居于此的李氏族人有了摆脱贫穷的机会。到了明末，家族终于培养出了第一位"明经达礼"的读书人李翘林，族人夸赞他是珠坑李家"破荒之秀士"。这时，他们已经在钟塔山下落脚近四百年了。明崇祯三年（1630），在李翘林的主持下，李氏完成了定居后第一次家谱的修撰。之后，家谱从第一次的一卷到2004年第十二次续修后的八卷，珠坑李氏的家族命运始终和山上的竹子紧密相连。

在村里老人的叙述里，新二村的人家历来以手工造纸为业，生产元书纸，当地人也称"白纸""黄纸"，然后经销到苏杭一带，村里发家的大都是纸农、纸商。翻阅家谱，大部分立传记录的李氏族人，或多或少都能看见与造纸行业的关系。像生于清道光二年（1822）的树楠公，他在苏杭之间买卖言出必信，也因此他被众多纸商推举为"开盘人"，纸的好差、价钱高低以他一言

"李裕昌号"印章

李氏家庙"余庆堂"

为定。规模扩展后，他还在村里建了一幢大宅曰"磨纸厅"，专用于元书纸包装时磨边捆扎用。他家的品牌是"李裕昌号"，新二村富阳元书纸文化展示馆里收藏着众多与这个字号有关的藏品，其中有一件长约一尺的"李裕昌本槽"的印章，李文德说是在"磨纸厅"老宅的房梁上发现的。在众多的传记里，"纸业""苏杭""黄白纸""贸易嘉苏""往来苏杭贩卖纸货得高价而速归""往来交易亦极慷慨"等词句数见不鲜。坐拥珠坑大片竹林的新二村人，从古到今都将竹纸生产作为安身立命的营生。

　　进村不久，就能找到李氏家庙。家庙内，从李重耳开始，壶源李氏的各位祖先被供奉，他们的图像依次悬挂在中厅两侧，每幅画像下都用简短的文字记载了相关的事迹。李氏家庙位于村中心，于清道光十七年（1837）由李氏族人捐资建造，结构三楹二进。因连年灾荒，直到道光二十五年（1845）才由村里经营元书纸的富户树嵩、树楠、树玉、树苔等人出资建成，前后花了整整九年。到了清光绪七年（1881），民顺年丰，纸价高，人工也贵，纸商和纸农收益都不错，在此情况下，李氏家族商议扩建家庙，加了天井、戏台、前厅，戏台边建了看楼，男做工、女供饭，大家出钱出力建成了家庙现在的规模。家庙建成后,众人欣然相庆,说是此举既告慰了祖宗,也让往来新二村的客人有了参观的地方。

　　竹里风生客上门,带客人参观村里的祠堂家庙,可以说是乡村文旅活动的雏形了,雕梁画栋、粉饰一新的建筑也能为新二村的纸商槽户在外来客商面前增加印象分。之后,家庙屡有修葺,但还是基本保留了原有的形制。1949年4月24日,金萧工委、支队部在李氏家庙内召开庆祝解放军胜利渡江暨整军整风动员大会。新中国成立前后,李氏家庙还一度作为窈口区完全小学。

　　现在所见的家庙占地面积九百零八平方米,由前厅、中厅、后厅、天井、戏台和厢房组成,马头墙,前厅五开门。戏台前设轩廊连接中厅。中厅三间一弄,五架梁,两侧为天井和厢楼,木雕精工细作、华美绝伦;并悬挂"余庆堂""一脉相承"匾额,镌刻"乐纳谠言一辅声威与社稷;不私亲党大夫功德壮家邦""修身己至贪痴绝;治国长教奸佞寒"楹联,歌颂的正是李鞔、李宗勉的功绩。后厅三间一弄,明间抬梁式,次间穿斗式。戏台悬挂"天下无事"匾额,台柱楹联"演英雄豪杰;做孝子贤孙"。台

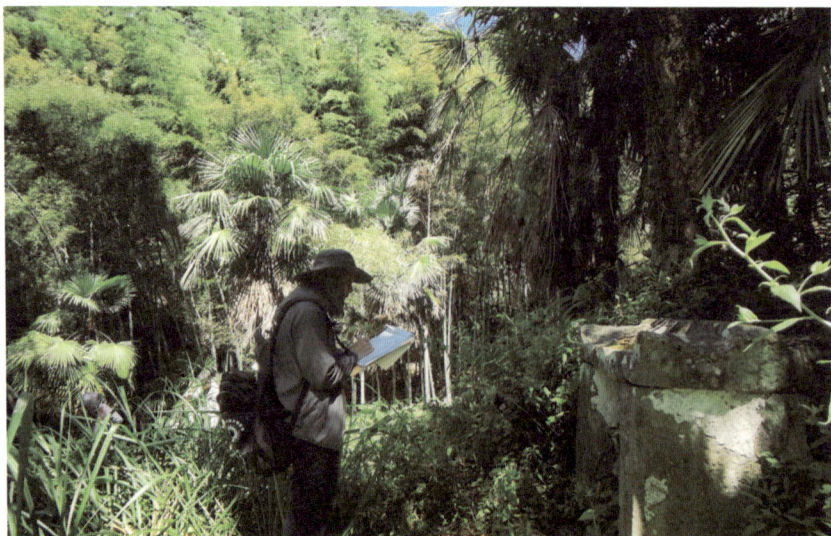

第四次全国文物普查,"上作坊遗址"考察现场 楼高峰摄

顶设藻井，即鸡笼顶，有扩音作用，为浙江省境内唯一完整的鸡笼顶。李氏家庙于 2011 年 8 月被列入富阳市文物保护单位，2019 年 3 月被列入杭州市文物保护单位。

在李氏家庙西北侧，还有一幢被称为"五份头"的老宅，也是李氏家族的知名宅院。这幢如今保存尚好的古建筑于清嘉庆二十五年（1820）由树莲公二十五岁时开始建造，后子侄辈又进行了修缮扩建，占地面积约八百平方米，房屋坐东北朝西南，门对李氏家庙，北靠后山。建筑为二层木结构，砖墙体，硬山顶，由正厅、后屋和前后天井、两侧厢房（北面抱屋）组成。宅院正面为围墙，墙檐口设砖砌小拱，彩绘故事。入口正门为石库大门，门框内石楣梁。门两边分别是雕刻有龙凤图案的石雕漏窗，窗上有眉檐。进门为长方形天井。正厅面阔五开间（二弄），宽敞明亮。厅前有卷棚廊。棚廊设双鱼拱，有廊檐。明间檐枋雕狮子滚球图案，次间檐枋为鱼藻纹饰，梁枋底花带精雕云草纹，檐柱牛腿圆雕狮子，雀替雕以梅花鹿，斗拱为如意、云草纹及花鸟等图案，工艺精湛。正厅梁架粗壮结实，石鼓形柱础，下有覆盆。堂前设屏壁，壁后有小退堂。后天井地面由鹅卵石铺成。后屋较前厅高两个台阶。后屋前檐有廊，廊两侧分别开有侧门。后进左右厢房木构较简单，檐枋、牛腿也较单巧，分别雕有如意宝盆、人物故事和凤鸟等图案。后天井檐下二楼开有连折木窗。

在当地方言中，"五份头"意指五户人家，这一名称的由来是因树莲公有五个儿子——明晖、明晙、明喧、明昕、明睨，他们共居一宅。翻阅了李氏家谱，这一大家族在清嘉庆年间因经营纸业发家，直至咸丰、同治太平天国运动后方才分家。根据家谱的记载，树莲公别号绿漪，生于清嘉庆元年（1796），卒于清咸丰三年（1853），十二岁时因父亲去世放弃学业开始学做生意。他栉风沐雨往来于苏杭之间数十年，做事精明，对诸事了如指掌，做成了成年人也难以完成的事业。他的五个儿子中，三、四子不幸壮年早逝，长子和幼子继承家业，次子出继给兄弟但不分家。这五

"石凉亭"文物普查 楼高峰摄

个儿子连同孙辈一起居住，家中人口最多时超过四十余人，共居共食，兄友弟恭，齐心协力，是当时村里有口皆碑的大家族。现在的"五份头"，里面已经少有人居住，年轻人都已经在外造屋或者进了城。这幢平常打扫得干干净净的老宅在风雨和日光中虽然垂暮，但依然可见当年的风貌。据村里人说，"五份头"的这一支，在鼎盛时期有十三四个纸槽，在钟塔山以及新二村周边的山坞里也建了类似下樟屋、中樟屋、上樟屋这样的房屋使用。

同样是在钟塔山上，清咸丰年间，上官人盛立升、盛楚定分别翻越上官的黄土岭来到这里的青青翠竹间开槽做纸。盛立升选在钟塔山金鸡石下面一个地方开槽，从一产槽发展到三产槽，分别由他的三个儿子盛岐年、盛华年、盛胜年掌管。因开槽的地方竹林茂密，就取了"大竹元"作商标。"大竹元"品牌鼎盛时期，是在清光绪年间（1875—1908）至二十世纪四十年代末。那时，光是造纸所需的削竹办料的场所，就有"宕滩""皮镬""腌灰池"等；抄纸、晒纸需要面积大的场所，就在林间拓出来两亩左右的空场。三产槽一年能产纸四百件左右，一件超级纸价格好的时候可以换二石米。盛楚定的纸槽在钟塔山一处叫"黄栗园"（音）的地方，就取了"黄栗元"作商标，也是当年富阳的知名商标，后来由盛锦年、盛浩文、盛校山三产槽生产。"黄栗元"纸最兴旺的时期，是在抗日战争前，由盛校山经营，一年可产纸三四百件。

　　"大竹元"和"黄栗元"生产的元书纸，在钟塔山完成元书纸毛坯后，雇人沿着钟塔岭古道送到上官盛村。为了运纸的脚夫在运送途中有歇脚之处并免受风雨侵扰，钟塔岭古道山顶还有一座石凉亭。这座石凉亭是在1928年由上官周村的盛定灿出资建造，被叫作"钟塔凉亭"或"黄土岭凉亭"。作为富阳区唯一保存下来的拱桥式石凉亭，它用石块垒成半圆形体，长9.5米、宽3.5米、高3.9米，前面开口，里面石块垒成墙，内部用泥粉刷，两边墙根石块拼接成长凳，供行人休息。由于建筑的特殊性，当时由来自东阳的工匠施工完成。运纸的脚夫在石凉亭稍事休息后，继续翻山越岭，将纸源源不断地送往盛村。这些带着毛竹清香的元书纸毛坯件由磨制师傅四面磨光，用竹篾"直四横二"打件。"大竹元"的土纸盖上圆印"立升"、长印"大竹元"，打件后再雇工挑到富阳大源街上的"蒋裕大"纸行，另外，品质一流的特级纸直销杭州"周全盛"纸行。每年新纸开盘时，盛立升亲自到杭州开盘，一般住半个月左右。"黄栗元"的土纸盖上圆印"楚"字、长印"黄栗元"后，也是挑到纸行售卖。他们都是新二村一带久负盛名的品牌。

　　可以说，"大竹元""黄栗元"等品牌在钟塔山的经营，最终促成了钟塔自然村的形成。

　　上官人为什么会来钟塔山做纸？新二村李家的家谱里没有确切的记载，或者还有一些物证没有被发现，只能从这个家族在社会变迁中个人命运的沉浮间，推测可能的线索。在修于清光绪二十年（1894）的家谱里，有一篇传记或许能为此提供一些旁证。

　　村里李明烂家原本世代以造纸为生，到了清同治初年（1862），因家用不足，只好和买家提前约定价格预售来年的青竹贴补，之后更是沦落到靠售卖竹山维系家用。这个时期，李明烂家竹山卖山价还不如后来清光绪二十年（1894）左右预售青竹的价格。尽管李明烂家虽有儿子李良荣辛勤劳作，但一个儿子独力难支。再加上他自己得了胃病，服药无效，常年卧床不起，这使得家中境况更是雪上加霜，贫病交迫，积债成堆。竹山基本卖完了，想要赎回卖竹也没能力，日子过得非常狼狈。等到了社会秩序恢复，竹纸产业恢复正常，李家想要赎回竹山，却遭到买家拒绝。幸亏李良荣的舅舅借了官府的力量从中调停，并慷慨相助，填补了所需金额的不足，最后以当年卖山价的十倍赎回。这篇传记的作者是李明烂的族侄，他感慨族叔家一代兴一代，到了李良荣儿子这一代已经是财丁两旺，可以告慰先人了。

　　这篇传记写的新二村寻常纸农李良荣家三代的家族史，从这三代的兴衰里也可以窥见钟塔山及新二村所有竹山命运的一种可能性，而这种可能性也促成了钟塔村的形成。另外，同为纸乡的上官和新二村地域相近，有着众多的姻亲关系，有水有竹的钟塔山是开槽做纸的好地方，在久远的历史中，这片山林的某处山地可能作为嫁妆或者聘礼，在上官某村和李家之间流转。当然，所有的推想都还需要更深入广泛的史料挖掘，才有可能更接近真相。

　　《李母费儒人传》这篇里，湖源下南坞费敦宝的长女嫁给新二村人李承川为妻。李家因太平天国运动而家道中落，成家之后，李承川继承祖业，夫妻两人齐心协力制纸出售，盈利颇丰。到了李承川而立之年，家里终于

"长边纸公所"残件

又殷实起来。之后，李承川直到五十二岁时才得了一个儿子立源，可不幸的是，当儿子八岁时，李承川便去世。李母一个人继续造纸养育幼儿，家里家外都处理得井井有条。儿子不到弱冠之年也开始帮着母亲经营纸业，到费氏七十岁时，李家又建了一幢新房子，房子结构精良、设施完整。这对孤儿寡母来说，也是了不得的成就。

新二村人经商的轨迹遍布大江南北，尤其是苏杭一带。他们获利之后，供子弟读书就学，奉养父母，建房造屋。八卷本的家谱，随处可见都是那些奔波于旅途的槽户、纸商的生活印记。

"五份头"的老五李明晛跟他父母说，诗书不是他的事业，生在乱世还是务实一点做纸吧。于是他和哥哥们通力合作，一起做纸贩纸。他们去苏州、南京卖纸，一卖出就回来做纸，做纸时严格选料，每道工序都严格把关，一天也不停歇……数十年家累千金，家里人口也增加了，于是又翻新了住宅。

李承诣十六岁就开始在苏杭嘉禾间经营纸业。有一天，他在没有收取定金的情况下，与苏州的纸行口头订了百件纸。当这批纸运送中经过杭州时，杭州的纸行争相以苏州的纸行所出价格的三倍求购，更有人劝说他改变原计划，转而在杭州出售。李承诣说这是欠着的货物，要送到苏州去。经此一事，苏州的纸行同行非常敬佩他的为人，嗣后给他结算货款也比给其他人稍微高一点，李承诣也因此慢慢攒起了家业。后来，他的儿子也继承了这份事业，继续从事纸业贩卖。

李承禄开始住在山上，后来迁居村里，并开始了往返苏杭两地贩卖纸张的生涯，为建房买田备尝辛苦。

李树嵩家的私塾先生已经聘用九年了，教出了不少家族子弟。读书识字让人明事理，也有利于他们和苏杭的纸行打交道……

现在，新二村竹纸产业园区的富阳元书纸文化展示馆内收藏了很多当年曾经用过的印章，这些印章大部分是明清时期留存至今，有的是李文德从村中征集而来，也有一些是村里人主动送来。这些古拙的印章，上面刻着"元""亨""裕昌""李裕昌号""元书""新""渭"，虽然家谱中很少见到记录新二村元书纸品牌的记载，但这些经年的物证已经掀开了历史的一角。

三、京都状元富阳纸

素有"土纸之乡"之称的富阳，手工造纸历史悠久，在中国造纸史上占有重要地位。至宋代，富阳手工造纸生产有了长足发展，富阳竹纸已名扬天下。纸农们在实践中，对元书纸的制作工艺不断改进改良，终成名纸，又产生了很多表明元书纸种类的新名词。当时生产的元书、井纸、赤亭纸，被誉为"三大名纸"，有"京都状元富阳纸，十件元书考进士"之说。

清光绪《富阳县志》里描述："竹纸出南乡，以毛竹、石竹二者为之。

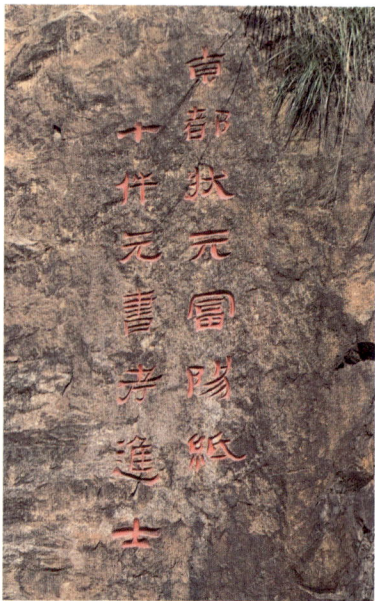

"京都状元富阳纸 十件元书考进士"石刻

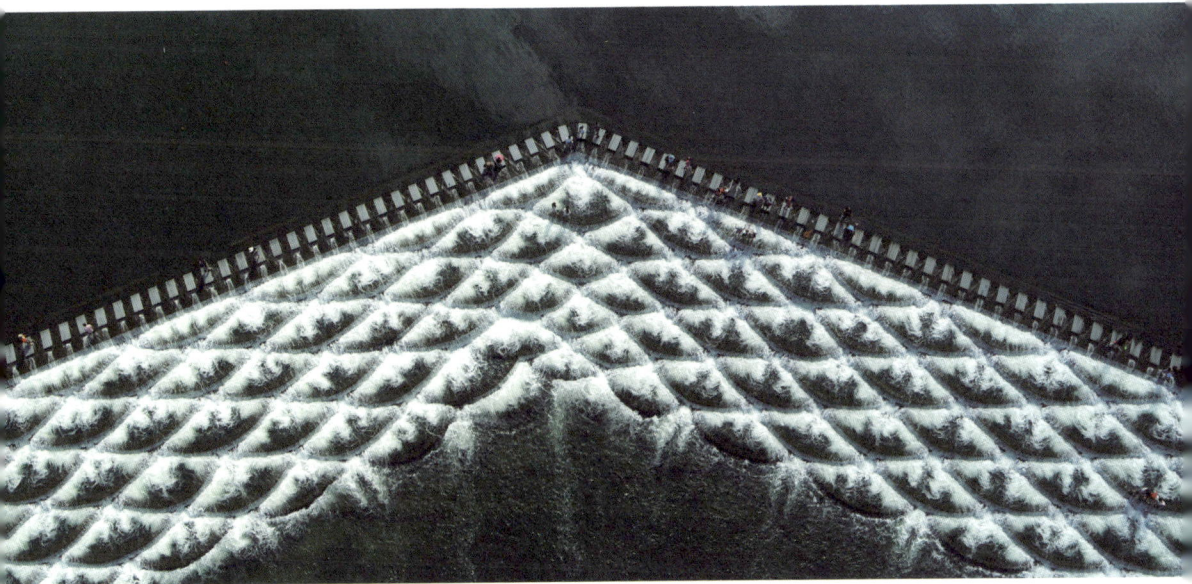

龙鳞坝 晴空影视摄

有元书六千五百塘，纸昌山、高白、时元、中元、海放、段放、京放、京边、长边、鹿鸣、粗高、花笺、裱心等，为邑中出产第一大宗。"

　　明、清为富阳土纸生产盛期，"邑人率造纸为业，老小勤作，昼夜不休"。清康熙二十二年（1683）《富阳县志》记载，明朝时富阳纸就作为贡品"抄造纸一万七千二百八十张"。至清光绪时期，富阳竹纸每年约可博六七十万金，这也是珠坑李氏家族有余力集资扩建家庙的条件之一。

　　1912年，富阳纸产量占全国土纸总量的25%，其产值占全省手工造纸总产值的14%，从事纸业生产者，占全县总人口五分之一，占男劳动力的三分之一。1937年的《浙江经济调查——富阳县》工业调查记载："富阳县工业，以手工造纸最为发达，据最近调查统计，全县有槽户一万户，纸槽一万八千余具，男女工共有四万余人，全年产值达八百万元以上，实为本省各县之冠。"抗日战争爆发后，富阳纸业一度陷入衰败境地。抗日战争胜利后，纸业生产仍处于萎缩状态，"肩背雨伞小包裹，出门到处打槽户，三餐薄粥毛盐过，蓑衣笠帽当被铺"，这首民谣就是新中国成立前夕富阳纸农的困境。

位于富春江南岸山区的湖源，三面环山，其中有两千多公顷毛竹山，翠竹深林之间的小峡谷里村落散布。发源自浦江的百里壶源溪有五至十千米长的干流经过这里的崇山峻岭，时而水流激荡，急湍甚箭，时而碧水映照青山，游鱼细石，直视无碍，留下"湖源十八渡，渡渡要脱裤。一渡不脱裤，裤裆滤豆腐"的民谣。如今，山环水抱的湖源是杭州知名乡村游目的地之一，壶源溪上的龙鳞坝每年都吸引数十万游客。壶源溪流域的新二村，村内李氏家族自迁居以来，男耕女织，养竹做纸，经历了人丁凋零的窘境，也终于生齿日繁，成为富阳李氏家族重要的聚居地。元书纸的生产经营包括整个产业链的完善所产生的收益，养育了这个家族，并创造了财富。

根据资料记载，1956年，湖源乡全年做纸收入占全乡总收入的50%以上。1962年，富阳手工纸的收购价格在原有基础上提高20%，为鼓励纸农积极生产，还推出相应的奖励措施，如当时的富阳县委拨出相当数量的棉布、毛线、棉背心、衬衫、胶鞋、松紧带、自行车等物资用于对纸农的一次性奖励。1964年和1965年，李家（新二村）和颜家桥头（新三村）被指定为国务院"专用元书纸基地"，生产的元书纸被评为"超级元书纸"，每年上调北京四百件。

1970年左右就在湖源供销社工作的新二村人洪传土说，每年供销社都会向生产技术好的小队预定特级元书纸，所有生产的元书纸也按从超级纸到八级纸有不同的定价，其中超级纸一件可以卖到将近五十元，比七、八级的纸要多十五元左右。纸张的评定标准是成色、韧度。当过生产队小队长的新二村人李传法说他家原来还收藏着几张超级纸，拿在手里很薄，两头扯一下还扯不断。洪传土也说，村里新建的泥焙弄开始使用的当年，火性还没收好，焙弄表面也不够光滑，晒出来的纸就没有老焙弄那么平整，卖纸的大队要对这些纸单独做上记号。为了鼓励生产，这些纸在定收购价时会网开一面，也是做上记号标出。李传法家里也收藏着几块从焙弄上拆

李文德在"造纸工坊"

下来的青砖。以前富阳竹纸用的都是青砖建的泥熰弄，砖头比普通建房的砖头大且厚，接近于明代青砖。砌泥熰弄要请专门的师傅，还要用笔蘸了盐卤水抹平砖块之间的缝隙。二十世纪六十年代开始，泥熰弄逐渐被铁熰弄替代，传统手工业无可避免地开始用现代技术替换一些传统工具。

1974年，湖源乡二十七个大队中的十四个大队累计共开槽八十二个。其中，新二生产大队的十二个小队，每个队都有自己的产槽用来生产元书纸。值得一提的是，新二村的纸农，千百年来坚持"靠山吃山，吃山养山"的理念，不丢弃传统造纸工艺，代代相传，沿袭至今。同样的，造纸中使用的工具也是原来的工艺。比如晒纸时将纸刷上熰弄的晒帚，刷柄木质，刷毛为松针，长约四十七厘米，宽约十三厘米。新三村的晒帚制作非遗工匠颜小平，每年霜降之后到清明的这段时间内会上山采集松针，再经过三十几道工序做成晒帚，他专做晒帚也有几十年了。

二十世纪九十年代起，市场上元书纸少，有的客户就寻到湖源乡去向槽户订货。因此，新二村的元书纸产槽不减反增。然而随着价格更为低廉的机制元书纸在市场上逐渐增多，富阳的手工元书纸价格从原来每件二百四十元下跌到一百五十元上下。纸农无利可图，甚至亏本，槽厂逐年减少。在这样的情况下，新二的纸农仍然坚持手工造纸，年产元书纸一万八千件至两万件左右。1999 年，李文德家有两具纸槽，但销路不畅，收购价也被压到了一百一十五元每件，仅能保证纸农的工资开销，连成本都难以收回。无奈之下，李文德就像村里的先辈一样，出外跑销售将元书纸生产坚持下来。至 2005 年，新二村剩纸槽五十六产。

转机出现在 2006 年，这一年，李文德去了有亲戚定居的上海跑销售。当时的他并不知道有哪些销售渠道，只听说有些纸会卖到火葬场，于是就去了那里碰运气。结果没卖掉，就在他灰心丧气拉着纸路过虹口区一个菜市场的时候，一家文化商店购买了两捆纸。而且，因缘际会，他在这里遇见了一位从文物馆退休的叶老师。叶老师看见李文德在卖纸，在闲聊中了解了湖源的手工造纸，得知他四处碰壁的经历，觉得纸品不错，就帮忙介绍了几家在上海福州路的文化商店。那些商店给出了三百元一件的收购价，远高于李文德在当地的销售价格。之后，李文德也打开了销售渠道，家里的纸槽产量跟不上后，他又开始收购村里及临近其他作坊的纸，然后统一带去外面卖，鼎盛时期，一年卖出一万余件纸。

根据 2006 年《富阳日报》记者采写的报道，当时富阳除了湖源还有新二村、新三村等少数村继续延续古法手工造元书纸，其他地方已经没有元书纸手工制作了。同年，竹纸制作技艺被列入第一批"国家级非物质文化遗产名录"。2009 年，新二村的李祥水成为村里第一位杭州市级竹纸制作技艺非遗传承人，而李文德要到 2013 年才上榜名单。也是从这一年起，新二村的纸农李文德、李伟军等带着他们各自生产的元书纸，先后参加了在上海、北京、成都、沈阳等地举办的全国文房四宝艺术博览会，将用传统制作技艺生产的元书纸展示给市场，在这个过程中，新二村生产的元书纸开始远销日本、韩国等国家，广受欢迎。

2007 年，李文德根据市场需求，多次试验后研制出六尺整张元书纸，这个尺寸成功弥补了元书纸尺寸过小的限制，增加了元书纸的用途。这些年，他在传统的小元书纸基础上开发而成的四尺元书、大六尺、六尺条屏、七尺条屏、八尺条屏、小三尺等特大规格元书纸，为广大的书画家和爱好者提供了更多的选择资源，也扩大了元书纸的市场竞争力。2008 年，李文德带领富阳竹纸团队到中国文房四宝展销会，将富阳竹纸的知名度提升到了与

晒纸

安徽宣城宣纸相提并论的高度。其后，他们与中央电视台深度合作，拍摄了《农广天地》《记住乡愁》《带着书本去旅行》等多个节目，以及浙江卫视《茅莹今日秀》等栏目，上了《人民日报》《浙江日报》《杭州日报》等报刊。他们的这一系列举措，连同当时富阳的其他竹纸制作工匠的共同努力，带动了富阳竹纸的传播，让富阳的纸农为公众所认识，为富阳竹纸带来了宝贵的发展机遇。

市场打开了，李文德的造纸事业也越做越大，他家的造纸作坊变成了公司，新二村的手工造纸又迎来了新的契机。

2012 年，出于环保和集约化生产的考虑，新二村投资七百万元建立新二村元书纸制作园区，园区入口处建了大牌坊，李文德和李锋平的元书纸生产公司入驻园区，村内的造纸匠人成为两家公司的员工。李文德的纸厂里还有好几户来自贵州锦屏的员工，这些员工拖家带口来到湖源，夫妻做

工吃住都在园区，他们的儿女在富阳上学，李文德说有两个孩子已经在不错的大学念书了。手工造纸工资计件算。在李文德和厂里其他师傅的教导下，来自锦屏的员工很快上手。男的抄纸，女的晒纸、收纸，一个月夫妻俩的工资都在一万元左右。

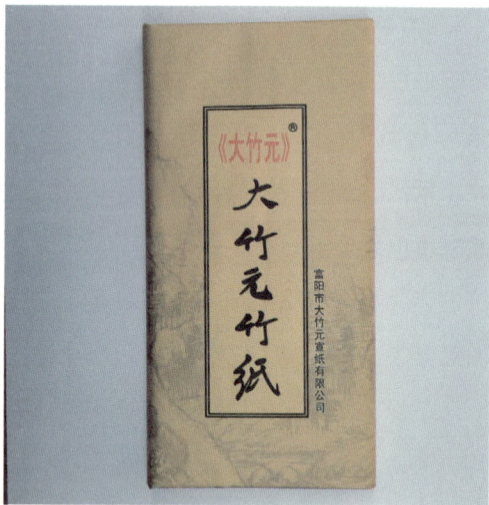

新二村大竹元元书纸

2021年，园区还开设了富阳元书纸文化展示馆，而李文德的网店也已经开了好多年了，网络也成为他分销元书纸的一条路径。现在，随着传统文化的兴盛，研学成为热点，每一年，新二村的元书纸制作园区要迎来中小学生和大学院校的研学团队将近二十万人次。而且，元书的生产制作还纳入了中科大的竹纸研究项目，使富阳元书纸的生产过程逐渐解密。

新的春天来了，富春江江南江北的村庄之间，满山翠竹在山中摇曳生姿，春雷声声喜春雨，林下春笋勃发。古老的传承，在新时代又迎来了蓬勃发展的机会。

当年，"大竹元"的盛岐年经营父亲盛立升留给他的一产槽，又传给儿子盛坤山，盛坤山传给儿子盛乃堂，盛乃堂教书，但他雇人斫竹做纸，槽厂就传到了儿子盛正华的手中。盛正华力气大，十六岁就开始上山斫竹，十七岁就开始跟着削竹、腌料，十八岁开始学抄纸、晒纸，他没有专门拜师傅，但纸厂的老师傅又可以说全是他的师傅。师傅们干活时，他在边上认真看、认真听，造纸的七十二道工序，全部在日复一日的劳动中逐渐掌握，到如今已经做了五十多年的元书纸。虽说他家已经几代定居钟塔山下，但

上作坊祭祀场所　楼高峰摄

纸坊早就不在了，"大竹元"品牌也丢失了，但他还是经验丰富的资深纸农，一说起造纸，他就滔滔不绝。

再回头看，新二村悠久的造纸历史中，大多数出现过的品牌都已经湮灭，那些古老的石槽也只剩下零星几个，其他一些古老的造纸工具也只有一部分出现在展示馆里，实在是一件令人遗憾的事。同时，"大竹元""黄栗元"这两个品牌也从原主人及其后人手中丢失，后来人已经不太说得出祖先更多的传奇。幸运的是，李文德重新注册了这两个商标，并将"大竹元"品牌做成了浙江省老字号。对于元书纸的传承，这位也已不算年轻的新二村人仍然孜孜不倦。这些年，李文德也带了几个徒弟，面对村里学手工造纸的年轻人越来越少的现状，外来的工人也成为他教学的对象之一。这一做法其实和第一个学会竹纸制作的新二村人颇有相似，只是，李文德和他的徒弟们有了更为丰富的学习手段和学习资源。

新二村人洪传土、李传法是郎舅亲，他们一个在当代湖源元书纸生产兴盛的数十年里参与了元书纸的征收、销售，一个作为个村庄元书纸生产小队的组织者和生产者，都是对元书纸非常熟悉的人。在他们的叙述里，新二村质量最好的元书纸就产自钟塔山及后坞这两处有山水源头区域的纸槽。他们说，这两个地方的水好，生产的纸就比村里别的地方要好一些。可见，造出一张上佳的元书纸，品质高低半系人工半赖水色，水源的优劣直接影响了的竹纸的质量。

除了人工和水源，竹纸制作采伐原料也讲究时令。传统手工做纸采用嫩竹做纸，但新竹日夜生长，过老过嫩都影响竹纸品质，需要找到一个平衡点，即竹子纤维刚刚长成但还没有木质化的这个时期。直观一点地说，这个时期通常在小满节气前两三天，新竹长出第一道"蜻蜓叶"前后。若是遇上闰年闰月，还要再提前几天。

新二村的纸农开始砍竹前要祭祀山神和祖师爷，作"开山"仪式。祭祀时，点上香烛，摆放好猪头、鱼、果品祭礼，再用鹿角击打梅花锣鼓，感谢祖师爷带来好手艺，祈祷生意兴隆，祈求山公山母保佑大家砍竹时平安顺遂。"开山"仪式当天，做纸的大户会请师傅们吃饭。现在，新二村的造纸园区一年通常需要三五万斤新竹，一万斤新竹能出两百个料，一个料三十斤。砍伐周期在小满至芒种这段时间内，在这期间，纸农的忙碌状

新二村入村口

态可以用村里的一句俗语"爹娘死了石灰埋"来形容。

祭祀结束后，工人上山斫竹，新一轮的竹纸制作开始了。

四、竹树浓荫护一村

现在，在新三村和新二村交界处的颜家桥头立着一块"元书纸发源地"的标志，湖源乡的这两个村都是富阳少数几个竹纸（元书纸）手工制作传承至今的村庄。在标志处，新二村前山"狮子"的峭壁在青山中很是醒目。过颜家桥头往左转过山湾，沿着公路进村，依然是"竹树浓荫护一村，幽居更向坞中藏"的景象。村口分两条路，一条可以往后坞口，一条直行就是钟塔山方向。

2023 年年底，新二村元书纸制作园区获评"浙江省生态文化基地"。这个成立于 2012 年的园区，在 2020 年至 2021 年完成整体改造提升，新增设了富阳元书纸文化展示馆后正式开放。在这个占地一公顷的基地里，可容纳一百人左右同时参观、体验。其中的元书纸文化展示馆，集文化陈列、雅集体验、影音宣传等功能于一身，馆内图文并茂地梳理了元书纸生产的三十二道大项工艺流程、近七十二道工序，实景还原了宋代纸农削竹办料、制浆造纸的工艺流程。

在这里，可以见证一张元书纸的诞生。

新二村竹纸的制作过程延续古法，与明代宋应星《天工开物》中关于竹纸的记载基本吻合，都要经过"沤、煮、捣、抄、焙"等几个重要环节。家谱里常常提到的"黄白纸"，也是因取料质地不同而区分，分作白料纸、黄料纸，惯称白纸、黄纸两类。按工艺流程和原材料，白纸类中的"元书"质量最为上乘，是富阳竹纸的代表，工艺流程也最为复杂，洪传土口中的特级纸、超级纸就是白纸中最好的产品。过了时令砍的竹子和削青削下来的青皮，料比较糙、老，是制作黄纸的原料，黄纸也叫黄烧纸，一般祭祀用。

　　"片纸非容易，措手七十二"，纸农口中一直流传着的七十二道工序，分得极细，也因此派生了专做其中一道或几道工序的纸农，以至于资深的匠人也难以描述清楚具体有哪七十二道。在通常的叙述里，从一根青竹到一张竹纸，大约需要五个月，这些复杂费时的工艺大体上分三个阶段，即削竹办料、制作工序和后续工序，最终赋予了富阳元书竹纸质地柔软、不腐不蛀、不易晕墨的特点。

　　根据李文德的介绍，"大竹元"的二十一道主要生产工艺流程为：砍竹、断青、削青、拷白、落塘、断料、浸坯、蒸煮、翻滩、困料、挑料、淋尿、堆蓬、落塘、榨水、打浆、抄纸、压榨、晒纸、检验剪纸、成品包装。这些核心工序又可以细分若干个小步骤，每一道工序都要精工细作、一丝不苟。

　　其身与竹化，无穷出清新。为造出一张好纸，从第一道工序砍竹开始，到最后一道工序结束，那些出现在整个流程中的种种细节，都藏着文化传承的"秘密"。

　　比如嫩竹竹节里面有一层黄斑，土层厚的地方长出的竹子黄斑相对较少。砍竹还要提前看山势，用老毛竹为新毛竹快速顺势下山铺好一条路。就是想象中很简单的砍青竹，这些师傅从初学到成为老手也要三四年时间。

中国文房四宝协会考察竹纸制作技艺 李文德供图

砍竹工人按时价，一天可以赚三五百元。新二村砍青竹、放竹子的方法都是老辈人传下来，世世代代都是如此。

新二村元书纸制作，保留了传统竹纸制作的主要工艺原貌和全套制作工具，完整传承和保护着"人尿发酵"沤料技术和"荡帘打浪法"抄纸技术。

"人尿发酵"可以使纸张柔软，提升防虫蛀、防渗墨的效果。"荡帘打浪法"抄纸技术和《天工开物》记载基本相同，核心要领是"一晃一提，一拎一扣"。抄纸时，舂好的绒状细料放入槽内，和水搅拌后，抄纸师傅双手持帘入槽，荡起浆液入于帘内，竹帘随手的动作而前后左右自如晃动，帘上浆液平衡荡漾至厚薄均匀后师傅提起帘架，"一提"的瞬间，抄纸师傅的脑袋会随着动作一个哆嗦。转瞬间，抄纸师傅将纸帘反扣在边上的纸架上，一个师傅一天可以抄一千张纸。

在"大竹元"，抄纸间的楼上是晒纸间，其中有一对来自锦屏的夫妻，他们一个抄纸，一个焙纸。抄纸师傅的"哆嗦"和楼上焙纸女工把纸从焙弄上揭下后的转身动作，都有着微妙的仪式感和艺术的美感。

2023年杭州亚运会后不久，新二村的造纸匠人，杭州市级竹纸制作技艺非遗传承人、"大竹元"元书纸负责人李文德接到了亚组委的电话，组委会希望用富阳竹纸来做一封感谢信，要求古色古香，并且能表达"杭州文化"。最终，《感谢信》信笺用纸选择了李文德推荐的一款名为"本色京放纸"的富阳竹纸。对此，李文德也很激动，京放纸历史悠久，屡见于史料记载，是富阳竹纸的传统产品，他不久前按古法工艺将这款纸再次生产出来，刚重现就得到了这么好的机会，富阳竹纸的复兴赶上了好时机。

薄薄的一张京放纸，李文德拿在手里揉搓十几遍后再平整展开，纸张也未破损。而且，这款纸的纤维紧密度高，虽然吸水性很强，但不会出现晕染的情况，无论大字还是小字的书写都没问题，也深受西泠印社书法家的喜爱。除了信笺纸的制作，李文德选了竹纸里的另一款产品"白唐纸"作信封。这封感谢信，由书法家写好样板后印刷，印刷后再由书法家补上

毛熊坞蓝莓园

每一个收件人的姓名，盖上印章，最终完美呈现了亚组委的要求，每一封都是独一无二的作品。值得一提的是，富阳竹纸在杭州亚运会上多次"亮相"，运动队出场导引牌上队伍名称的书写用纸是"白唐纸"，开（闭）幕式的节目单内页用纸也是富阳竹纸里的"超级元书纸"，节目单内页还专门有一页来介绍富阳竹纸。

借着亚运会的东风，成功"出圈"的富阳竹纸，吸引着更多人领略它的魅力，纸乡新二村，再次感受到了社会发展带来的红利。2024年2月16日，农历正月初七，李文德就迎来了来自温州的研学团队，工人们还在放假，他就带着儿子在元书纸文化展示馆给大家讲造纸工序，讲鹅榔头、磨纸石、晒帚等工具的用途，还有那些印章、契书、牌匾里的故事。来研学的孩子们尝试抄纸和晒纸，虽然手法生硬，但亲手触摸纸张，感受元书纸的细腻带来的新奇和兴奋，唤起了他们对传统文化的兴趣。临走时，这支队伍里的不少家长购买了"大竹元"的元书纸。这些孩子们也去了新二村周边的乡村游学，像这样的研学，每一年都为湖源的民宿餐饮带来了客源。

2023年，当AI创作成为热门话题的时候，李文德很快去学习并尝试了输入新二村的关键词，比如"李煜""竹纸""元书纸""湖源""小满"，AI生成了文字也自动搜索图片、视频素材做出来一些配文的小视频，有几个看起来相当不错。传统文化和网络技术碰撞，给古老的竹纸制作插上了想象的翅膀。

现在，沿着后坞口的山溪，经过新二村元书纸制作园区上山是一条水泥林道，"镬潭基"的造纸遗址隐藏在竹林里，要仔细找才能发现。上山连续经过二十多个发夹弯，开车二十几分钟才能到达山顶毛熊坞。新二村人李福荣、叶爱平夫妇在此经营这片占地二十公顷的蓝莓园有十多年了。这里昼夜温差大，土壤偏碱性，光照强，蓝莓成熟要比山下晚一个月，因此甜度高，品质上乘。作为富阳区唯一的高海拔生态蓝莓园，这些年经营下来，夫妇俩和别的公司合作，开发出了不少蓝莓衍生产品，包括蓝莓白酒、

万山皆春万春岭 张建龙摄

蓝莓干红、蓝莓果酒、蓝莓泡腾片。每年农历六月下旬到九月下旬，来湖源龙鳞坝游玩和到园区体验做纸的游客或研学团队也常上山来采摘蓝莓。

毛熊坞山顶平坦处设有路牌一块，东向是"万春岭、杏梅尖"，李福荣说，按他的脚程，走半小时左右就到万春岭山顶了。在路边路牌旁，一条通往因万春寺而得名的"寺口村"的古道——高田坎古道，石块堆垒，蜿蜒而下。

站在毛熊坞的高度，视线所及四望皆山。春天里，山上的野樱花和映山红也都比富阳其他低海拔地区要晚一点开。待山花烂漫，一茬接着一茬，到了万春岭顶上，更是万山皆春，一览众山小。因此，每到花期都有不少人专程上山来赏花。叶爱平在蓝莓园里养了不少土鸡，种了不少蔬菜，他们计划中的民宿也已开业。在这远离尘埃的山顶，有很多种散淡的生活方式都吸引着忙碌的都市人。

在蓝莓园旁边，还有一处修养基地正在建设中。新二村的年轻村书记李吉瑶说，这个修养基地是传统文化的修行，是青山绿水间的养生。他没有学过造纸，之前跟着父母从事体育产品的经营，在父母家人的支持下，2020年回到村里任职。对这位年轻的村书记来说，这也是一个重新认识家乡以及古法造纸技艺的机会。

2023年，新二村成功吸引了资本的入驻，正在山顶进行中的项目是该乡村农文旅项目的组成部分之一，内涵丰富，布局于整个珠坑，并辐射到湖源其他部分村庄，目标是重新认知乡村文化传统和乡村价值，并将乡村的淳朴美好重构后，作为一张名片传递到更远的地方。

对新二村人来说，文旅项目的很多用词大家听了都陌生，但他们在项目进行的过程中，有了新的工作，看见了新的风景。

一件元书纸，落笔写春秋。古老的乡村，对这个新兴的项目充满了期待和憧憬。

参考文献

1. 陈刚主编:《守望竹纸——2015 中国竹纸保护与发展研讨会论文集》,浙江文艺出版社,2016 年。

2. 汤书昆主编:《中国手工纸文库·浙江卷·中卷》,中国科学技术大学出版社,2021 年。

3. 中共杭州市富阳区委党史研究室、杭州市富阳区人民政府地方志办公室编:《富阳微村志》(第三辑),中州古籍出版社,2023 年。

4. 政协杭州市富阳区委员会编:《一江十溪润富阳》,上海文化出版社,2019 年。

5. 鲍志华:《壶源溪记忆》,中国民族文化出版社,2024 年。

青山何流水——富阳区永昌镇青何村

青何村隶属永昌镇，辖区面积约十六平方千米，位于永昌镇政府驻地永昌村北偏东约四千米，其东至昌岭村，南接唐昌村，西南、西北靠新登镇湘主村、和山村，北面、东北与临安区板桥镇葱坑村、秋口村接壤。2007年12月由青何、民政、龙峰三村并建，是永昌镇第二大行政村，村庄四面环山，风景优美，是度假避暑的好去处。2023年3月19日，青何村入选第六批中国传统村落名单。

青何村一角

一、谁将流水作长虹，家住溪流东复东

从地图上看，青何村的地形像只大元宝，在它一山、二水、三桥、四畈的分布中，二十二个自然村坐落其间。

清同治十二年（1873），青何村坳坑坞人钟立廷诗"百万篑筜护一村，修然鱼鸟共朝昏"所描绘的景象，依然在这片山水之间存在。青何村的竹、竹笋、藤编作为永昌的地域特色的组成部分，直至今日在富阳照样小有名气，古老的村庄也有了更为丰富的新景观点缀其中。他在这首名为《绿竹环村》的诗作前，还写了一段小序："古人卜居云：须三分水、二分竹、一分屋。今何氏之村三面竹，一面水，其佳胜更何待言。"他也在诗歌里写家乡的山，写月和山"矗破晴空几万重，山灵有意炫奇踪"，写青何翁氏居地前山"不信门前三尺雪，卷帘山色白于丝"。

钟立廷是青何村一位很有故事的先人，他科举拔贡后，屡试秋闱不捷，后绝意功名，以教授自给，曾任奉化、桐庐教谕。他能诗善文，书法清润飘逸。归田以后闭门不出，以诗酒自娱，有索以书及文者，辄举笔立就付之。也因此，在青何村现有的家谱中留下他不少诗作，而且，他习惯在诗作之

像个元宝的青何村地形图

百万筼筜护一村

前写个小序，短短几句，方便了现代人按字句探索村庄往事。

翻阅《咸淳临安志》、不同时期的《新城县志》和新近编的《杭州市富阳区地名志》《富阳古旧地图集》《永昌故事》《青何古诗百首》等图书，在属于"永昌"的辖区内寻找"青何"这个地名，仿佛在和一群带"何"字的地名捉迷藏。如果按中国乡村传统的以姓命名的习惯，这些地名的变化，也是一部小众但有趣的乡村变迁史，对这种变迁留下的印记的考量，可以适用于许多村庄。

青何村的历史，先往前说。据宋《咸淳临安志》载，永昌隶属新城县，旧名唐昌，北宋时改为永昌乡。"永昌乡旧名唐昌，国朝改今名，管四里：芝秀、归德、安业、嘉祥。"芝秀里有正何、何阜等今天的青何村属地，家谱里也能翻到诗歌《题芝秀里》《秀里安居》等等。

再往后翻，可以查阅到明万历三年（1575）《新城县志》载："永昌乡在县北十里，旧名唐昌。宋改今名，村九，曰云山头、包秦村、何家村、唐村、释子山、何阜村、贝山、大岘（字形上山下见）村、洛坞村。"在

《咸淳临安志》中的古地名"芝秀"

区划分布中,万历年间,新登县属地包括一坊十四乡,辖一百一十三个村庄,这些地名从万历至今,基本未变。

之后,清道光三年(1823)《新城县志》载:"……今管庄十:正何、又何、洛坞、包秦、何家、大岘(字形上山下见)、云山、贝山、塘村、释子。"其中,"正何庄"辖"白家、袁家村、侯家、杨家、李家村、陈家墩、青山头、甘坞口、杜家、石家、潘家","又何庄"辖"何阜殿边、坳坑坞、大坞里、上许家、下许家、产坞、翁家","何家庄"辖"何家村、许家"。这些村庄的名称一直沿用至近现代,现在的青何村基本就由这些村庄构成。

另,道光年间,新城县设乡十五个,其中明代的新城郭坊改为郭坊乡,其余十四个乡名包括永昌乡在内,名称沿用明代,辖庄一百零三个,村数二百三十一个。

民国初期沿用清制,但因1914年以前国内有六个"新城县"而改为"新登县"。1922年,新登分四区十五乡,永昌乡在新登城区,全县有庄一百三十三个。1930年为新登县置乡镇最多时,有三镇四十四乡

新涼亭　在城北十五里老阜莊小腳橋側
餘慶亭　在城北十六里界牌莊清同治十二年建
金老相公亭　在界牌莊金老相公廟前清咸豐八年圮○以昌東上鄉
虎嘯亭　在旱又何莊臨安縣界民國五年邑人何志廉重建　志參舊
神頭殿亭　在何阜大隝前民國四年里人何志廉重修
安樂亭　在正何莊龍尾廟外
老涼亭　在侯家橋頭今圮
青山亭　在正何莊青山菴前
積善亭　在萬福橋外清光緒九年里人侯士華建

新登縣志　卷六　計城廂附　三十七　一

西關亭　在城北四里松溪莊西關坂　志參舊
履安亭　在城北十里新堰莊毛嶺上
仁惠亭　在城北十里新堰莊塘隝坂
小嶺亭　在城北十八里官山小嶺上
徐家亭　在官山徐家
桃園亭　在城北九里平山上
長山坂亭　在城北八里插竿莊長山坂　即雨義亭
瑞安亭　在城北六里插竿橋側
金鷄亭　在城北八里大路莊金鷄塘側
餘慶亭　在城北十里大路莊干鷗舖

民国十一年（1922）《新登县志》虎啸亭记载

四百九十一村。永昌一度称镇，并从原永昌乡析出现为青何村区域的何阜乡、青白乡。1935 年推出保甲制，何阜乡、青白乡合并为何阜乡，新登仍为三镇四十四乡。

古往今来，每一次村庄数据的变化都隐藏着姓氏迁徙、人口增减、经济文化变迁等信息。若深入挖掘这些史料，无疑是个值得研究的社会学课题。

1940 年至 1955 年 10 月期间，"永昌"更名为"依岭"，又析分为"永何""青何""昌岭"三个乡，再恢复为"永昌乡"。这个时期，是"青何"作为乡建制唯一一次登场。再往后，"青何"这个名称从乡镇名沿用为村庄名。

如今，永昌镇青何村，已经是一个大村，它在 2007 年由原青何、民政、龙峰三个行政村合并而成，下辖二十二个自然村。其中，老青何村包括翁家、徐家山、坳坑坞、上殿边、下殿边、陈家墩、大坞里，老民政村包括虎啸亭、上许家、潘家坞、下许家、产坞、白栗山、湾口里、西畈山，老龙峰村包括李家、何家、袁家、潘家、朱家、甘坞口、梨树坞。其中，梨树坞、大坞里（大何）、何家三个自然村为何氏聚居地。

史书里出现过的那些和现在的青何村相关的老地名，有的还在，有的已不见踪迹，还有一些在家谱和老人家的叙述中还偶有闪现。青何村的这些小村落，散落在溪边、山脚，它们在永昌溪漫长的记忆里，仿佛是被溪水冲散或者堆积的溪石、泥沙，不断重组、位移，但无论如何变化，都在这条溪流所及的范围之内。

这些小村落，除了一眼就能看出来的以姓或地名命名的之外，也有一些村落可以从另外角度发现它名字由来的端倪。比如"梨树坞"因村里曾经有过的很多梨树而得名；"产坞"寓意物产丰富；"吾翁""易名""何阜"，因周王殿在何阜，因此被老百姓叫作"何阜殿"，附近的位置被叫

奔流不息的青何溪水

作"何阜殿边"。另外，虎啸亭在清光绪十九年（1893）《新城县五里方图》载"火烧亭"，年久谐音为"虎啸亭"，换了个名字。

在青何村，只有钟、翁、李、朱、何、周、林这几个姓氏尚存老家谱，说得清家族的来历。而其他姓氏，他们除了能谈及当下，对家族历史的追溯就相当有限了。丢失家谱的村庄，仿佛永昌溪里奔流不息的水，无论是清澈还是浑浊，湍急还是平缓，春夏秋冬流过，我们谈起这条溪，只说溪水奔流。

二、此地应知钟毓茂，充闾合共听鸣珂

青何村的一山、二水、三桥、四畈，山是月和山，也作"月峨山""老山顶"，水是永昌溪上游青何溪、龙峰溪，桥是日新桥、坳坑坞桥（钟家桥）、小庙桥，四畈是西畈、大坞畈、寺前畈（海螺畈）、翁家畈。

月和山是一座界山，位于富阳、临安接壤处，在当地名气很大。月和山流传着一个美丽的传说。很久以前，临安县有座金鸡山，新登县有座玉鹅山。金鸡啼唱，玉鹅嘎鸣，遥遥相对。玉鹅山顶的古寺中，和尚喂养了八只大鹅看门，大鹅羽毛雪白素净，很讨人喜爱。春天里，这几只鹅不啄食青青嫩草，却啄食野山茶作为食料，它们长得雄壮高大、凶猛异常，只要见到陌生人就伸长脖子紧追不舍。有一天半夜里，突然响起"嘎嘎嘎"的鹅叫声，和尚惊醒，奔出庙门，只见八只大鹅正围住几个过路强盗怒叫。强盗发现寺僧惊觉，退身而逃。于是，八只大鹅被称为"寺庙的管家"。大约过了十年，八只大鹅突然消失，几个和尚痛惜万分。但到第二年谷雨时节，八只大鹅又返回故地，前来啄食月和山新茶。这八只大鹅时隐时现，因此被当地人称为"神鹅"，这座山也被称为"玉鹅山"，后谐音为"月和山"。清代《新城县志》记载："月和山，在县西北二十五里，今三岔庄，昔侍郎方廉读书于此，产茶特美。"

月和山下青何村

　　月和山的野茶在明朝时曾经做过贡品，被称为"月和茶"，是一种黄茶，还有"野山茶、坳坑水，饮一口，满嘴香"的民谣流传至今。清代诗人潘成年在他的《新城杂咏》中写道："乡村四月卖黄茶，日日城西笑语哗。座上客人多白锸，一时分给数千家。"茶市热闹，但采茶殊为不易。月和山海拔458.8米，林木参天、修竹连岗，野茶簇生其间，每年谷雨前后，人们漫山遍野采摘，一天所获也不过青叶几把，可见其稀少。

　　在村里年长的采茶农妇的叙述里，传说月和山上曾有两棵大黄茶，老百姓称之为"神树"。现在野生黄茶绝迹多年，山上只有老群体种的绿茶茶树生长其间，依然沿用"月和茶"这个名称。手工炒制的月和茶条形圆尖，

色泽翠绿，细嫩显毫；其内质清香持久，滋味鲜爽，汤色绿明，叶底嫩绿明亮，幼嫩成朵。据青何村非遗馆里的记载，该茶在1988年参加浙江省名茶评比，获"省优质名茶"称号，并在江苏南京、苏州等地销售，获得了较好的声誉。青何村西畈山附近的茶农倪水香承包茶园有四十年了，她家的茶树就是从月和山挖了野茶苗，一年年养起来的。这些年，山上的毛竹林木和茶树不断争夺地盘，所谓的茶园也逐渐只是个叫法，茶树生长环境和野生没有区别。每年到谷雨时节才能采摘的月和茶在龙井茶以"明前茶为贵"的市场环境下虽卖不出好价钱，但配上坳坞山泉所冲泡的清茶，茶色透亮，茶香扑鼻，还是被喜欢的人所欣赏。

　　月和山还因方廉而知名。方廉（1514—1583），字以清，号双江，富阳新登人，相传为唐代著名诗人方干后裔。明代著名文学家王世贞《南京工部右侍郎双江方公墓志铭》载："方之先，干，以文显严陵，其后人习医，遂以医显。至宋，徙杭，继又徙新城。"新城即新登。三国时期，分富春部分县地置新城县。到了唐末五代时期，因避后梁太祖朱温父亲朱诚的讳，改新城为新登。方廉在《寿域自叙》中也说："先世居钱塘，高曾祖相继授医学训科，遂卜居焉。"月和山环境清幽，修竹风雅，是读书的好去处。少年方廉曾在峰顶筑室就读，现在山上有一"步月亭"，传说为纪念方廉而建。一个地方，有几个登庙堂之高的乡贤，于家乡的意义往往不言而喻。在月和山读过书的方廉，他这一生，治邑、抗倭、建城、量田实赋，造福一方百姓。他告老还乡后，又在家乡做了修纂县志、整顿学宫、修建桥梁三件大事。如今新登中学小黄山上的石碑、石马、石虎、石羊均自方廉墓前移来。

　　永昌溪边，富阳本土文史专家，退休后安居青何村的柯士成带大家去

方廉墓前的石马

看日新桥。八月初，一路上看见的稻田，有的秧苗已经长到膝盖高，有的像是刚刚插好不久。还看见两台拖拉机在田里作业，大群的白鹭跟着拖拉机低空盘旋，等着这两个"大铁家伙"给它们翻出吃食来。这个时间，按早年还是"双抢"种田忙的时候，柯老师说农村里种田，只要能在立秋节气前完成播种，总还有收成。

经过虎啸亭，略往前一点，就到日新桥了。日新桥东西向，改建于1916年，由当时的临安和新登两县隔溪村民共建。民国十一年（1922）《新登县志》载："新桥，在又何庄虎啸亭临安界。旧木桥，民国五年（1916），临安王宗方等筹资改建石桥。"建成初，靠临安的桥头有一座月新亭，现在看见的是后来重修的亭子；靠青何村这头也有一座月新亭，今已无存。如今，在青何村这一侧的桥头附近，还留有一块界石，一面是"新登何阜村界"，另一面是"临安三义村界"。现在的日新桥，一头是青何村，另一头是临安板桥镇的葱坞村，桥为两墩三孔石拱桥，总长22.87米，宽4.3米，高4.8米，中拱高4.1米，边拱高3.2米。逆水面设分水尖，高3米，长2米，宽1.8米。桥墩迎水面设有分水尖、凤凰台，雕刻有"避水蜈蚣"和"葫芦"。古代造桥常雕刻蜈蚣，这个习俗来源于古人对"物象互制"的理解。他们观察到蛇怕蜈蚣，而民间又有传说大蛇即蟒，蟒化蛟，蛟龙兴水，故而雕刻蜈蚣于桥上可以制服蛟龙兴风作浪，富阳城区恩波桥桥底也有蜈蚣雕刻。桥面正中的石刻图像为三支三叉戟插在一只宝瓶里，图像上还有百

日新桥界石

日新桥

结、双鱼、蝙蝠、回龙纹，寓
意连升三级，也寓意平安如意。

桥两端为台阶式，东西各
十一级。走上石桥，桥面青石
板错缝平铺，两侧有石栏板和
望柱，柱头石雕为狮、象、猴，
寓意吉祥。盛夏的傍晚，日新
桥上逐渐有纳凉的人、散步的
人走走停停；桥下溪边还有一

日新桥石雕

人垂钓。我跑上跑下给日新桥拍照片，远远地，看着柯老师从桥这头走到
桥那头，又折回到桥上看流水。

"三桥"之一的小庙桥俗称"坳桥"，在青何村李家自然村村头，因
路边原有土地庙而得名。小庙桥，是现今保存较为完整的单孔石拱桥，它
跨龙峰溪，造型古朴。桥西端一侧有镇桥石柱一座，1969年山洪暴发时被

小庙桥

冲走。隔了四十年后到 2009 年，在修筑桥下旧堰时，村民在堰潭中发现这根石柱，见石柱保存完好，又重新安置于原处。此石柱四面刻有"南无甘露如来，南无离怖如来，南无广博如来，南无妙色如来，南无宝胜如来，南无多宝如来"字样，并在正面刻有"民国甲戌（1934）四月□日立"，为建桥年月。

坳坑坞桥原来叫作"钟家桥"，《新登县志》载"在行宫庙前"。行宫庙就是现在的周王庙，桥因坳坑坞自然村里人多为钟姓而得名。钟家桥原来是一座木桥，和大部分常见的小木桥一样，"时架时腐，颇费财力"，而且一到冰雪天，过桥更是时刻担心不要跌下桥去。面对这样的情况，"族祖星庵府君"独立出资改木桥为石桥，桥面阔 1.3 米左右，使得过桥如行坦途。另外，坳坑坞村村口也有一座石拱桥，像半块玉璧，桥造得尚算坚固。可惜这座石桥在 1925 年秋，遭遇了数十年未遇的洪水之后被冲得一点都没剩下。洪水过后，族老们商议复建桥梁，有的说族里没有公款，村民穷困，还是建一座木桥吧。但也有人说桥旁的槐树和桂树已经长得盘根错节，古色斑斓。想想每年祭拜祖先时的祭文中有"桂馥槐清手植，殊深属望"这两句话，可知老祖宗在桥旁早就种了这两棵树。而且，一到盛夏，村民在桥上纳凉时，头上树叶翻青，桥下碧波荡漾，不亚于身在瑶池。这么好的风景，怎么舍得废弃呢？

大家觉得后者的建议更好，就恳求星庵族祖独自承担这笔费用，他也一口答应。钟家桥和这座石桥的修筑费一共近千元，星庵独自承担了一半。这样的好事怎么能让其湮没呢？于是就有了钟氏家谱中的这篇《重筑村桥记》。

在青何村的下许家自然村还有一座石拱桥，为单孔古桥，宽约1.5米，长约3米，南北向横跨月和小溪上。这座古拱桥始建于明万历年间，距今已有四百多年历史，据说下许家许姓当年非常兴盛，他们常往来坐船到此，为方便停船拴船，就建了这座长得宛如拴船铁环的古拱桥。

青何人还将村里的一些传统文化概括为"五艺"，包括龙灯、梅花锣鼓、越剧、木雕、扎纸五个非遗项目。

梅花锣鼓是常见的民间艺术，他们常常活跃在节庆或者一些特殊的典礼，比如葬礼现场。现在随着乡村文化活动的兴盛，梅花锣鼓也有了更多表演的机会，出现在舞台上。村里的越剧团有固定的演出班子，但没有固定的、日常的排练时间，更接近于草台班子，在农闲或者年节时登台演出。越剧团和梅花锣鼓的班子在这里合成一个整体，吹吹打打间，戏就唱起来了。

龙灯和扎纸也是相关联的民间艺术项目。扎纸的匠人做一条龙灯需要大半年的时间，还需要别的工匠配合。而舞龙灯的队伍则往往由村里的青壮年组成，他们被临时召集起来，表演的时间主要集中在春节和农历三月三"孝子祭"的庆典上。

在青何村，木雕匠包国强和竹匠、藤编匠人朱健华倒是长时间以来都主要以他们的手艺活作为谋生技艺。

　　木雕匠包国强的家就在湾口里自然村。木雕属于木工里面的精工，当我们说起某某村哪幢老宅的雕花精致时，往往会带上一句木雕师傅雕了多少年云云。包国强十五岁起便学木匠手艺，出师后喜欢上木雕工艺。最初他只是在给人家做嫁妆时雕些简单粗陋的龙凤、喜鹊登枝等图案。1985年，他到珠海一家仿古红木家具厂打工时，得到了现代著名雕塑家赵树同老师的精心指导，并在雕刻刘海粟"艺海精舍"题匾时得到刘先生亲自指点。其后，他虽辗转各处，但一直专精一艺，雕刻技艺不断提升。2002年，他回家乡富阳从事仿古木家具、雕刻匾额和楹联、修补古建筑上的牛腿等构件。祖籍东阳的包国强，凭着对木雕技艺的喜爱与执着，从木工成长为木雕匠，一直致力于这项古老工艺的传承。2016年7月，经富阳区文广新局推荐，他参加了由文化部、教育部联合举办的"中国非物质文化遗产传承人群培训班"，是青何村的非遗工匠之一。

　　竹匠、藤编匠人朱健华，他做这一行已经近五十年了。在朱健华十三四岁的时候，家里来了一位竹匠师傅，师傅是诸暨人，来永昌一带谋生，机缘巧合之下成了朱家的客人，类似于租客，但乡村当时也没有很正式的租赁关系，于是，为了达到某种平衡，师傅收了朱健华做徒弟。

　　学了大约三四年，出师之后朱健华也开始尝试着独立出工，他的师傅继续在他家待了四五年才回家。竹匠和篾匠的不同之处在于竹匠更多粗重活，主要从事竹梯、竹榻、竹椅等大件竹家具的制作。等到1997年青何村的富阳兴隆藤编厂创建起来后，竹匠出身的朱健华又接触了藤编工艺，凭着做竹匠时练就的手艺和眼力，他很快上手并成了厂里的师傅。"我只要看看就大致知道藤编怎么做出来。"他说，"藤编畅销的那些年，我们厂的业务已经做到了香港和东南亚等地。杭州的外贸公司发现了我们的藤编，然后把我们推荐了出去。"他说泰国人长得高大，同样的一张藤编椅子，用料要多，尺寸要大，来订货的客商看着两百来斤重，椅子不够牢固的话，要把椅子坐塌。

藤编用的原材料是白藤，也主要产自东南亚的马来西亚等国家。开始的时候，他们买不到足够的原材料，就选用一部分新长成的毛竹的青篾在皮镬里蒸煮后替代。这一举措在获取毛竹青篾的同时，相当于对新竹进行了造纸工艺中的"削青"这一环节，从而实现造纸和取篾做藤编两者都兼顾，材料一点也不浪费。后来贸易发展、信息传递也快了，藤编厂就从广西等地进原材料。再后来，纯手工的工厂成本高，难以维持，大家就散了。之后，朱健华在家从事藤编一直到现在。这些年里，藤编桌椅流行的时候，杭州西湖边、梅家坞以及千岛湖这些地方的茶室与游船，有不少都选择从朱健华这里采购藤椅和桌子。他说有个来自千岛湖的大订单，一笔就是二百八十张椅子，所以他自己做藤编的时候最多也雇过二十来个工人。但是，慢慢地藤编不那么流行之后，朱健华的藤编工坊也难以维持，况且藤编家具做得牢固，一套桌椅能用很多年，稍微损坏修修补补又能用很多年，而且用久了的藤编看起来光华内敛，更有味道，甚至可以看作是一件工艺品。如此，朱健华逐渐辞退了工人，开始独自作业，在散漫中维持着他的藤编工坊。他说一把藤椅，构件主要由白藤和木头部件组成，转弯处要用火烤定型，细节的地方都要手工编，一把椅子一天做不完，单品就不会太便宜，但能用来替代藤编椅的产品太多了，藤编工艺就逐渐成了更小众的选项。现在，朱健华家里还有他做的藤编床、沙发、小茶几、小托盘，很少接到新订单，他也不主动去寻新的客户。他说他年纪也不小，竹匠、藤编差不多做了有五十年了，慢慢地也做不动了。这门手艺要是没人学，也只有随它去了。

三月三"孝子祭"庙会，青何村的兜水布龙"青龙潭旗"近百人的舞龙队在梅花锣鼓快板、将军令、小龙吟等曲调声中，跟着行祭的队伍，按着特有的"元宝阵、青龙脱壳、青龙入海、青龙出征、青龙窜背、青龙翻海"阵式一边行进一边表演。这一条二十五节七十五米长的青色布龙，在梅花锣鼓伴奏下，快节奏时青龙翻腾，慢节奏时舒展优雅。舞龙在整场表演出

青龙潭旗　沃海龙摄

场时高空戏珠，结尾时威武轩昂。

在青何村通往临安三口和富阳春建的古道之间有处山麓叫"龙尾巴"，为袁家、甘坞口、梨树坞所处位置统称。相传此山脉的"龙头"在余杭三墩（今属杭州市西湖区），"龙尾巴"处有座龙王殿，始建于宋末元初，清同治六年（1867）重建，1987年又重修，殿中塑潮神五尊，每年五月初三出殿，九月初九回殿，附近老百姓将龙王殿所处区域称为"卧龙之地"，素有舞龙习俗，祈愿国泰民安、五谷丰登。明末清初，"青龙潭旗"逐渐形成并延续至今。这一次去，还没到龙王殿就听见里面排练梅花锣鼓的声音。再走近一点，庙右侧还有一棵高大的银杏树，要判断一座寺庙历史是否悠久，只需要看庙里最老的那棵银杏树就知道了。

富阳的布龙很多，但表演时阵式完整，以旗命名的仅"青龙潭旗"一条。青何村非遗何氏扎制技艺作为"青龙潭旗"的先决条件青龙制作技艺，源自青何村非遗何氏扎制技艺，该技艺同样源于清末民初，沿袭至今已有几百年历史。何氏扎制技艺内容丰富、形式多样。龙灯这样的竹片扎纸主要通过用竹片和竹木进行框架扎制后，配合外表纸质裱糊形成作品；草扎直接用干草模仿动物模样扎制成作品，包括草马、草牛、草鹤等；木竹扎制也不在话下，例如制作富阳鼓亭锣鼓浙江省级非物质文化遗产的道具——鼓亭。凭借扎制艺人灵巧的双手和精湛的扎制技艺，一个个活灵活现、生动形象的扎制作品被创造出来。青何村何法根是何氏扎制技艺当代的主要传承人，他自幼学习扎制技艺，至今已扎制龙灯道具二十多条。早在1995年，他扎的青龙作为拍摄舞龙专题片的道具在日本进行交流。2003年、2005年，当时的临安市三口镇清塘村、富阳市受降镇梓树村用何法根扎制的黄龙赴法国尼斯艺术狂欢节表演。这些年，民间艺人何法根也已经培养出了自己的传承人。最近一两年，随着青少年研学活动的兴起，青何村的文化员叶逢春经常邀请何法根，让他带领来研学的孩子学习、体验扎制技艺。

青何村的这些民间非遗手艺人，随着年龄的增长，大部分已经不再有赖于他们的技艺谋生。对他们来说，既期望有人能继承传承技艺，又担心这门手艺在现在的外部环境中难以养家糊口。

三、孝子未来虚左侍，潮神安往望空迎

在浙、苏、皖、闽地区，出生于富阳渌渚的南宋大孝子周雄（1188—1211）受宋、元、明、清四朝十一次敕封，被人们称为"江神""水神""周显灵王"，成为传播面广且影响深远的民间信仰。每年农历三月三、九月九的"孝子祭"习俗，一直流传至今，是国家级非物质文化遗产。传说他从小聪慧过人，遇事明理，乐于助人。瘟疫夺走他父亲的生命后，与母相依为命。他立志攻读医书，学艺济世。不畏艰辛救危扶困，事母恪尽孝道，母病日夜护理，三九严寒冰天雪地破冰捕鱼给母亲。为治母病到处奔走探方药。母命胜己命。一次经商衢州，行船未达，突感心惊肉跳，只怕母病发，明香亮烛对天祈祷，愿减己年以增母寿，离船抄旱路回归家中，母病奄奄一息。周雄日夜伴随，精心护理，更进药汤，母病渐起而愈。类似这样的故事，在年复一年的祭祀中，代代相传。

青何村周孝子祠，祭祀"周显灵王"周雄，在民间通常的称呼里，祭祀周雄的祠堂庙宇常常被称为"周王庙""太太殿"。在新登地区曾经有过九处周王庙，如今，富阳地区仅存的两处周孝子祠都在青何村，它还有"行宫庙""何阜殿""吾翁殿"三个旧称，还有一块《何阜殿碑记》石刻遗存。在民间的口头语言中，尽管老百姓对周王庙有各种

周孝子祠内的周雄神像　青何村村民供图

不同的称呼，但这并不影响理解，每一个称呼都各有来历，引发人无限遐思。

青何村的周孝子祠建于明嘉靖二十年（1541），清道光《新城县志》载："行宫庙，在永昌乡，嘉靖间知县聂璧建。"据说是由当地一百多筏户为祝祷撑筏人出行水上平安，请求聂知县批准后兴建，距今已有近五百年历史。因这座庙在何阜，所以它也被老百姓叫作"何阜殿"，附近的位置被叫作"何阜殿边"，后来又拆分为上殿边、下殿边。这样的命名方式，也是一种乡村文化的传承方式，到许多年以后，人们仍然能够根据地名布下的草蛇灰线推测出相关的往事。

保存下来的《何阜殿碑记》石刻完整记载了清嘉庆八年（1803）发生的一个故事。碑文中，青何村翁家乡绅翁圣荣为了祈求家族香火不绝，"欣然助田壹拾壹担，计税壹亩壹分正，俾持住之僧庶得耕种有资，以奉第生香火于勿替"。同时，石碑上再清楚记载田亩具体位置，"土名列后：一亩坐落产坞徐家门前，东至许效乾田，南堪、西堪，北路。又田坐落崩堪

何阜殿边

头，东许姓田，南路，西堪，北许曰上田"。碑文还说明了"契仍荣贮"，也就是说这些田亩的产权仍然属于翁家所有。周孝子祠的其中一个名字"吾翁殿"就来源于这位翁姓乡绅的善举。

在《新登县志》及村内一些家谱的记载中，青何村周孝子祠原为三进，殿前有上马石、下马石，来往官员经此过往，文官须下轿，武官要下马。后厅中央有二尊周雄神像，一尊泥塑在前，称"坐宫"，另一尊香樟木雕塑像比前一尊小，称为"行宫"。早年三月三"孝子祭"庙会，村里要演戏酬神，邀请绍剧、京剧、越剧班子进村演出，费用由牛户（耕田户）、筏户和轮庄的村社出三台戏，乡贤出二台戏，计三天五场。第一台戏要加《拜八仙》，演至鸡叫天亮才散场。

孝子祭分殿祭和行祭。殿祭包括参拜周雄神像，奏乐、击鼓、鸣磬，上香点烛、敬献贡品、叩拜祭奠、诵读祭文、焚吊、焚祭文等等。行祭时，周显灵王"行宫"居中，左右为"四相公"（陈、朱、许、何四姓子弟）抬行，鸣锣开道，梅花锣鼓，迎龙舞狮。筏户、商户、善男信女随行，行祭路线至周雄外婆家、娘姨家等亲属居地，还要抬到湘主殿边、观音勘头、柴场里、百丈岭、包秦村、何家村、湘溪坞里湘主殿等地，一路上要经过的村都提前约好当地乡贤在半路迎接。"行宫"每到一地，要供奉当地的土地殿、寺庙、宗祠，接受朝拜再周游乡里，一直要到九月九重阳节才回到何阜殿中，因此，周孝子祠也作"行宫庙"。

农历三月三，青何村的龙灯"青龙潭旗"在梅花锣鼓的伴奏下，在永昌溪上日新桥表演，桥的另一头是临安区界的葱坑村。同一天，来演出的越剧演员们踩着永昌溪林家埠头处的碇步桥过溪，去往村里文化礼堂的戏台。在青何村热热闹闹的氛围里，孝福老街上周孝子庙一年一度的国家级非物质文化遗产周雄"孝子祭"就在"殿祭"中开始。之后是"行祭"，人潮跟着"行宫"、龙灯涌动，连永昌溪的流速也仿佛跟着锣鼓的节奏快起来了。

青何村"三月三"活动 王蓉珍摄

在青何村，一边走一边
听故事：周孝子祠里的两座
神像、柱子上的楹联，幸存
的旧厅堂，村里老人朱天元捐
赠老房子改建的非遗馆，村里
的历史文化，陈列在非遗馆中
的村庄历史文化……这些故事
使老街上的每一块青石板都跟
着鲜活起来。

孝福老街这个名字中的
"福"也是有来历的。快走完
老街时，就能看见一个老台门
遗址，在它鹅卵石、青石板铺
就的小天井的照壁上，有一个

青何村非遗馆

特别的"福"字。这个"福"字，左边是"鹿"、右边有"鹤"，名为"鹿
鹤同春"，"鹿"取"六"之音，"鹤"取"合"之音，"六合"泛指天
地四方，寓意"六合同春"，天下皆春，万物欣欣向荣。

在老街上行走，还有一些
"细节"忽然撞入眼帘，不经
意间打动人心。在一户人家的
围墙上，一个葫芦躲藏在藤蔓
间，还有一个大冬瓜悬垂，让
人不禁担心瓜藤是否能承受这
沉甸甸的重量。临街的人家，
往往门口摆着一些绿植，上午
天气也热，一路上走，很少遇

"六合同春"

见其他人。

在去百诗园的路上，我还看见了一根八棱丝瓜，这个品种的丝瓜在青何村种得不少，丝瓜握在手里要那我比常见的硬点，但等烧熟了口感却是更柔软。

青何村的百诗园是村里柯士成老师一手打造出来的文化作品。他作为一名在文化线工作半辈子的退休老人，回到家乡后，致力于乡村文化挖掘，翻阅了村里现存的家谱，搜罗出各家家谱上的古诗词，校正后又找了富阳以及永昌籍的书法家，一首首用毛笔书写，再请了工匠刻在碑石上，建成一个新文化公园。同时，所有诗词他专门作了抄录，印制成册，为《青何古诗百首》。

> 红霞还映枫林坞，最是深山深杳处。
> 磷磷怪石卧山头，日暖梅开舒白玉。
> 四山围绕翠如屏，岂为感时频作赋。

这些大部分由乡村文人创作的诗词，有生活、有景致，也将永昌的满山翠竹、四时风光一一写于笔下。走过百诗园，翻阅这本诗集，领略的是一方水土养一方人的风情，看见的是文化传承的绵绵不绝。

"谷绕山回地势扬，湾湾曲曲可流觞"的永昌溪，在很长的岁月里，每到汛期就排筏往来。许多撑排人撑着竹排、木排，带着竹木柴炭山货一路从临安来，过永昌溪时，在现在百诗园处的林家埠头停留，卸下一些货物，又新装一些，接着往下游去松溪，然后随流水到鼋江（渌渚江）、富春江，将带来的土产卖出去，又将建材陶瓷、生活用品运回来。

溪流宛转，日月轮回，村庄生生不息。如今的青何村，有一部分是曾经的何阜村，何阜村边有个林家埠头，村里还有一座何阜殿。溪里撑竹排、木排的人走上林家埠头，又走进何阜老街，再到何阜殿拜祭"周显灵王"

百诗园

林家埠头老照片 骆元雪摄

孝福老街

请求水神护佑平安。

很多年以后，永昌溪上添了一座碇步桥，何阜村改叫青何村，昔日人来人往的林家埠头如今只留下一小块说明牌以及一些零碎的口头传说，曾经熙熙攘攘的何阜老街不仅保留下了周孝子祠，还在街口写上了一个正式的名字——孝福老街，并且传承着一街的老故事。

永昌溪可以撑排筏的时候，溪水中还没有这座碇步桥，而青何村也还没有二十二个自然村。乡村的变化和溪水一样，看着温和安静，千年不变，但变化到来的时候，谁也挡不住。

参考文献

1.〔南宋〕潜说友纂修、〔清〕汪远孙校补:《咸淳临安志》,清道光十年(1830)重刊本。

2.〔清〕温朝祚修、方廉纂:《新城县志》,明万历四年(1576),万历三年仲夏开雕。

3.〔清〕张瓒修、张戬等纂:《新城县志》,清康熙十二年(1673),康熙手抄本。

4.〔清〕吴墉修、张吉安纂:《浙江新城县志》,清道光三年(1823)深清堂藏版,杭州市富阳区新登镇人民政府整理重印,国家图书馆出版社,2017年。

5.徐士瀛等修,张子荣、史锡永等纂:《新登县志》,民国十一年(1922)铅印本。

6.杭州市富阳区民政局、杭州市富阳区地名委员会办公室:《杭州市富阳区地名志》,方志出版社,2017年。

7.富阳区档案馆编:《富阳古旧地图集》,上海文化出版社,2020年。

善盖一乡可观德——富阳区大源镇蒋家村

　　蒋家村位于富春江南岸，大源镇中部，南到东前村、西部连接亭山山脉、北临亭山村、东面为山，距离大源镇区约两千米，富阳城区约十千米，大源溪流经。村内集中留下了一片古民居，当地称"台门"，建筑年代在清到民国前，具有清代建筑特色。现保存完好的清代古建筑有二十多座。村落布局结构较清楚，巷道纵横，错落有致，全村形成了一个变化丰富而统一的整体。台门为民居形制，质量高，各种建筑的木雕、砖雕工艺精湛，具有较高的建筑艺术价值，如蒋氏宗祠、著名作家麦家旧居等。2023年，蒋家村被评为浙江省第七批历史文化名村。

大源溪

富阳的春季天气晴雨相间，大源溪随着雨水增多，涨起来了。溪畔的青山常常浸润在雨雾中，等日光出来，山上树木葱茏亮眼，带着少年人的朝气。

山下的村庄里，"蒋家门口"门楼矗立。

大源蒋家村，是《人生海海》里"一个老式的江南山村，靠山贴水，屋密人稠……弄堂曲里拐弯，好像处处是死路，其实又四通八达的，最后都通到祠堂"，也依稀是《人间信》里蒋富春出发的地方。

一、蒋家祠堂，可以观德

乡村是一本大书，一代代人读，一代代人写。

大源蒋家村是个蒋姓聚居的大村，人口之多，相当于龙门孙氏、东梓关许氏、深澳村的申屠氏，村里人一般自称为"蒋家门口人"，他们的来处写在原蒋家祠堂中厅抱柱楹联里，"青田学士西湖老，炎汉世家赵岭绵"。

赵岭，现名老虎头，是一处古老的小地方。族谱中有赵岭八景诗，诗前有按语，说明了因"大源山水明秀，独赵岭下形胜甲于诸地"，蒋氏老祖宗才"所以择地居焉"。清道光间周凯撰的宗谱序文里也提到了蒋氏先祖"宅大源赵岭下，绵绵延延，历数百年也"。

蒋家村的这条赵岭古道

蒋家门口

潭水有情常映绿

在漫长的岁月里，"多少行人来往客，也知沧海共桑田"。还有一句"潭水有情常映绿，山光无恙各争妍"，完全就是对蒋家村"绿水青山"自然环境的诗化表达。

另外，赵岭古道上也曾有一些树木植于两旁，包括打铁树四株、青紫木六株、婆娑树一株、椰树一株。1934 年，蒋氏家族用二十块银圆获得了这些树的产权，并告诫族人要把这些树"作为荫树，永远栽植，绝对禁止砍伐"。可惜的是，如今仅剩婆娑树半株尚存，2013 年夏，它的上半截因病朽而折断，其余的几株，已然雪泥鸿爪皆旧痕。

在后人的追溯和对祠堂中厅抱柱楹联的解读中，蒋家村老祖宗来到大源的经历被大致梳理出来：蒋大隆，生于后周广顺三年（953）二月，他是迁居青田的始祖，卒年无考。蒋晖，字逢吉，号湖赐，大隆公第九世孙，生于今青田县仁公乡钓滩村；赐进士出身，任翰林院侍读，后因谏罢科举

"赵岭八景"题词

不报,遂隐居西湖,诰授朝议大夫;配盛氏,诰封恭人,生七子;生、卒、墓未考。晖公第七子蒋棣,字子鄂,他任通政司经历,敕授宣仪郎;配向氏,例赠儒人,生四子;生、卒、墓未考。蒋棣次子蒋炤,字炳如,生于元至元元年(1335)正月,卒于明永乐十九年(1421),太学生,为始迁富阳大源赵岭之祖;配顾氏(1335—1424),生一子伯高。之后,蒋家人"耕于山,钓于水。三余闻读,五更有绩。桑麻井里,耦耕无猜"。一片荒野之地,逐渐姓了蒋。

另外,关于迁居大源后的记载,蒋家村的"锡书太公"在1977年写过一篇《蒋家村村史》,对当时的情形作了简洁的叙述。在他的笔下,蒋家村尚未成型之时,村中是一片柴草,树木茂盛,而现在下半村的位置则是"一片苦竹,后山脚一条小澳,有几个山塘",村里人迹罕至,只闻鸟兽声。就这样,蒋家村从无到有,人口逐步增加,到明末清初,村里的祭祀以老祖宗湖赐公为名的"湖赐祭"等事宜才逐渐开展。

2013年11月,蒋氏后裔将始迁祖蒋炤的夫妇合葬墓从大源新关头迁至蒋家门口东坎坞荞麦山。算算时间,从西湖到大源,这一支蒋姓,落脚蒋家门口已有六百多年了。

除了蒋姓,蒋家村还有一支和蒋姓有着密切关系的陆姓,其中的曲折,说来话长。

康熙年间,大源蒋家门口人蒋仲倧娶了东洲老沙陆万聪女为妻,夫妻恩爱,生一子学元。三月后,按乡风仲倧妻抱学元回娘家,其乐融融之时,不料乐极生悲，在帮其嫂煮麦粿粥时，怀中学元不慎掉入锅中而惨殁。出了这样的大事，痛哭之后，仲倧妻及其娘家人不知道如何向夫家交代、如何渡过这个难关。

其时，陆万聪子大康有二子，而次子刚巧与学元相仿，也才三月有余。万般无奈之下，陆万聪全家合议：以大康次子冒充学元，抱回蒋家。于是又过了段时日，待仲倧妻心情稍为平复后，抱陆子回到了蒋家。而蒋家竟然没有发现此中变异，一如既往，阖家欢乐。之后，仲倧妻一直坚守换子秘密，新的学元在蒋家长大并娶妻生子，过着自己安安稳稳的日子。

忽然有一天，东洲陆家来人，迫于种种缘由，向仲倧公说明学元的身世，希望学元能恢复陆姓，重回陆氏谱系。

此时仲倧公已是古稀之年，乡饮大宾，德高望重。面对如此变故，他的内心自然是翻江倒海，各种滋味都有。但他深明大义，决定开蒋氏宗祠门，请宗族诸公共议此事。

其时，仲倧公除了学元外，另有一子学文，而陆大康长子已逝，次子成了蒋姓。当年陆家于万分悲痛中毅然决然换姓送子，其情可感可佩。如今陆家因家业承继，请求认子，事出有因，情有可原。蒋家体谅陆家之现状和心情，宗族诸公经商议，取得共识：重新送还学元，学元恢复陆姓，可居蒋家，亦可居陆家。最终如学元愿居蒋家，可世代常居。

此时的学元也已成家立业，人到中年，已得五子，恢复陆姓，居蒋家门口。按照蒋陆两家宗谱的辈分，蒋学元改成了陆振元。于是，在一姓独大的蒋家门口，繁衍下来一支陆氏子孙。蒋陆两家，亲如一家，送子故事也传为美谈。一送一还之间，尽显人间之亲情仁义。

这个故事，如今被陈列在蒋家祠堂里，见证了蒋陆两姓之间的情谊。同样的，祠堂里也展示了更多蒋家人自己的过往，包括祠堂本身。蒋氏族人造祠堂的故事，在《赵岭蒋氏宗谱》里留下不少，一个个千折百转，述说着其中的艰辛。

　　蒋氏族人第一次造祠堂的时间是清康熙三十六年（1697），此时上溯蒋家先人迁来时已经过了约三百年。在蒋氏家族家谱里，由邑庠生何奎撰写的《赵岭蒋氏祠堂记总序》里，描述了当时蒋家的发展情况："龙山之南、宫前之北，有巨族焉，实为富春赵岭蒋氏也。"这一篇也记载了祠堂的具体位置："东之凤眉屹立而端坐，西之亭山虎踞而龙盘，虎首潭回绕与其南，龙门山环抱于其北，更有珠山为其案，虎山为其御，而祠基独盘踞其中。"从这样的语句中能看出蒋家人对祠堂选址的重视。当时的赵岭还叫作"虎山"，如今这个地名仅流传在古老的传说之中，而祠堂在之后的三百多年内不断修缮，越造越壮观。

　　清乾隆十二年（1747），蒋氏宗祠建成五十年后，因子孙繁衍得到扩建，增立前厅。之后，清光绪八年（1882），因祠堂衰败损毁严重，当时的族长蒋树奎就发动全村男女老少出钱出力共修祠堂。这一次，直到光绪

蒋氏宗祠　蒋金乐摄

蒋氏宗祠"纯一堂"匾　蒋金乐摄

十三年（1887）才完成后殿中厅的改造。遗憾的是，祠堂尚未修好，主持修建的族长蒋树奎"竟以身殉公"。对这句隐晦记载的解读是，当时完工后，蒋家已是财力不继，而东阳来的工匠工资却亟待结算。族长树奎公左支右绌，难以转圜，最终走上了绝路，为这次祠堂的修缮蒙上了悲剧色彩。

又过了十年，到了1897年，蒋家门口的半拉子祠堂再次延请东阳师傅，"秉公课派，命男出钱，女供饭；富者捐金，贫者助力"，合全族之力建造戏台和翼廊，用了四年时间方才竣工。

1900年，精美绝伦的蒋氏宗祠，历经十八个春秋，终于大功告成，隆重圆台。祠堂中厅有一块匾额，以隶书端镌"可以观德"四字，这块匾额的对面还有祠堂的堂匾——"纯一堂"。

"纯一"语出《尚书》之《商书·咸有德》，注文有"君臣皆有纯一之德"，另《咸有德》一文中又有句子"七世之庙，可以观惠"。注曰："天子立七庙，有德之王，则为祖宗，其庙不毁，故可观德。"又曰："祖有功宗有德，虽七世之外，其庙不毁。呜呼，七世之庙其外，则犹有不毁者，可以观知其有明德也。"其时，蒋家村已经是七世同堂，因此，大源一带产生了新俗语："蒋家门口造祠堂，可以观德。"

近百年的沧桑岁月倏忽即过，1980年以后，祠堂成为村里的老年活动中心，里面人气旺，保存时间也随之延长。

时间到了2009年10月18日。这一天上午，热闹非凡的蒋氏宗祠内，一场由蒋家村村书记蒋顺国和乡贤蒋金乐精心发动和周密筹划的宗祠修缮乐助大会召开。在外工作和创业的族人、世居蒋家村的陆氏族人都纷纷前来捐款。

蒋家村的祠堂在1900年圆台之后，又迎来了一次重要的修缮。

祠堂的油漆和粉饰重新做，戏台前的地面更换成老青石板，被盗的牛腿请东阳师傅新雕补上，屋顶翻新，荫堂神主台和刻有二十四孝图的二十四扇片门恢复，腐朽的木料重新更换。和之前几百年里造祠堂时最担心资金短缺问题不同，这次修祠堂恢复和新增匾额楹联成了最具挑战性的任务，因为需要邀请名人名家来写，其难度远超其他环节。此事由蒋金乐通盘谋划，从写什么内容，到请谁来写，放在何处，有完整的构思和布局。建筑主体完成修缮用了一年多，邀请名家写主要匾额和楹联花了两年多，殊为不易。最终，靠着村里走出去的文化人，麦家、蒋增福、蒋国兴、蒋频、蒋金乐等共同努力，征集到了蔚为壮观的书法墨宝。

现在的蒋家祠堂里有两块分别出自诺贝尔文学奖得主莫言和文坛大家贾平凹的匾额，就是这次征集的成果。

蒋金乐说，这两块匾是麦家"请"来的。麦家也是蒋家门口人，本名蒋本虎，和蒋金乐同辈。

2010年的11月，蒋金乐有一天正在陪一帮中外友人回老家看祠堂，得知麦家也回来看望父母。蒋金乐出祠堂时正好遇见麦家，就邀请他去看看祠堂。进去后，麦家感觉不错，有点惊喜，说现在看上去蛮好的，以后可以请一些朋友来看看。

蒋金乐就向麦家提起匾额和楹联之事，表示要请十多位名人来写，并提议请麦家出面，求几位一流作家的字。最终，莫言写了"彝伦攸叙"、贾平凹写了"文魁"，这两块匾和刘海粟"真气流衍"、沙孟海"万世蒙泽"、黄苗子"碧天银光"、沈鹏"百岁寿星"、爱新觉罗·启骧"鼎新储秀"等挂在一起，为祠堂增加了文化光彩。

造祠堂难，守祠堂也不易。在最近的一百一十年里，蒋氏宗祠经历了三次大劫难。

第一次是在抗日战争时期，当时曾有国民党军队的一个炮兵连驻扎在祠堂。后来，日本侵略者进蒋家村时，在祠堂点着了一把火，多亏有一位蒋锡泉阿太在日寇离开后，及时扑灭了这把罪恶的火。

第二次是在1956年，当时的富阳县文教局作出决定，以"校产为国有"之名，要拆蒋氏宗祠造学校。蒋家几位族人得知消息后，立即赶到文教局据理力争，祠堂幸免于难，但是拆了东山寺，用拆下的木材建学校。蒋家村最早有西山寺，至今旧址仍然可觅，但建筑年代难考。相传该寺遭烧毁后方建东山寺。清光绪三十二年（1906）《富阳县志》和《富阳市佛教志》记载："东山寺原名净福院，位于大源五庄（大源镇蒋家村），后晋天福八年（943）显禅师所建。北宋治平二年（1065）改名净居院。宋末毁于兵乱；元至顺间重建。清康熙四十五年（1706）僧智慧重修大殿，改名南屏净居院。清同治十一年（1872）僧永春增建东侧禅室及客堂。清光绪十二年（1886）僧闻高重建大殿。后毁。""碧瓦红墙锁几重，入山深处白云封"，藏于山林深处的两座寺庙的历史比村庄还要久远。

还有一次是在1966年祠堂即将被破坏时，一大群族人挺身而出保住了祠堂，遗憾的是匾额和楹联被毁，只留下"善盖一乡"一块匾额。这块匾还有个插曲，在2008年修祠堂前夕，蒋金乐的一位朋友在萧山收购了一块"善盖一乡"老匾额，经考证，这块匾额是富阳大源蒋家祠堂的。之前，蒋金乐在村民家看到过此匾，他马上与朋友联系，商谈价钱，并帮助买回来。最终在2010年祠堂修好之前，"善盖一乡"匾额回到了蒋家祠堂，冥冥中预示了蒋家村传统文化的回归与复兴。

戏台 蒋金乐摄

蒋家祠堂遭遇三度劫难都幸免于难，皆有赖于一代一代族人一心一意的保护，是"纯一之德"以及"可以观德"，这也是蒋氏家族的精神所在。另外，蒋家的族规写着："孝父母、敬长上、友兄弟、立教养、守法度、奖贤能、惩顽恶、戒争斗。"这些朴素的语言在乡村宗谱中不鲜见，都是传统乡村价值观和文明底色的体现。

在祠堂里祭祖、唱戏、娱乐。旧时，每当家族有大事要决议，就要"开祠堂门"；每当家族中有成员走完他的一生之路时，也是在祠堂门口，于族人的悼念和送别中，画上其人生最终的句号。

祠堂也做过学校，1918年，蒋瑞生、蒋恕堂、蒋培公和蒋锡芬等曾经在祠堂创建鼎新小学。

蒋锡芬（1898—1934），字三径，号季眉，浙江法政专门学校毕业，曾赴贵州少数民族地区任知县，尤以书法和文章名行富阳，有"江南一支笔"和"出东门小老虎"之誉。因他专攻法政专业，县里每有大事决策，县长往往亲自登门向他请教，他在富阳是著名乡绅。据说他回乡探亲时，见村里儿童仍在私塾读书，在村里乡绅们的支持下，发起办了鼎新小学。蒋锡芬还写了一副对联"国家本源是教育，民族前程在儿童"，放在大门两侧。

如今，我们能领略这位先人的风采，多归功于他的表兄兼好友俞应霭为他写的一篇留在家谱里的传记，也正是从他这一代起，蒋家的台门屋里出了不少读书人。

学校办进了祠堂以后，蒋家村的文脉在这里孕育和传承，麦家、蒋增福、蒋金乐等作家，还有更多社会各界的英才，都在这里读过书。

在蒋增福的回忆录兼遗作《我是耐耕堂后人》里记录，祠堂里的小学是一所除高小毕业班外年级齐全的学校，当时毕业班须到大源镇中心国民小学就读。学校最多时设了八个班，左右厢房楼上楼下是四个教室，中厅和荫堂用竹席隔开也是四个教室，有三百余名学生就读。十多位教师在戏台上办公，除班主任和教语文、算术、常识的教师外，体育、音乐、美术等副科教师也齐全。还有一位训导主任，专管学生操行。在他读高小的三年里，校长换过三任，都是村里的乡绅，各有个性。

这三任校长里，蒋达对办学特别有贡献。他在杭州安定中学受过办学培训，被浙江省教育厅派往嘉兴办学，可称得上教育的行家里手。抗日战争时期，他逃难回到家乡，当时的校长蒋培公主动让贤。他接任校长后，将学校名称改为"国民小学"。任职后，他首先组成"学校经济保管委员会"，把村里各房各支的乡绅都吸收到该组织来担任主任和委员。接着动员全村各祭各社，捐出田来办学校，筹集近七十亩田校产。这些校产由"学校经济保管委员会"负责，租给农户收来的租金用来支付学校的各项支出。有了钱，蒋达开始在大源镇上、新关等地方招募老师，使蒋家村学校在日本鬼子经常扫荡、邻近各村镇学校停办的状况下，仍很兴旺。村里原已失学在家劳动的小青年被动员回校学习，邻村失学的孩子也到蒋家村学校继续学习，使得学生人数达到一百五十人左右，并确保这些学生顺利读到中学毕业或高小毕业。恰逢1949年新中国成立，这些毕业生有不少进了当时的富阳县政府和各部门工作，村里人因此颇为自豪。

除了文化课，蒋达还开展体育、音乐教育。蒋家村祠堂前的空地被平整成为操场，建了足球场，球场附近还有跳高、跳远等体育运动设施，每天下午学生都有户外活动。

教足球的老师是程潜耕，他原本是上海足球队的队员，因战乱回到大源，因有文化、有见识，被蒋达相中聘请到学校。

做了老师的程潜耕不忘老本行，打算在体育课上教孩子们踢足球。这一计划得到了蒋达的支持，于是请了东阳木匠，做了两个木质的球门，并买来跟足球大小差不多的皮球，让孩子们在体育课上练习。程老师也挑选出了三十多个孩子，组成了三支足球小队，每天让队员们比赛、切磋。这支农村小学的足球队，因为有程老师的专业教导，队员的踢球姿势非常标准、踢球规则非常正规。当时，学校给足球队取了个名字，叫"一三足球队"。"一三"来源于蒋家村按当时的建制分三个保，学生都来自这三个保。球队非常神气，每个队员都统一做了白色的短袖、藏青色抽绳款的短裤和

现代篮球场

黑色"力士鞋"（音）。每次球队踢比赛，很多大人都会来观看并喝彩。

留在大源人记忆中的这支足球队之所以能够组建，

蒋家村导览图

得益于蒋达先进的办学理念，更离不开程潜耕这位专业的足球运动员。后来学校建好了篮球架，因足球的不够普及，孩子们的体育课就改打篮球了，成立约一年的足球队也改成了篮球队。

蒋达校长还创办了一个文化剧团，主要演宣传抗日战争的现代戏。后来蒋家村的大型越剧团，就在这个文化剧团的基础上发展而成。另外，他还带着学生和家长共同创办了一个"提灯晚会"。新中国成立前每逢"双十节"，每个学生的家长提前糊好各式灯笼，节日晚上，学生们就提着自己的灯，走街串巷，还在运动场上排列展示，全村人都高兴观看。新中国成立后的国庆节也曾延续这个节庆活动。

等到蒋金乐上学的1968年，当时恰逢生育高峰，学生数量猛增，祠堂容纳不下，便在村口造了新校舍。一至四年级学生在祠堂读书，五年级以上到新校舍。他在祠堂厢房楼上读三年级时，麦家在厢房的楼下读一年级。后来，麦家在接受凤凰网许戈辉采访时，讲到他在蒋家祠堂读书的情景：祠堂的厢房教室没有窗户，冬天就拉起一块布帘挡风挡雨。有一次，雪花飘过来，飘进了他的脖子里……

这个时期，天井、戏台都成了小学生的活动场所，下了课，祠堂就成了游乐场。后来，祠堂成为老年活动中心时，在里面活动的那些老年人，算算年龄，也大多是在祠堂里读过书的那一批人。

二、台门相亲，读书回家

从蒋家祠堂里出来，走进村里的那些老台门。

蒋家村的弄堂里，原有的台门屋有五六十幢，且多半一处数幢紧挨，由小组合连成大群体。这些大多建于清末和民国初年的老宅，现在还有二十几座，它们的规模、布局和建筑艺术是村庄发展的见证，就连老青石板上的水滴印痕，也都是村庄史的句点，带着时间赋予的厚重感。

2013年至今，村里着力打造浙江省历史文化村重点整治村落和杭州市精品村建设。拆除破旧房，整治出村口、祠堂及周边立面，保护修缮古建筑，创建美丽庭院，各项有利于乡村发展的工作，一项都没落下。近几年，当地更是投入上千万元资金对泰基台门、慎修思永台门、长台门等老台门进行修缮，修旧如旧后，古色古香的老台门各有特色。

如今，那些旧有的、已经沧桑的老建筑仍然住着不少人，他们能讲很多故事。蒋家村人的乡愁，就藏在村里的老台门里。

门一打开，人走进去，故事涌出来。

定邦台门遗址

走进老台门

下半村的后田坂里有幢中西结合的老房子，始建于 1923 年。建房的八分屋基地是蒋锡有用上好的两亩水田置换过来的；建房的工匠，尤其是木雕师傅，也是特意从东阳请来的，房子造了将近两年，花费两百大洋。还请当时村里最有名望的文化人蒋锡芬在台门石匾上写了"笃庆锡光"四个字。房子落成后，蒋锡有将四兄弟中的老小蒋锡宦带着一起居住。一百年来，这幢独门独户的老房子曾经住过四代人，有过五户人家，喜事办过十四回，人丁最旺时有二十二人。每逢过年，张灯结彩，正堂必挂山水或牡丹字画，待元宵节过后收起。

村里的老台门曾经住的人都多，就是里面住十数户人家、四五十口人也是常见。当曾经生活在里面的这些人陆续搬出或逝去后，老屋内的门楼、花台、屋檐、牛腿，以及窗上的石雕、砖雕等都逐渐清晰地展现出来。那些人多拥挤时不被注意的建筑物的美，以及温馨的、苦涩的、酸楚的、甜

后田坂台门屋

蜜的生活记忆都被掠过天井的阳光捡拾出来。

就像后田坂的这幢老台门里，蒋锡有的重孙子蒋新灿能说一些从父祖口中听来的零零碎碎的过往，再跟偶尔进门的人聊聊雕刻上的故事……

老房子里天井对开的十二扇木门当中，有四扇绦环板上雕有火车、汽车、轮船、自行车、留声机、西洋镜、踢足球等图案。这对做惯了中式图案的工匠们来说，能这样大胆地吸收西方先进的产物，是个新鲜的尝试。

也正是这样鲜明的中西合璧的风格，使得这幢老房子在蒋家村的一众台门中至今仍然是独树一帜。

春末，日光洒在弄堂里，这些被称呼为"大弄""祠堂弄""花台弄""白果弄""竹园路"的巷子，将村庄如蛛网般密织，台门屋和新住宅交错其间。

木雕

　　蒋锡芬住过的老台门的堂号是"耐耕堂"，在花台弄里，这里也是蒋增福家的老台门屋。

　　花台弄深处，直通向一条俗称"六厂纸槽"的小巷背后，与耐耕堂并列的台门屋曾经有三四幢。这些房屋，冬日相依抵风御寒，夏天一打开门，便有丝丝凉风吹来。全村出了名的"六厂井"就在此处，井水冬暖夏凉，是蒋家村及上下三村做木莲豆腐的好水。

　　蒋增福出生的耐耕堂始建于清末，是三正四厢前厅并左右反灶屋的两层楼。大门前有蒋锡芬所书"福"字照壁。走进老台门屋，迎面有屏风遮挡，传统节日或逢红白喜事时，屏门才会卸下来，这时视线就可以透过前厅、天井直至正厅。正厅正中摆八仙桌两行，左右沿板壁排列精致的太师椅和茶几，上端是置放烛台、香炉和贡品的搁几，其上端有一匾额，曰"耐耕堂"。

　　蒋锡芬的好友稠州刘耀奎写了一篇《题富春蒋耐耕堂匾》，称赞蒋锡芬好学能文，娴习法政，并对他自题的堂号"耐耕"作了解释。刘耀奎说"耕"是隐士的象征和隐喻，就像富春山一角是严子陵耕作垂钓的地方，而这高风亮节，是追随更早的隐士许由，像蒋锡芬这样怀有济世之才的人，也并不亚于古代这些知名的隐士。他也说了"耐耕"这两个字里还蕴含着对后辈的期待，是要子孙知稼穑艰难，承忠实耐劳之志。

　　在蒋增福的回忆录里，"耐耕堂"原来叫作"留青堂"，老中台门堂屋里，曾经挂过这块匾额。从留青堂到耐耕堂，道出农民世家"衙门财主一蓬烟，生意财主六十年，农民财主万万年"之说。他曾感慨祖上是躬耕世家，古人都以"耕读"连句，可是这里"读"字没有上匾，更不用说"诗礼传家"了。

　　但，"总会有翻梢的一天"，这句蒋增福十四岁时脱口而出的话，成为他用一生创作的三十七本著作的注脚。

　　蒋增福这个自幼颠沛流浪又失去母爱的贫苦孩子，在多年后成为富阳多项文化事业的开创者，他曾担任首任广播局长、首任文化局长、首届政协秘书长、首任文联主席，他不仅创办郁达夫研究会、创办《富春江》文学杂志，同时自己笔耕不辍，成为富阳乡邦文史第一人。

熟悉他的一些文化名人这样评价他：

黄源说，与许多卓有成效的郁达夫研究工作者相比，他起步晚、底子薄，但是他的精神难能可贵。

郁风说，蒋增福应该是遍尝过富阳喜怒哀乐的知情人。

何满子说，蒋增福先生热心于乡邦文物的搜集和整理，其意义当然也不限于富阳一地的文化建设。

许国荣说，有老蒋这么一个文化使者，是我们富阳的福分。

沈建国说，老蒋是一个拾荒者，他不辞辛劳地将散落在富春大地上的历史文化碎片捡拾起来，构建了自己的精神家园。

赵晴说，老蒋那种光明磊落、疾恶如仇的品格，那种求贤若渴、唯才是举的明察，给我留下了难忘的印象。

史庭荣说，老蒋的脑袋似乎是一个宝葫芦，只要盖子一拧，"宝贝"便喷涌而出，要什么有什么。

李庆西说，他不但有着开放的思路，同时也是一位谨守传统规范的醇和长者，是现代型的文化乡绅。

李杭育说，重读老蒋的这些文章，我感叹，像他这样率真而执着的人，如今不多了。

麦家说，他是一个资深的标准文人，即使在仕途打拼多年，依然棱角分明，戆直无畏；即使年届八十，依然童心不泯，笔耕不辍。这是我一心追求的，八十岁还是俗世里的局外人，满足于以文字的方式拥抱这个世界。

这些来自外界的、有分量的评价都被蒋金乐收录在他给蒋增福遗作《我是耐耕堂后人》这本回忆录的序言里，至于他自己，蒋金乐用了一个很朴实的词语"勿背"来形容这位年龄比他大，但辈分上比他小的"先生晚辈"。

蒋增福的原名是炳铧，在《赵岭蒋氏宗谱》民国十七年修的谱上用毛笔写着，是蒋锡芬的手迹。"炳"是明亮，"铧"是安装在犁上的铁片，

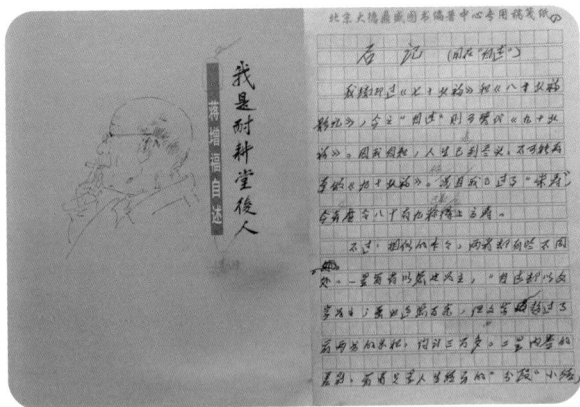

蒋增福遗作《我是耐耕堂后人》及手稿 蒋全乐摄

用来掘土。一张明亮的犁铧，没有生锈，一直在使用、在耕作、在挖掘，在土地上前进，是耐耕堂最好的注解。

2022 年 4 月 9 日，这张"犁铧"完成了他在大地上的耕作。

麦家，是蒋家村的新名片。近年来，蒋家村围绕"江南台门、耕读传家"主题，打造"麦家文学影视""蒋氏耕读文化""红色史料研学"三大文化场景。除了以旧复旧，修缮改造，还融入了文学元素，老台门被分类激活。麦家《解密》《暗算》《风声》等谍战小说中的元素在这里充分展现。老台门、老弄堂被改造成"风声巷""暗算弄""和平杂货铺""裁缝铺"等打卡点，让游客更能感受到台门文化的魅力。不仅如此，蒋家村通过大数据可视化及人工智能手段，把历史古迹搬到数字文化空间中来，让老台门和小说中的故事"活"起来。

"风声巷""暗算弄"是因麦家的谍战小说而得来的新名称。穿过"风声巷"，麦家的旧居就到了。这是一幢不大的台门老屋，当年住着六户人家。祖母、父母、麦家兄妹五人，一家八口，勤劳节俭、粗茶淡饭，过着江南山乡典型的农家生活。

2023 年，根据麦家同名小说改编、由高群书导演精心打磨的谍战大片《刀尖》在全国热映期间，麦家带着他的作品与故事做客 CCTV-4《鲁健访谈》。

《鲁健访谈》的整期节目都在蒋家村取景拍摄，因为麦家，富阳又在

麦家小说场景展示

央视亮相，也被更多人熟知。节目开篇就将镜头对准了蒋家村的面貌和村民生活状态。在蒋氏宗祠前，村里很多老人坐着，麦家亲切地跟他们打招呼。在近半个小时的访谈中，麦家分享童年生活与写作经历，分享从谍战小说转型的原因，也透露眼下想把"故乡三部曲"完成。麦家坦言，以前父母在世的时候，每个星期都会回到故乡，后来父母陆续离开，回来的次数就少了，但每个月也会回来。

访谈在麦家旧居的天井中进行，麦家指出小时候住的房间，他总是在靠窗的桌前、在月光下写日记，"听起来很浪漫，实际上是很苦的，为了省电费"。

在访谈的最后，麦家透露他会聚焦故乡。他的故乡除了出生长大的蒋家村，还有军营；除了"故乡三部曲"外，他还想写军营里的普通故事，他有一个很好的故事想要写下来。走在蒋家村的村道上，访谈进入尾声，随着麦家说的"童年始终是出发点，也是叶落归根的地方"结束。

在这个春天里，麦家的《人间信》面世。他说他前些年下了决心，每次出新书，都要回家乡和乡亲们分享，"虽然做不到每年出一部书，但能做到每本新书的首场发布会都会献给故乡，当年的《人生海海》就是这样"。

于是，在富阳的第一个"读书节"里，一场以"人间有信，山高水长"为主题的线下分享活动，在富阳富春山馆内的报告厅内举行，作家麦家的出场让全场掌声雷动。

在线下分享会之前，麦家还携新书做客"与辉同行"直播间，之后不到一个月的时间里，《人间信》销量已突破五十万册，成为一本现象级作品。在富阳的活动现场，麦家和90后知名读书博主赵健对谈、交流，他们也一起为富阳学生代表、作家协会代表赠书。

《人生海海》之后是《人间信》，接下来，麦家透露自己要写"富春三居"。作为故乡的游子，他理想中的三部曲已经完成了两部。同时，创立于2017年的"麦家陪你读书"公众号，也已经陪着大家读到了第三百五十本书，他计划用二十年时间，以文字、图像、音频综合的方式，陪伴读者听完一千本书。这些书由麦家亲自选定，截至2024年已是第八年。

"人生海海"广场

"读书就是回家"

《人间信》的线下分享会嘉宾赵健这次来富阳，先去参观了麦家在大源镇蒋家村的旧居，他发现整个村庄都有麦家作品的标记，发现富阳人都很喜欢麦家。

人生海海，读书就是回家。

2021年6月，"红色报刊史料研学中心"在蒋家村揭牌。研学中心位于蒋氏宗祠后面、麦家老屋不远处，作为全国唯一的以介绍红色报刊史料及其背后历史人物、历史事件为主线的场所，这里也因此成为广大党员干部学习党史、感受红色文化的又一去处。

为了安放、展陈这些珍贵的史料，蒋家村将修缮后的"昨天的家""燕翼堂""四房台门"这三座老台门分别作为研学中心一期的三个展厅。重新装修后，这里总建筑面积约两千平方米，其中布展面积一千六百五十平方米，陈列七十个展柜，用于这些珍贵红色报刊史料的展陈。

中心整体展陈内容以时间为脉络，从1904年开始，按照党的发展历程，贯穿新文化运动到新时代的整个过程，三个展厅主题各有侧重。走进一号

游客参观红色报刊史料研学中心

展厅，天井敞亮，除了一缸荷花，左侧是一整面浮雕墙，由研学中心序言、革命青年人物形象和旗帜等内容组成，营造出浓厚的"红色"氛围。正厅内正在播放宣传片，参观就从正厅左侧开始。

研学中心内陈列的《新青年》《湘江评论》《觉悟》《救亡日报》等珍贵红色报刊全部来自黑龙江的收藏家、作家谢华的捐赠。他说，红色报刊史料研学中心分为"时代呼唤进步思想""《新青年》里的红色'呐喊'""红色报刊中的觉醒时代""名人与报刊"四个部分。展出的数千件展品、图片和影像资料，像是历史长河里的一盏盏明灯，跨越时空，为大家照亮那段波澜壮阔的峥嵘岁月，照亮不忘初心的未来之路。展陈中，与富阳相关的元素也有不少，一些还是鲜为人知的，比如《民众》杂志是由郁达夫创办的，研学中心此次展陈的是第八期，"这是国内唯一孤本"。

这些藏品以红色报刊史料的独特视角讲述了中国共产党百年来的奋斗故事。来这里，听讲解员介绍，观看相关文件、实物、红色影片和照片等，了解近代中国的革命历史，感受红色文化氛围，接受历史教育。这处有着

红色报刊史料研学中心内景

一百多年历史的老台门，也成为富阳"红色旅游"路线中一个别具特色的"打卡点"。为了讲好这些老报刊背后的故事，谢华担任红色报刊史料研学中心顾问，培训讲解员。

红色力量加持，让老台门重新焕发了生命力。

三、山光无恙，绿水有情

其实，早在1928年，蒋家村就已经有中共地下党组织和活动了。中共富阳县委党史研究室编印的《中共富阳地方史话》记载："一九二九年四月八日统计，全县有共产党员五百余名……分设中共灵桥、小源、西北、东洲、里山、大源六个区委会，各区委所辖的党支部共有四十多个。"蒋家村在邻村地下党负责人俞恭立、方宝儒、朱岫云、程仕耕和小源赤贫支部蔡九华等人的影响和秘密领导下，于1928到1930年间成立了铁血支部，先后入党的有蒋士珍、陆寿昌、蒋阿位、蒋铭照、蒋锡潮、蒋惠泉、蒋翰香、蒋阿生、蒋锡汝、蒋锡勋、蒋锡浪（仁录）、蒋锡仓（仁荣）、蒋锡梅、蒋本大（桂林）、蒋汉曦（关生）、蒋锡瑞（月半），以及在外入党并成为支部骨干的蒋锡坤（木宝）等二十余人。他们常在牛栏坞和西山寺松树林秘密开会和活动。至1930年"五一"农民武装暴动失败后，一度停止活动，组织委员蒋士珍将地下党员和积极分子名单用油纸包紧，掩埋在西山寺松树林。二十世纪八十年代，县档案馆等相关部门曾派员来村调查核对，并对当时尚健在的蒋翰香、蒋铭照、蒋锡位等核发生活补贴金。

到了抗战时，国共两军和村中百姓曾奋起抗争。时国民党军有两个连在蒋家村驻防，其中高炮连住在祠堂里，连长姓戴，祠堂内至今还留有他们烧饭时烟熏的痕迹。另一个连住在白果树下蒋正寿家的台门屋里，连长姓刘。还有一个姓刘的事务长住在蒋仕仁家里，他在门前道地上养着两匹马，村后的老虎山上挖的防御战壕至今犹存。

现在，蒋家村村南高家墩的蔓草之下，1939年3月阵亡于富阳东洲保卫战的数百烈士长眠此地快一百年了。

2012年3月，蒋家村着手续修中断了七十三年的家谱，聚集了村里十几位老人，请他们回忆过去七十多年间村里发生的重大事件。当时八十二岁的蒋雪谷老人提到了当年东洲保卫战中战死沙场的士兵，有数百人埋葬在村里一个叫高家墩的地方。

一亩多地大小的高家墩，原来有不少高高低低的土墩，在经历二十世纪七十年代的造田运动后，大部分土墩被夷为平地，成了农田和菜地，而埋藏在薄薄的土层之下的往事，蒋家村的老一辈几乎尽人皆知。大家都记得当年战士们在祠堂里生火做饭，奔赴前线的种种细节。

东洲保卫战爆发时，蒋雪谷只有八岁。那时候他和小伙伴在祠堂门口玩，经常能看到有人用门板抬着尸体进村来。蒋关水跟蒋雪谷一样，都是战争的见证者，曾亲眼见过浙江第四区行政督察专员兼省抗日自卫总队第一支队司令赵龙文，在他的记忆里，赵司令矮矮胖胖的，肚子很大，看上去很和善。

　　驻扎在蒋家村的兵，坐着竹排去打仗，战死的兵又运回村里关帝庙，村里人卯生、阿曹、法生也帮着连队战士一起掩埋。当时的关帝庙很大，正门对着大源溪，前面有一个歇脚亭。"黑黑的亭子很老了。"蒋法娣回忆道，"当时，天刚刚暖和起来。打仗了，死掉的人都送到关帝庙来放一放，里面的死人真的是叠起叠倒。"

　　数百战士长眠于高家墩的土地下，随之也掩埋了一个让人唏嘘的爱情故事。

　　当时浙江省国民抗敌自卫团第一支队迫击炮队（当时武器落后，事实上相当于一个步兵中队）队长叶润华，是第一支队民运队严秀峰的追求者。两人读初三时就认识，叶润华深爱严秀峰，却从未正面开展追求。他用"父母""领导"之口，让严秀峰与自己结婚，可严秀峰心有抵触，一直以自己还年轻，且国难当头之际不想考虑个人问题为由拒绝。直到叶润华身着严秀峰织的毛衣战死沙场，年轻的女孩才明白这份深藏在他内心的爱。

　　1939 年 3 月 21 日，叶润华在东洲沙保卫战中不幸牺牲。严秀峰在回忆录中写道："我急急赶往离大源镇二三里的关帝庙，一盏黝黑的走马灯，两旁挤压着僵硬的阵亡将士的遗体。我小心翼翼地跨越缝隙中的空间寻找叶润华的遗体，突然靠在后方，我看到了一件紫红色的毛衣，熟悉地出现在

赵龙文像 富阳档案馆存

我的眼里，没错，是叶润华。这件毛衣是他生前请我编织的，他穿着它一齐与他的身体共存亡，我激动得难以压抑自己的情感。记得他生前因向我求婚被婉拒，而对我说：'要向赵司令请调东洲最前线，不成功便成仁'。"

高家墩到底埋了多少战死的将士，没有人能说得出。官方记载东洲保卫战牺牲二百余人，部分就地掩埋于东洲江堤下，部分被亲人领回。埋在蒋家村高家墩的具体数字，无从得知。在蒋雪谷的记忆里，战士们的坟墓不是圆包型的，而是像种菜的菜畦，长长的，比平地高出几十厘米。每一个坟包上面插一块毛竹片，有些是木板，上面写着人名。整个高家墩一亩多地的位置全部都是坟包，起码有好几百个。幼年所见的情形，让他毕生难忘。

一次偶然的机会，蒋雪谷听说有台湾人（即严秀峰，她与国民党将领李友邦结婚后定居台湾）捐钱在东洲建亭立碑，以此纪念东洲保卫战。他得知消息后，心里想东洲是战场，牺牲的人都在蒋家村高家墩，这里才应该立个纪念碑。2008年，蒋雪谷老人向村里人募集资金，想在高家墩上立一块简易石碑，纪念这些抗战中牺牲的年轻人。消息一出去，村里一些年纪大的人主动拿着十元、二十元来表心意。有人把身边的钱都捐了，还要回家取钱。这些淳朴的同村人让他非常感动。蒋雪谷联系了村里三分之一的人家，凑了五千元，然后用这笔钱做了一块"东洲保卫战纪念碑"，用砖头、水泥简单地搭了一个平台。

纪念碑所在的位置是蒋雪昌无偿提供的自留地。他还在石碑后面写了简单的几句话，大意是：杭州富阳沦陷之后，赵龙文司令带兵抗战，阵亡将士埋葬于此。现在，蒋雪谷募资捐建的平台上立了一块碑，上书"抗日阵亡将士千人墓地"，落款是"蒋家村民众"，为有牺牲多壮志，人民记得。

抗日战争时期，共产党领导的新四军两渡富春江后，其中一支队伍也曾到蒋家村短暂驻扎，村人感受到的是"这支穿灰军装的部队秋毫无犯"。抗日战争时，蒋家村也有人参加了国民党的抗日部队，他们是蒋竹林、蒋

俯瞰蒋家村

锡来、蒋本高等人。2011 年，在蒋金乐的联络和陪同下，《新周刊》社长孙冕和著名影视演员陈坤等来村看望蒋本高，作为"抗日老兵"受到慰问。民间关爱抗战老兵志愿者在吴缘等人的带领下，经常来看望蒋本高，解决了他的生活问题。他的人生终于迎来了春天。

又过了一些年头，蒋家村的老台门里，那些讲过故事的老人又少了一些，老台门里住进去新的人，也布置了新的场景。那些过去的故事，被记录下来，也被传播出去。

木欣欣以向荣，泉涓涓而始流。有着六百年建村史的蒋家村人，将村里发生的故事在 2024 年的春天又梳理了一遍。这个曾经在家谱里写下"吾族宗谱一纪一续，逢辰而举，沿以为例"的家族，在这个龙年里已经着手续修宗谱了。

上一次修谱时，麦家在族谱上作文，有一句话说的是："这世上，书是最博大的，礼是最宽广的。我们的祖宗一向是最崇敬书礼的，有礼走遍天下，书中自有黄金屋。希望蒋氏后代一如既往，尊崇祖先教诲，一手执书，一手掌礼，乘风破浪，蒸蒸日上，永不止步。"

参考文献

1. 2012 年修《赵岭蒋氏宗谱》。

2. 蒋增福自传《我是耐耕堂后人》。

忠孝文化第一村——临安区清凉峰镇杨溪村

杨溪村位于国家级自然保护区清凉峰东麓，2007 年村规模调整后，由原义干村、洲头村合并组建，有义干、洲头、歧安、白石、新洲等五个自然村，总人口一千五百余人，村域面积七平方千米有余。杨溪村是浙西地区的重要文化名村，因南宋抗金名将韩世忠、元大孝子陈斗龙事迹，被誉为忠孝文化第一村。村委会所在的义干村，因唐末南朝开国皇帝陈霸先的后裔陈实公迁居于此而逐渐形成，鼎盛时期号称为"千户村"，有"八十四条弄、七十二口井"之说。

杨溪村先后成为中国传统村落重点保护村、浙江省 AAA 级景区村庄、浙江省历史文化名村。

杨溪村 杨溪村村委会供图

清凉峰镇，背山面水的杨溪村是典型的浙西山村，她有一种遗世独立的况味，但近几年也在各种乡村游视频中热闹起来。

作为浙西忠孝文化的发源地，杨溪村有韩

墙缝里的凤尾草

世忠墓，有始建于明初、纪念元孝子陈斗龙的孝子祠，还有至今依然横跨杨溪上的五圣桥等古迹。在徽派风格的古民居和高大的银杏树之间，是村庄又深又窄的巷弄，走进去，昌西麻酥糖的香气充盈在呼吸之间，一些疑似中草药的植物在砖石夹缝里生长，路牌上简洁的文字在向看客讲故事。

一、间听渔樵谈旧事

这是一个古老的村庄。

村里多姓氏杂居，陈、郎、王、童四姓人口多，纪、潘、汪、葛、赵等姓人口少，他们共同安居于约 7.4 平方千米的山水之间。

地势平坦、坐南朝北的杨溪村，背靠韩坟山、凤凰山，前临杨溪，G56 高速公路穿境而过。在这片山清水秀的地方，陈姓来得最早。唐末，南朝开国皇帝陈霸先的后裔陈实公迁居于此，自陈姓算起，杨溪村有一千多年的历史了。

据《郎氏宗谱》记载，郎氏的始祖是得铭公，他曾任宁国府宣城县守御千户，因有功升县直隶新安卫中。元至正十年（1350），他带领郎氏家族从徽州迁至唐昌昌西棚上叶源，繁衍至第七世，照公的长子仲英公迁居义干（今清凉峰镇杨溪村），号"余庆堂"。算算时间，郎氏迁居杨溪村已有六百多年了。这个家族迄今为止共修过五次家谱，第一次修谱是清嘉庆十四年（1809），最近一次是2019年。其中，第三次和最近的第五次续谱都是在老谱仅存一套的情况下开展的，殊为不易。据说，以前郎氏是小族，祖上没出过大人物，读书识字的也不多，甚至"清明酒"的账都要请村里的陈家人来算。随着家族的发展，现在可以说是人才辈出。另外，像村里的小姓纪姓，纪氏家族自明末由太贵公自安徽歙县迁至唐昌白石村（今临安区清凉峰镇杨溪村），至今也有四百五十多年了。

杨溪村是个新名字，因村外杨溪而得名。但是，正如"山不转水转"，时移世异，流经此处的溪流随着临安区建制的变化，在史书上能翻到好几个名字，这些名字，有的在现实中已经找不到踪迹了。

根据道光《昌化县志》上的记载，在昌化的万山之中，名溪有三十。这些溪流的源头及干流是上溪，它逐渐接受各个支流溪的溪水，最终都汇入下游柳溪。

昌化溪（杨溪）

上溪发源自安徽宁国，进入昌化后为巨溪，昌化的高溪、后溪、云溪、无他溪、滇溪均汇入巨溪。其中，云溪合杨溪、无他溪。此外，还有一条蜃溪，北流汇入云溪下游无他溪。

无他溪在无他村，位于临安西部，西与清凉峰镇九都村毗邻，依山傍水，因该村历史上只有许和王两姓，故而得名"无他"这个让外人云里雾里的名称。

杨溪在县西 40 千米，源出龙塘山，向东南流 15 千米入云溪。

此外，在杨溪村中，还有一条溪流唤作"义涧"，发源于后坑坞金笋湾，注入杨溪。韩世忠墓在义涧之畔。

现在，昌化溪共六段、八名：后溪、巨溪、晚溪（西晚溪）、双溪、三溪（下阮溪）、柳溪。这些名称摒弃了这些溪流不同支流的众多名字，这样做实在是因为这里山区阻隔，流向复杂，不同地段的溪流被附近老百姓任意称呼，难以辨别。于是，如今自龙岗以下，干流概称昌化溪。

流经杨溪村的昌化溪段，有五圣桥古迹和仿古门楼"洲水东镇"。

从颊口下高速，不过数百米就看到村口的五圣桥亭了，对杨溪村的探索，要从这座古亭边上的古桥开始。

通过桥边上的碑记、刻石，可以看到这座三孔石拱桥现存的名称共有三个，分别是永安桥、五圣桥和灭度桥。桥长 54 米，宽 6.6 米，采用拱券框式纵联砌置法建造，单孔净跨 11.2 米，矢高 8 米。桥墩迎水面设分水尖、凤凰台。中孔券面石镌刻桥名，南、北分别浮雕"上达皖赣""下达余杭"。桥面石板敷盖，两侧置条石护栏。存桥碑四通，记述桥名变更和桥史沿革。

清嵇曾筠撰《浙江通志》卷三十四，有"永安桥"和"五圣桥"条目。条目引用了《杭州府志》的记载，说是永安桥在昌化县西十五里巨溪桥西，和巨溪桥一样也是陈子献建，原叫骆子桥，吴继良重建后改称永安桥。五圣桥在昌化县西五十里，王满、童子相协众同建，后废。明万历年间中期，安徽休宁太学生吴继良输银两千两重建。吴继良，字君遂，安徽《休宁县志》

五圣桥亭

称赞他好善不倦，被人称为"笃行君子"。通志里还有段注文记载了五圣桥相关的事迹。

其一为程嘉燧撰写的《临安山水记》，曰："五圣桥，路缘岩斗折，下临澄溪十余丈，路险仄高下，岸间松桠玲珑荫溪，路时出其杪，有庙阁嵌绝壁，下临岑岩，桥所由名也。"其二是周颂孙撰的《复修五圣桥记》，曰："邑西五十里，有五圣桥，休宁太学生吴继良所复建也。予按行，过桥停车，睹其屹峙中流，俨有飞虹插蛛之胜，爰询先后为功于桥者。佥谓：'建自吴君而接踵于邑庠潘生之瀛。'此桥未复，水涨则渡以扁舟，至雷雨骤集，群流翼注，两岸往来，濡溺比比。继良捐囊金，鸠工伐石，经始修复。约长八寻，广二寻，岸立五圣神镇之，故因以名，利济者数十年。厥后，蛟挟巨浸来桥，因冲裂，潘生复葺之。挥金盖数百计，利泽被行路者，彰彰焉。倘有闻潘生之风而兴者，则吴君之功德永赖以不坠矣。"

根据这些记载，可知五圣桥所在之处，岩石峭壁临溪有十余丈，进村的道路险峻逼仄，松树、垂柳生长其间，树荫遮蔽了溪边道路，远远望去，

浓荫遮蔽的"五圣庙"

道路仿佛出现在树梢头。五圣庙嵌在崖壁之中，下临溪流，五圣桥因此而得名。另，五圣庙在昌化有两处，一处在此，另一处在县东三百步。

施蛰存选编《晚明二十家小品》收有程嘉燧《余杭至临安山水记》《临安至昌化》《昌化至蜃溪》等几篇游记小品。有关五圣桥的记载在《昌化至蜃溪》这篇里。根据记载，程嘉燧过昌化是在明万历二十年（1592）二月。

程嘉燧，字孟阳，号松圆，明末安徽休宁人，客居嘉定。他能诗擅画，与李流芳、娄坚、唐时升并称"嘉定四先生"，与董其昌、邵弥、王时敏等并称"画中九友"。他晚年返乡定居，遂开新安一派，浙江（弘仁）、查士标等皆其后辈。

《浙江通志》所引的程嘉燧所作的文字后面，还有一部分："桥已圮，今从上流一二里渡。桥下水漱激石间，水杨蒙幕其上。隔岸有平畴，春烂然，远山益层叠攒矗，若回巧呈异于险仄之境者……"程嘉燧去的时候，桥已经被冲塌了。

到了清康熙十五年（1676），周颂孙任昌化县令，他下乡走访，过五

五圣桥　杨平儿摄

圣桥后停车，回望这座桥，见桥墩屹立中流，桥梁像一道飞虹横跨两岸，就问大家修建或维护这座桥先后有哪些有功之人。当地的主事人就说，这座桥的复修先是吴继良再是潘之瀛。五圣桥未复建前，溪水涨的时候，溪中有渡船往来，但是等到雨水多、天气恶劣时，附近支流的水都汇入溪中，这时不少人溺水于溪中。于是吴继良就捐资并召集工人复建了这座桥。数十年后，因山洪暴发，桥梁又被冲裂，有一个叫潘子瀛的邑庠生修葺了桥岸，还特意请了五圣神镇压。这样，修好的桥梁惠及行人不知凡几。听完了故事的周县令于是写了一篇《复修五圣桥记》，文末，他感慨要是像潘生这样的人多一点，那么吴继良的功德就能永远流传。在这篇纪文里，潘生有的名字出现了两种不同的写法，既有"潘之瀛"又有"潘子瀛"。

《昌化县志》里，吴继良重修五圣桥的记载很详细，说的是明万历十六年（1588），他游历至此，看到周边县邑皆有溪桥，独昌化包括五圣桥在内的三座溪桥久圮难建。因无桥过溪，行人只能蹚水而过，溺亡的不知其数。于是吴继良捐资修桥，从此溪上不在需要渡船，行人得以安全通行。所以吴继良修桥后，五圣桥有了另外一个名字叫"蔑渡桥"。"蔑"是"无"的意思，方言音里表达"没有"这个意思时，就用"蔑"。昌化道光手抄本县志写作"篾渡桥"中的"篾"系"蔑"的误写。三十多年后，吴无上为此桥题写桥名，即嵌在五圣桥亭墙体中的"灭度桥"题名，碑上有落款"天启壬戌年阳月净业弟子吴无上和南题"。因吴无上为佛教信徒，所以把桥名写成了谐音的"灭度桥"，"灭度"为佛教用语，有"去除烦恼、脱离苦海"之意。"吴无上"这个名字因可能是个净业弟子的法名，无考。

灭度桥修好数十年之后，又被冲塌。

冲塌之后，直到康熙十二年（1673）才由潘子瀛重修。县令周颂孙走访后写了《重修五圣桥记》。

现存的五圣庙极其简陋狭小，门口有两通清代石碑，其一为《重修五圣桥小引》，其二为《重修五圣桥记》，落款时间是均为"光绪十七年"，写记的是方以钰，这一年是清光绪十七年（1891），距离吴继良修桥又过了百年。根据碑文的记载，修桥时是光绪七年（1881），这一次是来自安徽泾县的善士洪赐宝途经此地，遇上方以成、方以钰等正在筹资修桥，慷慨解囊捐助了三百八十元银洋。修桥以后十年，方以钰等人才将修桥的事情在碑石上记录下来。

再理一理五圣桥的时间线：王满、童子相协众建桥，时间不可考；1588 年吴继良重建五圣桥；1592 年程嘉燧来时桥已圮；1622 年吴无上

灭度桥碑

题写"灭度桥"桥名,可见已有新桥;1673年潘子瀛复修;1881年再次复修,十年后的1891年立碑记事。

春末夏初时节,山里雨水多,溪水也因此跟着涨起来,在油菜小麦渐次成熟的日子里,这座坚固的拱桥静默在田地之间,它偌大的分水尖直插入滔滔溪流,水流到此分成两股后奔腾而下,将一座桥的历史带走。

沿着溪流上溯,很快就到了杨溪村所属的洲头自然村。

在洲头与沙干的交界处,杨溪村的先人们在溪上筑一堰坝,名为"后堰",是村里的取水口。

取水口选址,讲究讨个吉利。后堰水口南面是蝴蝶山,北面是凤凰山;蝴蝶谐音"福迭",和凤凰一样都寓意吉祥。这样,被蝴蝶山、凤凰山相拥的水自然是吉祥之水,再加上杨溪水的源头龙塘山的山名也是个好名字。这水经过堰坝拦截,引入沙干畈,分为两个支流,一支注入洲头畈为农田灌溉,另一支引入村中供生活之需。

洲头村入口处,有一"洲水东镇"门楼。据传这扇门楼初建于明洪武年间,最初起到防御功能,用来抵御兵匪、盗贼的侵扰。2012年门楼重修,成为洲头村的标志性建筑。

在"洲水东镇"南一百五十米的洲头桥北侧,有一根八边形的石柱,称"如来柱"。柱高约三米,直径约半米。柱身八个面中有七个面上分别刻着七位天神菩萨浮雕,顶上按有石盖,呈八角凉亭顶状;剩下一面刻有落款"乾隆贰拾叁年岁次戊寅",偏左的位置还刻有"大清嘉庆丁卯年"字样,这一列是后来添加上去的。据推测这根如来柱大概是乾隆年间初立,后因水毁,嘉庆年间重立。自古以来,杨溪村饱受水患,为了保一方平安,村人们修建如来柱镇水妖,祈求水土平安。

洲头村的如来柱在二十世纪七十年代"破四旧"中被毁,荷花形的石帽被卖到外地。2008年,村委会组织重新修复,有许多热心人士赞助。

穿过"洲水东镇"门楼,沿着石板路进去二十米左右就有一处水圳。

"洲水东镇"门楼

水圳是人工修建的用来
灌溉农田的水利体系，
兼有泄洪的功能，其形
态上和桐庐深澳村的澳
相似，有异曲同工之妙。
洲头村的水圳保存完好，
隔二三十米就有一处，
方便村民挑水、洗刷用。

古水井遗迹

以前天亮前，人们在水渠中挑水，将水储在水缸中，作为一天的饮用水；
天亮后，在水圳淘米洗菜；七八点以后洗刷马桶，挑水浇菜地。每个水圳
有三个位置，上游的位置用于取水洗菜，中间的位置用来洗衣洗物，下游
的位置用来洗刷马桶、粪桶之类。村里有保护水源的村规民约。自从二十
世纪八十年代用上自来水以后，饮用水已不再从水渠中挑取。随着经济的
发展，村里大部分人家也有了洗衣机，但人们仍然保留着在水圳中洗刷的
习惯。

　　杨溪村的洲头、白石、歧安几个自然村的水圳大同小异，但到义干村
就不一样了。后堰的水虽然流经义干村，但因义干村背山而居，地势较高，
后堰的水无法引入村中，只能引到村外灌溉农田。因此，临溪却不方便取
水的义干村人在房前屋后打井取水，逐渐形成了全村72口井的奇观。

　　如今村里现存的古井还有几口，都已经不再使用，井口也被封起来，
等待合适的场景来重新启封，成为新的风景。

二、忠孝持家远

　　杨溪村被称为"忠孝文化第一村"。

　　村内孝子祠门口有一副对联，"庙貌邻韩墓；孝思绍虞廷"。大意是

孝子祠和韩世忠墓比邻，陈孝子的孝心继承了虞舜的孝道。

南宋时期，抗金名将韩世忠晚年隐居于此，卒后葬于后山，建有韩世忠墓。元末明初，村民陈斗龙六年寻母终得骨肉团聚，被明世宗敕赐"孝子"竖匾，以示表彰。因此，现在的孝子祠还有一个新名字，被称为"忠孝学堂"。

在《说文解字》里，"忠"的解释是："忠，敬也，尽心曰忠。"《忠经·天地神明章第一》也说："天下之德，莫大乎忠。"在孝子祠内的墙壁上，韩世忠、陈斗龙两位先贤的故事以连环画的形式向人们娓娓道来。

韩世忠（1090—1151），字良臣，晚年自号清凉居士，延安（今陕西绥德）人，与岳飞、张俊、刘光世合称南宋"中兴四将"。他出身贫寒，十八岁应募从军，入伍之后，凭借军功一步步从一名士卒成为拥有一支"韩家军"的将帅。他既英勇善战，又胸怀韬略，在抗击西夏和金的战争中为朝廷立下了汗马功劳，而且在平定各地的叛乱中也作出了重大的贡献。据《宋史》记载，北宋建炎四年（1130），韩世忠与夫人梁红玉率领宋军八千人在黄天荡围困金完颜宗弼所率金兵十万人达四十八天，是宋军抗金历史中著名的战役。此役被称为"黄天荡大捷"，也使南宋半壁江山暂时得以保全。黄天荡一仗，给韩世忠带来极大的声誉，"知国有人，天下诵之"。

他为官正直，不肯依附丞相秦桧，为岳飞遭陷害而鸣不平。他死后被赠为太师，追封通义郡王；孝宗时，又追封蕲王，谥号忠武，配飨高宗庙廷。韩世忠是南宋一位颇有影响的人物。

解甲归田以后，韩世忠的生活状况从宋费衮的《梁溪漫志》卷八《韩蕲王词》记载中可窥一斑。记载里，苏轼的孙子、苏迈之子苏符在绍兴年间任礼部尚书。有一日，他正在杭州的香林园举行宴会，突然听下人禀报说韩世忠造访，他急忙起身毕恭毕敬地前去迎接这位抗金英雄。韩世忠到来后并不提自己的往事，说他一直崇敬苏轼为人，也喜欢苏轼的诗词，所以很想与苏轼后人交往。苏符盛情款待了他，二人推杯换盏，相谈尽欢，韩世忠大醉而归。到了第二日，韩世忠又派人回赠了苏符几只羔羊，还送上《临江仙》《南乡子》两首自己作的词。他在《临江仙》中写道："冬日青山潇洒静，春来山暖花浓。少年衰老与花同。世间名利客，富贵与穷通。

荣华不是长生药，清闲不是死门风。劝君识取主人公。单方只一味，尽在不言中。"

这一阕词按明代杨慎《词品》所录版本。杨慎评价韩世忠长期在军队中生活，并没有熟读诗书，想不到晚年退隐后，书法和诗词皆有所成。可见，这类英雄不是普通的人物。

韩世忠这阕通俗直白、语调散淡的词，看不出当年金戈铁马的英雄气概，反而大有迷恋空门、看破红尘之意。从驰骋疆场的抗金名将到"放浪湖山，匹马数竟，飘然意行"，韩世忠晚年避开纷繁红尘，几近隐居生活。

在孝子祠墙上，与韩世忠相关的连环画有一幅是《隐居义涧》，画的是韩世忠隐居义涧村的情形。因为义涧村有清凉峰，而他的老家也有清凉山，再加上此地民风淳朴，于是他隐去名望，以"清凉居士"安居在此。

韩世忠逝世后，归葬何处？虽然如今的苏州、湖州也都有韩世忠墓，

孝子祠 杨平儿摄

韩世忠墓　杨平儿摄

但清凉峰下的杨溪人一直都称韩世忠的真身墓穴在村里。

如今，杨溪村没有韩姓村民，韩世忠义干这一支，其后裔已经迁出。现在，在临安昌北岛石镇桃园里珍藏的《韩氏家谱》中记载有韩世忠及其长子的墓葬地。韩世忠隐居义干，逝后也归葬义干。几百年来，韩氏后裔也每年清明都到义干上坟。

不管怎么说，韩世忠终究与清凉峰、与临安昌化於潜一带有千丝万缕的联系。

作为"孝子祠"的主角，杨溪村陈姓的先祖陈斗龙，他的故事在典籍中比比皆是。

据《陈氏宗谱》载，元朝陈斗龙寻母事迹在民间传为美谈，湖南祁阳县尹章硕获知后上报朝廷，之后由昌化县孙国寿记录并上报，钱塘县名儒胡长儒写了《陈孝子传》。这篇传记在《浙江通志》《昌化县志》里都有收录，是杨溪村忠孝文化里"孝"的载体，直到现在还被引用的陈斗龙孝子事迹多赖此文。

家谱记载中，明世宗即位后，倡导"孝悌"，颁旨恩诏天下，敕封斗龙为"孝子"，御题"孝子"二字赐直匾一块。于是，在明嘉靖元年（1522）义干村陈氏后裔建孝子祠，永树典范。当时孝子祠规模较小，称"陈庙"。明中叶，庙圮，到明万历三十一年（1603）灼公捐田二十亩余，复其旧址独建。清康熙元年（1662），孝子祠毁于火灾。康熙五十五年（1716），裔孙达德捐田三亩半，奖粥捐田两亩，率子侄拓地建成寝室，并与众议重建中堂。雍正十年（1732），瑸公、廷魁公扩建于寝室前更造五楹，后因风雨剥蚀，久之有倾颓之患。清乾隆二十五年（1760），裔孙有惠、振学等人会众酌议修缮，于当年二月完成修缮。清咸丰十一年（1861），太平军攻入毁其祠宇。清同治四年（1865）十月，谌公召集族人商量建造祠堂，但家族里意见不一致，造祠堂的事情就搁置下来。等到清同治九年（1870）谌公再次召集族人，谈到先祖陈斗龙的孝行自古罕见，后裔子孙一定要把孝子公的事迹弘扬于世。这一次，陈氏家族终于达成共识，之后，他们用了六年时间方完成修缮。孝子祠建成以后屡毁屡建，但精神不灭、子孙不绝，孝子祠从未在杨溪人的生活中缺席，孝子精神也一直延续。

　　现存的孝子祠建筑布局规整规模较大，用材讲究，结构坚固，木雕、石雕雕刻丰富，有较高的文物价值。建筑结构是由门楼（前进）、中堂和寝室（后进）三部分拔四移步组成，高 10 米有余，宽近 18 米，深 42 米，占地面积 739 平方米。整个建筑有 96 根圆柱，画梁雕栋，宏伟壮观。屋柱下的花岗岩石磉做工精细。门楼有两道门，第一道是木条子拼成的栅栏门，正门头顶上的大梁上悬挂着明嘉靖元年（1522）敕封的"孝子"直匾，它的四周雕刻着龙凤图等，两旁的屋柱上安一对木雕狮子。第二道门是用杉木做成的大木门，门板上有秦叔宝、尉迟恭的门神像，青石户槛粗而大，两端压着一对青石石鼓，门楼柱子镌刻楹联。

　　中堂是集会，祭祖的地方，正中照壁上方悬挂着"永锡堂"巨匾。明堂边柱子上有楹联："源溯颍川千百派支流可合；宗开义涧亿万年厚泽均占。"后进中间摆放着孝子陈斗龙及陈氏祖先的牌位，供后裔朝拜。后进柱子上也有一楹联："汉室名儒弟；元朝孝子家。"

祠堂门前是一个用青石铺就的祠堂坦，坦前并排放着四个大花岗石旗杆磉，中间插入大杉木旗杆。

晚清修缮后的孝子祠在 2003 年、2006 年又分别进行了大修，基本上恢复了原貌。2011 年 2 月，省政府公布其为第六批省级文物保护单位。

根据《陈孝子传》的叙述，这个发生在六百多年前的故事今天读来还是感人至深。

迁居义干村的陈氏后裔耕读传家，在这方土地上俨然成为大族。

宋元期间，程朱理学盛行，朱熹有个弟子叫李方子，李方子又有弟子名叶采学，陈斗龙的父亲陈泽民就跟着叶采学学习，得理学正统。后来陈

孝子祠内研学活动　杨溪村村委会供图

泽民创办了百丈溪书院，延请老师教育乡里子弟。书院得名于一个传说。据传尧帝时有一次发大水，山洪奔腾，溢上山陵，露出水面的仍有百丈，此山因此得名"百丈山"。有水发源于后坑坞帽子山山脚，汇流成溪，以"百丈溪"命名。在后坑口百丈山，居高临下可以看到溪水，陈泽民就在这依山临水的地方，建了一座书院，名"百丈溪书院"。

陈泽民娶妻盛氏，可惜多年后仍未有子嗣，于是就去钱塘清湖"典妻"。典了王氏为妻后，生了陈斗龙，陈斗龙还不满一岁，王氏典约期满被遣还。到了元至元十四年（1277），陈泽民病倒了。时年十三岁的陈斗龙日夜侍奉父亲，并向神灵祈祷愿意减自己的寿命来延长父亲的生命。可惜，后来父亲去世，母亲盛氏也跟着病故。居丧期间，斗龙悲痛欲绝，连群鸟都被感动得群集于家门飞鸣三天三夜。后来，县里的儒学提举孙朝瑞被他的孝行感动，推荐他去担任永嘉（今温州）宗晦书院的山长。他将要出发去任职前，村里老人告诉斗龙说："你亲生母亲是王氏，当初生下你数月，就被主母盛氏遣返了。"陈斗龙获知身世，大惊又大哭。当天就告别妻子，发誓要去见亲生母亲。于是他辞去山长职务，立即赶去钱塘寻找生母。在钱塘寻母无所获的陈斗龙遇到一位知情的老太太，老人家告诉他，他的母亲嫁到江东去了。于是陈斗龙再度上路，他行经江苏、安徽广德宁国以及江西等地，足迹遍及长三角，一路风餐露宿，千辛万苦。六年后，终于在江西永丰县一个叫礼贤镇的地方，找到亲娘。此时王氏早已嫁到施姓人家为妻，并已年迈。姓施的人家被陈斗龙的孝心感动，让王氏跟着斗龙回家。

到家后，恰逢安徽来的强盗犯境。陈斗龙背着母亲走百丈山逃难，让妻子随后跟随，还没到山上，他们就遇到了强盗。陈斗龙对强盗说："我从小都不知道母亲是谁，寻找了六年方才找到母亲带回家。又遇到这样的事，我们夫妇虽死无憾，但我的老母亲将无人奉养。"盗匪感动于陈斗龙的孝行，就没有杀他们，并告诫其同伙，这里是孝子的家乡，绕行此地，村里人也因此免于灾难。这以后，昌化县长官即达鲁花赤也因此向朝廷请求旌表陈斗龙。胡长儒因而写了传记。在《昌化县志》的记载中，还提到了陈斗龙有三个儿子，小儿子叫陈皋，也是个孝子。

被称为元代"诗史"的张羽，题写了《陈孝子斗龙传》，有句子写道："三十余年昨日同，白发相看泪如雨。阿婆去时未断乳，始壮始知心独苦。"

后来，陈斗龙继续经营父亲建的百丈溪书院。在陈斗龙的倡导之下，书院之风盛极一时，也对昌化地区的教育产生了极大的影响。南宋咸淳元年（1265）进士、淳安人何梦桂，撰写了《百丈溪书院记》，载于《金昌陈氏续修宗谱》。

除了孝子祠，村内的古建筑还有郎氏宗祠，现在作为"景溪山居"民宿的仁寿堂、三才堂，以及洲头自然村的"桃李墙门"等数处。

郎氏宗祠，亦称"余庆堂"，始建于清咸丰七年（1857）。祠堂东与孝子祠为邻，北面有韩世忠墓，总占地面积约450平方米，祠前有约200平方米的青石、卵石广场，在东南角还掘有7米深的水井一口。

郎氏宗祠主体建筑面积248平方米，坐北朝南，面宽五间，四合院式，屋顶硬山造，马头墙。有意思的是，两进的祠堂，前进的柱子多为方柱，后进都是圆柱。据村里潘根春老师说，祠堂大门口的方柱，全部从同一棵银杏树取材而来，可以想象这棵老银杏树有多大。如今，走进杨溪村，村里时不时还能遇见几棵老银杏树，目测了一下，没有哪一棵能做出七根方柱来。

清咸丰十一年（1861），

郎氏宗祠

景溪山庄　杨平儿摄

唐昌郎氏宗祠受到战乱破坏，但屋架安然无恙。清同治七年（1868），宗祠全面修复。清光绪七年（1881），请来工匠进行装饰，把散落各户的列祖列宗主牌统一安放到祠堂寝室（后进），用于郎氏后人祭拜，还新做了楹联。

1915年，在郎氏宗祠创办私立就正小学，本村陈范之、陈国富等人曾担任过校长。范之校长在明堂东西两墙上手书"修己合群 利用厚生"八个大字作为校训。抗日战争时期，后方医院入驻杨溪村，郎氏宗祠用作医院厨房。1945年，昌西乾盘乡与龙凤乡合并设昱关乡，郎氏宗祠用作昱关乡乡政府办公场所。

1949年新中国成立后，宗祠属于国有资产，由村里管理使用。二十世纪五十年代初，宗祠用作义干村会堂和文化活动场所，并做部分整改，后用作集体粮食分配点。二十世纪六十年代，大队发展蚕桑，宗祠后进全部吊顶，改为蚕室。当年郎氏族人把先祖牌位存放在蚕室顶棚上，才得以保存至今。二十世纪七十年代后，几次在祠堂里办过集体小企业，还用作存放农业机械和农耕用具仓库，也曾作为大队科学育秧的谷种催芽基地。

2007年，临安市文物馆与义干村委会共同出资，按照古建筑要求设计施工，历时半年有余，对郎氏宗祠进行全面大修，先祖牌位重新安放于寝室，祠堂基本恢复原貌，遗憾的是余庆堂匾额荡然无存。到了2011年春，新制的匾额才重新悬挂于祠堂。现在，郎氏宗祠成为"浙西民俗文化馆"，清代以来的传统农工用具和生活用具被一一展陈，这里也成了杨溪村研学的一个参观体验点。2019年，郎氏宗祠成为第五批市级文物保护单位。

"桃李门墙"的主人是解景仙。解景仙，字云卿（1868—1936），昌化县洲头村（今临安区清凉峰镇杨溪村）人，清末民初时期教育家。从元末的百丈溪书院肇始，杨溪村一直以来都是文风蔚然、尊师重教。文人雅

"桃李门墙"　杨平儿摄

士也屡见于史籍，像洲头村有个自号王洲翁的隐士，他不慕名利，放浪于山水之间，兴之所至就一边吟诵一边喝酒。他写过一本《吾庐稿》，《昌化县志》记载他的诗词"幽咽哀怨，率多变徵之声"。人们就称他为洲头翁，本名反而没留下来。

到了明清时期，杨溪村的岐安自然村又先后创办了"三峰书院"和"见峰书院"。三峰书院是一座楼阁庭院式建筑，两侧廊屋向前延伸，拥抱一池荷花，池前是三间平房，组成一个高低错落的建筑群。书屋的北面建有王氏祠堂，祠堂有三进，规模较大。原书屋和祠堂都毁了，2024年在旧址上建了读书亭。

解景仙从小就学于私塾，他勤奋好学，不到二十岁就成了一名塾师，先后在义干、洲头、昌北等地任教。后来，解景仙决定回乡办一所规模较大的私塾。当时因没有校舍，他借用村里大户人家的房子，招生授课。为了能给学生们一个良好的学习环境，解景仙拿出自己所有的积蓄，并募集资金，在洲头村王氏宗祠西建造私塾。这是一个典型的清代两层徽派建筑，占地面积一百八十三平方米。大门以及两侧窗户的顶部为半圆形，屋檐下有墙绘，门户边框均采用青石，做工精细。门头上题"桃李门墙"四个大字，喻指生徒众多的师门。左右两扇窗户上方各有一个"人"字形挑檐，左边窗上题"菁莪造士"，右边窗上题"械朴作人"，建筑形态上恰恰也暗合教育"以人为本"的宗旨。解景仙海人不倦，口碑很好，又取得岁贡生资格（也就是秀才），被推荐到昌化县担任公职。清光绪三十二年（1906），昌化县设置劝学所。清宣统三年（1911），解景仙任劝学所第二任总董，综合各学区之事务。1912年，劝学所废除，昌化县设教育科，解景仙任教育科科员及科长。

1912年前，全昌化县只有一些私塾和一所高等小学，高等小学在城区。解景仙上任后走访各地，延请教师，于1913年在城区开办了区立第一、第二、第三等三所小学，在南区开办了八所区立小学，西区开办了沙干、乾山、中溪滩三所区立小学，后又在昌北开办多所小学。几年后，各区涌现出了大批私立小学，基本上满足了各地求学者的愿望。

当时高等小学只有城区一所，意味着小学生毕业后绝大部分不能继续升学。解景仙思前想后，决定筹建第二高等小学。在他的努力下，终于获准开办县立第二高等小学。学校选址在他的老家隔壁的义干村，计划以孝子祠、陈氏祠堂、祖师殿等建筑群为校舍，面向昌西、昌南、昌北部分地区招生。开办新学校，一时找不到合适的校长，解景仙自告奋勇，要求辞去县教育科长之职，去筹建昌化县立第二高等小学。经过几个月紧张的筹备，学校于1918年三月开学上课。解景仙治校有方，学校很快步入正轨，教育质量好，社会上口碑佳。

"十年树木，百年树人。"昌化乡贤解景仙日复一日、年复一年坚守在家乡的教育岗位上，教书育人、诲人不倦，大力兴办学校，为昌化的教育事业作出了重大贡献。这样崇高的乡贤精神，值得我们学习和传承。

现在，走进桃李门墙，里面的中堂上还悬挂有"恩进士"匾额一块。厅堂里还存了不少乡民正在发酵的高粱，整个空间都弥漫着一股酒香，和书香一样，都是乡村淳朴的味道。

在教育这一行为杨溪村乃至昌化都作出了贡献的还有洲头岐安（今临安市清凉峰镇杨溪村）人王乃文。洲头村的王家世代以"敦孝义、崇节义"为祖训，在族人中有很多人因文章做得好而出名。王乃文的祖父王锦堂是"国学生"，父亲王心一是"增贡生"，都是当地儒教名流。王乃文继承祖业，自幼读书，遵纪守法。年幼的王乃文"下笔洒洒立就千言"。此

"恩进士"匾额

时正值清末废科举、兴学堂之际，王乃文考上浙江省官立两级师范学堂，鲁迅先生是他的生物老师。毕业后他到於潜任校长，不久任於潜县教育局局长。凡经王先生造就的学生，德、艺、文章无不斐然可观。王先生谈吐之间，引经据典，深入浅出，还不乏幽默。他致力于研读王阳明、曾国藩的著作，以之为典范，以正心诚意为本，重视实践，为人坦诚。王乃文先后在衢州、温州等地任教育局局长。

1934 年，王乃文将近五十岁时，他对同仁说："我母已去，我父已近古稀之年，一日养不以三公换，我何必与群英为升迁而斗呢？"于是毅然辞官回乡。

王乃文告老回家后，虽不闻时事，但随着抗日战争全面爆发，时局发生了巨大变化。他看到乡村子弟读完小学以后不能升学，在外求学的初高中学生因学校所在地沦陷而回家，心中萌生了为学生们创造学习条件的想法。

1938 年春，浙江大学教育科毕业的岭下人陈鸿文先生与王乃文一起，创办了唐山战时初中学生补习学校，高段学生在三峰书屋，低段学生在王氏祠堂。1939 年，浙西临时中学在天目山成立，陈鸿文带领高段学生并入浙西临时中学，王乃文留下来领教低段学生。天目山临时中学招生火爆，大大超出了招生计划，省政府决定筹建二中、三中，三中设在歧安，二部借洲头民房作校舍。于当年 5 月 5 日刊登招生广告，招生范围除了本县以外，还包含淳安、歙县、绩溪、宁国四县，年级分初中、高中。解决了当时浙西山区有些县无初中，上初中得赴杭嘉湖地区就读，费用大，一般的平民百姓承担不起，能上初中的人并不多的问题。

王先生从教三十余年，视教书育人为天职，终生从教，没有获得享受，令人钦佩。王先生还是仗义之人，自己虽不富裕，但经常资助别人。

三、人间有味是清欢

过孝子庙往前有一条小弄堂，村里人说，走到附近就能闻到麻酥糖的香味了。

杨溪村有许多美食，麻酥糖是其中一种。"过年不带麻酥糖，请君不可进厅堂。"流传于昌西的这句俗语道出了麻酥糖在日常生活中的地位。同样的，作为一款南北同行，如今看起来最普通、最常见的美食，也曾经只有在逢年过节、家有喜事时才会出现在礼品袋里。

杨溪村人麻酥糖的故事，也从孝子陈斗龙讲起。陈斗龙用了六年时光千辛万苦才找回母亲，他对母亲自然是百般照顾，要把过往缺失的时间都补回来。但年岁已高的母亲牙口不好，于是陈斗龙就常常买麻酥糖孝敬母亲，渐渐地，村里就有了做麻酥糖的人家。

杨溪村的麻酥糖制作技艺的传承，从现年八十七岁的陈锦逑老人家里的情况来看，至少也有一百多年时间了。

陈家的麻酥糖，第一代是陈敦桂（1890—1913），字金殿。清朝末年，年仅二十岁的陈氏世孙陈敦桂，在集镇的交通要道置换了宅基地，建房开店。房子建好，糕饼店开张不久，陈敦桂就因积劳成疾，英年早逝，年仅二十三岁，留下了孤儿寡母。为了养活一家人，年轻的妻子郎氏一边雇人打理小店，如雇佣颊口桥西的糕饼匠，雇佣本村的纪春木烧炭等，一边归还因建房开店欠下的巨额债务。

日子磕磕绊绊过下来，终于

村巷

等到儿子陈良成人。陈良又名标法、厚彝,生于清宣统二年(1910)。他毕业于浙江官立两级师范学校,先在昌化县立第二小学任音乐专任教师,不久后就升任校长。陈良在担任校长的同时,也用心打理家里的糕饼作坊,聘请专业技师,虚心向师傅学习,坚持"诚信经营"理念,店里的效益很好,有时候学校财政吃紧,他总是拿家里的钱贴补教育。后来陈良离开教育岗位后,他潜心钻研糕饼制作工艺,特别是麻酥糖制作技艺,并且把技艺传授给儿子陈锦逵。

陈锦逵生于1938年,从十五岁开始跟随师傅学习麻酥糖、桃酥、麻饼等糕点制作。二十世纪六七十年代,他作为工匠的一种,串门走户为村民加工,有一段时间,他被聘为技师,在供销社的食品厂传授技艺。改革开放后,他自己生产销售。他从事糕饼制作,如今已经七十余年了,为了让麻酥糖的技艺传承下来,他将技艺传授给了女儿陈春姣、外孙谢海涛。

这是一份麻酥和麦芽糖被巧手层叠而成的乡村甜品。

麻酥糖的主要原料是大米、玉米、芝麻、白糖和饴糖,制作的时候,将大米、玉米、芝麻等炒至稍稍焦黄,再将这些充盈了谷物馨香的原材料磨成粉末状。磨好的粉末舀到案台上,再用两根小木棍挑起来一团麦芽糖,麻酥糖的制作就开始了。经过成千上万次的制作,麻酥糖那看似简单实则复杂的工艺展现出了一种独特的美感,仿佛是一场手上的舞蹈。用木棍挑出一团麦芽糖的这个动作其实相当不好做,要有力量还要有巧劲,才能将一凉就冻结的麦芽糖挖出一小团糖浆来。

一层饴糖一层粉,摊平,层叠,再摊平层叠。一层层包裹、折叠、反复压糖,麦芽糖被压得越来越薄,到了做成时几乎和糖纸差不多薄。陈锦逵说,等凉了,麻酥酥,饴糖甜脆,麻酥糖就好了。做好的成品,一层糖一层酥,可以有三十二层之多。

用方木条定型后,切成小块,用小方纸包裹成小包,每小包两块,十小包用外包装纸再包一遍,小巧精致,老少皆宜的昌西麻酥糖就做好了。

麻酥糖制作坊 杨平儿摄

麻酥糖制作 杨平儿摄

　　七十年如一日，在寻常的日子里，陈锦逵还是会亲自上手制作麻酥糖，做好后和女儿陈春姣围坐在案板前熟练包装。

　　2019年10月，这一已经传承了五代的传统美食制作工艺"昌西糕饼制作技艺（麻酥糖）"入选临安区第八批非物质文化遗产项目。

　　在陈锦逵手工糕坊，也制作大麻饼、小桃酥、冻米糖等各式糕点。年轻一代的谢海涛开了"春姣糕点小作坊"的视频号，借助了网络平台的便利，谢海涛讲述着他从小吃到大的麻酥糖，将这纯手工制作的乡村味道介绍给更多人。

　　同样主要通过网络平台来推荐的还有"景溪山居"。来自桐乡的沈新伟将三才堂、仁寿堂连同门前的院子整理成乡村民宿也有七八年光景了，门头上毛笔写的"自力更生""奋发图强"两个充满力量的词语，正好诠释了民宿主人这些年付出的努力和心血。时光悄悄打磨，老宅里的石雕、砖雕和木雕经常被注视、抚摸，增加了烟火气，也使得"山居"更加名副其实。

"仁寿堂"台门　杨平儿摄

　　在杨溪村，像麻酥糖一样的还有桃酥、冻米糕、龙须面、手工面等传统名点，其知名度也越来越高，原来只有旺季做几个月，现在常年制作，从业人员达到二十余人。杨溪村的长寿面就是昌化刀切面。昌化海拔高，气温低，小麦生长期长，纯手工制作的面条，采用本地产小麦加工的面粉，经过和面、发面、擀面、切面几道工序，做成的面条特别筋道。

　　在杨溪村口，还有一家忠孝土菜馆，主打乡土菜系。杨溪里的溪鱼、山上的葛根做的葛根粉、昌化特色的豆腐丸子，还有那些从房前屋后的菜地里生长出来的果蔬，都被村里厨师细心烹饪后端上餐桌。土菜馆还有一个临溪的大平台，天气合适的时候，边吃边看风景，是乡村游最诱人的场景。

　　山峦烟树，小桥流水，折射的是乡村的恬静与安然。纵然历史跌宕起伏，杨溪村仍然坚守着忠孝传家的美德，村民们仍然奋发图强、不懈努力。

杨溪风光

参考文献

1.〔清〕丁尚龄等修,王兆杏等纂:《昌化县志》,道光三年(1823)。

2.施蛰存选编:《晚明二十家小品》,上海人民出版社,2023年。

澳深穿市过——桐庐县江南镇深澳村

深澳村位于桐庐县江南镇东部，东靠富阳，南至凤川镇凤源村，北抵富春江，距桐庐县城约二十千米，距杭州约六十五千米，三二〇国道、杭千高速过其境，深澳村设有高速口。深澳村由原来的深澳与黄程两个自然村合并而成，人烟稠密，为桐庐最大的村庄，行政区域面积五平方千米有余。沟澳纵横，秀水青山，古建筑保护与新农村建设的完美结合，是深澳千年古村落的真实写照。

深澳村于1999年，成为桐庐县工业亿元村；2006年6月被列为省级历史文化保护村，随后又被列入第一批中国传统村落名录，成为国家AAAA级旅游景区；2022年2月入选浙江省第一批未来乡村建设试点村。

深澳村 深澳村村民供图

深澳村时常是热闹的，附近村落里的人会来"赶集"，来自各处的旅游大巴也常在周末带来一些游客。来来往往的这些人，散入村庄，跟着村内"深澳"里的流水，从一条巷子流向另一条巷子。

这些年，从本色的古村落转身成"百匠艺术村"，深澳村成为不少年轻人的"诗与远方"。

一、土风清且佳

深澳，宋代属安定乡中浦里，明代属安定乡四管一图，清代为安定乡深澳庄。它的建村史，大约可以从宋代说起，这个有着千年历史的古村落，以其"因水而建，因水而名，因水而兴"的特征，在附近的众多村落中，一直是个独特的存在。

另外，据《民国桐庐县志》载，明清两代村里的申屠氏贡生、例贡者有四十余人。到了清中期以后，村里又出现了一批因经营草纸而致富的商人，村内现存的古建筑也大多建成于这一历史时期。到了抗日战争时期，深澳村"跑三墩"，即不分昼夜往来于杭州三墩与深澳之间的商贾活动，这一活动带动了深澳村商贸的发展。因缘际会，深澳村直到现在仍然是附近富桐两地村民喜欢去"逛街"和"买卖"的地方，创业与营商的氛围一直持续至今。

商业的繁华，也在一定程度促进了人口的迁徙。因此，深澳村作为桐庐县人口最稠密的第一大村，除了人口最多的申屠氏以外，另有应、周、朱、沈、黄、刘、赵等近六十个姓氏。其中，周姓于明代自附近环溪村迁来；应姓于明万历年间自诸暨应店街迁来；朱姓自深澳村西溪山下庄自然村迁来，迁居至今也有三百余年；沈姓自附近桥下溪于光绪二十六年（1900）迁来，距今已繁衍有八九代。

至于人数最多的申屠氏，它的故事缓一缓再叙。

　　现在，深澳村位于江南镇东部，东靠富阳，南至凤川镇凤源村，北抵富春江，距桐庐县城约 20 千米，距杭州约 65 千米，320 国道、杭千高速过其境，村外设有高速口。这里人烟阜盛，由深澳与黄程两个自然村合并而成，行政区域面积 5.192 平方千米，是桐庐最大的村庄，也是现在省内最大的申屠姓氏村民聚居地。

　　深澳村外青山秀水、村内沟澳纵横，古建筑保护与新乡村建设的完美结合，是杭州知名的旅游村庄。深澳村凭借其古老的姓氏文化、深厚的历史积淀、独特的地理环境、保存众多的民居古迹，于 2006 年 6 月被列为省级历史文化保护村，随后又被列入中国传统村落，是国家 AAAA 级旅游风景区。

　　1934 年 6 月，深澳人周天放和桐庐人叶浅予合著的《富春江游览志》由上海时代图书公司出版发行。当时，时任《桐庐民报》总编辑的周天放被比他小一轮、才二十多岁就声名鹊起的小同乡叶浅予称为"天放大编辑"。这对忘年交得"四十八日之暇"，以杭州为出发点，游历了富春江沿线，完成了这本图文并茂的中国现代旅游手册。录其行程一二：

　　第一日：由杭州趁（乘）轮船至桐庐，必拣月明之夜。如不遇西风，即买舟上滩，夜半必可泊钓台之下。

　　第二十二日：常乐寺、月亮桥、十二泉，借宿深澳。

　　第二十五日：大雄寺、瓜桥步、东梓关、桐洲，宿东梓关。

　　在这本书中，周天放这样介绍家乡："深澳，村名。文笔峰下。离东梓关七里。属桐庐县。烟户稠密。为一邑冠。乃乡村商务之中心。市面颇盛。前对璇山，后拥狮子岩。两溪分流，风景称胜。狮子岩全山皆巉石。如狮之蹲，有岩洞，可伏行而进。渐进渐宽，乃可立行。其深莫测。称狮子口村。西有黄程庙，为邻近八村庄所合建。庙宇宏敞。数县莫敌。旧历元宵，及十月二十一日前后，各村轮年值社，往沪杭雇名班演戏酬神。数十里内，一齐歇业。人山人海。拥挤不堪。尤称乡社之热闹。"

他也写村北的黄山，说山之阳属桐庐，因"山形类歙之黄山"而得名，山之阴属富阳县，名申屠山。

这约莫百年的光阴，对照现在对深澳村的描述，恍然有隔世之感。

深澳村北的黄山，距东梓关2.5千米，是桐庐和富阳的界山，它耸突于平野之中，俯视脚下匍匐的村庄和田野。

山顶有一片小石林，几块大石散落林草之间。天气能见度高的时候，桐庐方向的江南镇，富阳方向的场口镇、新桐乡可尽收眼底。靠深澳村的山阳有神农庙，俗称黄山庙，又名静云禅寺。据传，明代先人在挖后溪时，得一石像，有识者称此为"神农祖像"，于是乡民抬至黄山，盖屋以供奉。清康熙年间，村民集资修成黄山庙。民国期间，也有人说黄山山腰有一大石，有人依着它的形象雕琢了神农像，髹漆装饰，后来又为此建了殿宇，于1914年竣工。殿宇中间为神农庙，左侧为禅房，右侧为观音殿。殿宇一侧有一小院，清净宜人，当时的桐庐县县长任寿彭为此处题写"静云仙境"四字，尚存。如今，位于黄山的神农殿，依然隐藏在森森林木中。

村北黄山

　　"门对黄山，红霞散绮笼茅屋。小童归牧，一笛双黄犊。"在深澳人申屠洞的小令中，不仅描绘出牧童短笛这浓浓的乡村风情，更引出了黄山这座在史书里若隐若现的山峦。黄山在不同时期有过不同的名字，发生过许多有意思的事。现如今，一条杭黄铁路穿山而过，山脚下那些有着数百上千年历史的村庄一直默默拱卫。

　　黄山历史悠久，有着不少典故，它与深澳村的申屠氏、如今的上图山与下图山村名的由来、东梓关许氏家族的历史都有着深刻的勾连。

　　深澳村以复姓申屠为主，申屠姓迁居此处的历史，从黄山开始。明洪武十年（1377）《桐南申屠氏宗谱》，刘基所撰《申屠氏宗谱序》载："申屠氏远本神明之胄，自炎帝后封于申地，赐姓曰'申'。申伯之裔讳沐者乃周王申后之兄，爵封京兆屠原，故赐姓申屠。"在宗谱的记载里，申屠氏的先祖申屠刚了躲避西汉末年王莽篡位的灾祸，曾经隐居到了富春江南岸，后人就把他隐居过的村庄叫作"屠山村"（今富阳区场口镇上图山村），边上的山叫作"屠山"（现名"黄山"，也有写作"凰山"）。到了东汉末年，传说申屠刚的后人申屠蟠也循着先祖的足迹来到屠山隐居过。唐宋年间，申屠刚的子孙申屠瑾、申屠理兄弟又迁居到屠山村。之后，弟弟申屠理成为如今桐庐、富阳两地申屠氏的始迁祖。

　　因申屠刚、申屠蟠而得名的屠山，在宋《咸淳临安志》中记载，屠山，在县之西南五十余里，世传有姓申屠结庐已居，乃以名其山，复以志其里（即屠山里）。这本志书里还有一篇宋人陈刚中所作的《屠山大雄院记》，文中描绘的从屠山顶俯瞰所见的"中有平田，如设万席"的景象如今依然。

　　陈刚中另有一篇《相国隐居记》也被收入《咸淳临安志》，文中载："距富春治五十里有山深壤沃，林阴圃伏，西近桐君隐庐，东联孙钟瓜圃，溪回路转，聚青萃碧，实斗牛分野之地，名贤逐迹之乡。有佛刹巍然于其中者，许明山也。予适避地此山凡百余日，讯其僧，曰：'吴越相国许明隐居之宅也。捐之以为寺，因是以名。'复闻相国之裔讳或者，递迁东梓，

黄山脚下的村庄

是为孝子。"

　　黄山因申屠刚、申屠蟠而名屠山，又遇许明而改为许明山，山名因人名而更替，在传统文化中不鲜见。

　　巍然于屠山的佛刹大雄寺，建成于唐长庆三年（823），因许明舍宅为寺，而改名为许明院，北宋治平二年（1065）改为今额寺，后又改为大雄寺，屡次毁于战火，又屡次重修，香火绵延不绝，至民国后改为校舍，上图山举人柴锡堂兄弟一起在此开办过东图书院。

　　大雄寺的最后一个僧人志林和尚于二十世纪七十年代过世后，来自桐庐深澳等地的香客还会在每年的一些特定日子赶到已成为校舍的大雄寺遗址朝拜。香客多为年老妇人，间有几个壮年男子帮着担担子。年老妇人们着青衣、戴红花，斜背一只黄色招风袋，手持香烛相携而行，口中喃喃有词。她们先是绕大雄寺旧址围墙点上香烛，一边绕行，一边吟唱佛号，然后穿过大操场到几乎看不出原貌的大殿遗址上再次焚香、叩拜，有时甚至有数百人的规模。

2014 年，随着杭黄铁路的施工，大雄寺所在校舍搬迁，原校舍拆除，庙址南侧建场口隧道，这座曾经辉煌过的寺庙最终湮没在滚滚历史洪流中，它的遗址将继续沉睡。

现在，每天固定的时间里，列车呼啸着几瞬就穿过了黄山。回望黄山，古村十二景"黄山夕照"所描述的那些诸如"黄山伐木正丁丁，樵子行吟信口成""独有流霞观不尽，谷林飞鸟却思还"的景象也如列车留下的残影被留存在时间深处。

从屠山到深澳，姓氏的迁徙和村庄的生成、变化联系在一起，这样的事情，翻开以前的史书，听听民间的方言，都能从中看出一些端倪来。

"澳"，本义"水边陆地"。许慎《说文解字》："澳，隈厓也。其内曰澳，其外曰隈。" 现在，沿着鹅卵石路往里走，依然能够感受到深澳村由"溪、澳、沟、塘、井"构成的古水系，如同血脉一直滋养着这个申屠氏等多姓氏聚族而居的千年古村。

> 深澳澳深清且涟，澡身浴德四时妍。
> 春波荡漾归沧涧，暖涨分流灌绿田。

在申屠氏的家谱里，以《深澳春波》为题的诗歌有好几首，"潺潺一脉水西流，徐向村前泻绿畴""澳深穿市过，春水荡烟波"。深澳村的先人们在村外的应家溪上游西侧建了一条八百余米的暗渠，在村东侧

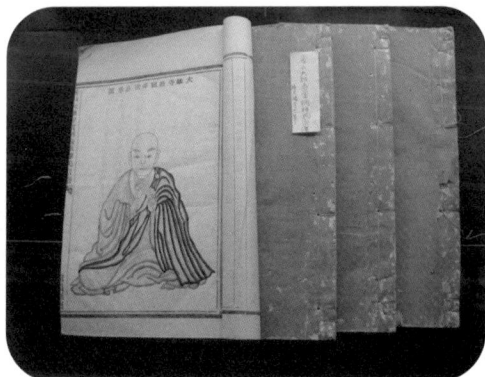

大雄寺寺谱 富阳区档案馆藏

将水自南向北引入村内。应家溪得名来自村里的应姓，应姓来深澳比申屠氏要晚几百年，他们于明万历年间自诸暨应店街迁来。想来应家溪这条溪流之前应该还有别的称呼。溪水顺着暗渠穿村而过，最深处达四米左右，宽一米到一米半，高一二米不等，用砌墙铺路的卵石砌壁拱顶，这样的设计，方便人走进暗渠进行疏浚。暗渠流经村里人家，每隔一段设一澳口，深澳老街上现存七个，人们在澳口洗涤，清晨也在此取水饮用。那些行走在村庄底下的水澳，被取名为周家澳、班洛澳、六亩澳、八角澳、凉伞澳、大塘澳、半爿澳、木桥澳、张家澳……每个名字都有专属的意思，或象形或释义，都是乡村的先民们在大地上造出来的符号。

在深澳村的水系里，和大半在地下的澳相呼应的还有露出地面的明渠。这些沟渠自南向北穿越古村，流经村民房前屋后，和天井的出水沟相通。根据明清时的风水学，村里人将这一布局称之为"四水归一"。

对古建筑来说，防火至关要紧，村里的澳、沟渠也因此勾连了村里的水塘。和澳口一样，深澳村的水塘也往往用卵石砌成池壁，并有一个朴素的名字，比如麻栗塘、蟹鱼塘、菊花塘、苍蝇塘。同样的，那些村里的深井仿佛是一个个标记，为深澳村复杂的水系做了注脚。除了通常的水井，

好客江南时节体验中心

还有几个特别有特色由池塘改建而成的水井，也就是说从井口往下探，看见的是一个池塘。例如，东二边塘改建为双口井，九思堂塘也被改建成了一口井。村里最深的井是六房井（州牧古井），挖掘于清康熙四十三年（1704），深达二十余米。

在当地人的叙述里，深澳村的先人迁居时先设计了村里的水系，并以前瞻的理念，因地制宜取用了溪流中的卵石及山上的黄泥土，烧制了石灰，再由能工巧匠构建成"深澳"形式的"江南坎儿井"。

深澳村的澳

在漫长的岁月里，村民习惯并依赖于村里的水系，将饮用水、生活水、污水分开布局，运用了让整套水系始终处于流动状态的引水技术，使村庄的建筑、街巷的布局自建成之后大体上能保存至今。对此，你不得不感慨古人的智慧和他们对经验的总结利用。如今，随着自来水的普及，村里的水系虽然仍在运转，却更多作为这个村庄的一种象征而被流传。

溪水漫，莫问小桥长短。在村东的应家溪上，有一座青云桥连接了富阳和桐庐两地。这座建于清光绪七年（1881），看着很普通的抬梁式6孔石梁桥，名字出自明代姚夔《杂咏》"青云桥记"，是村里最古老的石桥。跟桥相关的还有一篇由光绪六年（1880）三甲进士、富阳人何镕撰写的《深澳青云桥记》，里面细细叙述了建桥的始末及桥名的来历，也赞美了临近的富阳、桐庐两地村民，"两邑之民为一心，植百年之计于三月"齐心协力造桥的过程。

农历十月廿一，深澳人过时节。

过时节，唱戏、做米粿、办酒席，省级非遗深澳高空狮子舞起来，彩灯亮起来，有时还有龙灯在村里"迎一迎"。习俗大约起自宋元，盛于明清，一直延续至今。《桐庐县志》载，"农村旧节，源于社日""祀有功人不祀虚务神"。旧年，几乎村村都在过"时节"时祭神，有一村祭祀的，也有几村联合祭祀的。老百姓所祭祀的神，大部分出自本土，少有宗教里的神仙，大都是一个个真实的人升格成的神。按照封建王朝祀典规定：人庙被祀的有四种人，或以劳定国者，或以死勤事者，或能御大灾者，或能捍大患者。所以，乡村祭祀也因此多了来自民间的烟火气，神的内涵也包括了民间百姓所敬仰的高尚道德，神性中又往往有着更多的人性。

早年，深澳人过时节时要去附近黄程庙里祭祀两位来自民间的土地神。传说在南宋淳祐年间（1241—1252），有一对兄弟姓陈，兄长是陈瑞，小弟为陈和。他们常年在当地经营汤瓶、碗盏、钵头生意，与本地人结下了深厚的情感。有一年大旱，兄弟俩为祈雨以身殉难，殉难翌日天降甘霖，旱情得到缓解。丰收之后，人们就建了土地庙来纪念陈氏兄弟。

2024年的农历十月廿一，村里做了五个晚上的大戏，新建成的好客江南时节体验中心人来人往，人们参观了深澳人过时节吃的菜肴点心，还可以在相邻的九德堂里吃一桌"时节宴"。

深澳人过时节，必备的点心里，有一道唤作米粿。

"粿"，北宋《广韵》解字义为"净米"，为一种食材，指米本身。到了明朝，《字汇》和《正字通》对"粿"的释义为"净米又米食，古火切，音果"。也就是说，到了明代，粿已经从一种食材转换为一种米做的食物。在桐庐、富阳一带，米粿作为一种特制的食物，因为制作方法的不同，出现了"米粿""麦粿""拓饼"等不同的叫法。根据馅料不同，米粿有甜有咸，同时也有有馅和无馅之分。无馅的米粿叫"团圆米粿""谢灶米粿""粥镬米粿"等，有馅的米粿称"蒸团麦粿""印板麦粿"。"蒸团麦粿"为圆米粿，"印板麦粿"是印模拓出来的，这两种有馅米粿一般都填充芝麻、豆沙馅，味道偏甜。在做寿时，这类米粿可作为女儿送给父母的礼物和回馈或给亲友的回礼。根据米粿的颜色又可以分为"青米粿""白米粿"等。要是再细细述说，那么每一种米粿又有专属的含义。

这些米粿被主妇的巧手做出来，还能被当作礼物送出去。如今，有一些巧妇一年到头做米粿售卖，也有人开了食品厂专做米粿，做成了产值亿元的行当。

除了米粿，深澳人的小吃、点心还有糊麦粿、冷淘、索面、酒酿馒头、油氽粿，这些美食在热气腾腾时吃最为美味。

因为工序复杂，现在已经少见到冷淘这道小吃了。

简单地说，冷淘是由生米粉蒸熟后压榨制作而成的新鲜米粉条。但其制作过程非常讲究。首先，必须选用上好的粳米在溪流水中长时间浸泡，视气温高低，浸泡时间在三五天或一周不等，等到粳米轻微发酵，闻起来有轻微酸味时，出水磨成生米粉。接着，将生米粉上蒸笼蒸熟，蒸熟之后放入石臼反复捶捣以增加韧性。再将捣好的米粉团放入压机，用杠杆加压，米粉团从压机底部的细圆孔中挤出一根根似筷子粗细的粉条。最后，被挤出的粉条落入压机下面的冷水中，冷却、沥干水，冷淘方才做成。这一套操作，往往需要冷淘师傅和几个下手一起帮忙才能完成。冷淘为熟米食，可凉拌、可热炒，可惜只可当日现买现炒，不易存放，也不宜冷藏，隔夜就容易碎断。且冷淘只在夏季有售，如今已经鲜见。

关于吃食点心，深澳村还有一个省级非遗"十六回切"，在时节体验中心展示。十六回切始于南宋，盛于明清，菜品菜肴色香味俱全，宴席程序规范，文化内涵丰富，突显江南特色。宴席以十六道茶点或菜肴为一个回合，回切即切换，从一个回合到下一个回合。第一回是十六道茶点，每四道一组，分别为四鲜果、四干果、四糕点、四吊角（冷菜，居中摆放，上第二回时再放到边角）。第二回合十六道菜肴，也是每四道为一组，分

十六回切

别为四热炒、四大菜、四时蔬、四点心。这些菜肴按一定顺序循环上菜。十六回切具有其独特的内涵，"十六"不仅是菜品数量的一个回合，而且"四四十六"巧妙寓意事事六合。

九德堂和时节体验中心相连，得名来自"君子有九德"，是深澳村现存的一百八十余幢古建筑之一，由申屠回春建于清光绪八年（1882）。九德堂坐东朝西，占地面积四百三十平方米，卵石墙木结构，双坡硬山顶，三间二弄二进四合式楼房，一进四柱七檩，木雕考究。重新装修完成的九德堂基本保存了原有风貌，是深澳村古建筑活化利用的尝试之一。

新旧之间，融汇历史变迁。

二、澳深穿市过

九德堂和时节体验中心的对面是山西籍制香师涞南的木龙香坊。另外，这两处建筑的中间是一条卵石弄堂，弄堂靠木龙香坊这一侧有棵石榴树，还有一个小池塘，池塘另一边有棵大榆树。榆树在江南少见，一到夏天，树底下经常有位大叔支一个小摊，卖木莲豆腐和烧仙草。池塘做得考究，

大塘

有石砌栏杆和台阶。水里偶尔可见数条大锦鲤，锦鲤也不用担心塘小容不下它，深澳村的水系相通，几个摆尾就能顺着水流游走了。

这条弄堂是后朱弄，在深澳村西，南北向，形成略早于深澳老街，因当时所居住者多为朱姓而得名。北起大塘，南至敬德堂南角十字路。往南进村，一路都是厅堂楼房，往北出村，过一牌楼是大塘，申屠宗祠（攸叙堂）和村里的文化大礼堂都在池塘的东北侧，两者挨得很近。祠堂讲老故事，礼堂旧戏新唱。

申屠宗祠前身称"裕后堂"，建于南宋淳祐九年（1249），为深澳申屠氏最早的宗祠。因圮，宗祠于元至正末年（1358—1367）重建，改堂名为"衍庆堂"，明末毁于兵灾；清雍正七年（1729）聚族众再建，改名为"攸叙堂"，意谓祖宗永享香火，子孙集会叙事之场所；后经乾隆十三年（1748）、道光二十五年（1845）、同治九年（1870）、1914年四次维修，亦称历经"三建四修"。新中国成立后，宗祠一度改为深澳学校，仅存后面二进。如今它已恢复为五间三进，近年再次修整后为深澳村文化大礼堂。

沿着时节体验中心往南是工匠吴芸婷夫妇的葫芦烙画工作室"葫来"。葫芦谐音带有"福禄"，在深澳古民居里也常见带有"福禄"寓意的各种建筑构件和小雕刻。已经在村里住了数年的吴芸婷夫妇在这里有了三个孩子，也收养了不少流浪猫，这些"毛孩子"也渐渐融入他们的日常生活，成为工作室的小伙伴。他家门口稍往前有一个小弄堂分岔，拐进去是戴公馆。

抗日战争时期，深澳村在沪商人申屠达江与戴笠相识，结交为友，后申屠为其在祖屋前新建一西式两层建筑，戴笠曾数次来此居住，故名。戴公馆内也有一小池塘，比较隐蔽，藏在院子一角，要穿过鹅卵石铺的整个天井，台阶下行方是。

深澳村的民居和大部分的乡村一样，都会为其宗祠赋予一个文雅的堂名，如"攸叙堂""九德堂"，这些堂名均源于《诗经》《论语》等经典著作。

古建筑密布的深澳村

后朱弄上最大的单体古民居是恭思堂。它连敬德堂，接顺德堂。三堂相连，共有七个天井，并称为"七井房"。清光绪十九年（1893）前后建造，占地面积近一千三百平方米。据说恭思堂主人当年是做草纸生意起家的，整幢房子建了十年，单是雕刻就花了三年时间，尤其是天井的雕刻特别花哨。

主屋恭思堂分五进，前二进称敬德堂，后三进称恭思堂，从一进到五进建造时依次抬高 0.16 米，寓意一代高一代。

恭思堂三进天井的两侧是厢楼，四周雕刻特别用心，搁栅以上的雕刻多达七层，额枋、扁作梁繁复雕琢，花窗精美，四进天井的雕花中还隐藏着"渔樵耕读"四字。

当年房主的二儿子申屠太方是国民党南京政府的高级法官，申屠宗祠"法官及第"的主人。太方夫人叫胡家萱，是桐庐县近代极有名望的老先生胡传泰的女儿。胡传泰还有一个女儿是我国剪纸界有着"金母泰斗"之称的胡家芝。胡家萱有个表兄叫叶浅予，和深澳人周天放是忘年交，前文有叙。

恭思堂南侧是明代建筑群州牧第的台门，台门为清水砖砌筑，门额楷书阳刻"州牧第"，这里也称"六房台门"。此处建筑群二十世纪七十年代毁于大火，仅存此台门，另有一口水井，即州牧古井。

后朱弄之南，和徐家弄交界处，是敬思堂，清咸丰五年（1855）兴建。

敬思堂建筑坐东朝西，占地252平方米，三间二弄二进，二层楼房，砖石木结构、瓦顶、马头墙。敬思堂一进面宽14.52米，五檩深5.1米，两坡硬山顶。天井两侧为厢房，四周花窗保存较好，天井南北共有十二扇绦环板，阳刻十二个篆体"寿"字花板，格扇门上雕有花草吉祥图案。一进屋檐下，方牛腿分列南北，上雕麒麟献瑞图，其花枋上雕有天官赐福与福禄寿图案。琴枋面上还浮雕有天官赐福和福、禄、寿等人物形象。东西南北琴枋的端面上，用篆体字刻有"耕读传家"等文字。二进屋檐下，分南北各置牛腿，雕刻精细，阳刻母子狮嬉闹图和雄狮戏绣球，线条流畅生动。

青石铺就的天井地面上，南北各摆有两只直径1米、高0.77米太平瓷缸。据说留存至今的这些太平瓷缸是清光绪十九年（1893）敬思堂后人申屠澗中举时，桐庐知县作为贺礼相赠的。

敬思堂现挂有"申屠澗故居"匾额。申屠澗，谱名鸣泉（铭泉），字一笙。清咸丰十一年（1861）九月初七出生于深澳村，他擅书法，文章锦绣，二十三岁拔贡，三十二岁中举，是民国《桐庐县志》中记载的清末桐庐最后一位举人。现存的申屠澗诗作在当地的家谱中多见，也有不少诗词写作"深澳十二景"，小令尤多。他用《如梦令》填词，写《璇山映雪》："夜月溪篁鸾影，晓露岩花鹤顶。揽胜费平章，到底输他冬景。冬景，冬景，飞雪璇山弥胜。"仿佛现代人雪后急忙上山观景发朋友圈。他曾被县令程赞清聘任为桐庐朝阳书院首席讲席领袖，被称道"后起学中人，半荷其栽（载）"，培养了许多学有所成的弟子。清光绪三十年（1904），桐庐县议修县志，申屠澗又被聘请为总纂，虽因多方原因，县志当年未付梓成书，但为后人编志留下了宝贵的基础资料。清光绪三十二年（1906），申屠澗集十人筹资重修崇圣祠。1912 年，他当选为桐庐县第一届议员。

比村西侧的后朱弄略晚一点形成的深澳街，也就是现在的老街，街道东侧路下的古水系"深澳"，就是深澳村地名的来处。

这条街南北向，南起枫树弄十字路口，北至新街。昔称卖柴道地到新厅弄以北为上街，新厅弄以南到应家弄西为下街。民国时期至二十世纪九十年代初期，街上店铺林立、人来人往。

近年来，随着"云夕·深澳里""三生一宅"民宿、"民间记忆"咖啡店等新业态的次第出现，老街再次热闹起来。

"云夕·深澳里"的白墙突然进入眼帘的第一瞬间，很是惊艳。在一众徽派风格的粉墙黛瓦中，这一小幢原本应该是朴实甚至黯淡的猪栏屋的房子，被设计师重新赋予生命和新的意义，作为一件"作品"矗立在深澳村的街巷中，阳光都仿佛愿意在这里多停留一会儿。

这幢通体纯白的建筑物，原本是座卵石房，抹了灰浆，年深日久后墙体斑驳零落。设计师张雷从中得到启发，将"旧"与"新"这两个在时间轴上处于对立的两个概念加以融合，同时也用更为纯粹的白对"新"进行了强化。他在老旧的白墙上刷了白色新漆，同样的颜色，一个白得闪闪发光，一个安静隐藏在"新"之下。老房子由此有了新的生命，而过往的历史仍然在阳光和人类裸眼中清晰

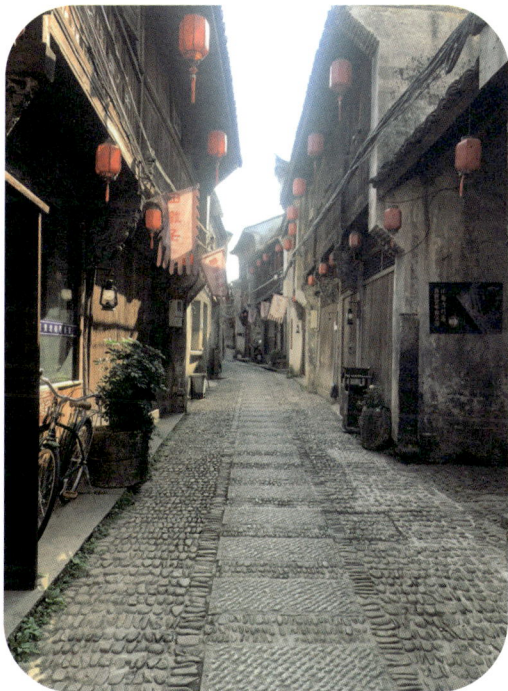

老街即景

可辨。

"云夕·深澳里"的主体建筑也是由一幢老宅改建而成，这幢名为"景松堂"的老宅被作为乡村民居改建的样本，使得很多人慕名而来。民宿里面布置的书局，更多是一种新生活形态的象征，在不同的视角下被解读。

推开"云夕·深澳里"的木门，仿佛不同时期的房屋主人推门而进，在"吱嘎吱嘎"声中，乡村悄然变迁。

深澳街不长，约200米，这一段路上，人们熙来攘往，各自奔走营生。在街巷的平整空地上，女孩子们跳绳，跳房子，踢毽子，男孩子们打棒儿棍，抽旋陀螺。锣鼓声响起来时，是过时节、过年，村里的大人换了装，舞龙灯，舞高空双狮，还有外村来的龙灯、竹马也无一例外要走一走这条街道，再岔进边上的弄堂里去。

老街上的老店也多，南北杂货铺里的伙计用的十六两秤，秤砣推移，在客人的注视中熟练报出斤两，又快速完成心算，报出金额。秤头搭下了，要是店家去拨一拨再又翘上来，客人就会嫌店家不够诚实，影响口碑。

老街一角

1980年大暑时节的某天，上图山村民柴定华一大早跑了三里路敲开了街巷口子上的药店大门，药店倌一看方子，喊另两位伙计马上下来，说是救命的药，越快越好。天热，三个人飞快抓了方，叮嘱柴定华要跑回家立刻煎。这帖药最终挽回了一位产妇的性命。也差不多这个时期，老街上只有一家食品公司所属的肉店，有且只有一位营业员，被唤作"肉墩头老三"，他声音洪亮，落刀准，心算快，是个干脆利落人。肉价贵，只有逢年过节，"胸脯一拍"的老百姓才会跑去他的肉墩子前割点肉。

附近村庄的人们，过节大都要来逛逛深澳老街；不过节的日子，有要买卖，也还是会来深澳街上走一趟。

老街和祠堂弄交界处是怀荆堂，清光绪十七年（1891）兴建。是申屠氏三房住宅群的街面房，曾作供销社、新华书店等用房，目前是一家咖啡店，叫"民国记忆"。店门口有辆简朴的人力车，扑面而来的民国风。这家咖啡店晚上不营业，和乡村的作息时间接近，很让人担心它的生存。然而，正如天井里的流水被汇集，再以"四水归一"的形式注入房底的暗渠，最终汇入"深澳"的形式一样，这家咖啡店已经生存有五六年了，包括因新冠疫情而游客罕至的三年。

咖啡店临近是怀素堂，以《中庸》"君子素其位"和《易经》"素履，往无咎"得名，取义"君子尝怀德矣，德乃其素得者也"。申屠兆煜与其子申屠则瓶父子相继，怀素堂于清嘉庆十年（1805）兴建，道光年间完工。

如果说恭思堂是深澳最大的古民居，那么怀素堂就以精美的木雕吸引着人的目光。建筑坐北朝南，五间三进两天井，西侧在1915年增建二进抱屋和台门，共占地约一千平方米，砖木结构，是典型的江南大户宅院，二进明堂太师壁上悬挂"怀素堂"匾。

整座建筑用材考究，柱子粗直，梁架肥厚，所有的雕刻围绕"孝悌耕读"展开，花窗小细节更是令人目不暇接。从牛腿、月梁、窗棂裙板、门扇锁腰板到斗拱花枋、窗隔、花结，从梁头雀替到柱底磉磴，处处可见古代乡绅的小心思：既要彰显家族的财力，也要低调表达在耕读传家的大背景下，对子孙后代的祝愿。

怀素堂后堂横梁封板分别刻着大篆"忠信孝悌礼义廉耻"八个字。十二扇花格长窗上雕刻的蝙蝠、梅兰菊竹分别寓意福气和君子气节。"蝙蝠"是古建筑雕刻中最常见的题材。"蝠"谐音"福"，因此，蝙蝠常常寓意吉祥幸福，被当作是福气的象征，逐渐成为一个经典图纹。这种借代方式的运用，在怀素堂雕花中比比皆是，十二月花神合农时节气，十二生肖盼人丁兴旺，二十四孝意在孝义传家，鱼跃龙门、文房四宝、状元及第则是"学而优则仕"的恰当表达。另外，还有一组生动逼真的骏马雕刻，据传是因建房主人生肖属马。其他像鹤鹿同春、竹报平安、榴开百子、喜鹊登枝等题材的雕刻，也各尽其妙，不一而足。

总体来说，怀素堂无论是外观轮廓还是内部结构，无论是远望还是近观，都不愧为一幅优美的立体画卷。因此，怀素堂近年新增了一个名字：深澳民居博物馆。

据《桐南申屠氏宗谱》记载，怀素堂主人自己简朴生活，对各项义举总是慷慨解囊，被人传为口碑，举为典范。

由荆善堂改建而成的"三生一宅"民宿，离咖啡店很近，在人来人往的街巷中有着闹中取静的安然。

荆善堂也是一座建于清嘉庆十四年（1809）的徽派老宅，占地面积达到了 1475 平方米，砖木结构。经历了两百多年风雨飘摇的这座古建，在设计师高民的图纸中活了过来。

这幢以"家"为出发点的民宿，从店名中就可以想见一二，在给客房取名时，设计师又将村里的那些老宅的名字借来，为客房命名：怀素、行素、蕴轩、毓秀、棣萼、九如、聚五、听彝、江南忆……随着民宿的灯光亮起，仿佛又走进了深澳村的街巷之中。

街巷之中，棣萼堂在村东侧，黄家弄东头，取名来自《诗·小雅·棠棣》。应氏宗祠怀德堂于 1943 年开始建造。怀德堂的前房厅原名永庆堂，初建于明成化十五年（1479）；重建于明嘉靖三十九年（1560）；明隆庆四年（1570）扩建，厅内有御史谢巡台所赠匾额"耆祥"，后人就称扩建后的前房厅为耆祥堂，又称新厅；2006 年大修。

属于深澳村周家的风林堂，有个故事流传至今。据传周家的小伙周金根与近邻荻浦村申屠自沛的女儿结婚当天，迎亲的人等了很久也不见新娘下楼上花轿，这可把新郎急得不得了。原来，新娘与自己的父亲杠上了，她要讨一张田契作为陪嫁。父亲一时犹豫，女儿便以不上花轿相要挟。几个回合下来，父亲拗不过，让女儿挑了一张离公婆家较近的良田地契。之后，女儿才心满意足上了花轿。嫁到周家后，能干的申屠氏使得周家的家境更上一层。在这个故事里，父亲的宽厚包容了女儿的狡黠，使得这场冲突有了一个好的结果。

古老的深澳村，在靠西的后朱弄和东侧深澳老街的中间，数条弄堂曲折蜿蜒，它们是徐家弄、新厅弄、三房弄、四房弄、周家弄，还有祠堂路、八房弄……那些有名字和无名字的小巷，和地下的深澳一样，都是这个村庄的脉络；那些清朝中后期及民国的建筑，大多是村里的文物保护单位，它们是无声的语言，默默记录着这个村庄的过去。在快速发展的今天，它们也期待着能和新生的建筑物一样，有烟火气，有光亮和谈笑声充盈每一天的光景。

让古建筑活起来，让文化资源活起来。

三、旧厅堂里新百匠

日光盈盈，洒进古老的庭院。

和忙碌的新街相比，老街的早晨安静得多，要等到游客三三两两、逐渐成群结队地从巷子里冒出来时，老街才算又迎来了新的一天。

那些游客往往是从村口大牌坊处进来，走过申屠宗祠，穿过池塘边恒德堂的过街楼。他们会惊叹于大榆树边小池塘的精致，对这一汪清水究竟是澳口还是池塘好奇不已。于是，他们或驻足观赏，拍个照片再走，或直接路过，沿着曲折的街巷继续前进。

池塘边的"木龙香坊"，主人涞南，当然，这不是他的本名，不过也并不妨碍村里人和游客以此认识他。涞南来到深澳村比较早，他和村里百匠项目的经营者宋凯一起，是最早进驻的匠人之一。

站稳脚跟后，他的父母家人都跟着来到深澳村，经过五六年的经营，合作的客户越来越多，在精研香道的过程中，生产规模也逐渐扩大。他也邀请了一些朋友来村里创业，这些从事不同行业的"80后""90后"慢慢让村里的老屋重新焕发了光彩。

成为调香师之前，涞南在城市里的大公司工作，世事如麻，在工作中要很努力才能离梦想近一点。现在，接近植物的同时拥抱自然，人间一切与气味相关的事物都成为他生命的一部分。

调香笔记77号：作品第34号，使用香料有檀香、肉桂、茉莉等。

"这阵子调了一种香，有时候会这样，没有主题，没有逻辑，随心所向地去调。我想起有人和我说她喜欢檀香的气味，像小时候喝过的豆奶。

调香 王宁摄

调香　王宁摄

那人我已想不起来是谁，却记着她说的话。我甚至不知道是哪一个牌子的豆奶，不知道我喝过没。就算喝过，是否会有同感，毕竟我不会这样形容香材的气味。既然檀香是豆奶，那就放一点肉桂吧！之前在热奶中放一些肉桂，闻起来气味很是温暖，听说是款治疗感冒的秘方。

涞南说，在这款香阴干窖藏三个月零十天后，燃之，闻之，他还是没有想起来那个她是谁。

"世上所有的抒情诗，皆以领悟到植物与人其实有着一样的命运为出发点。人类将从植物中萃取的香气喷到身上，等于是向这个世界吟诵爱的诗篇。""在地面干枯的花，花香却扬升到天上，天上也就开了跟地面上一样的花朵。"这是川端康成对于用香的最美诠释，涞南很喜欢。

在调香的日常里，他曾花一个月时间帮一个舞台剧演员完成六罐香水的制作。一罐基底香气，另五罐带有浓烈情绪的香气，分别是：喜、怒、哀、乐、痛。客人可以依照喜好与需求，从这六款香气中自行调配适合的味道使用。为这一组香水做的笔记，涞南足足写了四十八页。他也着迷于各种试验，比如两种属性不同的香药不能做成一支香，但是否可以分别点燃再将气味混在一起？他也在某个夏天，为了香的组方采购近一吨的原材料做各种试验。也有好几个礼拜的时间,他专注于思考香方的配伍,只为得到想要的某种气味。

这些年,涞南也记住了不少有趣的客人。比如有位客人在嘈杂的空间内给他打电话,却并不在乎他是否听清楚内容,只是为了倾诉。也有一位中年男人,因为闻到出门前喝的肉桂红茶的气味而走进香铺,并用"温暖美好"来形容这种气味,然后开始讲他的故事。讲完以后,他又强调了肉桂香的温暖美好。最后,他说他要回家了,和妻子和好,一起逛逛美术馆,好好过日子。涞南开车送他去高铁站,然后觉得一个人即使生活过得潦草,只要能记住美好的事物,比如肉桂的香气,一切都不算太糟。

涞南的香坊很小,前店后作,客人可以品茶闻香,也可以尝试着自己手作一款。他的哥哥、表弟和表妹都学会了制香,也会向客人介绍香铺里的系列产品、原材料、调香师,以及闻香人的故事。

2017 年,涞南合了一组命名为"北京时间"的香,这组香以古代的时刻命名,参照现代人的作息,将一天分为"晨""午""夜"三个时间段。著名诗人余光中为他题写了"食时""隅中""日尖""哺时""人定""夜分"这些时刻的名称,还写了一句"涞南,心香是道"送给他。在中国的文化传统中,万事万物皆有"道",点燃这组香,于浮世清欢,可自在观想。

游客在茶馆

过香坊、时节体验中心、葫芦店、戴公馆,然后一些人走进老厅堂边狭长的弄堂,弄堂里也有老宅院。"深澳茶馆"开在永庆堂(原名前房厅)里,天井摆了几张八仙桌,还有村里老人充当的"伙计",一客二三十元,老茶壶、收音机,

茶馆细节

老电影，越剧折子戏，几样茶点，消磨慢时光。

电影《时光正好》在这里布景、拍摄，深澳人趁这个机会将电影里的茶馆留在了现实里。这年代感十足的氛围，吸引着游客和村民驻足，也为村庄带来了流量和些许收入，更要紧的是，来的人多了，这一处院落连着附近的弄堂的人气都旺了起来。

老庄说，瓶鞍居里修瓶罐，复旧成新，内心充盈自在。

在深澳村的弄堂里，那些手艺人都有一些专属的别称，接近于老街上早年的"肉墩头老三"这样的称呼，大家叫起来会觉得比连名带姓要亲切一些。

在一群文艺青年中，边文艺边工作。老庄记得《搏击俱乐部》里有句话："我们常常做着自己不喜欢的工作，就为了买些自己不需要的东西。""不需要"对这些做文创的手艺人来说，意思更接近于"不必需"，"老庄们"的日常，就是把他们做的"不需要"作为产品卖出去。

初中毕业后，老庄没读上心仪的学校，很快就向生活妥协，父母亲没让跟着捕鱼，而是让他出去学手艺。在之后二十年左右的时间里，老庄当学徒，开店，办工厂，成家，成为父亲，日子被生活这双无形的手推着走，从小庄变成老庄，身份不断变化，一切按部就班，也算经历了人生的一场场起落。2014 年，三十六岁的青年老庄想明白了一点道理并找到了自己喜欢做的事。他说他现在的各种手艺没正式拜师学过，因此，也不太说得清他到底算是个什么手艺人。但是，老庄觉得他正好赶上了互联网的大爆发时期，网络上有他所有想学的内容，包括视频、文字。学习的过程中，他说感谢自己继承了父母亲对手艺活的悟性和较强的动手能力。

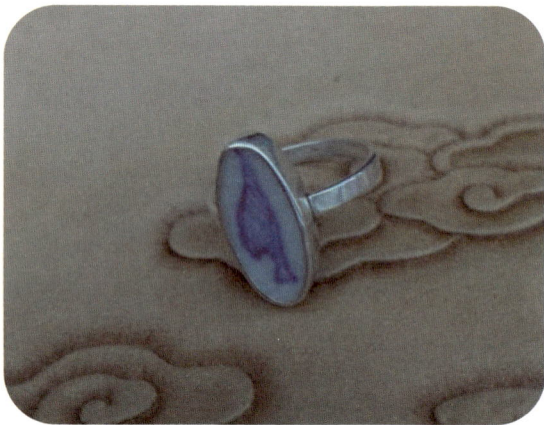

老庄的手作——戒指

老庄做的第一件手工是一个青花瓷包银的戒指，他说结婚时没给妻子买，现在亲手做一个补上，算一份心意，好歹瓷片是老的。2024 年春节到来之前，老庄在村里其他工匠的见证下，给女儿打了银珠子、穿了手链作新年礼物。

老庄来到深澳是个偶然，恰好他希望有个独立的工作室，既经济实惠，又远离喧嚣。于是，经朋友介绍，老庄很快就成为深澳百匠中的一员。

　　"瓶鞍居"工作室有个瓶形院门，前主人挂了一个"瓶鞍门"的牌子。"瓶鞍"出自明代冯应京《月令广义》中的"画门神为将军朝官诸式，复加爵鹿蝠蟢宝马瓶鞍诸状，皆取美名，以迎祥祉"。"爵鹿蝠蟢宝马瓶鞍"取其谐音，双关"爵禄福喜马报平安"。老庄想想自己做的也是瓶瓶罐罐的东西，于是直接捡来做了名字，平安门里平安居，挺好。

　　入住不久，他发现院子里的枯树竟然发了新芽，大概这棵树也感受到了春天蓬勃的生命力。

　　工作室是个小小的二层楼房，东边是金缮修复的沈逍遥，西边是剪纸的申屠美芳、张君子，在他居住的弄堂里，有着十余位来自全国各地的匠人、生活美学展示者。

　　老庄的日常：早上七点左右起床，跑步半小时，早餐之后去菜场买些简单易做的菜稍微煮下作中餐和晚餐，开始工作，中间偶尔喝点茶，一直干到晚上十点收工睡觉，然后隔三岔五往来于家和工作室之间。2023年的最后两个月，老庄赶了三场大集——杭州青竺、温州青灯、苏州本色。这些文创人口中追捧的市集，立足传统文化，关注传承与创新，强调美学体验。市集对摆摊的手艺人和进场的客人都收费，这些被收费和审美"筛选"过的客人，有很多是行家。老庄说，和他们交流，也是一个学习的过程。三场下来，效果挺好，货基本卖完，还结识了很多新客户和手艺人。

　　冬去春来，工作室门口小院里的枣树在寒风中酝酿新芽，隔壁剪纸工作室门口的香橼成熟之后掉落下来。老庄做了一套围炉煮茶的器物，偶尔呼朋引伴喝酒聊天。

　　等枣花像碎米沾满树枝的时候，老庄在深澳就满一年了。日光和灯光交替点亮小屋，老庄已经在考虑他手里的活计是否能展现出更多的可能性。

　　在深澳村的匠人中，95后的萧山人沈斌非常年轻，他的"缮物局"和老庄的"瓶鞍居"比邻而居。他来村里也快五年了，专做金缮之前是一所职业学校的教师，离开学校后最初的一段时间，他白天扛摄像机，晚上剪辑，活跃在萧山的各个文化场所。在这个过程中，他接触了茶文化，因此去学了烧窑制陶，学着制作茶具器皿。之后，在一次活动中，他不小心打碎了一件对自己有特殊意义的茶具，在尝试修复的过程中，学会了金缮这门手艺。一路走来，他说他在爱好与职业之间，坚定地选择了当下感兴趣的事作为职业，正如他自己取字"逍遥"，表达的是一种生活理想，也是对自己当下生活状态的认同。

和老庄更专注于创新和改造器物不同，沈斌把器物修复，恢复原有功能放在第一位，他说这是金缮的本心。金缮是一种陶瓷修补技术，起源于传统的锔瓷和描金。这项技术作为漆艺的一个分支在日本发展传承后又回流国内，现在的金缮也应用于对竹、木、牙、紫砂、玉器的修复。

在做金缮的这几年，借助网络和口碑的传播，沈斌慢慢地有了自己的客户圈，能养活自己和家人，也能从中学到器物及周边的知识。对沈斌来说，金缮是一种浪漫的手艺活，他的生活也因此有了诗意，这种诗意又在作品中不经意地流露出来。

沈斌最新的一件金缮活来自一位陶艺师，这位陶艺师花了四个月的时间烧制了两件青瓷大盆，不幸的是，在最后出窑时，其中一件裂成了两半。为了拯救这件除了开裂没毛病的瓷盆，他找到了沈斌做修复。修复中，沈斌足足用了一克金粉将裂缝做成了一条金色的河流，又在边上线描了山水。陶艺

缮物局

师看了之后，觉得盆体比较大，线描看起来弱，又提了修改意见。最后，线描变成了泼墨写意，青瓷盆在两位匠人的努力下变成了一件新的艺术品，非常完美。

除了青瓷盆这样相对大件的物品，沈斌也按客户要求修过一个特别便宜，售价不过三十元的杯子。主人说这个杯子大学舍友每人一个，大家约定了每年聚会都要带上，意义非凡，所以也有金缮的价值。他还修过一个唐代的罐子，碎成了近二十片的器物，靠着主人的描述，在他手中一点点复原。金缮师对器物的修复，就是在和它们进行交流对话，从而赋予它们新生。

在深澳村，沈斌和妻子倪玉璇从两口之家变成了三口之家，妻子倪玉璇是茶艺师，开了一家"以茶馆"，就是"缮物局"后面的大房子，一家人就住这里。平时，两口子分别在各自的"地盘"工作，也互相串门。村里的弄堂里有不少手艺人，斫琴师孙江云、瑜伽师邱仪琳、布艺王晓晓、水晶疗愈的周丽玲……因此串门的范围很大，大家有闲相约，偶尔聚餐，日子过得很有烟火气。

沿着深澳村的弄堂和街巷行走，三五十步似乎就能见到一幢有名字的宅院，这些宅院里住着村民，也住着外来的手艺人。常驻东梓关的斫琴师

"百匠"们的店铺

"百匠"们的店铺

孙江云在其中一幢老宅设一间工作室，王晓晓的布艺店和她丈夫于帅帅的餐馆隔街相望，布艺店的隔壁是制香师涑南的父母管理着的"自然读本"，对面是咖啡师毛毛的"民国记忆"咖啡店，周丽玲的"简初"工作室最初在涑南"木龙香坊"的对面，后来又搬到了香港人梁姐"八福客栈"的对面。而梁姐来深澳开民宿的缘由，始于她偶然来到村里旅游，又看见很多年轻人在村里创业，她便带着想开一家民宿的愿望进了村，一晃也五六年了。"葫来"主人吴芸婷夫妇已经在深澳村生了三个孩子，孙江云也在2024年龙年到来之前有了女朋友。

在深澳村，"壹佰匠"是个可虚可实，也可以复刻到不同的乡村的概念。

省级文化特派员董蒔带队在深澳村研学

深澳村研学现场

到了 2024 年，乡村"文化特派员"又作为一个新现象出现在古老的深澳村。

8 月初，深澳茶馆，一场"桐庐深澳村乡村共创设计营"的结营仪式在村里老百姓和"百匠"匠人们的见证下进行。来自中国美院的省级文化特派员董莳作为一个新村民，带着她的团队将她对村庄的观察分享给大家。

"我们精准探测乡村的核心问题和资源特色，然后调动一切可用资源，实现乡村的内在动力激活和再生。"这是董莳的目标，也是这个村庄可触及的未来。

"（深澳）乃乡村商务之中心，市面颇盛"，这句话是约一百年前深澳人周天放对家乡的评价。我们再来看看深澳村近五十年的商贸发展。1982 年，深澳村在黄山辟茶园 2.67 公顷，采摘后年产绿茶 4000 斤。当年，深澳大队免除村民农业税赋，由集体代缴。此时，深澳村有集体举办的针编织、玩具、塑胶、五金、印刷等工业企业八家，并逐渐成为"玩具之乡"，传统副业"坑纸"生产渐次消失。1985 年，深澳村利用公路七常线（桐庐七里泷至富阳常安）过境之便利，建商业新街，老街商业地位弱化。1990 年，深澳乡政府投资 23 万元，重点建设新街，建成后入驻商店百余家。1992 年，深澳村成为桐庐县四个"奔小康示范村"之一，村办企业固定资产达 500 万元，年总产值达 3005 万元，在二十世纪九十年代初期，这是乡村了不得的成绩。1996 年农历十月廿一，在过时节时举办的物资交流会上，赶集者达 10 万人，商贸交易额达 150 万元。1999 年，深澳村成为桐庐县"工业亿元村"。

时间如流水，"工业亿元村"深澳成为一个旅游村落也有十几年了。

在专注于旅游的这些年，深澳体量庞大的古建筑群、独特的地下水系、浓郁的宗族文化和民俗风情令人神往，慕名前来的新手艺人和艺术家，在深巷与清波之间开始讲他们的故事。这是一个百工进村，艺术赋能，传统文化复兴乡村，年轻人走进乡村安居乐业的新故事。

参考文献

1. 明洪武十年（1377）《桐南申屠氏宗谱》。

2. 周天放、叶浅予：《富春江游览志》，上海时代图书出版社，1934 年；上海文艺出版社，2018 年重版。

3. 周华新编著：《中国历史文化名村·深澳》，团结出版社，2022 年。

后　记

　　秋风起，草木绚烂，深秋的斑斓为江南村落白墙黛瓦、古井斜巷的美丽景致增添了几许诗意与韵味。而江南村落的美不仅在于风景，更显现于其蕴含的深厚历史文化。

　　乡土文化作为乡村社区的独特文化基因，不仅承载着丰富的历史内涵与传统智慧，更是乡村全面振兴不可或缺的文化动力和精神支柱。

　　杭州众多乡村蕴藏着充满特色风情的文化资源，不仅有文物古迹、传统村落、民族村寨、传统建筑、农业遗迹以及自然风光、田园景观等形式多样的物质文化，还有丰富的民族节庆、传统民俗、戏曲曲艺等非物质文化资源。也正因由此，我们认为对于杭州乡村记忆实有记录之必要。2023年，在中共杭州市委党史研究室（杭州市人民政府地方志办公室）领导的关心指导下，我们正式启动该项目，精心组织研究队伍并尽可能广泛地搜集史料、实地调研，经过反复打磨，本套丛书即将付梓出版。

　　回望历史，更是对当下的关照与对未来的展望。留住"正在消失的乡愁"的同时，希望通过我们的努力进一步传承弘扬中华优秀传统文化，助力乡村振兴。

　　限于时间要求、资料缺乏和撰写者的主观能力，本套丛书还有不足之处，我们衷心祈盼各界人士能不吝指教。

本书编者

2024 年 11 月

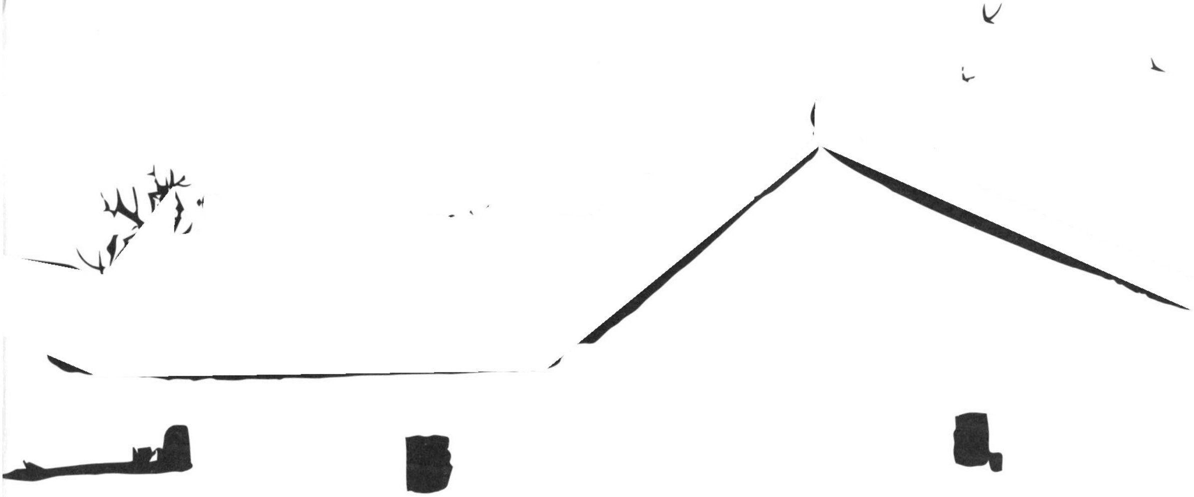

心安吾乡：杭州乡村记忆

隐世村落寻

3

◎ 魏丽敏 著

最忆杭州
杭州市人民政府地方志办公室

杭州出版社

图书在版编目（CIP）数据

心安吾乡 ：杭州乡村记忆 . 3，隐世村落寻 / 魏丽敏著 .

杭州 ：杭州出版社，2024.12. -- ISBN 978-7-5565-2645-1

Ⅰ . I25

中国国家版本馆 CIP 数据核字第 2024763V48 号

目录

闲上山来看野水——建德市乾潭镇胥岭村

胥岭村是邵家村下辖的十个自然村之一，位于建德市乾潭镇西北，地处建德市东北部，距离镇政府驻地约十二千米。胥岭村坐落于海拔四百余米的山坳里，四周群山环抱，千层梯田从山脚直伸岭尖。人少而清幽，是典型的江南山乡古村落。

胥岭历史悠久，文化底蕴浓重，因春秋战国时期的吴国大夫，军事家、谋略家伍子胥途经此地而得名。胥岭村风景优美，是华东自驾游基地和杭州著名摄影基地，被评为华东油菜花十佳观赏地、浙江十大人文古道、杭州市十佳古村落等。

胥岭村　丁修禄摄

唐朝诗人韩翃说："归舟一路转青蘋，更欲随潮向富春。"富春江以自己独特的美吸引着世人的目光，多少文人墨客用尽一生才华，似也没有写尽它的美，画出它的魂。世事变迁，这条默默流淌着千年的水系，载着多少人的梦继续滋润着这方土地。所到之处，不时激起流转千年的回响。作为富春江风光精华的七里泷，它所环绕的乾潭镇所营造出的美不止风景，更是激荡千年的文化。行至水穷处、坐看云起时，经七里泷，再到位于云端的胥岭村，是多少人的心之所向。

一、入碧水留香江岸

从杭州主城区出发，告别热闹与喧嚣，一路向西，约两个半小时以后，这个远离尘世、隐匿在大山之中的古村便出现在眼前。村口一块巨大的石头上，刻着清晰的"胥岭"二字。胥岭村主体位于半山腰，虽见写有"胥岭"二字的大石，但距离古村其实还有很长一段路程。

距离乾潭镇街上二十千米的胥岭村，属于建德市的偏远山村。四周被高耸入云的群山环抱，这些山峰如同天然的屏障，守护着这片土地，同时也为胥岭村带来了一份独特的宁静与安详。尽管春日的胥岭村不再萧肃，但工作日的清晨依旧显得有些宁静甚至冷清。漫步在村中，偶尔可以看到几个田间地头劳作的身影，他们或是低头耕作，或是抬头远眺，与这片土地融为一体。在胥岭村，古朴的民居错落有致地散布在山坡上，青瓦白墙，古朴典雅。这些民居大多都有着悠久的历史，承载着胥岭村世世代代的记忆与故事。走在村中，随处可见的石板路、古道、流水，都仿佛在诉说着这个古村的过去与现在。

估计很多读者并不知道，这个深藏于群山环抱之中的胥岭村以及它附近的地带，与春秋时代一个赫赫有名的人物有着不解之缘。这个人，就是吴国的大夫、杰出的军事家伍子胥。伍子胥，名员，又名负，字子胥，是春秋末期吴国大夫、军事家,以封于申,也称申胥。他性格刚毅,足智多谋,是吴国历史上不可或缺的人物。而胥岭村,正是因为伍子胥曾经造访而得名。

2023年初,因写作需求,我开始研读《孙子兵法》,了解孙武的生平,同时另一个人也成为那段时间里我最熟悉的陌生人,他便是伍子胥。他曾只是历史课本里的人,或者是与"一夜白发""倒行逆施"关联的主人公,不曾想我会为之惋惜与心痛。而这个冬日,我竟开始走着他走过的路,忽然想若他当初选择隐世而不是介入朝廷,结局必然会不同。但历史不能假设,同时那也不是他的心性。

公元前559年,楚国太子太傅伍奢家诞生了其第二个儿子,即后来的著名军事家伍子胥。虽然出身士大夫家庭,但因楚国乱局,其父伍奢被诬陷并失去申辩机会。楚国权臣费无忌建议楚平王除去伍奢家族,以绝后患,楚平王同意。楚平王欲诱捕伍奢之子,伍奢知二子性格,料伍尚会来而伍子胥不会。伍子胥劝说伍尚一同逃亡,但伍尚坚持尽孝。伍子胥射杀使者逃脱,伍尚则被捕。伍子胥逃往吴国,被楚平王通缉。在昭关,他遇到神医扁鹊的徒弟东皋公,虽得其庇护,但家仇未报使他焦虑到一夜白头。在东皋公帮助下,他逃过关隘,却被大河阻挡。伍子胥绝望之际,幸遇艄公助其渡河,艄公虽然认出了他,但仍助其逃脱。

很多人对这一段历史极为熟悉,知道伍子胥渡的是长江。但在建德的传说中,他渡的河变成了新安江的支流,位于七里泷的上游。七里泷,地处富春江—新安江—千岛湖国家级风景名胜区的中段,穿乾潭镇而过,是富春江风光精华所在。据《辞海》记载:"七里泷,一称七里滩、七里濑。在浙江省桐庐县城南十五千米。富春江两岸山峦夹峙,水流湍急,连亘七里,故名。"[①]富春江七里泷以水道闻名,是连接金、衢、严、徽、杭五府的

---

① 《辞海》编辑委员会编:《辞海(修订稿):地理分册·中国地理》,上海人民出版社,1977年,第420页。

咽喉要道。

　　这并非是历史的误读，而是伍子胥在建德的这段历史并未被世人过多传播罢了。伍子胥来这里不再是为逃避追兵，而是为了实现自己的抱负，寻找能够施展才华的舞台。此地群山连绵，悬崖峭立？"三里一危湍，五里一急壑"①。为什么传说这里是伍子胥渡河之处呢，这其实很容易理解。伍子胥是在建德最早留下痕迹的历史名人，建德人对他有一种特殊的情感。在建德特别是在乾潭一带，一直流传很多关于他的故事，还有很多地名与他有关。如果将整个建德比作夜空，那与伍子胥有关的地名等就犹如漫天繁星，数之不尽。建德境内，关于伍子胥的传说在千余年前的宋代就基本定型，特别是还有宋代的《严州图经》和《（景定）严州续志》两本建德最早的方志加以佐证。但要知道，哪怕是宋代，距离伍子胥生活的时代也相差一千六百多年，传说和史实肯定有偏差。不过伍子胥在建德境内生活过一段时间的确是事实，比如现在乾潭镇政府所在地曾经就叫胥村，是伍子胥待过的地方。也因此这条从北岸汇入七里泷的溪不知道从何时起，被称为胥溪也并非毫无缘由。

　　当时中华文明主要在黄河流域，江南地区多山，且人烟稀少，属蛮荒之地。隶属吴国的建德没有行政机构。伍子胥逃到这里，不仅意味着安全，也意味着他终于可以喘口气了。但渡过河的伍子胥最终的目的地是吴国首都姑苏城。他虽躲过了追兵，但距离目的地还有很长一段路程，特别是长时间逃亡之后，他的身体已经处于严重疲劳状态。

　　建德人范树标老师曾为了考证伍子胥在建德的一些活动轨迹，特别进行了考察，写有《寻访伍子胥》一文，发表于 2008 年 8 月 9 日的《今日建德》。他在文中提及伍子胥在歌舞岭的传说。逃出韶关后，伍子胥翻山越岭至此，见景色开阔，人迹罕至。他认为已经安全，遂抽剑载歌载舞，正得意时，

---

① 语出绍兴郡守王吉武《自睦州至新安四百里路，并溪滩急湍，奔溜上水为艰，舟行积日即事杂述》。〔清〕任风厚、吴士进、吴世荣修纂，杭州市人民政府地方志办公室整理：《清光绪严州府志》（下），方志出版社，2017 年，第 1376 页。

忽闻林中有人高喊，提醒他歌舞为时尚早。伍子胥被白发老者的话吓到，但见其神态威严，料想此人不凡，于是收起剑，虚心求教如何取信吴王和治理吴国。

老人指引伍子胥去一山洞，随即化作清风离去，只留下一行脚印。伍子胥感激仙人相助，抚摸脚印并遥拜致敬。后来，此山被称为歌舞岭，脚印被称为仙人足，至今可见。这一点在《景定严州续志·卷九》中有载："英烈王庙：在县西南四十五里分水乡歌舞岭。相传谓子胥避难于此，喜而歌舞，后人因以名岭。庙左有小池，旧云与钱塘潮候相应。"① 方宽《严陵赋》中也有"歌舞兮，庆伍员之更生"一句。②

胥岭山洞

伍子胥遵循仙人指引，历尽艰辛到达一处世外桃源。虽然环境宜人，但缺乏食物成为他面临的大问题。他在山路上休息时，因劳累和风寒昏睡过去，此时一位樵夫发现并唤醒他，带他到附近山洞休息并给他水喝。伍子胥直觉洞内必有玄机，进洞后发现是一间石室，内部陈设虽简陋但齐全，适合居住。伍子胥在石室内发现石碗竟然自动冒出热气，喝茶后感到清爽，放下石碗后，石桌上出现"天书"二字及清晰文字。伍子胥边看边念，心情愈发激动。

伍子胥读完石桌上的文字，不一会字迹消逝，新文字随即出现。他全

---

① 方韦编著：《严州史话》，天津古籍出版社，2008年，第324页。
② 浙江省地名委员会编：《浙江地名简志》，浙江人民出版社，1988年，第84页。

胥岭山顶

神贯注地阅读并记录，生怕错过一字。身为名门之后，他受过良好教育，但天书内容广泛，包括天文地理、教化理财、农耕战争等，甚至详细标注了吴楚的关隘，让他不敢放松学习。

这天书仿佛为伍子胥量身定制，助他实现抱负。他在洞中不停研读，食物与热茶也会自动出现。不知过了多久，天书终于读完，他信心满满地走出石洞，感觉时间已过很久。因天书最后一行文字指引他"躬耕胥村，访求民情，安邦定国"，所以伍子胥便决定在村中寻找住处住下。后人将石洞所在地称为胥岭，石洞为子胥洞，村庄为子胥村，泉水为子胥泉，还建了一座供奉伍子胥像的英烈王庙。

胥岭、歌舞岭，两地相距不到五千米，分别占据山的南面与背面，两者之间有相通的山路，曾是分水通往严州府的古道。现在石道上依旧可以看到保存完好的青石板，想来伍子胥上胥岭时，这里应当还是蛮荒之地。

伍子胥读完天书，走出山洞时天已大亮，他带着露水前行。不久之后，他就感到饥肠辘辘。好在遇到一位老者，他讨食后得到剩饭剩菜。伍子胥道谢后便向老人打听村中何处有容身之所。此地后来被称为早午岭，因为他在此提前吃了午饭。伍子胥偶遇的这位老农，心地善良，得知其身份后即邀请他到村中居住。

没有几日，伍子胥无意间在富春江边发现一块布满青苔的大石，长约丈余，形如船舶。他轻轻拭去大石上的苔泥，上面竟有预测天气的文字。结合天书内容，他预测次日为晴天并有东北风。本来当地连续多日阴云，于处于芒种期的农事极为不利。虽然村民渴望晴天，可对伍子胥预测还是深感疑惑。次日，阳光无遮无挡地洒落在大地上，微风拂面，也拂走了人们对伍子胥的疑惑。从此，他们对伍子胥的才智和见识更加佩服。伍子胥的博学多才赢得村民尊重，他乐于解答村民问题，从农业新手变为专家。尽管生活惬意，他始终不忘抱负。

伍子胥在胥村住了三个月，后此村被命名为胥村，在《严州图经》中关于胥村也有记载，曰："相传伍子胥尝逃难抵此，后以名村。"[1]胥村前流经的溪为胥溪，胥溪流经之地称胥源，胥溪入江的地方叫胥口，从胥岭到胥口，沿途建了七座英烈王庙祭祀他。《严州图经》记载："英烈王庙，在胥岭，盖伍子胥别庙。旧不载祀典，南宋绍兴九年（1139）因修《图经》，考正本原，取吴山本庙封爵名之，岁时遣官致祭焉。"[2]庙内有报春花一株，相传为伍子胥手植，今别庙遗址尚存。

除夕后，春汛来临，伍子胥与村民告别，村民们送他至渡口，即今之子胥渡，石壁上有"子胥渡"的摩崖石刻。此地江面宽阔，环境幽静，古道曲折，又名"胥江野渡"。

后人有诗云："胥江野渡水潺潺，两岸青山映碧潭。烟波浩渺无穷尽，

---

① 浙江省地名委员会编：《浙江地名简志》，浙江人民出版社，1988年，第84页。
② 浙江省地名委员会编：《浙江地名简志》，浙江人民出版社，1988年，第84页。

云霞缭绕入云端。船只往来频繁渡，鸥鸟飞翔自由欢。山林幽静闻鸟语，清风徐来水波间。"可见当时，此地的风景也是极美，如今这里更是新安江十景之一。七里泷的游船路线中，从严子陵钓台到子胥渡口这一段便被称为"子胥峡"，全长约十二千米，是富春江小三峡中环境最幽深、风景最秀丽、游览线路最长的一个峡谷，峡中两山拔水而起，两岸峭壁嵯峨，河道蜿蜒曲折，水流清澈纯净，青山倒映水中。每当夕阳西下，落日余晖洒落江面，将其染成金黄色，分外美丽，是不可错失的一段旅途。

伍子胥乘船，沿江而下，直到富阳新登那边才上岸，现在，那里还有个村叫胥口村，据说就是伍子胥上岸的地方。伍子胥上岸后，走陆路一直北上，直奔吴都姑苏而去。此后，他为吴国称霸立下汗马功劳，也报了自己的杀父杀兄之仇。无论历史对其如何评价，但他确实是一位伟大的军事家、谋略家，他在建德留下的传说也会一代代地传承下去。

在胥岭村这片古老的土地上，伍子胥的传说流传千年。他以其卓越的智慧、坚韧的信念和不屈的精神，成为胥岭村人民的灵魂象征。村民们敬畏他、怀念他，甚至将他的名字作为村庄的命名，以示对他的敬仰和纪念。而在这片土地上，还有一个同样引人注目的家族——陈氏家族。他们一代又一代地扎根于胥岭村，默默地奉献着自己的力量。陈氏家族的人们以农为生，以地为家，他们用勤劳的双手，将这片土地耕耘得肥沃而富饶。

在伍子胥离去一千两百多年后的一个冬天，准确来说是南宋淳祐四年（1244），一对来自钦堂谢田的陈氏兄来到已荒无人烟的胥岭打猎。时过中午，饥肠辘辘的两兄弟在山间的一块平地上挖了一个土坑，生火烤年糕吃。吃完，他们想着下次过来可以省点事，于是就拿石块把火坑封好，带上猎物回到谢田。

第二年的正月，这对兄弟再次来到胥岭打猎。时值中午，两人便寻找上次的土坑，准备生火烤年糕吃。好在冬日，植被生长缓慢，他们很顺利地找到了土坑，并取出石块。神奇的一幕发生了，他们发现土坑里的火竟然还在燃烧。兄弟俩震惊不已，但还是拿出年糕烤制。吃过烤年糕，他们再次把土坑填上石头，带上猎物回家。回到家，他们便将此事告诉了父亲。父亲沉思片刻，便说道："这说明那地方地气旺，如果择为人居之地，必然家兴人旺。你们兄弟俩谁愿住到那里去呀？"哥哥陈乾一贯疼爱弟弟，于是开口说道："那地方山高地荒，要经过开辟方可居住。弟弟年少力薄，不如让我去吧。"

事不宜迟，待到开春，陈乾带着些许生活用品和吃食就独自一人来到胥岭，此时的胥岭荒无人烟，杂草丛生。他就地取材，砍树捡石在那个火坑旁搭了个茅棚，暂时居住下来。然后他开始清除杂草，开垦出一小块土地，种下山粮，又踏遍山前山后，寻找到水源，引流灌溉。最终他在山坡上开出了几片水田，然后种上水稻。看天吃饭的农民，只要是风调雨顺，收成也不会差。陈乾的运气很是不错，这一年的天气状况特别照顾他，无论是山地杂粮，还是水田里的稻谷，全都获得了丰收。陈乾留够一年的粮食，就把多余的粮食背回老家孝敬父母，补贴弟弟。

慢慢地，胥岭在陈乾的勤劳开垦下，开始有了一丝烟火气息。几年之后，陈乾也到了婚配的年龄，在父母的张罗之下，陈乾娶妻生子。他将大儿子送回谢田交给父母，让父母完成承欢膝下的心愿，也让孩子替自己承担奉祀祖先的任务。夫妻二人带着小儿子一起开辟胥岭，日出而作，日入而息。经过一代又一代人的辛勤耕耘，胥岭也终于有了村庄的模样。所以，现在胥岭陈氏都是陈乾小儿子的后裔，而陈乾也自然成了胥岭陈氏的始迁祖。

山清水秀的胥岭村，宛若人间仙境。这里不仅有千年历史，更有深厚的文化底蕴。村子虽不大，但却有着完整的传承体系。陈氏族人深知，只有知识和文化才能让一个民族、一个村庄真正强大起来。陈氏后人在下村建有一座陈氏宗祠——仁亲堂，另有敦善堂、聚贤堂等多座分祠，它们不仅是陈氏族人寻根问祖的精神家园，也是胥岭村文化的重要载体。陈氏先祖虽是务农出身，但他们重视教育、注重文风，秉承"耕读传家"的古训，村口除了英烈王庙，还有一座文昌阁，是陈姓族人读书之处。陈氏后人也没有辜负祖辈的期望，历史上也是名人辈出。比如十世孙陈朝柱曾任把总，负责京城的治安保卫工作，其后人现都住在北京。十七世孙陈载章是太学生，官至山东济宁州同知。

陈氏一门流传更广的还得是他们的品行。明万历年间（1573—1619），陈家出了一个著名的"陈大善人"。

"陈大善人"真名叫陈宗政，郡庠生（庠生，古代科举制度中的一个称谓，指在府、州、县学的学生员，也就是明清时期通过科举考试成为秀才的人）。他本人极善理财，家境颇为富裕，最难能可贵的是他乐善好施。大凡修桥铺路、济贫救危，他总是捐钱捐物，从不含糊。某一年，江南大旱，导致农作物歉收，灾民流离失所，朝廷的赈济款与救济粮又没有办法第一时间落实，严州知府虽马上自救，但奈何巧妇难为无米之炊，为此忧心不已。陈宗政不忍乡亲受苦，毅然拿出家中库存的粮食，救济灾民。知府感念他的义举，将此事上报朝廷，万历皇帝也感动不已，特下旨褒奖，旌为"义门"。

陈宗政也将这份善念传了子孙后代，村前的"胥乐亭"就是他的嫡玄孙陈梦桔捐资修的。陈梦桔也特别善于经营，而且为人正义。有一次，主要经营木材生意的陈梦桔误将人家的木材当作自家的木材卖了，赚了一大笔钱。过了一段时间以后，他发现自己弄错了，十分后悔。想将钱还给对方可是又找不到人，但这笔钱他无论如何都不能占为己有，于是便决定将这笔钱用于慈善事业，造福乡里。事后，他还特意将子孙们叫在一起，郑重地交代大家不义之财绝不能得。

康熙皇帝光复台湾时，陈梦桔拿出一百万两白银作为朝廷军费的补充，此举得到了康熙皇帝的嘉奖，于是，"陈百万"的美名便在严州一带流传开来，并广为传颂。陈梦桔的行为也影响着他身边的人，他的同族兄弟陈梦通也捐了十万两白银给朝廷，故而得名"陈十万"。陈家后人陈名洪等更是把善事做遍州府内外。陈宗政的义举，为陈氏一族赢得了"义门"的美誉，在后人的添砖加瓦之下，"陈义门"的声誉更是愈传愈远。

历史的车轮在胥岭村这片古老的土地上留下了深深的痕迹，逐渐展露出其独特的存在。伍子胥的传说如同不灭的烛火，照亮了村民的心灵，引导着他们前行。陈氏后人们以勤劳的双手，将这片土地耕耘得绿意盎然、五谷丰登。他们的双手，如同神奇的画笔，将胥岭村点缀得如诗如画，吸引着无数游客驻足流连。他们的故事在胥岭村的上空回荡，回荡在每一个角落。它们不仅仅是传说，更是胥岭村灵魂的一部分，渗透在每一个村民的心中，传递着它的独特魅力。

二、青砖黛瓦岁月痕

传说伍子胥在寻得天书后，一边走一边写："以粉砌成墙，时历五二二，北面有障关，西面有门户，安得安，碾陡陌岭，胥知极乐，是乃兆；忆及乡里乡亲，草木望春者，代农者耕田，故名胥氏。胥岭之地，亦安矣。"意思是，这是一处世外桃源，所有人都希望能在这里生活下去。

他的这份认证与祝福的确得到了延续，如今的胥岭村依旧保留着世外桃源的美好与宁静，而散落在梯田间的房屋，以及一个个面带笑意的村人无一不是在传递幸福的信息。带着这份祝福在此繁衍生息的胥岭村人，也在点点滴滴处展现着他的影子。比如村中有着为纪念伍子胥而建或命名的胥峰亭、子胥桥、胥乐泉。而最让他们骄傲的是，乾潭"伍子胥传说"于2023年1月成功入选第六批浙江省非物质文化遗产代表性项目名录。这一切，仿佛为这座古村注入了新的生命。

胥岭一年有两个时段最美，一是油菜花盛开的春日，被金黄覆盖的世界，层层梯田上的油菜花如同金色的海浪般翻滚，一幅绝美的春日画卷。另一个时段是冬日的雪后，山村的每一栋房屋、每一片树叶、每一块石头都被雪轻轻包裹，犹如一片仙境，是另一种不可言说的纯净之美。只可惜

胥岭山间风光

此次的胥岭之行错过了它最美的季节，暮春时节，绿意浓烈，每一个角落都弥漫着勃勃生机，美得让人心醉。事实上胥岭原本就足够美，美得不分四季。

每逢雨季，毫不吝啬的雨水为整个山村注入水汽，在阳光光临此地之前，其温暖的光芒尚未完全驱散清晨的凉意，胥岭便迎来了一个如梦如幻的时刻。升腾的水雾如轻纱般缥缈，轻轻地笼罩着整个山村，将胥岭装扮得如同仙境一般。远处的山峦、近处的民居，都在水雾的掩映下若隐若现，仿佛置身于一幅水墨画中。

随着时间的推移，阳光透过白云洒下，云雾散去，一条贴着山体腹部蜿蜒而上的千年古道便渐渐变得清晰，它向上一直延伸，直至隐匿在白云生处。这条古道即为胥岭古道，自胥岭下脚至胥岭山头，全长约五千米半，是一条比较高的山岭小道，以前是从严州府到分水县的必经之路。胥岭古道的起点海拔140米，而经过胥岭最高点时已达海拔604米，穿越胥岭古村落。整条古道沿着山体小溪弯弯曲曲缓缓而上，路基主要是石板和石头铺面的台阶，显得古朴而自然。这种设计不仅适应了山地的地形，也使得古道在历经风雨后依然保存完好。沿着这条衢州通往南京的千年古道慢慢前行，感受着伍子胥曾经走过的这条路，他寻觅那个山洞，而今人则寻觅心中的"桃源"。静谧的石板路，仿佛在为这个重要的历史传说铺设一条通往过去的时光隧道。每一步踏上石板，仿佛能听到历史的回声，感受到伍子胥传说中的英雄气息。这样的氛围让人不禁想要深入古村，探寻更多关于这个传说的故事和细节。

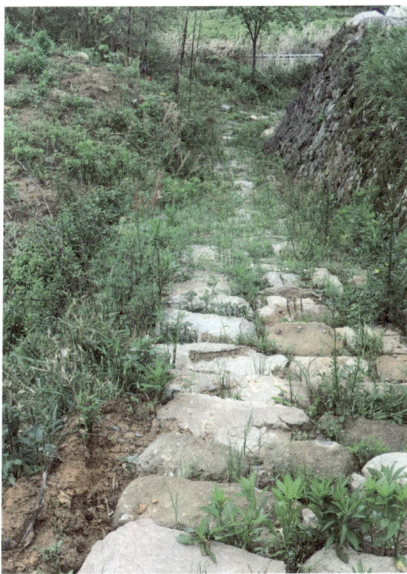

胥岭古道

胥乐亭

由古道入口开始，沿着古老的青石板路蜿蜒向上，约莫走过三百米的距离，一座小巧玲珑的古亭子映入眼帘，它静静地矗立在路边，与周围的自然景观融为一体。这座亭子设计简单，白墙、黑瓦配以灰石，古朴典雅，以砖石结构为主，显得坚固而耐用。绿树掩映着黛瓦，相得益彰。走近亭子，可以清晰地看到亭子上方雕刻着"胥乐亭"三个大字，字体古朴、苍劲有力，给人一种历史的厚重感。这三个字不仅是亭子的名字，也是胥岭村的重要标志之一。它见证了胥岭村的历史变迁，也承载着当地人民的情感和记忆。

大约是古道穿亭而过，所以亭子两侧皆刻有亭名。亭外山花烂漫，亭内幽静阴凉，两侧设有简单的木凳，可为过路者提供休憩。亭子虽没有太多的古韵，但亭内的石板透出岁月的痕迹。亭内的一侧墙壁上刻有《胥乐雨仓一亭合记》，讲述修建此亭的过往。年久失修的胥乐亭已于1930年坍塌，而眼前所见则为2016年重建的。据说原亭子的柱上有两副对联，一副曰："庐中客过名犹在；亭畔人归气自豪。"此联以胥乐亭为背景，巧妙地结合了庐中和亭畔两个元素，表达的不仅是对历史和文化的传承，也是对未来和希望的期许。另一副则曰："灵洞传莱真胜地；幔亭开处即仙家。"寥寥数字，便将此地描绘成了一个神秘而超凡脱俗的地方，通过描绘灵洞和幔亭这两个元素，暗示通往仙境的入口和路径。

　　胥岭风光旖旎，置身岭上，借助高海拔的优势，举目远眺，没有任何遮挡的视线可以将胥岭村尽收眼底，也可以将远处的山林纳入眼帘。沿着古道而行，与散落山间的子胥茶园不期而遇。它带着时间流逝的痕迹，静静地隐藏在此。这里盛产的茶叶，外观呈现金黄色，形状匀整、紧实，色泽光亮，酷似金黄色的金叶，因此得名黄金叶。口感醇厚，入口顺带有甜的味道，茶味浓厚，滋味爽，回味悠长。在进胥岭村之前曾偶遇一大片茶园，那一朵朵金黄的嫩芽在光的照射下，犹如一片开着黄花的海洋，让我误以为是油菜花田。此番错过花季的遗憾，也被它的色彩给填满。临时起意，摘了一篓子，友人将为我用古法炒制，我等待着他把属于胥岭的滋味贮存起来。

　　在梯田茶园的小坡上，隐

黄金叶

蜂桶

藏着几个神秘的小木桶，好奇地凑近，微弱的嗡嗡声从中传来，仿佛有什么生物在其中忙碌着。直到看清那一个个繁忙的小身影——原来是蜜蜂啊！这些木桶，竟然是一个个蜂桶。在这样的秀美里采摘着大自然的馈赠，酿出的蜜该多甜啊！

拾级而上，几株巨大的香樟树映入眼帘，也便到了胥岭村真正的生活圈。大树枝繁叶茂，绿意盎然，它们的树冠高耸入云，如同一座座绿色的宝塔，静静地守护着这个古老的村落。老树历经风雨，身上也留下了时间的痕迹，它们的皮层犹如经历岁月沉淀的古城墙，呈现出深邃的褐色，散发着淡淡的清香。这些香樟树不仅为村子带来了绿意，更是村民心中的神灵，象征着生命的旺盛和家族的繁荣。每当炎炎夏日，村民们便会聚集在树荫下，享受那份清凉与宁静，谈论着家常，分享着彼此的喜怒哀乐。

除香樟树外，村口还生长着一棵树龄高达三百余年的黑壳楠，它树叶阔大，黝黑发亮。古树们枝条伸展自如，仿佛是一条条展开的巨臂，既保护着古村，也欢迎着四方的游客。叶片轻轻摇曳，发出窸窸窣窣的响声，像是在诉说着胥岭的故事。树下阴影中，隐约可见岁月的痕迹，每一道裂纹都记录着它们与村子的不解之缘。

沿着古道上坡蜿蜒前行，一座横跨在村中溪流之上的石拱桥吸引了所有的视线，它便是子胥桥，与周围的自然景观和古老建筑相得益彰。子胥桥是该村的标志性建筑之一，位于胥岭村的中心区域，连接着两岸的居民和历史。子胥桥以独特的设计和坚固的结构而著称，整体由巨大的石板和石头精心堆砌而成，桥面宽敞平坦，似是为了容纳下村民们的欢笑与闲聊。石板经过岁月的打磨，变得光滑而温

村中拱桥

润。传说伍子胥在村中时看到村民们过溪艰难，心生同情，于是为村民们设计了这座桥梁。站在桥上，可以感受微风拂面，听到溪水潺潺。

踏进胥岭村的这一刻，似乎就将自己放慢了，缓步缓行，耐心地等待着阳光将迷雾一点点拨开。古道两旁，村中古朴的民居呈梯田状排列，疏密有致，高低错落，有些分布在山脚，有些位于山腰，甚至还有些浮在云端，它们的距离在春天会被油菜花填满。让人分不清山村的主角到底是油菜花还是那些白墙黑瓦的民居，两者相互映衬，相得益彰。

村中道路上下相连，左右贯通，且全用大小不一的山石砌成。踩在其上，很有踏实感。居高临下，雾气随风移动，时而稀薄，时而厚重，在它没有聚拢的间隙处，隐现着它的美。一层层从山脚到半山腰分布的村庄，红屋顶、黑屋顶、蓝屋顶、白墙、黄墙……鲜艳的颜色点缀着它们的美，屋前屋后的梯田错落有致，真有些许布达拉宫之韵。古道沿着山体蜿蜒而上，春天时两旁盛开着金黄色的油菜花田，犹如行在画中，美不胜收。

幽幽古道，青青瓦房。民居作为古村的重要组成部分，承载着世代相传的家族记忆和故事。千年的岁月流逝似乎在这里暂停了。墙壁上斑驳的石块和木质的门窗，仿佛是时光留下的印记，见证着居民们的欢笑和泪水，记录着村庄的兴衰历程。胥岭村民居以传统的江南水乡风格为主，注重细

节和装饰，大多采用传统的木结构建筑形式，以青砖、木材和黛瓦为主要建筑材料，营造出一种清新自然的感觉。房屋的结构简单而牢固，屋顶覆盖着青瓦，显得古拙而典雅。它们不仅是人们生活的场所，更是胥岭村历史文化的见证。

　　没有太多世俗的侵扰，让小村保有自己运行的节奏。虽然是有着两千五百余年历史的古村，但也依然逃不过当地年轻人逃离的宿命，如今的胥岭村也只留下几十户年迈的老人还守着自己的祖屋。但这些年，又有一群逃离城市的年轻人将它作为一个栖息之所。想来在此驻足的游人时常会为离开而惆怅，所以山村里渐渐有了民宿，让小村显得不那么孤寂。暂停奔波的脚步，在此小住几日，在清晨的鸟鸣声中醒来，闲庭信步。它们的存在，让我这样的闯入者有了栖息与温饱之地，纯正的野菜和甘甜的山泉让食物回归到本真。

　　山间树木林立，成片的竹园也是胥岭村的重要成员。正是竹子生长的旺季，嫩绿与翠绿、深绿相间，它们的色彩让我对生命有了不同层次的理解。山间清风悠游，竹叶沙沙作响，心灵仿佛得到了净化。

　　一路上行，来到岭尖处，只见"胥峰亭"，而未见传说中水质清澈见底的"小天池"。倒是不远处有一个人工挖掘的小池塘，池塘内大约是人工养殖的蛙群，真切地感受了一次"听取蛙声一片"的意境。望着脚下这片土地，脑海中忽而闪现1974年的冬天，中国科学院古脊椎动物与古人类研究所和浙江省博物馆的专家在建德市李家镇新桥村乌

胥峰亭

龟洞里发掘出一枚古人类的牙齿化石及大量古脊椎动物化石。这枚人牙化石被中国科学院正式命名为"建德人"化石。这是在浙江省境内首次发现的"新人阶段"的古人类化石。从此，浙江的历史一下子往前推进了四万多年，建德也成为浙江历史的源头。这片被青山绿水青睐的土地，到底还埋藏着多少不为人知的秘密呢？

古朴典雅的胥峰亭，外观是传统中国建筑风格，但以石材为主要建材，且是略带红色的石块，呈现出独特的外观色彩，在青山绿水间显得特别醒目。屋顶采用歇山式，两面坡顶，不见传统的覆盖青瓦。胥岭古道穿亭而过，亭子内部两侧建有水泥砌成的长凳，可供游客歇脚、赏景。外墙上并没有任何的字体标注其身份，而"胥峰亭"三字被刻于内部的墙体之上，左右小字标明此亭是胥岭村村民于 1990 年秋建造的。返璞归真，没有过多的装饰和雕琢，但这种简洁赋予了它一种纯粹和自然的美感，真当是天然去雕饰。

紧挨着胥峰亭有一棵并不粗壮的青松，被鹅卵石堆砌的花坛呵护着。虽不知其历史，但想来待它长成，也可为胥峰亭遮风挡雨，带来点点凉爽。

据说，与胥峰亭隔水相望处原有一座"永福庵"，又称伍相庙。永福庵的历史可以追溯到宋朝，整体建筑以木结构为主，风格古朴雅致。庵内供奉着伍子胥的塑像，曾是当地村民进行宗教活动和祈福的重要场所。遥想这里香火鼎盛的模样，每逢初一、十五，都会有村民前来上香祈福，祈求家庭平安、五谷丰登。只可惜，1958 年时，为了满足当地农业灌溉和防洪的需求而建造胥岭水库，永福庵被拆除，现在只剩下永福庵遗址作为历史的见证。遗址中残留着一些古老的建筑构件和石刻，这些都是永福庵历史的见证。庵旁的那棵古银杏还在，历经了数百年的风雨洗礼，依旧傲然挺立，展现着它坚韧的生命力。树干高大而粗壮，树皮上布满了岁月的痕迹，仿佛在诉说着一段段遥远的历史。每当行人经过此地，都会被它那沧桑的身姿所吸引，驻足欣赏，发出由衷地咨嗟。每年秋天，金黄的叶片挂满枝头，

"芳垂梵宇"碑

古银杏

水库

为这片土地增添了一抹别样的色彩。银杏树下立着一块透着古韵的石碑，最上端的四个小篆体依然清晰可辨，为"芳垂梵宇"，底下的小字部分已经有了风雨侵蚀的痕迹，如今有些已模糊不清，无法辨认。站在水库边，可以感受来自山谷的清新空气，以及湖面波光粼粼的微醺。四周树木挺立，犹如天然的屏障，守护着这片神秘的天地。

永福庵遗址边上，据说曾立有一块界碑。这块界碑不仅仅是一个地理标志，更是胥岭村与周边地区历史和文化联系的见证。它矗立在胥岭之巅，

伍子胥纪念馆

南侧是建德，北侧则是桐庐。站在界碑前，向南望去，可以看到建德的青山绿水；向北望去，则是桐庐的秀美风光，可以清楚地看到歌舞岭。它犹如两座城市的守护者，默默诉说着两地之间的故事。而我立于此，却并未发现它的身影，不知道是否是因为此处正在改造。

告别胥岭返程，偶遇章家村，这个小村落宁静而古朴，仿佛时光在这里静止了流淌。令人惊讶的是，车来车往的道路旁竟然还隐藏着一座伍子胥纪念馆，也称子胥庙。该纪念馆成立于2011年，占地面积约三千平方米，建筑面积约六百平方米。庙宇的规模初看并不显眼，而一旦踏入其中，便发现内部的精致和神秘，而且香火极为旺盛。一进又一进，优越的纵深让伍子胥的点滴在这里展露无遗。庙堂内供奉着各种伍子胥的塑像，神情庄重而肃穆。四周的墙壁上还挂着一些关于伍子胥的历史故事和传说的画像。香烟缭绕，烛光闪烁，仿佛是伍子胥的英灵在其中游走，守护着这片土地和他的信仰者。宋代世人黄庚曾写有《子胥庙》一诗：

伍相祠前云气昏，奔吴心事与谁论。
怒涛夜半翻江月，疑是忠臣一片魂。

通过诗人描绘的伍子胥庙前的景象，可以想见当时香火的鼎盛。虽然它只是一座小庙，但却承载着村民们对伍子胥的深深敬仰。

浓郁的香火味仿佛与那些柴火绘就的炊烟相互吸引着，融为一体，弥漫在胥岭的每一处。

无论是胥岭村上空袅袅升腾的炊烟，还是子胥庙内香烟缭绕的香火，它们都会一直升腾，升腾，仿佛有着无穷的生命力。这些烟雾与香气，随着微风轻轻摇曳，逐渐扩散，融入了蓝天白云之间，直到将这片土地完全地与天融合在一起。那一刻，仿佛整个胥岭村都被笼罩在了一层神圣而庄严的氛围之中，仿佛这片土地已经与天地相通，成就了一处地上的仙界。

在这个仙界中，时间仿佛变得缓慢而深沉，每一刻都充满了神秘和魔力。在这样的意境之中，我仿佛看到了伍子胥的英灵在云端游走，他注视着这片他守护的土地，脸上洋溢着欣慰的笑容。而胥岭村的村民们，带着伍子胥当初的祝福，在这样的仙境中生活、劳作、欢笑……未来，胥岭村的村民们与伍子胥的英灵共同守护着这片土地，延续着它的生命与故事，让它在岁月的长河中熠熠生辉。

三、花海深处有人家

位于海拔八百多米的胥岭村，村内气候冬暖夏凉，是天然的避暑胜地，而它的春天也总是来得晚些，但也长些。当别处的春天已经在为告别而感伤时，胥岭村的春天还在如火如荼地上演着。

春意盎然，植物成长的声音在黏稠而潮湿的江南风雨中呼啸，行走于山水间，一切显得如此生机勃勃，正是出行的好时节。踏春之旅便在暮春的微风中开启，山川萦绕出的栖息之地延绵不绝，人类在这里繁衍生息。

胥岭村建在半山腰上，村后是高耸入云的水石岗，其主峰海拔九百四十二米。此山虽高，但山体以花岗岩为主，加上植被良好，水源非常丰富，全村人的饮用、灌溉之水，全来自从这座山上下来的山泉，水石岗也因此得名（另有一说是"石水缸"）。从远处看，水石岗拥有神奇的外形，从远处看，它像一尊大佛，其右手山体则形似雄狮，左手山体一直延伸到村前，成为整个村庄的照山，且形似象鼻，一狮一象，有狮象守门的格局，对村庄形成回护之势。

四月的美，从来不是文字可以企及的高度，是大自然馈赠给人间的珍品。暮春的绿总是显得极为耀眼，野花在山间开到荼蘼，错过这个时间，等待它们的就是未知的来年。

四月是属于花的，它的美是花的功劳，因着花的点缀，春日才有了五颜六色的缤纷。如果在春日赏花，油菜花是不可或缺的主角，四月初的胥岭村农田中随处可见的黄色如繁星点缀在绿布之上，不似粉嫩的桃花娇媚，也不如牡丹富贵，还不如樱花般浪漫，它只是农作物的一种，但它能在花的海洋中占得一席之地，它可以不出挑，可以不起眼，但总能让你在春季想起它的存在。见过了百亩如雪般覆盖大地的杭白菊，成片争奇斗艳的郁金香，甚至还见过漫山遍野的野生杜鹃花，但胥岭村那铺满梯田的油菜花依旧有着它独特而致命的吸引力。

宋代刘彤《临江仙》中说："难禁三月好风光。满阶芳草绿，一片杏花香。"古人的农历三月，换算下来也是约等于我们常说的四月。虽没有闻到那一片杏花香，但空气里透着泥土的清香。前一日的雨，将山村清洗得更加清亮，但蒸腾的雾气也将它包裹了起来，虽似仙境，但却挡了它的真容，只能静待时间的流逝。

胥岭村的美，梯田的存在无疑是不可或缺的一笔。它们如连似带，从山脚盘旋而上，层层叠叠，错落有致，为胥岭村增添了无尽的魅力。

陈氏后人依山筑田，引涧水而灌溉之。一代又一代的胥岭人在村前村后筑起了一丘又一丘的梯田，成为远近少有的壮观景象。这些梯田在修筑时可谓不易，要依山而开，所以有的窄，有的长，有的宽，有的斜，大小不一，形态各异。据说当时有个好吹牛的农夫，号称自己一天能耕田五十丘，要知道丘跟亩可是不同的，丘也是量词，指的是用田塍隔开的水田，没有固定的大小，在不同的地区，一丘的面积也会有所不同，在江苏、山东等地，一丘等于十五至二十亩，而在河南、四

胥岭上方的梯田

川等地则更是高达五六十亩，而在胥岭，它的换算面积就更加神奇，因为大小总是变动。

胥岭村外的人一听，就觉得农夫吹牛。其中有人看不惯，想将农夫的牛皮戳破，于是叫嚷着眼见为实。农夫见拗不过，于是便将那人带到胥岭，让他亲眼看看自己是怎样一天耕五十丘田的。农夫从早上忙到傍晚，累得筋疲力尽，那人也开始到田间去点数，可点来点去只有四十七丘。农夫心生羞愧，准备认输。可当他拿起蓑衣时，发现蓑衣底下竟然还有一丘田没耕，于是就重新套上牛轭，只一会儿工夫，就耕完了。可数量还是不够，于是他又拿起笠帽，只见下面还有一丘田，于是再耕。随后，他拿起汤布（旧时男性农人劳动时所用的一块布，多为白色，也有蓝色的），果然看到下面还有一丘田。这下子，五十丘田就凑够数了。从这个故事可以看出，胥岭的田有多小，而当年在这里开荒创业时有多么艰难。而这些艰辛开辟出来的农田也成了胥岭人的宝贵财富，珍贵异常。

在春日的暖阳下，这些农田显得更加珍贵异常。阳光下，农田里的庄稼显得格外生机勃勃，绿意盎然。每当春天来临，胥岭人便开始了繁忙的农事活动。他们忙着播种、施肥、浇水，期待着丰收的到来。在他们的辛勤努力下，这些农田不仅产出了丰富的粮食和农作物，更成为胥岭村的一道美丽风景线。

阳光似乎格外眷顾这个小村，阴沉的天空逐渐撕开了一道口子，然后越来越大，将春日的暖阳一点点照射进来。气温也逐步升高，厚重的春装在阳光照射下已无法在身上停留半刻了，远处山间的雾气蒸腾上升，犹如仙境，待它变得稀薄，面纱揭起，露出被遮蔽的面貌。人们拍照，它却调皮地跟人捉着迷藏，调好镜头，它遮蔽了眼前的屋舍，恍如置身云海，当游人从镜头背后无奈抬头，它又快速逃走，让游客得以观看眼前的美好。也许这样的美，只能靠眼去捕捉，再好的镜头都不能完全呈现。时间推移，人间烟火也加入了这场嬉戏，炊烟袅袅，天上人间。

　　待雾气全部消散，这个神秘的小山村也逐渐露出了它的全貌。虽然错过了花期，但卸去花朵孕育果实的梯田油菜也渐渐展现出全貌，将千层梯田层层覆盖，从中不难想象那时是如何震撼的盛景。因着梯田的缘故，让视觉有了延伸的错觉，仿佛没了边界。可以想见盛开时那鲜艳、纯粹、色彩饱和的油菜花在这里怒放着身姿。风一吹，这片油菜花海看起来一定会像一潭倾泻而下的瀑布，流淌不息。而那涌起的层层金色波浪，仿佛就是大地的呼吸。飞舞的蜜蜂们会忙碌地穿梭在田间，蝴蝶自然也不甘落后，翩翩起舞。阳光洒在小村，也照在花田之上，油菜花变得熠熠生辉，散发着生命的光芒，它将黄染成了金，像是大地的金色织锦，细腻而富有质感。蓝天白云映照下的这片金黄终究要将人心俘获，男男女女都甘愿诚服，快门摁个不停。山间点缀着有几株盛开梨花和桃花，让油菜花海更添了几分活泼与生机，也让春天的美有了具体的形象。虽未亲临，但照片与视频的记录，让这份美有了些许想象的空间，只盼着来年的春日可以早日来临。

　　当下一个春天的脚步轻轻踏进这个海拔四百余米山坞里，它们便会被金黄的油菜花填满，金黄与绿色交叠，仿佛是大地的锦绣华服。当夏日的烈烈阳光临此地，沉浸的胥岭村多了一份肆意弥漫的孩童欢笑声，这才是老人们眼中最美的风景。而秋天的胥岭村，稻谷飘香，果实累累，金黄一片。到了冬季，银装素裹的胥岭村，显得宁静而圣洁。四季更迭，每一个季节都有它独特的色彩和风情，而袅袅升起的炊烟始终是胥岭村永恒不变的风景。四时三餐，朴素却也是追求，或许那

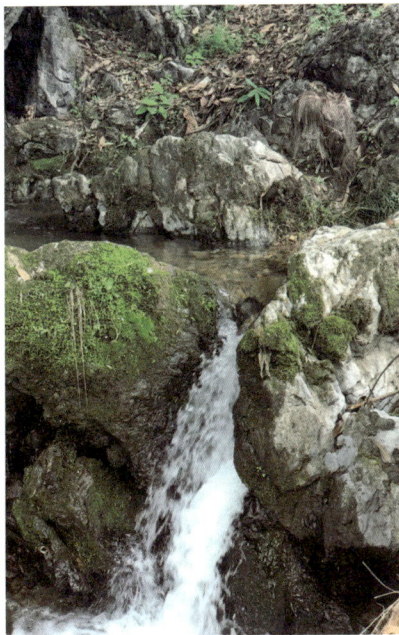

溪流

才是生活的真谛。

胥岭村还有一个值得观看之处，那就是溶洞。水石岗那形似象山的前山，其山体与后山大不相同，全为石灰岩。而且胥岭有着五百多年的地下循环水，长年不断。这些水常年侵蚀着山体，故而古道的两侧山体多溶洞，除了前面讲过的子胥洞外，据说还有竹鸡洞、金栗洞、狮尾洞、玉泉洞、胥乐洞等天然溶洞，这些溶洞形态各异，与地表的喀斯特地貌及枯藤古树一起，形成了一道道美丽的风景。古人有诗云："峭壁巉岩辟洞天，此中小住即神仙。几排棋局飘金粟，石扫松花吸玉泉。火炬拨开寒蝠舞，钟声警醒蛰龙眠。桃源佳处无多共，一片桑麻遍陌阡。"

有些溶洞深不可测，目前尚未开发，让人颇为遗憾。特别是传言已久的"三奇"，已吊足了多少人多少年的胃口。其实这所谓的"三奇"就是胥乐洞内有一股神奇的泉水，在天气越干旱，泉水越多；春天的味道清甜，冬天凉爽凉爽；对有病的人，喝了就好了。当然这也并非是凭空设想的，这一切还得缘起那首《胥乐洞》，诗云："胥乐泉水传春秋，伍员猎兽剑凿壁；剑出汩汩清泉流，恨之痛饮解饥渴；天降圣灵助神力，扶越开拓传英名；从此甘泉流不息，代代相传颂'三奇'"。

胥岭有着充沛的水源，但遇到干旱，这些要靠天吃饭的农户们还是会心慌害怕。现在他们在海拔六百米处建有一个五万多方的水库，但在以前，遇到不够用水的旱年，全村人还得向老天求雨。

求雨的方式主要是两种。

第一种称为"行香"。就是选一大汉撑一把特大圆纸伞在前面走，身后跟着吹鼓手，吹吹打打来到"英烈王庙"。而后将伍子胥像抬出来，在十几个手拿点燃的香及红、绿、黄旗的人的护拥下，到附近几个村轮流巡游。每到一个村，都要在村中吃一餐饭才能返回。不管烈日骄阳有多厉害，参加"行香"的人都不能戴笠帽，以表达对雨的渴望。

另一种方式是"求圣水"。村民们先在村中祠堂设一神台，然后全村男女老少都到神台前参拜。挑选出四个身强力壮的汉子，吃过晚饭后，就洗澡换上干净衣服，备上干粮、香烛及一只用来装"圣水"的毛竹筒，趁着夜色立即出发，经罗村翻过狮峰岭，再从大洲直到淳安铜岭山后的仙姑洞，前去取"圣水"。取完圣水便往回走，要在第二天傍晚时分赶回胥岭。等候在祠堂的村民会将"圣水"恭恭敬敬地摆上神台，全体村民再次统统下拜，虔诚高念："求仙姑娘娘显灵，下一通雨……"之后众人散去，等待下雨。

深山老村，白墙黛瓦，高山梯田，十里花海，百尺翠屏，千年记忆。峰峦叠嶂，佳木成荫，云雾缥缈，宛若仙境。行在古村小半日，我惊喜地发现，折磨了几日的喉咙痛在这样的早晨离我远去，空气里爆表的负氧离子让我的鼻腔有了前所未有的舒适感，似乎能闻到空气里的甘甜，润润的。

脚边杂草轻抚，山间野花妖娆。正在我有点气喘时，路遇一个劳作后归家的长者，扛着锄头，脚步轻盈，问他累吗，他笑着答曰不累，许是习惯了这样地来回。我目送着那个背影渐渐远去。举目远眺，山上的烟火气渐浓，日出而作日入而息的规律在这里想来还是适用的。

时光流转，季节更迭，胥岭村仿佛承载着伍子胥的祝福，静静地按照自己的年轮运转。夕阳渐渐落下，将最后一缕余晖毫无保留地献给了胥岭，为小村再镀上一片红。回身而望，绿波轻摇，像是在与我挥手告别。老屋静立，早已见惯生离死别的它们终究是沉稳的。袅袅炊烟再度升起，看似仙境，实则还是充满人间烟火。这样美的山村，在夜幕降临下，估计也会被漫天繁星眷顾吧？只可惜我没有留下过夜的行程，只能将浩瀚星空留在想象里。

参考文献

1.《辞海》编辑委员会编:《辞海（修订稿）：地理分册·中国地理》，上海人民出版社，1977年。

2.顾志兴主编:《江上自古多才俊——三江两岸历史人物》，杭州出版社，2013年。

3.沈伟富:《风起江南 烟雨春江》，文汇出版社，2022年。

4.《建德市志》编纂委员会编:《建德市志：1978—2005》（中），浙江人民出版社，2010年。

5.浙江省地名委员会编:《浙江地名简志》，浙江人民出版社，1988年。

6.中共建德市委党史和地方志编纂研究室编:《建德一村一故事·第一集》，西泠印社出版社，2022年。

7.杭州美丽河湖编委会编:《杭州美丽河湖》，西泠印社出版社，2019年。

8.〔清〕任风厚、吴士进、吴世荣修纂，杭州市人民政府地方志办公室整理:《清光绪严州府志》（下），方志出版社，2017年。

悬崖峻岭小村藏——建德市寿昌镇石泉村

　　石泉村位于建德市寿昌镇西北，距镇政府驻地约六千米。村委会驻枫树底自然村，辖石泉源、竹坪、羊路岗、里新源、苦木坞、山坞田坑、平坦畈、里珠坝、馒头山脚、高塘坪十个自然村。东至大慈岩镇李村村，南接金桥村，西邻陈家村，北依更楼街道骆村村。主要出产稻谷、茶叶，兼营柑橘、蚕桑等。

　　石泉村迄今已有两千多年历史，语言主要是吴语金衢片（寿昌话，少部分是衢州话、江西上饶话），村里百分之九十左右人口为叶姓。村庄历史悠久，保有建德市城乡目前保持最完整的唯一的一处古城墙，还有古庙、古桥、古樟树等古迹，拥有建德市非物质文化遗产"路调十番锣鼓"等。2019 年 6 月 6 日，石泉村被正式列入第五批中国传统村落名录。

石泉村航拍图　寿昌镇人民政府供图

　　"一见杭州误终生"，上有天堂，下有苏杭。自古以来，杭州就让无数文人墨客"折腰"。秋至金风吹万里，杭城的桂花如约而至。秋日午后，溺在如蜜般的甜里，静静地择一把长椅而坐，感受阳光的拥抱，品味那份慵懒的悠闲是何样的奢侈呢！若能再配以绝美的自然风景，又该是何等的享受呢！

　　都说江南没有"秋天"，永远都像水墨画般，淡然幽静。但杭州的秋别有一番韵味，人们常说"一入秋，杭州就成了临安"，因为杭州的秋，是藏在岁月里的温润和美好。就像雨后的龙井，需要细细品味。小桥流水、亭台楼阁、古刹寺庙这些常规的装点再佐以花香四溢，满城金黄，让人梦回南宋的临安城。而杭州的美从来不拘泥于主城区，远郊及所辖县市乡村的美景更是与之争奇斗艳、相得益彰，位于建德的石泉村就是这样一个秀美的村庄。

一、石上泉流泉上石

　　寿昌镇是浙江西部千年古镇，省级中心城镇。"寿昌"二字，取的是"受命于天，既寿永昌"之意，拥有一千八百多年历史，是名副其实的千年古镇，素有浙西名镇的美称。石泉村位于寿昌镇东北八千米处，旧属寿昌县二都一图，时称石泉源。提及"石泉"二字，总不免让人想起王维《山居秋暝》中"空山新雨后，天气晚来秋。明月松间照，清泉石上流"的诗句。石泉村过去也的确有一位叶姓秀才，

石泉村

他写本村景观的诗中就有"门对双溪水，清泉石上流"之句，显然是脱胎于王维之诗。在百度输入"石泉村"三字，竟然显示有三十一个结果，光浙江就有杭州桐庐、湖州长兴、湖州德清以及杭州建德四处，可见"石泉"作为村名的受欢迎程度。

不过建德这座千年古村的"石泉"二字，其实有自己独特的来历。

来到寿昌，抬头便能看到远处屹立着一座拔地而起的高山，连绵起伏的山体上树木葱郁，宛若一道连绵逶迤的屏风，自东北向西南延展十多里，看起来就像是它将周边的小村庄紧紧地揽搂在怀中，悉心呵护，是一道天然的屏障。1930 年陈焕、李钰、陈举恺纂修的《寿昌县志》中将这座山称为"大山"，并称："大山，在县（寿昌）东南十五里。该山长形，蜿蜒约十余里，起脉于小坑，与黄铜山相接，巍巍高大，为全区诸山冠。现已大半开辟，栽种杂粮及桐、茶、竹、木，附近居民赖以生活者，不知凡几。"[1]而石泉村就在这座"大山"的怀抱之中。

大山北麓的铁山湾下，有一酷似龙门之地，民间称之为"小龙门"。一泓清泉从龙门上倾泻而下，日积月累，水滴石穿，跌落处也不知道在何时形成了一个宽约五尺，深约两尺的深潭。这个深潭是被从岩石上下来的

水冲出来的，因此当地人称其为"石开渊"，也称"石渊源"。

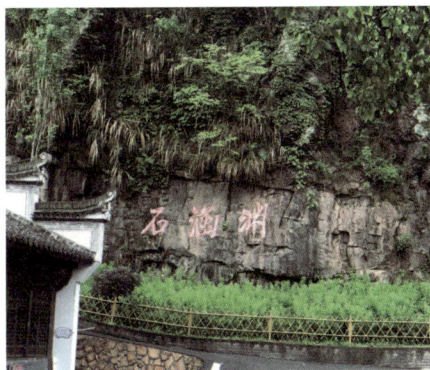

石涵渊

因为"渊"与"源"同音，而且"源"有源头和源远流长的意思，所以书面就写作石开源。由于整个村隐于群山之中，源于村后海拔六百多米的阴公岩大岗的双溪穿村而过，清泉波巨石，

---

① 吴觉农编：《中国地方志茶叶历史资料选辑》，中国农业出版社，1990 年，第 95 页。

石泉溪

泉清以明镜，"石开源"后又衍变成"石泉源"（方言称"石涵渊"），直至简化成"石泉"。这便是"石泉"一名的由来。只可惜其中一条小溪因为发展经济需要而被掩埋，只留有一条"石泉溪"孤单地奔腾着。

《建德县地名志》则这样解释石泉村名的由来："村口有条小溪，溪中横卧一块岩石，好似一道小水坝。溪水经坝而过，清澈如泉，故名石泉。村在小溪上游，遂名石泉源。"[①]

石泉村，三面环山，是一个宁静古朴的山中村落，风光秀丽。汩汩流淌的石泉溪溪水，为静谧的古村增添了一份灵动。循着石泉溪来的方向前行，两边的农田里弥漫着作物成熟的味道，与不远处的青山相映成趣。得益于独特优美的自然环境，石泉村盛产高山茶。在海拔五百多米的高山上有成片的茶园，土地肥沃，又无污染，十分适宜有机茶的种植。石泉村早在 2004 年就成立了石泉茶厂，把好山好水好空气产出的茶叶加工包装，送往全国乃至世界各地。

临近这个古老的村庄，还未到村口就有一道奇特的风景映入视线：一堵自北至南全长 150 余米、宽 6.25 米、高 4 米的城墙，全用大石砌成，上面长满青藤，连着两边的山丘。城墙始建于隋朝年间（581—618），是石泉村先辈们根据石泉村的山形地貌依势而建，南到山脚，北至溪边，看起来就如一条防洪的堤坝。这是建德市城乡目前保存最完整的唯一的一处古

① 建德县地方委员会编：《建德县地名志》（内部发行），1985 年，第 267 页。

城墙，也是石泉古迹的一部分，更是石泉宝贵的历史文化遗产。它见证着人类社会的兴衰演变，也为石泉增添了一道美丽的自然景观。

古石墙

这段石墙除了具有传统的防御外敌功能外，其建造还与一段传说相关。如果从空中俯视石泉村，可以看到左青龙——屏篷山，右白虎——阳博山，正面馒头山的布局，尤其是石泉村外三面有五座小山坡，呈放射状排列，分别是前田山、象鼻山、前山、大栗前山和屋后山，它们紧紧拱卫在村子的四周，似五马前来上槽，或者五马奔槽（位于城墙外向前第四坵田称"马槽坵"）。当然也可以看作是从五个方向伸向村庄，因此有人说，石泉村是一个五马同槽的风水宝地，于是演绎出一个"神马吃料"的传说来。据说，在城墙没有建起来之前，每天清早都会有一匹神马到村外的田里偷吃庄稼。看着珍贵无比的庄稼被糟蹋，村民们心疼不已，就决定用大石块垒起一座石墙。神奇的是，石墙建成之后，这匹神马就真的再也没有出现过，田里的庄稼也就不再遭受损失。自此之后，茶山青翠，水果、农作物生长茂盛，每年都是五谷丰登。为此石泉村民郑以耕写下一首《题石泉古诗》，来描述石泉得天独厚的环境：

天井云横隐隐，石泉派衍清清。

舆梁迢迢锁烟村，庙宇重重永镇。

山势嵯峨列翠屏，岚光滴滴四时清。

并间自是真花卉，不是丹青笔下生。

五马奔槽毓秀，双溪会聚钟灵。

土塍环绕木欣荣，万载帡幪胥庆。

诗人用细腻的笔触展现了一个美丽而宁静的乡村世界，从中也可以看出这堵石墙对于石泉村人来说的确是意义非凡。当然，传说不止一种，后文有详载，此处不赘。

在这堵经历了千余年、已有些斑驳的石墙上长着五棵参天的古樟树，均为建德市古树名木。据说原是七棵千年古樟树，后一棵毁于雷击，一棵毁于人为。现在城墙上的这五棵古樟树，其实也不是当年的古树，而是村民在五百余年前种下的，如今也是枝繁叶茂，高大雄俊，挺拔苍翠，形同巨伞，随着时间的流逝，它们更加地郁郁葱葱，展现出勃勃的生机。远观，它们就如同一队守卫，默默守护了村庄几百年，如今已是石泉村的绿色屏障和镇村之宝，是石泉村历史兴衰的见证人。为了更好地保护它们，石泉村人不仅用鹅卵石沿着那五棵千年古樟所露出的根部专门做了方圆不同的花坛，修建了

古树

青石护栏，还在花坛里覆盖上新鲜黄泥，种上牛毛草，令人赏心悦目。

历经风霜雨雪，石墙早已是破败不堪，内外墙体有些已经倒塌，残缺不齐，严重影响了城墙的牢固性和观赏性。于是在2009年，村里花费巨大的人力与物力，历时四个月时间对古城墙进行了修缮。为了保留古城墙的风貌，匠人们将城墙所倒塌的地方仿照原城墙的石块砌成原样，用硬石由城脚到城面全部重新砌置，成为一条新的墙体，此后又有多次复古式的修缮。

城门

经过修缮，如今展现在人们面前的是恢复原来雄姿模样的石墙，墙体缝隙中生长的杂草，又为它增添了几分古韵。先人把城墙作为防御外来干扰和安村抚民的屏障，而现在村人则在城墙内新建了一处健身活动场所，使古城墙又增添了新的功能，焕发出新的活力。当闲暇时静坐此处，听秋风轻抚樟树，发出窸窣之声，烦躁会瞬间扫落，令人进入大音希声之境。

石墙的北头连接着一座城门，这便是石泉村的进口，白墙黛瓦。香樟树繁茂的枝叶，宛如天然的绿色天幕，已将门楼的顶部悄然掩映。在微风的轻拂下，香樟树的叶子轻轻摇曳，门楼上"云峰耸翠"四个大字若隐若现。拱门两侧挂有对联一副："城防曲清泉；慢享踏幽石。"寥寥几字便将石泉的美与悠闲展现出来。这是一座可供人、车出入的城楼，人们日常进出，必须经过此地。为方便村民们日常劳动时间歇脚和路人躲雨避风，过道的两侧砌有水泥长凳，所以城门又称城头凉亭。在过道两侧，墙面成

村子唯一的出入口

为展示石泉村历史文化的画廊，挂有石泉村历史、古建筑、古石桥、传统工艺以及自然盛景的图文介绍，可以让初来此地的游客对古村有一个初步但全面的了解。城门另一面的门楼上题有"环曲锁千秋"几个大字。二十世纪七十年代前，城门不直通，有"不进城门不见村"的说法。随着时代的发展，避世的需求转向发展的需要，1980年时，为方便车辆的进出，改直通成现状。

城门北侧的石泉溪奔腾不息，在溪流之上用大石板铺成的平台上现有一座古色古香的建筑。整体建筑设计简洁大方，线条流畅，风格古朴典雅，给人以庄重、沉稳之感。此地原建有一座"观音阁"，当地人称水口庙。它与城门紧紧相连，既是城门又作庙堂，充分体现石泉人之聪颖。古人为此阁题有《经庙晨钟》诗：

观音庙阁驾神泉，寂静重门锁碧烟。

钟磬声终山月落，居人起舞太平年。

虽然古庙已不见踪迹，但如今的这座仿古建筑代替庙的位置，与北侧的高山紧紧相连，山体之上还有"石涵源"几个红色大字。两侧高山之间的空隙被古城墙、城门以及古建筑填满，形成了独特的防御体系。古时，遇到战乱，只需将城门关闭，便能换得村人的一时安好。如今，古城墙、古樟树、古庙等共同构成一个完整的村口景观体系，也被称为石泉村村口文化景观。这些总占地面积高达一千七百平方米，现为建德市（县级）文物保护单位，对研究石泉村村史和叶氏家族历史具有较高的史料价值。既有实用性，又有观赏性，是石泉一道美丽的景观。

石泉村历史悠久，相传始建于隋朝。村中居民以叶姓居多，叶姓家族居此已有九百余年。但一开始将此处作为落脚之地的并非叶氏族人，而是在群雄逐鹿、兵荒马乱的隋朝末年时逃难至此的李姓和夏姓两族人。这里远离行政中心，又有高山作为天然的屏障，更有小溪作为生活的源泉，于是他们便在此落脚，并慢慢建起了小村庄。他们比邻而居，过着简单而淳朴的日子，一直相安无事，特别是到了唐朝，天下变得太平，两族也兴旺了起来。

很多人能共患难却不能共富贵，两个在世人眼中本来应该是相互扶持的家族，却在日子好转以后变得不再淳朴善良、睦邻友好，

石泉村村口文化景观

而是慢慢有了矛盾甚至冲突。特别是李姓在唐代成为尊贵的"国姓"后，家族发展变得更为迅速。不过他们虽然财运亨通，生活富裕，但子孙在仕途上却没有什么建树。当初李家在村中挖了一口井，井水如牛乳一般，故取名牛乳井，传说只要饮用此水的人，就个个身强体壮，力大如牛。为此李家人规定取水的时间，每次使用完毕就会用两块千斤巨石覆盖其上，从来都不许外姓人取水，这自然引起夏家人的不满。夏家与李家不同，他们有注重耕读的家风，人才辈出，连出七个进士，远近闻名。古时候士农工商，做官的地位最高，商人地位则极为低下，所以夏家难免有些趾高气扬，而李家的嫉妒之心也一点点积累起来，两家人时常会为一些小事争执，甚至斗殴，恩怨越积越深，甚至居住地的分界线也变得日益清晰，双方都有将对方驱逐出村的念头。

据说有一天李姓家族的人偷偷去找风水先生，希望能破了夏姓家族的风水。风水先生来到村中，详细查看地形之后说，居于村口西天山脚下的夏家立屋之处，是个母猪形，是孕育人才的格局。如果要破解，就必须破母猪的腹部，让其灵气尽泻。李家人听完，立马来了精神，详细请教破解之法。大约在公元615—620年，他们就借口御敌，建起了一座城墙，以保护村子。狡猾的李家人怕被夏家人发现端倪，于是先说建在外面，可这样一来，连带着夏家也在围墙之内，夏家自然是不肯的。殊不知这一切正中李家的下怀，他们顺势就将那堵墙建在了村中间，将两族的房屋隔开，只围李家一族的房屋。等到围墙建完，夏家才知道这一切并不是李家所说的只为保护村子这么简单，整个围墙是精心设计过的，外厚内薄，东宽西窄，长度略现弧形，看起来就好像一把大刀，而"刀尖"直指夏家家园的腹部。李家还在城墙中段内外两侧各挖池塘一口，一口是盛猪血的木盆，一口是烹猪毛的木桶。也有将墙内的称为血盆，墙外的称之为水盆。

不仅如此，这城墙上还种上七棵樟树，代表七星，故名七星刃。在"刀柄"的部位筑一座城门，供自己人进出，但又设计为弯曲之形，内侧筑有一墙，名曰挡财墙，有财不外流之意。西面设有一门，出入墙门必须拐弯，按易经五行（即木、火、土、金、水五种物质）之说，西方属金，有日进斗金之吉利。城门边上跨溪再建一座水口庙俗称（城头殿），内塑观音、关公等菩萨七尊，祈求菩萨保佑一方的平安。庙下建有一座拱形石桥，桥身虽不大，但胜在工艺精良，虽已经历经千年风雨洗礼，但仍能保持原貌。村中万亩土地的水聚集后均经由此桥下排出，流入血盆和水盆。

据说，这座城墙建好后，夏姓家族就再也没有出过人才，而还在当官的也接连犯事，夏家从此开始衰弱，直至消亡（有一种说法是迁到兰溪去了），村里便只有李姓一族了。

李家一家独大后，按照他们的设想本该是过得顺风顺水，但事实是他们并没有因为夏家的衰败而转运。在此后的岁月里，他们田地里的庄稼常有灾害，外出做生意也总是亏本。传言是因为祖辈们的行为损了阴德，所以都报应到子孙身上了。

时间回到唐朝末年，黄巢兵败路过石泉村。村里人因为害怕，关上城门，拒黄巢起义军于村外。黄巢本就因兵败而一肚子火气，虽然不敌郭子仪等人的大军，但对付几个手无缚鸡之力的山野村夫还是绰绰有余。于是，他们没用多少兵力，就将城池攻破，起义军一下子涌进村里，没多久就将李姓人全部杀光。现今，当年的挡财墙早已因生产、生活需要而被拆除，原"刀把"部位的城头殿也已改建为仿古式亭台，当时的两口池塘更是作为村民灌田使用，城内外血、水两盆也早已被填平改田。不过还是有些许遗迹可循，当地的村民称神马食料之田为马槽丘，而城墙外的夏家遗址已经成为一块良田，但村里人还是一直叫"夏园"，虽然仅是一片菜地而已。

黄巢起义军流传在石泉村的故事不止一个。当时，为了躲避官军的追捕，他们登上海拔六百多米高的来龙山，占领制高点。在吃饱饭，轮流休息的同时，还不忘把刀磨得飞快，砍下树木，制作成滚木作为武器，时刻准备迎接前来追打的官军。于是，石泉村前的山上便留下了黄巢的磨刀

靠近丛林处便是夏园

石。炎热的夏天，身体的水分流失得更快，看着饥渴无比的士兵们，黄巢也急得不行，他无处发泄情绪，气得一脚跺向地面。结果神奇的一幕发生了，他竟一脚跺出一个大坑，变成了一口井。随即，甘甜的泉水就汩汩而出，解了士兵的口渴之急。黄巢的部队就靠着这一泓井水，坚持了下来。关于这口井，在《建德县地名志》中这样记载："黄巢井位于陈家公社（陈家公社在乡镇撤并中并入寿昌镇）石泉村，海拔六百九十米。"[1]最后，黄巢指挥军队打了几个反冲锋，将官军打得落花流水，大败而去。

黄巢的到来，让原本幽静的山村一时弥漫着浓重的刀光剑影，繁忙的身影不再出现在田间地头，一个山野小村就这么被世人渐渐遗忘。但队伍在"大山"上晃晃荡荡地行伍时留下的马蹄痕、磨刀的磨刀石，以及那口神奇的黄巢井都被永远地留存下来，倒也值得前去探寻一番。

这样的宝地自然不缺赏识之人。远在唐贞元年间（785—805），晋中大将军叶硕之裔、叶氏第三十九世孙、官拜礼部侍郎的叶礜的长子叶彦璠，娶夫人徐氏、袁氏后，生有九子。叶彦璠位列三公之一，官至正一品，与太尉、司徒同掌国家大权，协助皇帝管理国家。府中任用幕僚及奴仆六十多名，平时他不以位高权重而自傲，而是亲善待人，与他们相处如家人一般。叶彦璠带领家人从杭州西山迁居睦州城。五代后梁开平三年（909），袁夫人又带领九子分迁寿昌各地。其中四子叶承超迁居寿东一都湖岑。

转眼间，时间又来到北宋宣和元年（1119），北宋末年著名的方腊起义爆发。为躲避战乱，叶氏后人叶文广、叶文通兄弟，带着族人由湖岑迁徙至石泉，建居发祥，距今已有九百余年的历史。为此，该村无名氏写有一首《题石泉古诗》：

> 石泉源派湖岑裔，徙址宣和膺运时。
> 辟址驮公为始祖，繁荣子姓本同枝。

这当是对石泉叶氏历史的准确记述，此诗被固定在叶氏祠堂中厅的柱子上。

来到石泉后，叶姓族人对石寨墙进行了重修，也改动了风水格局。在几代人的努力下，石泉村的叶氏家族人丁逐渐兴旺。后来，叶文通的后裔迁到新叶村，成为新叶村叶氏始迁祖。而留在石泉村的叶氏族人就在这里默默地繁衍生息，经过几百年的发展，随着人丁的不断增多，村坊也有了相当的规模。

二、精雕细琢传千古

清澈的泉水从山间倾泻而下，汇聚在村外，形成了一条宁静而美丽的溪流。这条溪流宛如一条银带，穿梭在村落之间。清澈的泉水在村外汇聚，溪上曾筑有一座古老的水坝，称之为石泉堰，是蓄水灌溉山田的重要工程。邑人举人洪鼐曾作《石泉堰》，有"筑堰石泉溪，开渠艾滨沟"之句，充分肯定了这一水利工程的重要性。

石泉村是一个充满历史底蕴的村落。通常人们在未进村之前，便被沿溪而建的两幢白墙黛瓦的建筑吸引，它们矗立在清澈的溪水旁，古朴而庄重。逆流而行，位于路右侧的建筑便完整地展现出真容，白墙黛瓦的仿古建筑，只有屋顶与三面墙体，并没有设置门窗。正中央供奉着四位彩塑的佛像，应该是土地公与土地婆。它们造

村口小庙

型精美，无论是面部表情、身姿动作，还是服饰纹理都极为考究。简单的供桌以及香烛支架上遍布香烛燃尽之后的痕迹，可见其香火鼎盛。据村里人介绍，这里原本是用以村民外出劳作时的临时休息所，后来慢慢变成了村民们祈求保佑的场所，每逢初一、十五，石泉村的老人们便会自发地聚集在此处，热闹非凡。

与这座小庙隔溪而望的那幢透着徽派意蕴的古建便是宣灵庙。而进入宣灵庙之前，需要走过一座被绿草缠绕得几乎看不出原有身形的古老的单孔石拱桥。它宛如一位沧桑的长者，用它沉默的身姿述说着过往。清泉荡漾，水声潺潺，桥影起舞。如今为了通行安全，桥面被浇筑一层水泥，虽然桥面做了改动，但底下的桥身保留着千百年前的模样，立于桥下仍可见古貌风情。这座古桥是隋唐工艺，占地 13 平方米，桥长 3.7 米，宽 3.5 米，高 3 米，矢高 2.5 米，净跨 3 米。它是原寿兰古道（寿昌—兰溪）必经之地，为石泉村人的生产出行提供了便利，如今是市级重点古建筑保护单位。

石拱桥

宣灵庙

穿过石拱桥，便进入宣灵庙的地界。周宣灵王的崇拜起源于南宋，其供奉的人物原型是南宋杭州新城人周雄。南宋新城县令汪绩所撰的《翊应将军庙记》载："将军周姓，雄名，字仲伟，杭之新城渌渚人，生于淳熙十五年（1188），其母感蛇浴金盆之祥，殁于嘉定十四年（1221）。"[1] 周雄因生前有孝行，故民间尊称周雄为周孝子，被塑造成神，有"江神""水神""周宣灵王"等不同称号。

周雄自小聪慧且乐于助人。父亲早逝，与母亲相依为命，侍母至孝。立志学医，悬壶济世。为了治好母亲的病，周雄到处奔波探方寻药。一次，外出经商衢州，船至半路便觉心神不宁，恐母犯病，明香亮烛对天祈祷，愿意减自己的寿命为母亲增寿，半道接到母亲过世的噩耗，号啕痛哭，倒地不起。雍正《浙江通志》引《西安县志》曰："神杭州新城人，姓周名

---

① 民国《新登县志》（卷七）。

雄，字仲伟，母病剧，奉母命祷于婺之五王庙，比归及衢，闻母讣，哀痛哭泣死，舟中直立不仆，衢人异之，即奉神肉躯敛布加漆，建庙祀焉，有大旱为霖、反风灭火之应。"[1] 周雄因死在钱塘江上游，且死后传言有灵应，所以就被钱塘江上游一带的人奉为江神，在钱塘江及其支流多有他的庙宇分布。嘉庆《西安县志》中载："相传神司瀫江水道，屡著灵迹，其商贾舟人奉祀尤谨，邑人每逢三月四日、四月八日神诞，设祭特盛。"[2] 这里的瀫江指的便是钱塘江干流，意思就是说建德当地的周宣灵王庙被当地百姓，尤其是船工和商人所信奉。

周雄孝敬母亲、治病救人、灭蝗除灾等传奇故事在民间流传甚广。百善"孝"为先，石泉人对周孝子有着无限的崇敬，在村口建立了宣灵庙。在村民们的日常生活中，宣灵庙扮演着不可或缺的角色。它不仅是信仰的象征，更是村民们心灵的寄托。每逢重要的节日或庆典，村民们都会聚集在庙前，举行盛大的祭祀活动，祈求风调雨顺、五谷丰登、家人平安。

石泉村的宣灵庙小巧但不失精致，白墙黛瓦间流露出古朴典雅的气息。庙顶的飞檐翘角，透露出一种轻盈灵动的美感，与庙身的稳重相得益彰。白墙之上绘有各种图画，栩栩如生。阳光下，黛瓦闪烁着微微的光泽，质朴而圣洁。进入庙内，一股庄严肃穆的气息扑面而来。虽然空间不大，但每一处都布置得恰到好处，没有拥挤感。正殿是庙内最核心的部分，供奉着宣王等人的神像。虽然神像众多，但他们皆神态安详，眼神深邃，仿佛能洞察世间万物。神像前摆放着香炉和供品。

偏殿的一间小屋内竟还有一个烟囱，原来这里还设有厨房，每逢初一、十五这样的烧香日，村中的老奶奶便汇集于此，她们在这里念经、煮斋饭，虔诚地待上大半日，殿外的场地那时也会被缭绕的香烟所覆盖。宣灵庙，这座历史悠久的庙宇，静静地矗立在此，护佑着往来的村民，见证着他们

---

① 雍正《浙江通志》（卷二百二十四）。西安即衢州。
② 嘉庆《西安县志》（卷四十三）"周宣灵王庙"条。

的喜怒哀乐和岁月变迁。

秋日的石泉村无疑是美的，金黄的落叶铺满小径，与古朴的石桥、潺潺的小溪相映成趣，在阳光的照耀下，有着一种不可言说的意境美。走入石泉村，随处可见叶氏族人对家族发展的用心，但最用心之处当属叶氏宗祠——雍睦堂，俗称大厅。

宗祠，又称宗庙、祖祠、祖厝、祠堂，是存放家族亡故先辈牌位，举行家族内各种仪式或处理家族事务的地方。《礼记·曲礼》中曾言："君子将营宫室。宗庙为先，厩库为次，居室为后。"《孝经》中又有"宗庙致敬，不忘亲也"。把"宗庙"建造居于"居室"之前，宗庙"致敬"与"孝行"联系起来，足见古人对宗祠的重视。

从历史记述与现有宗祠遗存上看，民间宗祠的建造，肇始于唐末，历经宋元，盛于明清。旧时每个家族都会有本家族的祠堂，并给它取一个名号，这个名号就叫"堂号"，目的是让子孙们每提起自家堂号就知道本族的来源，纪念祖先功德。宗祠是家族历史和荣誉的象征，修建宗祠可以彰显家族的历史渊源和显赫地位，满足家族成员的荣耀心理。

宗祠的建筑风格通常都是古朴典雅，彰显着古代建筑艺术的魅力。高大的门楼、精美的雕刻、庄重的氛围，让人感受到一种敬畏与庄重。也基于此，叶氏宗祠不仅是叶氏家族的精神象征，更是石泉村历史与文化的瑰宝。

叶氏族人祖籍在河南南阳，当初是为逃避元兵而来到建德

雍睦堂

的。从他们迁居石泉村开始，也有几百年的时间了。一代又一代地生活着的叶氏族人，已经慢慢将这里当作自己的家园。他们靠着自己的努力和勤劳，发展成寿昌的望族，但这里终究不是真正的故乡。为了不让后人数典忘宗，于是安居乐业的他们决定修建宗祠。

"雍睦堂"雕饰

　　沐浴在阳光之下的雍睦堂，坐落在后山脚，三面民宅簇拥的村中心。坐北朝南，三进两门堂，占地面积四百七十余平方米，是该村最古老的一座古建筑，距今有五百五十余年。明成化年间（1465—1487），在曾任过福建邵武府泰宁县、江西广信府上饶县县丞、第十三世祖叶思（号峨松，行富五）等人的主持下，石泉叶氏族人约于明成化三年（1467）年正式开始动工修建祠堂，并以《南史·卷二五·到彦之传》中"家门雍睦，兄弟特相友爱"的含义，取名雍睦堂，意思就是希望后裔团结和谐。叶思为官清廉，由其带头，可谓是一呼百应。对此事曾有诗赞曰：

清白恩荣自昔年，颁封花县锦衣鲜。
政清闽地名留久，绩奏饶州深远传。
玉券喜濡君相泽，牙签存训子孙贤。
赋归素乐渊明志，报政殊功福庆绵。

　　叶氏族人对宗祠的修建可谓用心，叶思等家族领袖以身作则，亲自参与工程的规划和管理，选址、选材无一不是精挑细选，前、中两进的三十个柱子全是柏树，前后历时五年才宣告完成。

敦睦堂和附近其他村坊的祠
堂一样，主体设计格局为徽派建
筑，飞檐翘角，白墙黛瓦，墙线
错落，鱼龙相吻的屋脊典雅大方。
历经几代族人的努力和新中国成
立后政府的出资，几经修缮得以
传承如古。高大的歇山顶门楼，
给人以庄重之感，门楼上雕刻着
精美的图案，寓意着家族的繁荣
昌盛和子孙后代的兴旺发达。它
除了用于家族祭祀之外，也是家
族分支堂派别的象征，举行礼仪、
娱乐等活动的重要场所，是德文化、礼文化的传承地。2003 年 2 月 28 日，
建德市人民政府批准为文物保护单位。

"士林山斗"匾额

门庭上方正中有一块匾，上书"士林山斗"四个大字。语出清朝《挽
张百熙联》，上联为"启岭南学界津梁，口碑歌颂诚千古"，下联是"作
海内士林山斗，铜像巍峨第一人"。士林指的是学术界、知识界，而山斗
则是泰山、北斗的合称，比喻为世人所钦仰的人。就是叶氏先祖叮嘱后裔
们要多读圣贤之书，方能成为学界泰山北斗。其上首的魁星神像则意为独
占鳌头，祈愿后裔代代都能得中状元的吉兆，是典型的耕读文化传承。

祠堂的大门上贴有一副对联，上联是"五崎峰峦坚如磐石"，下联是"双
溪毓秀永备流泉"。"五崎"指的是环绕在村庄四周的五座小山坡，而"双
溪"就是从大山上下来在村中间汇合的两条溪流。一副对联，将小村的地
理特点表现得淋漓尽致。

至于祠堂前表彰功名的装饰，早已成为各个房派地位和荣誉的象征。
老话说"门前腰带水，门后出贵人"，所谓的"腰带水"其实就是指门前

的溪水，这条河的走向一定是向内弯折，并且整体形状就像是一个环抱婴儿的样子将房屋环绕起来。而雍睦堂门前有代表冠带的小溪，还有两只圆滑精细的抱鼓石，这些都显示了该建筑物的等级之高。门庭座基上的石雕麒麟造型活灵活现，两对旗杆石分立大门两侧，彰显其威严不可侵犯的地位。集砖雕、木雕、石雕于一体的照壁，麒麟献瑞、荷池游鲤和人物造型更展现出了古代工匠技艺的高超，这些都表现出藏风聚气永保平安的内涵。遗憾的是图案已毁，尚未恢复，只能根据史料想象它的模样。

　　进入雍睦堂的方式极为特别，据说大门只有祭祀或者族长一些长辈过世时才会打开，平时要从边上的侧门进入，而这侧门竟然还有上下两层，设计可谓独特而精巧。推门而入，推开的仿佛不是门，而是历史的沉淀。

　　雍睦堂里给人感觉有些阴暗，这一点其实要从雍睦堂的独特设计说起。整体建筑除在门庭两侧设有在规格上称为花格窗的窗外，无一扇窗户，由两眼天井代替采光和通风。如果遇到下雨天，屋顶的雨水不会向外滴落，而是沿着鱼鳞般排列的瓦片全部朝着天井的方向流淌，雨水湍湍直奔而下，想来一定会在四周形成雨帘，又似小小的瀑布，最后落入天井，这样的设计被称为四水归堂，意有四方之财归中堂之内涵。为了防止水满溢而出，设计者还在钱眼处设有地下排水设施，可以将雨水缓缓排出屋外。古人嘲笑坐井观天，我却在此刻尽享"坐井观天"的美。农耕时代，农民不出门，靠天井仰望天空便能知晴阴雨，而我则将那四方当作取景框，看云卷云舒，看掠过的鸟儿……与年少时的那份记忆渐渐重合。

　　雍睦堂的内部设计真

座基上的麒麟

"雍睦堂"照壁

"雍睦堂"边门

"雍睦堂"天井

可以说是雕梁画栋，古色古香。架构采用榫卯相接和斗拱结构，整座屋架无一枚铁钉。梁架多用料硕大，且注重装饰。明间柱左右斜出"撑拱"也就是牛腿上分别雕有尉迟恭和秦叔宝的形象，意在趋吉辟邪。骑门梁中央有一框高浮雕的"天官赐福"图，两边有对称相向飞翔的浅浮雕"凤舞祥云"图。整栋大厅雕有飞禽走兽、龙凤呈祥、麒麟献瑞的图案。无论是人物还是动物，它们的面部表情、身体动作都被刻画得细腻入微，仿佛能让人听到他们的呼吸、看到他们的眼神，真当是栩栩如生。这些形象不仅展现了工匠们精湛的雕刻技艺，更传递了叶氏家族对家族文化、对祖先传统的尊重和继承。不仅是雕饰，连摆设都透着先人的用心，明楼正脊中央安置一花瓶，瓶中插三支金属戟，隐喻"吉祥平安"。

屋顶转角处，四角翘伸，形如飞鸟展翅，轻盈活泼，真正诠释了何为"飞檐翘角"。鱼作为原始社会崇拜物之一，很早就被先民视为具有神秘再生力与变化力的神圣动物，而鱼本来就是龙的原摹本之一，在上古神话中早就有鱼变龙的传说，雍睦堂中采用鱼龙相吻的屋脊显得古朴典雅，又蕴含深远。

站在雍睦堂内，不得不佩服古人设计的精巧。整体建筑除在门庭两侧有在规格上称为花格窗外，竟无一扇窗户，所有的采光和通风都由两眼天井代替。据说因为防盗，所以徽州民宅墙体上的窗子都很小，所采之光完全不能适应需要。南方多雨，木质结构的梁、柱、壁等都极易腐朽或霉变，所以天井便承担起徽派建筑中沟通内外和空气流通等极为重要的作用。

阳光斜斜地射入，散落在屋内的各个角落，瞬间将整个院落变得明暗分明。偷跑进墙角边的水缸底里的光，让清澈的缸底叠起层层的光影来。台阶处的几朵青苔与墙角石缝中的几株杂草静静享受着光的洗礼，忘却了生命的长短。

石泉村人爱看戏，在雍睦堂内靠近大门处设有木质戏台，上面架空（侧门进入时钻过的便是戏台的下方）。为不挡住大门的进出，戏台固定的只

"雍睦堂"戏台

有一侧装有门窗，应当是作为演出的后台使用。中间与另一侧为活动平台。平时肃穆安静，少有人员进出。但遇到祭祀祖先的大日子或者是逢年过节，村中总会请来戏班，就在此地演出，祠堂里顿时便会人头攒动，好不热闹。彼时，只需紧闭大门，用活动的支架将便可迅速搭出一个完整的戏台，人们便可以在正厅内观看演出。除此之外，如果村民举办红白喜事，也往往会借用祠堂的场地。

"耕读传家"曾经是中国传统农业社会中小康农家所努力追求的一种理想生活图景。"耕读传家"指的是既学做人，又学谋生。耕田可以事稼穑，丰五谷，养家糊口，以立性命。读书可以知诗书，达礼义，修身养性，以立高德。耕读传家远，诗书济世长，这样的理念在祠堂文化中总是会重点体现。

雍睦堂的正厅内曾经悬挂过贤德牌匾十四块，但消失过一段时间，直至2019年才恢复。环顾四周，有"进士""行光登史""老更巨范""荣登士籍"等匾额。

雍睦堂凝聚家族的血缘和感情的纽带，一座宗祠书写着叶氏姓氏的历史渊源，对叶氏族人而言意义非凡。它屹立几百年来，是叶氏族人精神之所在。据记载，雍睦堂经历数百年风雨历程，曾先后经历过大小八次修缮，如今依旧是新叶村人精神的所在。当时迁居新叶村的叶氏族人，因为幅员辽阔，良田众多，成为有名的古村落和大村，建有自己的宗祠。而石泉村因田地少，不利发展，有很多

"进士"匾额

人又都分出去，散在建德各地，但每年依旧有很多后人前来祠堂祭祀。

叶氏族人秉承先祖品行，重视教育，重视门风，以"学为本，勤为先"，互学互敬，在繁忙的劳作之余也不忘攻读诗文。叶氏后人也没有辜负先辈的殷殷期盼，使得族中人才济济。

据不完全统计，石泉旧时光贡生就有六十余人[①]。还产生了不少进士、县丞、贤人、侍郎、廪生、秀才等。除了曾居住在这里的夏家，光在隋朝（581—618）期间，就出过七名秀才外，叶姓一族也是人才辈出。北宋宣和年间（1119—1125）之后，叶姓族人在学业上也是颇具成果的。明永乐年间，叶思以进士仕福建泰宁县丞。此外还有军功一品一名，州右堂一名，县丞一名，县尉一名，大使一名，各种侍郎六名，恩贡、岁贡、侯贡各一名，太学生一名，举人一名，生七名，邑庠生四十三名……这份名单上的人如今依旧在不断地增加着。

由这个名单，不得不提到石泉村历史上一个重要人物——李鼎。

李鼎，生于明代中叶，字廷器，少聪颖，读书过目无遗。后通过科举，成功入仕，官至宣城（位于今安徽省东南部）县丞，为官清廉，深受百姓爱戴。退休后回到家乡石泉村，在这里建了一座"石泉书院"。他严课书理，教书育人，知书达理，礼待世事。

李鼎仕归办学育乡才，造福乡里的举动受到大家的赞誉。他的儿子李鳌担任过知县，其孙李壹成官至按察使，一门三代为官属实少有。种善因得善果，大家都认为这是李鼎种下的福报。

李鼎的言行绝非个案，事实上石泉村人的行善积德很是普遍，且都是刻在骨子里，已经成为他们的一种习惯。

清光绪二十九年（1903），石泉村的一次善举成为这个村历史上的重要事件。村民叶天奇、叶士溙、柳全彩等人决定以叶姓众山为义冢山，为那些无亲人料理后事的死者提供一个安息之地。为了维护和管理这个义冢

① 政协建德市委员会编：《古城寿昌》，浙江古籍出版，2013年，第237页。

山，他们又募集资金建了三间平屋作为义祭祠。每年清明和冬至，村民们都会聚集在这里，举行祭祀活动，为那些无名之魂送上温暖和关怀。这种传统一直沿袭至今，成为石泉村一项重要的文化活动。

漫步在秋日的石泉村，脚下的青石板路略带凉意，但周围的景色让人心生暖意。民居的墙壁上爬满了藤蔓，它们在秋风中肆意摇曳，叶片发出轻微的摩擦声，为这静谧的秋日增添了一抹生动。农田里的那些辛勤劳作的丰收被一一展现在了村子的四处，恨不得每一粒都能沾染阳光的稻谷被平整地铺在竹席之上，用竹篙挂起的一串串红辣椒和金黄的玉米倒成了最美味的装饰品，散发出诱人香气的干菜已经辨别不出原色……整个村庄也弥漫着一种古老的韵味。穿行在村庄的小巷间，古朴的民居大多都已是二三层的小楼，但它们倔强地保留了传统的建筑外观，以白墙为壁，黛瓦为顶，一眼望去，仿佛时间在这里静止。每一堵白墙、每一块石板、每一片黛瓦都承载着历史的记忆。

三、一韵千年唱古今

一个古老的村庄，总会有自己的独特魅力。石泉村的山水、建筑、美食都为人所称道，但更令人着迷的，还是那些深深植根于村民心中的文化习俗。对于喜欢吹拉弹唱的石泉村人而言，他们的独特文化习俗首推清唱班。

所谓"清唱"，是一种不化妆演唱一段至数段戏曲唱腔的表演形式。石泉村的清唱，指的是以清唱为主的民间艺术形式。它不仅是一种艺术表演，更是一种生活方式，这些歌声或高亢激昂，或低沉婉转，都充满了乡情、乡愁，充满了乡村生活的韵味。

石泉村建村以来，地方戏曲一直盛行，戏迷极多，吹拉弹唱之声天天有。婺剧是兴起于明代并主要流传在金华（婺州）一带的戏曲剧种，由于它长期在农村草台演出，重做轻唱，唱腔清新婉转、音调高亢，注重表现角色的性格和情感，尤其在感情和气氛的渲染上不过分讲究吐字运腔的技巧，甚至有的曲牌的唱词成了"堂众曲"，各个戏种均可以自由套用，所以这种接地气的剧种很快在一些乡村盛行起来。石泉村因其特殊的地理环境，很早就开始盛行这一剧种。只是一开始大家并没有当正经事来做，以自娱自乐为主，后来才有一些爱好民乐的人组织起来学戏，成立了清唱班。

虽然很多资料显示"石泉的清唱班创建于1922年"[1]，但据村中老人回忆，石泉清唱班在1905年前后就已经有了。那个时候农村的文化生活非常贫乏，农闲时大家聚在一起吹拉弹唱，倒也热闹。石泉村人甚至还有这样一首民谣："晚上学戏，白天唱戏，人人都会唱出几句拿手戏。锄头柴木当刀枪，山头平地当戏场，笠帽汤布当行头，嘴巴舌头当锣鼓，西皮、拨子调，男女老幼都会唱。"看来，再艰苦的条件都阻挡不住石泉村人学戏的热情。听村里的老人说，以前有些人大字不识一个，就靠着死记硬背，生生地记住很多大段唱词。

白天是埋头在田间地头的农户，晚上是洗脸净手登台演出的生、旦、净、末、丑，说他们爱戏成痴完全不过分。1948年底，大家因为嫌弃村里的老戏台太过破旧，村里人就去砍来榉树造了一个新的戏台。戏台造好后，大家迫不及待地想要上去表演。但因为缺少合适的行头和道具，他们就跑到大慈岩汪山村去借，好不容易才借到两只戏箱和一部分道具。当时是腊月，天寒地冻，天黑得又早，借完行头的他们完全没在意已经快要落下的太阳，只想着尽快赶回去，好早点上台演戏。凭着满腔的热情，他们一行五人抬着箱子，摸黑选择抄近道。冬日的山间小道，太阳一落下就显得格外阴冷，他们硬是不停歇地走了三个多钟头赶回村里。之前他们去抬戏箱的消息早已不胫而走，所以当他们赶回村中，戏台边竟已挤满了等着开戏的群众，甚至连百乐坞、许村、骆村、甘溪、石岭、陈家、小刺源等这些周边村落

---

[1] 政协建德市委员会编：《古城寿昌》，浙江古籍出版社，2013年，第191页。

的男女老少都闻讯赶来了。

《浙江民俗》一书中记载："东阳清唱班一班四人,年初四开始,不请自来。清唱班进屋,户主一般都不谢绝,以糕点茶招待,并放一红纸包在桌子上。清唱班只喝茶,不吃糕点,红纸包要当面拆开,视金额大小,决定唱曲多寡。若户主好客,留客吃饭,饭后再唱数曲致谢。"[①]从中可见,当时清唱班在浙江特别是浙西山区极为流行,是当地老百姓喜闻乐见的表演形式。

建德寿昌镇石泉村的清唱班应该是当时发展比较好的一个,但也并不是独一无二。彼时寿昌以东一带被称作东乡,包括石泉村在内很多东乡的村落都成立了清唱班。只是随着时代的发展,有好多已经成为历史,而石泉村的清唱班虽然几经波折,还是最终传承下来。

清唱班的成员大都是世代相传,往往是爷爷传父亲、父亲传儿子。每年到农闲的时候,清唱班里的人都会吹拉弹唱,自娱自乐。每年秋收以后进入农闲时节,清唱班就开始忙碌起来。一些地方祠堂祭祖要演戏,庙里开光要演戏,家里做红白喜事要演戏,老人做寿要演戏,孩子过百日也要演戏。因为清唱班的人少开支少,所以大家都愿意请他们去。东乡一带的清唱班以石泉清唱班和石岭清唱班最有名,其中石岭清唱班的鼓板特别好,而石泉村则以剧目多为优势,可谓各有千秋。有时候他们两家还会被同时邀去一左一右唱对台戏,好在大家都不以此为谋生手段,所以哪怕是打擂台,也都是技艺上的切磋,只是尽情表演而已。

邀请的人多了,大家也更加在意演出的质量。为了保证演出的水准,清唱班也开始请专业人员指导,比如曾做过戏班子班主、多才多艺的徐芝兰。他原本不是石泉村人,后来因为要指导清唱班,便搬到石泉村定居。他对石泉村清唱班的发展有着重要的贡献。

徐芝兰吹拉弹唱样样精通,他不仅有文化,画艺还非常精湛,村里盖庙时大头殿、城头殿的菩萨都是他画的。徐芝兰的主要任务是做导演,帮

---

① 浙江民俗学会:《浙江风俗简志》,浙江人民出版社,1986年,第93页。

助大家排戏，无论是古装剧还是现代剧，经他整理排演后，半个月就可以上台。必要时，他甚至可以顶替任何其他角色。由于他对乐器、武功、表演、动作等都要求一丝不苟，不放过每个细节，石泉村清唱班的演出总能博得满堂彩，名声也越来越盛。

后来在徐芝兰的牵线搭桥下，村里还聘请了原金华婺剧团演员王樟根和他的妻子余阿仙来教戏。所谓名师出高徒，原本是个"草台班子"的清唱班在专业人士的指导下，技艺不断提升，在当时整个寿昌地区都算得上很有名气。他们不仅走遍整个寿昌地区，外地如白沙、沧滩、檀村和里叶等地也慕名来请。

每年农历的正月、二月和冬天，演唱的时间都排得很紧。出于对戏曲的爱好而成立清唱班，能够获得别人的认可更是让清唱班的成员们获得了前所未有的成就感，他们对这样的安排也是乐此不疲，哪怕交通不便利，外出演出全靠双脚行走，让到处奔波中又增加了许多疲累。因为清唱班人员都是爱好者，所以只要有人请就很高兴，不管山高路远，刮风还是下雪，都会按照约定的时间到达。

冬天十月到十二月大多是会戏、彩戏和道士戏，如寺庙开光、婚嫁做寿、上梁进新屋等红白喜事。每到一地首先是《闹花台》、"踏八仙"；第一本正本是行头锣鼓戏，如《闻太师回朝》，要三堂龙套（一堂龙套四人），所有人马全部上场，大开大合，台步整齐，呼声响亮，场面壮观，大唢呐、大锣、大鼓，观众既要看前台，也要听后台，十分热闹。

石泉村有位老人叫叶位体，出生于二十世纪三十年代初，于1956年开始担任乡政府文书，是村中同辈人中有较高文化者，他的祖父叶泮清便是第一代清唱班的创始人之一。他的父亲叶根林则是第二代清唱班中的主力，主唱花脸堂兼老外，又兼拉二胡、弹月琴、打竹梆等。叶位体老人受家庭影响，自幼便爱好婺剧，亲历了村中百年清唱班的变迁。据他说，石泉村是个戏窝子。二十世纪四十年代到八十年代，清唱班还变成农村业余剧团，叫作石泉业余婺剧团，改革开放以后，农村变化非常大，经商、办厂、打工，村里人流动很厉害，能上台做戏的人越来越少。因此，石泉婺剧团自 1990 年后又改回了清唱班。

作为第三代清唱班中的一员，叶位体还清楚地记得自己学习的过程："我是在二十世纪四十年代才开始学戏的，那时我才十五岁。我学的是鼓板。由于当时我太矮，坐在凳子上够不到鼓板架，就在屁股底下垫了块堂鼓。"

叶位体老人回忆说，清唱班出门演唱时，一般只有六到八人，一本要台上十多人的大戏由三五人就可以唱下来。一个人包好几个角色，遇到兵卒齐呼，不论角色，大家一齐喊。清唱班不需要化妆、戏服，只有一担乐器。要是外出，所有东西一人肩挑就可以了。受邀外出演出，一般半天一夜，主人家请吃两三餐饭，加一餐点心，一个小红包。小红包是依照主人家的财力给，大家也不计较多少。

石泉村的清唱班远近闻名，乐器也非常考究。每次清唱班外出演出时，对方村里要先派人过来帮忙抬乐器，而清唱班的人则跟在后面。走到村口，各种乐器就一起演奏起来，一直演到村里，一路上热闹非凡。而约请的主人家会早早地摆好茶水、糕点，并在门口放鞭炮迎接。过路人、听戏人、客人，男女老幼，纷纷赶来，既看又听，热闹非常。

原先只是为了招揽更多观众看戏，所以大家才边走边奏，一路吹拉弹唱而去。不曾想竟创作出了一个专门适宜边走边演奏的曲调，叫"路调十番锣鼓"，曲调悠扬轻快，一路吹打，引人驻足。其实这种十番锣鼓往往只是在路上演一下，在台上是从来不演的，所以叫路调，也有点像现在演出前播放的进行曲。

新中国成立之后，石泉村的清唱班依旧非常红火。早在二十世纪五十年代，寿昌县城举办大型活动时，村里年年都送路调到城里。那时侯，清唱班一路吹吹打打，往城里走去，每个人的脸上都洋溢着得意，很多村都投以羡慕的目光。只是在二十世纪六十年代后期，他们的演出取消了"路调"这一环节，也就不再被人提及。

通常的石泉路调十番锣鼓，演奏班子一般由八至十二人组成。主奏乐器与笛子（或笙）配合得丝丝入扣，天衣无缝。十番锣鼓所用乐器繁多，少则十余件，多则三十余件。有筒鼓、板鼓、大锣、马锣、内锣、春锣、汤锣、齐钹、大钹、小钹、木鱼、梆子等。至今存留的曲目有《划龙船》《小桃红》《万家欢》《喜遇元宵》等，内容活泼、喜庆，均为寿昌一带老人喜闻乐见的曲目。现在，这种路调十番锣鼓已被列入建德市非物资文化遗产，并申报了杭州市非物质文化遗产项目。

相关资料显示，十番锣鼓是明代源于京师而流行于江、浙一带的民间吹打乐种，别称"十样景""十不闲"，民间俗称"吹打"。全曲以锣鼓段、丝竹乐段及锣鼓牌子相互交替或重叠进行。根据所用乐器的不同，也可分为"清锣鼓"和"丝竹锣鼓"两大类。所谓"清锣鼓"，就是只用打击乐器演奏，而兼用丝竹乐器演奏的称为"丝竹锣鼓"。

但在石泉村老一辈人的记忆中，他们的清唱班有好多曲调和剧目，路调只是作为一个很不起眼的曲调被保留了下来。现在是因为路调比较少了，所以才显得特别珍贵。时至今日，石泉村中还保存着路调乐谱，是当时乐队的主要骨干叶永机抄录，还是用工尺谱写的，可惜现在大部分的年轻人已经看不懂工尺谱了。村中的一些老人虽然看得懂，可又不懂简谱，所以也难以翻译。可没有简谱，现在的年轻人又难以演奏。所以那几本珍贵的古谱，变成了收藏品。他们也希望有朝一日能将它们翻译成简谱，以便流传下去。

乡间小道，蜿蜒绵长，它们见证了村民们手牵手、肩并肩，共同走过的风雨岁月，也见证了清唱班在古道上为村民们带来的欢声笑语。如今，它们依然在静静地等待着那些久违的曲调再次高声扬起。

夕阳如血，染红了半边天。宁静的小山村在秋日的夕阳下显得肃穆，一片秋叶掉落在我的肩头，色泽金黄却带着莫名的衰败，似在诉说着岁月的无情和生命的短暂，让人心生唏嘘。突然，银铃般的声响传来，放学归

村中装饰画

来的孩童清朗的笑声终究是打破了古村的宁静，连带着鸡鸣与狗吠，村子瞬间变得鲜活起来。原本只顾田间劳作的老者们也忍不住抬头，揉一揉自己弯曲了半日的腰，将自己眼角的皱纹毫不吝啬地加深，只为那一个个稚嫩的身影。流淌着千年历史的石泉村在宣告自己旺盛的生命力。

　　我站在村口，任由那片金黄的秋叶在肩头轻轻摇曳。听，细听，清泉触石之声，声响如韵。想来，夜色降临下的石泉村有着不输于王维笔下的美。

参考文献

1.吴觉农编:《中国地方志茶叶历史资料选辑》,中国农业出版社,1990 年。

2.叶位体:《石泉文化传承》,现代出版社,2015 年。

3.朱海滨:《祭祀政策与民间信仰变迁:近世浙江民间信仰研究》,复旦大学出版社,2008 年。

4.政协建德市委员会编:《古城寿昌》,浙江古籍出版,2013 年。

5.浙江民俗学会:《浙江风俗简志》,浙江人民出版社,1986 年。

千年古村新叶茂——建德市大慈岩镇新叶村

新叶村位于建德市大慈岩镇东北，距镇政府驻地约六千米。东邻兰溪市黄店镇上唐村和桐山后金村，南邻兰溪市黄店镇铁炉头村，西至上吴方村，北至更楼街道洪宅村、兰溪市芝堰水库林场。村委会驻新叶自然村，辖新叶、儒源、佘坞山、诸坞、三石田五个自然村。主要出产稻谷、莲子、水果、蚕桑等。

2000年，新叶村被批准为省级历史文化保护区。有着八百余年历史传承的新叶古民居，被誉为中国最大的明清古民居建筑露天博物馆，村中古巷、古祠、古塔保存完好。地方文化丰富，有"新叶昆曲""新叶三月三"两项浙江省非物质文化遗产，另有三个项目入选杭州市级非物质文化遗产名录、八个项目入选建德市非物质文化遗产名录。新叶村是全国重点文物保护单位、中国历史文化名村、国家文物局确定的"具有代表性的古村落"。

新叶村全景 范胜利摄

　　时间对一些古村总是特别眷顾，似乎遗忘了自己的脚步。在很多古村，一棵古树便是最好的时间坐标。在新叶村却是那些古建筑，它们也许不能像古树一般长大，变换色彩，但粉墙黛瓦间渗出的古典，阡陌小巷和小桥流水流露出的温婉，以及新叶昆曲的余韵都能让人对它念念不忘。

一、接天莲"叶"无穷碧

　　新叶村在杭州地区西南部，属于建德市大慈岩镇，距离杭州市区约一百四十千米，地理位置已经靠近兰溪市。新叶古村风水讲究，村子左边是祖山玉华山（又称"岘山"或"白山岩"），右边是道峰山，处于两山之间峡谷的东南口上，契合"山起西北，水聚东南"的好兆头。流经两山的溪水在村头汇合，形成水口。水口边左边是象山，右边是狮山，两座小山将新叶村水口锁成个芦葫颈，据说这样就可以"聚止内气"，使村落兴旺发达。

　　十多年前的一个夏日，一进入新叶村，就看到位于村口的水塘被层层

新叶荷花　范胜利摄

叠叠的荷叶铺满，微风轻抚，它们竭力绽放出生命的颜色，新鲜的莲子苦中带着微甜，荷花的清香消除夏日的燥热，好像落入一个荷的世界。二十世纪六十年代，新中国第一座自行设计、自制设备、自己施工建造的大型水利发电站——新安江水电站建成，原本源自千岛湖深处的江水常年保持着 14—17℃，经过大坝后，便升温到了 17℃。几十年来，它默默浸润着下游的大地，梳理着两岸的植被，让新安江城区形成了冬暖夏凉的独特小气候。不知道是不是这样的温度最为滋养荷花，在建德境内总能与成片成片的荷塘相遇，翠绿与粉红交织，美不胜收。

晨起，晶莹剔透的露珠静静地躺在荷叶的怀中，静待朝阳将它们唤醒。天空渐渐变红，露珠变得活跃，白净的身体变成了红彤彤的模样，不知何时，已经禁不住太阳的诱惑，随着它巡游四方。在阳光的青睐下，荷叶变得如此耀眼与妩媚，它的绿被光点缀，仿佛被撒上了金粉。粉色与白色的天然融合将荷花的美衬托得所有的赞美之词都成了附庸，有的落落大方，有的娇羞半躲，终究知晓了出淤泥而不染的美竟然如此夺目。可惜，此次前往的时间安排在春夏之交，既没有赶上荷花怒放的盛景也没有赶上油菜花盛开的那片金黄。而那片原该是荷塘的所在地也不知何时变成了水田，上面只余满是缀着青果的油菜梗。但村中的"莲"元素一点也不缺，随处可见干枯的荷叶以及莲蓬等，它们成为古村的点缀。

村中处处充满着莲元素

除了爱种荷花，建于南宋嘉定年间的新叶村其实还有很多的头衔及赞誉：中国明清建筑露天博物馆、中国古村落完美活标本、国内最大的叶氏聚居村……从新叶村走出的学者、杭州师范大学教授叶志衡先生这样评价新叶村："它是农耕宗族文化的活标本。"

建德历史悠久，人杰地灵，新安江穿城而过，是一座山水交融、风景如诗如画的宜居小城。新安江是古航道，素以水色佳美著称，向来就有"奇山异水，天下独绝"之称，它曲折壮美的模样吸引了无数文人墨客的目光和创作灵感，给新安江流域赋予了深厚的文化底蕴。建德境内的古村星罗棋布，而加上"文化"二字的古村却并不多。新叶村无疑是建德境内最负盛名的古村，而这些与它深厚的文化底蕴是分不开的。新叶村早在2010年就被评为"中国历史文化名村"，村中约百分之九十五的男性为叶姓，可谓名副其实的全国最大的叶氏聚居地。叶氏家族历经八百多年、三十代，是中国东南部典型的农耕家族。新叶村也因背靠玉华山，被称作玉华叶氏，并以此作为村名，而村名"新叶"则是新中国成立后取万象更新之意而改的村名。

早在宋宁宗嘉定年间（1208—1224），叶氏先祖叶坤从建德湖岑畈迁来玉华，入赘娘舅夏氏家。后来夏氏嫌弃土地贫瘠，整体搬迁，叶氏族人则留在了此地，在远离尘嚣的山坳里，维系着血脉的传承和传承的接力，繁衍至今已三十余代，形成了全国村落中罕见的"十世同堂"现象。

虽然新叶村曾是一个封闭的宗族社会，但跟江南许多宗族世家一样，从建村之初便意识到读书的重要性，哪怕到现在也能从村子的角角落落看到对于读书的鼓励，对此还得从奠定新叶村的总体格局和建筑秩序的始祖叶坤之孙叶克诚说起。

叶克诚（1250—1323），字敬之，行季六，号东谷居士。自幼用功读书，曾以《春秋》应乡荐，不仕，绝意进取。虽自己无意入仕，但却深知读书的重要性，于是他花重金在村旁的道峰北（今儒源自然村）山下建了一座书院，要知道那时的新叶村不过五十余人。更加高瞻远瞩的是他在创办之初竟还延请了当时著名的理学家金履祥为书院新生举行隆重的开笔礼并讲学。

另一位对新叶村做出重要贡献的人是金履祥（1232—1303），字吉父，号次农，自号桐阳叔子，兰溪（今桐山后金村）人。他生活于宋、元之际，是浙东学派、金华学派的中坚，"北山四先生"之一，学者尊称其为仁山先生。他根据村落所处位置，以五行九宫布局，设计了"山起西北，水聚东南"的建筑格局，并为书院题赠"重乐精舍"。而新叶村如今的形制，也正是金履祥的手笔。

此后，金华许谦、浦江柳贯等二三十位文人雅士也追随金履祥前来，一时之间，原本一个小小的乡村学院成了邻近州县的名儒与好学之士的向往之地。据《玉华叶氏宗谱》载，后来还有兰溪学者吴道师、章进之、章懋及章品父子、章赟、董遵、徐袍、徐用检等许多道学名士先后聚集于此，研习经史文学，一时传为佳话。

在这里他们研习儒学，吟诗唱和，不以考取功名为最大追求，因此声名远播，吸引着众多慕名而来的人。纷至沓来的人让书院不得不进行扩建，于是便有了"重乐书院"。书院的扩充让它一度与金履祥创办的仁山书院、兰溪南乡鸬鹚坞建的瀫东书院齐名。叶克诚与金履祥也随着交往的不断深入，结成了亦师亦友的关系。后来，部分学者定居此，子孙繁衍之后也便有了儒源村（今隶属新叶行政村）。

仅凭一村之力即可兴办书院，由此可以想见东谷公叶克诚当时的号召力和影响力。当时的叶氏并非世族大家，传承也不过三代，却能凭借勤劳耕作致富，实属难得，这背后反映的是叶氏族人对于教育的重视。以至于如今村里老人提起叶克诚这位祖先时，声音里依然充满自豪。

叶克诚之子叶震，自幼耳濡目染，通过书院的系统学习，通经博史，学问等身，通过乡荐，后诰封为中宪大夫，任河南肃政廉访司副使。父子两代奠定了新叶村人崇尚读书求学，坚信"耕可富家、读可荣身"的信念。

叶氏族人深受叶克诚父子影响，秉承"耕读传家"的族风家训，在新叶村勤勤恳恳，安家乐业。从第六世"九思公"叶仙璥（1353—1407）到第十三世叶希龙，也就是在元末到明代中后期的两百多年时间，玉华叶氏仿若那荷塘中的"叶"，枝繁叶茂，达到发展的鼎盛时期。这段时期，叶氏多次分厅（分房立派），多次修缮家谱，并先后受过两次诰封。

值得一提的是，叶仙璥当家时，靠着祖上攒下的基业，家底也算殷实，但他并不想躺在祖上的功劳簿上悠闲度日，而是在传统劳作之上又进行新的尝试。虽说自古以来士农工商的排序早已根深蒂固，但他深知只有经商，家族财富才能更上一层。因此除坚持传统劳作外，还开始行商，终于成为当时方圆几百里有名的富家大户。据《玉华叶氏宗谱》记载，叶仙璥为人乐善好施，一生积善行德，连一只蚂蚁都不忍心踩死。夏天有些池塘干涸，面对那些即将死亡的鱼虾，他都要尽力将它们转移到别的池塘，平时更是不准家人随便捕杀飞鸟走兽。他既是十里八乡有名的乡贤，也因乐善好施而被人们称为"佛爷"。

叶氏祖上几代辛苦经营后，攒下不少田产，叶仙璥将田地租给有需要的农户，无论是本家还是外姓，他在每次收租时都采用"无尾秤"和"无边斗"，以减轻佃农的负担。要是哪个本家或者乡邻家里遇上灾难，他也会出钱出力，全力助其脱困。他的这份善意，乡亲们也是铭记于心，不仅当地的百姓很信任他，连地方官员都很尊敬他。

叶仙璥并没有因为这些而放松对自己的要求，为了让自己公平公正地处事，不辜负大家对他的期望，就自号"九思居士"，何为"九思"？《论语·季氏》载，孔子曰："君子有九思：视思明，听思聪，色思温，貌思恭，言思忠，事思敬，疑思问，忿思难，见得思义。"翻译成白话文就是：孔子认为君子有九件用心思虑的事，看要想到看明白没有、听要想到听清楚没有、神态要想到是否温和、容貌要想到是否恭敬、言谈要想到是否诚实、处事要想到是否谨慎、疑难要想到是否要求教、愤怒要想到是否有后患、见到有所得到要想到是否理所该得。叶仙璥更是在孔子要求的这些"言行举止”上做了更为详尽的解释，他认为：“视思明”，就是要分得清是非，辨得明真假，要把人和事看得通透；“听思聪”，就是不要听风就是雨，而是要多听多思，要听得聪明；“色思温”，就是要保持心态平和，言语温润；“貌思恭”，就是不以貌取人，不将人分为三六九等，而是要尊敬别人，待人接物时更是要温润如玉，不要高高在上；“言思忠”就是要在言行一致，在适当的时间说适当的话，并且言行一致；“事思敬”就是做任何事都要全心全意地投入，做到敬业；“疑思问”也就是要好奇，要有疑问，要多问，不断发现问题；“忿思难”要求君子学会克制自己的情绪，三思而后行，学会忍让；“见德思义”便是要求在利益面前坚守道义。叶仙璥不仅用“君子有九思”来告诫自己，还用它来教育子弟，因此受到族人的尊敬，根据他的字号尊称他为“九思公”。

身教大于言传，严以律己，宽以待人的“九思公”用自己的践行将“九思”灌输到叶氏族人心中，此后历代执掌玉华叶氏族中大权的人也都被大家称为“九思公”，而非“族长”，这一称呼也成了叶氏的独特称呼。

作为首任“九思公”，叶仙璥对于叶氏历经三十余代、八百多年来生生不息作出了巨大贡献。他在晚年将自己的家业分给儿子的同时，特意拨出 165 亩良田的收入作为族中公开祭祀的开支费用，还发起和创立了“祀会”和“九思会”制度。所谓“祀会”首先就是每年的农历六月初一，由“九思公”带领族中各房的负责人等登上玉华山主峰祭拜山神龙王，为家族祈福；其次就是在立秋这一日，聚合族中各房负责人以及有识之士召开年会，评估年成，确定收租的高低，为族人谋恩泽。“九思会”就是由“九思公”召集族人开会，每年正月初一在西山祠堂祭祖，互相拜年问好，以此倡导弘扬“敬祖睦亲”“互信互爱”的良好风气。祭祖完成后，分发由公共财产购买的馒头，每人一双，六十岁以上的人得双倍。读书人或者考取功名者也是按学习情况逐次翻倍，以示对读书的重视。从那以后，每年正月初一都在西山祠堂举行“九思会”，并一直延续到今天。

叶仙璈用他的创举、公心和远见让玉华叶氏公权的维护和运行得到了很好的保障，最终保证了本家族健康、有序的发展，也让前人种下的"敬睦""重学""耕读传家"之风得以继承和弘扬。

当时，村里为了鼓励学子上进，可谓是用心良苦。他们用金贵的稻谷奖励高贵的读书人，各个房派也以登科为荣，于是十一个房派展开了竞学之风。村中立下规定，凡是房派内有考取功名的人，就会在各自房派的祠堂前设立抱鼓石、上下马石。如果考取举人，还可以立一根旗杆，旗杆上挂一米斗，意为才高八斗。久而久之，读书就成为村中的头等大事。

明万历二年（1574），为了振兴文运，进一步鼓励村人读书，叶一清（号白崖）对新叶村的地形地貌按易学观点进行全方位考察后，提出了九宫方位的族人居住建筑构想，并得到族人的积极

村中的"八斗"装饰

抟云塔

响应。于是，并不富裕的新叶村民们勒紧裤带，举族集资在村口重东书院的不远处建起了七级砖塔——抟云塔。其名来自《庄子》中的"抟扶摇而上者九万里"，以鼓励子孙努力读书，青云直上，所以又被称为文风塔。抟云塔有七层，除一层外每层均开有三个发券窗洞，配上微微翘起的檐角，挺拔又不失活泼。这座塔位于村子地势欠缺的东南侧，补风水、培儒风正是营建这座形似毛笔的高塔的主要目的。而且它和新叶旁边的道峰山、玉华山形成鼎足之势，确保新叶安宁，所以抟云塔也是新叶的风水塔。

　　抟云塔的修建对白崖公而言，还有着另一层特殊的含义。七次登科不中的他，没有再去考试，而选择归隐白崖山脚下。因为他终于明白，一味追求功名，却忘记了读书的初衷是修身养性，就仿佛根基不稳的高塔，虽可直上青天，终究还是会倒。"谋生唯有读书高，试把书高训尔曹。平地可登卿与相，翻身便做俊和髦。能消心上如焚火，解拨胸中似织茅。更有一言是真诀，买椟还珠剑遗鞘。"建塔既是为了改风水，也是为了提醒自己和族人。

　　塔建成后的清康熙十一年（1672），村里收到了第一份捷报——叶元锡乡试中举。消息传来，全村都沸腾了，他们敲锣打鼓，难掩心中的喜悦，也更加相信建塔是有用的。当考试中举的捷报被派送到荣寿堂时，全村的男女老少都围了过来，人们争相传阅。

　　捷报

　　贵宅附学生员叶元锡以易经壬子科浙江乡试中式举人第三十七名。

　　皇天不负苦心人，康熙三十年(1691)，叶元锡参加京城会试，金榜题名，高中进士。要知道，这可是村民们祖祖辈辈盼了一百多年的荣耀，每个人脸上都难掩自豪。为了勉励后辈，叶元锡将自己的学习经

文昌阁

① 常乐里叶氏宗谱续修理事会成员编：《常乐里叶叶氏宗谱（一）》内部资料，2008年，第28页。

验写成《勉儿曹》，供子孙借鉴，传承文风。虽然如今科举制度已废，但其中有些道理放在今天也依然适用，比如考试不能怯场、如何审题和表达等。抟云塔是新叶村目前年代最早、保存最完好的一幢古建筑，除底层周廊不见，其他主体设施都与初建时大致相同。

清朝同治年间，为培植文运，新叶村又在塔的一侧建造了一座文昌阁，以祈求文运昌盛，里面供奉着文昌帝与文曲星，是村里最华丽的建筑之一。文昌阁是二重檐歇山顶式砖木结构，阁楼供奉文昌帝与文曲星。以鳌鱼作为飞檐翘角上端的装饰，顶盖屋脊两侧缀以双龙，意为龙升图腾与独占鳌头之深蕴。文昌阁大门上，一副手写的对联"草堂关野意；甲族善书香"，字遒劲有力。这些无一不透出新叶村对读书的重视。走进文昌阁，勉励读书的氛围更浓。只见厅堂正中挂着孔子掬手立像，两侧对联是该村老先生叶舜赋的手笔，曰：

赢寰中教慕吾道最先万宇舟车同起敬；
全境内文祠此地为首千秋芹藻尚儒芳。

该对联既强调了儒家文化在文化和学术传统中的重要地位，也是对新叶村在传承和弘扬儒家文化方面的特殊贡献和重要地位的认可。厅中的柱联语出老子《道德经》："上德无为而无以为，下德无为而有以为"，是道家思想中关于道德和行为的一个重要观点，意在强调修养不是为了自己有所收获，而在于把事情办好。

透过文昌阁一楼中央的天井，可以看到抟云塔秀丽的身姿。这一景又被当地人称为——阁中观塔。而塔的造型就像一支直耸云天大毛笔，这一设计也堪称独具匠心。想来，在这样的环境中读书，也确实能够事半功倍。

新叶村虽然只有这唯一的一位进士，但他们从来没有在教育上松懈过，秀才、举人等数不胜数。直到今时今日，每年九月新学期开学的时候，文昌阁内都会举行隆重的开笔礼，孩童们朗诵《勉儿曹》："乡野草堂，不忘书香……壮学幼行宜自勉。"这些对别人而言有点新鲜，但对新叶村的人来说是自小便有的习俗。从开办重乐书院开始，族人早已将读书视作头等大事。为了方便本家子弟读书，新叶村在重乐书院之后，又开办了义学、私塾、官学堂等，甚至不惜将最早的祠堂玉华叶氏的祖庙西山祠堂腾出来做了小学校。如果走进有序堂，便会看到堂内悬有"道学正传"匾额，还有楹联两副：

门迎吉跃春光溥；第列文章佳气多。

秀钟华麓光甲第；文迎道岳振家声。

这充分体现了新叶人对家庭、文化、道德和社会地位的重视，以及对美好生活的向往和追求。

我还曾在有序堂的门口看到过张贴的大红纸，上面是考上大学的孩子的名字以及对他们的奖励。这张红纸背后代表的是千百年来的传承。新叶村村民委员会也会对他们进行奖励，只是用红包代替了几十年前的馒头和几百年前的稻谷。对新叶村人而言，他们在意的不是钱，而是这份荣誉。如今三千多人的新叶村，就有五百多人从事教育事业。他们深刻地明白一个道理：读书可以修身立命，教书可以耀宗显祖，惠及子孙。

静静矗立在村口的抟云塔犹如一个守卫者，默默地守护着这个小村，多少人从这里出发走向各地，又有多少人在它的注视下回归此地，来来往往，络绎不绝。曾经那片静静的荷塘陪着它度过每一个春夏秋冬，尤其是与夏一起来临时，那一封封带着期盼的录取通知书，如果将新叶村的人比作那一片片透着鲜活生命力的荷叶，那这些通知书的主人就是那一朵朵饱满诱人的荷花。经过整个酷暑的炙烤与沉淀，荷花们渐渐褪去装饰，结成最甜美的莲蓬。夏去秋来，它又目睹着他们带上行囊奔赴远方，但它知道花会谢，叶会枯，但底下的莲藕会越来越大，越来越甜，它深耕于淤泥，就如当初新叶村先辈们靠着双手双脚开创的这份家业一般，它们用沾满泥土的双手将一代又一代的人送入窗明几净的课堂。一代又一代的付出，让他们知道哪怕秋尽冬来，叶枯塘涸，但根的沉稳与深度，冬去春来，荷叶满塘只是时间的问题。

二、古迹露天博物馆

穿过写有"狮象呈祥"的石牌坊，便进入了新叶村人的生活。

新叶村的整个建筑群落，讲究阴阳八卦。以五行九宫为布局，包含着我国传统天人合一的哲学思想。外人走进新叶村，仿佛就走进了一个迷宫。其实，为整个宗族村落定下了基本的位置和朝向的人也是叶克诚。

据说，叶克诚幼时曾与父亲一起聆听过神秘道士的风水说，而他所延请的金履祥更是精通奇门遁甲之术。所以在新叶村的选址上，叶克诚也是参考了金履祥给的意见，经过多方勘舆推敲，确定以道峰山为朝山，玉华山为祖山，在南塘（村舍依半扇形围拢成村落，村落中央有池塘，塘叫南塘，像一块长满了绿锈的铜镜）以南建造"外宅派"的总祠——有序堂。如果俯视，可以清楚地看到这三点形成一个直角三角形，直角点上的有序堂为村落基址。众所周知，三角形有稳定性，有着稳固、坚定、耐压的特点，如埃及金字塔、埃菲尔铁塔等都是以三角形形状建造。虽然这个三角形与那些建筑不同，但想来也是隐含了一份长久传承的含义的。

叶克诚又领族人在村外西山岗修建了玉华叶氏的总祠"西山祠堂"，并从玉华山脚和其北侧的白山塘口开始，人工开凿了绕村双溪，注入南塘，以满足灌溉和生活用水之需。溪流即是村界，从那以后，叶氏族人便居于溪内，以"有序堂"为中心，逐步建起了房宅院落，巷弄沿小溪而设，石板道逼仄幽深，成就了新叶村的雏形。

　　村子依五行九宫规律排布，以有序堂为基址，将原南塘改建成半月形，在东、南、西三面八条通路，这八条通道自左向右逆转。划为一白（水）、二黑（土）、三碧（木）、四绿（木）、五黄（土）、中宫、六白（金）、七赤（金）、八白（土），北面道峰山为火，恰是九宫紫火，形成了坐南朝北的独特态势，甚至连村中的七口小塘也是按照北斗七星的序列排列，整体设计暗合"天人合一"的布局理念。值得一提的是，除了村南的石塘（子母塘），所有的水塘都在宗祠前面，是宗祠前导空间的一部分。

　　据说，在村子发展之初，水塘边大多种有植被甚至园林，比如崇仁堂前的半月塘边甚至还有过梅园。随着村里人口的增多，住宅扩张的矛盾日趋严重，大约清代以后，这些绿地就陆续被征为住宅用地。这些塘中最大的当属南塘，在村子北部前沿。虽然它在有序堂的前面，但尺度远远大

新叶南塘全景　朱页军摄

于有序堂，而与整个村落的规模配称。水生万物，千年不息。虽然这一代祠堂前大多都建有水塘，但像一块长满了绿锈的铜镜的南塘有着更独特的意义。

玉华山的山顶耸立着一块百米高、两百米长的巨崖，与日出东方昌润大地有关。而道峰山则形似笔架，主峰瘦削笔挺犹如一支毛笔，所以又称"笔架山"或"文笔峰"。站在有序堂前，可以清楚地看到玉华山与道峰山清晰地倒映在南塘中，形成"道峰卓笔""龙池浴砚""文笔蘸墨"的独特景观，与其重学之风颇为匹配。只要走在新叶村中，就能在水面上看到被当地人称为"文笔渲墨"的盛景。

不过也有勘舆师说，卓笔峰是"火形"，道峰山体形高、大火很旺，必须有一个足够大的水塘才能消解潜在的火灾危险，所以即使天旱，南塘的水也不曾干涸过。如今石砌的塘堤爬上了苔藓，它的视线里也不再只有玉华山与道峰，那些翘起的瓦檐、粉白斑驳的砖墙、窄小的房门、高大的池杉、闲散的人影，都收入了眼底，静静地陪伴着这座八百多年的古村，装得下浩瀚星辰，也容得下狂风骤雨，无波无澜，遗世独立。

除了风水意义，水塘更有日常洗涤、防火、改善小气候等作用，村中的沟渠与水塘之间有石板铺就的街巷，下面设有排水沟，宽度大约由三十厘米到五十厘米不等，它们把雨

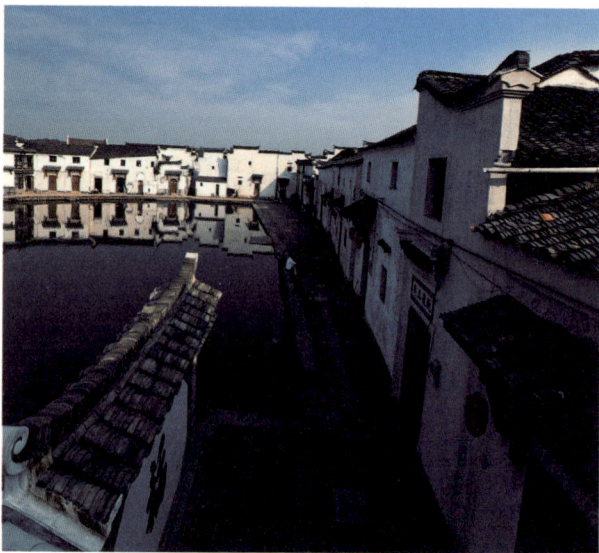

新叶南塘一角 朱页军摄

水和污水导向水塘。所有的街巷都通往学堂，所以再大的雨，学子都可以踩着这些石板去上学，做到"脚不沾泥，雨不湿鞋"，足可见其深入骨髓的重学之风。

总之，这些暗合五行八卦、天人合一的设计，让玉华叶氏"千年无难，前丁出入（即子孙繁衍之意）"[1]。如今呈现在世人面前的新叶古村，依旧可以清楚地看到它是以大南塘为中心，层层块块向周围建房扩村，阴阳九宫圆盘的印迹相当明显。

也许正是这种容易"迷路"的布局，有利于新叶村的古建筑保护。据统计新叶村目前尚存元明清建筑两百多幢，其中元代建筑两幢，明代建筑二十多幢，清代建筑一百七十多幢，大中型厅堂十二处。村中古巷、古祠、古塔保存完好，是浙江省文物局、省建设厅批准的历史文化保护区。一个自然村能拥有这么多完整又具有特色的古建筑，这在全国都属罕见，新叶村也因此被誉为"明清古建筑露天博物馆"。

青砖、灰瓦、白粉墙；肥梁、胖柱、小闺房……新叶村的建筑总体呈现出徽派建筑的风格。村中众多的老祖屋、多祠堂、老戏台和老巷弄，构成一幅体现东方神秘文化的立体图像。它们既是叶氏血脉的见证，更是时代的记录者。行走其间，与午间酣睡在走廊里的老人，盯着游人却只露善意的小狗，晒在竹圆匾里透着甜味的红薯，丢失原色又略微卷曲的树叶，剥落了石片的碾盘……不期而遇，虽然宁静闲适，但这一切似都在提醒我，这是一座活着的山村。

新叶民居多以砖木结构的平房和二层楼为主，大门都有漂亮的八字门台；内部结构以"对合屋""三进两门堂"或"两搭厢"为主，整体素雅端庄。若看到四面围有堂门的那便是大户人家，这些堂门让简单的民居显得雍容华贵，同时又有防潮和隔音的功能，这些房屋不仅有前房、倒房，还有前后花园。前花园种上百年罗汉松和青石水池，后花园配上鱼池和吊

---

① 叶放主编：《龙泉叶氏总谱》（上），海峡文艺出版社，2016年，第243页。

桥，颇有情调。前后进之间设有一幅寓意深远的江南水墨画，有些讲究的，天井中立的四根柱子采用的分别是柏树、梓木、桐木、椿木，寓意百子同春。

新叶村民居的马头墙比常见的马头墙要高些，又称封火墙，具有防盗的作用，也是最有表现力的部分。不但在正屋的两端有，在厢房也有，这种高高低低、叠落式的墙体形成一种层次丰富、活泼跳动的轮廓线，给人以鳞次栉比之感。高大封闭的白粉墙，将一户户人家包围在一个个窄小的天井院中。房子与房子之间布满纵横交错的街巷，密如蛛网的街巷竟有上百条之多，铺路所用的砖条，色泽青绿，配以白墙黛瓦更显古朴庄重。宽的有近三米，窄的只有八十厘米，高大的墙壁将小巷衬托得更加幽深与狭长。古村在建立之初就进行了整体科学的道路排水设计，每条街巷下设有暗沟排水，并且每隔一定的距离就设有门口塘，即可蓄水用以日常洗涮以及消防作用，还可以用于雨天的快速、集中排水，保证正常出行。这些村舍最终以半扇形的形式围拢成村落，成为新叶村独特的风景线。

新叶村不仅有古民居，还有保存完好的十三座祠堂，比如万萃堂、有序堂、崇仁堂、旋庆堂、荣寿堂、存心堂、双美堂等，各具特色，它们是新叶村古建筑文化中的重要特征。值得注意的是，在现存的古村落中有一两座宗族祠堂不罕见，但一个村里保存着这么多座同姓祠堂，那就十分稀奇了。

八百余年的历史里，叶氏经过多次分支立派，各支派一般都要建立自己的分祠堂以祭祀本支派祖先。像雍睦堂、崇仁堂、崇智堂、荣寿堂、旋庆堂、崇义堂……就是不同时期建造保存至今的支派祠堂。这些祠堂除了祭祀，其实也是家族分支堂派别的象征。据《玉华叶氏宗谱》记载，为鼓励读书进阶，宗族对读书或有成者会给予多种形式的奖励。赶考时发盘缠，考取功名后除分级奖赏、载入宗谱之外，还会在所属支堂前设立抱鼓石。祠堂前表彰功名的装饰也便成了各房各派地位和荣誉的象征。而新叶村的祠堂也以数量多、等级层次分明、规格齐全著称于世，其中更是记录了大

西山宗祠

量历史的民俗信息。

西山祠堂是玉华叶氏的总祠堂，原名万萃堂，是玉华叶氏的祖庙。按当地习惯，只有合族总祠才能称为祠堂，其余的分支祠堂称为大厅。该祠堂始建于元代，由三世祖叶克诚，即东谷公主持兴建，是新叶村建立时间最早、地位最高的两座祠堂之一。明嘉靖十年（1531）迁至抟云塔北，后因年久失修在清初倒塌，直到清康熙九年（1670）才将祠堂移建到西山之阳现址，由族人叶溥改名为西山祠堂。此后在清乾隆二十四年（1759）重建，1949 年遭遇台风的破坏并在次年进行了一次大规模的翻修。一度作为新叶小学校舍使用，直至 2001 年。

西山祠堂选址取巧，首先是地势高敞，给人以威严庄重之感。其次是它正对数里外被喻为"母亲"的三峰山主峰里大尖，又将两侧向主峰围合的两座较为低矮的山比作侍奉母亲的"孝子"，叶氏也正好借此风水来加强宗族的血缘关系。西山祠堂虽地位超然，但它的设计相当简朴，采用坐东面西的布局，拥有三进两院，有大门、享堂、后寝及厢房等建筑，整体呈"回"字形，占地一千七百余平方米。为传统砖木结构，硬山顶，八字门面，正门前设有一对石鼓。面阔三间，门厅进深三柱两间七檩；中厅进深四柱三间九檩，五架抬梁带前后双步。

第二进大厅设有拜亭，即为中亭，平面近于正方形，完全独立，不与其他建筑接续。第三进建有楼阁，门台是三间牌楼式。享堂明间供奉着叶氏始迁祖叶坤的塑像和牌位，两厢按照左昭右穆的序位供奉叶氏各支派的历代祖先。每年清明，叶氏宗族都要在祖庙举行一次盛大的祭典，祭典所需经费由各个支堂、支派按照经济实力分摊。

新叶村另一座地位超然的祠堂便是有序堂，即玉华叶氏的总祠，位于村中建筑群中轴线的北端，坐南朝北向着道峰山，也是由克诚于元代主持建造。何为有序，白崖公在《有序堂记》中说："曷言乎序，天所秩者是也。既曰天秩似无假于人为，兹曰有序，是合族老幼，远近而群聚于斯。父则欲其慈于上，子则欲其孝于下，伯叔则欲其尊并乎父，诸侄则欲其顺同乎子，兄则欲其先于友，弟则欲其后而恭，夫则欲其倡于外，妇则欲其随于内，夫然后为有序而无忝于斯堂，亦作堂者之志也。"① 有序，便是对儒家伦理道德的一种推崇。

有序堂建成后，曾遭遇火灾而不存，至明正德元年（1506）重新修建。当时重建的有序堂规模较小，仅有前后两进，三开间。清乾隆四年（1739）再遭火灾损毁，"堂遂不存，地亦别售。宗族得其地的三分之一，归于九思，义分旋庆堂之燕山得其地的三分之二。'因犬牙交错，不得创建而荒芜者六十余年。'后有经过此处的勘舆师说：'香火之后不宜空虚，族之不振职此之由'。② 因此，燕山便将所持有的土地捐出。叶氏宗族在清嘉庆十二年（1807）将祠堂由两进大厅扩建成三进大厅，并设有戏台。有序堂右侧隔巷的客厅，原本是白崖山人的私家花园，称东园。他将此园捐给有序堂，成为祠堂的花园。

---

① 李友彬主编：《古村新叶》（珍藏版），天津古籍出版社，2010年，第15页。
② 邱剑娟主编：《建德古韵》，西泠印社出版社，2012年，121页。

但有序堂的磨难还在继续。清同治六年（1867）菊月，再度遭遇火灾，此后又是数十年没人兴举。直到清光绪二十七年（1901），叶氏族人有志恢复祖业，然财力有限，只能因陋就简，构成后厅寝室三间而已，其余仍是废墟。但这件事一直是叶氏族人心中的牵挂，时间转到1924年秋，族中诸老旧事重提，公推浩文公为主事人，举全族之力，凑资重建。翌年冬日，中庭前厅上下六间暨左右两厢前沿楼宇三间，皆告完成。修修补补，"复于厅之右侧，先达白崖公所助之东园基地，创建客室五楹两厢，其前隙地围以墙垣"[1]前后历时三年，才使有序堂的规模建成如今的样子。

有序堂坐北朝南，为传统砖木架构，硬山双坡屋面，建筑前有风水池。主供东谷公的牌位和画像。该建筑没有设置正门，大门开在左侧墙，在右侧另建门台一座，门台直对道峰山主峰，是为了避朝山道峰山火力太旺的缘故。整个建筑面阔三间，第一进进深五柱四间九檩，五架抬梁带前后双步；第二进进深为四柱三间十檩，五架抬梁带前后双步；第三进进深五柱四间九檩，五架抬梁带前后单步。抬眼便能看到清代遗留的精美构件，梁、枋、斗拱上精致雕画着人物、花鸟走兽等，布局严谨，造型优美，有不少的传世精品。空城计、八仙过海等耳熟能详的故事被描画得栩栩如生，镂空的人物图雕，人物面部表情逼真，服饰飘动自然，连人物的眼角、指间处也刻得毫不含糊。木梁上大多刻有戏文，以"百兽图"居多，还有"九赐言""凤穿牡丹"等。

有序堂内匾额众多，门口第一道匾为"道峰会秀"，也就是一开门就与道峰山会面致礼的意思。而第二道匾则是"国戚第"，它既是一种身份，也是一个传奇。关于这块匾额还得从蓝底黄字木雕装饰的"龙凤直角圣匾"说起，它是明万历十二年（1584）皇帝钦赐的原物，堪称珍稀文物。悬挂于白底黑字的"有序堂"堂名匾额和蓝底黄字的"进士"牌匾之上。这块匾额不仅代表着玉华叶氏家族的荣耀，更见证了皇室与叶家之间的深厚渊

---

① 楼庆西、陈志华、李秋香：《新叶村》，河北教育出版社，2003年，第52页。

"道峰会秀"匾额

"有序堂"内景

源。根据叶氏家谱记载，事情发生明万历年间（1573—1620）。万历帝明神宗朱翊的母亲，即皇太后，身患重病，宫廷御医也束手无策。朝廷因此发榜天下，寻求良医。正是在这时，玉华叶氏的郎中叶遇春揭下皇榜，赶往京城，以精湛的医术为皇太后治愈疾病。皇太后和皇帝深感其恩，逐渐萌生了将叶遇春之子叶希龙招为驸马的想法。然而，就在这个愿望即将实现之际，京山王先行一步，将竹冈郡主嫁给了叶希龙。虽然叶希龙未能成为驸马，却成为郡马，皇帝对此也感到十分欣慰。为了表彰叶家的贡献以及对其的恩宠，皇帝赐予有序堂这块特殊的匾额。同时叶氏宗祠有序堂也受封匾"国戚第"，因此有序堂也称国戚第。

有序堂的内部还建有可拆卸台板的木结构戏台，既方便日常使用，也增加了空间的多功能性，可谓精巧。新叶村有五个戏台，当属有序堂的戏台最大。上面还挂有一块"可以观"的匾额，为民国首任浙江省省长夏超于1923年所题，意为：人生如同演戏，在台上你可以看别人，在台下别人亦可看你。每年正月初一，有序堂内热闹非凡。在这一天，村中会专门为过去一年里出生的小男孩举办庆生仪式，这座古祠堂见证着新叶村香火的延续。

最初新叶村的住宅都建在有序堂的两侧，但随着时间的推移，村庄逐渐壮大，人口增多，原有的住宅布局已不能满足日益增长的居住需求。传到第八代时，村中开始分房派建造分祠。这些分祠的建造地点也很有讲究，它们通常位于村庄的左右两侧或后方，这样既保持了与主祠的有序联系，又形成了各自独立的祭祀空间。

除了这些总祠，新叶村最高大、最宽敞、最华丽的祠堂当属崇仁堂。它建于明宣德年间，由仁分派八世祖永盈公（崇八公）出资48两黄金筹建。作为当时方圆数十里以内的首富，他在家庙的建设上投入巨大，物色最好的工匠、选购最优良的建材，终在道峰山下建成一座气势宏伟的家庙，名曰"崇仁堂"，旨在告诫族人做人要讲仁义。它的规模不但超过了祖庙，也超过了总祠。崇仁堂整幢建筑坐南朝北，一共有四进，进与进之间有天井衔接。总进深二十六米，具有强烈的纵深空间神秘感，这在中国古代建筑中也很少见。

崇仁堂的建筑风格讲究对称性和平衡感，整个建筑布局严谨、规整，具有一种庄重、肃穆的氛围。崇仁堂第一进为下厅，厅前有一方半月形的风水池，名曰半月塘。正门上悬挂有一块"东谷遗芳"的匾额，新业先祖

崇仁堂

"法学士"匾额

叶克诚号东谷居士，他曾效仿东晋时期著名书法家王羲之在农历三月初三这天与朋友举办诗会。此匾既表现了新叶人对于文化的敬重之意，又饱含了子孙后代能够人才辈出的期盼。入内能便见一个活动的戏台，可见村中人重戏的传统。此进中线条简洁大气的牛腿，多为明代遗存。村中的老人说，以前女儿出嫁都要由此出发。

　　第二进为中厅，相比下厅，这里的雕刻更为精细，具有明显的清代风格，额枋上的浮雕八仙图、牛腿、骑门梁上的双面镂空雕，人物造型都栩栩如生，如此雕梁画栋，让人瞬间感觉到了庄严、肃穆的气氛。第二进的左边悬挂一块"法学士"的匾额，这是民国时期驻日大使为当时在日本东京法政大学获得"法学士"学位的叶金、叶桐所题。据村里的老人口述，1941年日本侵略军曾两次到达新叶村，看到此匾便放弃了烧杀，新叶古村得以保留下来。

第三进是上厅，主要用于家族议事，厅内悬挂有"龙章宠赐"和"崇仁堂"两块匾额。

第四进是兼具家法和祭祀，主要用于供奉祖先牌位和执行家法。如今，在此厅的角落处还能见到寿材。它的两侧各有一个天井，左边为日井，右边为月井。这里曾经还设有两个水牢，如果有族人犯了重大错误，就会被关押在此，对着祖宗牌位面壁思过。据悉崇仁堂在建造之初，就采用了"公堂式"的格局。因为新叶村是以族人血缘聚居的村落，有非常严格的家规、家训。而且族规规定，家丑不可外扬，同族人有矛盾，不能外出打官司，要讲究和解，有问题便到崇仁堂解决，所以崇仁堂的作用就相当于一个小公堂，主持着家族内部的秩序。由于不能公开悬挂"明镜高悬"的匾额，崇八公便非常巧妙地设置了"日""月"两个天井，日月即为明，天井里的水形成镜子一样的倒影，营造出"明镜高悬"的意境。

"私设公堂"在当时可是株连九族的重罪。性格耿直的崇八公因拒绝将女儿许配给嚣张跋扈的侍郎官而遭到举报，于是便命人连夜敲碎祠堂地面上按照公堂式规格铺设的湖砖，并撒上白灰做旧，又拆掉关押房和水牢才躲过一劫。

历经五百余年，崇仁堂神秘的纵深空间、精雕细刻的建筑构件和逼真自然的木雕装饰，无不体现着家族的强大，诉说着过往的辉煌。如今的崇仁堂作为新叶村"家族族规"展示馆，堂中众多之中也不乏一些劝诫之言，如"惠周桑梓""和敬""孝行""谨慎勤敏"匾等。

新叶村的古建之所以让人觉得如此精美，还得益于那精美绝伦的木雕工艺，其中有不少传世精品。徜徉在新叶村，在许多祠堂、民居的梁、枋斗拱等都能与精雕细琢的人物、灵兽、百鸟、回纹等不期而遇，每个画面布局严谨、造型优美。以文昌阁和双美堂为例，细看托梁牛腿和骑门梁，

"崇仁堂"内景雕饰

"崇仁堂"内景

"崇仁堂"天井

只见上面那些八仙、关公等人物雕饰竟可以看到逼真的面部表情、飘动的服饰，甚至连人物的眼角、指间处也刻得毫不含糊，真可谓栩栩如生。而采用镂空雕刻的狮子含球、风穿牡丹、百寿图等更是精巧别致，带来视觉美的享受，又蕴含着传统的象征意义。据悉，文昌阁阁脊正中设有神瓶，瓶中插方天画戟，两端装饰双龙戏珠，翘角尖端置鳌鱼模型，十六扇精美的花窗分布在阁楼四面，楼下是对合厅堂，布局精美，外形壮观，是国家一级保护文物。

"崇仁堂"精美雕饰

　　一个村子历经八百余年，能如此完整地保存如此多的古建筑，显然非一人之力可为，这需要整个叶氏族人共同来维护。行走在新叶村，虽也有和其他古村一样的现状，即老人与留守孩童组成了村子的主要人群，但它与众不同的是，八百多年传承注入的早已不仅是重学之风。早在两千年前后，关于新叶村老建筑的去留及保护便成为村民们的心头大事，他们为古建筑的保护而四方奔走，为保护家园的旧貌而不遗余力。最终，在村民的努力和各方协助下，从 2007 年起，建德市政府便启动了新叶古村落综合保护工程，使得新叶村的古老建筑得到了修缮和保护。

三、古曲新唱显新风

　　在新叶这片土地上，非物质文化遗产如同空气一般无处不在，渗透到村民生活的方方面面。传统的民间工艺，如编织、陶瓷制作、剪纸等，代代相传，不断创新。如果说古民居是新叶古村的"形"，那么丰富的非物质文化遗产则为新叶古村落增添了独有的"神韵"，也是它的"灵魂"。

"一部戏剧史，半部在浙江"①，浙江是南戏故乡，更是戏剧大省，列入省非遗的传统戏剧就有五十六项。但以一个村为一种剧种中的声腔命名的，在全国也只有新叶昆曲（又称新叶草昆）。新叶昆曲是清末金华昆曲流传并遗存在新叶村的一脉，与它的另一脉"宣平昆曲"并存，分布于建德、兰溪、金华、武义一带。受婺剧影响，唱腔带有乱弹、高腔因素，主要剧目有《通天河》《火焰山》《九曲珠》等。

清朝后期，随着士大夫阶层的衰弱，以他们为生存养分的昆曲也急需转变，最终它在底层获得生命力，发展出了独特的一支——草昆。如果说昆曲以曲词典雅、行腔婉转、表演细腻著称，那新叶草昆就算是昆剧园里的一朵奇葩，它少了宫廷脂粉气，却多了些许泥土的气息，生长出别样的芬芳。清道光年间，村上有个由昆曲爱好者自由组合坐唱班发展而成的昆腔坐唱班，叫"义庆会"，采用昆曲曲调，却用当地方言演唱，使得本地人也都能听懂，而且演出的剧目又多为《西游记》等热闹又为人熟知的武戏，很受附近农村百姓欢迎。甚至在方圆四五十里的范围内，只要有庙会，戏班都会被抢着请去。久而久之，新叶草昆也有了"山香幽兰"的美誉。

二十世纪中后期，会唱新叶草昆的传承人

新叶昆曲传承　朱页军摄

① 马向东编：《日出江花：浙江艺术职业学院校报文学作品选》，光明日报出版社，2022年，第33页。

日渐凋零,对它的抢救性发掘和复活迫在眉睫。好在 2009 年,新叶昆曲被列入浙江省"非遗",抢救工作也随之开展。同年,新叶村所在的建德镇中心小学成立了"新叶昆曲少年班"。2010 年,又成立"新叶小新星昆剧社团"。2012 年,被列入第二批浙江省非遗传承教学基地……

新叶村中挂有一副楹联,是对新叶草昆的最好写照:

文中有戏,戏中有文,识文者看戏,不识戏者看文;
音里藏调,调里藏音,懂音者听调,不懂调者听音。

"三月三日天气新,长安水边多丽人。"众所周知,畲族有三月三、壮族有三月三,而汉族中过三月三的极为罕见。新叶三月三就是汉族举办的节庆活动。追根溯源,要从我国古代的上巳节说起。上巳节作为古代汉族的传统节日,早在周朝就已经流行,在宋朝以前是汉族非常重要且受欢迎的节日之一。经后代沿袭,"上巳"这个称呼慢慢消失,取而代之的便是"三月三"这个名称。经过一个寒冬,天气渐渐显露暖意。在古代,"上巳节"这一天就像是沐浴与春游的结合体,主要的活动内容是人们在河边祭祀、沐浴、踏青、歌舞、饮酒吟诗、找对象。

东晋时期的著名书法家王羲之选择在"上巳"这天举行兰亭诗会,他的这一举措,让"三月三"又有了文雅之风。东谷公便仿效兰亭雅集,于三月初三结社交友、吟诗赏景,慢慢演变为盛大的祭祖典礼。

大概在重乐书院创办后一百年左右时间,到叶氏六世祖九思公当家时,开始兴起迎神祭祀活动,以祈求风调雨顺、文运亨通。也就是从这个时候开始,"三月三"正式成为新叶的传统佳节。叶氏族人还会将祭祀、祈福、民间工艺结合起来,组成特色的庙会。

延传至今,"三月三"依旧是新叶村最为盛大的节日,它由融迎神祭祖、庙会赶集等环节组成。其中迎神祭祀和庙会由叶氏宗族现有的五个支派——崇仁派、崇智派、崇德派、崇义派、余庆派,按天干地支的顺序轮流执掌，钱多者出钱，无钱者出力。崇仁派、崇智派、崇义派因人口相对较多，故单独主祭，称为"大年"，每十年轮值大年一次。大年轮值必须提前准备"牲猪""牲羊"，精选出猪仔和羊崽，到五圣庙（供奉协天大帝关公、白山大帝、周宣灵王、送子观音和吕洞宾）祷告后，精心饲养两周年以上。

新叶村规定村里各厅祠堂的楹联必须由本村人编写，每逢三月三大年庆典，必须举行一次楹联大赛。待到三月三前一周时，就到村中读书人大显身手的时候了，他们纷纷在自家门派的祠堂大厅里撰写应时应景的楹联门联。这种制度性的安排，保证了三月三节庆活动的有效传承，并使之具备丰富的文化内涵。

在节庆的前两天，即三月初一，各种迎神祭祀的准备工作就有序开展了，口含红橙、头插状元花、身披红绫的"牲猪""牲羊"，各色糕点叠置而成的亭台楼阁，全鹅做成的老寿星，全鸭做成的姜太公钓鱼，甚至还有四时干果粘制而成的麒麟、虎马、狮象……琳琅满目的祭品，无一不体现出他们对祭祀的重视。

在新叶村有"节大于年"的说法，其中的"节"便是"三月三"，所以它在叶氏族人心目中的地位和热闹程度都要远胜于"中秋""春节"等传统节日。

三月初三这一日，想来新叶村是没有一个人会晚起的，甚至远在外地的新叶村人都会赶回来。一大早，迎神的大厅里就早已人声鼎沸。七时三十分，时辰一到，震耳欲聋的火铳声便瞬间响彻云霄，六对共十二只大铜锣一起敲出震耳欲聋的声响，一支由三百多人组成的文武銮驾仪仗队便浩浩荡荡地出发了。其中还有火铳手、锣鼓手、吹鼓手、三角旗手等五十余种角色，孩子们舞动着旌旗紧跟着队伍。他们从村中穿越南塘街巷而过，一路上不断有人加入，在完成绕村一周的仪式后，这支声势浩大的队伍便朝着五圣庙的方向进发，他们在乡间小路上延绵千米，可谓壮观，想来身

新叶三月三·迎神　朱页军摄

为新叶村的一员，在那一刻的自豪感真的会油然而生。按照族谱记载，迎神队伍排列次序和道具竟达二十五项之多。

仪仗队到达五圣庙后，主祭人即宣布仪式正式开始。话音刚落，八位仙家扮相的戏人便隆重登场，在祭台前上演"踏八仙"。只见"八仙"在祭台前围成一圈，齐声高唱，其内容不外乎祈求五谷丰登、多子多福云云。随后便是头戴面具、手持"神笔"的"魁星"出现了，如果被"魁星"的"神笔"点中，则必高中魁元，金榜题名，便就是"点魁星"。接下来还有"巫师祈福"，在完成祭天、祭地、祭祖先的仪式后，族人代表从财神爷"赵公明"手中接过金元宝和官帽，整个仪式也达到高潮。主祭人虔诚地将协天大帝、白山大帝、周宣灵王三尊红木小雕像请入神龛内，一时间，锣鼓声、爆竹声响彻街巷，将"三圣"隆重地迎回村里，供奉在祠堂内。神轿接到厅堂后，即有"斯文老人"主持进行致祭大典。而属于主祭一派的村民也陆陆续续肩挑祭品前来摆放，全猪、全羊必不可少，每个祭品篮里盛满了猪肉和整只鸡，大大小小的祭品摆满了长桌，蔚为壮观。据《玉华叶氏宗谱》记载，整个祭祀程序有十五项。来年二月初二，"三圣"会由原支派隆重送回五圣庙。

　　观看新叶村的三月三，脑海中升腾起的是鲁迅先生在《且介亭杂文集》中说的那句话："只有民族的，才是世界的。"这些来自民族大众的东西，经过千百年提炼升华，具有强大的生命力和持久力，真正地被世界认同。

　　新叶村三月三大型民俗活动一般历时五到七天，热闹非凡。新叶村人尚礼好客，每次庙会期间，家家户户都会备上丰盛的饭菜和自酿的大曲酒款待亲朋好友，哪怕只是素不相识的过路人，只要登门便能受到极高的礼遇。

　　二十世纪九十年代初，清华大学建筑系教授陈志华被这里的乡土建筑和文化深深吸引，选择新叶村做全国第一个乡土建筑课题研究。他认为新叶是"中国东南部最典型的农耕村落"，经过潜心研究，完成了第一本中国乡土建筑研究作品《新叶村》。

　　如果来过新叶古村，想必人们会明白陈教授怎会如此迷恋新叶，也自然懂得为何有人说，如果看懂了新叶村，也就看懂了中国的传统文化，

新叶三月三祭祖　朱页军摄

看懂了古代中国。宗祠、书院和田地，是中国古代大型村庄聚落的生存根本，也是构成农耕宗族文化的三要素。也正是由它们构成了古代中国最核心和坚实的社会基础。而在新叶村，不仅完美地拥有这一切，还有更多的文化底蕴，千百年来从未间断过的传承，更难能可贵的是这是三十余代人共同的努力，而且我们知道这些早已刻进骨血里的认知必会将它带到更深更远处。

孔子云"逝者如斯夫，不舍昼夜"，时间令人猝不及防，它无情且强大，没有什么可以抵挡毁灭一切的脚步。但在新叶村，我看到了它的另一面，时间在新叶仿佛变得温柔，令人感到温暖。新叶村用悠久的历史孕育出了古色古香的村落营造技艺、绵延百年的新叶昆曲、影响深远的民俗节庆等等丰富多彩的地方文化，它们用璀璨的光辉抵御住了时间的摧残，并将随着时间的流逝而散发出更多传承的意蕴。

古村的宁静仿佛是一种特有的气质。如今村中多处祠堂的门口都坐着收门票的人员，让古村的淳朴多少打了折，我虽能理解，但终究希望它能多些纯粹的美。当夕阳的余晖洒在新叶古村的青石板路上，我站在这古老村落的门口，准备告别这片土地。古村的轮廓在夕阳下显得更加柔和，目光留恋地穿梭于岁月留下的痕迹。远处，群山环抱，云雾缭绕，仿佛守护着这片古老的土地。近处，民居错落有致，每一扇门后都隐藏着一段故事，每一堵墙都见证着历史的变迁。似乎随风而来的每一粒尘埃、每一颗水分子都凝聚着沉甸甸的历史与传说。它们不仅仅是自然界的普通元素，还是这片土地上千百年来文化积淀的见证者。这些微小的存在，与古村的青石板路、古朴的民居、流传的民歌和传统的工艺一同编织成了厚重的文化。

唯愿岁月静好！

参考文献

1. 常乐里叶叶氏宗谱续修理事会成员编:《常乐里叶叶氏宗谱（一）》(内部资料)，2008 年。

2. 叶放主编:《龙泉叶氏总谱》(上)，海峡文艺出版社，2016 年。

3. 李友彬主编:《古村新叶》(珍藏版)，天津古籍出版社，2010 年。

4. 楼庆西、陈志华、李秋香:《新叶村》，河北教育出版社，2003 年。

5. 邱剑娟主编:《建德古韵》，西泠印社出版社，2012 年。

6. 马时雍主编:《杭州的古建筑》，杭州出版社，2004 年。

7. 马向东编:《日出江花：浙江艺术职业学院校报文学作品选》，光明日报出版社，2022 年。

　　李村村位于浙江省建德市南部、大慈岩镇东面，下辖李村、岳家、白山后三个自然村，与兰溪市相邻，与有"明清古建筑露天博物馆"之称的新叶村及"江南悬空寺"的大慈岩接壤。

　　李村村历史悠久，历经千年。大多数村民为唐卫国公李靖后裔，繁衍至今。李村村群峰环抱，溪水长流，整个村落讲究阴阳八卦，村落布局呈虎踞龙盘之势。村内有保存较完整的古代血缘聚落建筑群，现存有明清古民居建筑一百一十多幢，以及一本堂等十多座公共建筑。李村村乡土建筑群于2011年被浙江省政府公布为省级文物保护单位。地方文化丰富，"李村抬阁"被列入浙江省级非物质文化遗产名录。2013年，李村村被列为浙江省历史文化古村落。2014年，李村村被列入第三批中国传统村落名录。2019年1月，入选第七批中国历史文化名村。

李村航拍图 朱页军摄

中国历史上隐逸之风一直盛行，从老子骑青牛过函谷关隐遁，到陶渊明采菊东篱下；从林逋以梅为妻养鹤作子，再到吴均说"山际见来烟，竹中窥落日"；前有王维说"行到水穷处，坐看云起时。偶然值林叟，谈笑无还期"，后有苏轼说"桑枝碍行路，瓜蔓网疏篱。牧去牛将犊，人来犬护儿。"……身处繁华之地，或许只为生存，而心中却会期待一个远离世俗纷争之地，最好藏于深山又有甘泉为伴，能清晰地听见每一分每一秒的流逝。也因此，隐于山林、云漫松间的建德市就成为很多人隐居的理想地，而大慈岩镇上那"石上生灵笋，泉中落异花"的李村村，更是多少人梦寐以求之地——毕竟体会到在此偷得浮生半日的闲适，才知何为生活的滋味。

一、落落山村远红尘

春日的农田是油菜花的主场，黄色与绿色相间的田野，给人以明快清朗的舒适感。宽阔恬静的乡间道路上车辆前行着，直到一座豪华气派的红色四柱牌坊与视线相遇，上面苍劲有力的"李村——千年古村"六个大字傲视着四方来客。村东侧水洪山古枫参天，村里池塘犹如明镜，明清房舍鳞次栉比，庄后大慈岩、大青岩、白山岩"三岩护立"……

整个李村村地处玉华山南麓，位于建德市大慈岩镇东北部，南接三元村，北邻上吴方村和新叶村，西靠大慈岩风景区，域内地势北高南低，为玉华山、大青山、红裙岩等山峰所环抱，村中心位置海拔约九十米。现在的李村村（李村村为多个自然村，以自然村李村为讲述对象，为便于区分，故下文统称李村）是指建制村，它包含李村、白山后、岳家、下汪畈等四个自然村落。地处建德市与兰溪市边界，历史上处于徽州与婺州之间的交通要道上。这里没有车水马龙，没有喧嚣嘈杂，过的是木心笔下"从前的日色变得慢"的生活。

李村，单指以李氏、胡氏二大族群聚居的古村落。它坐落在一条玉华山南坡较缓、较连贯的余脉之上，以山脊为中轴，向东西两侧铺开，形成中间高两侧低，坐北朝南的地貌形势。远眺整个李村，所见大多为徽派建筑，青山绿水掩映下的灰瓦白墙，别有一番韵味。

大慈岩镇内拥有大、小两座玉华峰，统称为玉华山。玉华山雄镇建德市寿昌东南，兰溪市的西北，旧时曾作为寿昌县与兰溪县分界线，是大慈岩镇内颇具盛名的山脉。在清光绪《兰溪县志》中记载：县西四十里，一名白山岩，其色如玉，又名玉华峰。据《寿昌县志》记载："玉华山，在县东南三十里，一名白山岩，山前与兰邑毗连，悬崖峭壁，高数百丈，晶润有光，故谓玉华。半崖壁有华阳洞，俗呼仙洞。洞有风，声如雷轰，向上吹者主晴，向下吹者主雨，近地人以候雨晴，辄验。里人李学颜有玉华记，见李氏谱。"[①] 其中，玉华山又以山南那方如玉一般的白色陡峻石壁而闻名四方，世称白山岩，俗名白山，是玉华山的标志，也是玉华山的代名词。白山岩雄姿威武，是吉祥平安的象征。白山岩东南山麓有许多的村庄，都以"白下"作为村名，如白下叶庄、白下李等，寿昌、兰溪两地也多有这样的称呼。

至于李村，最初的地名叫白下李，清光绪《寿昌县志》和《兰溪县志》皆有"李村原名白下李"的记载。在《玉华李氏宗谱》中更有详细记载："玉华山，俗名白山，我祖卜居山下，俗称白下李，此玉华李氏由昉也。"[②]《寿昌县志（二）·疆域志》中对李村的位置有明确记载："李村，自檀村东南行，过麻车岗至此八里，与兰溪县分界。"[③] 按《玉华李氏宗谱·玉华李氏谨按大事记》记载，清道光二十二年（1842），徐宅开始以李氏之姓作为村名，并改"白下李"为"李村"。因白下李八世祖李频公（唐朝

① 陈焕等修、李任等纂：《寿昌县志》（二）：民国十九年（1930）铅印本，第93页。
② 《玉华李氏宗谱》（也字号）卷首，第5页。
③ 陈焕等修、李任等纂：《寿昌县志》（二）：民国十九年（1930）铅印本，第82页。

著名诗人）的梨山诗集，所以李村亦号"梨山世家"。

南宋时期，李村人李升（字则甫，官拜国子监博士。遭秦桧妒忌，优游林下，以终天年）与兰溪人周山卫，冒死保忠良后人。他们从兰江水路偷偷护送岳飞后代到大慈岩镇，但半路遇上官兵的追杀，部分后人被杀，就埋葬于李村地界资棕坞山冈，故又得名岳家村。

作为村中第一大姓氏的玉华李氏在李村繁衍生息一千余年，子孙已传承第四十四代，子孙人数已达三千余人，繁衍成一个大宗族。安定胡氏是李村第二大姓氏，胡氏族群在此繁衍生息也有近四百年。他们一直不间断地保持着血缘聚居，其历史发展的脉络清晰，被称为传统乡土文化的活化石。

被玉华山和大慈岩山怀抱的李村，山上终年都是郁郁葱葱、层峦叠翠，村外小溪潺潺，景色十分宜人。李琏公爱慕白山岩的美，迁居白山岩南麓白下，入赘徐家。李琏公以耕读为本，发奋耕耘，勤恳读书，在徐宅的基础上筑寨建庄，白下李逐渐形成村落，李氏宗族也逐渐兴旺发达。

李村是唐初名将李靖公后裔的聚居地，是在"徐宅"的基础上发展而来的。李靖出生于官宦世家，一生战功赫赫，被誉为大唐军神，先后获封为代国公、卫国公，位列凌烟阁二十四功臣第八名。李靖去世后，唐太宗李世民悲痛万分，颁旨其陪葬昭陵，并效仿汉武帝与霍去病的故事，命人将李靖的墓修建成阴山、积石山、铁山的形状，以此表彰他的军功。

李靖第五世孙李芳（字彦芳）生于唐天宝十三年（754），唐太和三年（829）卒，享年七十有六。李彦芳中年中进士，入国子监深造，登太学生之位，平生谨慎，为官清廉。是入浙始祖。史载：李芳于唐贞元十六年（800），拜江南节度使，贞元二十年（804），行部至寿昌，看上寿昌长汀山水之胜，占卜迁宅长汀（今建德李家镇龙桥村石门塘）。因唐朝盛行道教占卜之风，李芳通过占卜迁宅长汀奉母，后母亲病重，加上晚唐朝政混乱，统治阶级内部钩心斗角，阶级矛盾日益尖锐，李彦芳上表请求辞官侍奉母亲，得到唐宪宗准许，其后他一直过着隐居生活，卒于唐太和三年（829）。《旧谱序》记载证实了上述史实："至五世而迁寿昌之长汀者，江南节度使彦芳也。"《家谱跋》也写道，李靖，"公二子，曰颛、曰硕。硕生三子庸、廉、度。度亦二子，长子晏、次子昊。昊生彦芳，为江南节度使，迁寿昌之长汀，子孙世居焉"。李彦芳平生谨慎，为官清廉，任满定居寿昌长汀源（今李家镇沙墩头村石门堂一带）。

李靖后裔第八世李频是唐末著名诗人，幼读诗书，博览强识，领悟颇多。官至建州（今福建省建瓯市古名）刺史，居建州。李频为官期间以礼法治下，深受百姓爱戴。唐乾符三年（876）病死任内，建州百姓举城致哀，在梨山建梨岳庙以祀之，寿昌父老相与扶柩，归葬于永乐（今建德市李家镇），并在寿昌河南里建都官祠以示纪念。李频一生诗作甚多，大多散佚。南宋嘉熙三年（1239）金华人王野任建州太守，于京城书肆中的李诗一百九十五篇，辑为《梨岳诗集》并为之序。《全唐诗》载李诗二百零八首。历代评李诗"清新警拔""清逸精神"。对于李村人而言，李频是他们的骄傲。

李家传到第十一世李琏时，家族辗转迁徙再入浙江，居江南玉华山。《旧谱序》中写道："至八世，有诗名于唐者，建州刺史，频也。八世至十一世，析居邑之江南玉华者，琏也。"《家谱跋》也说："至八世祖频，唐大中八年（854）进士，历官建州刺史。十一世祖琏，北宋雍熙三年（986）析居玉华，赘徐氏宅。"李琏，字廷珍，生于后周显德四年（957），卒于北宋天圣九年（1031），享年七十有五。一生天资纯谨、懿行孝廉、勤于耕读、读嗜静恬。

《玉华李氏宗谱》载："继德公长子行裕四，讳琏，初娶航头翁氏，无子早卒。北宋雍熙三年（986）徙居玉华，赘徐宅，卜居本里，玉华派自此始。"[①] 所以，在李村成家立业的李琏即为玉华李氏始迁祖，又是李

---

① 《玉华李氏宗谱》（也字号）卷之三，第7页。

村创始人。

唐大中元年（847）的一天，风和日丽，是出游的好时机。寿昌县令穆君也忍不住外出前往灵栖洞游玩，随行的还有诗人李频。灵栖洞位于建德市西南三十五千米，整个景区风景秀丽，有"江南溶洞明珠""地下艺术宫殿"的美誉。其由灵泉、清风、霭云三洞和灵栖石林组成，其中灵泉洞以水见长，清风洞以风取胜，霭云洞则以云雾称奇，灵栖石林更是以惟妙惟肖拟人状物的造型石景而引人入胜。据《建德县志》记载，早在唐永隆元年（680），就有人入洞探奇。再说穆君见眼前精美的景致，诗兴大发，吟诗曰："一径入双崖，初疑有几家。行穷人不见，坐久日空斜。"得此四句后便停顿未续，李频便接着云道："石上生灵笋，池中落异花。终须结茅屋，到此学餐霞。"穆君对此大为赞赏。不过根据史学家的考证，此诗乃李频本人所作。其中的"石上生灵笋，泉中落异花"更是建德家喻户晓的名句，它将家乡优美的自然风光传递出来，成为最好的代言人。作为李姓先祖，李频让李姓族人感到自豪和骄傲，《全唐诗》《唐诗三百首》等均收有他的诗作。

此外李村还有著名的八景，分别是：

"百丈层崖玉削成，月临痕迹认分明。凉秋木叶萧萧下，午夜犹闻鹳鹤声"的玉华月影；

"红裙毕竟似红裙，竞说仙姬剩彩云。云落岩尖仙子去，红裙千古此氤氲"的红裙仙踪；

"拾级携筇访太清，云间遍觅读书声。东林大有人修葺，此地何年付选成"的太清书韵；

"发人深省此晨钟，风雨无衍起晓风。自是神灵多感应，后唐古柏尚云封"的白山钟声；

"大小由来岭久分，临歧向左入烟云。徐行得得歌相答，红叶双肩衬夕曛"的大岭樵歌；

"绝妙莲峰入画图，松林青霭护吾庐。有时天半风相荡，化作涛声忆五湖"的莲兆松涛；

"春风嘘拂蔚桑麻，春雨沾濡孕物华。报道西畈春水足，扶犁叱犊几千家"的西畈春耕；

"共和无事且逍遥，把钓临矶度岁朝。拾得鱼儿须醉酒，子陵终觉为名高"的冯塘晚钓。

这些景致大多为自然景观的形象描绘，例如"玉华月影"描绘的是玉华山在月光照耀下的美丽景象。夜幕降临，皎洁的月光洒落在玉华山的如翠玉削成的峭壁上，无论是古老的民居、青石板路，还是静静流淌的小溪，都被柔和的月光轻轻覆盖。此刻的村子仿佛变成了一个宁静祥和的仙境，让人感受到一种超脱尘世的宁静与美好。遗憾的是"玉华月影"好寻，而"红裙仙踪"则是难觅，诗中带有浓厚的神秘色彩和浪漫主义情怀，让人产生无限遐想。

在云雾缭绕的李村，沿着古老的石阶拾级而上，手中的筇竹杖轻轻敲击着每一块青石板，仿佛与历史的脉搏同频共振。在那幽静的山林之间，读书声缥缈如云烟，时而清晰，时而模糊，仿佛从云间传来。一群人正忙碌着修葺古老的建筑，正在为传承太清文化而努力。"太清书韵"倒与"耕读传家"的祖训有着异曲同工之妙。

至于"白山钟声"和"大岭樵歌"二景倒是好理解。"白山钟声"指的是村北白山庙里悬挂着一口铜钟，每当风起云涌或是重大节日之时，村民们便会齐聚于此，敲响铜钟，以祈求风调雨顺、五谷丰登。钟声悠扬，回荡在山谷之间，让心灵得到洗涤。每当晨曦初露，或是黄昏降临，山间的风便伴随着樵夫们嘹亮的歌声，穿越茂密的林木，弥漫在这片土地，是他们对生活的热爱，也是对大自然的感激。

李村内的池塘或湖泊生长着茂盛的莲花，村外遍种的松树在风中摇曳发出的涛声，两者合二为一便是"莲兆松涛"，赏莲听涛，感受大自然的魅力。

　　还有"西畈春耕"与"冯塘晚钓"，是忙碌与闲适的对比，两种截然不同的生活场景，但都散发着乡村特有的宁静与和谐。春天是大地苏醒的季节，也是农人们忙碌的时刻。傍晚时分，夕阳洒落在水面上，金色的光芒与水面交相辉映，闲坐塘边聆听着水声、虫鸣，静待鱼儿。在李村，忙碌与闲适，并不是对立的，而是相互补充、相互映衬的，它们都是生活的节奏。

　　总之这李村八景，不仅是自然风光的集大成者，更是人文历史的传承者和地方特色的展现者。它立足乡村，勾勒出的是生活，承载的是深厚的文化底蕴，散发出的是迷人的魅力，若有幸来此，不妨寻觅感受一番它们的独特韵味。

　　当然，人们来李村探寻的不限于景，更应体味一下它独具匠心的布局。整个村子没有城墙的掩护，但历史上的李村很少遭遇外匪，这与整个村落讲究阴阳八卦的布局有关。外地人到李村，常会迷失方向，只有依靠当地人的带路才能顺利前行。俯瞰整个李村，外似盘龙，内有虎踞，整体呈现龙盘虎踞之势。

　　李村北侧玉华山为祖山，南侧莲兆山为朝山，水洪山为案山，东北侧杨塘岗为青龙，西侧较为平缓的小岗为白虎。村落南侧明堂开阔，水量充沛的东溪、枫林溪自西北方的红裙岩、大青山蜿蜒流出，受北高南低地势的控制，就像两条舞动的蛟龙，从村落的东西两侧围合，奔腾至村落南方莲兆山山脚下汇合。流入金山头水库，最终通过赤溪在兰溪市赤溪街道汇入衢江。

　　此处，以小桥与关帝庙作为标识，是李村的一个水口。另有一条山溪水从玉华山汇聚而来，与村内水系也在莲兆山山脚下汇合，建小武当庙以作标记之用，成为李村的另一个水口。两个水口在风水上形成"双龙抢珠"的形势，有平安长寿的象征意义。

　　如果说龙盘是大自然的鬼斧神工，那么虎踞便是李氏先祖的精巧之作了。

以玉华李氏总祠一本堂作虎头，宗祠大门如一张虎口。李村有一条自南向北的街巷，即村中轴石板街，是从一本堂向后山延伸的一条石板道路，约五百米，将自然村一分为二。巷东归兰溪管，巷西归寿昌管。这条街巷自古有之，是明清时期兰溪与寿昌的分界，是去向安徽的官道、界路，两侧民居夹道，形成街巷，所以这条"界路"又称"界巷"，被村人叫作街路，两侧曾开过药店、肉店、百货店等，热闹非凡，是人们生活物品采购的中心地带。从一本堂起始的村中轴石板路主街出村北，形似一条老虎的脊椎。分布在一本堂四周的主要宗族分支厅堂就像散布在老虎四肢位置的虎脚，而通向白山殿的出村道路就仿佛是一条虎尾，两旁大小巷弄就自然像是斑虎纹图一般了。

李村的布局可谓用心，不仅重视外形，也没有忽略内在。村中厅堂分三垣（紫薇、太微、天市）星象，内脏为肝、心、脾、肺、肾、肠、胃、胆，亦含八卦之诸象，村内三条由南至北的主干路，就形似八卦中的离卦。村南的关帝庙、小武当二庙镇驻水口，有保瑞辟邪和挡虎的作用，而村北的白山庙则有护虎之责。只可惜二十世纪七十年代，村南的关帝庙被拆除，而小武当庙也改作牛圈，后又被拆除，破坏了村口的环境。不过村东侧还有一座黑虎庙，作用也是庇佑虎型李村。

如今随着人口与经济的不断发展，整个村子形成向东、西、南三面扩展的趋势，在古建之外也有了林立的小高楼，它们将古村包围中间，村外青龙、白虎山岗渐已与村落融为一体，形成了李村独特的布局图。

好山又怎能没有好水，众多的水塘与溪流，让李村地势环境变得灵动起来。村外溪水潺潺，村内沟渠纵横，保存较好的水道相互沟通、贯穿，成为村民生活的命脉。李村村落形制为山冈民居建构，两侧二十多口池塘呈长串念珠形。村内外曾有大小几十个水塘，至今古村内仍有大小水塘十几个，就像是"佛珠"一般散布在古村落中间和周围。其中位于古村核心

村中水塘

位置的花厅塘、大厅塘、新厅塘、女埠塘、女花塘、东底塘和后新塘更是古村历史格局中重要的组成部分。塘水清澈,映照着周围的古建筑和繁花似锦的景致,仿佛一幅天然的水墨画。只可惜近几十年来村中大量水塘被填埋、压占,原有佛珠状的、相互衔接的水系系统遭到一定程度破坏。

走进这座被重重山峦掩映的小山村,行进在多且曲折的小巷之间,听着青石板发出的些许声响,仿佛便踏进了历史,扑面而来的不是嘈杂和喧嚣,而是一种久违的平静与祥和,着实让人心生眷恋。那些错落有致的古老建筑,作为历史的见证者,向往来的游人叙述着它的久远历史。古建筑之间横亘出的小巷多而曲折,走在其间,仿若走进了迷宫。何为曲径通幽,这大概便是吧!

二、青砖黛瓦凭虚构

村落的秀丽中透着古韵，所及之处皆是斑驳痕迹，说不清的幽静与沧桑。李村的村落空间格局与宗族房派分支直接对应。

李氏家族自定居玉华山脚，先分为上下两宅，上宅（上李）派，居李村北部，以"花厅"为中心，下宅派居李村南部，以崇本堂（村中最大房厅）为中心。下宅派又分为西轩派、东轩派，后东轩派三分、四分和七分人丁繁盛，三分居崇本堂周围，四分居村西、村南，七分居村东。各房派住宅围绕相应房厅修建。

历史上的李村，因为特殊的村落布局，以及远离行政区域的地理位置，没有直接经历过大的战乱，但"城门失火殃及池鱼"，现在的李村格局还是与历史上有较大差距。

清咸丰元年（1851），太平天国运动爆发。1861 年 5 月初，太平军李世贤部由赣东回师入浙，连克常山、江山、开化，于 28 日进据金华，开拓浙西、浙南基地。战争对于古建筑的破坏往往是致命的。村北的住宅便在此间烧毁。二十世纪六十年代，李村的古建再遭拆毁，村西的承启堂、光启堂消失在人们的视野之中，导致村北、村西格局残破混乱。

古建筑损毁之后，原有的地基再起新楼，随着人口的增多，更是不断外扩。其中下宅的东轩派持续向南发展。尤其在清末民国时期，东轩派四分经济实力较强，便在村南建起大量住宅，逐渐与村外的大宗祠——一本堂相连接。新中国成立后，东轩七分更是人丁兴旺，就在村东南建起大量高层民房。近年来村落逐渐向东、西、南三面扩展，古村落及一本堂逐渐融为一体，并被包围在新建建筑中间。

李村原是以界路为中心线，但随着二十世纪七十年代修建的檀新公路的开通，檀新公路逐渐取代原有的界路，成为新的村落中心线，公路两侧大量新建房屋，村落主要商业服务设施也渐由崇本堂转移至檀新公路两侧和村南的一本堂前广场，近年来又在檀新公路以南新建了农贸市场，村落中心向南转移。古建筑夹杂着新房屋的现象，在许多传统村落中并不罕见。这种景象如同历史的印记，见证着村庄的发展与变迁。可能这样的交错在一定程度上确实打破了村落的美感，使得那些古老而独特的建筑在视觉上显得有些格格不入。不过，位于群山环抱之中的李村，仿佛一位智者，在古老与现代之间找到了完美的平衡。在李村，古建筑与新房屋并不是简单的并存，而是一种和谐的融合。白墙黛瓦、飞檐翘角，古建筑在岁月的洗礼下更显沧桑与美丽。新建的房屋与古建筑相互映衬，形成了一种独特的风景。

　　虽然有不少古建被毁于时间的洪流，但好在李村的新建并不是简单地原地拆除后重建，而是选择在周边扩建，所以如今的李村还是较为幸运地保存了古村落较好的原始形态，现存多座厅堂庙宇（如白山殿、小武当庙、一本堂、崇本堂、立本堂、植本堂等），以及以"连三进"为代表的明清古民居建筑两百一十多幢。整体建筑为砖木混合结构、青瓦白墙的徽派建筑，素雅端庄。从 2009 年起，建德市就对李村古建筑进行保护抢修，古民居维修、水系整治、控制核心区块建房等。2011 年，李村的乡土建筑群被浙江省政府公布为省级文物保护单位。现有省级文保单位四十处，历史建筑三十二处。

　　南宋绍兴十年（1140），李村第十七世祖李陞为首续修第二次玉华李氏谱。同年，召集众房建李氏宗祠。李陞，字则甫，登南宋绍兴十七年（1147）进士，官拜国子监博士，为高宗重用，但却遭奸相秦桧妒忌。后于绍兴二十一年（1151）愤而归乡，优游林下。在他的主持之下，李村开始修建宗祠，据李氏宗谱相关记载，李村有大大小小二十多个祠堂，皆以"插花"的形式遍布全村。除两处宗祠毁于火灾后，现仍余存十八座，包括李氏家族的总祠——一本堂，以及崇本堂、立本堂、植本堂、光裕堂等分祠，它们分属李姓的不同分支。

　　在传统社会之宗法制度下，早在宋朝民间就可以有宗祠。但一直到明

一本堂

朝嘉靖帝才颁布诏令，"许民间皆联宗立庙"，打破了民间不得立祠的约束，普通的百姓家族才获得建立家庙的资格。但民间真正开始大规模修建宗祠，要到明万历年间（1573—1620），礼部尚书夏言奏准百姓兴建家庙、祠堂或大宗祠，以为扩大祭祀祖先之记载。故此，如今所见较为老旧的宗祠古迹，都是以明朝所兴建的各姓氏宗祠的历史为最久。而李村便拥有多座明朝时期所兴建的宗祠，足见李村宗祠文化的悠久。

　　始建于明中期的一本堂，如今依旧端庄屹立在整座村坊的中央，黑瓦红门，庄严而肃穆，为典型的传统砖木结构，硬山顶，面阔三间，正门前设有轩廊。这里原本是古村南端，也是古村的村口之一，一本堂前方及两侧历史上曾是李村的重要农田。历史文化村落里的祠堂、香火堂、社庙等建筑，大多数归宗族或多人共有，其修缮、修复或重建皆由族中长辈或族中担任各类公职的人员出面主持、商议，在宗族成员内部筹资、捐资。

　　清宣统三年（1911），由鼎臣公主持发起筹资，重建"一本堂"宗

"一本堂"内景

祠。2005年翻修，2009年又由国家拨款修缮保护。作为玉华李氏的总祠，它既是李氏全体族人商议大事的地方，更是维系李氏凝聚力的精神支柱。2003年被公布为省级文保单位。

　　一本堂整体建筑坐北朝南，占地近一千平方米，格局保存完整，平面以"回"字形结构作为整体布局，由前中后三进及四个厢房组成。大门之外的广场上，种着两棵大树，郁郁葱葱，仿佛在默默守护着家族的安宁。进入大门，每进之间设有通风、采光的天井，天井内还种有绿树，郁郁葱葱，为古朴的建筑增添了几分灵动。整体形制严谨、用材考究。梁上雕刻精细，牛腿上有"太平，象、鹿，双狮戏球，戏曲场景"等，形象生动。这座庄严肃穆的祠堂，矗立于青山绿水之间，静静地诉说着岁月的沧桑和家族的荣耀。

"一本堂"木雕

　　一本堂的第一进进深三柱两间。第二

进进深四柱三间九檩，五架梁是方梁，抬梁带前后双步，梁上有"回"纹雕刻，檐柱及内柱均为方形石柱，檩条下均由撑拱。檐柱上雕有楹联，大约是为了契合"一本"的祠堂名，大多楹联含有"一""本"字样，如"一堂琐事议和气，本族尊卑俱欢欣"。此进堂内供奉有李频塑像。第三进为二层，面阔三间两弄，进深四柱三间七檩。祠堂内牌匾众多，恰似给祠堂穿上了华美彩服。高大的主体建筑与四周的植被、矮墙相映成趣，构成了一幅独特的画面。一本堂同时也是"李频纪念馆"所在地。

　　除一本堂外，李村还有建于明宣德年间的崇本堂，俗称大厅。明永乐元年（1403），富十一公李音父子筹建崇本堂。是二十八世祖东西轩福三、福四公派下之众厅，前后翻修数次，最近一次为1996年。建筑呈坐北朝南的布局，占地约四百七十平方米，传统砖木结构，硬山顶，面阔三间，格局保存较为完整。建筑分前中后三进，带两个厢房。第一进进深四柱三间十一檩，为牌楼式门面，重檐歇山顶。1968年倒塌重修。第二进进深四柱三间十檩，五架抬梁带前后双步。第三进为二层，面阔三间一弄，进深三柱两间五檩。不同于一本堂考究的装修，崇本堂整体布局简单，装修简单，用材粗大，以实用性为主。飞檐挑角，典型的武厅形制，颇具先人李靖遗风。在这里，可以感受到庄重而肃穆的气氛，仿佛能听到祖先的呼唤，感受到他们的智慧与力量。这种气势，不仅仅是对家族的尊重与敬仰，更是对传统文化的传承与发扬。如今，崇本堂周围汇聚了村中大多日常生活服务小店，也显得热闹了许多。

　　始建于明万历年间（1573—

崇本堂

植本堂

1620）的立本堂，是下宅派荣九公派下（二十九世祖）房厅。原本的立本堂也曾倒塌，现存世的这座祠堂，根据建筑风格可判断建于清中期。建筑坐西北朝东南，占地近八十平方米。典型的徽派建筑风格，白墙黛瓦，传统二层砖木混合机构，硬山双坡屋面、马头墙。面阔四柱三间一弄，一层进深四柱三间七檩，二层梁架穿斗式梁架。整体布局简单，装修简朴，冬瓜梁上雕有简单的蔓草纹。祠堂内设神龛，供奉李氏先祖，1997年出租给村民李宝芳作为杂货店。绿树掩映，飞花点缀，古香古色的砖瓦墙体，有着历史的沉淀和岁月的积淀。

建于明万历年间（1573—1620）的植本堂，是为下宪派荣十三公派下（二十九世祖）房厅，为李氏家族供奉祖先牌位的场所。植本堂占地面积近三百平方米，坐北朝南，共三进。历史上也经历过多次修缮，现有的建筑是典型的清早期建筑风格，但根据梁架结构判断，可能为民国时期重修。传统砖木结构，硬山双坡屋面、马头墙，内部装修简单，古朴雅致。

建筑面阔四柱三间，第一进设戏台，进深两柱一间五檩。第二进进深三柱两间九檩，五架抬梁，前天井两侧各开一扇侧门。明间柱子下设覆盆，其上立柱础。方梁上和牛腿上都雕刻简单蔓草纹。第三进前设"日、月"天井，前东南侧开一扇侧门，进深四柱三间五檩，设神龛，立李氏祖先牌位。1989 年时，曾经历过一次大的整修，更换了建筑内的部分梁架、屋顶、檩条等。

同样建于明万历年间（1573—1620）的还有光裕堂，是下宅派荣十七公之子华四四公派下（第三十世祖）房厅，存世到现在也已几经修缮。现存建筑带有明显的清初建筑风格，传统砖木混合结构，硬山双坡屋面、五花山墙、八字门，进入其间，仿佛每一块砖、每一片瓦，都仿佛在诉说着家族的历史与故事。坐北朝南，占地约一百五十平方米，由主殿和两厢房组成，内设神龛。面阔四柱三间，主殿进深四柱三间七檩，五架抬梁。在古代建筑中，细节的处理堪称艺术。光裕堂整体建筑用材较大，做工考究，且有精美的雕饰。八大门两侧设石鼓，其底座为莲花纹饰，八字门上有冬瓜梁，梁下雀替雕花卉。冬瓜梁上雕有简单蔓草纹，梁下饰雕花雀替，檩与柱之间也有简单蔓草纹装饰的拱坐撑。

明弘治年间所建的绳武堂，为下宅派贵五二之子蕃八七公（三十二世祖）之房厅。只可惜它也并非原建筑存世，而是几经修缮才在如今依然屹立。根据梁架判断，现存建筑建于清中期。原为两进，第一进在二十世纪八十年代自然倒塌，现仅存最后一进，面阔四间，祠堂内设神龛，安放李氏祖先牌位。绳武堂，按坐西南朝东北的格局修建，占地约一百七十平方米，为传统砖木混合结构，硬山双坡屋面，石库门、砖雕门罩，墙檐用阴阳合瓦。柱三间，进深三柱两间五檩，明间梁架为抬梁与穿斗相结合，整体建筑显得质朴，对了解李氏家族分支具有一定的研究、保存价值。

民间宗祠在明朝得到大力发展，到清代祠堂已在全国所有家族中普及，同时祠堂也成为族权的象征，使祠堂文化成为中华民族文化不可分割的一

叙伦堂

部分。李村建造祠堂的风气也从明朝延续到了清朝。

　　始建于清早期的叙伦堂，是上宅派下的房厅。只可惜原建筑被毁于道光年间，后于 1927 年重建，1990 年翻修。建筑坐北朝南，占地约一百七十平方米，格局完整，布局简单。由第一进及香火堂组成，为传统砖木结构，硬山顶，石库门。建筑面阔三间，第一进进深四柱三间七檩，五架抬梁带前后单步，香火堂为二层，进深三柱两间五檩，装修简单，五架梁，三架梁均为方梁。

　　探寻过的多座古村中，李村是少数热闹的。在寻访祠堂时，不时遇到进进出出的村民，甚至还有几桌席面。原来李村的民居大多窄小，遇到婚嫁丧娶，祠堂便要发挥积极作用。很多宗祠在建立之初的目的至今未有变化。比如李氏家族的一个分支，在清中期集资建造永裕堂，主要就是作为办丧事的场所，至今也历经多次修缮，最后一次修缮是在 2004 年，当时更换部分梁架，也将地面改为了水泥地。现在所见到的永裕堂坐东北朝西南，占地七十三平方米，为传统砖木混合结构，硬山双坡屋面、八字门。

建筑面阔四柱三间，大门左右立有一对石鼓，正门东南侧开一扇偏门。进深四柱三间五檩，明间为穿斗式梁架，装修简单。建筑小巧、朴素，与周边环境保持协调，融为一体，具有保存价值。

清乾隆嘉庆年间，李村又多了一幢宗祠，名为世德堂，为下宅派恒

纯本堂

百七十公派下（第三十七世）房厅。虽建于清朝，但曾倒塌，现建筑内有檩条记载："民国三十五年八月重修。"为李氏族人供奉祖先牌位的场所。建筑坐西南朝东北，占地约一百四十平方米，共一进，由正殿及两厢房组成，传统砖木混合结构，硬山双坡屋面、石库门，祠堂无正门，东南侧和北角各开一扇门。建筑面阔四柱三间，正殿进深四柱三间七檩，五架抬梁带前后单步，装修简单古朴。

除此之外，李村还保留着纯本堂、世义堂、承敬堂、敦睦堂、余庆堂等多座祠堂。在现存的百余幢古建筑中，除了一本堂外，最富有建筑特色的当属连三进民居。

穿过风火墙斑驳小弄堂，便绕进"连三进"。连三进原为李村地主李展中家的会客厅，建于民国时期，整个建筑坐西北朝东南，占地298平方米。因建筑共有三进，故当地人俗称其"连三进"。传统砖木混合结构，硬山双坡屋面、马头墙、石库门。面阔四柱三间，第一进进深四柱三间五檩，第二进进深四柱三间五檩，第三进进深五柱四间七檩。三进之间相互连通，人行其间不用担心晒到大太阳，或是下雨淋湿身子。这座昔日的大户人家房舍，整个雕梁画栋，青苔遍布，古意益然。第一进方梁上雕刻"和平如意"图，檐口牛腿上雕神仙、人物故事，人物形象，故事生动。骑门梁上雕回纹，围栏上雕冰裂纹、几何纹、人物故事、"寿"字、柿蒂纹，围栏向下延伸，

装饰垂花柱和挂落,雀替装饰镂空"三多图"。第二进方梁上雕刻"荷合平安"图。第三进檐口牛腿上雕有金鸡凤凰、太阳等纹饰,骑门梁上雕刻蔓草纹、人物故事,横梁上装饰垂柱。整个建筑格局完整、保存较好,雕琢精致,其木雕工艺体现了当时的雕刻工艺和水准,具有较高的艺术和历史研究价值。

新中国成立后,连三进一直由李村乡维护。1958年后作为供销社,1977年供销社迁出后一直作为村民集会的场所使用至今,2005年列为市级文保单位,并且作为老年活动室使用至今。

为弘扬传统文化,2013年李村村以修缮后的古建筑为载体,结合当地的传统文化、民间艺术,打造出了"连三进民俗文化馆"。展馆以"留存民间物件,展示民俗文化"为主旨,立足本乡本土,体现原汁原味的民俗文化。场馆建筑面积一千六百余平方米,设有三个基本陈列,藏品共计两千余件。以实物和照片为主要展出形式,内容丰富,布局考究,是了解李村悠久历史文化和特色民俗风情的最佳选择。正房一楼为历史文化名村李村村的历史文化展示区,以图片形式娓娓讲述李村这座古村的建村史、历史名人、村落发展。二楼是民俗文化展示区,主要陈列当地常用的农耕器具、民俗用具、老式家具,以及各式油灯,附房设有古建筑摄影作品展,让人瞬间梦回那个年代。

李展中民居是"连三进"的附属建筑,为民国时期的建筑。建筑坐西南朝东北,占地近一百四十平方米,由主殿和两厢房组成,传统砖木混合结构,硬山双坡屋面、马头墙,建筑东北面开一扇侧门。新中国成立后,曾作为镇政府办公地,后来还用作邮电所,甚至大米加工厂。建筑面阔四柱三间,主楼进深五柱四间。方梁上装饰回纹,梁下雀替装饰瑞兽,梁背上装饰柁墩和花板,柁墩雕铜镜人物像,花板装饰回纹,骑门梁上雕回纹、人物故事等,并有两个木雕落款,牛腿残留部分雕风景画。

位于李村218号的李志庆民居,是珍贵的清中期建筑。据现居住在此的户主介绍,1950年"土改"后,分给两户人家居住。民居共三进,传统

李展中纪念馆

砖木混合结构，硬山双坡屋面、石库门。建筑面阔四柱三间，第一进进深两柱一间三檩，第二进进深四柱三间七檩，五架抬梁带前后单步，第三进为二层，进深四柱三间。梁与檩之间有拱坐撑，冬瓜梁上雕简单蔓草纹，牛腿上雕简单的"草龙"，雀替上雕花卉，天井用青石板铺筑。虽一直被使用，但可喜是的该建筑保存较完整，梁架用材考究，具有较高的文物价值。

村中还有一座建于明末的勤裕堂，是堂却非祠堂，是李氏私厅，由李震泽所建，距今有一百余年历史，现已改为民居。建筑坐西北朝东南，格局保存完整，由门厅、正殿及两个厢房组成，为传统砖木结构，硬山顶，石库门。建筑面阔三间，门厅进深四柱三间七檩，五架抬梁带前后单步，正殿进深四柱三间八檩，五架抬梁带前双步后单步。内部装修较好，牛腿雕刻鹿、狮子等图案，为双面镂空雕，五架梁、三架梁及冬瓜梁均为方梁，其上刻有回纹，天井以青砖板铺地。

同样建于清末的李美春民居，位于李村村42号，距今约有一百多年历史，一直作为民居使用。该建筑坐西朝东，为传统二层砖木混合结构，采用典型的明清建筑风格。由一个四合院式的主体建筑，北侧一个三合院式的附屋和南侧的附屋组成，硬山双坡屋面。四合院面阔四柱三间一弄，门楼进深三柱两间，主楼进深五柱四间，二层为穿斗式梁架。北侧三合院的附屋面阔三间，主楼进深三柱两间。南侧附屋面阔两间一弄，进深两间。该民居规模较大，结构合理，布局完整，为浙西民居中的典型。

遥看古村，一栋栋古色古香的房子，宛如众星般撒落在这片古老的土地上，粉墙黑瓦，与周边的青山绿树融为一体，云雾隙绕，古村若隐若现……除总祠之外，李村随着人口的不断发展，也建有大量分祠，分属李姓的不同分支，分布在总祠的周边，如众星拱月。它们与李村共融共生，成为李村悠久历史的见证。

古屋沧桑，青苔点点，一缕炊烟袅袅升起，仿佛在宣告它们的生命力依然旺盛、年轻。

三、千古人文织彩斓

在李村，漫步青石砖面的古街巷，会看到一座很不起眼的土地祠。土地祠面积不大，但香火异常旺盛。因为这里供奉的土地公公有着特殊的身份——李村人的祖先，是明太祖朱元璋钦命敕封的社神。至于李村鼓楼塘、上吴方军塘、新叶军营畈等这些地名，也和朱元璋有关。

元朝末期，朱元璋率领兵马驻扎玉华山下的"军营岗"和"试箭亭"一带，其中就包含李村、上吴方、新叶一带。军纪严明，关心百姓疾苦，颇得民心。

一日，朱元璋召集部属议事。当时，他们起兵已久，但少有攻城克地，很多人的士气不高，觉得与其这样毫无意义地耗下去，不如趁早散伙。整个会议也是不欢而散。

结束会议后，满腹困惑的朱元璋决定去田间地头散散心。他一人信步走在田埂路上，一直走到了李村地界。忽然，前面传来一阵"劈里啪啦"的声响，引起了他的好奇心。朱元璋走近一看，只见一个满头白发的老农夫，正挥舞手中的砍刀，将刚刚编好的竹篱笆劈得乱七八糟。朱元璋看着老农夫的操作，有些不解，于是上前询问。老农夫回答道："原指望扎好篱笆防鸡犬，哪晓得七高八低一团糟，嗨，不轩

土地祠

不平，推倒重来！"说完，拿起刀又是一阵猛砍。说者无心，听者有意。"不轩不平，推倒重来！"八个字犹如一剂良药，竟然解开了朱元璋心头的困惑。他立即赶回营帐，召集众将，重振军威，一路向元大都攻去，终于功成名就，创建明朝，定都南京。

功成名就，稳坐金銮殿的朱元璋回想过往，认为正是老农夫的那句话才让他取得天下。知恩图报的他带上随从径直到李村寻找老农夫。刚到村口，就见一个白发苍苍的老翁坐在一块石头上晒太阳。朱元璋一看，这个老翁竟然就是当年的老农夫，于是连忙跳下马背，上前拜见。老翁谢绝了朱元璋要他到南京享福的邀请，也婉拒了赐给他的金银。看着无欲无求的老翁，朱元璋一时倒不知如何报答了。想了一会儿，他唤过静候在一旁的寿昌县令，对他说："你立马派人去找工匠，给老先生建造一座大房子，让其安度晚年。"可老翁不等县令接旨，就赶快劝住朱元璋说："无功不受禄，如果皇上执意要奖赏草民，那就赏我一箭之地吧。"朱元璋拗不过老翁，就让人给老翁递上弓箭。只见老翁双手只是轻轻一拉，就把箭射了出去。射出的箭只有七步之遥，朱元璋一看，实在太少了，于是赶忙说："这次不算，请另射一箭。"老翁却摇摇头，答道："房子可大可小，耕田可是越多越好呀。"说完依旧坐在石头上，闭上眼睛，安然逝去。朱元璋一看老翁已仙逝，就御封老翁为李村社神，吩咐随从在该处建造一座土地祠，永世供奉，还在土地祠门上亲题对联一副"屋小乾坤大；门低日月高"。

后人也在此撰写过一些对联，比如"土赐本乡身历元明而殉难；地封一箭界交兰寿不当坊""在当年不避国乱；至今日永受荣封""神灵哉不威自畏；公老矣有德而尊"……如今，这座土地祠安然坐落在李村的村口，老翁的塑像也依旧端坐在土地祠中，享受着后人的祭祀。

靠天吃饭的农民，既怕涝也怕旱。涝时，按照大禹治水的方式，开沟挖渠，引水入江海。遇到大旱之年，老百姓在找不到水源的情况下，只能祈求上天降雨了。在李村就有一项古老的民俗仪式——接龙水。据传说，接龙水是求其呼风唤雨，龙水一接到家后，顿时便会乌云密布，雷声轰鸣，倾盆大雨随之而来，非常灵验。

每逢大旱之年，族里最高行辈的长老便担任起三个龙水官长的重责，分为头官长、二官长、三官长，其中村里的族长就是头官长。由他们负责召集村民，商议摆设排场准备接龙水，以解干旱之急。每次接龙水仪式开始之前，要先把村里的龙水老爷（木头雕刻的）抬请到祠堂正门口，放置在烈日下暴晒几天。这几日，就由选出的三个官长，每天清晨，空腹到龙水老爷面前烧纸，一边烧一边虔诚地叩拜祈祷，祈求它到天庭要求降雨，以润滋苗。

出发取龙水时，会在村中精选出三五个身强力壮的大汉一起出发，挑选其中一名水性好的人，负责背龙水瓶。他们连夜出发，一起到仙姑洞（今灵栖洞）取龙水。到那里先休息一夜，第二天早上要洗过手脸，在洞口拜过山神土地、洞神之后，再行取龙水。取水的人下水时，一只手捏住龙水瓶，翻身入水潜入底下，另一只手摸到洞底的淀积淤泥，一把抓起，回身游浮到水面，立即就用泥糊住瓶口。而随行的几人，则自始至终都要跪在洞口祈求，叩拜保佑平安，一帆风顺。等取龙水的人取水成功后，他们便一道返回。

迎接龙水时，哪怕是当官的遇到了，都要下桥跪拜，全村出迎的人要全穿草鞋，不得戴帽子，女人则见之要回避。见伞、笠帽都得收掉，水车都要撤之。而背龙水的人，途中遇桥，不能从桥上过，而是要从桥底走。陪同的人负责保障背龙水人凡事优先，一路上畅通无阻。

等到取水的队伍到达，便是隆重的接龙水仪式。村族里三个龙水官长，会提前召集全族男丁集合，所有人必须参加接龙水。集合完毕，三个官长按序走前，后接双开锣，再由四个大汉抬着万仙亭（表示请来各路神仙），万仙亭内放置枯稻。按序再是回避牌、蜈公旗，后跟两个大汉分别背着月牙大刀、钢叉，后随众族人一路浩浩荡荡鸣锣开道，不得歇息。一直行到县衙门口，县衙门口县太爷早已备设香案等候。当龙水一到时，就将龙水瓶迁放置桌上，由县太爷及三个龙水官长为先，祭拜一香，参加仪式的其余人也都依次祭香跪拜。之后，再将龙水放置到龙水老爷面前，大家再行三跪九拜之礼。礼毕，将龙水洒至枯苗之上，以表能下及时雨，滋润万物。自古以来，像李村接龙水的文化甚为罕有，这是江南一带难得一见的文化遗产。遗憾的是如今李村接水龙仪式已不复存在。

李村的接水龙仪式，跟李村村后玉华山下那座香火鼎盛的白山庙似乎有着千丝万缕的联系。据民国《寿昌县志·卷五》记载："白山庙，在县南仁都李村。"[①] 每逢初一十五，周边四邻八方的善男信女怀着一片虔诚的信念前来烧香礼拜，香火十分旺盛。

白山庙坐北朝南，占地约七百二十平方米，格局完整，三进，由门厅、正殿、后殿、四个厢房及西侧一座三合院式的伙房组成，为传统砖木结构，硬山顶，八字门面，面阔三间两弄，门厅进深三柱两间六檩，正殿为二层，进深四柱三间七檩，伙房为传统砖木结构的三合院式，面阔三间进深四柱三间七檩，内部装修简单，香火旺盛。据白山殿《重建庙碑》记载，该庙后于1994年翻修，2003年建筑东侧加建一座二进的偏殿。

民国《寿昌县志·卷五》[②] 说，庙坐落在玉华山麓，俗称玉华山为白山，故名。原本内部供有汉吴司徒雄神像。后梁龙德元年（921）建。北宋崇宁二年（1103），郡上其灵异，敕封灵应王，后经方腊之乱被毁，忠训郎胡祖舜重建。清咸丰十一年（1861）再毁。清同治三年（1864），里人李逢元、李合乾等捐资复建。"庙前古柏森森，旧碑屹立。县学教谕吴有容为之记，记见杂志。"所以，庙中供奉的白山大帝不是神，是实有其人，他的名字叫吴雄。

① 浙江省住房和城乡建设厅编：《留住乡愁——中国传统村落浙江图经》第3卷（上），浙江摄影出版社，2019年，第98页。

② 浙江省住房和城乡建设厅编：《留住乡愁——中国传统村落浙江图经》第3卷（上），浙江摄影出版社，2019年，第98页。

　　吴雄是河南人，出身贫寒，后梁龙德年间（921—923）官授司徒（汉朝以大司马、大司徒、大司空为三公）辖浙江各州，为官清正，以做事公正而名闻天下，最后卒于任上。生前，他非常向往玉华山的美景，但整日忙于政务，未能如愿，死后遍游玉华山及太青山、红裙岩，总想在此长留，怎奈无主身之处。

　　有一年大旱，田地干涸，禾苗被毒辣的骄阳晒得焦黄，百姓急得白日四处寻找水源，晚上又辗转难眠，可是脚底都磨出血泡了还没找到半滴水。最后，他们只能拿出珍贵的贡品，虔诚地跪倒在乌龙王座前磕头求雨。不一会儿，就真的电闪雷鸣，一块巨大的乌云来到李村的上空，正当百姓以为龙王显灵，解救百姓疾苦的时候，那块落着雨水的云层竟然跑到山的那边，将雨都降在了大青山北，却让山南的大片田地旱着。百姓气得不行，哭着喊着，但乌云就是不过来。吴雄听到百姓的哭喊声，就驾云来到玉华山。一看，心里不由得冒出一股火，对着乌龙王好言相劝道："山北都快涨大水了，何不多少分一点到山南去？"乌龙王却不以为意地回答："我的庙宇在山北，乡民敬我贡我。人间有亲疏，神道自然也是如此。"无论吴雄怎么劝解，乌龙王仍是我行我素。吴雄看着焦急的百姓心疼不已，于是求着乌龙王说："只要能给山南降雨，叫我干什么都可以。"乌龙王明知道吴雄着急，竟随口说了句："你的血可以救干旱啊！"吴雄一听，就毫不犹豫地将自己满腔鲜血抛洒在空中，只听半空中"轰隆隆"一声巨响，一场红色的甘霖降在大片干涸的田地里。

　　众百姓抬头看时，隐约看到天上云中有一白衣神人，有人眼尖，很快就认出那就是办事公正的吴雄。他们知道，这一定是吴雄见龙王不公，前来主持公道了。

　　一场大雨后干旱解除，苗木返青了，老百姓朝着天上的吴雄不断地叩头，感谢吴雄的救命之恩。但吴雄因为失去修炼多年的精血，从空中跌落在玉华山脚，再也爬不起来了。李村人为感谢吴雄解救了一方百姓，就在

李村抬阁（一）　大慈岩镇政府供图

他跌落的地方建起一座庙，塑起他的神像，四时祭祀。从此，玉华山下风调雨顺，年年丰收，人们安居乐业。李村人所建的供奉吴雄的庙，因地处玉华山（当地人称白山）下，故名白山庙。每逢农历十一月十五他上任当官的日子，都要烧香祭奠，连演四天四夜的大戏。

从那以后，为表达对白山大帝的感激之情，每年二月二龙抬头的日子，李村人不去祭拜乌龙王，而只请白山大帝来一本堂"看戏"，结束后再把白山大帝重新请回白山庙中，这就是李村的特有风俗——"抬阁"的由来。

"李村抬阁"是具有浓厚的族群意义和独特的地方竞技娱乐活动。2012年，被列入浙江省省级非物质文化遗产保护项目（《第四批浙江省非物质文化遗产名录》）。此外以庆祝丰收，祈求风调雨顺、五谷丰登、六畜兴旺、家家平安的"二月二"庙会也被列入杭州市级非物质文化遗产保护项目。每年的庙会上，照例有演大戏、舞龙灯、跌狮子等民间艺术活动，而其中最引人注目、受人欢迎的当属当地特有的"抬阁"了。

"李村抬阁"源于唐末宋初，当地村民称"迎巧"，亦称"抬阁翘""台阁巧"等。清代二石生的《十洲春语·攮馀》一书曾有描述："郡城于四月望赛元帅会……以行院姣女，饰之绣绔画茧，绿綯红兜，扮演故事，谓之抬阁。"鲁迅先生在《朝花夕拾·五猖会》中也有抬阁的相关记载："是所谓'高跷''抬阁''马头'……有扮犯人的，红衣枷锁，内中也有孩子。"从中可以看出，抬阁这一民间游艺样式古已有之，且在南方城乡普遍流行。

每年的二月二，对于李村人而言是比过年更为隆重的节日。当日的李村沉浸在一片欢庆之中，鼓角齐鸣，铁铳、爆竹响彻玉华山麓，李氏子孙开始"起巧"。铳响过后，由家族祠堂起阁，李村人抬着"抬阁翘"绕村坊至村外大路巡游。前有双面大开锣开道，中有八个大汉抬着"抬阁"，踏着欢快的舞步表演。旁边有手持长杆的护卫，他们也是抬阁手的替换者和开路者。他们手执长长的钢叉，以便随时挑开沿途低垂的横幅或拨开路旁大树斜伸的枝丫，使高高的抬阁不至于受阻或损坏。紧随其后的锣鼓队，一路吹吹打打，热闹非常。最引人注目的当属抬阁上那两个身穿戏服、浓妆重彩的幼儿，轻巧地站在刀尖、斧刃、伞沿、浪峰、云团或荷叶上，一颠一颠地演绎着戏文中的人物。浩浩荡荡，穿村过户，抬阁经过每家门口，都会受到礼炮的迎送。

抬阁分为单层、双层和三层三种。高阁（即三层抬阁）座部基架由坚固木架搭成，像个平面戏台，也有以八仙桌替代的。其上架铁骨为"龙芯"，盘绕三层。最高一层叫上盘，一般由一名三四岁的孩童站在上面，小孩的身体被固定在铁架上，上体可做些简单动作。中层为中盘，也坐一名孩童，一般在五岁左右。下层称下盘，因离地面较近，重心偏下较稳，孩子的年龄在七八岁，其身体不被固定，可以转动自如，做一些难度较大的动作表演。简而言之，就是在木架上搭出微缩戏台，各盘上约站三五人，身穿古装戏服，表现古典戏文中的人物造型、场景，如唐僧与徒弟西天取经、牛郎织女、目连救母、断桥相会、水漫金山等百姓耳熟能详的故事，与群众的审美情趣和欣赏习惯以及价值取向相吻合。上盘有"爬云楼""翻筋斗"等惊险

李村抬阁（二）　朱页军摄

李村抬阁（三）　朱页军摄

表演，看上去险象环生，使人惊叹不已。对于李村的"抬阁"这门民间艺术，曾有人赋诗赞道：

一双红袖舞长空，恰似嫦娥奔月宫。
万人仰望云中戏，民间巧艺夺天工。

对于李村人而言，谁家的小孩要是能被选上在抬阁上表演，那是无比光荣的事。因为选角要经过全族严格挑选，既要体形轻巧、扮相俊秀，还要聪慧伶俐，手脚灵活，还得有连续几小时或站或坐的吃苦耐劳精神。即便条件如此苛刻，每次选人时，家家户户仍是十分踊跃。

作为一门包含机关技巧的民间艺术，李村抬阁历来也有传内不传外的习俗。出演前一般都是男性家长为自家小孩化妆、着装，绑扎上架，有父子，有爷孙，有父女，也有叔侄或舅甥。长辈在忙碌，晚辈在盯牢每一个细节，边做边学，这是独特的民族民间文化艺术的传承形式。

李村抬阁曾一度失传，现在经挖掘整理后，已经走出李村，多次参加建德及周边县市的大型广场文化活动，还参加过杭州"西博会狂欢节""中国杭州休博会建德分会场"开幕式等。

白日的抬阁表演结束，夜幕降临，而幕布之上即将有一场震撼的演出——李村龙灯。

李村龙灯又称"桥皮灯"，也是李村的传统文化项目。李村龙灯有大小两条板凳龙，大的由成年人组成，小的由十八岁以下的人组成，每逢"二月二"庙会，晚上两条龙一前一后沿村里弄堂穿行，前后之间距离有上百米，小龙灯与大龙遥相呼应。龙灯，是由特殊制作的长板凳面首尾相接而成，李村重"龙"，因此龙头糊得十分考究、精致。每条作为龙身的板凳上都装有三只灯，灯上由能工巧匠画上各色各样的图案，里面点上蜡烛后非常醒目。时辰一到，龙灯起舞，闪闪烁烁，在田间里弄旋舞穿行，沿路各户开门迎龙。凡龙灯行到处村民都点烛烧香，鸣放爆竹以示相迎，朝拜后递上红包，拨取龙须以求吉利。

李村人有"时节大于年"的说法。二月二这一天，不仅全村人为之狂欢，就连四邻八乡的人，也都云集到李村，一同参与狂欢。这一日，李村人的热情好客也会表现得淋漓尽致。到了吃中饭的时候，无论是亲是友，甚至认识与不认识，谁家见了，都会拉你到家中喝酒、吃饭。

而到了李村人的饭桌上，则一定要尝尝李村出产的一绝——土曲酒，又称大曲酒。因为是用土法酿制而成的酒，所以就简单直接地叫土曲酒，至今已有八百余年的历史。李村人土话"大""土"音质接近，外人一唤两嗷就叫成了"大曲酒"。"曲"古代写作"麴"，"麦"偏旁，与麦有关，大意指麦麸之类。每年麦熟季节，农户田头屋角处处长满一种蓼草，收完庄稼，农人便拔来蓼草浸泡在水中，等到草汁全泡出时沥掉渣，用汁水拌合谷粉、小麦粉、麸皮做成大曲，捏成块挂在楼板下风干。到了初冬，煮熟当地农家特有的纯香糯米，倒入玉华山泉水，拌大曲碎末入缸酿酒即成。相传这种酒的酿制方法，是由弃官归隐乡里的先祖李昇发明的。

在李村新叶一带，以玉华山为准，向东展开扇形十里，几乎家家会酿土曲酒。出了玉华山范围，到麻车岗村、大慈岩村就只会酿简单的红曲酒了。此酒色如琥珀，其味醇厚芳香，余味悠长，口感极佳。常年饮用，活血解乏。曾经不知醉倒过多少慕名而来的文人墨客、豪杰壮士。

大约是先祖遗风，李村人喝酒好用碗，不喜用杯。此酒倒入白瓷碗，呈现出诱人的浅黄色，色泽比绍兴老酒略浅。一股浓浓的曲香会将人的酒虫勾引得无法躲藏，浅尝一口，甜甜的滋味便弥漫在口腔之中。而后，便会禁不住诱惑地端起碗来，大口大口地喝上了，几碗下肚，便是云里雾里，不知天高地厚，人在何处了……

在李村，酌以小酒的不只是小菜，更有不可不听的唱道情。一座幽深的明砖清瓦房舍里，村民怀抱琵琶样长竹节筒，边敲边讲岳传、庄生梦蝶等故事。声音动人，绕过古老房梁，飘向陋巷，转向池塘，更觉声音幽渺古远。

水墨晕染，流云浮动，泛绿的黑瓦、飞檐翘角的屋檐、布满缝隙的青苔与杂草……行走在李村那幽深的小巷之中，喧嚣与繁华便被消融，唯有风声和古老的故事在耳边低语。忽而想起诗人江一郎的《向西》：

西行的路上
我赶上一个朝圣的人
她用额头走路
我让她上车
她摇摇头笑笑说
你的车到不了我想去的那儿

有些地方，可能真的只能置身其间才能达到心灵的安宁，李村就是这样，值得人们前往探访。

参考文献

1.浙江省文物局编:《浙江省第三次全国文物普查新发现丛书·古村镇》,浙江古籍出版社,2012年。

2.浙江省住房和城乡建设厅编:《留住乡愁——中国传统村落浙江图经》第3卷(上),浙江摄影出版社,2019年。

3.戴荣芳编著:《建德姓氏》,天津古籍出版社,2008年。

4.沈伟富编著:《风俗漫淡》,天津古籍出版社,2008年。

赤川口村位于淳安西北部，东邻龙门村，南接宋京村，西靠山头村，北界汪家村。2007年淳安县进行行政村调整，赤川口村由赤川口、赤川源、西坞三个自然村合并而成，村域总面积约六平方千米。村委驻地位于赤川口自然村，距县城约七十千米，距镇政府约八千米。

赤川口村地貌独特，属于江南丘陵地貌，自祖先迁居此地已有五百多年历史。村民大多姓余，亦有姜氏、汪氏等姓氏。该村文化深厚，不仅拥有三处省级文物保护单位，还保留着古道、古井等历史遗迹，并有独特的草龙文化。

赤川口村凭借其独特的魅力和价值于2011年被评为县级特色示范村，2013年入选美丽乡村精品村建设，同年荣获省级文化示范村称号。2019年更是荣列浙江省第一批省级传统村落名录，同年被国家认定为第五批中国传统村落。

赤川口村村貌

奇山秀水一线天，峰回路转入云端。依山而建的小村，青山映衬白墙，黛瓦汇聚白云。炊烟袅袅升起，带着浓重的烟火气，曾经习以为常的生活悄然变成了不易寻求的风景。山间的清风带着些许凉意，自由地穿梭在小村的各个角落；林间清泉跌落石间，发出叮叮咚咚的声响；鸟儿翱翔于天地之间，不时为这片景色驻足。

若要寻一座望得见山、看得见水和记得住乡愁的村庄，赤川口村是绝佳的选择。行于其间，仿佛时光倒流，回到了那个纯朴的时代。

一、微云不掩乱峰青

赤川口村，位于淳安县汾口镇，是汾口镇最大的村子，也是汾口镇目前唯一一个精品示范村。它藏匿于汾口龙耳山麓，是一个有着深厚文化底蕴的历史古村。

赤川口村，古称象山，亦称石川里。据《象山余氏宗谱》记载，余氏十三世余思宽，为明永乐年间进士。生四子：文璁、文瑁、文京、文广。原居松林祖基（今汾口宋京村）的十四世余文广，明成化十四年（1478）始迁于石川里象山庄定居，即现赤川口，故余文广成为象山余氏的始祖。建村至今已有近五百五十年历史。

赤川口村是一个原汁原味的江南村落。它坐落于苍翠的山脉之间，它们就像天然的屏障，静静地护卫着这里的一切。村中村舍鳞次栉比，潺潺的武强溪支流——赤川溪是村子的灵魂，它自村北部流入，像一条银色的丝带一般穿村而过，然后向南流出，将整个赤川口村分为东西两部分。民房大多沿水而建，现多已改建为新式建筑，但依旧做了仿古的外观，有着徽派建筑的神韵。家家户户的门前几乎都有小桥，大小不一，新旧程度也各不相同，有些颇具沧桑之感，石板上布满青苔和岁月的痕迹，只可惜更久远的木桥的身影已绝了踪迹。溪水清澈，巨大的红鲤在水中自由自在地游弋，它们的身体鲜艳夺目，宛如水中盛开的花朵。

　　遥想数百年前，这里还是一片宁静的乡野，被葱郁的林木和潺潺的溪流环绕。余氏文广公决定定居于此，可谓是眼光独到。毕竟他们原本居住的松林地处高山之上，耕地稀少且贫瘠。这里却是地势平坦，土沃地广，在淳安这样的山区中是难得的宜居之地。对此余氏宗祠内的一副对联有着精准的概括：

前有龙耳双峰，后有七峰列屏；
左为通衢孔道，右为入遂坦途。

　　更难得的是还有少祖中峰象山这样的奇景。
　　据传余氏先贤曾作《象山》诗云：

洞穴象山下，烟霞结古光。
岩幽苔径滑，壑邃石泉香。
玉乳垂鞭笋，仙经秘药房。
昔贤曾憩此，小构在深篁。

　　整首诗通过细腻的描绘和意象的叠加，生动展现了山中的自然风光。历史和文化元素使得整首诗更加富有韵味和深度。余氏族人也将这座远看像大象的山视作发源地，所以自称"象山余氏"。文广公当年的明智之举，让余氏后人可以在此繁衍生息并且人丁兴旺，逐渐形成了今天的赤川口村，余氏家族也发展为当地的名门望族。《光禄太卿积公派下余氏族谱》有余氏源流记："武后仕西晋为尚书侍郎余蝉，于怀帝永嘉元年丁卯八月十五日为赵石勒乱，率妻子童仆下担睦之武强连里乡罗蔓塘山，又名九势山，见其封疆晏然，寇盗无入，因家焉；墓田阔三镇，东至清溪四十五里，西至武强二十五里，山内有祖坟七十二冗。十七祖讽于晋明帝大宁元年勃曰：

余字训我也，以为姓，于礼不顺，遂改为余氏。"①

经过数百年发展，余姓已经成为淳安的大姓，其中以汾口、枫树岭、大墅、安阳最为集中。根据淳安2019年发布的"百家姓"排行榜，"余"姓不仅是淳安全县第一大姓氏，也是汾口镇第一大姓。这些地方的余姓家族都自称是萝蔓世家的后裔，并且在他们的祠堂大门上都可以看到"萝蔓世家"的牌匾。余氏家族亦称"萝蔓世家"或"萝蔓余氏"，"萝蔓"既是地名，即"萝蔓塘"，据《遂安县志》载，位于"县东十里许，唐天宝年间，有余大康者，由京口迁居于此，四方余氏多宗焉"②，它亦是对余氏后人的美好祝福，意为余氏家族如藤蔓绕树、枝繁叶茂。

关于"萝蔓余氏"这一称呼的由来，还得追溯到唐朝天宝年间。当时，安史之乱爆发，许多家族为了躲避战乱，选择南迁。余姓的先祖太康公就是从京口（今江苏镇江）出发，一路向南迁移，最终定居在武强溪畔九势山下的萝蔓塘。为了纪念这段迁移的历史和展示家族的凝聚力，余姓家族就将自己称为"萝蔓世家"。这段历史在余氏后人余承乾③所著《萝蔓塘记》中也有着记载："今有续谱之役，溯厥由来，则知汉献帝初平元年时，有余仁赡公南迁京口，至唐天宝间有余太康公者，由京口迁居萝蔓，其后子姓繁行，远而迁于衢闽，近而移于凤林乡丰厚里宋祁社，是皆异派而同源者也。明洪武十五年（1382）时，三衢余万福七世孙余子文，因督税至遂阳，经过萝蔓，尝留诗一律，曰：'奉檄经山路，重来认旧家。根源从泗水，瓜蔓遍天涯。故址生蓬荜，荒塘吐藕花。豪华无处问，勒马久嗟嗟。'

① 福建仙游度尾余氏族谱第八次编修委员会编：《光禄太卿积公派下余氏族谱》，2004年，第1141页。

② 徐吉军编、缪承潮总主编：《钱塘江学严州文化全书：严州文献集成（第5册）·民国遂安县志》，杭州出版社，2021年，第575页。

③ 民国《遂安县志（儒林篇）》载：余承乾，字载若，号屏山，宋祁人。性季谨，尝脱亲于难，沉酣典籍，蔚为儒宗，其学一归于主敬，不欺暗室，砥节励行。开化杨进士廷琚，盐道宏俊，皆出其门。晚以明经授教职，辞不赴，键户著书，尤精于易，年八十。门下郑培德梓其《屏山遗集》。

以此知人之迁移无常，皆当有故里之思，因谨志此勿谖所自云。"①此后，每当家族中的一支迁往新的地方，他们都会在新的落脚点建立祠堂，并在祠堂的大门上挂上写有"萝蔓世家"的牌匾，这既是家族荣耀的展示，也寓意着家族的凝聚力，即便是人散，心也不散。"萝蔓"一语现已成为余姓家族历史和文化的象征。

余氏子孙尊崇孔孟之道，在赤川口村中也一直恪守"耕读传家"的家训，注重家族文化的传承和教育。历史上出过多名进士、举人，悠悠文风，生生不息。自明洪武至清同治年间就有一百多位文人名宦，形成了赤川口村深厚的文化底蕴。

前往赤川口村，在村庄很远处就能望见一座仿古的牌楼，匾额上的"赤川口村"四个大字苍劲有力，迎着四方来客，展示着这个村庄的魅力和历史底蕴。穿过门楼，赤川口村全貌便映入眼帘。与许多人想象中的古韵小村不同，赤川口村并未过度开发旅游业，因此它依然保持着一份难得的宁静和朴素。这里是赤川口村民的栖居之地，村民们在这里过着平凡而朴实的生活。村庄的道路并不宽敞，仅能容纳小型车辆单向通行，两旁遍布住宅和农田。

沿着赤川溪，正式进入古村的生活圈，所有的美好便毫无保留地扑面而来。潺潺的溪水在石头间自由跳跃，形成一个个小瀑布和深潭，荡起的水珠在光的照射下显得更为晶莹剔透。静静流淌着的溪水，仿佛在低语，述说着古老的故事和传说。漫步溪边，流淌的溪水声和鸟儿欢快的鸣叫声，不绝于耳。赤川溪水质清澈，是村民生活用水、农田灌溉的重要来源，溪中鱼儿悠游，溪畔不时出现前来浣洗衣衫、淘米洗菜的村民。溪水两岸绿树成荫、环境优美。踏着由鹅卵石或青石铺就的村中小路，仿佛走进了赤川口村的历史。墙角处，一朵朵野花静静地绽放，为村庄增添了一抹绚丽的色彩。

---

① 余方汉、余兴宝：《宋祁余氏宗谱》，民国五年丙辰宋祁世德堂刻本。

斗印廊桥

　　倘若在古村中四处游荡，人们总能与古迹不期而遇。在村子右侧有一座古色古香的桥，以其古朴庄重的姿态，以及布满沧桑的历史感吸引着人们的眼球。此桥名为"斗印"（亦称"斗印亭"）。斗印桥下溪水轻淌，四周自然环境优美，不失为一处赏景纳凉的好去处。江南多阴雨，为了让来往的行人在过桥的同时还能遮风避雨，人们又在桥面上建了厢廊，所以又称斗印廊桥。青瓦盖的屋顶，穿斗式的木结构，一派端庄典雅的徽派风格。朝向村口的廊桥拱门上悬有"斗印廊桥"四字匾额，两侧的楹联为"溪生印石如方斗；梦入乡关别短亭"。此桥之所以以"斗印"二字命名，还有一段典故。据说当年建造此桥时，人们在溪中发现了一块"斗"形大小的奇石，外形与官印极为相似，于是就将此桥命名为"斗印桥"。沿着"下马古道"往村外行走，途经"斗印桥"，寓意今后当官的官印有"斗"大，故当地人又将"斗印桥"称为"印廊桥"。

据说古代有位文人，在游览赤川口村时对斗印桥情有独钟，挥毫写下一首《斗印亭》诗，云：

万籁本然寂，秋涛静夜生。

不知何处起，忽似江流声。

枕簟冰魂肃，松风鹤梦惊。

欲将徐子意，借榻与分清。

寥寥四十字，就描绘出了此处夜晚的宁静和自然的秀美，营造出一种寂静而神秘的氛围，可谓大家手笔。遗憾的是此诗作者已不可考。

斗印桥建于明嘉靖年间（1522—1566），传说是为纪念当时的知县余士麟而建。余士麟在任期间，勤政爱民，深受百姓爱戴。为了纪念他，同时方便大家的出行和改善村口风景，村民们自发集资建造，并由余乾亨主持建造。余乾亨，字嘉仲，号兼山。童年时便聪慧过人，七岁能吟诗，是余乾贞（1533—1599）的兄长。余乾贞，生于嘉靖十二年三月二十四日，字秉智，号四山，严州府遂安县（今浙江淳安）人，学识渊博，长于《易经》，有《四山先生诗集》传世。两人是赤川口村有名的"进士兄弟"。

余兼山为人至孝，母亲早逝，他便结庐于墓前。后来父亲也过世了，他秉承"长兄为父"的古训，承担起照顾弟弟的任务，勉励他勤学上进。他自己也是以身作则，于嘉靖二十五年（1546）中进士，担任过龙阳知县、蓟州丰润县县令等职，为官期间勤政廉洁、造福一方。虽然他深受百姓爱戴，但因经常不畏强权为百姓出头，损害了一部分人的利益，故和余四山一样受到排挤，最后也是罢官回家。返乡后，他在横溪建造书斋，吟诗撰文，躬教弟子，遂安县令吴撝谦曾邀他与其弟余四山同修《遂安县志》。

斗印桥上那些被风雨侵蚀的痕迹，像是时间的指纹，清晰而又深沉。曾经的它是交通要塞，如今的它更是承担着彰显赤川口村深刻文化内涵的

"亭景梦回"匾额

"溪山寄远"匾额

"驻马还乡"匾额

重担。沿着已被杂草侵占一半的石阶，缓步进入桥身，桥内的布局便逐渐呈现在眼前。亭内的梁柱上分别悬挂着"亭景梦回""溪山寄远"两块金字黑底的匾额。亭内四周的墙壁上有着精美的绘画，如"衣锦还乡""闺女出嫁"等，栩栩如生，惟妙惟肖，寓意深刻。沿着墙壁的四周，还设有一些可供村民休憩的木质长凳，除门洞外，朝着村口的墙壁上还凿有圆形、树叶形等样式的观景窗，既能给室内增加亮度也能观景，设计可谓精巧。

来自山间的清风，经过树林的筛选，带着大自然的清新与宁静，溢满整个厢廊。也让人不由自主地想要探寻更多，勾得人心驰神往。告别厢廊，向着光亮处走去，穿拱门而出。再回首，一块"驻马还乡"的匾额悬于上方，两侧配有"古道延圣沐魄映送韵；鹊声引唱煦风抒旅怀"对联一副，不仅将古道的底蕴与韵味展露无遗，也带领着我们领略古道的美。

斗印桥仿佛是时光的隧道，它的一头展现的是村民们不断奔赴小康的现代生活，另一头连接的则是蕴含着历史的遥远古道。这条古道与之前进村的水泥路几乎平行，粗看只是一条不显眼的小道。光滑的青石上铺满落叶，显出它的时间深度。这便是名为"下马古道"的古道，曾是进村的唯一道路，全长不过约一千两百米，却承载着长达五个世纪的历史。这条古道为

"下马石古道"碑

何称之为"下马"，还得从赤川口的历史名人余四山说起。传说，当时已经官至云南道监察御史的余四山，当年每次回家探亲都在此地下马，牵着马步行回家。无论在外面的官当得有多大，回到家乡，他便只是村中的一员，仅有辈分的大小，没有官位的高低，保持的是珍贵的初心。时至今日，只要沿着龙耳山南行三里左右就能看到那块书有"下马石古道"五字的大石，有"文官落轿，武官下马"之意，更是赤川口村人尊重礼节和谦卑的象征，此外这也是古道的入口。

踏上"下马古道"，青石板路沿着溪岸而行，前半段裸露在田野的边缘，一边是生机勃勃的绿禾，一边是潺潺不息的流水，谓之两袖清风。后半段是荫道，小径穿行在山麓的密林中，隐秘在树荫的遮蔽下，遂生凉意，谓之风清气正。"春风过小涧，夹岸绽桃花。雨细红英湿，林深古径斜。浮来

登云桥亦称三门桥

下马古道

花片好，飞去鸟声遐。况复成蹊处，青青柳放芽。"一首《下马古道》，是曾来此的某位先贤对古道的吟咏，它不仅将古道的美描绘得淋漓尽致，更是融入历史和文化的元素，提升了古道的韵味和深度。

在赤川口村一直有"古道上走出去的进士，是御史；走进来的军门，是清官"的说法。传说那条出村的下马古道就是余氏"兄弟进士"倡议修建的。他们的举动就是为了告诉后人，无论是位高权重还是衣锦还乡，都要怀着感恩之心，落轿下马，漫步进村。只是如今展现在眼前的古道已被现代道路切割，好在赤川口村前的那段精华被保留了下来。站于此处，能让人遥想当年的盛景。

沿着下马古道前行，村外的秀美一览无遗。不过两三分钟的路程，就可以来到赤川源水口交汇处。只见一座三门四墩的双孔石拱桥，横跨减塘溪之上。此桥名曰"登云"，取登青云直上之意。此桥原为三孔，但由于山体滑坡，桥南一侧桥孔被泥沙堵塞，所以看起来为双孔，但当地人还是习惯于称之为三门桥，中间两刀分水，桥长 18 米，宽 3.75 米，高 4 米。中间桥孔跨度 5.3 米，两边各为 4.4 米。桥身高大雄伟，桥面宽敞平坦，现仅供田间地头交通之用。桥的两侧雕刻着精美的图案，寓意着吉祥和美好。它不仅是赤川口村的一道独特风景，更是村庄历史和文化的见证。

石桥由青石铺就，岁月的痕迹深深刻印在每一块青石之上。它们虽然历经风雨侵蚀，却依然坚固而稳重。深深浅浅的绿色爬满桥柱，沿着桥石的缝隙蔓延开来。因年代久远，这些青苔早已成为桥柱的一部分，像是给这座古桥披上的一层厚厚的绿色绒毯。在岁月的洗礼下，青苔愈发显得翠绿而生机勃勃。在阳光的照射下，青苔闪烁着晶莹的光芒，给整个古桥增添了一种神秘而古朴的气息。

据《遂安萝蔓余氏宗谱》记载："待御余四山先生经始于万历丙戌年

登云桥

二月吉日，竣工于是年季冬。"① 由此可见，此桥建于明万历十四年，至今已有数百年历史。据说，当时赤川口村的村民们每次出村都要绕着小溪走很长一段，既耽误时间也不安全。江南多雨，每到雨季，村民们就饱受洪水之苦，汹涌的洪水将两岸阻隔开来，不仅让人出行不便，住在两岸的亲友也无法团聚。村民们就渴望能有一座坚固的桥梁，能在洪水肆虐时让他们依然能够团聚。于是，辞官归乡的余四山挺身而出，捐资修建。民国《遂安县志·津梁志》对此有记载："一在县东四十里界首，民国十五年重建。一在县西六十里斗应桥下，御史余乾贞建。"②

余四山少有才学，明隆庆二年（1568）登戊辰科罗万化榜进士，榜列第一百四十八名。初任福建崇安县令，隆庆六年（1572）升迁为云南道监察御史。他为人刚正，为官清廉，政绩显著。在巡视期间不徇私枉法，实

---

① 淳安县"三大"纪念活动组委会编：《淳安历史文化丛书：文物叙略》，西泠印社出版社，2008年，第98页。

② 徐吉军编、缪承潮总主编：《钱塘江学严州文化全书·严州文献集成（第5册）·民国遂安县志》，杭州出版社，2021年，第32—33页。

事求是地逐条上奏了被视察官吏的政绩，朝廷便以此作为黜陟官吏的依据。因此他遭到一些地方官员的诬陷，于明万历三年（1575）被弹劾，降职调湖广荆门县令。因继母王氏逝世，回故乡守孝三年，未能赴任。万历八年（1580），谪任安徽广德州判官。是冬，授江苏江浦知县，在任二年，又因流言蜚语所扰，辞职回乡。返乡后即续谱修祠，造塔建桥，造福桑梓。万历二十七年（1599）三月初五日卒，享年六十七岁。余四山以其清廉的为官风格和良好的口碑，赢得百姓的敬重，在民间甚至被尊为神。有关他的传说在地方上流传甚广，而且越说越神。比如有传说称他在殿试的最后一项考试中，梦见自己的砚台和毛笔在成长，最终砚台变成了池塘，墨块长成了巨石。

《遂安萝蔓塘余氏宗谱》中详细记载着余氏家族历史、世系、人物传记、诗文、传记、墓图、墓志铭等内容，其中有邑人方应时撰写的《登云桥记》一文，对造桥一事有准确记载。里面写道，赤川口象山余氏居之下关，双流环会，统归于一。原先木桥旋易旋坏，万历年间（1573—1619），余四山宦归，捐资倡建，卷结石梁，经始于万历十四年（1586）二月吉日，竣工于年季冬之庚申。据说一开始登云桥并没有名字，在工匠们叠好最后一块石头后，作为捐建者的余四山登上了桥。他向西一看，自己好像站在"人"字之上，向东望去，天上晴空万里，河中涓涓溪流"一"直向东。余四山感恩亲人庭训而考取功名，得朝廷重用并有所建树，遂取"登云"之意，称之为"登云桥"。其实"登云"也有一步登天、青云直上的意思。后来，有一位风水先生经过此桥，也表示三眼小桥位置的确是好风水。以下是《登云桥记》的全文：

---

① 〔清〕余世楷等纂修：《遂安萝蔓余氏族谱》，清道光三年（1823）余世美堂木活字本。

登云桥记

　　侍御余四山先生世居宋林，至曾大父始逾棠峰迁赤川邑，于象山之下居焉。居之下关，双流环会，统归于一，发源长而下流壅激。当洪水骤发，汹涌澎湃，即对面咫尺莫能飞渡。先是编木为桥，旋易旋坏，涉者病之。先生宦游中外，既归，怃然曰：吾欲为霖雨而霖雨弗克，吾欲为舟楫而舟楫弗克，乃今出门有碍，谁云天地宽哉。遂捐资倡义，鸠工伐石，高广其两涯，疏浚其故道，卷结石梁，为门二，傍为小窦，因其势而低昂之。昔之冯夷鼋窟，坦然周行，居民熙熙皆为利趋，行旅穰穰，皆为利往。君子载驰载驱以锵锵，小人载奔载趾以扬扬，依仚仰望致祝愿侍御万寿。侍御曰：吾何有哉。此吾君之赐而吾亲教育之力也。方予束发为诸生，跋踬于兹历几年所，诵深厉浅揭之歌，击磬问津之想，窃兢兢自惧，常恐无能揭迷洋以登彼岸，幸跻一第而有今日，非吾君赉予之恩，曷能少竖尺寸，而非吾亲谆谆庭训，亦何以致云霄之上。众人归功于侍御，侍御不有。侍御归功于君亲，君亲不与。因名其桥曰登云，非以自侈，盖不忘所自也。虽然，未也。溯桥以上为柱史门第，或久出乍归，陟斯暇眺，时动白云之思。由桥以西为书香祠，祀其先世显者，仰止顾瞻，必有青云之志。农人有事于西畴，值万宝告成，而登斯一望，则有黄云遍野之歌。商旅装载辎重，弛担息肩，以其憩于上，仰望俯思，不无白日浮云之叹。夫一出入也，而忠孝之怀油然兴焉。所谓贤贤而亲亲也。一往来也，而忧乐之情犁然判焉。所谓乐乐而利利也。乃先生之心则漠然无有而已。范希文曰：处江湖则思其君，处庙廊则思其民。先天下之忧而忧，后天下之乐而乐。非斯人，吾谁与归。吾于斯桥之名亦云。不佞知先生最深，故得广先生之意，与夫人之颂祝如此。桥经始于万历丙戌年二月吉日，竣工于是年季冬之庚申。记之则丁酉十一月也。盖予与侍御自少同笔砚，宦游闽广，必经侍御里。其子上舍以记请久，兹叨转留都，归里，乃以是复之。

时万历二十五年一阳月吉旦，奉直大夫南京工部营膳司员外郎邑人养吾方应时撰

两座长有青苔的古桥，一段弯曲的石板路，用苍老的声音，倾吐着久远的往事，也是对"兄弟进士"的无声赞美，他们的高洁品行，让过客不由地停住脚步，以表敬意。

如今，斗印桥和登云桥已成为赤川口村的骄傲和象征。站在石桥上，可以俯瞰小溪的流淌，感受村庄的宁静与和谐。这两座古石桥，承载着村庄的历史与文化，是赤川口村具有标志性的建筑。

雨后的阳光，仿佛被洗得更为鲜亮，透过树叶的缝隙洒在村庄里，温暖而柔和。站在登云桥上远眺赤川口村，一幅宁静而和谐的画面展现在眼前。远处的房屋错落有致，与周围的环境融为一体，仿佛是大自然的一部分。赤川口村虽然拥有着得天独厚的地理环境和深厚的文化底蕴，而它的旅游业并没有发展起来，虽然让很多人错失了与它相遇的机会，但也让它得以保持其原始和纯粹的风貌，使得赤川口村成为一个具有独特魅力的江南村落。

二、飘摇意韵拾古风

在时间的洪流中，有些古村落如同沉默的诗人，用它们独有的方式述说着过去的故事。院子和炊烟，是古村的标配，就像水墨徽州的标配是四水归堂的合院，彩云之南的标配是三坊一照壁，而烟雨江南的标配自然是楼房窄院。

　　沉静在深山的赤川口村，至今保留着几处历史悠久的老房子，它们错落有致地点缀其间，为这里注入烟火，也注入了生机。沿着赤川溪漫步前行，古民居、古庙等建筑物便一一出现在视野，建筑风格古朴典雅，大多数房屋采用传统的木结构和青瓦屋顶，显得古朴而宁静。青瓦屋顶在阳光下闪耀着柔和的光芒，墙壁上爬满了藤蔓和绿叶的房屋，被镀上了大自然的色彩，它们与周围的绿树、山水相映成趣，营造出一种宁静而恬淡的乡村氛围。它们同赤川溪一道，构成了赤川口村独特的自然景观和人文景观。

　　村内现有老屋六十余栋，古井多口以及三座古桥。在这些古迹中，余氏家厅、龙门塔（高门塔）和余四山墓三处是浙江省文物保护单位，是具有非常高文物价值的明代遗迹。

　　走进赤川口村，似乎就走入了余四山的世界。余四山一族，在赤川口村是神奇的存在。他的曾曾祖父余思宽早在明永乐十三年（1415）就考取了进士，官至河南道监察御史、中宪大夫、广东按察使。但那时的余家还居于松林，他的儿子余文广迁居赤川口后，生下镜、铒、铖、鐩四子。余镜生仕清、仕洪二子，仕洪又生乾元、乾亨、乾利、乾贞四子。到了余四山这里

龙门古塔

又著冠裳。祖孙均为进士，父母均受恩赐。这样一来，余家就成四世蝉联的科甲门第。因此，赤川口余氏尊余思宽为始祖，敬余文广为始迁祖，而余四山就成了当仁不让的显祖。

还未进村时，便能见到一座耸立的高塔，此塔名为龙门塔，原名成言台，又叫高门塔，现为浙江重点建筑文物保护单位。塔于明万历二十三年（1595）建设完成，一说建于明隆庆年间。《遂安萝蔓余氏族谱》卷十四载有毛一瓒所撰的《成言台记》，其中写道："盖艮于方为东北，于时为冬春之交，其象为山，其德为止，其序为八卦之终，终以为始，止以为起，静以为动，时行时止，动静不失其时，其道光明，此成言之说也。"此塔的建立还得从余四山担任云南道监察御史说起。

有一天，余四山正在巡察重大案犯监狱，忽然听到水牢里有一人不停地喊："冤枉！冤枉……"这一声声凄惨的喊叫引起了余四山的注意，凭借多年办案累积的经验，他觉得此事有蹊跷，于是决定重新提审此人。余四山问他为何要如此日夜不停歇地喊"冤枉"，案犯一看服饰，觉得洗脱冤屈的机会也许来了，于是将冤情一五一十地说了出来。

这个案犯原本出生于官宦之家，母亲早逝，后母年轻貌美，年龄与自己相差无几。他的父亲时常忙于处理朝中事务，冷落娇妻。日子一长，寂寞难耐的后母竟对他起了心思，时常用言语调戏他。作为一个读书人，他读的是圣贤书，礼义廉耻是刻在骨子里的，所以绝不接受那些伤风败俗之事。

后母见他无动于衷，就心生恨意。她写信给外出公干的相公，诬蔑他成日不好好读书，还色胆包天地调戏自己。随后，后母还恶人先告状，向官府报案要求严判。县衙的糊涂官，听信片面之言，将他判处斩刑。他实在委屈，便日夜叫嚷，希望能遇到一位明事理的大人，可以为自己申明正义，昭雪平反。

余四山听完案犯条理清晰的口述，又翻阅了留档的卷宗，他几乎可以判定此案是一桩冤案。但苦于案犯的父亲是位京官，他不便对此人担保释放。余四山自己也是读书人，深知多年苦读的不易，有心助他。

案犯杀头的前一晚，余四山突然带着办案人员进入监狱提审。提审结束当夜，该案犯竟巧妙地逃跑了。案犯家属不信好端端一个大活人竟然能在一夜之间不翼而飞，他们闹到官府，要求监狱官员彻查此事，但一切做得天衣无缝，查无可查。此后没多久，余四山决定辞官回家。从此，他深居简出，外人求见也一律不见。

案犯确实是余四山帮忙逃跑的。他逃出监狱后便一路狂奔，直到天亮，精疲力尽的他在一条大河边坐下休息。刚缓过劲来，就见前方驶来一条华丽的大船，他也管不了许多，站起来使劲地招手，恳求船家能让自己搭乘一段。上船后，他也只窝在船舱门口而不敢入内。

忽然，船主邀请小伙进舱小叙。小伙慢慢走进船舱，但却不敢抬头直视。主人看了一眼小伙，问："小伙为什么弄得如此狼狈？"小伙低头看看自己磨损的破鞋，有些窘迫，也向主人坦白了自己被害的经过。主人听完，非常同情他的遭遇，又见他品貌不凡，便让他安心在船上住下。相处了几日之后，两人相谈甚欢，主人便有意收他为义子，小伙一想起自己不分青红皂白的父亲和那个狠毒的后母，也知道自己不会再回去，于是便跪地拜亲，从此也算有家，有家人了。

原来，船主并非普通人，而是当朝京里的一品大学士。他与夫人恩爱，但夫妻俩膝下却没有一儿半女。两人见小伙为人善良，品貌出众，于是生出了收为义子的想法。小伙随着干爹来到京城，过起了父慈子孝的日子。小伙潜心苦读，几年后顺利考中进士。在干爹的帮助下，官任江苏道军门，接着娶妻成家。

事事顺遂的小伙却始终记挂着当年的恩情，不时唉声叹气，夜晚也常常辗转难眠。妻子看在眼里，急在心里，终于忍不住问起了缘由。小伙看着一脸关切的爱妻，决定和盘托出。如今自己仕途顺畅，家庭幸福，而为了帮他，余御史仕途尽毁，自己不报答这份恩情，心头终生难平。妻子听完，便说：“滴水之恩当涌泉相报，何况他是救命之恩，理应终身相报。”

他现在远在江苏，而余四山却在浙江，相隔千里，要如何报答为好？夫妻俩为此苦思冥想了多日，终于想到了一个好主意。当时的江苏比浙江要富裕得多，比如当时江苏军门的日工资是浙江军门的整整三倍。而他却主动打报告申请将自己与浙江的军门互换。没过多久，他的公务调动就批下来了。

小伙一到浙江履职，便马不停蹄地去寻找恩人余四山的住地。一个月后，他来到遂安县赤川口村，顺利找到余四山。

余四山辞官回家后，对人几乎都是避而不见的。第一次上门的小伙吃了闭门羹。为顺利见到恩人，他想出一个好办法。他向上级告假几日，暂时在赤川口住下来。每日以高超的技艺在每户新房墙壁上绘画，画的是某地的一处衙门，非常逼真形象。

余四山虽然不出门，但家中的仆役还是会出门替他办事。有一天，他的老随从外面回来后，便跟余四山说起此事，还说觉得那人画得很像是云南的一个衙门。余四山一听，头脑中马上浮现出一个死犯的形象。为了验证心中的想法，余四山决定出门一探虚实。

垂垂老矣的余四山拄着拐杖来到画画的地方，四目相对间，两人便认出了对方。余四山领着客人归家，军门将自己后面的经历一一告知。看着眼前之人，余四山更觉自己当年的决定是正确的，朝廷少了一个死刑犯，浙江却多了一位好官。

军门提出要报答余四山，但此时的余四山早已是超然物外的心境。经过商讨，他们觉得当年军门能逃脱，是很多人齐心协力的结果。正所谓“救人一命，胜造七级浮屠”。于是，他们找来风水先生，勘察出一块风水宝地，即现在的龙门村北山脚，在上面修建一座高塔。塔设七级，每级有梯磴可登临。用了一年多时间，一座六面七层、高二十七米、白灰饰面、中虚而上锐的砖塔就这样建成了。塔身筑有飞檐、腰檐，每层每面砌出券门，有些做成假门，各层均有，拱卷形，或关闭，或半开，或全开。塔基为黄岗岩条石砌筑，上为砖刻须弥座。其中，一至三层为五叠行，四至六层为四叠行，七层为三叠行。级塔门额书"南海蓬壶"，二级塔身上书"天光云影"。

塔建成之后，据说因当年帮军门逃生最为出力之人姓高。为了纪念此人，他们决定将塔取名为"高门塔[①]"。但据象山《余氏宗谱》记载，建塔之地叫高门，故此塔也称高门塔。后人还专门写有一首《高门塔》："卓立浮屠古，孤高四面空，檐铃传佛语，飞鸟怯天风。山跌渲痕细，溪描练影同，拟登最上级，来豁此圆通。"整首诗通过对塔和周围自然景色的细腻描绘，营造出一种超脱尘世的氛围，表达了对佛教文化的敬仰和对内心解脱的向往。

塔虽建成，但军门的报恩没有结束。他专门派人在塔内为救命恩人立牌位，每天供奉跪拜祭奠。另外，还在高门塔附近的西南方为余四山建好加寿阴宅。

这座塔历经风雨，已有五百多年，尽管塔刹已经损毁，但在后人的精心管理与不断加固修缮下，整个塔身保存完好，现在依旧巍然屹立。1985年8月26日，此塔被公布为淳安县文物保护单位。2005年3月，它被公布为浙江省文物保护单位。现在塔的位置位于村外，很多人误以为它属于汾口镇龙门村，但赤川口村的村支书告诉我，虽然此塔看似在村外，但它所占据的土地一直属于赤川口村。

有意思的是，在地理位置上同样被误解的还有余四山墓。

余四山的哥哥余兼山在为官期间，以廉政取信于民。有一次，他走到下坞村口木桥上方时，发现路边的畚箕里传来婴儿微小的啼哭声。于心不忍的余兼山将弃婴带回家，并为他取名余孝贤。十八年后，余孝贤长成了一个品貌出众的后生。

---

① 余昌顺：《一个人的淳安地理》，中国言实出版社，2023年，第270页。

余四山墓

　　有一年，遇到了百年一遇的大旱。老百姓穷困潦倒，靠着四处讨饭过日子。老百姓连吃饱都成问题，难有多余的钱缴纳赋税。一时之间，无法全额上缴至县衙，余兼山便想为百姓求情。当时的余兼山年事已高，行动多有不便。于是，已经辞官回家的余四山就叫余孝贤到县衙说明理由并要求减赋或免税，还特意嘱咐他说："如果县衙不同意，你就说我是余四山的侄儿，请宽限一段时间，我们姓余的人家是说话算数的。"

　　余孝贤匆匆赶到县衙，话未说三句，那些小衙役就有些不耐烦，说："余四山这个无毛的凤，根本不值我这个有毛的鸡，完不成税赋要打二十大板。你说是余四山的侄儿，那外加打二十板。"不仅打了余孝贤，还蛮横地赶他回家收足钱粮及时上缴，否则要利滚利。余孝贤艰难地回到家，一五一十地汇报，气得余四山捶胸顿足。

　　旱情久久没有缓解，最后惊动了浙江省军门，其亲自出巡来到遂安县赤川口村调查灾情。借此公干，他又拜访了余四山。两人交谈间，军门无意间得知了县衙为难余家的事。实非余四山爱告状，他只是觉得这样的人吃着公粮，却仗势欺压老百姓，实在是于民不利。

军门告别余四山后并没有直接回到省里，而是径直来到遂安县衙，核实此事。最后，县令自知御下不严，不敢怠慢，不仅罚没衙役年薪，还让他们在城门口竖起高大牌楼向余四山赔礼道歉。转眼半年快过去了，一座用最好的茶园石质雕琢完成的高大牌楼也将从江上开运。正值寒冬季节，加之之前的干旱，江里的水位比其他年份要浅，船只刚过狮城，就突然沉入江底。县令顿感情况不妙，命衙役马上按原样再造一座。

翌年六月，整个遂安风调雨顺，江中水位甚至高于以往。再造的牌楼又开运了。当第二座牌楼运至原来下沉处时，忽然之前沉没的那座牌楼和船又浮了上来。此事颇为怪异，于是县令便向高人请教。那位八字先生掐指一算，说向文曲星清官道歉需要双倍的赔礼，否则老天爷不肯。于是，县令立即命令衙役将两座牌楼全都运到狮城，立在县城西门两侧，后来就有了余孝贤狮城镇里双牌楼的说法。此事名义上是给余兼山、余孝贤树牌

余四山墓前的石雕

楼，实则是向清廉楷模余四山敬礼。遗憾的是随着新安江水电站的建立，两座牌楼随着狮城淹没在水下。直到今日，它们依旧矗立在水下狮城镇的西门口。

余四山对赤川口村人而言，是一位有智慧、善良的村贤，很多的传说都带着对他本人的崇拜。余四山对自己的家乡也带着浓厚的情义，他生前不仅建桥修志，连死后也选择安葬于此。

余四山精通五行八卦，"长于易经"，所以自然懂得勘舆学。他生前便对自己的寿域亲自把关，选址在龙耳山下，用了白际余脉龙气；选乾山巽向，则是用了催丁旺财格局。明万历十八年（1590），他亲自督建。据《遂安萝蔓余氏族谱》记载："明柱史四山公墓，孺人郑氏、侧室马氏祔焉，取乌鸦扑地形。墓在本都龙门里高门后山，扦本图三保白字一千六百六十二号，地一亩一分八厘七毫，作乾山巽向。""考兆域营于四山公之手，盖魂魄栖之矣。昔李供奉爱谢家青山，死因葬焉，从其志焉。公爱龙耳山之胜，窀穸其下所成言台、书香祠诸伟绩具载朱内阁记中。"

余四山墓是余四山与妻子郑氏、马氏的合葬墓。前有开阔明堂，后有坚实靠山。且有右水倒左绕明堂而过，合杨公救贫进神水法，主富贵寿高，人丁大旺。而兴建的龙门塔也正好弥补了左手砂艮位的不足。墓框架系仿楼阁式石结构，墓门以青石打造，形制为明式五间，檐口雕成筒板瓦状，柱头上有象鼻昂斗拱，重檐歇山顶。高度由明间向次间稍间依次递减，明次间各有墓碑，明间碑文直书楷体，四行四十六字，字径约十厘米。墓前有石马、石虎、石羊各一对，依次对称排列，栩栩如生。其中一头石虎缺失了一条腿，据村里人说是因为石虎曾经偷吃了村里的猪，后来被打断了腿，虽为传说，倒也不失幽默感和丰富想象力，更能反映出此处乡规民约的森严。

余四山墓在1985年8月被列入淳安县文物保护单位，2005年3月又被列为浙江省重点文物保护单位。

余氏家厅

　　高高的龙门塔，低低的余四山墓，就这样守望了五个多世纪，也静静
地守护着这片土地。

　　进入赤川口村生活区，沿着水道逆行而上，安静的小村渐渐有了人声。
闲暇之时，向着村子正中聚合似乎早已成了村民们日常生活的习惯。赤川
口村的正中间，除了有一座文化礼堂外，还是余氏家厅的所在地，即家族
祠堂，堂名为象贤堂。余氏家厅始建于明嘉靖二十七年（1548），在清朝

"忠节"匾额

"科甲传芳"匾额

"四世柏台""紫阁抡英"匾额

"兄弟登科"匾额

顺治、康熙年间，曾三度焚毁于战乱。经过多次修缮和民国期间的重修，尤其是 2010 年由淳安县政府投资百万元加固维修后，目前的余氏家厅是一座整体保存完整的明代古建筑，巍峨气派，古气十足。红色的大门已经有了历史的痕迹，青灰色的屋顶在绿树和蓝天的映衬下显得格外醒目。

家厅东、南、北三面有村落民宅为依。据传，起初村民定居分散，后经余四山提议，家宅向家厅周围慢慢聚集，才逐渐形成现在的赤川口村布局。厅前是一片广阔的广场。初建时，这里只是一片泥泞之地，现在已是平整的麻石，已成为村民活动的主要演出场地。

明明是家祠，但赤川口人只称之为家厅，少了一分肃穆，却多了一分亲切，竖的柱、横的梁，都没有上漆，保持着原汁原味的色调，可从这斑驳的雕刻件中读出历史的痕迹、岁月的沧桑。

余氏家厅占地面积约四百平方米，坐东北朝西南，平面呈长方形，东北、西南方向长，东南、西北方向短，为砖木结构五开间，平面布局为四合院式，严谨而对称。家厅分门厅、正厅、天井三部分。^①由门厅、象贤堂组成中轴线，左右对称厢廊各三间。厅前有一晒场，正门下有踏跺三级。

明间次间各有大门出入，梢间筑成八字墙，墙上分别书写"忠""节"二字，提炼了赤川口余氏的主旨精神。余氏家厅最有特色之处当为门厅（门楼），分前后两半，设五凤牌楼，为阁楼式，以木雕为装饰，牛腿和雀替雕工精美、图案丰富，重檐歇山顶，翼角起翘。门额上方，竖立双龙纹"恩荣"匾额，可见余氏家厅的兴建是经过皇帝恩准的，其规格明显高于一般家厅。正中阑额书"科甲传芳"四字，指的是象山余氏家族的最后四个辈分，同时也意寓着只要博学，通过考试取得的功名，将千古流芳。下方配有"祖德流芳象贤堂；孙支挺秀下邛郡"的楹联。门楣匾书"四世柏台"因为明代称呼御史为柏台，所以"四世柏台"的意思，是说本村出了两位御史，而皇帝又恩赐两位御史的父亲为御史，于是便就有了"四世柏台"。下方

① 李小宁编：《浙江通志·文物志》，浙江古籍出版社，2021 年，第 181 页。

象贤堂

配"文化礼堂；精神家园"一联。处处彰显着赤川口余氏的显赫功名。梁柱处雕有各种人物、飞禽、走兽、花卉，造形优美生动，形态灵活，雕琢精巧，工艺细腻。明间为抬梁式结构，大门左右侧上方悬挂万历二十八年的"兄弟登科""祖孙进士"匾额。"兄弟登科"指的是余四山、余兼山两兄弟全都考上举人，而"祖孙进士"指的是余思宽和余四山二人，余思宽是祖，余四山是孙。次间和稍间均为穿斗式结构，雕饰各种人物、飞禽走兽，造型各异，栩栩如生。铺间、柱头及转角处均有斗拱结构，但不承重，仅作装饰。

此外，余氏家厅廊檐之下还设有长凳，是村民们交流和休憩的地方。在这里，时光仿佛变得悠慢，村民们三三两两地闲坐，或低声细语，或逗弄小儿，享受着乡村生活的宁静与和谐，成为家厅的一道独特风景，也为"家"这个字赋予别样的意蕴。

跨门槛而入，抬头见一匾额，上书"紫阁抢英"四字，紫阁指帝王，抡英指选择人才。过天井，便是正厅，明间中间先见"纯孝"匾，再是"忠节"匾，而后便是正中上方悬挂的"象贤堂"匾。其中"忠节"匾为乾隆二十年（1755）秋时宋省元余梦魁所立，是赐予"进士出身，诰授中宪大夫浙江严州知府纪录九次吴士进"的。余梦魁，字悟叔，宋时举乡荐，参加发解试，取得第一名，人称"省元"。赶上南宋灭亡，余梦魁参加进士考试的梦想落空。他积极响应南宋故相陈宜中的号召，招募壮士三百余人，参加勤王。行动失败后，余梦魁隐居山间，自号"宋林处士"，并告诫子孙不得仕元，松林也被改为宋林、宋村（后改宋京）。后随着余思宽、余四山等先后入仕，余梦魁忠孝节义的事迹也被传播开来，官宦们纷纷赋诗以赞，是为《宋林节士录》。翰林学士商辂题诗曰："宋祚讫灵命，风尘暗天起。赤县污腥羶，彤庭长荆杞。义士悲离黍，因之立天纪。文相死燕山，陆侯蹈溪水。宋林何郁郁，高标屹孙子。植节渡江趋，洁身齐一轨。"

三匾额之下均有联，从外到内，分别是"耕读传家几代袭承致有祖孙进士；读书立志众心奋发而能兄弟登科""宗功祖德流芳远；子孝孙贤世泽长""贤正待人处世汾口赤川乡韵；忠良秉事谋国象山余氏遗风"。两次间也悬有多块匾额，其中最为显现的当属与"象贤堂"匾平行的永乐乙未年和隆庆戊辰年的"进士"匾，一块是余思宽进士，另一块则是余四山进士。

据传，家厅的"象贤堂"匾额是余四山所书。当初余氏家厅建成后，有很长一段都没有合适的堂名。回到家乡的余四山觉得这么精美的家厅没有堂名，是一大缺陷，于是拿出从云南带回老家的笔墨

官井

砚池

纸砚，庄重地写下"象贤堂"三个字，楷体书，字形方正、笔力遒劲、端庄整肃，足见其书法功力之高。简单三字，却蕴含了无限的巧思。"象"指的是赤川口村背靠象山（山体因其形状似大象而得名"象山"）。而"贤"字则极为特别，它由臣、忠、贝三部分组成，凸显了忠君思想。所以三个字合起来就寓意家族后代都是忠臣，如同宝贝一样珍贵。这样的名字，作为家厅的堂名确实是再合适不过了。

除此之外，家厅中还有"齿德兼优""正直端方""乡里善良"等古匾，堪为赤川口村的历史博物馆。它们新旧不一，显然立于不同时期，从中也可以看出赤川口余氏薪火相传，代不乏人。这些匾额不仅是装饰，更是家族荣誉、传统价值观和文化底蕴的象征。它们是余氏家厅的重要组成部分，也是了解和研究余氏家厅及其家族文化的重要资料。

余氏家厅除了是村民祭拜祖先、商议大事、协调重大纠纷矛盾的场所，还有一个特殊的作用，那便是本村姑娘出嫁登轿之地。只要从这里嫁出去的姑娘，她身后的娘家就不再只是自己的父母，而是全村。但凡在婆家受气或者遇到为难之事，那便是全村的事。

该厅建筑规模宏大、装修工艺精湛，具有历史保护价值。1985 年 8 月公布为县级文物保护单位，2005 年 3 月 16 日，浙江省人民政府又公布其为重点文物保护单位。2013 年，家厅内的墙壁上又挂上了村史，娓娓讲述着自己的历史故事。之前热播的影片《我和我的家乡》中《最后一课》这个故事的拍摄地便在淳安。影片里，范伟饰演的美术老师老范冒着大雨，跟跟跄跄地跑去祠堂，给爱画画的姜小峰找颜料，这个出现在镜头中的祠堂就是余氏家厅。

余氏家厅的右侧还有一口官井，据村民介绍，该井建于明代。官井内呈圆柱筒形，井圈内直径 0.35 米，外直径 0.53 米。井壁用自然卵石叠砌而成。井圈四周有大方块石块加固保护，整个形状呈一"井"字形，南北向有一凹道到井圈边沿。井口至水面深度 17 米，水质清澈。因井口略高于地面，为安全起见，现以大石覆盖井口。

村中还有一处极容易被忽略的古迹，名为砚池。整个砚池长 12 米，宽 11 米，内圆外方。相传，余四山在当时是远近闻名的"文曲星"，一般有大事件或建功立业大功告成的时候，需要立碑留存千古流芳的都得请他撰文，邻乡姜家镇章村村的忠孝堂内就有他撰的稿文。据老一辈人说，余四山完成殿试后，已筋疲力尽，没有收拾好随身携带的墨砚就急匆匆赶回宿舍休息。梦中，他看到自己用的砚台与毛笔，在一个熟悉的地方一天一天地长大，以致自己笔都拿不动、墨也碾不开。最终砚台变成了池塘，块墨长成了巨石。第二日，余四山赶往考场准备收拾文房四宝，只见考场只有一位监考官还在现场看管。他走到自己的位置，发现砚台与墨真的碾不动了。监考官走近余四山说："您这次准能中榜，墨砚不动粘合桌面是好兆头，说明墨砚还能生根开花。"在监考官的帮助下，余四山取下墨砚，

土地庙

返回家乡。不久皇榜揭晓，余四山果真榜上有名。回到家乡的余四山想起自己的梦，觉得甚为神奇。于是，在一个漆黑的夜晚将那些墨砚埋在自家菜园地里，但愿墨砚日长夜大，村里进士越来越多。五百多年来，当年的条墨长成了如今的小柱石，砚台成了小池塘。此说虽然带有神话色彩，倒也不失为一个美好的祝愿，只是被瓷砖覆盖表层的池塘初看只当是一般的蓄水池，缺了一分古韵。

赤川口村内还有一座神秘的土地庙，供奉着当地的守护神，是村民祈求丰收、家庭平安和健康的重要场所。它紧挨着斗印桥，在靠村子的一侧，是赤川口内为数不多与余四山无关的古建。透出岁月痕迹的白墙上被牢牢地钉着"全国文物普查一般不可移动文物"的铭牌，俨然是一座被遗弃的古建。

土地庙建于明代，硬三间穿斗式梁架结构，横宽9.27米，进4.9米，面积45.4平方米。庙内残留的雕刻依旧精美，充分展现着中国古代建筑的精湛技艺。据村中老人回忆，庙内原有土地公、九相公手握铜锤等多座塑像，整体布局庄重。每年农历七月初七如遇旱灾，村民们自发到庙内祭祀求雨，拜谢各位神尊保佑风调雨顺、五谷丰登、全村平安。在那些医疗技术不发达的岁月里，这座庙承担着不少治病求人的需求。村民遇到闹肚子这样的小病，就到庙内诚心拜祭一番，休息片刻就会止住。后来发展到村民家中老母鸡不见了这样的事，都会到庙内对着土地菩萨陈述过程，说完之后就往自己手心吐一点口水，再用另一只手的食指打下去，只要按着口水飞溅最多的方向去寻找，不久就会有理想的结果。这样灵验的土地庙，香火自然鼎盛。只可惜二十世纪六七十年代，里面的菩萨被清理之后，这里便慢慢成了杂物房。如今紧闭着木门，我们也只能透过没有窗户的木门，遥想当年的盛景。外墙上一个大大的"福"字依旧醒目，想来是它对这片土地最好的祝愿。

赤川口村的古建历经风雨洗礼，依然坚固耐用，泛着微微的光泽，仿佛在诉说着历史的沧桑。古老的房屋错落有致地排列着，每一座房屋都散发着独特的历史韵味。在这些赋予民间传说的古建筑间穿梭，仿佛行走在一部活生生的历史长卷中，每一砖、每一瓦都诉说着岁月的故事，每一道巷弄都回荡着古人的欢声笑语。

遍布小村的小路蜿蜒曲折，穿越在村庄的各个角落，连接着家家户户。在这里，小路承载着村民们的日常出行、交流互动和农作物的运输。孩子们会在小路上奔跑嬉戏，老人们则在小路上悠然散步，交流家常。小路是村庄的繁荣与变迁的见证者，承载着村民们对家乡的深深眷恋。时间对于古村而言，总是慷慨的。沿着小道前行，真切地感受着赤川口村的古老与宁静，也能真切地品尝到人间烟火。

阳光斜照，洒在石板路上，光影交错间，游走古村，时间仿佛被拉长。在赤川口村，文化与历史不只是冷冰冰的文字与沧桑的建筑，更有味蕾的享受。游荡其间，不喝一碗火辣辣的米羹，就一口软糯的蒸粉，此行或许便不能称之为完美。

据说几百年前，狮城遭遇干旱，饥荒导致百姓无米下锅，民不聊生。终于，一位秀才想出一个办法，他将家中仅剩的米拿出来，混着水，用石磨磨成米浆。米浆配上一点农家自制的干菜和干辣椒，再加水，一锅煮熟，做了个"大杂烩"。锅盖打开的瞬间，阵阵香味扑鼻。秀才用勺子舀一瓢，尝一口，不禁啧啧称赞："好味道！"大家争先恐后地品尝了起来。靠着这个美味又辣味十足的"大杂烩"，百姓们熬过了饥荒。后来人们在原有的基础上加入自己喜欢的食材，慢慢形成了具有特色的"米羹"。以前逢年过节才吃，如今在淳安随处可见，在赤川口村，只要端起米羹，村里的老人还会和孩子们讲起这个米羹的故事。

来自特制的辣椒酱和调料的辣味和来自精细加工的大米的浓郁米香，两者交融，成就了米羹独特的味道。一碗热腾腾的米羹，不只是美味，更蕴含着赤川口的浓厚的文化与赤川口村人的智慧。

蒸粉，早已是赤川口的美食名片。米羹的火辣与蒸粉的软糯口感和鲜美形成完美对比。蒸粉的制作工艺源远流长，首选上好的糯米粉，巧妙地包裹着猪肉和豆腐馅儿，经过精细地捏制，形成一个个形状如荸荠般的团子。上屉一蒸，透过浓浓水汽，一个个外观洁白如玉的团子便呈现在眼前。软糯又富有弹性的外表，配以鲜嫩多汁的猪肉豆腐馅，咸香与鲜美瞬间交织在一起。

在赤川口村，米羹或是蒸粉，早已不再只是一道小吃，而是古村的两张美食名片，是一种文化的传承和展示。它承载着当地人的智慧和匠心，也传递着人们对美好生活的追求和热爱。带着味蕾的餍足，继续在古村徜徉，是一种独特而宁静的享受。

太阳渐渐西沉，毫不吝惜地将那抹绯红遗落人间，天空被染上了一层淡淡的橘红色。赤川口村也迎接着它的慷慨，披上艳丽的色彩，余晖洒满了石板路和古老的房屋，让整个村庄都沉浸在一种温暖而神秘的氛围中。与远处的青山遥相呼应，呈现出一道道别样的风景。

三、草龙舞动遗风传

赤川口村不仅有余氏家厅、余四山墓、龙门塔三处省级文保单位，还有一个浙江省非物质文化遗产——汾口草龙，所以赤川口村是一个名副其实的传统文化名村。

关于"汾口草龙"的来历，流传着这样一个传说。

明嘉靖三十年（1551）农历八月中秋前的一段时间，秋高气爽，微风阵阵，夹带着丝丝凉爽，又弥漫着微微的暖意。原遂安县一带，被秋叶染成了一个五彩的世界。可忽然有一日，乌云将阳光遮蔽，将整个遂安笼罩在一片墨黑之下，不时还有雷电的加入，瞬时，大雨倾泻而下，并且一连下了好几天。这不眠不休的架势，让水位不断暴涨，致使洪水暴发，到处一片汪洋。更可怕的是，在十四都源里赤川口村的来龙山上，竟然还出现了一种怪叫声，尤其夜深人静，那声音听得人毛骨悚然。事出有异必有妖。被洪水困于家中的村民，本来就焦虑害怕，如今还有诡异的叫声。于是不能外出的他们，一听那声音都瑟瑟发抖，成天就躲在家里烧香拜天，乞求上天保平安无事。

在一个伸手不见五指的夜晚，即将出山的老龙托梦给赤川口村村民余四山，说是它要急于从来龙山脉脚下出山，但它的身子太长，只要一移动就会地动山摇，同时伴随瓢泼大雨。它不想成为村民们唾弃的孽龙，所以希望明天一早，余四山能组织几个身强力壮的村民一起帮忙。只要将从来龙山脚到赤川口溪的房屋顶上和弄堂里都搭好水笕，它就会变成一条小龙从水笕里游到小溪，直到大海。而且只有这样做，村民才能免遭伤害。当时只有十八岁的余四山，人高马大，相貌堂堂，且为人正直，深受村民信赖。第二天一早，他就将老龙梦中所托之事执行起来。组织发动村民，不顾漫天洪水，上山砍伐毛竹，将它们对半破开，做成水笕。集全村之力，只用了半天时间便完成了梦中的所有重托。

时间临近中午，神奇的一幕发生了，连下多日的雨竟然停了，甚至连久违的太阳都跑来凑热闹了。雨过天晴，水退了，怪声也消失了，全村村民安然无恙。因为当天正好是农历八月十五中秋节，况且，农作物经过一个夏季的生长，原本这个秋天可能会颗粒无收，但雨水及时停止，也让他们有了一个丰收的季节。村民们为了纪念这条善良的老龙，吃过中秋团圆

舞草龙 余彬摄

饭后，就趁着洁如昼的月光，纷纷赶到龙山脚下的出龙口处。当时正值水稻的收割季节，于是村民们就地取材，用木材、毛竹、稻草、柴枝条等，扎成了一条三十余米长的草龙，并在龙身上插上香，在摆满贡品的桌子前，虔诚祭拜。起身后，带着草龙舞遍全村能到的每条小街、弄堂。以棍支撑舞动，谓之"香龙"。全村家家户户燃放鞭恭身迎接，换香求福、求财、求仕途、求平安等。

从此，赤川口村就有了代代传承的年年中秋舞草龙的习俗，五百多年从不间断。

2007 年，"汾口草龙"被浙江省人民政府公布为非物质文化遗产。

传承几百年的草龙，是以草为主要原材料编制而成的龙。同行的村支书将这份已融入血脉的技能一一讲述给笔者，据他所说，要想做好草龙，首先就是要精选稻草。稻草要选择从它被割倒直到被收藏为止，都没有被雨淋湿过的。这样的稻草能保持金黄带青的色彩，编出龙的色彩。同时，要挑稻草秆子稍微长一点的。因为太短的稻草，编出的草辫接疤太多，会影响美观。最后当然是要捋好稻草，用多指铁耙将稻草的外部茅壳全部去除干净。

稻草选好之后就是编制草辫了，这一步直接决定草龙的美观度。将精选的十根稻草用手搓成一小段绳子，然后将绳子的一端固定在柱子上或者利于自己工作的位置上。接着就像女孩子编麻花辫一样，稻草均分成五股，交叉编织成五股花辫。每当某股偏细的时候需添草，在添草的时候草根与草梢交叠，要基本保持粗细匀称。将草辫打成龙身需要的长度大约是 26 米，等编织到此长度时，便可以修剪草辫茅头。这样，草辫就算完成了。

编织完的草辫要想变身为龙身，还得经过巧妙的缝合。这一步考验的便是心灵手巧，要是缝合不仔细，那么龙身也就不可能精致了。缝合时，需要严格地顺着龙身的内侧，这样就不会露出线疤。缝草辫的时候，要对

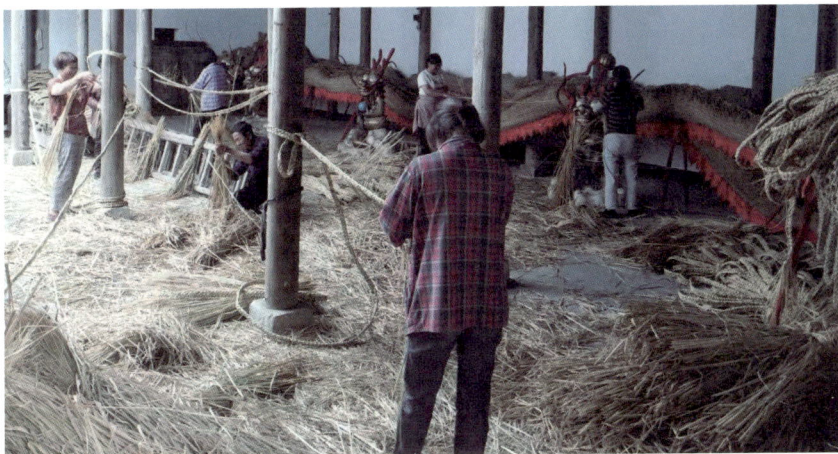

编草龙　余彬摄

对或双双缝，这样既省力也省工，很快就能完成龙身的缝制。

对于草龙而言，其灵魂便是龙头。草龙的龙头，没有固定的尺寸或者模版可以参考，完全要凭借艺人的心灵和巧手捧扎而成。所以演出时，经常可以看到大小不一、形象各异的龙头。

龙头，选用的材料是毛竹，先将毛竹对半破开，主径约2.5厘米，次径2厘米许。艺人只需要靠手量个大致的尺寸，画上记号即可。然后，将它们放在小火堆上加热。经过烘烤的竹子会变软，所以加热到一定程度时，按照艺人心中的模样在记号处折成一个需要的弯度，然后再用绳固定成相应的角度，最后放至水中冷却就可以了。材料准备好了，便是真正动手扎龙头了。艺人将多块固定好的篾用铁丝扎成大致的篾箍龙头，最后在篾龙头外面铺上稻草就大功告成了。俗话说"死头活尾"，所以龙尾是草龙的点睛之笔。同样使用竹篾，将它们扎成鱼尾状的模样，在龙尾上缝上草辫鳞条，这样的龙尾既美观又轻巧，舞动时相当美观。

因为草龙需要舞动，所以需要可以将其举起来的手柄。将龙头、龙身和龙尾拼接完成后，便要开始安装手柄了。从龙头开始，每隔约1.5米，就会安上木手柄。直到这时，草龙的编制和安装的整个过程才算全部完成。

草龙插香 余彬摄

精心制作出来的草龙，在舞动时既灵动又壮观，还被赋予了很多意义，所以深受当地老百姓的喜欢。村中成立有专门的舞龙队，到处巡回演出，被誉为"草龙之王"。

这些年，汾口草龙早已走出赤川口村，

草龙文化馆

受到很多地方的演出邀约。近百场的演出，赢得了很好的口碑。汾口镇，正是得益于草龙这样别具一格的特色文化，获得了很多荣誉。2005年被杭州市文化局命名为特色文化乡镇，2006年被杭州市文化广电新闻出版局命名为民族民间艺术之乡，2007年被杭州市文化广电新闻出版局命名为文化示范乡镇。而汾口的草龙也获得了更多的认可。2008年时，演出队被杭州市文化广电新闻出版局评为群众文化示范团队。2009年，汾口草龙发源地被杭州市文化广电新闻出版局公布为非物质文化遗产生态保护区。2009年，汾口草龙荣获第二届杭州文艺"桂花奖""优秀成果奖"提名奖等众多荣誉。

2017年，赤川口村在村中建立一座草龙文化馆，成为村里地标性的建筑。据说是全国唯一的龙文化博物馆。它是由原来的危旧茶厂房改建而成，占地面积四百八十平方米，分上下二层。馆虽不大，但藏品很丰富。馆内展示着汾口草龙四百六十多年的历史渊源、精湛手工、表演艺术以及传承发展，对草龙的前世今生作了充分展示。杭州市诗联学会会长章剑清先生撰联云："金甲金鳞金气概；龙腾龙跃龙升平。"

赤川口村经过几百年的发展，依靠着聪慧、勤劳与团结，余氏家族越来越壮大，现有人口已达一千六百多人。他们居于深山，有着自己的风俗与传承。除了草龙外，古村依然保留着很多风俗传统。

大年初一，福字贴门，喜气洋洋。赤川口村沉浸在一片过年的热闹气氛中，供桌上摆着各式祭品，同宗同姓的村人们举行着隆重的拜拜太太，即拜祖的仪式，大家虔诚而喜悦。但这个拜祖的时间极有讲究，先要由村里的主事人算好良辰吉时，打开家厅大门，放开门炮。各家各户则守在家中，等到这一声开门炮响起，各家才能燃放自家的开门炮。放完鞭炮，大家会争先恐后地跑到家厅祭祖。

赤川口村不仅很好地保留了这一传统习俗，还很有自己的特殊规定——新女婿拜太太。女婿是半儿，这一习俗让新女婿们有了更多的认同感。

从前，赤川口村的姑娘们但凡出嫁，都不能从自己家里上轿，而是有人将打扮好的新娘，以传袋的方式，背到家厅，再上轿出嫁。老话说"嫁出去的女儿泼出去的水"，完全隔离出嫁女儿与娘家关系的大有人在，但在赤川口村，村民们把家厅视为众家的，未出嫁的姑娘是父母的女儿，所以在家厅出嫁的女儿便是全村人的女儿。如果有婆家恶意相待、欺负或者遇到大事，那这便不只是女子娘家一家的私事，而是全村人的大事。有这么多娘家人撑腰，从赤川口村走出去的女儿也有了底气。而且外村的小伙子，如与赤川口村的姑娘喜结良缘，那夫君不仅要疼爱姑娘，还要爱戴和尊重她的祖先，否则就要受到相应的惩罚，轻则被罚吃玉米梢，重则受骂甚至更重。于是，新婚夫妇首次到丈母娘家拜年，第一件事不是买上烟酒孝敬，而是要到余氏家厅拜太太。

新女婿上门拜太太要选择双日，比如正月初二、初四这样的日子。每到拜太太这一天，新女婿之间也会暗暗较劲，一大早便赶路，深怕落在别人后面。他们都想趁早到达，争取第一个拜太太。每年这一天，家厅便会人头攒动，前来看新女婿拜太太的村人便会围拢过来。

新女婿一进村，本家长辈或者是同辈会陪同上厅。新女婿要先在正堂太太画像前的案桌上插好特制的大蜡烛并点燃，然后点上三炷高香，面向正堂太太画像鞠躬三拜，尔后再向左右堂上的太太鞠躬三拜。拜完后，再将高香连同红利市纸插在各位太太像前的香炉里。拜完太太后还得拜乡亲，新女婿转身面向所有在场的人拜年，并高声称道："向在场的太公太娘、伯公伯娘、叔公叔娘、舅舅舅母、大姨小姨拜年了，大家新年好！"说完，便弯身三鞠躬。

仪式完成，点火燃放鞭炮，在一连串噼辟啪啪的鞭炮声中，新女婿离开家厅，前往岳父岳母家。这时才算正式上门，向家中各位长辈亲戚拜年。这个特有的习俗传承了几百年，至今未变。赤川口村，这个古老的村落，宛如一颗璀璨的明珠镶嵌在青山绿水之间，它以独特的魅力和深厚的文化内涵吸引着人们的目光。在这里，岁月的流转和历史的沉淀看似悄然无息，实则厚重无比，既是大自然的恩赐，也是人文的关怀。

夕阳渐渐落下，村庄的房屋上开始升起缕缕炊烟，它们在空中轻轻飘荡、缭绕，与夕阳的余晖交织在一起，那是村民归家的信号。宁静的小村迎来了难得的热闹，人声与狗吠皆成风景。

告别古村，耳畔传来稚嫩而无邪的欢笑声，它们自由自在地在天地间盘旋，在小巷与房屋的间隙中穿梭，在青山绿水处肆意游荡，为这个古村落增添了一份生机和活力。

赤川口这个古村不仅依旧活着，而且还正年轻。

参考文献

1.〔清〕余祥瑛主修:《遂安萝蔓塘余氏族谱》,光绪二十七年（1901）。

2. 陈荣高:《钱江探源》,浙江工商大学出版社,2020年。

3. 马时雍主编:《杭州的古建筑》,杭州出版社,2004年。

4. 何平主编,李荣有、马丽萍本卷执行主编:《杭州市非物质文化遗产大观·民间舞蹈卷》,西泠印社出版社,2008年。

5. 余昌顺:《一个人的淳安地理》,中国言实出版社,2023年。

6. 徐吉军编,缪承潮总主编:《钱塘江学严州文化全书:严州文献集成（第5册）·民国遂安县志》,杭州出版社,2021年。

7. 李小宁编:《浙江通志·文物志》,浙江古籍出版社,2021年。

　　下姜村隶属淳安县枫树岭镇，距今已有八百多年历史。2007 年村庄规模调整，由下姜、乍尔、伊家、后龙坑四个自然村合并而成。

　　下姜村近年来坚持生态优先、绿色发展，依托红色旅游资源，形成以乡村旅游产业为支柱，规模效益农业为补充的生态产业集群，探索出了一条可持续和可复制的乡村振兴之路。如今的下姜村青山相伴、绿水环绕，农居错落有致，现代化休闲农业产业园区整齐有序。电影《我和我的家乡》中的《最后一课》就是在杭州市淳安县枫树岭镇下姜村拍摄，范伟、张译、韩昊霖等人演绎了感人的师生情。秀丽的青山、蜿蜒的溪水、古旧的廊桥、静谧的荷塘，让下姜村很快成为"网红"村。2023 年 10 月 19 日，下姜村入选 2023 年联合国世界旅游组织"最佳旅游乡村"名单。

下姜村航拍图 千岛摄

一、无边光景一时新

下姜村，距离千岛湖镇约四十千米，总面积约十一平方千米，是淳安县西南部山区里的一个小村庄，为淳安县枫树岭镇所辖，古时属遂安县七都。

如今的淳安县是由淳安、遂安两个历史悠久的旧县合并而成，两者在春秋时属吴、越，战国时又属楚，秦时属于古徽州地界，归歙县管辖，深受"诗书传家久，耕读继世长"的影响，因为地处皖南、浙西北、赣东北交界之地，所以开发较早，城市规模也颇为壮观。设县时间可以追溯到东汉时期，建安十三年（208），孙权遣威武中郎将贺齐击山越，分歙县东之叶乡置始新县，分歙县南之武强乡置新定县，这就是淳安、遂安建县的开始。

唐武德四年（621），按照唐朝的制县制度，有了淳安县城贺城、遂安县城狮城。到了宋代，由于徽州商帮兴起，这里又成了古徽州通往富庶的杭嘉湖平原的重要通道。明清时期，徽商达到鼎盛时期，直通杭州、苏州和松江的狮城与贺城更是成为商贾云集、交易繁盛的商贸枢纽。

其实，淳安在历史上的很长一段时间里为新安文化的中心，是新安郡（最初称为新都郡）的郡治所在地，辖现在江西上饶婺源、安徽黄山、浙江杭州淳安和建德等区域。1958年，撤建德专署，淳安属金华专署。同年10月，淳安、遂安两县合并为淳安县。直到1963年，淳安县才划属杭州市。算一算淳安的历史也有一千四百余年了，县内现存的一些古建，处处显出徽派建筑的风格，便也可以很好解释。

"你们千岛湖是水乡，怎么吃辣？"这是十多年前，我首次到淳安，看着精致菜肴里点缀着鲜艳的那些辣椒，对淳安籍的同事发出的疑问。她一脸无奈地告诉我："千岛湖都是山！我们是山区。"她没有嘲笑我地理知识的匮乏，想来不知道千岛湖是山区的人，也不止我一个吧！从她的眼神中，我其实还读到了另一种情愫，只是当时不懂，直到我慢慢了解淳安的历史，看到那些档案馆中的搬迁照片，试图透过那片平静的水域窥视那些水下的建筑……

1956 年，我国开始修建新中国成立后的第一座自主设计、自制设备、自行建造的大型水力发电站——新安江水电站。为此当地人依依不舍地告别世代居住的土地，浩浩荡荡地开始搬迁，到一个自己完全陌生的地方。他们远离故土，有些搬迁到周边地市，有些甚至远迁到临近的安徽、江西、福建等省，最远还有迁移到青海的，他们是值得被历史铭记的一群人——新安江水库移民。

1959 年 9 月 21 日，新安江水电站正式合龙蓄水。不到半年的时间，苍山变成小岛，房屋被碧波掩藏。库区内海拔 108 米以下的山岭土地，包括淳安和遂安两座千年古城，连同浙江、安徽等在内 49 个乡镇、1377 个村庄一同沉入烟波浩瀚的水底，曾经的通衢之地就此消失在地图上，徒留 108 米以上的山峰丘陵星星点点散布在碧绿的湖面上。这座山城在水流的缠绕之下，变成了一片拥有 1078 座大大小小的岛屿的 982 平方千米的湖面，于是新安江水库也就拥有了一个大家更为熟悉且更有诗意的名字——千岛湖。当年郭沫若先生便有诗赞曰："西子三千个，群山已失高。峰峦成岛屿，平地卷波涛。电量夺天日，泽威绝旱涝。更生凭自力，排灌利农郊。"虽然是人工湖，但千岛湖不仅两岸风光旖旎，青山绿水，景色美不胜收，而且水质优越，一下子成为驰名中外的"天下第一秀水"，我们熟知的农夫山泉厂便坐落在这里。

2011 年 2 月，《中国国家地理》杂志发布了一组水下古城的照片，引发了各界对水底千年古城的关注与热情。通过现代技术手段，我们已然知道当年的蓄水没有将房屋冲垮，在水下环境中，避免了风雨和日光侵蚀的它们只是静静地待在水下，人们欣喜地发现古城的现状与当时相差并不大，城内的木梁、楼梯、砖墙依然耸立，甚至可以清晰地看到一些宅院的围墙和屋门上的铁环都完好无损，而房屋里的家具都还是原样摆放着，房内仍是雕梁画栋，一步一景。任由世事变迁。那些保持着关门状态、窗棂完整无缺的小屋仿佛将时间按下了暂停键，只是在等待外出的主人归家。

虽然新安江水库移民早已遍布四面八方，但沉睡在千岛湖底的"家园"依旧在他们的心中长存。水下古城已成为一段平行时空的历史，但这段千年历史依旧在千岛湖人心中流传。

关于千岛湖的故事已经太多，这里我们要说的是另一个值得大书特书的古村落——下姜村。因为作为千岛湖源头之一的枫林溪就在下姜，是下姜村人的骄傲和自豪。

从千岛湖镇出发，只要沿着有浙江省"最美公路"之一称号的淳杨线一路向西，欣赏过千岛湖青山绿水的秀美风光后，转入淳杨线的绿道，继续前行，就会看到村口几个竖着的大字——下姜村，梦开始的地方。全程三小时左右的路程，不仅道路平坦通畅，而且风景秀丽。

根据宗谱记载，下姜村始于北宋靖康年间（1126—1127），渭水郡姜

下姜村村口

氏从四川迁入雅墅里（今上姜村）。因此地藏在山间，又有一湾雅水溪（现称枫林溪）环村而过，犹如世外桃源，所以得名"雅墅峡涧"。后在清乾隆年间（1736—1795），改称"雅水下姜村"而得名"下姜"至今，村民以姜、余、杨、伊、吴姓为主。2007年村庄规模调整后，现在的下姜村由下姜、乍尔、伊家、后龙坑四个村庄合并而成。自古以来，下姜村便有得天独厚的地理位置和生态环境，与青山绿水共为邻，自然风光秀美，是大自然偏爱的存在。"千里莺啼绿映红，水村山郭酒旗风。"初夏的下姜村，山正青，水正绿，游人如织，一派生机勃勃，美得醉人。

一进入下姜村，仿佛就能被这片仿如隔世的江南山水勾住了魂魄。因为地势的原因，村庄常年被水雾缭绕，仿佛处于人间仙境。村四周几乎都是连绵的山峰，东有公峰，西有茂峰，北有化岭，南有银峰，群峰环绕，松竹茂密。群峰之间是一个小盆地，有庙畈、乍塌畈、下本畈、双坞畈等，是下姜三个自然村的主要农耕区。登高远眺，只见盆地之中，一条由泉水汇聚而成的枫林溪自西向东蜿蜒而来，在村前拐了两道大弯，形成一个反"S"形的河湾，就像一条美丽的飘带装扮着整个村庄。到下姜自然村，地形收窄，溪流两岸山峰高耸，形成一条风光秀美的生态峡谷，一直延伸到大墅镇境内，才又见平川。因风景秀丽，自古就有公岫含辉、松涛饶韵、狮石盘踞、象荫永绵、长桥回波、流水环带、碧潭漾月、翠竹迎风"八景"。

全村现有耕地645亩，山林10259亩，其中以天然林为主的国家级生态公益林7100余亩，森林覆盖率达97%。这样的自然环境在从前没能为村民带来富足的生活，只因下姜地处深山、人均耕地面积不足半亩……这些倒并不可怕，可怕的还是交通闭塞，再美的风景、再好的农产品，都被交通拦截了前进的道路。

正所谓"成也萧何，败也萧何"，苍翠的群山、无垠的林海给了下姜村一个"世外桃源"般的栖息之地，但也让它几乎与世隔绝，既难走出去，更难走进来，直到新时代的来临。

思源亭

2001年，下姜村被定为浙江省委书记联系点，对村子来说这是一个重要转折点。成为展示"心无百姓莫为官"的重要窗口后，下姜村开始频繁地出现在人们的视线中和口中，获得了很多的关注度。至2021年下姜村人均可支配收入达到了46959元，是2003年的14倍。

如今，下姜村已获得了"全国创先争优先进基层党组织"、浙江省"美丽乡村"称号。结合下姜村优越的自然环境而展现的"下姜逐梦"也荣膺千岛湖旅游新十景，2015年更是顺利通过国家AAA级景区验收，成为众多人前往淳安旅游的选择。2016年下姜挂牌为浙江省委党校现场教学示范基地，2017年挂牌成为杭州市"红绿蓝"三色现场教学基地……2023年10月，在由联合国世界旅游组织发起的"2023 UNWTO世界最佳旅游乡村"评选中，下姜村更是从63个国家的258个候选乡村中脱颖而出，获评"最佳旅游乡村"。它以自己独特的魅力吸引着八方来客，成为著名的"网红"村。

进入村内，依山傍水的白色民居整洁秀丽，文艺温馨的民宿招牌随处可见，宽敞平整的村道上不时有穿梭拍照的游人。看着这个整洁干净、环境优美、生活富足的小山村，很难想象二十余年前这里竟然是一个当地出了名的贫困村。下姜村地势偏远、交通不便、多林少地，在二十世纪八九十年代一直处于相对落后的状态，还是有名的"脏乱差"。村里的老人回忆说，以前烧炭是村民的一大经济来源，整个下姜村有四十多个木炭窑，几年间山上的树就被砍得所剩无几，四周群山露出"癞痢头"一样的片片黄土。而85后的下姜村党总支书记姜丽娟也还清晰地记得，那时候村民家家户户养猪，村里露天厕所、猪圈、羊圈遍布，污水横流，臭气熏天……

如今人们踏入下姜村的那瞬间，也许会有些恍惚，生怕自己走错地方。作为一个古村，下姜村没有像江南其他古村一样拥有珍贵的古建筑，取而代之的是一幢幢崭新的白墙黛瓦的新式建筑，高低不平、错落有致，而且村中道路不是想象中的逼仄，而是宽敞到汽车都能畅行无阻，一路开到自家门口。作为古村标配的古建、祠堂和牌坊等，在下姜村都难觅踪影，唯有村中还保留着的一口古井，河道上那座透着古朴的廊桥透出几丝古意。

曾经的下姜村也有一些年代久远的建筑，但并非我们经常看到的粉墙黛瓦的徽派建筑，毕竟那些落错有致的马头墙背后透出的都是经济实力。作为一个有名的贫困村，它拥有的只是一间间矮小不坚固的土坯房，村中甚至还一度流传着"土墙房、半年粮，有女不嫁下姜郎……"的民谣。电影《最后一课》中，那座黄墙黑瓦、破旧不堪的学校是剧组出于拍摄需求，花了三个月建起来的，但样式就是仿照的下姜村的老房子……这些"土坯房"成为贫穷的标签，所以在人们脱贫致富后，大家便毫不犹豫地撕掉了那个带着耻辱的标签，纷纷盖起了新房子。新建的白墙黑瓦，层层叠叠，错落有致，与艳丽的下姜秋景相互交融，不聒不噪，美得刚刚好。

据村里人说，2003 年 4 月 24 日，时任浙江省委书记习近平第一次到下姜村采访调研，他们一行人从县城颠簸了六十多千米的"搓板路"，又坐了半小时的轮渡，再绕过一百多个盘山弯道才来到村里。看到山林光秃秃的，习近平就告诉村民们要给青山留个帽。村民们至今还记得，习近平

下姜村的"土坯房"（来源于《最后一课》剧照）

在了解到村中的污水处理问题后，就指导大家要建设沼气池，他还说："要论建沼气，我应该是有发言权的。"①《干在实处 勇立潮头——习近平浙江足迹》一书中提到，在姜德明家的那次聊天，是习近平第一次给下姜"把脉"。当时，村里蚕桑、茶叶、早稻的产量都不算低，可辛苦了一年，村民收入并不理想。所以，如何将已有的自然资源和农副产品变成实实在在的经济收入是摆在下姜村人面前的考题。

习近平聊到最后还给村民送上了"八字锦囊"：优质高效、错位发展。下姜村人没有辜负他的厚望，依托优美的自然环境和丰富的红色旅游资源，走上了绿色发展的道路，实现了从"脏乱差"到"绿富美"的华丽转身。

老话说，"要想富，先修路"。下姜村人勤劳，但没有运输条件的他们，只能眼睁睁地看着自己辛苦砍下的毛竹、炒好的茶叶，发霉、腐烂，直至丢弃。再好的农产品都只能烂在地里，外面高价求取的绿色无公害产品，在下姜村村民的眼中却只是一堆又一堆腐烂的作物。

时间终于来到2014年，这是对下姜村而言极其重要的一年。当年10月，淳杨公路正式开通。

像一条飘舞的长带拂过崇山峻岭的淳杨公路，将自己也打造成了一条美丽的风景线。车行路上，一边是波光粼粼，一边是青山叠嶂，让人置身景中，体会到"人在路上行，如在画中游"的乐趣。2015年，淳杨公路还被浙江省交通运输厅确定为全省"美丽公路"示范创建项目。这条公路对下姜村人来说，更是意义重大。它就像一条从千岛湖跃出的蛟龙，不仅结束了下姜村"进不去也出不来"的历史，更给下姜村的发展带来历史性的新机遇，为下姜及其沿线村庄带去了人气、财气。

2003年，浙江省全面推进"千村示范、万村整治"工程，淳安县实施"十村示范，百村整治"工程，下姜村被列为杭州示范村。他们在整顿生

---

① 本书编写组：《干在实处 勇立潮头——习近平浙江足迹》，浙江人民出版社、人民出版社，2022年，第299页。

下姜村美景航拍图 千岛摄

活环境的同时，还在山上种雷竹，山脚种中药材、黄栀子，田里种蚕桑、茶叶，发展起了"四叶经济"。接下的十来年，生活垃圾污水处理设施、道路拓宽提升、河道整治……各类基础设施一样样完善，村民的新房子也一幢幢建了起来。2013 年时，下姜村便已经改造成了风景优美、人民安居乐业的社会主义新农村。所谓厚积而薄发，终于在2015 年，他们趁热打铁，开始大规模地搞起了旅游业，将大自然馈赠给这里的一切精挑细选地展现在游人面前。下姜村人开启守山护水、修路建桥、土地流转、产业振兴、以文化人等模式，从前的"脏乱差"被如今的"绿富美"代替，成为"梦开始的地方"，诠释着绿水青山便是金山银山的真谛。

如今的下姜村两岸拥有着几十家风格迥异的民宿，随便择选一家，便能实现鲁迅先生笔下的"枕水江南"。这里的民宿会被分为普通民宿、中档民宿、高档民宿，同一级别同一价格。这种没有恶性竞争的商业模式，让全村人在发展道路上更加齐心协力。随着下姜村名气在全国范围传播，民宿时常爆满，一对原本靠种桑养蚕的年收入只能小几万元的老夫妇，靠着经营民宿可以轻松达到几十万元。有序规划助力民宿行业的蓬勃发展，如今在下姜，许多农房的年租金已经达到了五六万元一间，还供不应求，这些对于下姜村村民来说是一笔可观的收入。

这些数据体现出的不仅是人民生活水平的提高，更是让中国人最在意的"团圆"有了可能。乡村发展带动了就业的需求，很多村民不用再背井离乡地外出讨生活，很多外出读书的年轻人也纷纷积极投身到家乡的建设中。这个千年的古村不再只是老人与孩童的村子，而是打破"千村一面"的壁垒，焕发出新生活力、充溢满堂儿孙欢声笑语的幸福村庄。行在下姜村，见到的总是面带笑意的村民，那是从心底溢出的满足，早年被每日农活占用的双手终于也有了手捧茶杯的闲暇时刻。游人熙攘间，一片欢歌笑语，展现出古村的生命力。

作为千岛湖的源头之一，穿村而过的枫林溪清澈无比，日夜不息地流淌着，倒映着两岸鳞次栉比的粉墙青瓦民宅，叮咚作响的溪水也为小村带来灵动的美。鱼儿漫游在铺满鹅卵石的溪中，悠然自得，水禽巡游其上，好一派乡村趣景。枫林溪不是传统所常见的古村小溪，它水道宽阔、水量充沛，两岸均被做有防洪堤。但在下姜村乡村振兴展示馆里，有一张2003年的村庄全貌照片，作为"入镜者"的枫林溪不仅没有现在宽，还遍布石头堆，全无现在的这片好风光，只能说沾点野趣而已。

下姜村将枫林溪进行大力地整改，还在溪中建了两座用石头堆建的汀步桥。所谓汀步桥，就是将石头放在水中，排成一排，水从石头中间流过，人从石头上面通行，既能不湿鞋，又能体会到玩水的乐趣，可谓是一举多得。在很多地方，汀步桥也被叫作搭石。清澈的溪水在青灰色鹅卵石中欢唱，不断地冲击着坚硬平整的青石，溅起点点水花，也是一道美景。青石与溪

枫林溪

水融为一体，成为游客心中的热门拍照地。

　　枫林溪将村子一分为二，人们又用一座廊桥和一座石拱桥合二为一。廊桥名为"连心桥"，位于枫林溪的上游，也就是村子的东面，建于2012年。每当夜幕降临，这里就成了村民们聊天的好去处，吹吹凉风、拉拉家常，好不惬意。因廊桥无法开车通行，所以位于村子西面的名为"富民桥"的一座石拱桥就很好地弥补了这一功能，迎接着四方来客。站在富民桥上向村里望去，弯弯的凤林港、古朴的廊桥、两岸白墙灰瓦的新农居，尽收眼底，也让这个"富民"有了具象的解释。

　　下姜村不仅包含着江南水乡的美景，更蕴含着丰富的文化底蕴。为了经济的可持续发展，下姜村在村庄文化上也下足了"功夫"，不仅仅是"塑形"，更是"铸魂"。

　　夏日的清晨，游客们在久违的鸡鸣狗吠声中醒来。起身撩起窗帘，打开窗，爆棚的负氧离子瞬间沁人心脾，空气中的湿润竟将暑热阻隔。远处的群山上升起袅袅雾气，眼前的枫林溪也不遑多让，蒸腾的水汽将这片山水变得更加梦幻。下雨或者晴天，都不曾妨碍这里的美。一份简单的农家早餐填补了空虚一夜的胃。再租上一辆车，慢慢地骑行在干净、平整的村道上，与枫林溪中自由自在的鱼儿赛跑，同飞临此地的鸟儿交流风的去向，和卧于屋檐的小狗比赛哈欠的长度……时间在这里仿佛拥有了另一种流逝的速度。

　　沿着五千米多的循环生态游步道，慢慢登临海拔九百四十八米的

汀步桥

五狼坞,满目皆是葱郁的林木,双耳被群鸟争鸣声填满,林间缓缓流淌着清澈的山泉,为一路的美增添了几分趣味。前行之路,或跨沟,或登高,或穿林,或戏水,置身景区,忘却了劳累,只觉肺里满是清爽,忍不住深吸几口,尽享天然氧吧之趣。居高临下,山村之全貌也便跃入了视线。阳光不知何时已经拨开层层的浓雾,投射在村子的每个角落,让光成为精致的一部分。

午后,溪水的清凉会让人忘却盛夏已经来临,天空一尘不染,映衬在山村的小桥流水和灰墙黛瓦中。不知道何时,溪水被染上红晕。夕阳跳入晚霞,被太阳炙烤了一天的山村大口呼吸着,如果时间往前推移,想来会看到袅袅升起的炊烟,只是如今那一幢幢挺拔漂亮的农村小别墅里已经不见了土灶的身影。大约是为了弥补这一遗憾,远处的山林里再次升起薄薄白雾,为小村营造了一份神秘。

夏日的下姜村首先是属于孩子的,正值暑期的他们在这里毫无顾忌地

富民桥

连心桥

展现着天性。他们沉浸在溪水滩中，任由清凉的溪水萦绕在稚嫩白皙的小腿间，一扫夏日的炎日。他们蹚着浅浅的溪水、慢慢地踏着石子，在家长们的陪同下进行着溪滩摸鱼的小游戏。混杂着溪水的"哗哗"声与孩童们的嬉笑声交织在下姜村的上空，将整个夏日填满。

夜幕缓缓降临，精心地收起了太阳遗落在溪面上的金粉。没有城市里璀璨的灯光，散落的星星肆无忌惮地窥视着小村，月亮更是将小溪变成了自己的梳妆镜，浅笑嫣然。村道上的灯渐次亮起，与远处深山的黑暗形成鲜明的对比。忽然对着人间烟火有了另一种的理解。它不需要璀璨，也不需要变幻多端，它可以是昏黄的，甚至是微弱的，但它有温度，那便是最美的。

古色古香的廊桥上，坐着几个白发苍苍的老人，皱纹爬满被阳光青睐的皮肤，摇曳的蒲扇只是手的惯性使然，那点力度所带起的风似乎都不足以撩动发丝。暑意早已被从远处缓缓而来的风吹散，它们轻轻掠过流淌的溪水，带着些许凉意，为人们的话语吸引，忘却了前行，在此处盘桓逗留，有些穿梭在廊柱间带起丝丝清风，有些跃入溪流撩起层层波纹，有些则钻入瓦片噌棱作响。老人们嘴里似乎在轻轻地说着什么，眼睛却不自觉地追随着几个步履蹒跚的儿童，混浊的双眼里却映出月亮的光。吃过晚饭的人们陆续走出家门，谈笑声伴随着溪流奔腾的声音将这个下姜村的夜晚填满。这里的每一缕风、每一滴水似乎都蕴含浓厚的乡土情愫，代代相传的故事更是为这片土地增添了无尽的韵味。

二、村庄儿女各当家

下姜村在乡村旅游的发展上是有"野心"的，它以生态优先、绿色发展为基石，依托红色旅游资源开创出一条独特的乡村振兴之路。通过"红"和"绿"的融合，在注重保护传统文化遗产的同时，又在不断通过创新的方式为发展注入新的活力。

衣食住行是每个人生活中必须面临的，在住这一方面，下姜村已经下足功夫，民宿的开办为他们带来可观的经济收益。俗话说得好，"民以食为天"，下姜村人又将视角转移到"食"上。

但凡好山好水好风光的地方，总是不缺美食。下姜村推出"红色＋绿色"疗休养旅游路线，聘请首位乡村职业经理人，并开发夜间休闲餐饮项目"姜小馆"营业。2023年6月28日，位于村东口山坳处，总投资高达八百万元，建筑面积两千三百平方米的猪栏餐厅"下姜人家"开门迎客，如今已成为下姜村最新的网红打卡点，二楼还专门设有红色培训基地，可容纳四百人。千岛湖鱼头、千岛湖螺蛳、野生蕨菜、有机手工鱼丸、油沸馒头夹臭豆腐、玉米粿、梅干菜饼……每一样都是令人口齿留香的美味，让人哪怕离开此地，都会时常想念。

作为千岛湖的源头之一，下姜村的水质自然也是无可挑剔，所以连冲泡的茶水都格外清洌。其实下姜村或者说整个淳安的山体上，随处可见郁郁葱葱的茶园，它们既为村民带来收入，也提高了绿化率。那满目的绿，令人赏心悦目，弥漫在空气里的淡淡清香更是让人心旷神怡。

众所周知，杭州的龙井茶闻名遐迩，其中又以西湖龙井最为著名，常年名列中国名茶榜第一，多次作为国礼送给外宾。杭州的龙井村也流传着乾隆御茶的故事，很多人便认为西湖龙井村的茶叶最为正宗，其实龙井的"祖庭"在淳安县鸠坑乡。可考证的鸠坑茶种植历史至今已有两千余年，它始于汉，荣于唐，兴于宋，鼎盛于清，曾多次成为"贡茶"。因为龙井茶最早的品种是"群体种"，而群体种里最早的一批是"鸠坑种"，而鸠坑种的原发地是淳安鸠坑乡，其实不仅是龙井茶，以浙江茶园为例，45.7%的面积种的都曾是鸠坑茶种。鸠坑乡还有一棵曾经作为御茶的千年茶树，当地人每年还会为它举办庆祝仪式。

村子周边山体上遍布的茶园，一排排的茶树绵延不绝，在山头一圈圈

下姜村餐厅

围绕，成为下姜村最美的点缀，它们在蓝天白云的相衬下，显得更加苍翠。荡漾在茶叶的海洋中，鼻尖是茶叶芬芳，眼前是枝叶青翠，在湛蓝苍穹下，入目是人间好时光。茶园变成了游客们的摄影赛场，变成了乐园。采茶、揉搓、杀青、烘干……原本枯燥、单调甚至是孤独的劳作，变成了游客参观体验的项目，既为传统制茶技艺的保留提供了可能，也为产品变商品顺利打下基础。由茶叶还衍生出了茶酥糖，清香而甜蜜，成为不少游客伴手礼的选择。络绎不绝的游客带着印有下姜村特色的包装袋，穿梭各地，成为下姜村最佳的宣传员。

"你们的米酒，口感特别，我要带点回去。"这是经常可以在下姜村狮城酒坊中听到的话。狮城酒坊以仿照原狮城东门街的酒坊而建，其酿造的"狮城米酒"亦称水酒、蜜酒，是淳安县的主要特产之一，沿袭的是原狮城张源昌酒坊的传统手工技艺，制作方法源自宫廷秘方，2018年正式列入淳安县第五批非物质文化遗产代表作名录。

米酒，又叫酒酿、甜酒，旧时叫"醴"，是汉族传统的特产酒。我国用优质糙糯米酿酒，已有千年以上的悠久历史。仰韶文化遗址中，考古专家发现了陶罐、陶杯等器物。因为人工酿酒的先决条件，是陶器的制造，所以由此可以推知，约在六千年前，人工酿酒就开始了。早在公元前一千五百年，甲骨文中就提到用酒祭祀的事。约公元前八世纪的诗人们也曾作诗描绘人喝醉酒的情景。相传夏禹时期的仪狄发明了酿酒，秦相吕不韦组织编撰的《吕氏春秋》云："仪狄作酒。"自夏之后，经商周，历秦汉，以至于唐宋，皆是以果粮蒸煮，加曲发酵，压榨而后酒出。

狮城米酒历史悠久，据《康塘洪氏宗谱》载：其祖洪绍是东晋名将，随刘裕征讨有功，封为明威将军，后升为兵部尚书。东晋义熙十三年（417），他挂冠隐于新定郡（遂安县）木连村（今中州镇徐家村）。绍公的管家张氏也在绍公任兵部尚书、金紫光禄大夫之时，学到了宫廷御用的酿酒技艺，之后张氏跟随绍公来到遂安隐居，此后又将这一酿酒技艺传授给自己儿子。

千岛湖独特的山泉水搭配本地糯米，孕育出了香味醇厚、口感甜蜜的狮城米酒。

唐武德四年（621）随县治迁至五狮山南麓建了狮城酒坊，后明正德八年（1513）狮城修建城垣，狮城酒坊就坐落在县城东门的横街上，取名"张源昌酒坊"。从此，张家的酿酒技艺不仅在洪、张两大家族中沿袭，还在整个遂安中州（十三都）传承。后来，建新安江水电站，"张源昌酒坊"也被淹于水下，但张氏独特的酿制米酒技艺流传至今。2017年，付芳龙在下姜村重新创办了狮城酒坊，使这一传承千年的酿酒技艺在此落地生根，成为乡村旅游的热门景点。而这种融合了下姜人勤劳和智慧的米酒，也体现了当地人对传统文化的尊重和推崇。

下姜村这里的村民热爱生活，热爱艺术，有着自己的传统和习俗。他们会定期举办各种文化活动，让游客和村民亲身体验当地的文化魅力和底蕴。比如丰收集市、品尝农家美食、品酿造的高粱美酒等，既丰富了乡村生活，也加深了人与文化之间的联系，更是为一些传统技艺的传承提供了养分。

下姜村采用的是体验式的美食销售方式。比如游客想要喝上一碗新鲜出炉的豆浆，可以选择从豆子的研磨开始。一盆盆被浸泡得胖乎乎的黄豆，被陆陆续续地倒入石磨中，在游客显得生硬的推磨中，一点点带着豆腥味的汁水顺着磨盘跌落备好的盆中，新意与成就感的交织让他们的嘴角不自觉地上扬。捧着那一杯杯来之不易的热豆浆，真切地意识到了何为珍贵，每一口都是直达心底的甘甜与温润。如果再配上一口软弱可口的麻糍，那便是一种让人回归童年的美好享受。当然，这口麻糍如果想要变得更为珍贵，依旧可以选择从捶打开始。蒸熟的糯米冒着热气，静静地躺在有着岁月痕迹的石臼中，先用木杵轻轻碾压，然后靠着木槌用力地敲打，本来颗粒分明的糯米变得越来越软糯，直到变成糊状才算完成糍粑的制作。取出，切成小块，裹上豆粉、芝麻，轻轻地咬上一口，美味便在口腔里爆发。

在下姜村，除了可以做豆浆、麻糍，还有包粽子、做米粿、开蜂蜜、黄牛耕田、峡谷骑行、水上娱乐等农事体验活动，能让来这里的老者回味，也能让年轻人感受到新鲜感。

在下姜村体会到的不仅是食物的美味，更是可以看到食物的前世今生，如此既能填满那些休闲的时光，也为这样的美味附上不一样的意义。行走在下姜村的每一寸土地上，这些带着甜的味道总是能将生活变得不一样。

在下姜村，每一寸土地都不会被遗忘。每家每户打理得井井有条的院落里种上了鲜花，平坦干净的溪水边的绿道边还栽有各种树木，甚至连那些墙角的缝隙中都冒着鲜嫩的绿……但这些对于下姜村人而言远远不够。这里远离市区，虽然现在也有村民们经营的小超市，但终究比不得大城市的便利。为了让来这里的游客有着更好的乡村体验。他们在下姜村枫林溪北侧的双坞畈开辟出一百五十亩的土地，作为果树园，四季都有不同的水果满足大家的需求。春天也许是甜美诱人的樱桃、桑葚、草莓；夏天可以是脆甜的水蜜桃、西瓜，当然还有诱人的葡萄，绿的、紫的，硕大的或者小巧的，任君采撷；秋天的桂花香让空气里带着甜，果园也不甘示弱，为游客呈上红里透黄的柑橘与柿子；冬天，也许江南各处都在盼着白雪的光临，在下姜村如果看不到期盼中的那片银装素裹，可以选择去果园摘几颗新鲜的金橘来弥补这一份失落。

还有很多投资者也看中了下姜村的资源和发展潜力，在下姜发展毛竹林下食用菌竹荪、铁皮石斛的种植，在技术人员的指导下，他们还在毛竹林下仿野生种植灵芝。还有人在附近大墅镇桃源凌家村流转了三百一十五亩土地，投资两千多万元，建起了兰纳休闲农业园区……为游客提供游乐之处外，还为村民提供了大量的就业岗位。

这些年，下姜村大力发展旅游事业，实现了村民收入的大步提升。2015 年，依靠着旅游、茶叶、蚕桑、中药材等，全村经济总收入 4007.62 万元，农民人均纯收入达 21125 元，人均纯收入位于枫树岭镇前列。2017

民居

年，全村实现经济总收入 5786 万元，农民人均可支配收入 27045 元，村集体经济收入 117 万元，分别是 2003 年的 17 倍、8 倍和 78 倍。2022 年，下姜村农民人均可支配收入高达 48818 元，比 2001 年增长了 22.7 倍；村集体收入 153.41 万元，比 2001 年增长了 100 余倍。2022 年，大下姜区域农村常住居民和低收入农户人均可支配收入分别达到 36757 元、19626 元，分别增长 7.1%、19.2%，较 2018 年成立大下姜之前分别增长 47.1%、87.3%。

这一串串喜人的数字背后，是下姜村人的不懈努力。面对收入的不断增加，下姜村并没有为了发展而忘却初心。他们深知可持续发展的重要性，不让过度的商业气息破坏山村的美好。而能支撑起这份发展的唯有其深厚的文化底蕴，毕竟文化与发展从来不是矛盾，只是因为下姜村那些年落后的经济，让他们的注意力不得不全放在糊口之事上。下姜村得天独厚的地理环境和丰富的自然资源能为发展助力、加分，但要想将发展变成一种长期而持久的行为，必然需要丰厚的文化底蕴。

下姜村山多地少，水田只有五十多亩，而毛竹林却高达两百多亩。生命力极强的毛竹在南方极为普遍，而且生长速度极快，不用精心打理就能生长得很好，而且全身是宝。鲜笋成为美食的一部分，丰富了下姜村人的餐桌。毛竹的根茎是一种能够治疗小儿发热和高烧不退等疾病，以及痛风等的中药药材。竹子生长过程中蜕下的粽秆箬（也称竹箬、笋壳）可以用来包粽子等吃食。而成熟的毛竹，强度高、耐久性强，更是很多建筑材料的不二选择。我们的生活中也处处有着竹子的衍生品，竹篮、竹筐等都是千百年来的生活中常见的物品，它们除了实用，还处处体现了劳动人民的才智和精巧。郁郁葱葱的竹林为竹编提供了天然的基础，在下姜村的老一辈人中也不缺这样的手艺人，只是随着时代的进步，这些手工制品在慢慢淡出我们的生活，会这些的工匠也在逐渐消失。下姜村为延续这样传统的手工艺不被遗失在时代的发展中，正在竭力为这些老底子的东西传承寻找新的发展机遇。

在下姜村生活了大半辈子的姜林村，做梦也没想到自己的这份手艺能让他在退休的年龄吃上"公家饭"。他的竹编手艺活，被县农办认定为下姜村"手工艺品"展示点，村里给他家挂上了"篾匠铺"的认定牌，他的手艺在当地小有名气，老百姓俗称他"姜一手"。

姜林村十五岁时，为了讨生活，开始拜师学习竹编，那时候两天编一个大竹筐，也只能卖上一块钱。现在他只要在自己家中编编花篮、水瓶外罩、竹簸箕、鱼篓等这些家什工艺品，不仅每个月能获得一份固定的工资，而且卖出去的竹编收入也是他自己的。

每天，姜林村拉出盛着加工过的竹篾的竹匾，在竹椅上坐定之后，他的工作便开始了，那些纤薄的竹篾在他长满老茧的双手间欢快地跳跃，没过多久，一个小竹篮就慢慢有了模样。已年过七十的他，面色红润，会热情地为好奇的游客讲解、介绍这些手工艺竹制品。

看着这个精神矍铄的老者，大概谁也想不到他曾一度有点精神"抑郁"。多年前，姜林村的母亲过世，儿子又一直在外地工作，编织了大半辈子的筐筐篓篓也有些腻歪了，无所事事的他，成天提不起精神来。后来村里旅游业发展起来，他的手艺被认可，拿上"工资"后，积极性更是被调动了起来。如今儿子回乡创业，妻子也时常去村里的果园里做点零活，一家人生活在一起，又各有各的"事业"忙活，是属于下姜村人的幸福。

一批下姜村的传统手艺人，在村集体的帮助下开设了传统技艺文化作坊，不仅有篾匠铺，还有剪纸坊、打铁铺、根雕店等。一把剪刀、一沓画纸，一幅幅栩栩如生的图样剪纸便在手工艺人的手下展示出来，这项传承了一千五百多年的传统手艺——剪纸，在这里被继续发扬光大。"叮叮当当"，位于后街的铁匠铺里一位老铁匠展示着传统打铁技艺，长桌上摆着菜刀、镰刀、犁、耙、锄头、镐头、铁锹等展示器物，那一锤一打的哐当之声，仿佛敲的不是铁，而是时代前进的声响……

除了坚守传统，下姜村也主动创新。在舟山等海边地区，有独具新意

竹林

的贝壳画，在下姜村则有独具一格的石头画。"以石为纸，点石成画"的石头画，就地取材，精选枫林溪中的鹅卵石，利用其原色与纹路精心创作，古朴又不失雅致。

下姜村这些结合"老手艺"和"新文化"的文创产品，既"活化"了本村村民的乡土记忆，也为前来的游客带来了全新的体验。下姜村，用自己的一言一行诠释着"梦开始的地方"。村中不仅容得下传统，也能接受新鲜事物，酒吧、奶茶甜品店等有城市生活风味的店铺逐渐落地开花，给这里的乡村生活带来新的体验与融合。

下姜村无疑是包容的。它以开放之姿迎着来此的游客与投资者，只要有梦，便可以在这里开始。村庄的儿女们用自己的智慧与双手为这片山山水水寻觅着长久的发展，保留着这份遗世独立的美。

民居绿植

在下姜村，择一临水之处而坐，捧一杯山泉冲泡的清茶或是一壶溪水酿制的米酒，就一份还冒着热气的麻糍，临溪而坐，任由山风轻抚，享受一份属于跨越千年的惬意。当然，也可以选择一杯咖啡或是奶茶，信步游走在乡间小道，与自由生长的桃花、油菜花、杏花、牵牛花、鸡冠花、荷花、梅花、菊花……相遇，体味一番浮生半日闲的悠哉。

三、世外青山多客临

在下姜村，游人不仅可以看到精美的手工艺品，如果赶巧还能观赏到丰富的民间艺术表演。像下姜文化旅游节、下姜村八月初三丰收节等节庆活动，都已成为下姜村远近闻名的文化"金名片"。

其实早从 2011 年开始，下姜村就启动了"美丽乡村、幸福下姜"建设，结合下姜村 AAA 级景区创建，打造景点式村庄，村里布局了大大小小三十五个美丽乡村精品建设项目，与山水田园互动。

自古以来，农民便是靠天吃饭，如今的下姜村已经不再需要完全依靠农业生活，但他们也依旧会根据天气设置各种接地气的项目，农民对于土地的爱惜与眷恋是刻入骨髓的。

当然，热闹是属于夏日的下姜村的。除了各种体验项目外，下姜村还有不少实景演出。这其中最为人津津乐道的当属 2017 年首度搬上舞台的大型水上舞台剧《遇见下姜》。

《遇见下姜》由下姜村村民自编自演，以青山绿水为背景，以枫林溪为舞台的水上实景演出，也是国内首个村级水上实景演出。演出分为"民俗下姜""记忆下姜""风情下姜""遇见下姜"四幕，演出独具下姜特色，别无二家。

原本沉静的小山村充盈着一阵又一阵的锣鼓声，吸引着众多前来观赏的游客，两岸的聚集的人群可谓是人山人海，光用眼看是不够的，长枪短炮齐上阵，咔嚓之声不绝于耳。

"吼嗨！吼嗨！……"十个打着赤膊的年轻"纤夫"，弓着身子在水中用力拉纤，嘴里高声喊着整齐的号子，精气神十足。一场沉浸式的演出便正式上演了。只见一艘大型木船在热烈的号子声中稳稳驶入溪中，而枫林溪两岸群众的加油声顿时此起彼伏。一条条竹筏随波而下，载着一幕幕精彩的表演缓缓驶来。

第一幕"民俗下姜"是对下姜多彩的民俗和好客的村民的展现。热闹喜庆的市级非遗"三吹三打"在帆船上或鼓声隆隆，或唢呐声如泣如诉，动静结合，别有味道。县级非遗"龙凤呈祥"寓意和谐和睦、吉祥如意，表达了当今下姜人民安居乐业、幸福美满的生活。这一幕中表演的重头戏当属现已被列入国家非物质文化遗产的"跳竹马"，也是众多观众的期盼。

"跳竹马"是淳安竹马的俗称，是主要流行于淳安一带的传统舞蹈。2005年时，淳安竹马就被列入第一批浙江省非物质文化遗产代表作名录。到2014年11月时，又被列入第四批国家级非物质文化遗产名录。

竹马始于南宋，在南宋的《武林旧事》《梦粱录》等中均有关于竹马舞的记载，至明代，淳安竹马开始盛行各乡。《睦剧发展史》称："淳安可谓是歌舞之乡，民俗素尚歌舞。清顺治十五年（1658），《淳安县志》载：'元夕在市迎灯，在乡迎烛，各社赛鼓乐以傩神。'旧时的淳安县域，正月十二迎贺神，设高跷、露台、秋千、荡船、十番、花灯、舞狮子、跳竹马等，其歌舞演出颇盛，即使是淳安的乡间农村，迎神赛会也与市镇相仿，演出活动繁多，尤以跳竹马为主。"[①]

康熙年间，采茶戏传到淳安，这门艺术与竹马相融合，出现两脚戏竹马班，一旦一丑跳竹马。清末民国初，又增加了"生"角，发展为三角戏竹马班，经常是先跳竹马，后唱小戏。其间较出名为"跳盔头"，演员头戴盔帽、身穿龙袍战甲，红马扮演孔明，黄马扮演刘备，绿马扮演关羽，

---

① 蒋中崎、周福金编著：《睦剧发展史》，浙江人民出版社，1998年，第37页。

白马扮演赵云，黑马则扮演张飞，他们依次出场表演。到了现代，竹马已经演变为红、黄、绿、白、黑五种，其中头马为红马，二马为黄马，三马为绿马，四马为白马，五马为黑马。常由三男两女或两男三女组成演出队伍，依旧以古装人物装扮，跳、走（阵）、唱、念俱佳，步伐独特，具有鲜明的地域特色，是中国传统舞蹈尤其是竹马类舞蹈具有代表性的项目之一。马是吉祥之物，其意庆丰收、保平安，色彩鲜艳的"竹马"，它们在枫林溪上流淌的竹筏上配着奏乐尽情舞动，热情地向两岸所有宾朋点头致谢。

曾经的下姜村只是一个纯粹的山村，打鱼、放牛、种田……这些便是第二幕"记忆下姜"所展现的场景，它将以往下姜村老百姓生产生活场景作为表演内容，瞬间勾起大家的童年回忆。只见扮演父亲的演员牵着一条水牛背着犁，而骑在水牛背上的牧童悠闲地吹着笛，当真是"牧童骑黄牛，歌声振林樾"，扮演母亲的演员则背着竹篓拉着女儿一起回家，活灵活现展现出一幅"农耕晚归"图。而另一条船上则是一个披着蓑衣、戴着斗笠的渔翁在凤林港中撒网，娴熟地做着"捕鱼"的动作，让游人真切地感受到了渔民的生活。

第三幕的"风情下姜"和第四幕的"遇见下姜"，则是对现有下姜的展示。只见一艘竹筏缓缓驶来，有一位清纯美丽的下姜姑娘在竹筏之上翩翩起舞，舞出一曲"康美歌"；而勤劳淳朴的下姜郎则在"一苇渡江"上，唱出了"绿水青山就是金山银山"的真理。"水上舞狮"集狮艺、武术、杂技为一体，是世界狮艺界难度系数最大、惊险刺激最高、动作要求最高的舞狮表演。在轻重缓急的锣鼓声中，在水中梅花桩上表演的狮子身姿矫健，在高低桩上行走飞跃，如行云流水，敏捷灵活地表演闪、扑、挪、腾、滚等动作，不时还会亮出一些令人瞠目结舌的"绝活"，引得现场观众一阵阵惊叹声。演出的尾声是一首《下姜情》，表演者以宛转、悠扬的声音唱出了下姜新农村建设取得的辉煌成就、村民致富奔小康的幸福生活。

大概很多人都想不到，这样一场精彩的演出，竟然有三分之一的演员就是下姜村的村民。其实这也不难理解，毕竟从 2012 年开始，下姜村就围绕村里留守妇女多的特点，成立了舞蹈队。随着生活水平的提高，村民们也有了更多的闲暇时光。对文艺感兴趣的村民队伍越来越庞大，所以村里排演大型水上舞台剧时，全村有点舞蹈功底的村民也几乎"全员上台"。村里还特别聘请了一名文化员，负责舞台和文娱广场的日常运行，给村里的广场舞队提供"保姆式"后勤保障。

《遇见下姜》中的演员除下姜村的村民外，还有周边村落的农民，与其说他们是在表演，不如说是他们在展现自己的曾经或者日常，正是这份原汁原味的演出才是最动人的。为了让游客有更好的体验，下姜村还开设了网上预约。只要简单预约当演员，就能成为《遇见下姜》这出戏主角，放牛割草抓鱼体验田园生活，舞龙跳竹马感受风土人情。

告别夏日，冬日的下姜村也依旧是热闹的。寒风凛冽，却挡不住喜迎新春的热情。

2024 年 2 月 3 日，正值南方的小年。经过三年的沉寂，下姜村在这个冬日显得格外热闹。商贩们的阵阵吆喝声被喧闹的鞭炮声淹没，"去梦开始的地方过大年"首届大下姜新春民俗年味节拉开了帷幕。"正月里来是新春，家家户户挂红灯。"下姜村的乡亲们用自己的方式喜迎新春，枝头高挂的红灯笼、廊桥集市上热闹的表演、红红火火的春联……

据介绍，下姜村每年大型传统文化活动保证不少于五场，重视传统的下姜人更是将春节联欢晚会、感恩节和九九重阳节设定为服务老百姓的固定节庆活动。每年的大年三十，下姜村在村庄大舞台举办自己的春节联欢晚会，这是真正的农民晚会，从主持到节目统统由村民自发报名组织，实现"百姓相容，乐在一起"。

早在六百余年前，下姜村就有《姜氏家规十六条》《姜氏太公家教》《杨氏家规二十条》《伊氏家规十条》等家训家规，对平时生活、乡风民俗都有明确规定，包含忠孝仁义等诸多方面。"敬祖宗，孝父母；友兄弟，教子孙；

睦家族，和邻里；慎交友，择婚姻；扶节操，恤孤弱；禁溺女，宜禁之；勤生理，戒赌博；急赋税，杜奢华。"四十八字祖训，被清楚地写在《雅墅姜氏宗谱》第二本第五十页上，早已成为几代下姜村人共同铭记与恪守的精神纽带，潜移默化影响着村民生活，让下姜村的美有了多一层的含义。每到九九重阳老人节，下姜村会将村里的老寿星聚在一起庆祝节日，许多村民会在家里烧上几菜一汤，向老寿星们献上孝心。

在孕育丰富多彩的非物质文化遗产和乡村民俗的同时，下姜村人一直在"传承"二字上下功夫。

为保障村民日常文娱活动场所，下姜村狠抓公共文化基建，建有文娱广场两处、文化礼堂一座、农民下姜书房两座、露天舞台一座，以及以"用爱共筑童心梦"为主题的下姜"乌龙院·儿童之家"。其中，下姜书房建筑面积近一百平方米，内藏七千余册书，并且每隔一个季度就和周边村庄书房进行书籍联动交换，让村民们的知识、眼界和前沿文化"同频共振"。而以"乌龙院"动漫为外观形态的下姜"乌龙院·儿童之家"显得格外可爱，它是下姜村为孩子们打造的新乐园。"乌龙院"内设有动漫区、阅读区、游戏区、科普区，其中有三百二十册儿童图书及期刊。与此同时，"乌龙院"还引进了一家育儿机构打造妇幼驿站，开展"暑期爱心托班"活动，采取"作业辅导＋兴趣培养"的方式，开设阅读、绘画、智力游戏等课程，在丰富孩子们的假期生活的同时也减轻家长们的压力。

如诗如画的下姜村，以深厚的历史底蕴、秀美的自然风光和别具一格的文化传统，构筑了一幅充满文艺气息和无限魅力的乡村画卷。沐浴在晨光中的下姜村，仿佛被一层金色的光辉所笼罩。太阳缓缓升起，天边被染成一片橙红色，阳光透过云层洒向大地，将晨光这张纸铺满下姜村的每个角落。房屋、树木和田野显得格外清晰。房屋上的瓦片在阳光的照射下闪闪发光，树木的枝叶在晨风中轻轻摇曳，田野上的稻谷在晨光中泛着金黄的光芒。一切都显得那么宁静而美好。

　　叫醒小村的并不是朝阳，而是勤劳的下姜村人。他们或在翠绿的田地间弯腰劳作，或是在整洁的庭院里晾晒谷物，或是在村口的路边聚首话家常。他们的身影，如同舞动的音符，谱写着忙碌而幸福的乐章。

　　在晨光的照耀下，他们的身影显得格外勤劳而朴实。他们的笑声和谈话声在清晨的空气中回荡，如同悠扬的旋律，传递着乡村的宁静与和谐，给下姜村增添了一份生机和活力。他们用双手与汗水，创造着美好的生活，也编织着属于这片土地的独特故事。他们是这片土地的灵魂，也是这片土地上最亮丽的风景线。

参考文献

1. 徐华健、程就:《永恒记忆》,团结出版社,2023 年。

2. 本书编写组:《干在实处 勇立潮头——习近平浙江足迹》,浙江人民出版社、人民出版社,2022 年。

3. 洪宗焕等修:浙江淳安《唐塘洪氏宗谱》,三瑞堂刊本,民国三十五年(1946)。

4. 淳安县林业志编纂委员会编纂:《淳安县志》,汉语大词典出版社,1990 年。

5. 蒋中崎、周福金编著:《睦剧发展史》,浙江人民出版社,1998 年。

常青村位于淳安县西部白际山脉竹山尖下细坑源，隶属淳安县鸠坑乡，位于乡政府的西部，距县城约六十千米，村域面积约十平方千米。2007年，淳安县进行行政村规划调整，常青村由原来的树山、潘店两个村合并而成，辖潘店、方店、施家门前、避暑坞、荆树坞、鸠岭山、石山七个自然村。村委会驻地在潘店自然村。

常青村东北临千岛湖，南与梓桐镇接壤，西与安徽歙县隔山而处。因两山夹一水，源深峡窄又称细坑源，自南向北十余千米，两岸群山叠嶂。常青村深居细坑源，独自成村，整个村子蜿蜒而细长，全村范围内林荫覆盖，四时葱郁。作为鸠坑乡的第二大产茶村，人均茶园面积有一亩多，无论是村子两边的旱地，还是村子两侧的山坡，都是整片翠绿的茶园。2013年8月常青村被列入第二批中国传统村落名录。

常青古村山水间——淳安县鸠坑乡常青村

常青村 千岛摄

　　花开花落春无意，水暖水寒鱼自知。生活原有自己的节奏，只是不知道何时，我们一不小心便将这些丢弃了，沿着另一种时间的标准运转。回望来时路，脚印儿不可见，走过的时光，如同梦一场，遗忘与遗落，最后变为遗憾。忽而就想让时光搁浅一会儿，听风声，看日落，过一番苏轼笔下"慢品人间烟火色，闲观万事岁月长"的生活。带着这份探索和欣赏去常青村看看，无疑是一个理想的选择。

　　步入常青村的那刻，仿佛穿越了时空的隧道，缓缓地，在柔和的光线下，时间仿佛真的变得慢了。在这个古老而又充满活力的世界，人们可以奢侈地用一生的时光去享受一场花开的盛宴，用支离破碎的记忆去拼凑一个流年，给生命一段完整的旅程。

一、避世桃源隐深山

　　常青村地处浙皖边界深山，万岁岭西南，七个自然村村落大致形成于唐宋时期，发展稳定于明清。除鸠岭山、石山分别坐落于村西南和东南两个山坳里，其他自然村均依山傍水零散而建，聚居着王、洪、钱、徐、方、宋、胡等多个姓氏。

　　潘店的由来是早前有潘姓居此，村前有溪水，故名"潘溪"。太平天国年间，有村民开了一间小杂货铺，取名"潘店"，传着传着，村名就改为"潘店"。明景泰元年（1450），徐氏先祖徐延坚迁入此地，

常青村村口

遇到无儿无女的潘音道夫妇。二老宽厚仁义，极力帮扶徐姓立家。徐延坚也知恩图报，一直奉养二老，二老死后遂将家产悉数传给他。潘氏夫妇过世后，徐氏宗祠立有潘音道的灵位，以供祭祀。后来潘姓逐渐衰弱，该村渐渐以徐姓占上风，但依旧沿用旧村名。

方店历史悠久，建于元朝。传说方氏祖先自六都方宅村迁来此处，有村民开设一家出售油盐酱醋的店，故名"方店村"。村域方、宋二姓居多。

施家门前这个村名很有意思。传说在古时候，这里是一处交通要道。清朝初期，有位施姓商人途经此地，见此处山清水秀，便定居下来。施姓家族因善于经商而逐渐兴旺，他们在此地建造了宏伟的门楼以展示家族的昌盛，因此得名"施家门"。后来，方氏先祖自黄江潭迁到施家的对面建村，于是取村名"施家门前"。如今村域人口以方姓居多。

避暑坞，顾名思义则和"避暑"有关。因此地山高谷深，气温较低，夏日里清凉无比，是个再好不过的避暑佳地，故取村名为"避暑坞"。后因"避暑"与"皮树"谐音，此地也被俗称为"皮树坞"。村庄沿溪流两岸建筑，景色绝美，只是建村历史已无从考证。村域人口以钱姓居多。

荆树坞一名则和两株大树有关，建村时间可以追溯到清朝初年。传说清康熙十年（1671），钱氏先祖二十八世祖应荣公、应华公，自南陵洪家（乳洞村）迁此，因村前山坞口有两株大紫荆树，故取村名"荆树坞"。村域人口以钱姓居多。

至于鸠岭山，则显然是依山名取作村名。它坐落在群山环抱之中，东有黄柏岭，西有苦槠岭、横坞岭，南有鸠岭、竹山尖。明正德二年（1507），豫章郡洪姓祖先尚麟公由鸠岭乡黄柏山村迁居于鸠岭山村。小源溪穿村而过，形成了多个"S"形，最后汇入千岛湖。该村民居大多依据山脉地势和溪流走向临水而建，建筑的朝向多为坐东朝西或坐西朝东。村域人口以洪姓居多。

至于石山村一名，当然和此处多石多山有关。据记载，明朝时期有一户姜姓人家迁居此地，他们见此地地处山石嶙峋山峦，故取村名"石山"。后来，姜氏外迁，清朝初年王氏先祖王子参又自六都源洪圻村迁来此地，仍然沿用原村名。村域人口以王姓居多。石山的村前有一个小坞，有山有水，有空旷之地，这个小坞就是出产常青三宝之一——青溪龙砚石的地方。淳安古称青溪，青溪龙砚石是中国传统名砚之一。龙砚石其实就是灰黑色粉砂质板岩，存在于四亿多年前沉积生成的奥陶系地层中。常青村金松坞出产的龙砚原石石质坚细，由它加工而成的青溪砚能呵气成雾，储水不涸，纹理细密，发墨细腻，雕刻精致，形式多样，深受文人墨客的喜爱。其余两宝分别是龙骨化石和茶叶。龙骨化石于几千年前埋藏在荆树坞村脚古枫树下，具有止痛、止血、消炎等功效。在医药匮乏的远古时代，如果不小心受伤出血，村民常取龙骨研粉敷伤口，效果极佳。常青村种茶历史悠久，适宜的气候条件，让出产的茶叶品质优良，茶叶已经成为这里的重要经济作物，也是村民的主要收入来源之一。

据宋元间进士、著名学者刘应李《新编事文类聚翰墨全书》(简称《翰墨全书》)载："鸠坑，在黄光潭，对涧二坑，分绕鸠岭。地产茶，以其水蒸之，色香味俱臻妙境。"[①] 指鸠坑原分大、小两源，大源又称大源里，小源俗称细源里。细源里即为常青村。远处群山峻岭间，群峰如黛，山峦重叠，地势峻峭，层次分明，常年被水雾笼罩。袅袅升腾的白烟让此地的几个自然村都沾上了仙气一般，如梦似幻。

在这条山源里，散布着由七个自然村组成的常青村。整个村子蜿蜒而细长，全村范围内林荫覆盖，四时葱郁。走近村庄的瞬间，便觉得当真是世外桃源般的存在，瞬间明白为何取名为"常青"了。

夏日的常青村是绝美的，是避暑的上佳选择。漫山遍野的翠竹掩映在云山雾海之间，若隐若现，那翠绿与纯白相映成趣，这让人惊叹的景色便

---

① 吴觉农编：《中国地方志茶叶历史资料选辑》，中国农业出版社，1990年，第89页。

是著名的竹峰雾海，可以说是长青村最有特色的自然景观。

竹山尖是常青村的最高峰，海拔 917 米，挺拔苍翠，高耸入云。无数的翠竹组成的竹海四季苍翠，微风轻拂，竹叶轻轻摇曳，发出沙沙的响声，听来让人心静。远远望去，更像是起伏着的绿色的波涛。那层层叠叠的叶片，哪怕是最为炙热的太阳光线也能被毫不留情地阻挡，偶有几点斑驳的光点穿透期间，形成些许斑驳。除了带来凉爽，夏秋季节的竹海时常因为云雨的变幻，出现雾凇雨凇的奇观。驻足于山间，心便不由得为之吸引。随着时间的推移，阳光渐渐穿越雾层，光的加入为这片精致增添了几分情趣，也让那似有若无的翠绿渐渐显出真容。果然，大自然才是最神奇的画师。

云雾渐渐散去，竹山尖渐渐显出全貌。海拔 700 米的半山间，地势竟长得像是一张"太师椅"，前望一览无余，后依青翠竹海。如此玄妙的地势，是典型的"风水宝地"。相传，明朝开国皇帝朱元璋那时候还在四处征战，听闻此处大有玄妙，便请了风水先生前来察看，风水先生翻山越岭来到常青村。前前后后，上上下下，认真踏勘之后，不无惊叹地说道："后裔世代出天子，前踏峭崖藏玄机，欲将九州归其朱，必往竹峰借一宿。"朱元璋听后便牢记于心，在转战皖浙时，他特意赶往竹山尖住了一宿。之后，

常青村山景

朱元璋战而必胜，最终胜利登基为帝。

鸠坑盛产瀑布，且每个瀑布都有着独特的魅力。与其他地方的瀑布不同，鸠坑的瀑布普遍规模不大，但却展现出了别样的风情。它们并不贴着石头缓缓流下，而是凌空而下，如同天外来水，直接落入下方的水潭中。远远看去，就像从山的转折处倾泻而下，就像山本身在倒水一样。如果将山谷大地视作巨杯，那场景便像是大自然在斟茶啊！

瀑布水流的落下之处，每一滴水的溅落都像是精心演奏的乐章，发出清脆悦耳的水声。所以在常青村不仅可以看到竹峰雾海，还能聆听一曲飞瀑之歌。荆树坞自然村乌龙门底，地势险峻，竹茂林密。一走近，"叮咚叮咚"的水流声便清晰可闻，抬眼便能见到从枫神岭山谷倾泻而下的龙门瀑布，似雪屑般的银浪直落乌龙门底，撞击到岩石时，溅起的水珠如同细小的白梅，晶莹而多芒。瀑布宽不足一米，水流从石缝里喷泻而出，声如虎啸鼓擂，震耳欲聋。这便是有名的"乌龙听瀑"。在龙门瀑布边还有一个天然的石洞，洞长约五千米，洞内流水叮当，直通梓桐镇结蒙村。

如此美丽的地方，自然少不了动人的传说。

相传古时，村里住着一个猎户，他时常带着猎狗在枫神岭山上打猎，来到乌龙门底时猎狗忽然不听使唤地东跑西窜，一下子便消失在猎户的视线里。猎户急得又是叫又是找，可是遍寻一上午也没有猎狗的踪影。直到下午猎户才在结蒙村的鸠岭脚发现了猎狗。经过这件事后，他便怀疑石洞可能连通两村。后来，好奇的猎户做好准备，打着火把从龙门的洞口慢慢进去探索，只见此洞深不见底。猎户在洞内摸索了很长时间，可还是找不到出口，后被一狭窄的洞口挡住去路。他尝试了许久依旧无法穿越，不得已只好原路返回。

当年的村人没法探寻到相通的山洞，其实有一条能从北向南连接起鸠岭山村到梓桐镇结蒙村的古道，即全长六千米的鸠岭古道，修建年代不详，是古时鸠坑与梓桐商贸人文交流的重要通道。在崇山峻岭之间，古道如长龙，蜿蜒曲折，仿佛一条沉寂千年的龙脉，连接着古今的繁华与寂寥。夕阳的余晖尽情倾洒在古老之上，映出一道道斑驳的光影。古道两旁，参天古木枝繁叶茂，流水飞瀑泠泠作响，田园炊烟袅袅升起，似海的茶园、如旗的山花……它们静静地守护着这条历史悠久的古道，共同构成了一幅陶渊明笔下"暖暖远人村，依依墟里烟"的诗意山居图。微风吹过，各种叶儿轻轻摇曳，发出沙沙的声响，踩在其上，穿越时空的间隔，那一刻仿佛与先辈们同频。

继续向前，拨开萦绕身边的层层云雾，便能见到一处峡口。左边是石坞山脉，峭石生威，呈卧虎状，栩栩如生。右边则是白际山脉，地势险要，势如盘龙。两山相距十米有余，留一条往来通行之道，此地便是著名的龙虎门，它牢牢地守护着细坑源的进口。有诗曰："石坞深邃藏卧虎，白际连绵似龙首。对仗隔水相呼应，守得全峰享平安。"描写的便是这常青村细坑源口的景致，可惜作者是谁已不可考。只要穿过峡口，原本的崇山峻岭便被留在身后，展现在眼前的是豁然开朗的地势。村落尽现，片片茶园、潺潺溪水、古朴的建筑……——呈现在眼前，可谓是风光旖旎。不知从何时起，当地就有"进了龙虎门，细坑就现身"的说法，并且说正是龙虎门世代保护着细坑源村民的平安和兴旺。

沿着细坑源来到常青村，首先迎接来客的便是村口左侧的几棵已被贴上古树保护标识牌的大樟树，粗大的树干支撑着郁郁葱葱的大树冠，树冠向两侧伸展，好似伸开宽阔的臂膀，几百年来，它们就如忠诚的卫士一般，日夜庇护着常青村。据统计，全村现有百年以上古香樟六株、枫香三株、黑壳楠两株、甜株两株，而老樟树、老茶树也是随处可见。

据村中老人回忆，常青村每个自然村的村口都有风景防护林。方店村口是参天古柏；施家门前则是临风翠竹；潘店则有青松掩映；避暑坞是如今已有二百一十余年树龄的"香樟拥翠"；而荆树坞有树龄超过百年的"荆花献瑞"；石山村拥有的"巨枫作屏（枫香树）"树龄已超一百五十年；

至于鸠岭山也有一百六十余年树龄的"楠桂联芳（黑壳石楠树）"：可谓各有各的特色。可惜，十年浩劫之后，只有施家门前的翠竹、避暑坞的香樟、荆树坞的荆树、石山的枫香树和鸠岭山的石楠树还依然耸立，方店村口仅剩有两株幼柏，只能依靠老人的描述凭吊一番。

有山必有溪，细坑源小溪一直延伸至村中，两侧分布着茶园和农田，所以村人们农耕或采茶都要过溪。小溪上除了方便农人劳作时用作通行的石桥，溪中竟然还有多处"石步（堡）"。

关于这些"石步"还有个传说。相传，方店自然村的方苟苟讨得一位如花似玉的老婆，名叫德花，聪明贤惠的新媳妇也很受婆婆的疼爱。谷雨时节，正是家家户户忙着茶叶采摘的时候。白天摘茶，晚上制茶，然后要尽快挑到威屏街上换布做衣，换盐下菜。那天，天气闷热，眼瞅着就要落下大雨，婆婆便劝正要上山采茶叶的德花不要出门了。因为她家的茶园在村头溪滩对面的山坡上，要从石碣上过溪，涨水时石碣一旦淹没就很难返回。德花想着山上的茶叶，心里着急，想着一时半会儿也落不了这么大的雨，于是叫上苟苟一起上山采茶，觉得两个人一起定能在雨水来临前采摘完。

德花夫妇两人快速出门，娴熟地采着，可采了半天还不到半篓，电闪雷鸣，顿时大雨倾盆而下。德花和方苟苟不敢耽搁，赶紧往家跑。来到溪边，走在前面的德花蹚水过石碣，刚走到一半，就看见洪水从小溪上游冲泄而来，眼看身后的相

穿村而过的溪流

公就要被洪水冲走。德花灵机一动，迅速抱起一块大石头抛到小溪之间。方苟苟踩在那块石头上，顺势一跃过了溪。就在这时，洪水便咆哮而下，躲过一劫的方苟苟和德花不由地深吸一口气。再晚一秒，后果不堪设想。这件事也引起了村民们的高度重视。他们一致决定，凡是无桥之处，都在溪里砌上"石步"，方便村人过溪耕作。甚至还有"快过石步（堡）慢过桥，夫妻恩爱必到老"的民谣流传下来。

二、百年茶树长叶葱

茶为国饮。每年的清明和谷雨这两个节气的前后，"采茶"一语便频频被常青人提及。

淳安、遂安、开化，包括建德的一部分，历史上称遂淳茶区，与杭州、平水、温州同列为浙江的四大茶区。淳安全县土壤分四个土类，九个亚类，二十九个土属，四十个土种。土壤 pH 值在 4.0—6.0 之间，有机质含量高，土壤疏松肥沃，适宜茶树的生长。常青村是鸠坑乡的第二大产茶村，人均茶园面积有一亩多，无论是村子两边的旱地，还是村子两侧的山坡，都是整片翠绿的茶园。

鸠坑乡出产的茶叶，始产于汉，名盛于唐，兴于宋，鼎盛于清，可谓是闻名遐迩。因为产地土质细黏肥沃，云雾弥漫，茶树又多分布于地势高峻的山地或山谷间缓坡地，所以也称为"高山茶"。不仅如此，享誉盛名的西湖龙井也是由鸠坑种培育而来，故而又有"龙井祖庭""国之母种"的称谓。

在鸠坑乡常青村九岭山自然村，至今还有一片保存完整的古茶树群，连片五十余亩，树龄从一百年到八百年不等。这片古茶树群的发现，对研究茶树原产地和鸠坑茶大叶种历史的发展极具重要性，被茶叶专家视为珍贵的自然遗产，称之为茶的"活化石"。

村民在采茶

　　唐朝李肇的《唐国史补》中就有"茶之名品……睦州有鸠坑"的记载，唐代杨华在《膳夫经手录》中写道："睦州鸠坑茶，味薄，研膏绝胜霍者。"五代十国时期的词人毛文锡在《茶谱》写道："茶，睦州之鸠坑，极妙。"北宋时期的文学家、地理学家乐史记以"江南东道，睦州土产鸠坑团茶"一句入《太平寰宇记》。《严陵志》中也有茶以"淳安鸠坑者佳，唐时称贡物，宋朝罢贡"的说法。《新唐书》载："睦州新定郡，上。……土贡：文绫、簟、白石英、银花、细茶。"宋代陈景沂编著的《全芳备祖》，被誉为"中国植物学工具书的鼻祖"，其中也载有"睦州鸠坑，名茶之地"的说法。明朝大臣，农学家王象晋将其编入《群芳谱》，写道："睦州鸠坑，茶之极品。"明朝茶人、学者许次纾著《茶疏》曰："天下名山必产灵草，江南地暖，故独宜茶，往时被称睦之鸠坑。"明代张源著《茶录》载："茶之产于天下多也，睦州之鸠坑，其名皆著。"清代文士徐渭《刻徐文长先生秘集》载："名茶，鸠坑。"

鸠坑茶外形紧结，硕壮挺直，色泽嫩绿，白毫显露，从古至今一直是淳安茶叶的一张金名片，其制造工艺早已被列入杭州非物质文化遗产名录。2022年时，鸠坑茶的制作技艺又荣列第六批省级非遗代表性项目名录。明嘉靖《淳安县志》也有"鸠坑源，在县西七十五里，其地产茶，以水蒸之，香味倍加。茶，旧产鸠坑者佳，称贡物"的说法[1]，可见鸠山毛尖的美名并非浪得虚名。自唐朝被列为贡品后，鸠坑毛尖一直保持贡茶的身份，已享有一千多年美名。

历代文人墨客对鸠山茶叶都很喜爱。北宋景祐元年（1034），范仲淹被贬睦州任知州，任职虽不过半年，但留下了许多"清新流丽、意味隽永"的好诗，其中一组《潇洒桐庐郡十绝》极为出众，摘录一首如下：

潇洒桐庐郡，春山半是茶。
轻雷还好事，惊起雨前芽。

这首脍炙人口的茶诗，以简洁明了的语言，生动地描绘了春日山景的美丽和茶叶的生长情况，被认为能与中国茶史上最负盛名的《走笔谢孟谏议寄新茶》（唐代卢仝作）相媲美。范仲淹在任期间，虽然没有明确证据证明范仲淹是否来过鸠坑，但在本地人的心中，他们认定这"春山半是茶"说的就是鸠坑。

不仅文学家、农学家对鸠山茶推崇备至，连明代医学家李时珍也在其《本草纲目》中将之称为"名茶"。据说常喝鸠坑茶，有抗衰老、抗菌、降血脂等作用。

在民间，有关鸠坑茶叶也有美丽的传说。

传说古时候的鸠坑鸠岭上住着一对年轻的夫妇，丈夫名叫金龙，妻子

---

① 沈荣：《杭州优秀传统文化丛书：良臣别传》，杭州出版社，2023年，第188页。

叫毛凤。夫妻俩勤劳苦干，金龙开山种玉米，毛凤挖地种茶树，勉强度日。当时，鸠坑源是睦州通往安徽的要道，往来的商客总是肩挑背扛，走到鸠岭，山路崎岖，要是遇上天气不好，那更是难行，走一段就气喘吁吁。这时，总要找一处地方坐下歇歇脚、喝上一口水，解解乏。金龙夫妇俩为人善良又热情好客，凡有讨要茶水的，总是笑眯眯地端上一碗。路上行人往来络绎不绝，讨要茶水的客商也多，为了方便这些人有一口热水喝，金龙家的火塘里总是炭火不灭，铜壶里的开水也从不间断。有的客人喝了茶水要给茶钱，有的商贩要送针线、头巾等日用品作为谢礼，但都被夫妻俩一一谢绝了。

常年累年下来，饮水有源源不断的山泉，烧柴可以在山间砍伐捡拾，但他们屋后山上那几株茶树采下的茶叶数量总是有限。哪怕已经还在老山崖上开辟出一块茶园，但依旧还是不够过往商客喝茶用。为此，夫妻俩总是愁眉不展。

一年冬天，寒风呼啸，岭上忽然来了一位手拄拐杖、身着道袍的老者，他驼背弯腰，头发胡须雪白，一副仙风道骨的模样。老人轻轻地敲开了金龙家的门，说自己是途经此地，想要讨一杯茶水。室外天寒地冻，金龙夫妻俩便热情地邀请他到屋内歇息，准备泡茶款待。两人转身到火塘旁泡茶，一看即将见底的茶叶罐，却犯了愁。老人见两人在一旁小声地嘀咕着什么，脸上露着愁容。于是便问道："二位主人为何发愁？"毛凤犹豫了一下，还是诚实地回答道："老人家，您路过我们家喝杯茶，是看得起我们。只是，只是，过往客人太多，我们种的茶叶不够用，正为此发愁呢！"老人听完捋着白胡子，哈哈大笑起来，他说："老汉我也是种茶人，懂点茶手艺，不妨带我到你们家茶园去看看。"金龙听完，立马起身带路。

冒着寒风，三人直奔老山崖的茶园。来到茶园，老人先是绕着茶园转了一圈，看到茶园四周的茶丛边种满春兰、剑兰、九枝兰，叶子虽被冻得红彤彤，但依旧有一股幽幽的兰香随风直钻鼻孔。老人边走边捋茶树，口里还念着："好茶！好茶！凤蕊龙团，施茶待客，名垂金榜！"金龙夫妇二人一脸疑惑地看着老人，但老人也不多话，没多久就告别了二人。

说来也怪，老人走后，鸠岭上就忽然电闪雷鸣，竟然连着下了半个月的雨，整座山都雾气蒙蒙的。虽然宛若仙境，但对农家而言，完全没有欣赏的想法，只是忧心田间地头的庄稼，好在是冬日，农作物也并不多。雨没日没夜地下着，金龙夫妻俩有些担心损害茶树，心里十分着急，只能冒雨前去察看，结果发现那些茶树非但没有受损，反而更加碧绿茁壮，连地上的"黄皮塌"也变成松软肥沃的"香灰土"了，夫妇俩顿时兴奋不已。想起那个神秘的老人，便觉得自己是遇到神仙了。

金龙夫妇俩用心打理茶园，第二年开春，那一片碧绿青翠的茶园成了山间最美的装饰，甚是惹人怜爱。肥厚的叶片被一片片小心地摘下，当季就炒制了好几百斤新茶，泡出来的茶水更是清香扑鼻。过路客商喝了都赞不绝口，连说："好茶！好茶！"

从此，夫妻俩不仅不用再担心给过路客人的茶水供应，因为茶叶产量实在是太高，金龙还能将多余的茶叶挑到集市上去卖，以换取生活物资。那质量优越的茶叶一来到市场，就吸引住大家的目光。买主开汤一看，茶叶真如雀舌云片，凤蕊龙团，不仅茶色翠绿，而且喝一口能沁人心脾。他们纷纷好奇地询问茶叶的名称。金龙想起老人讲的那几句话，便指着自家从老山崖采的茶叶说："这是金龙茶。"又指着从屋后采的茶叶说："那是毛凤茶。"

买主捧着那些茶叶，爱不释手，连连点头道："好茶！好茶！金龙茶！毛凤茶！高山出名茶，名不虚传！"

一担茶叶瞬间销售一空，赚到的钱抵得上以往好几担的价钱。自此，金龙毛凤夫妻便时常将多余的茶叶带去市场售卖，两人的日子也越过越红火。后来，鸠坑的金龙茶和毛凤茶被选为贡茶，顿时名扬京城，也应了老者那句"名垂金榜"的预言。皇帝老倌忌讳民间称龙道凤，便降旨将"金龙、毛凤茶"改名为"鸠坑毛峰"。金龙夫妇俩也并不吝啬，不仅将自己家的茶叶分给周边的邻里，还教他们种茶。从此，鸠坑源的茶农都过上好日子，并且养成了种茶待客的习惯。

如今这种茶、采茶的千年传承已经融合在常青村百姓的骨血之中，这一带一直流传着一首《茶事歌》："正月是新年，家家迎春备茶柴。二月是惊蛰，茶园春耕肥催芽。三月是清明，添修茶具采茗茶。四月是立夏，男女老少忙采茶。五月是夏至，茶园治虫采夏茶。六月是双暑，追肥铺草保幼苗。七月是立秋，茶园除草去挖金。八月是中秋，采摘秋茶再挖银。九月是重阳，采摘整枝打顶梢。十月是立冬，茶园深耕施基肥。十一月小大雪，茶园砌培保冬芽。十二月庆丰年，开拓创新迎新春。"简单易懂的内容、朗朗上口的旋律，既展现出独特的茶文化，也是常青民风民俗的生动写照。

除了茶事歌，这里还有独特的"茶谜语"："青山枝头叶亭亭，皇帝赐我第七名，天下丽人不爱我，家家少我不成人。""言对青山不是青，二人土上说分明，三人骑牛少丁角，草木之中有一人。""一只无脚鸡，立着永不啼。喝水不吃米，客来把头低。"……您猜到答案了吗？谜底分别是："茶叶""请坐喝茶""茶壶"。茶人茶事茶情，早与常青村百姓的生活息息相关。

2012年，鸠坑乡投入一百零八万元，成功将原有的老茶厂转型为一个富有茶文化、历史和艺术韵味的博物馆——"鸠坑茶博馆"，馆内精心布置，展示了鸠坑茶的发展历程、制茶技艺、茶具演变等内容，是一座使游客能够全方位地了解鸠坑茶的文化底蕴博物馆。2023年8月22日，鸠坑新茶博馆正式开馆，坐落于鸠坑乡中联村，其中展厅面积约两千平方米。这座茶博馆由展示馆和体验馆两部分组成，是一个集茶文化展示、科普宣传、学术交流、互动体验及品茗、会务、休闲等功能于一体的综合性场所。在这里，可以亲身体验制茶工艺、品味鸠坑茶的独特风味，还能感受茶文化的魅力。博物馆的建立既是对鸠山茶文化历史的一种尊重和传承，也为当地的经济和文化发展注入了新的活力。

品茗之道，既是茶之艺术，也是中国文化之精髓。茶，源于我国，自古以来便是人们生活中的重要元素。遇到好茶，文人墨客也从不吝惜赞美之词。宋代文人陈晔在品尝鸠坑毛尖后，情不自禁地写下了"我爱淳安好，溪山壮县居。锦文光璀璨，雉羽泄轻徐"的诗句。别出心裁地将鸠坑毛尖比喻成"雉羽"，而后又用"泄轻徐"三个字，将喝了"雉羽"的那股清心爽神之感表达出来，可谓是鸠坑毛尖的最佳宣传口号。

因地形限制，鸠山毛尖多为零星分散种植，而少有大块成片茶园。茶树新梢芽长而壮，叶厚色绿，被列为全国著名茶树良种之一。一年仅采两季，春采为"春茶"，夏采为"梓茶"。采下的茶叶也分三级，清明前采制的别称为毛尖，品质最好，取的一般都是嫩芽不带梗。而谷雨前采制的称雨前，谷雨后采制的称炒青。鸠岭山古茶树群所产的茶叶，经过传统手工工艺加

鸠坑茶博馆

工，具有独特的兰花香味，为鸠坑茶中的极品。

清末民国初，鸠坑茶因清醇香溢、精茗蕴郁的品质而大量出口，深受国际市场欢迎。1952 年，苏联茶叶专家伊凡诺娃考察鸠坑茶基地。此后，鸠坑茶种被日本、越南、苏联、几内亚等十多个国家引种，鸠坑茶因此成为国家"十大茶种"之一。

1956 年，鸠坑乡试制手摇茶叶杀青机成功并在全县推广。1983 年，茶界泰斗、浙江省茶叶学会名誉理事长庄晚芳教授在鸠坑参观考察时品尝了鸠坑毛尖，随即挥毫题诗：

> 梅雨清溪访古茗，湖光景色倍增添。
> 鸠坑陆羽茶经颂，味携香清传世间。

优良的品质让鸠坑毛尖在 1985 年获得了农牧渔业部优质产品称号。1986 年，被浙江省农业厅授予浙江省名茶证书，同年参加商业部名茶评比，被评为全国绿茶类十四只优质名茶之一。2002 年，获中国精品名茶博览会金奖。2003 年"鸠 20"单株茶籽，经国家选育乘"神舟五号"载人飞船上太空诱变育种试验。2011 年，在哈尔滨浙江绿茶博览会、杭州中国绿茶博览会、浙江省农博会、中茶杯评比中再获金奖。

常青村的溪水不是无根之水，鸠山茶树也并非无根之木。在常青村不远的鸠坑乡严村村海拔近六百米的高山上，有一株千年茶树王，是鸠坑茶之祖，也是周边茶农心里神一样的存在。

近年来，在春茶开采前，人们还会举行盛大而特殊的祭祖仪式。随着"咚咚咚"三通鼓声的响起，仪式拉开了帷幕。八名千岛茶仙子手持道具翩翩起舞，她们身姿轻盈、动作飘逸，以美好的舞蹈作为对茶树王的献祭。随后，主祭人整冠净手，带领着陪祭人上香献茗，恭礼祭祖……整个祭祀仪式繁复而庄严。祭祖仪式结束后，由精选出的鸠坑毛尖手工炒制非遗传承人将现摘的鲜叶炒制出新年的第一捧绿茶，淡淡的清香弥漫在呼吸之间，清爽也馋人，这一缕缕的茶香也预告着春茶的采摘正式开始。除了千年茶树王，其实这片土地上还有很多的古茶树。比如在宋家塘的泉水旁就有十余株树龄在100—800年的古茶树，其中最大的一株高达4米多，冠幅20余平方米，被当地人称为"茶树王"。在鸠岭山自然村的山上也有若干株树龄在100—1000年的古茶树，是鸠坑茶树的"活化石"之一。

山不在高，有仙则名。鸠坑的山终年处于云雾缭绕之间，颇有仙山的神秘之感。这里自然也不缺关于神仙与茶的传说。

传说，曾经有位云游四海的仙人，途径鸠坑乡深山老坞石山村黄柏岭。当时正值阳春之日，正是茶叶采收的旺季。当日，村民们正在山上的茶园里忙碌地采茶。为节省来且赶路的时间，有些村民早上出门时，便携带午饭到茶园，中午席地而坐，吃完便能继续采茶。仙人看着这些忙碌的身影，再看看这片没有任何遮挡的土地，担忧这些茶农要是赶上骄阳暴雨的日子，就连个躲避的地方都没有。于是，心怀善念的仙人大发慈悲，寻到两块巨石，在底部开凿几个山洞，从山脚挑到山顶，让茶农们万一碰上反常天气也能有个躲风避雨的地方。忽然，一个黄口小儿看到了肩担巨石的仙人，不由得惊吓出声。那大喊之声，也把仙人吓了一跳，顿时重心不稳，担子便顺势滑落在地。两块巨石也纷纷跌落，一块砸在铜边，另一块则滚到了山谷底。虽然没能按照仙人的设想搭建，但两块巨石底部的山洞依然成了茶农吃饭歇脚的好去处。

行走在常青村，除了遍布的茶树，还能从古建筑中感受到常青村的茶农视茶为重，视茶为生命象征。常青村村民们在经久的生产生活中，在繁复的民俗活动中，茶无处不在，有"以茶祭祀""以茶待客""以茶代酒""以茶赠友""以茶论婚"等种种民俗。

比如始于东汉，兴于唐代的民间舞蹈——《鸠坑问茶》，是当地百姓为纪念"贡茶"而进行的舞蹈表演。每逢采茶季节，各村都会举行盛大的庆典，采茶姑娘们便汇聚在一起，举行隆重的"问茶"仪式。仪式结束，采制"贡茶"，舞蹈开始，扮演的唐代皇帝者手持茶壶站立于舞台中心，二十七位"太监""宫女"、采茶姑娘伺立两旁。随着音乐的响起，身着古装的演员们手持茶具，以优美的舞姿展示采茶、制茶、献茶、品茶的全过程，展示出鸠坑茶悠久的历史和浓厚的文化底蕴。为了尽显舞蹈效果，还专门制作了一把宽二米半米、高三米的大茶壶，由四位茶农按照舞蹈要求推动，为演出增加了更多的看点与趣味。

千百年来，茶农们对于茶事的敬畏之心未曾改变，有很多的风俗习惯依旧被完整地保留了下来。

早在清嘉庆年间，茶农为保佑来年茶叶好卖，茶叶丰收，能出钱的出钱，能出力的出力，在荆树坞头五基滩建起"茶神殿"，用驮条烛（舞茶龙）来礼拜神农氏。只可惜，它在二十世纪七十年代初期被毁，现在所看到的是重新规划复建的。静穆在古村落中的茶神殿，依旧可以让人感受到常青村深厚的茶文化背景，领略当地村民对茶的漫长岁月的深爱。

当年的祭祀仪式直到如今还有所保留。正月十二，对于常青村而言，是不亚于过新年的隆重。上午，全村的茶农就会早早地准备好条烛（一条长板凳，上面安装灯笼，即为一条烛，连在一起就是龙身）。一节条烛六盏灯笼，用红、黄纸糊成，每个灯笼都点燃蜡烛。待到下午，每户准备好香纸、火炮、蜡烛，背着猪头到茶神殿还福还愿（祭拜龙头），待回家祭拜祖宗。祭拜后，背起"条竹"（龙身）到茶神殿领三炷香接龙。

接龙完成，舞茶龙活动就正式开始。伴随着锣鼓鞭炮喧天的声响，浩浩荡荡的队伍便从茶神殿出发，绕五基滩而下，到荆树坞盘龙起舞。条烛龙舞，气势非凡。一路上，龙头点头致谢村民和家人。一村舞毕，再到鸠岭山、石山绕转一圈而出，回到茶神殿。活动结束，拆龙，茶农驮着各自的条烛回家，将条烛摆放在堂前中央的长横桌上，直到条烛的蜡烛燃尽为止。此时，亲朋好友们围坐在八仙桌旁，同吃团圆饭。

在常青村，关于茶的一切已经完全融入劳动和生活之中，连婚嫁等事中都能清楚看到当地的茶文化。

正所谓"天上无云不下雨，地下无媒不成婚"，常青村的传统婚嫁习俗态度严谨，一桩婚姻的完成都要事先请媒，男媒称媒公，女媒即为媒婆。旧时，男女间有了婚嫁的意向，就必须请当地"秀才"看双方"八字"。此后，女方到男方家"看门"，择取吉利日子。男方则要给女方送上日子书、聘金和"四式礼"（猪肉、面条、桂圆、荔枝），称为定聘，确定婚期。之后，要按照约定俗成行"三亲""六礼"。三亲即求亲、定亲、娶亲，六礼即送押帖礼、送纳聘礼、送催亲礼、送退堂礼、送迎亲礼、送回门礼。这些仪式完成才算大婚完毕。

那么，"茶"在其中有什么作用呢？且听我慢慢道来。

旧时的常青村视茶叶有"从一而终"的象征，所以常青人婚嫁礼节中，茶是不可或缺的元素，甚至成了一种信物。在整个订婚和结婚过程中茶更是无处不在，并逐渐形成了吃"三茶"的习俗。所谓"三茶"，即订婚时称"婚茶"，议定婚期时称"定亲茶"，洞房花烛时称"含卺茶"。礼单上所列的茶叶称为"采茶"或"礼茶"，女子受聘叫"受茶"或"吃茶"，聘金称"茶金"。迎亲时以茶为礼，叫"交杯茶"或"和合茶"；供饮茶用的糕点也称为"茶食"。新娘进门要喝"见面茶"，三朝时新娘要向公婆和长辈敬"三朝茶"，新郎、新娘送妻舅回门要送"谢恩茶""认亲茶"，待客要吃"鸡子（蛋）茶"或"五香茶叶蛋"。

总之，常青人通过各种习俗，充分表达了他们对茶的感激之情。常青村的地势属于山高地陡，山多耕地少，农作物大多种植于山坡旱地，粮食产量低，以小麦、黄豆、春玉米、芝麻等农作物为主。二十世纪上半叶以前，村民的粮食难以自给自足，所以农闲时村民还要依靠从事木工、竹匠、裁缝等副业来贴补家用。二十世纪中叶以后，随着经济作物的推广，适合山地种植的茶叶被大面积栽种，满山满陇的茶园既为"常青"二字添砖加瓦，也为村民的经济收入保驾护航。如今茶叶已经成为村民收入的主要来源之一，他们依靠茶叶养家糊口，更是依靠茶叶脱贫致富。

雨后的山村空气清新得有些醉人，山路两旁的茶园里嫩绿的茶叶在微风中轻轻摇曳，似乎这里的每一寸土地都散发着芬芳。行在常青村，哪怕是春雨绵绵的时节，在凉亭甚至是廊桥内部都能见到晾晒的茶叶。后来人们又种上了山核桃、板栗等经济作物，让村民们不用再走出大山、远离故土就能过上好日子。但相较于淳安其他的一些古村，常青村的经济显然还是较为落后。

桥山的溪流因为雨水的缘故显得有些汹涌。"我们村最穷。"老人不轻不重的声响竟轻易地盖住了奔腾的水流声，浑浊的眼珠里是对生活的无奈。2024 年茶叶丰收，价格偏低，而且村中的老人们辛辛苦苦摘完的新鲜茶叶，未经加工就被茶商收购，无论市场价位几何，他们只能获得低廉的收购价。

"你看这些茶叶，多可惜，都没人摘……"一路驶来，司机姜师傅忍不住发出感慨。这里的茶树在谷雨之后要进行修剪，但漫山遍野不仅是来不及采摘的茶叶，甚至还有几年未经修剪已长成小树般的茶树，只偶见几个依旧在茶园中忙碌的身影。在为之可惜的同时，看看那些佝偻着背的老人，一切又都明了，连村中唯一一家小店都未开门，我们还能要求些什么呢？

稀少的人烟，不便的交通，古村唯有放慢脚步。尽管现代社会的喧嚣与繁华离他们很远，但这些村民是常青村的灵魂，他们用自己的方式坚守着这片土地，传承着古老的习俗和文化，用双手维护着这片土地上的生态平衡，让古村的生命得以延续。

三、古建遗迹多沧桑

常青村几乎看不到一点的商业气息，有的只是静谧、祥和与宁静。交通的极度不便利，让它隐于深山，少有外人涉足。我的"入侵"引起了村民们的好奇，毕竟从淳安县城还得驱车一个半小时的路程让多少人望而却步。我们聚于一座小桥之上，老人们用带着乡音的普通话以及手势，热情地为我解答疑惑。偶遇一条黄色小狗，竟然没有意料中的狂吠，而是轻轻地跑到我的脚边，粘着我走了一段路。它的友好让人想到一种淳朴的善、未经世俗的初心。

　　数百年来，常青村历经沧桑，大多古建已消失在历史中，留存的民国时期所建的古民居仅有三幢。偶遇伫立在古村的徐成美宅，岁月在它的身上留下了独特的痕迹，白壁黛瓦、飞檐翘角、砖木结构，二层楼房，门顶有瓦檐砖雕，屋顶两侧设置防火墙。虽未能进屋一窥岁月，但可以想见这样精美的徽派建筑必然是拥有天井、中堂、厢房的布局。被雨水浸润的老屋显得更为沧桑，斑驳的墙体上有了裂纹。白墙之上的绘画虽然大多已经渐渐淡化，但两只仰天鸣叫的喜鹊依旧栩栩如生，仿佛从古老的画卷中走出来的一般，既有江南水乡的灵秀，又透露出古朴典雅的气质。瓦片的间隙已成为青苔的家，鲜绿、柔嫩与黑灰、坚硬形成鲜明对比。这些小小的生命，在瓦片的缝隙中顽强地扎根，生长，把原本沉寂的灰色间隙点缀得生机勃勃，在这个春日又有了新生命的加入，一株开着黄花的绿植悄无声息地在此落户，宣告着生命的顽强和自然的魅力。那贴在门上的红色春联，红色的纸张上黑色的字迹潇洒有力，寓意着吉祥如意和美好的祝福。

　　除了古建，十几幢二十世纪中后期建造的泥墙房也别有特色，黑色的瓦片，黄色的、带着千疮百孔的土墙，

斑驳的老屋

徐成美宅

村屋

组成了记忆里的童年。春意浓厚之时，这些泥洞中是否会有蜜蜂的光临，是否会有孩童拿着铺填了油菜花的玻璃瓶抵在洞口，拿着细细的枝条去骚扰那些蜜蜂，将其赶入瓶中呢？村中所见的泥墙房大多为"三间正"的构造，正房侧面粘建一幢猪栏，高低、面积均小于正房。如今所见，多数已经进行内外粉刷，少数仍保存原样。

据说，这些清末民初的徽派建筑和二十世纪土墙楼房前几年还占全村建筑物的百分之八十五以上，但如今正在快速消失。行在村中，随处可见正在修建的新房，想来这个比例已经大大缩减。整个村子基本以古溪道为中轴，靠山临水，隔溪相望，相呼相应。建筑虽旧，保留也不算完好，但处处彰显着古村的韵味。贴在门上的红色春联或是写、刻于门楣之上的美好寄语，增添了宅子的文化底蕴。小路、墙角抑或石阶处，肆意生长的小草小花们，红的、黄的、蓝的，它们或单独绽放，或簇拥成一片，有着精心呵护的痕迹，也有大自然的放任的自由。湍急的水流为静谧的山村平添了一份韵律美。沿着它奔腾的方向逆行。与一座建于桥上的避暑亭相遇，虽非古迹，但仿古的设计让其充满韵味。亭子的顶部采用了传统的歇山式屋顶，覆盖着青瓦，显得古朴而典雅。亭内设有供人休憩的长椅。只是此时它的内部被鲜嫩的茶叶侵占，成了它们的晾晒之地。

　　这个藏于深山的小村落，其美景除了那些错落有致的民居外，更引人注目的是那些蜿蜒曲折的小溪上横跨的不计其数的小桥。这些小桥不仅沟通着村子，更是常青村独特风情的展现。它们样式各异，有的古朴典雅，石栏雕刻精美；有的则简约大方，仅以几块石板搭建而成，充分体现了当地的建筑风格。其中还有不少历史悠久的石桥，那些翠绿的青苔是它们绝美的装饰品，与石桥的古老气息形成了鲜明的对比。择一处，静听溪流的奔腾，耳畔回荡着老人们跟我说的话："我们的这条溪水包治百病。"我想象着这溪水在过去的岁月里，曾是多少村民们的良药和安慰。墙体上"严禁捕鱼"四个大字以及树山村口那两个二十世纪的垃圾处理井，都是对村民们长期保护和维护这条溪水清洁的直接见证。它们共同诉说着村民们对自然环境的敬畏与尊重，以及对这条溪水的深厚情感。

　　靠山吃山，山民对于山总是带着感恩之情的。《礼记·祭法》云："山林川谷丘陵，能出云，为风雨，见怪物，皆曰神。"山因为有神而宁静，神因为有山而自在。古人将山岳神化而加以崇拜，于是建山神庙，作为供奉和祭祀的场所。在常青村，除了前面所说茶神殿这样的古遗迹，在潘店自然村石坞里石门口本来还有一座九老爷庙。九老爷庙，又称九龙庙，据传，九老爷庙有护村守石

溪上的桥

墙上"严禁捕鱼"标语

门的作用，按功能属山神庙一类，建于清朝末年。在山上建庙不易，碍于地势的限制，九龙庙整体建筑面积约十平方米，庙内曾有一尊泥塑菩萨。遗憾的是历经沧桑，古庙如今唯有一点残壁断垣可辨。

至于施家门前自然村的坛主老爷殿，据记载比九龙庙威武气派多了，它建造时间略晚于九龙庙，是在清末民初。建筑面积约一百平方米，殿内分高低两进，高进中间有一尊高大的坛主老爷塑像，两侧分列四尊护卫菩萨。低进为村民祭祀跪拜场地。它是村民祈求菩萨保护风调雨顺、五谷丰登、人丁兴旺的场所，每年春秋有两场大祭。只可惜早在二十世纪五十年代既已被毁。

在传统家族文化中，族谱和宗祠是必不可少的两大内容，编修族谱是为了寻根问祖、联结血脉、承上启下、增知育人，而修建宗祠（也称家庙），则是供奉祖先和举行家族大事的场所。在中国传统文化中，祖先被视为家庭和家族的守护神，人们对祖先充满了敬爱和感激。修建宗祠也与中华传统文化中推崇的"孝"字息息相关。正所谓，百善孝为先，人不能数典忘祖，所以宗祠也是我国儒家传统文化的象征。产生于周代的宗祠制度被很好地继承了下来，但并不是所有家族都能修建宗祠的，直到唐五代时期，民间才开始建造家族祠堂，特别是清代以后，祠堂开始在各大家族繁衍开来。

宗祠的建设，往往也是族人家族荣耀的展现地，所以在古村中，祠堂是建筑最宏伟、装饰最华丽的存在，位于潘店自然村中的徐氏宗祠也不例外。它建于明末清初，建筑面积高达三百平方米，分前后两进，大小双天井，雕梁画栋，有多块匾额。只可惜祠内雕刻毁于二十世纪中期，而整体建筑也随着时间消逝。如今，在原址上新建起了常青村村委办公大楼兼文化礼堂，成为村民办事和村民会集的场所，穿越古今，依旧发挥着重要作用。

据村人介绍，在荆树坞自然村曾建有一幢壮观的厅屋，占地面积135平方米，深10.4米，宽13米。厅堂分前、后堂，后堂是二层楼，中间设置一个采光、通风的天井，整个建筑内雕梁画栋，油漆彩画，屋顶分六面出水，甚是绝美。民国前，各种大型族事活动都在厅屋举行。但到二十世纪九十年代初，年久失修的厅屋开始陆续出现倒塌，村民便将其中的建筑材料拆除变卖，如今只是一处废墟，甚是可惜。

同样只能留在记忆里的还有位于鸠岭山自然村的厅屋，建造年代也无可考证。听村中老人介绍，整体建筑格局与荆树坞自然村厅屋相仿，也分前后两厅，中间设有天井。厅上悬挂的灯笼上曾写有"洪府，历朝科举"的字样。前堂两根柱横梁上曾有精美的人物雕刻，但都被毁于二十世纪六七十年代。后堂也是二层楼，两根柱子上亦有精美的雕刻，有人物、狮子等。后堂楼上前栏板正中曾悬有一块金字书写的"圣旨"竖匾，深蓝底，高0.6米、宽0.45米，上下落款小字早已模糊不清，只可惜匾额也在二十世纪七十年代初被毁。后堂两边壁板上悬挂两块匾额，左为"仁义堂"匾、右为"香山智叟"匾。仁义堂是鸠岭上豫章郡总堂。古时，厅屋被用作协商村中大事或男女婚娶等事宜的场地，二十世纪中叶后，村委曾将之用于办包堂和生产队收粮之场所。1984年7月，厅屋被拆除。1991年12月，村中曾准备重建，但因各种原因停工。2016年夏，厅屋基地被改

文化礼堂

石拱桥

建成停车场。从此它便只是志书中的一笔。

　　除了这些古代建筑遗迹，在避暑坞自然村村脚还有一座民国年间建造的双孔石拱桥。拱桥全长 15 米，宽 3 米，高 5 米。这里是村民出入的必经之地，拱桥上面建有长廊，可供往来的行人歇脚、乘凉。西边入口门洞处有"金峰水秀人文递起，避暑桥横祖德流芳"的楹联。墙体上挖有扇形、六角形等的观景孔，既可以通风、透光，又可以在此静歇观景。

　　值得一提的是石山村脚还保留着一座保存完好的古石灰窑。

　　在常青村有一句顺口溜："老搭坯（不听话，挨耳光的坯子）烧石灰，不是瘸子就是吃灰。"短短几个字，却道尽了当时窑工的艰辛和无奈。

　　石灰是重要的建筑材料，相传古时，富裕家庭建新房会用桐油拌石灰砌砖墙，这样的砖墙固如磐石；而用石灰拌麻豆浆打地面，地面则几百年光滑如镜。所以人们对于石灰的需求非常庞大，但石灰在运用到建筑前，还需要经过一道道危险的工序。早年的开采工具有限，一切都需要人工。工人先要翻山越岭到石山背后，靠手工开凿石灰石。在峻陡的山路上完成这项工作，无疑是在与上天赌运气。只要稍不留意，石灰工一出现意外，不是脚断就是手折，有的甚至还会丢掉性命。

等到石灰石运回来，烧石灰又是一项极具危险的工作。要知道石灰石被加热分解时会产生二氧化硫，这是一种有毒气体，会刺激眼睛和呼吸道，并可能引发哮喘和肺癌等疾病。而且烧制的过程中如果温度、压力等因素没有得到有效的控制，就可能引发剧烈的化学反应和爆炸。这真是拿命换钱的一项工作。当时的工人可想不到这么多，他们烧石灰的技术很原始，直接用柴火来烧石灰石，要半个月时光才能烧成石灰，既费柴火又费工。所以他们更多的是在考虑如何省柴又省工。

劳动人民的智慧是无限的。经过常青村石山的一位王姓和荆树坞的一位钱姓石灰工的细细研究，这一问题终于得到有效的解决。他们先用石块垒起一个窑灶，再将石灰石放进去集中火力烧，发现真的省柴又省工。于是，两人便在石山村脚设计建造一座窑，用这个办法烧石灰，只用了七天七夜，比原来省去一半的时间。

雨后的道路湿滑，好心的村民们阻止了我继续向上前行的脚步，未能将常青村的全貌一一探寻。行程虽有遗憾，但村民们散发的善意将我的心填满。

四、后人承志续前缘

常青村留有积善余庆的古训，即"尊圣谕，重孝悌，和睦姻，崇文行"，务勤业，善节俭，革酗酒，戒赌博，禁泼辣，省词讼。而历代村民也一直循守祖训，耕读传家，崇尚文化，尊师重教，薪火传承。

2023 年，国家建设部、文化和旅游部、财政部认定常青村为"中国传统村落"，除这个名号外，常青村还因"书香门第""教师家族"而闻名遐迩，更因此获得 "一堂五校长，书香门第城乡颂；三代众园丁，德厚人家遐迩扬"的赞联。

除了像鸠岭山自然村的厅屋灯笼上写有"洪府，历朝科举"这样明显的读书信息外，常青村中还曾有"做学福"这样的传统习俗。

做学福，即祭拜先圣孔夫子。那时，农村学堂每年开学初、年终放假前，都要做一次学福祭。祭拜之前，在学校正中上横头贴上孔夫子牌位，牌位前摆放一张案桌，上面摆上蜡烛台（插上红烛）、香纸、酒盅、筷子，斋供三盆：切方正的猪肉、包子、米粿或面条为礼品。据说孔夫子是不吃豆腐的，所以斋供时不能选用豆腐。祭拜正式开始时，先生、学生和学董（今校长）及学生家长参加，横排成队，由先生点烛焚香，然后全体顶礼膜拜。祭拜完毕，由学董送先生小红包，称之为珠笔钱，即用来买朱砂给学生书上圈点批改作业和写描红字帖。

年初和年终做学福也并不是都一样的礼数，但都极为讲究。

年初做学福，祭毕，学董和学生家长继续留在学校，由学董主持给先生批学金，把供膳天数和顺序清单交给先生。做学福这天，学校要摆上酒席，称敬先生。每桌酒席一般要六碗，即福丝、鸡肉、炒面或乌露粿、猪肉、包子、鱼。酒席时间一般安排在中午或晚上，学董、先生和家长悉数上桌吃席，有时学生也会参加，学校发三到五个馒头给学生，交由学生家长筹集年终学福。

年初是开始，那么年终便是总结。年终做学福时，祭毕，只简单地吃炒面而并不会摆酒席，故有"吃了学福酒，板子不离手；吃了学福面，板子不出现"的说法。年终做学福时，每位学生的学金要收齐交给先生，同时还要商定先生明年是否留任。经过一年的教学实践，家长们对先生的教学水平也有了一定了解。如果留任，那么就要写关书（即聘任书）给先生，而且关书上每位学生家长都要签字画押。如不留任，则请先生另谋高就，不耽误对方的时间。

从做学福这件事可以看出家长的参与度有多高，也可以窥见整个村子

"仰景流芳" 牌坊

对于学生教育的重视。"耕读传家"的理念早已刻进每一个常青村人心中，他们传承的是茶文化，是读书重礼，更是一种文化的传承。

矗立在避暑坞自然村村口的仿古牌坊，高大威武，迎接着来往的人群。整个牌坊高 11 米，宽 10.5 米，是三层四柱钢混结构。它建于 2007 年，总投资 13.8 万元，所有费用由村两委筹集和外出工作人士捐资解决。整座牌坊色调以灰白为底色，配以黄色字体，显得古朴而典雅。牌坊的正面上面刻有"德惠树山"四个苍劲有力的大字，上下有龙纹雕饰。两边牌柱上写有柱联：

四水泉流泽万里功业千秋在；
五峰虎路佑儿孙庭园万世荣。

简单两行字，既概括了避暑坞的过去，也代表了对子孙后代的美好祝愿。另一联为："何觅葛岭仙；此有桃源胜地。"

牌坊的背面也刻有"万流景仰"四个大字，上下亦配有龙纹雕饰，写有两副柱联，一副上书"玉树金枝藏古寨；锦山绣水育名茶"，可见茶叶对于村民们的意义。而另一副则曰"重教兴文英贤荟萃荣朝野；耕仁播义风物传奇耀古今"，这一点与常青村的古训相符。

在常青村，看到的永远不只是千年的古树，也不是上百年屹立的古建筑，它所展现的魅力必然与文化息息相关。毕竟不是所有的古村落都能成为历史文化名村，乡村文化才是古村落的延伸与深化，是古村落的精华与代表。

常青村内古树错节盘根，依旧苍劲，那枝枝叶叶中藏满古村故事，而那些传承至今的当地民俗更是一笔留给后人的不可估量的精神文化财富。

常青村有丰富的非物质文化遗产资源，拥有竹马、跳神马两项国家级非物质文化遗产。

竹马，顾名思义，竹做的马。它既是舞蹈表演的道具，本身也是制作

避暑香樟

工艺别致的工艺品。要做一只好竹马，首先就是取材，只要不被虫蛀，好的竹马跳很多年都不会坏。制作竹马的竹子必须是下半年长出来的生毛竹，因为生毛竹有韧性，而下半年的竹子蛀虫相对来说较少。但最好生长两三年，十斤左右的竹子，竹节还不能过多过密。一只竹马分为头、身子和屁股三个部分。马头最重要的就是细细长长的脖子，竹马头的竹条是双面的，上下两条厚度不一，所以十分考验制作者打磨的方式与技巧，在马头上还要制作出鬃毛、须毛、马耳和眼睛，颈下挂有马铃。难度最大的是身子，它需要有完美的棱角才可以与人体结构相吻合，展示出竹马舞的灵活特性。而且竹马还需要根据表演者的身材量身定做，分为小中大三种规格，小号是给幼儿园小朋友用的，中号适合十几岁的孩子，而大号就是给成年人所用了。马臀上则会安上长尾。竹壳制作完成，便要套上竹马"专用套装"了。以前的竹马会用彩纸糊马壳，制作要求高且不牢固，现代通常都会选择耐用的彩布用作马套。每只竹马还会配马鞭一根。在表演时，活灵活现。制作一只中号的竹马至少需要一天时间，现在除少部分老人还在坚持，这项手艺的传承也让人担忧。

在淳安，逢重要节庆或者正月里闹新春，跳竹马是必备的节目。人们甚至会从正月初一一直跳到正月十五，以求风调雨顺。2006 年时，淳安县文化馆对跳神马进行艺术创新，用布马代替纸马，更名为"淳安竹马"。

关于淳安竹马舞的起源，还有一段历史传说。据清代《淳安县志》记载，当年明太祖朱元璋在淳安鸠坑源的谷雨岭（即现在的万岁岭）屯兵时，曾不小心遗下战马一匹。战马思念主人，日夜嘶叫于山岗，但是乡民遍寻不得，于是就以为是"神马作祟"，心中恐惧。为了祈祷地方平安，岭下各村的百姓们便都糊纸竹马，让孩童骑上它，走村串户边跳边索讨"常例钱"，然后买来香纸，连同竹马一起焚化，以此超度战马亡魂。

1999 年，《淳安竹马》受邀赴京参加第二届中国七大古都民间文化艺术节的演出，荣获优秀演出奖和优秀节目奖。2000 年 10 月，淳安竹马又在全国首届民间广场歌舞大赛和杭州首届民间艺术"桂花奖"的比赛中大放异彩，一举摘得"山花奖"和"桂花奖"金奖两项大奖。如今，淳安竹马已正式列入国家级非物质文化遗产名录，淳安也已被省市授予"竹马之乡"荣誉称号。

伴随着竹马舞而来的还有睦剧。据清光绪《续纂淳安县志》载①，睦

---

① 厉剑飞主编：《古道心传录——三江两岸非物质文化遗产》，杭州出版社，2013 年，第 316—317 页。

剧起源于清末民初，迄今已有百余年历史，其前身是"竹马班"。一开始被称作三脚戏，最初由采茶戏与民间歌舞结合而成。最初是单骑独舞的形式，后来逐步发展成包含丑、旦、生等角色的戏剧形式。因以三人表演的形式而得名，通常由一名生角、一名旦角和一名丑角组成，有时甚至就由夫妻两人表演。前台加乐队最多不超过十人，队伍精干。

1951 年春，三脚戏被正式定名为"睦剧"，作为浙江省内的地方戏曲剧种之一，主要流行于淳安、常山、开化一带。同年 5 月，民办公助职业剧团——淳安睦剧实验剧团成立。1954 年，经淳安县人民政府批准，正式定名为"淳安县睦剧团"，成为淳安县建立的第一个县级专业剧团，同时还建立了十几个民间业余睦剧团。

睦剧的曲调分为大戏曲调和小戏曲调两个部分，其中大戏曲调多用湖广调，有湖广头、紧板、急板等成套曲子，明显地具有戏曲音乐风格，曲调旋律优美动听。而小戏曲调则近似山歌、民歌，表现力丰富。在传统睦剧中，无帝王将相，也少有才子佳人，而多取材于农村日常生活，乡土风味浓郁，表演风格自然生动、活泼风趣、粗犷又不失朴实，深受当地人民喜爱。最大的好处是不限制场地，不讲究舞台，既可以在田间地头，也可以在农家庭院等地方进行演出。这种随意的表演形式，让它迅速占领了农村舞台。

在过去，戏曲是农村地区主要的娱乐方式。二十世纪初期，在常青村避暑坞、潘店活跃着一个三脚戏班子。演员都是由本村农民自发组成，戏班的演出资金也是由他们自行解决。农闲时节和春节前后，戏班子也常外出演出赚钱，近到南赋、梓桐，远赴遂安、开化、安徽歙县等地。常演剧目多为村民喜闻乐见的，比如有《安安送果》《梁山伯与祝英台》《十五贯》《出店》《秦香莲》《南山种麦》《三女拜寿》《血手印》《孟姜女哭长城》《下南京》《刘胡兰》《血泪滩》《造田风波》《红灯记》《采桑》《牧牛》《种麦》《偷笋》《补背塔》《借墨斗》《磨豆腐》等。

　　据资料显示，1927 年时，仅淳安就有十余个"三脚戏竹马班"，较稳定的职业"三脚戏常班"有两三个。1928 年到 1934 年，淳安三脚戏进入兴盛期，当时淳安有五六十个三脚戏竹马班，最多时高达九十多个，"三脚戏常班"也发展到十余个，如"徐龙福班""春生班""大源班"等。据《淳安县志》(1990 年版) 记载，当时淳安地区共有三脚戏艺人三百多名。

　　2011 年时，睦剧被评为国家级非物质文化遗产代表性项目。就像很多非遗项目一样，无论是睦剧、竹马等都或多或少地面临着传承的问题，只希望这些历史遗留的文化瑰宝能够在新的时代继续发光发热，成为一代又一代人心中的文化美学，永久地传承下去。

　　清新的空气中混杂着茶叶的芬芳，常青村的美充满整个行程，踏着每一寸的山路，都仿佛踏着历史的印记，感受着前人们留下的点点足迹。这些足迹不仅记录了他们的辛勤付出，也见证了这片土地的沧桑变迁。每一步的踏寻，都像是在与过去对话，探寻着那些被岁月沉淀的故事。只可惜那些紧闭的大门，让此处的寻觅多了些许遗憾。

　　清晨的薄雾，如轻纱般飘渺，在它的笼罩下，整个村庄仿佛被轻轻捧起，漂浮在云端之上。给常青村增添了几分神秘与梦幻。雨后初晴，阳光透过树叶的缝隙洒下，斑驳的光影在地面上跳跃，为这片土地注入了生机与活力。夜幕降临，山间清幽，星空璀璨，仿佛是宇宙中的繁星为常青村点亮了最美的灯火……这些大自然的恩赐，在这里美得更醉人。

参考文献

1.吴茂棋、许华金、吴步畅编著:《茶经解读》,中国轻工业出版社,2020 年。

2.吴觉农编:《中国地方志茶叶历史资料选辑》,中国农业出版社,1990 年。

3.浙江省淳安县地名委员会编:《浙江省淳安县地名志》,1984 年。

4.陈宗懋主编:《中国茶叶大辞典》,中国轻工业出版社,2000 年。

5.沈荣:《杭州优秀传统文化丛书: 良臣别传》,杭州出版社,2023 年。

6.张卫星、舒仲秋主编:《中国商务实用手册: 现代营销实务全书》,北京燕山出版社,1995 年。

7.厉剑飞主编:《古道心传录——三江两岸非物质文化遗产》,杭州出版社,2013 年。

芹川村地处淳安县浪川乡西部，是淳安县境内人口最多、最集中的行政村，目前全村有五百余户、近两千多人口。自然环境优美，四周青山围绕，芹川溪直贯南北，将全村一分为二。

为保护历史文化遗产，淳安县根据《淳安芹川历史文明名村保护规划》，专门制定了《芹川古村落保护实施方案》和《芹川古村落保护实施细则（试行）》，从 2011 年 7 月开始，对芹川村有保护价值的建筑物、构筑物以及芹川村完整的村落形态和居民的生产、生活方式等实施有效保护，在此基础上，将芹川古村落打造成淳安人文历史文化的展示窗口、极富特色的精品乡村旅游示范村和城乡统筹发展示范点。

芹川村是个典型的徽派古村落，整个村庄以小桥流水古民居为主要特色，尤其是部分建筑的雕梁画栋，乃古民居建筑之珍品。除了古建，还有传承了八百多年的麻酥糖。2014 年 2 月入选第六批中国历史文化名村，同年 11 月被列入第三批中国传统村落名录。芹川村是淳安县目前唯一的中国历史文化名村。

隐在深山有人知——淳安县浪川乡芹川村

芹川村

小桥、流水、人家，是多少人心中江南水乡的模样，铺就着沉淀了岁月痕迹的青石板，再点缀些淅淅沥沥的小雨，配上蒸腾着薄薄雾气的白墙黛瓦，那如梦似幻的场景便犹如人间仙境。深藏在淳安县大山深处的芹川村，便是能满足这多重愿望之地。

一、桃源秘境何处寻

芹川古村位于淳安县浪川乡境内，坐落在青山绿水之间，是一个典型的血缘聚居村落。这座深藏于山麓的古村落，以其独特的地理环境，被赋予了无与伦比的魅力。若从空中俯视，可以看到整座村庄就镶嵌在狭窄的山麓之间，仿若一块稀世珍宝，被精心呵护着。

走进古村，首先迎接人们的是临近村口那座高耸的牌楼，上书"芹川古村"，两侧有联：

红蕖映月梦萦孤邨芹心在；
乌衣遗风志追高阳川水流。

所谓"蕖"，就是根茎分枝的意思，表明古村是某族分支迁徙而来；而"乌衣遗风"，讲的就是这里是金陵乌衣巷王导世家渊源，故村里人多为王姓。

提及"芹川"一名的来历，还得从七百余年前说起。当时正处南宋末期，统治者偏安一隅，沉醉在江南水乡的美景中，对来自北方的铁蹄之声充耳不闻。彼时有一位名叫王瑛的江

芹川村口大石

左王氏后人带领着族人迁居到林馆月山底（今浪川乡马石桥村）定居，山中日子清苦简单，日出而作，日入而息，但也远离纷争。

几年过去，王瑛的长子长大成人，自号"万宁公"。越来越多的人口让这一带的资源显得有些不足，而且万宁公也想走出深山，于是带领着一些族人从林馆月山底迁居。他们沿新安江而行，所到之处皆风景秀丽，但都不是他们理想中的栖息地。有一天，他们来到了一块偏僻之地，只见此地被群山环绕，谷内溪水潺潺，顿觉是宜居之地。以如今的眼光来看，村落外形口小腹大，天道自然，山水形胜，确为典型的风水宝地。

仁者乐山，智者乐水，这里山水皆具，真是再好不过。于是，万宁公

芹川溪

一行人就在这里开始修建房子,安定下来。"四山环抱二水,芹水川流不息",故将此处命名"芹川",万宁公也被认定为芹川王氏始祖。

对这段历史,清康熙五年(1666)的《江左郡王氏宗谱》有详细记载,王氏得姓始于周,历汉、晋、唐,立勋于朝,扬名于国者不可胜数。待宋初,泽翁从吴越王归宋,赐居睦之培郭,乃江左之派,世以江左为郡。其子崇宝公由睦迁遂之丰村儒高,三世公孙瑛公由儒高迁林馆月山(今浪川乡月底山),瑛公长子万宁公于宋末元初由林馆月山迁芹川。①

当然,关于芹川还有另一种说法。南宋末年,一个飘雪的寒冬,猎户王瑛与儿子万宁带着几只猎犬在山间游猎,来到今芹川凤山山麓。忽然,叮叮咚咚的溪流声钻入耳朵。他顿感奇怪,这天寒地冻的,哪里来的流水?于是,他便循声前去一探究竟。穿过漫山的密林,一片谷地便展露在他的眼前。只见谷底有一条奔腾的小溪,在数九寒天里竟然还冒着袅袅热气,四处积雪已有尺余厚,可溪边的草地上竟是毫无积雪的痕迹,甚至还有点点绿意。猎犬们突然自行跑到河边草地上,躺下组成一个"井"字。有井才能生息,瑞气方能融雪。古人有传统,择址迁居必先掘井,见水宜迁。眼见这祥瑞之兆,王瑛顿感此乃福地,而且此地山口狭紧,入内平坦开阔,宜居宜耕,于是带着儿子王万宁等人在此定居。

无论哪一种说法,都说明芹川村确实是一处风水宝地。芹川这个名字在深山里存活了七百多年,王氏族人也在此生了七百多年。他们在这里繁衍生息,在这里创造了灿烂的文化,如今也在这里静待慕名而来的游人。几百年来,他们在一片风光秀丽的自然景致中,渐渐注入生活的气息。将自然与人文和谐地交融,为芹川村融入新的元素,使之不再只是一座风景优美的古村,更是一座历史文化名村。

芹川村的风景之美早有记载,据《江左郡王氏宗谱》所书,芹川原有

① 浙江省住房和城乡建设厅编:《留住乡愁——中国传统村落浙江图经》第3卷(上),浙江摄影出版社,2019年,第58页。

芹川八景 ①，即银峰耸秀、芹涧澄清、象山吐翠、狮石停云、玉屏献翠、金印腾辉、餐霞滴漏、沙护鸣钟等，是这个古村落的精华所在。

银峰耸秀，指的是环绕芹川村的山峰，它们挺拔耸立，气势非凡，宛如银色的巨龙蜿蜒盘旋，又似护村的银色屏风，给整个村落增添了一份庄重和神秘。芹涧澄清，指的是芹川的溪水，碧绿如玉，宛如一条丝带，轻柔地穿越村庄，缠绕在村落之间，为这里增添一抹灵动。

村后的象山，绿意盎然，满山的树木苍翠欲滴，生机勃勃，仿佛一只巨大的绿色象身在静静守护着村落，便得名象山吐翠。狮石停云，则是指村中的一块巨石，矗立在天地之间，形状宛如一头雄狮，威武霸气，石上常有云雾缭绕，宛如仙境。

芹川村内种有一大片笔直挺拔、青翠欲滴的竹林，它们宛如一道天然的绿色屏障，为村落营造出一份清新与宁静，被称为玉屏献翠。而与之相对应的金印腾辉，则是指村中的一座古庙。庙前的石阶上有一块形似印章的石头，每当阳光洒落，石头上的纹路仿佛被金光勾勒，犹如一枚熠熠生辉的金印，因此得名。

餐霞滴漏，形容的是村中的一处瀑布，水流如丝如缕，从高处倾泻而下，形成一片白色的水雾，宛如仙境般的景致。沙护鸣钟，则是指屹立在村中的一座钟楼，钟楼上的钟声悠扬悦耳，守护着整个村落的安宁。

沿着蜿蜒小道徐徐前行，潺潺水声由远及近传来，小心翼翼地拨开层层遮挡，曲径通幽处，真容逐渐展示。白墙黛瓦、小桥流水，鸭子在清澈见底的小溪中无忧无虑地戏水，肥胖的老母鸡散漫地觅食——这不正是"土地平旷，屋舍俨然，有良田、美池、桑竹之属。阡陌交通，鸡犬相闻"的现实版吗？顿时，陶渊明笔下"采菊东篱下，悠然见南山"的意境便扑面而来。

---

① 项文惠、潘丹主编：《洄溯推篷看好山——三江两岸旅游景点》，杭州出版社，2013年，第246页。

　　事实上，芹川一带确实和陶渊明有些关联。东晋时期，担任过建威将军、兵部尚书等职的洪绍，乃是东晋的名将，曾随刘裕征讨有功。但晋朝末年政治腐败，社会动荡，洪绍不满刘裕篡夺皇位，而刘裕对不依附自己的洪绍也起了杀心，于是洪绍选择辞官，携继妻（发妻已亡故）归隐。他选择的落脚地就在新定县城木连村，即现在的淳安县中洲镇徐家村月山底村。洪绍的原配夫人王氏就是征西大将军陶侃的孙女，也就是东晋大名鼎鼎的田园诗人陶渊明的姑姑。洪绍死后，陶渊明还亲自为其撰写了墓志铭。

　　陶渊明在墓志铭中记述过这段历史："……晋室日微，裕势益盛，以公不附己，欲中伤之。乃于义熙十三年（417），由京口挂冠隐于新定郡武强之木连村。……公享年八十有三。卒，偕王夫人同葬武强山脚洪塘坞。"[①]

　　此后有不少人曾前往淳安查找洪绍墓，证实了该墓确实在中洲镇长埂村的洪塘坞。现在也有历史专家认为研究武强溪流域的地理环境与桃花源有太多的相似之处，几乎就是一个活脱脱的世外桃源。也就是说，古新安很有可能就是陶渊明笔下《桃花源记》里"桃花源"的原型。

　　淳安因为千岛湖而为世人所熟知，但古村芹川长时间被岁月尘封，鲜少有人知晓，这点大约多少与交通闭塞有些关系。芹川古村距离繁华的杭州市区足有两百余千米之遥，即便从淳安县城出发，也需要驱车一个多小时才能抵达。不便的交通令它很少出现在人们的旅游规划中。虽然曾经被遗忘，却也算是因祸得福，远离尘嚣的芹川古村，得以完全按照自己的年轮运转，不急不缓，怡然自得。

　　芹川古村，这座被时光轻轻抚摸过的村落，仿佛拥有一种特殊的力量，让时间在这里变得不再公平，日脚的更迭似乎变得异常缓慢，遵循着自己的转盘。没有匆忙的脚步，没有喧嚣的车马，只有悠然自得的生活节奏和深厚的历史底蕴。村民们勤勤恳恳地生活在这片土地上，与大自然和谐共

---

① 淳安县志编纂委员会编纂：《淳安县志》，汉语大词典出版社，1990年，第845页。

处。空气中的每一丝风、每一缕阳光，都好似被古村的气场所吸引，温柔地拂过每一个角落，为这里增添了几分岁月的韵味。

任由世事变迁，芹川村的村民们依旧在此悠闲度日，只是年轻的身影也难逃消失的现实。穿过牌楼，进入村道，一片开阔的田地便映入眼帘，平旷的田畴，阡陌纵横，远山如屏。农田里，茶树林立，作物常兴，辛勤劳作的身影从未缺失在这片沃土之中。毕竟对于山民而言，耕地是珍贵的代名词，这是刻在骨血里的认知。

时光荏苒，随着千岛湖旅游热度的不断增加，旅游范围的不断扩展，隐在深山的它终于也被揭去了神秘的面纱，渐渐为世人所知晓，以自己独特的面貌成为众人旅行中的重要一站。旅游大巴渐渐占据村口的位置，纷至沓来的游客终是将热闹带来了，但重叠的群山还是将浓重的商业气息阻挡开来，游客的到来并未打破居民生活的节奏，这大概是它难以磨灭的坚持，令人尊敬。

二、竹溪村路板桥斜

微风轻轻吹拂，带着山间的清新与草木的芬芳。随着脚步的接近，村口的轮廓逐渐清晰起来。临近村口，会见到两座对峙的山，因形似狮子与大象，便被命名为狮山与象山，芹川的村口被它们守护，也就是俗称的"狮象守门"。

狮、象两山之间一条数米宽的小溪上架着一座略显孤寂与破旧的廊桥，犹如一把钥匙，恰好锁住了两山之间的大门。现在看来很是简陋，但曾经也是风光一时的所在，是个颇有来头的古迹。此桥名为"进德桥"，"进德修业"一词，语出西周姬昌《周易·乾》，意为提高道德修养，扩大功业建树，常用于勉励进步。此桥在村口约三百米处，修建于清朝同治甲戌年间，距今也有一百四十余年。东西横跨芹水溪之上，主体为单孔石拱，

进德桥

桥面上建有廊房，为砖木结构，两头各有两扇门洞，曾经是村人进出的必经之地。桥上的木柱上有精美的雕刻，据说廊檐上曾悬有"德业流券"的匾额，并配有"山重水复疑无路，柳暗花明又一村"的对联。

廊亭里曾有一块"恩赐碑"[①]，碑名《题义民王彦锦碑记》。主体部分为"恩赐"二字，碑额为篆文"源远流长"，是明弘治四年（1491）遂安县主事张学所立。据碑文记载，它是明朝弘治年间，孝宗皇帝为褒奖芹川尚义之士王彦锦捐谷八千石赈灾之义举而立的，所以一度有"文官经此要下桥，武官要下马，百姓跪拜"的说法。

明弘治四年（1491）九月，黄河缺口，陕西暴发特大水灾，造成河堤决口，洪水汹涌，迅速席卷了整个村庄，无数的良田和村庄被淹，哀鸿遍野，场面惨不忍睹。而四川和广东一带却遭百年未遇的大旱，土地干裂得像龟壳一样，庄稼枯萎，万物凋零。旱涝之灾致使菽粟不登、流离转徙、民不聊生。

---

① 叶欣编著：《严州金石》，天津古籍出版社，2012年，第235页。

明朝从洪武年间到成化年间，近百年的历史中，朝廷在各地均设有四郡县四仓之制和屯里储积之方，提倡三年耕，余一年之食；九年耕，余三年之食，以备荒灾。政策是好的，对于自然灾害有提前的预判，如果能实打实地完成，自然利国利民。只是贪官污吏遍地，乡间故里虽有负责官仓的士兵，但那些仓库就是个空壳，里面无兑付之储。面对陕西水灾和川广旱灾，各地官府束手无策。于是，孝宗皇帝不得不"向民借粮"，向全国发出"殷实助饷，以佐荒政"的号召。

王彦锦是当时芹川村的殷实大户，决意为朝廷分忧，慷慨解囊，救灾民于水火。他觉得水旱灾情涉及的地域极为广泛，灾民人数众多，仅凭一己之力赈灾无疑是杯水车薪。于是，王彦锦想到一个办法，他先是吩咐手下人将家中所有的稻谷进行清仓翻晒，过秤装袋，然后又拿出所有积蓄的银两，命人四处高价买谷，再到处张贴募捐告示，以此号召更多的尚义之士鼎力相助，共同加入捐谷赈灾的行列。在王彦锦的义举感召下，芹川村其余几家大户也群起相应，不出半月，竟然就凑足了八千石稻谷。眼见灾粮备足，王彦锦便亲自负责押运，一路将这些稻谷送到遂安县衙，再由朝廷统一调拨灾区。

赈灾结束后，遂安县知事将王彦锦的义举上报给朝廷，孝宗皇帝感念他的义举，下旨褒奖王彦锦为义民。明弘治四年（1491），遂安县知事张学奉旨将王彦锦义举立碑以记，在芹川村村口廊桥处，立"恩赐"碑。天恩降临，举村欢庆。因为村口廊桥是人们进出村庄的必经之路，恩赐碑立于此处，面碑如见君，凡经此地，文官下轿，武官下马，百姓跪拜。但这么天长日久下去，村民便不胜其烦。王彦锦看在眼里，就向县衙恳求将恩赐碑从村头移到村尾的敦睦堂前。如今此碑仍被安置在村尾的锦公祠三环厅前。

碑刻虽移走，而廊桥依旧以挺拔的姿势傲然屹立，只是终究被世人遗忘在了路边，成为游人镜头下的背影。进入廊桥内部，可在斑驳的墙体上寻得一幅精致细腻的画作，依稀可见苍劲有力的青松与俊秀柔美的山水，右边写的是"世外桃源白叟黄童咸悦豫"，左边写有"人间福地青山绿水任徜徉"。其中"咸悦豫"语出《全唐文》"咸悦豫以忘劳"一句，"咸"为"都"，"悦豫"则同"悦念"，意为愉悦、快乐。既点明这里美妙的景致，又说明这里居民的状态，让人顿觉芹川村更是一个卧虎藏龙之地。

不远处，一辆独轮车被静静地摆放着。虽然看起来有些陈旧，但依旧保持很完整。车把上的木质部分已经变得光滑而坚硬，似乎在向人们展示着它经历过的无数风雨和坎坷。

廊桥的墙壁上设有观景的圆形大孔，作为廊桥的观景之窗。若静坐其间，在廊桥上静听水流，凭窗远眺风景，确是极为惬意的享受。象山、狮山与廊桥将芹川的村口牢牢守护，即便穿过廊桥，芹川村的真容依旧没有显现出来。

"进德桥"内景

"进德桥"内景

很多古村口都有大树以为标配，芹川村自然也不例外。距离"进德桥"一二十米处有五棵大樟树，郁郁葱葱。其中左侧有两棵为连理樟，被芹川人称为夫妻樟。它们中最大的一棵距今已有八百余年，依旧枝繁叶茂，四季常青。它们展开巨擘向四方延伸，将夏日的烈日挡去，成了纳凉的好处，甚至下雨时，它们也能将雨水阻挡，不肯让小道沾湿。几百年间，它们如

溪边民居

村中石板路

忠诚的卫士一般，静静守候着这片宁静祥和之地。清风微拂，树叶随之轻轻摇曳，发出窸窣的声响，如同在低声诉说着芹川村古老而神秘的故事。阳光穿透绿的缝隙，点缀在地，如碎了一地的银子，耀眼而不张扬。

告别香樟树，终于进入村子，脚下的水泥路也不知在何时变成了流淌着岁月痕迹的石板。移步前行，只见屋舍临水而建，水清而鱼多，小溪伴着欢声缓缓流淌，溪石间鱼群追逐嬉戏，鸭鹅静静徜徉，不为来人所侵扰，一如这里的居民。他们保持着自己生活的节奏，或浣洗，或闲谈，或呆坐……对于外人的到来，大约只有几家小卖部的老人会留意，岁月的痕迹里依旧蔓延着笑意，温和而宁静。

历经朝代更迭，世事变迁，而王氏后人一直在此安营扎寨，繁衍生息，并始终保持着近缘聚居的传统。现今仍有五百余户人家、一千九百多人在此定居，是淳安县境内人口最多、最集中的行政村。这里不仅百分之九十五的村民都姓王，更神奇的是整个村庄竟然也沿小河形成了"王"字状。加上村头的天门，组成一个"主"字，暗合"王家入主"之意。

村子一点点壮大，如今的芹川从村口至村尾全长约一千余米，整座村庄呈坐北朝南之势，呈衣带形。两边的民居大都呈坐东朝西或坐西朝东，分布在芹川溪两侧。如果俯瞰芹川村，你可以发现整个村落的建设顺应山势地形的起伏，呈现出北高南低的带状布局。根据风水学的理论，北高南低的住宅设计通常被认为是吉利的。这种地形有专门的称谓，即"晋土"，意味着住宅前面较低，后面较高，这样的布局可以给人以上升向前的感觉，

芹川溪中的鸭子

因此在心理层面上被认为吉祥。从现代科学的视角来看，我们位于北半球，所以北高南低的布局日照与采光方面也有合理的优势。优越的地势条件可以让住宅获得更多的自然光照，提高居住的舒适度。看似随意，但却处处体现着老祖宗博大精深的智慧。

漫步进村，便可见直贯南北的芹川溪横卧在村子中央，呈现着"S"形的优美身姿，整条溪宽六七米，溪水清澈。天晴时，阳光也会殷勤地为它们镀上金边；落雨时，雨水会欣喜地加入它们。无论何时都蜿蜒流淌，延绵不绝，为小村配上音乐，增添生命的活力，也是村民生产、生活的唯一水源。

自古溪边就设有驳岸，由青石板铺就，家家户户门口更是有水埠头，自然不能像大河中的码头一般用于停泊船舶，却是便于村民洗涮、戏水，多为长方形，仅有一处为半圆形，较少见。更为巧妙的是，临溪而建的民居，家家都有暗渠与溪流相连，作为引排水之用，处处体现着匠人的细致心思。

　　"古村闲地少，水巷小桥多"，浙江境内水网纵横，居民多临水而居，出于出行需求，桥也就应运而生了。一句"小桥流水"也成了江南水乡的代名词。似乎没有水，古村就没有灵魂，而若没有桥，水就变得不生动，没有活力。所以，桥构成了古村的独特魅力的重要元素。如果说河流呵护着芹川村的历史，水波荡漾出芹川村的魅影，那么横跨在芹溪上的各式各样的桥便无疑是古村景观中亮丽的一抹。相较于别的河流，芹溪其实并不长，但村内村外横跨溪上的桥并不少。据载原有三十六座各式各样的廊桥，有单孔石拱桥、独木桥、木板桥，其中半数以上是柏木搭成的独木桥，约有十厘米宽。跨溪而架，连通两侧不足六尺宽且又稍有崎岖的石板路。如今许多因年久失修而渐渐消失在视线中，但借由保留的几座古桥依旧能想见溪上当初的风采。它们仿若时间的延伸，在村落间串联起历史的记忆，传递着古老的故事。

　　除了村口的进德桥，最有特色的就该是村中的际云桥了。际云桥是一

埠头

座单孔石拱桥，也是芹川村仅存的明代石桥，桥长 7.6 米，宽 4.7 米，高 5.2 米，跨度 6 米。际云桥桥身形若弯月，兼具美观与实用，桥西侧设五级踏跺，每级踏跺宽 0.3 米，高 0.15 米。它建于明朝崇祯年间，桥面原铺砌的青石板已损毁，距今已有近四百年的历史。它外形美丽精致，桥身所用的砖、木以及石雕都显示出古代匠人精湛的工艺，是古人智慧的杰作。东侧桥面与村道处于同一

际云石拱桥

水平，将自己完美地融于古村内。桥北侧券面阴刻楷书"际云"及"崇祯三年冬月吉建"字样。

　　虽然"年岁"不小，但际云桥的"身子骨"极其硬朗。相较于很多只能被观赏的保护文物或是残破不堪而遗弃的古桥来说，它依旧活跃在村民的生活中，成为重要的交通路径。际云桥的美是独特而显眼的，它既是游人镜头中的常客，也是青苔小草青睐的对象。在这里，生活不知不觉变慢，时间变得富余，人们闲站于桥身之上，静观青苔与杂草，它们或附着在石头之上，或于缝隙之间寻找生命的落点，拼命向上生长着，绿得那样张扬与肆意，无惧生命的长短。看似杂乱却并非无章，谁也不曾因为古桥而侵害它们的存在。它们已经更迭了无数代，古桥也成了它们世代繁衍的见证者与参与者。在这里，人们可能会读懂一句话：每一个生命都值得被尊重。桥下石斑鱼群缓慢闲游，有的甚至借由桥身制造的阴影，躲避阳光的宠爱，与水中青石融为一体。我顿时心生羡慕，那般的闲适与自在，是多少人梦里的追寻。少时，听村中老人讲过一个故事，说鱼是强盗投胎，所以人人喊捉。长大后虽觉此言荒诞，却依旧佩服古人的想象力，他们总会为自己的行为找到最为合适的解释，并因此心安理得。而这里的鱼不会像以往人们见到的只闻脚步声便四下逃窜的鱼群一样，它们早已不怕人，即便游人靠近，也多在水中驻足。细看溪流，野生石斑鱼那特有的美丽条纹便会呈现在眼前，似乎在向游人展现它的魅力——这是多少代王氏族人的真心相待才能给予它们如此的信任啊！

芹川村内多桥，三步一拱，五步一桥。桥与两岸亭台阁榭相连，蓝天白云倒影在碧波之上，碧波睁着眼将天际尽收眼底，人在桥上走，水在桥下流，鱼在水中游，独自成趣，又融为一体。有些因为年久失修而废弃，有些已经淹没在历史中，也有一些系重新修建，形形色色，造型各异，倒也形成了独特的风景线。立于桥上远远望去，拱桥、廊桥似日月连珠，如玉带伏波，给人以独特的韵律之美。

行走在小溪旁，常可见被清澈溪水所吸引的游客，终是忍不住脱去鞋袜、卷起裤腿，漫步入水。被溪流常年打磨的石头早已没了棱角，光滑得不会让人觉得硌脚。他们入水的那一瞬间，岁数好像只是身份证上的记录，孩提时代的烂漫终于再度爬上脸颊，笑声穿行于古村，将每一个缝隙填满。有些直达溪水的台阶，水流并不湍急，但也有几处石缝间营造出了小瀑布的即视感。静静地蹲在石板上，将手伸入溪水中，仍由水穿过指缝间，久久不肯缩回，略带凉意的感受令人沉浸其中，思绪飘远。溪水哗哗流着，小鱼儿自由地穿梭在水草与石缝间，这是多少年前的景象，自然和孩童时代的记忆重合。

岁月虽然对芹川村格外的宽容，但风雨的侵蚀还是让少量桥化为时光的碎片，

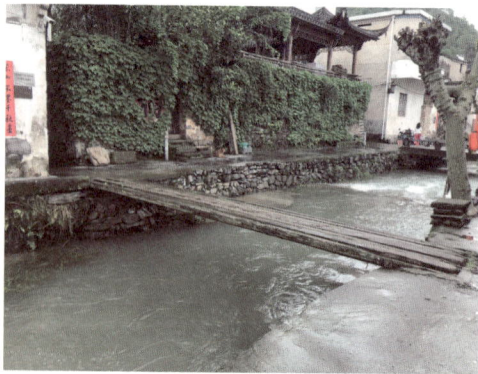

村内的简易木桥

不知不觉中已被改为水泥桥，但大部分还保留着原有的风貌，现留存的除了进德桥、际云桥，还有石拱桥邵家桥、张家桥等，造型简单朴素，与小溪与建筑相映成趣，成为这幅风景里不可或缺的一部分。

三、波中倒影尽小楼

芹川是淳安县目前唯一的中国历史文化名村，而组成它独特历史的一个重要元素，自然有老屋。无论世事如何变迁，总有一些建筑熬过时光流转，历经沧桑，依然屹立，它们朴素却不失坚韧，历经风雨的狂抚、岁月的催促，渐渐隐匿在繁华的身后，但它的一砖一瓦仍是历史的见证与记录。

临水而居，靠山而建，沿着芹溪一路前行，一幢幢古朴却不失精致的建筑便闯入视线，让人仿若有进入某个皖南古村落的错觉，只因整个村子民居的约三分之二，大约三百幢都是保存较为完好的徽派建筑，其中明代建筑有两处，其余多为清代和民国建筑。

芹川村古建形式较为丰富，以砖、木、石为原料，以木构架为主，多为两层结构。以木梁承重，以砖、石、土砌护墙；以堂屋为中心，注重装饰，以雕梁画栋和装饰屋顶、檐口见长，层层跌落的马头墙在屋脊蔓延，层层叠起的檐角青瓦轻舞翩跹，表现出高超的装饰艺术水平，属于典型的皖南徽式建筑风格，且有其他民居少见的水榭、楼阁、戏鱼池等。但受地形限制，房屋一般面宽较窄，多为三四开间，约十米，整体给人狭长之感。小户人家，装一扇门罩，平素直滑，没有过多装饰。大户人家，则修一面门楼，匾额书风仪，飞檐挑雅质。以门为鉴，照宗室之德行。推开或者推不开的那些古建的门上，还有一处极为细腻的美，那便是锁。锁的风格极为丰富，按材质来分，铜锁居多；以形状来分，圆形锁和方形锁居多。锁上还配有不同花纹，如龙、凤、麒麟等瑞兽，或者是梅花、兰花等花卉，甚为精美。每一把锁，锁的是门，而门后的故事依旧在上演，它们让这座古村有了别

民居

门环

样的韵味。

　　白墙黛瓦间，精美的木雕与细腻的彩绘交相辉映，流露出古朴典雅之美。庙宇的飞檐翘角，在蓝天白云的映衬下，显得格外庄重而神秘。这些古民居的另一大特点就是屋前房后大多建有花园，种上蔬菜瓜果融合上鲜花绿叶，配以穿村而过的小溪，美不胜收。春日赏绿意盎然的勃勃生机，夏日纳凉听蝉，秋日闻香、摘果、拾叶，冬日烤火观雪，四季皆有其自然美。他们大多还喜欢在自己的园中建筑天然，引溪水入院，为鱼儿注入活水，这一设计也延续到了如今新造的房子。鱼趣为房屋增添了别样的灵动之美。在这里，每一处古建筑都是智慧的结晶。

　　古徽州有"宁可门楼千万银，不愿盖屋三十两"的说法，意思是格外重视门楼的建造，为此可以不惜工本。这点在芹川村的建筑上也有所体现，房子大门多为石库门，以大青石贴面，石门上方大多建有装饰性很强的门楼，门楼上的砖雕内容丰富，雕工考究，特别是那两侧的翼角飞翘，古韵盎然。门檐从石条开始砌起，层层叠涩，一点点探出墙面，先成檐脚，最

门楼

后凌空一挑，突出檐座，出檐最
大的檐板左右两端向上挑起，形
成飞冲反翘之势，即成飞檐。飞
檐之上往往会饰以飞鸟，既能防
止雨水渗漏和檐脊松散脱裂，也
有画龙点睛的装饰作用。著名建
筑学家梁思成对这飞檐有过高度
评价："使本来极无趣笨拙的实
际部分，成为整个建筑物美丽的冠冕。"

门楼局部

　　无论是民居还是祠堂，几乎在门楣上都题写有牌匾，刻上"紫气东
来""福星高照""棣华相映""瑞映长庚"等隽秀的字迹。房屋大厅前
设台阶，台阶两侧作素面护栏。大门下建有木制或是石块制的门槛，大都
被磨砺得光滑发亮。门槛上还立着一个内门槛，简单的雕琢也惟妙惟肖。
面对这些建筑，古代村民闲坐于门槛外台阶上谈天说地的场景便窜入脑海，
仿佛欢声笑语也在耳畔回荡。

　　跨过门槛，进入大门，首先相遇的便是天井，光线肆无忌惮地闯入，
融化了历史的间隔。天井既有通风、透光、排水作用，也让人们坐在室内
便能晨沐朝霞、夜观星斗，可谓是一举多得。天井还有一个独特的设计，
便是在雨天时，雨水可以通过它四周的水枧流入阴沟，俗称"四水归堂"，
意为"肥水不外流"，体现出徽商聚财、敛财的思想。这里的天井一般呈
长方形，由宽大正方的石板砌成，四周是五十厘米左右的深梁。环顾天井，
各处的门披上多为人物砖雕，所雕人物栩栩如生，这些人物也并非随意创
作，大多来源于典籍，比如《三国演义》《红楼梦》等，演绎着生动的故事。

　　移步向前，首层明间是敞开式的客厅，客厅两侧次间为厢房，进与进
之间设有相通的小厅，后面几进房的布局与首进基本相同。房内门窗格榫
花撑皆为花、鸟、人、动物等木雕，活灵活现，以木为隔杆的门楣和窗户

上方还书有"山清水秀""万福朝来"等字样，处处皆是设计的小惊喜。经过天井的"二次折光"，阳光变得更为柔和，洒落在四处，充溢静谧。

拾级而上，木质楼梯呀呀作响，为这片宁静平添了几分生气，二层布局简单，多为储藏之用，非主要活动空间，这也是芹川村民居的一种主流格局。

芹川村古建还有另一种格局，其首进为跑马楼式，即四角各设有一个厢房，中间为天井，二层天井檐下作一周护栏，这种民居让楼上极为开阔，不过这种格局的民居在芹川村只占少数。任由时光穿梭，世事变迁，这些老屋的门里门外依然固执地保留着昔时的格局，更难能可贵的是，这些房子还"活着"，依旧是村民们日常生活的居所，处处呈现着浓郁的人间烟火气息。

为什么淳安乡村的房子有着浓重的徽派建筑特色？

淳安县北接临安，东面紧邻桐庐、建德，南面连接常山、衢州，西南与开化接壤，西面又与安徽休宁、歙县毗连，也就是地处浙皖两省的交界处。宋代，徽商开始活跃在历史的舞台上，明代后期到清代初期达到全盛，多留迹于现在的苏沪浙一带，而新安江曾是徽州商人南下经商的一条主道，多数友朋离别须经由此地，于是便有了一句"新安江上携尊酒，送尔看山看浙西"的老话。其实不仅是淳安，浙江全省境内，徽派建筑也是屡见不鲜。

青砖、粉墙、黛瓦，形成了质朴、淡雅的风格，屋顶的马头墙、空斗墙、观音兜山脊等颇具特色的建筑设计也让民居群给人以高低错落之感，在蔚蓝的天际勾勒出民居墙头与天空的轮廓线。民居多为砖木结构，古朴雅致。大门多为石库门，以大青石贴面，并有精美的装饰门楼，大厅前设有台阶，台阶两侧有素面护栏。有些房舍三开三进，前后各有一个小天井，像隔出的一方小世界，墙角的缝隙中偶有几株蕨类植物舒展着生命的身姿，与古墙相互辉映。房内的设置也极为讲究，门窗阁棂多为花、鸟、人、动物等木雕，门楣和窗户上还有各类吉祥字样，无一不显示着精致。不仅建筑物内有雕梁画栋，而且还有其他民居少见的水榭、楼阁、戏鱼池等。

芹川村的美在景，更在人。山中一日，世上一年，徜徉在芹川村所绘就的景致里，时间会被遗忘。看着那些穿梭在小溪两旁仅能通过一辆三轮车的狭窄小道上却依旧不疾不缓，村民们怡然自得，而这个答案似乎就写在那些洋溢着温和的笑脸之上与清澈的眼神之中。

远离城市的喧嚣与纷杂，在这静谧的空间里，任由自己的灵魂在未知的地域随意飘荡，渐渐地将时间遗忘，闲坐其间，看云卷云舒，观鱼群畅游，听村人闲谈倒也不失为一段美的旅程。没有丰富的历史文化底蕴依托的景致是没有灵魂，也是难以长久的。徜徉在这座古村中，你与历史名人便能穿越时空的界限，不期而遇了。

除了古民居群，芹川村还有保存尚好的祠堂庙宇，比如关公庙、敬义堂、关玉堂、敦睦堂、锦公祠、仁义厅和昭灵庙等，皆是这座小村的历史承载者与见证者。

关公庙，位于村口，建于明代，是芹川村水口厅先祖王子健为祈求百姓平安而建。据宗谱记载，此地依山傍水，后有假山（滴水石），前有小溪，是一块风水宝地，被称为"具笏轩"。内有关公、张飞、刘备三位武将泥

关公庙

魁星阁

像，并设有鸣钟、鼓、假山鱼池等，雕梁画栋非常精美，可谓是"麻雀虽小，五脏俱全"。正中悬有王氏后人题写的"忠义千秋"匾额，笔锋有力，字迹雄浑。柱联以红纸黑字包裹廊柱而成，写有"儒奉圣释奉佛道奉天尊三教共奉，汉封侯宋封王清封大帝万世景仰"一句，表达了对儒、释、道三教在中国历史上的重要地位和贡献的认可，以及对它们所代表的道德观念和哲学思想的尊重。匾额之下的供桌上残留的香烛痕迹，可见王氏后人还是不时前来祭拜。穿门而入，与关公像一墙之隔处供奉着魁星塑像，供桌上除了香火的痕迹，还有一尊精致的观音像，此处便是魁星阁。据说，中国民间信仰中主宰文章兴衰的神名为魁星，它在儒士学子心目中具有至高无上的地位。在科举时代是士子们"夺魁"的象征，很富时望。

芹川村还有一处文化礼堂，左边写有"精神家园"，右侧则是"文化地标"，让人忍不住好奇。它其实是由修缮一新的"七家学堂"建设而成，包括礼堂、道德讲堂、书画展览厅及五廊建设，投入资金三十余万元。文化礼堂的标识巧妙地与七家学堂古厅的门楼结合起来，一盏六边形的古灯笼挂在门楼正中。跨门而入，迎面的是满盈笑脸的全家福，其背面是社会主义核心价值观，村史廊、民风廊、励志廊、成就廊、艺术廊二十九块制作精美的展板粘贴在四百五十平方米的学堂四边墙上，走进这里，便是走进了芹川的历史。内里古旧的戏台两边写有"浙江精神"四个大字。七十多平方米的道德讲坛设在学堂的楼上，总体设置成古时的私塾模样，礼仪道德故事画占据着四周的墙面。同样设于楼上的还有八十平方米左右的农家书屋，几千余册书籍供村民依窗而读。整个礼堂内甚至还有书画展览厅、农家书屋、书画爱好者习作区之类。礼堂边上是六百多平方米的室外活动广场，如今的这里早已发展成村民们议事聚会的地方。

芹川村自古重视教育，七家学堂曾是村里的学馆，是为芹川村子孙授业解惑的场所。它是由清末民初王氏族人王启寿发动村民捐款捐物，筹集白洋十余万而建的。步入此处，学馆布局仍在，依稀可以想见当年此处的

"光裕堂" 内景

盛景，那琅琅书声必然游荡在村中的每一处，恪守着"耕读传家"的祖训。作为整个芹川村文化传播的集中地，是几百年来王氏子嗣耕读传家传统的延续，如今作为文化礼堂，确实是再合适不过了。随着时间发展，如今的这里还是专门为芹川学子教授书法、国画以及国学的芹溪书画院。在芹川村中随处可见手写的春联，以前是家家户户自己写春联，如今虽不是人人都能写，但据说村里书法好的人回乡后，会免费写春联，再分发到村里，这个传统一直保持着。也难怪芹川村能被评为浙江省书法名村、杭州市书法名村，西泠印社授牌创作的写生基地。

　　芹川村的王氏祠堂，不止一座。最早曾建有七座祠堂，是后代为始祖及其六个儿子所建，现存四座，其中最值得一提的便是始建于明代的"光裕堂"，意为"光前裕后"，2017 年被列为浙江省重点文物保护单位。它是王氏宗睦、信义、敬义、仁义、敦睦五支族的总祠，是祭奠江左王氏族人始祖的场所。堂中供奉着《江左郡王氏宗谱》，详细讲述着从东晋时期，太原王威子孙随皇族渡江，居建业称江左到芹川一世祖王瑛迁居此处的历史。清人方象璜有言："江左王氏自迁遂以来，为年七百，为世二十有八"。

光裕堂

"光裕堂"牛腿

　　光裕堂总面积四百八十余平方米，整个建筑由一根根木质柱子撑起，是一栋难得的两层小楼，除了些许瓦片被风雨磨去了棱角，风采依旧。门楼上书"江左流芳"四个大字，两侧对联写有"姓赐缑山鹤背吹笙周太子；郡分江左云卷笛像汉功臣"一句。

　　光裕堂坐东朝西，肃严端整，共三进，由堂前、正堂和后堂三部分组成，进与进之间置有天井。祠堂用料粗大考究，柱子和横梁上都雕刻着精致的木雕，以各种花卉、动物为主题，精美绝伦。其中的牛腿与雀替尤为逼真，只可惜在早年动乱间丢失不少。二十世纪四十年代曾为公所，并为关押囚犯之场所，"文革"时祠堂内的木雕惨遭破坏。好在祠堂前三百余平方米的空地上，尚有数对古旗杆墩。

　　越过天井中的那片充满生命力的绿色，便是光裕堂的正厅。正中悬有"光裕堂"匾额，匾额之下是一幅古画，一男一女的坐相，当为王氏先祖。古画配有"树发千枝根共本，江水源同流万派"一联，意在强调同根同源。除此之外，堂中还有"德业流芳""福禄无疆""竹抱松茂"等匾额，落款处大多为王氏后人，它们虽然字体各有不同，但无一不显出此地文化底蕴的深厚。

　　人杰可耀栖地，地灵则培麟凤。内侧廊道的墙壁上挂满历代王氏名人，比如：宋代授朝散大夫、赐紫金鱼，官至知福州军事提举的王时杰；元朝延祐甲寅科浙卫解元，登至治元年林仲节榜进士的王宜翁；明代官至广西按察提刑的王宗鲁；清代道光年间授五品顶带的王挺秀，道光年间皇恩钦赐八品的王青万，光绪廪生、曾任遂安县教育会长的王启元，宣统拔贡、遂安县田赋管理处主任王维揖；近代也有曾聘任为东北大学中国文学系主任、浙江通志馆编辑、殁后葬于西子湖畔并由国学大师马一浮先生撰写墓碑的王伯尹，绘画大师潘天寿的得意门生、旅居美国旧金山任国画教授的王昌杰，以及名噪遂安县的大地主、芹岭乡乡长王时炳……天井的光蔓延进来，仿佛让这些人物瞬间变得鲜活，娓娓讲述着他们的故事。斑驳的墙壁、古朴的门楣，历经岁月沧桑，无声地叙述着属于这个村庄的记忆，记录着曾经的热闹与辉煌。

光裕堂不是芹川村古建筑中规模最大的，也不是保存最完整的，却是芹川村的中心，是整个村落的核心，更是芹川人心中敬仰的偶像与象征，也是芹川村古建的精华所在。当地居民有一种习惯，只称在芹川村正中的光裕堂为祠堂，其他王氏分祠堂为"厅"。光裕堂的两侧是民居，大门前留出一大片广场，以前或是用作大家集会，现如今已作村民们日常生活之用，但特殊时日仍会在这里举办祭祖大典，民俗文化节。

除了光裕堂，位于村北芹溪转角处，还有一座名为敦睦堂的祠堂。"敦睦"意为亲善和睦，语出《后汉书·独行传·缪肜》："弟及诸妇闻之，悉叩头谢罪，遂更为敦睦之行。"讲的是东汉官员缪肜的事。缪肜少年丧父，作为家中长子，与三个弟弟共同生活并拥有家族财产。后来，他又帮着弟弟们娶妻成家，但不想妯娌们的关系并不睦。她们多次吵闹着要求分家，并时常为此发生口角。缪肜深感悲愤，关门闭户自责道："缪肜，你修身谨行，学习圣人之法，这是用来齐整风俗的，为什么却不能修正其家呢！"弟弟和弟媳们听说之后，全都叩头谢罪，于是全家又恢复敦厚和睦家风。很多古村都建有敦睦堂，就是表示只有族人和睦融洽，宗族才会恒时吉祥顺利。

芹川村中的敦睦堂，坐东朝西，位于村北芹水溪转角处，始建于明洪武年间（1368—1398），清嘉庆年间（1796—1820）重建。宗谱记载有《山环敦睦堂重建寝室记》中写有："建堂者谁？义士彦锦公也。""公，开第芹水之上，广厦栋隆而堂建焉。"所以，敦睦堂也称"锦公祠"。芹川因俯瞰形如"王"字，而敦睦堂又位于村北芹水溪转角处"王"字的最后一横上，故村民又称之为"三王厅"。因"环"和"王"在当地方言中口音相似，"三王厅"也就变成了"三环厅"，[①]也称山环厅、三五厅，用于展示古村和睦村风和农耕文化。

砖木结构一层，硬山顶、四合院，占地面积七百余平方米，建筑面积约七百平方米，是芹川村现存最大的一幢古建筑。三进五开间，通面宽十六米，通进深约三十二米。大门处砌置一堵长砖墙，作为照壁。二十世纪七十年代，后人对大门做了改动，在照壁两头与第一进次间、梢间缝之间砌墙，而以第一进南侧梢间作为大门，并在距大门两三米处建一座西北向牌楼。"恩赐石碑"便位于此处。

纵向分布，分前堂、正堂和后堂三部分。一进前堂为门厅，穿斗式木构架。前堂南侧还有一厢房，古时为读书处，后成为办理红白喜事的场所。二进正堂，地面较第一进高，"敦睦堂"悬于正中。明间、次间均为抬梁式木构架，面宽较宽，梢间较窄。次间、梢间以及山墙为穿斗式木架构，建筑内的梁稍加弯曲呈月梁形。最引人注目的当属明间、次间前的四个石柱础，它们形如南瓜，这些支撑起柱子的石雕代表着阴阳两性，突出的石棱代表阳性，内陷的石槽代表阴性，两种图案象征着"天地交合，生生不息"，代表着王氏宗族为子孙的繁衍。敦睦堂里的彩绘和雕塑保留了明末清初的风格，已经由简约开始变得烦琐。往前步入第三进，即后堂，采用木构架抬梁穿斗混合式，二层，存放着祖宗牌位。三进的天井檐口，是在正梁外加置一圈装饰梁架，稍承重，木雕多以动物、植物图案为主。沿天井边沿建有石护栏，护栏为实心板材，中立六根石柱，柱头饰成荷花形，石材为当地出产的红砂岩。随着风雨的侵蚀，它出现了不同程度的损毁，在清嘉庆年间重修，2002年又进行过一次重修。

芹川村以优越的地理环境在这个时代被世人所熟知，但将它传播到更远之处的是王氏族人。前有捐粮救国的王彦锦；后有在辛亥革命时期为支

① 浙江省住房和城乡建设厅编：《留住乡愁——中国传统村落浙江图经》第3卷（上），浙江摄影出版社，2019年，第67页。

援孙中山闹革命而变卖家产组建敢死队，跟随孙中山南征北战，为创建中华民国立下汗马功劳的王文典、王文明两兄弟；还有在抗美援朝期间响应党的号召出钱出力，甚至参加志愿军的芹川民众。几百年来，从这里走出的达官、大儒、富商、义士数不胜数。而他们的名字与成就都被一一书写在文化礼堂励志廊的宣传栏上，供王氏族人学习与传承，这份名单会与芹溪一般流淌不止，浸润到更深处。过去的没有消亡，未来的会添加，芹川村的历史也会因他们而更加辉煌，与风景一样，成为世人口中的典范。

芹川村就是一段活着的历史，里面的山、水、桥、房舍……甚至连一条条青石板路都有着自己的思考，它们无一不在讲述着这里的往事。历经数百年，这些景却依旧鲜活地存在着，着实让人惊叹。这真是"雕镂门空，磨琢窗垣；处处邻虚，方方侧景。①"

穿梭在房屋之间的小巷，紧随身后的是从翠绿的山间吹来的清风，它时而带着山花的馥郁香气和草木的清新味道，时而带着水波的涟漪和鱼儿的欢歌。脚下光滑的青石板路，任岁月流逝，斗转星移，古老而又沧桑的青石板，历经风雨的洗礼，始终安静地躺在这里，保持着沉稳的色调。其实芹川的石板路大有来头，是由民国时期的著名徽商、开明地主，人称元老板的王氏族人王维元四处筹钱，用了长达三年的时间才铺成的。每一块青石板都是古建筑的一部分，也是时间的痕迹，在小巷里蜿蜒，贯穿整个村庄，连接着家家户户，让村民雨天不湿鞋，让街巷晴天不扬土。它身上每一道深浅不一的痕迹，都记录着一个故事，承载着历史的重量，见证了无数的变迁。时光如梭，岁月蹉跎，仿佛都刻在石板上。它是人来人往的接待者，记录着无数人的脚步和故事。历代以来，多少芹川人从它们的身上走过，直到有一天走出这个村子，走向世界。我想它们会为他们骄傲，同时也想念他们的重量，犹如一个母亲期盼着游子，希望他能回家看看，

---

① 语出中国古典造园名著，明代计成所著《明治》"门窗"篇。意为：门空处切忌雕文镂饰，但窗垣应精心琢磨；园中要处处留有空间余地，才可能面面通透，从各种角度看到美景。

可是最终只要他安好便足矣。

芹川村人文底蕴深厚，耕读传家的传统一直未变。从迁居至今的七百多年里，芹川村地灵人杰，英贤辈出，村里还有很多的名人故居，比如由我国近代知名的花鸟画家与艺术学者王昌杰的祖宅改建的王昌杰故居，目前被村民打造成为民俗怀旧家庭博物馆。1910 年，王昌杰生于遂安县浪川乡芹川村。1929 年，他得到中国近现代杰出的画家、齐白石弟子李可染的鼓舞与点拨，王昌杰毅然转投林风眠创建的杭州国立艺术学院（今中国美术学院）。1955 年，他挥毫泼墨，为美国总统艾森豪威尔夫妇绘制了水墨肖像，贾景德院长亲笔题诗，此画作为国礼赠予之，现珍藏于艾森豪威尔总统博物馆。王昌杰心怀故土，他的每幅作品均以"浙遂芹溪"为落款。

建于明代崇祯年间的廿四桥居，原址为王姓大地主的私家花园，后毁于太平天国末期兵祸，2000 年后重建。作为仿古明清建筑，其风格素雅高贵，古色古香，颇具"乡绅"气息，建筑内迄今保存有始建于明代崇祯年间的活水鱼塘。有锦鲤、草鱼、乌鲢、乌龟游弋嬉戏，更有国内罕见的中华鲟。现为村内可供游人住宿的客栈。

紧邻廿四桥居的清远堂是王维元的故居，现为淳安县的一类保护建筑。王维元被誉为古遂安县"四大善人"之一。清远堂的前厅建于清光绪年间，后进始建于明崇祯年间。清远堂除了是王维元的故居，还因为一些人的小住，而名声大噪。据传，太平天国末期，洪秀全胞弟洪仁轩、儿子洪天贵富及部分将官曾居住于此。民国时期，军统特务头子戴笠、暂编六十二师师长刘梓皋等，也都在此逗留小住。据说，清远堂是座著名的"风水古宅"，整座房子于清末民国初时，在风水大师的指导下，被近百人凌空扛起"车向"，以"改运积福"。屋内现存有王维元为防小妾挥霍过度而设的地下"藏宝处"。

位于芹川村芹水溪东岸的王文典故居，建于清末民初，整体建筑坐东朝西。王文典（1882—1950），留洋回国投资实业，著名的民族实业家。

他跟随孙中山，主要从事民族工商业，并领导商会工作，曾任浙江商家义勇敢死队队长、中华全国商会联合会副会长等要职。还创办南洋女子大学、正本商业专门学校。走进王文典故居的院门，可看到一个面积约为一百平方米的庭院。故居正房为两层砖木结构的徽派建筑，原有两进，后进现已改建。故居楼下是敞开式客厅，内置方桌、长条案几，堂前悬挂木制楹联：瑟好琴就谵俗情，竹苞松茂怀同气。客厅两侧为厢房，内铺木地板。

此外，还有在民国时期担任芹岭乡乡长的王时炳故居。王时炳在任职期间组建过一支四十八人枪的自卫队，在芹川村祠堂里设立乡公所和自卫队队部，在村周边建碉堡，设置栅栏，自卫队日夜轮流把守，村里秩序井然。抗战时期，能有这么一个安定的环境实属难得，所以国军的六十二师的一个营和军火库也选择驻扎在芹川，甚至遂安县县政府、县医院、报社和杭州的清华中学也陆续搬迁到芹川。顿时，芹川村和王时炳名噪全县。他的故居保留着民国建筑的风格，现在仍有王氏族人居住。

村中还有一座陨石博物馆，原先仅是摆放着几块芹川村在二十世纪初发现的陨石。古色古香的建筑内，展示的是宇宙的奥秘与科学的魅力。如今倒像是个民俗收藏馆，有各种锁、各种灯笼、照相机等，品种繁多，它们交相辉映，展现着时代的变迁和文化的交融。

伴随着流水的流淌声，走在岁月的年轮上，时光淘洗着浮华。没有什么是一成不变的，时间会为一切奉上答案。

陨石

原本的芹川，没有行色匆匆的人流，只有芹溪畔浣洗的妇人、躲在墙角打盹的土狗、晒到脱色的叶菜、扛着锄头准备劳作的大爷……游客与村民的相遇毫无违和之感。只是游客的眼神中充满了新鲜与探究，而村民的眼神里是淡然与闲适。在这里，游人自然将脚步放轻放缓，生怕惊扰了这片难得的宁静祥和，默默感受这片古老文化的洗礼。随着那一辆辆旅游大巴的驶入，如今的芹川原本的宁静和闲适似乎开始被打破，但依然保留着它独特的魅力和韵味。

和大多数古村落一样，芹川村内如今多为留守的老年人与幼童，难见年轻人。但与大多古村落不同的是，这里几乎没有商业气息，即使有几家店铺也都是经营当地传统古法手艺的麻酥糖作坊和古法米酒作坊，少了机器的参与，它们的味道里蕴藏着手艺，饱含着传统，更是沾染着时光的味道……

芹川人对麻酥糖的爱留存在骨子里，在芹川有一句历史悠久的俗语："不带麻酥糖，不好进厅堂。"拥有八百多年历史的麻酥糖，早已是芹川村的传统特色小吃，色、香、味俱佳，在当地享有较高的知名度。关于麻酥糖，还有一个传说。相传，北宋大文豪苏东坡任职徐州知州时，王氏祖先恰巧因经商滞留徐州。徐州遭遇洪水，看着被淹的城池、流离失所的百姓，苏轼急得不行。忽然，河神托梦说要有一名美貌的姑娘为妇才肯退水。苏轼的女儿苏姑为拯救全城的百姓，为父亲排忧解难，毅然投入洪水之中。虽然"河神娶妇"不可信，苏姑也并不能确定是否为苏轼的女儿，但徐州妇女抗洪殉水是事实，苏姑应该就是广大徐州妇女的化身。现在的徐州还有一处苏姑殉难处，楹联写的是：

> 抗洪峰殉洪浪，现红岛上香消玉殒；
> 建其墓记其事，霸王楼前梦断魂萦。

王氏先祖亲眼目睹了苏姑为击退洪流而只身跳江的壮举，甚为感动。为表达自己的崇敬之情，他特意将"苏糖"带回故乡芹川。后来，王氏族人对"苏糖"的制作工艺进行改良，并结合当地的食材和口味需求，制作成了具有芹川风味的麻酥糖。芹川古村出产的麻酥糖只采用三种原料，那就是大米、芝麻和麦芽。其中麦芽发糖的制作工序极为烦琐，也是能让这里的麻酥糖与众不同的秘密。如今的麻酥糖依旧是纯手工的制作，那些洗米篓、芝麻筛、拔糖勾、木炭土灶、榨糖架等古老又传统的工具"教会"了芹川祖祖辈辈制作麻酥糖。它的存在，让芹川的空气里都弥漫着淡淡清香与甜美。

除了麻酥糖，芹川的土特产还有米酒。村内一堵高墙之上，"狮城酒坊"几个黑字在白底的映衬下极为显眼。以野生酒药花为主要原料制曲，淳安农民自种自产的糯米为原料，采用古法酿制的狮城米酒，不仅是淳安主要特产之一，而且还入选淳安非物质文化遗产代表作名录。酒香混杂着甜糯，让这座小村变成了"美味"的聚集地。村中闲度半日，寻一处小饭馆，简单的农家菜却能勾起味蕾最原始的欲望，兴之所至也可以选择小酌一杯自酿的米酒，甘甜在唇齿间穿梭，真正偷得浮生半日闲便是人间好时节。

如若不舍，还可以选择在村中小住几日。村中如今也有了几处雅致的民宿，它们悄悄地隐身其间，将自己的商业气息掩盖得严严实实，没有破坏古村的和谐。

青山如黛，层峦叠嶂。打开芹川这幅山水画卷，感受每一片树叶所承载的历史记忆，欣赏每一颗水珠所闪烁出的诗意光辉，倾听每一缕清风轻抚过的自由旋律。青山绿水环绕着村庄，古建筑点缀其间，人文气息弥漫在空气中。雨中的芹川溪水流湍急，奔腾着奔向远方，那些开始林立于石板路、小桥之上的餐馆、

狮城酒坊

店铺广告，让芹川的美打了折，只希望它前行的脚步可以慢一点，再慢一点……

　　回身而望，一阵轻风拂过，带起了些许的涟漪，仿佛是古村最后的挽留。青山依旧苍翠雄伟，绿水依旧波光粼粼，古建筑依旧静谧而庄重。它们仿佛是天地间的守护者，见证着古村岁月的流转与历史的变迁，也见证了无数游子的离去与归来。它们看似静默，实则千言万语都藏在那静默之中，无声胜有声。

参考文献

1. 浙江省住房和城乡建设厅编:《留住乡愁——中国传统村落浙江图经》第 3 卷（上），浙江摄影出版社，2019 年。

2. 项文惠、潘丹主编:《洄溯推篷看好山——三江两岸旅游景点》，杭州出版社，2013 年。

3. 淳安县志编纂委员会编纂:《淳安县志》，汉语大词典出版社，1990 年。

4. 鲍艺敏主编:《文物叙略》，西泠印社出版社，2008 年。

5. 叶欣编著:《严州金石》，天津古籍出版社，2012 年。